增補版

正易

集註補解

정역집주보해

정역집주보해 / 편저자: 김주성. -- [대전] : 상생출판, 2018
  p. ;  cm

권말부록: 정역연구正易研究의 기초基礎(白紋燮 著) ; 개정
증보판 편집후기
ISBN 979-11-86122-68-6 03140 : ₩39000

역학(주역)[易學]

141.2-KDC6
181.11-DDC23            CIP2018008124

# 정역집주보해

**발행일** : 2018년 4월 19일 초판발행

**발행처** : 상생출판

**발행인** : 안경전

**편저자** : 김주성

**전 화** : 070-8644-3156

**팩 스** : 0303-0799-1735

**주소** : 대전시 중구 선화서로 29번길 36(선화동)

**출판등록** : 2005년 3월 11일(제175호)


ISBN 979-11-86122-68-6

ⓒ 2018 김주성

增補版

정역집주보해

# 正易

## 集註補解

芸谷 金周成 編著

상생출판

역易은 쉽게 말할 수 있는 학문이 아니다. 특히 정역正易은 선성先聖께서 말씀한바 없는 현묘玄妙한 후천역后天易이므로 이를 누구나 쉽게 이해理解할 수 있도록 해석解釋하여 글로 옮긴다는 것은 지극至極히 어려운 일이다.

지난 기묘년己卯年(1999)에 신역학회新易學會의 이름으로 발간한 『정역집주보해正易集註補解』를 펴낼 당시에는 학회의 회원을 비롯하여 정역正易을 연구하시는 분들을 위주爲主로 하여 썼으므로 국한문國漢文을 혼용混用하여 보해補解하였으며, 특히 집주集註는 원서原書의 한문漢文을 그대로 옮겨 편집한 까닭에 한문을 배우지 않은 세대世代는 읽기 어려운 책이었다.

초판初版이 출판된 이후, 많은 독자讀者로부터 누구나 읽을 수 있도록 모든 한자漢字에 한글을 병기倂記한 개정판을 내달라는 요청이 있었으나, 그것이 말처럼 쉬운 일이 아니어서 생각에만 머물러 있었는데, 지난해 여름에 상생문화연구소 전재우全宰佑 실장님이 개정증보판의 출판을 제의해 오셔서 이를 흔쾌欣快히 수락함으로써 드디어 결실을 보게 되었다.

개정증보판이 나오기까지 전재우 실장님의 헌신적獻身的인 노력이 있었으며, 이에 진심으로 감사感謝의 뜻을 표하는 바이다.

무술년(2018) 三월 十二일

운곡芸谷 김주성金周成 근지謹識

역易은 우리 동양문화東洋文化를 형성形成한 뿌리이다. 인류문화人類文化의 초창기草創期인 상고시대上古時代에 성인聖人에 의依하여 창시創始된 역易은 삼고사성三古四聖을 거쳐 완성完成되었으며, 이후以後 많은 학자學者들의 연구研究와 주석註釋을 통通하여 집대성集大成한 것이 지금至今 전전傳하고 있는 주역집주서周易集註書이다. 역易은 우주宇宙와 인생人生의 묘리妙理를 해명解明하려는 철학哲學으로서 우주만유宇宙萬有의 모든 이치理致가 하나의 원리原理로 관통貫通되어 있다. 그러나 역易의 원리原理가 너무 심오深奧하고 현미玄微한 까닭에 사학斯學에 뜻을 둔 이는 많으나 그 묘리妙理를 체득體得한 이는 드물며, 필자筆者 역시亦是 뜻만 둔 그런 사람중의 하나이다.

우리 나라는 이미 상고시대上古時代부터 역리易理를 탐구探究하였음이 천부경天符經을 비롯한 고대문헌古代文獻을 통通하여 확인確認되고 있으며, 근세近世에 이르러서는 간역艮域의 성인聖人이신 김일부선생金一夫先生에 의依하여 후천역后天易인 정역正易이 완성完成되었으니, 이는 전성前聖들이 말씀한바 없는 획기적劃期的인 발명發明이시다. 정역正易은 전인미도前人未踏의 무극지도无極之道와 후천금화지리后天金火之理를 밝힌 역易으로서 복희씨伏羲氏의 선천원역先天原易과 문왕역文王易(주역周易)에 이은 제삼역第三易이니, 곧 선천역先天易인 주역周易과 공부자孔夫子의 십익지리十翼之理를 계승繼承한 후천역后天易이다.

금년今年(1999년)은 김일부선생金一夫先生께서 육십년솔성지공六十年率性之工으로 이룩하신 정역正易을 공포公布하신 지 일백십사주년一百十四周年이 되는 해이다. 정역正易이 세상世上에 나온 이후以後 선생先生의 문인門人을 비롯하여 후대後代의 많은 학자學者들이 선생先生의 유지遺志를 계승繼承하여 정역正易의 오묘奧妙한 원리原理를 탐구探究하고 그 연구결과硏究結果를 논문論文과 주해서註解書로 발표發表한 것이 수다數多하나 오늘에 이르기까지 이를 집약集約한 집주서集註書가 없음은 참으로 안타까운 현실現實이다. 무릇 진리眞理의 탐구探究는 선인先人들이 쌓아올린 토대土臺 위에서 진일보進一步하는 것이므로 선대학자先代學者들의 연구결과硏究結果를 집약集約하는 것이 곧 그 학문學問을 향상向上시키는 첩경捷徑이라고 할 수 있다. 필자筆者는 정역연구正易硏究에 뜻을 세운 이후以後 주역집주서周易集註書와 같은 정역집주서正易集註書가 없음을 아쉽게 생각하고 있던 차次에 거년去年여름 우남雨南 정동훈선생鄭東勳(희설熙卨)선생先生께서 선대학자先代學者들의 주해서註解書인『정역주의正易註義』와『정역연해正易演解』그리고『금화정역현토조해金火正易懸吐粗解』등등等을 보여 주시며 집주보해集註補解를 청청請하시므로 필자筆者는 집주서集註書의 필요성必要性을 통감痛感하고있던 터라 자신自身의 능력能力이 부족不足함을 깨닫지 못하고 이를 수락受諾하였으니, 이는 자기자신自己自身을 모르는 참월지사僭越之事이다. 그러나 일단一旦 수락受諾한 이상以上 최선最善을 다하기로 마음을 다지면서 일년유여一年有餘를 노심초사勞心焦思한 끝에 집주集註를 마무리하고 아울러 필자筆者의 비견鄙見을 보해補解로 첨가添加하였던바, 이는 나름대로의 견해見解를 솔직率直하게 밝힘으로써 사학동인斯學同人들의 다양多樣한 해석解釋을 촉발觸發하여 사학斯學을 대중화大衆化하는데 조금이라도 기여寄與하고자 하는 순수純粹한 의도意圖일 뿐이다. 역易은 쉽고 간명簡明한 이간지도易

簡之道이므로 누구나 쉽게 이해理解하고 공감共感할 수 있어야 한다. 그러므로 현묘玄妙한 후천지리后天之理를 밝힌 정역正易도 현대적現代的인 해석解釋과 다각적多角的인 조명照明으로 연구硏究를 활성화活性化하여 누구나 쉽게 원리原理를 이해理解하고 공감共感할 수 있도록 그 계기契機를 조성造成하여야 하며, 이렇게 함으로써 정역사상正易思想을 고취鼓吹하고 아울러 새로운 정신문화精神文化를 창출創出하여 보급普及하는 일이 바로 우리 정역인正易人들에게 부여賦與된 과제課題이다. 오늘의 인류사회人類社會는 극단적極端的인 이기주의利己主義와 자유방종自由放縱으로 인因하여 인간人間의 존엄성尊嚴性과 인륜도덕人倫道德의 전통가치傳統價值가 붕괴崩壞되고 있는 것이 현실現實인바, 이러한 때에 일부선생一夫先生께서 지향指向하신 정역사상正易思想을 널리 펴서 보편화普遍化한다면 후천성리지도后天性理之道를 바탕으로 한 새로운 가치價値와 문화文化가 창출創出될 것이므로 따라서 우리가 우려憂慮하고 있는 사회적문제社會的問題도 치유治癒될 것이다. 필자筆者의 보해補解가 정역正易을 새롭게 이해理解하는데 조금이라도 도움이 되고 또한 사학斯學의 대중화大衆化에 보탬이 된다면 이를 우자일득愚者一得의 보람으로 간직하고자 한다. 끝으로 본서本書를 집필執筆하는 동안 물심양면物心兩面으로 격려激勵하여주신 신역학회新易學會의 정동훈회장鄭東勳會長님과 동同 학회學會 고문顧問이신 정암汀庵 서기석선생徐碁錫先生님에게 진심眞心으로 감사感謝드리며, 아울러 사학동인斯學同人 제위諸位의 허심탄회虛心坦懷한 비평批評과 질정叱正을 간구懇求하는 바이다.


기묘년己卯年(1999) 十月 十二日   운곡芸谷 김주성金周成 근지謹識

부정역　대도지정체　조화지성서　석아희황　수용도획팔
**夫正易、大道之正體、造化之成書、昔我羲皇、受龍圖劃八**

괘　황제　관천상작갑자　대우　법귀문획정지　시개상제지
**卦、黃帝、觀天象作甲子、大禹、法龜文劃井地、是皆上帝之**

명명　성인지개물성무야　고극기수　이정조화지상　저기
**明命、聖人之開物成務也、故極其數、以定造化之象、著其**

상　이견조화지리　간지지육십　팔괘지육십사　개소이순성
**象、以見造化之理、干支之六十、八卦之六十四、皆所以順性**

명지리　진변화지도야　시이　황극　기성저지　요부술지
**命之理、盡變化之道也、是以、皇極、箕聖著之、堯夫述之、**

태극　공자설지　정주천지　무극　렴계창지　일부연지　분
**太極、孔子說之、程朱闡之、無極、濂溪刱之、一夫衍之、分**

어리즉위삼극　합어도즉일무극야　대재　무극지위도야　이
**於理則爲三極、合於道則一無極也、大哉、無極之爲道也、以**

언호원즉통호무형지외　이언호이즉비어일신지중　순식　필
**言乎遠則通乎無形之外、以言乎邇則備於一身之中、瞬息、必**

어시　길흉필어시　차소이생만변이성대업야　지재　선생지
**於是、吉凶必於是、此所以生萬變而成大業也、至哉、先生之**

명사도야　찬희문지통　괘도지원　삼변이역　연선왕지락
**明斯道也、纘羲文之統、卦圖之圓、三變而易、衍先王之樂、**

황종지균　십이이성　율려음양　천지일월　막불성도　예악
**黃鐘之均、十二而成、律呂陰陽、天地日月、莫不成度、禮樂**

법도　전장문물　유시이정　사가이감인심이화천하야　연순
**法度、典章文物、由是而正、斯可以感人心而化天下也、然順**

도이변역자　천시야　수시이동정자¹　인정야　순정이교화
**道而變易者、天時也、隨時而動靜者**¹**、人情也、循情而教化**

---

1 편집자주: 『정역대경(모필본)』은 '隨時而動靜者人情也'로 기록되어 있다. 『정역주의(하
상역)』는 활자는 '隨時動靜者人情也'로 되어있으며 수기로 작은글씨로 '而'字가 있다.
지금까지 정역 본문에 대한 주석으로는 1912년 하상역이 발행한 『정역주의』가 가장 오래
된 것으로 알고 있었다. 그런데 2011년 삼정 권영원선생으로부터 하상역이 발행한 『정역주

자　성인야　약도불합시　즉구애무변　비역야　행불섭세
者、聖人也、若道不合時、則拘礙無變[2]、非易也、行不涉世、

즉고체불통　비역야　교인경정　즉예시부종　비역야　고사
則固滯不通、非易也、敎人逕庭、則睨視不從、非易也、故斯

경야　득천시지정　이성십역만력야　통세정지고　이명동선
經也、得天時之正、而成十易萬曆也、通世情之故、而明同善

사천야　비중인지락이교가영도무야　차소위역서지득정이합
事天也、比衆人之樂而敎歌詠蹈舞也、此所謂易書之得正而合

삼재이대성야　시고　대인자우천하지사욕　생어심이해기사
三才以大成也、是故　大人者憂天下之私慾、生於心而害其事、

지천하지성명　동어기이애기생　희　수사아생　함휴제칙
知天下之性命、同於己而愛其生、噫、遂使我生、咸休帝則、

동천하지안이위안　후천하지락이향기락　역도지정　과하여
同天下之安而爲安、後天下之樂而亨其樂、易道之正、果何如

재　차　학자소당지지이자면야부
哉、此、學者所當知之而自勉也夫。


태청태화오화원시무기일월개벽이십이년 기유십이월기해
太清太和五化元始戊己日月開闢二十二年 己酉十二月己亥[3]

간성 김정현 원부서
艮城 金貞鉉 元夫序

의』의 저본의 존재를 알게 되었다. 이 모필본에는 책명이 『정역대경』으로 되어 있었다. 본
서에서는 하상역이 발행한 『정역주의』는 '정역주의(하상역)'로, 『정역주의』의 저본인 모
필본을 '『정역대경(모필본)』'으로 표기한다

2 편집자주 : 『정역대경(모필본)』은 '若道不合時 拘礙無變'으로 기록되어 있다.

3 편집자주 : 『정역대경(모필본)』은 '隆熙己酉十二月 己亥'로 기록되어 있다.

개천강신희　　　수도획괘　　　　상건하곤　　　천지시정　　　좌리우
盖天降神羲하사 受圖畫卦하시니 上乾下坤에 天地始定하며 左離右

감　　일월초명　　　　희문　중흥　　　계재작괘　　　　건퇴서북
坎에 日月初明이로다 姬文이 中興하사 繼再作卦하시니 乾退西北에

곤이서남　　　종재유위　　　천지교태　　　이성기반　　　일중우남
坤移西南하니 縱在維位나 天地交泰가 已成其半이며 日中于南하고

월앙우북　　　수화집권　　　대부지정　　　　니성　　계탄　　　시치
月央于北하니 水火執權하야 代父之政이로다. 尼聖이 繼誕하사 時值

불우　　미득기위　　　상승삼성　　　찬역십익　　　　외호기공
不遇에 未得其位하시나 上承三聖하사 贊易十翼하시니 巍乎其功을

불능명언　　　자진신후　　역도침회　　　도귀점서　　무부난옥
不能名焉이로다. 自秦爐後로 易道浸晦하여 徒歸占書에 珷玞亂玉하

야　　성통수절　　망연무거　　　지송소자　　　역도내운　　공누천
야 聖統垂絶에 茫然無據러니 至宋邵子하야 逆睹來運하시되 恐漏天

기　　미감진언　　　호호황천　　불기사세　　　장욕개신계　신즉
機하야 未敢盡言이로다. 皥皥皇天이 不棄斯世하사 將欲開新界신즉

기무신물지예고　　　월재육십여성상전　　간성　일부김부자
豈無神物之豫告시리오 粤在六十餘星霜前에 艮城 一夫金夫子께서

응천감우　　　창획정역팔괘　　　상승사성지역도　이예파축회미래
應天感佑하사 創畫正易八卦하야 上承四聖之易道 而豫破丑會未來

지변운　　　천고적연불문지사　　몽에속유　　안능지지　　　현당
之變運하시니 千古寂然不聞之事를 蒙瞍俗儒가 安能知之리오 現當

육주풍연　　신벽　물질화학　　전발　　육해공삼계　　순식내왕
六洲風煙이 新闢에 物質化學이 展發하야 陸海空三界를 瞬息來往하

니　비정역중금화용정지묘리야　　왕고내금　　추이지수즉논역현
니 此非正易中金火用政之妙理耶아. 往古來今에 推以指數則論易賢

유　　미불유다　　　　총이결언즉 희피희성몰후삼천여재　　계획 역
儒가 靡不有多언마는 總以決言則 噫彼姬聖沒後三千餘載에 繼畫易

괘지성자　　사비일부부자　　　기수여
卦之聖者는 斯非一夫夫子시면 其誰歟.


성탄기원이사구칠년　　　병술 만하 일
聖誕紀元二四九七年(1946)丙戌 晚夏 日

후학　여강 민영은 근서
後學 驪江 閔泳恩 謹序

개상염지　　　천운순환　　　무왕불복　　복희문왕이몰후　　계획
蓋嘗念之컨대 天運循環하야 無往不復일새 伏羲文王已沒後에 繼畫

역괘지성자기수야　　천지성종성시지정숙　　종회우간악　　　유아
易卦之聖者其誰也오 天地成終成始之精淑이 鍾回于艮嶽하여 惟我

간성　일부김부자　　응천감우　　통관천인이창획정역팔괘
艮城 一夫金夫子께서 應天感佑하사 洞觀天人而創畫正易八卦하시

　비천하지지신　　기숙능여어차　　선후천변역지리　　기미
니 非天下之至神이면 其孰能與於此시리오 先后天變易之理와 旣未

제진퇴지도가　포괄우차이막부필거　　기계왕개래지외공　기가
濟進退之道가 包括于此而莫不畢擧하니 其繼往開來之巍功을 豈可

승언재　기자　부자몰후　기서수존이능위연지자선의　　하행민
勝言哉아 曁自 夫子沒後로 其書雖存而能爲硏知者鮮矣러니 何幸閔

군인계　　조어사문　　사숙여문이역리심오　　항포의단　　잠심역
君仁溪가 早於斯門에 私淑與聞而易理深奧를 恒包疑端하고 潛心力

구이다경년의　　지우일갑지세병술춘　　우감칠원성군지조응 이
究已多經年矣라가 至于一甲之歲丙戌春에 偶感七元聖君之照應 而

몽득신사지구　왈 태산　부립　　양목　개수　　음파후
夢得神賜之句하니 曰 泰山이 復立하며 樑木을 改修로다 吟罷後에

심신　상연　　전일의사지적　　돈연석오　　유감이수통우적연
心神이 爽然하야 前日疑似之積이 頓然釋悟하야 有感而遂通于寂然

지중　　치연이능득호황연지단　　기어정역이의　　추절분해
之中하며 致硏而能得乎恍然之端하야 其於正易理意에 追節分解하

언요이의상　　문간이이명　　막불요여지장언　　차비지정
니 言要而意詳하며 文簡而理明하야 莫不瞭如指掌焉이라 此非至精

이면 其孰能與此리오 使其後之學者로 事半功倍의 有助於吾道重且

大矣哉.

聖誕紀元二五零七年(1956) 丙申 榴夏 日

三一淸 梁在烈 謹跋

先生의 姓은 金이요 貫은 光州요 諱는 恒이요 號는 一夫라 (初諱는

在一이요 字는 道心이라) 光州之金은 系出新羅三十七王之苗裔로 逮

高麗에 連八世爲平章事하고 入我朝하여 有諱國光이 官左議政

光山府院君이 寔先生之先祖也라 純祖丙戌年己亥月丙子日

(十月二十八日) 戊戌時生於黃城鄕茅谷面淡谷里이니라 光武二年

戊戌甲子月甲戌日(十一月二十五日) 戊辰時에 沒于黃城鄕茶峴里하

니 壽七十三이라 有一子의 名은 斗鉉이요 己卯生으로 號는 一蓮이

라 居喪盡禮어늘 踰月而葬于淡谷里하니 先塋局內亥坐之原이라

先生은 天性이 仁厚하시고 狀貌奇偉하사 德器道骨이시며 鶴姿鳳聲

이시다 自少好學하사 不事文藝하시고 沈潛性理하사 年三十六에 始

從蓮潭李先生하시니 諱는 雲圭라 李公이 初見奇愛而賜書하시니 書

曰道山之下仁溪之北에 人有一士斯之儒하니 觀碧이라 爲人이 朴實

하여[4] 雖遠於俗이나 不遠乎隱微하니 樂亦在其中也라 李先生之

---

4 편집자주 : 『정역대경(모필본)』은 '朴實頭'로 기록되어 있다.

귀 감
龜鑑이 盖知其超世絶倫氣像而寓深意於文辭之間也라 於是에 先

생 이 사 문 위 기 임　　　　우 정 어 역 학　　　달 천 인 지 리 도 팔 괘 정 삼 역
生以斯文爲己任하시고 尤精於易學하사 達天人之理圖八卦正三易

창 악 가 해 신 인　　　조 만 력 명 천 시　　　합 위 일 경
하시고 創樂歌諧神人하사 造萬曆明天時하시고 合爲一經하사

왈 정 역　　　분 작 상 하 편 의　　　왈 십 오 일 언　　십 일 일 언　　　사 경 야
曰正易이라 分作上下篇義하사 曰十五一言과 十一一言이라 斯經也

득 역 도 지 정　　　위 왕 성 계 절 학　　　장 사 천 하 성 대 무 개 태 평
는 得易道之正하여 爲往聖繼絶學하니 將使天下成大務開泰平[5]하니

오 호　　부 자 지 공 덕　　　실 억 만 세 무 량 지 연 원 지 야 여
라 嗚呼라 夫子之功德이여 實億萬世無量之淵源之也歟인저


태 청 태 화 오 화 원 시 무 기 일 월 개 벽 이 십 삼 년 경 술 월 무 인 일 무 술
太淸太和五化元始戊己日月開闢二十三年庚戌月戊寅日戊戌[6]

문 인 김 황 현 근 서
門人 金黃鉉 謹書[7]

---

5 편집자주 : 『정역대경(모필본)』은 '太平'으로, 『정역주의(하상역본)』는 '泰平'으로 기록되어 있다.

6 編註 : 開闢年號紀元은 一夫先生께서 正易上下篇을 完成하신 乙酉年(1885)으로부터 三年後인 戊子年(1888)을 太淸太和五化元始戊己日月開闢元年으로 한 것이다. 그러므로 開闢二十三年庚戌은 西紀1910年이다. 그러나 이 紀元年號는 一夫先生在世時에 先生의 뜻에 따라 定한 것은 아닌 듯하다.

7 편집자주 : 『정역대경(모필본)』은 '歲庚戌月戊寅日戊午 門人 金黃鉉 謹書'로 기록되어 있다. 庚戌年 戊寅月에 해당하는 간지에는 戊戌日이 없다. 『정역주의(하상역본)』의 일진이 잘못되었다. 戊午日은 1910年 음력 1월 13일(양력 2월 22일)이다.

一.『정역주의正易註義』는 註義 로 표시表示하였다.

　　『정역주의正易註義』는 기유년己酉年(1909)에 간성艮城 김정현선생金貞
鉉先生이 저술著述한 주해서註解書로서 가장 오래된 주석서註釋書이
다. 우남雨南 정동훈선생鄭東勳先生의 소장본所藏本을 저본底本으로
하였다.

一.『정역연해正易演解』는 演解 로 표시表示하였다.

　　『정역연해正易演解』는 병술년丙戌年(1946)에 여강驪江 민영은선생閔泳
恩先生이 저술著述한 정역주해서正易註解書로서 역시亦是 우남雨南 정
동훈선생鄭東勳先生의 소장본所藏本을 저본底本으로 하였다.

一.『금화정역현토조해金火正易懸吐粗解』는 粗解 로 표시表示하였다.

　　『금화정역현토조해金火正易懸吐粗解』는 삼봉三峯 강병석선생姜炳錫
先生이 수지도수手指度數의 원리原理를 바탕으로 해석解釋한 주해서
註解書로서 역시亦是 우남雨南 정동훈선생鄭東勳先生의 소장본所藏本
을 저본底本으로 하였다. 저자著者 강선생姜先生님은 수지상수手指象
數의 원리原理로써 정역正易을 해석解釋한 대가大家로서 1995년에 83
세로 서세逝世하였다.

　　『금화정역현토조해金火正易懸吐粗解』에는 엄지손가락을 '母指'로 표
기했으나 개정작업을 하면서 '拇指<sup>무 지</sup>'로 표시表示하였음을 밝힌다.

一.『정역구해正易句解』「금화정역金火正易」은 句解 로 표시表示하였다.

『정역구해正易句解』는 삼정三正 권영원선생權寧遠先生이 정역구문에 대한 자료를 정리한 것으로 후반부에 수지도수手指度數의 원리原理를 바탕으로 해석解釋한 주해서註解書「금화정역金火正易」이 함께 수록되어있다. 삼정三正 권영원선생權寧遠先生은 삼봉三峯 강병석선생姜炳錫先生과 함께 국사봉에서 정역을 공부한 도반이다. 이번 개정판 작업을 하면서 삼정三正선생의 허락을 받아 粗解 와 함께 보면 도움이 될 것으로 여겨 함께 수록했다.

一. 필자筆者의 비견鄙見은 補解 와 補註 로 표시表示하였다.

　보해補解는 필자筆者 나름대로의 견해見解로써 보충해설補充解說을 한 것이며, '보주補註'는 이해理解를 돕기 위爲하여 보충補充한 주석註釋이다. 개정판에서 補註 는 각주로 처리 하였다.

一. 현토懸吐와 분절分節.

　현토懸吐는 삼봉三峯 강병석선생姜炳錫先生의 현토懸吐와 관수觀樹 백문섭선생白紋燮先生의 이두현토吏讀懸吐를 참고參考로 하였으며, 분절分節은 강병석선생姜炳錫先生이「대역서大易序」를 십이소절十二小節, 『정역상하편正易上下篇』을 삼백육십소절三百六十小節로 분절分節한 것을 주主로 하고『정역주의正易註義』의 분절分節을 참고參考로 하였다.

一. 부 록附 錄

　정역正易의 연구研究에는 기초적基礎的인 역易의 원리原理와 수지상수手指象數의 이해理解가 필수적必須的이므로 사학斯學의 대가大家이신 관수觀樹 백문섭선생白紋燮先生의 저서著書『정역연구正易研究의 기초基礎』를 수록收錄하였다.

# 正易集註補解 目次

大易序

# 一. 大易序라.

대 역 서

• 대역大易-正易의 서문이라.

[演解] 蓋河圖中宮十点己土는 卽十數之正處니 運到于十數正處則 易道歸正故로 以正字名易耳라. 且以正易卦位로 言則男女之卦와 奇 偶之數가 各得配合而歸于正處하니 豈不云以正易乎아. 坤卦云正位 居體와 鼎卦云正位凝命이 幷指此十數正處也니 下文云中位正易이 是也니라.

[粗解] 정역正易의 서문序文이다. 정역正易은 전편십오일언前篇十五一言과 후편십일일언後篇十一一言으로 되어 있으니 곧 상하경上下經이다.

[句解] 정역正易의 서문序文으로서 전편십오일언前篇十五一言과 후편십일 일언後篇十一一言이라 함.

[補解] 대역서大易序는 일부선생一夫先生 오십육세시五十六歲時인 신사년辛 巳年(1881)에 쓰신 것이다. 주역周易이 건乾·곤坤을 수괘首卦로 한 상경上 經과 함咸·항恒을 수괘首卦로 한 하경下經으로 되어 있듯이 정역正易도 상편上篇인 십오일언十五一言은 그 상경上經에 해당該當하고 하편下篇인 십일일언十一一言은 그 하경下經에 해당該當한다고 할 수 있다. 선생先生

은 서序에서 정역正易 상하편上下篇을 쓰시게 된 경위經緯를 밝히시고 아울러 선생先生의 내력來歷과 사적事蹟을 밝히셨다. 정역서正易序를 대역서大易序라고 이름하신 뜻은 선생先生께서 말씀한 바는 없으나 관견管見으로는 정역正易은 선천先天에서 후천后天으로 전환轉換하는 대변역大變易의 원리原理를 밝힌 역易이므로 대변역大變易을 뜻하여 '대역서大易序'라고 하신 듯 하다.

<br>

> 성 재    역 지 위 역     역 자    력 야    무 력
> 二. (1) 聖哉라 易之爲易이여 易者는 曆也니 無曆
> 무 성    무 성    무 역
> 이면 無聖이오 無聖이면 無易이라,

• 성聖스럽도다 역易이 역으로 됨이여, 역易은 력曆을 말함이니 력이 없으면 성인聖人도 없고, 성인이 없으면 역易도 없느니라.

粗解 선천윤역先天閏易과 후천무윤역后天无閏易을 말함이니, 곧 후천십역만력後天十易萬曆을 말씀한 것이다.

句解 선천윤역先天閏易과 후천무윤역后天无閏易을 뜻함 이라 함. 후천십역만력后天十易萬曆을 뜻함이라 함.

補解 역易은 우주宇宙의 자연법칙自然法則을 그대로 옮겨 연역演繹한 역서易書를 말하는 것이다. 자연계自然界에는 천지만물天地萬物을 생성生成하고 변역變易시키는 항구불변恒久不變의 법칙法則이 있으니 이를 '자연

역自然易'이라 한다. 고대古代의 성인聖人들은 자연현상自然現象을 앙관부찰仰觀俯察하시고 자연自然의 원리原理를 그대로 옮겨 팔괘도八卦圖를 획획畫畫하고 이를 연역演繹하여 역서易書를 완성完成하였는 바, 일부선생一夫先生은 이와 같은 선성先聖들의 위대偉大한 업적業績을 찬양讚揚하시어 서두序頭에서 '성재聖哉라 역지위역易之爲易이여' 라고 감탄感歎한 것이다. 또한 '역지위역易之爲易'은 주역서周易序의 「역지위서易之爲書 괘효단상지의비이천지만물지정卦爻彖象之義備而天地萬物之情이 현견現見하니 성인지우천하내세기지의聖人之憂天下來世其至矣」와 맥맥脈脈을 같이하고 있으니, 일부一夫께서도 역시亦是 후천后天의 내세來世를 우려憂慮하시어 정역正易을 연역演繹하시는 큰 뜻을 함축含蓄하고 있다.

력曆이라 함은 자연계自然界의 법칙法則에 따라 순환循環하는 천지일월天地日月의 운도運度를 헤아리고 그 법도法度를 기본基本으로 하여 순환주기循環週期와 운행도수運行度數(력수曆數)를 밝힌 력서曆書를 말함이다. 고대古代의 성인聖人께서 팔괘도八卦圖를 획획畫畫하고 역서易書를 연역演繹함에 있어서 천지일월天地日月의 운도運度를 밝힌 력수曆數를 바탕으로 하여 괘도卦圖와 역易을 완성完成한 것이니, 력수曆數도 역시亦是 성인聖人에 의依하여 밝혀진 것이다. 그러므로 일부一夫께서 '역자력야易者曆也'라고 하였으며, 이어서 '력曆이 없으면 성인聖人도 없고 성인聖人이 없으면 역易도 없다'고 말씀한 것이다. 그러므로 성인聖人께서 역易을 연역演繹하시어 천지만물天地萬物의 생성변화生成變化하는 리理를 밝혔으며, 역리易理를 바탕으로 천지天地와 일월성신日月星辰의 운행법도運行法度를 관측觀測하여 치력治曆함으로써 그 수數를 밝힌 것이다. 그러므로 역易과 력曆은 둘이면서 하나이고(二而一) 하나이면서 둘(一而二)인 것이니, 고故로 '무력무성無曆無聖 무성무력無聖無曆'이라고 말씀한 것이다.

시 고       초 초 지 역       래 래 지 역       소 이 작
是故로 初初之易과 來來之易을 所以作
  야
也니라.

• 이런 고로 초초初初−先天의 '역'과 래래來來−後天의 '역'을 지으시게 된 것이니라.

粗解 초초지역初初之易은 원역原易이니 선천제요지기삼백육순유육일先天帝堯之朞三百六旬有六日과 제순지기삼백육십오도사분도지일帝舜之朞三百六十五度四分度之一의 윤역閏易을 뜻함이요 래래지역來來之易은 공부자孔夫子之朞와 일부지기一夫之朞인 삼백육십일三百六十日 후천무윤역后天無閏易을 뜻함이다.

句解 초초지역初初之易은 윤역閏易이니 선천제요지기삼백유육순유육일先天帝堯之朞三百有六旬有六日과 제순지기삼백육십오도사분도지일帝舜之朞三百六十五度四分度之一의 윤역閏易을 뜻함이요 래래지역來來之易은 공부자孔夫子之朞와 일부지기一夫之朞의 삼백육십일三百六十日 후천무윤역后天無閏易인 정역正易을 뜻함이라 함.

補解 전문前文에 이어서 성인聖人께서 역易을 지으신 소이所以를 밝힌 것이다. '초초지역初初之易'은 선천先天의 무문괘도역無文卦圖易(복희원역伏羲原易)과 주역周易(문왕역文王易)을 말하며, '래래지역來來之易'은 역易의 순환원리循環原理대로 선천先天의 다음에는 반드시 후천后天으로 교역交易할 것이므로 후천시대后天時代에 쓸 미래未來의 역易을 말함이니 곧 후천

역后天易인 정역正易을 말함이다. 그러므로 일부一夫께서는 육십년솔성지공六十年率性之工을 다하시어 현묘玄妙한 후천금화지리后天金火之理를 밝히시고 정역팔괘도正易八卦圖와 정역正易을 지으신 것이다.

---

부 자 친 필 오 기 장
三. (1) 夫子親筆吾己藏하니

---

• 공부자孔夫子의 친필親筆을 내 몸에 간직하였으니,

粗解 공부자孔夫子의 십익정신十翼精神을 내 몸에 지녔다는 말씀이니, 십익十翼은 십진일퇴十進一退와 포오함육包五舍六의 자리이기도 하다.

句解 공부자孔夫子의 친필親筆을 내 몸에 지녀서 글 또한 춘추春秋와 같다는 것.

補解 공부자孔夫子께서는 만년晚年에 역易을 좋아하시어 위편韋編이 삼절三絶하도록 주역周易을 탐독耽讀하시고 친親히 십익十翼을 저술著述하시어 역易의 의의義와 리理를 밝히셨으니, 사마천司馬遷의 『사기史記』 공자세가孔子世家에 「만이희역晚而喜易하사 서단상계사설괘문언序彖象繫辭說卦文言하시고 독역讀易에 위편삼절韋編三絶하다」 라고 하였다. 역易은 본래本來 점서占書이나 공부자孔夫子께서 십이익지十而翼之하신 이후以後 유학최고儒學最高의 경전經典으로 자리하게 되었으며, 후학後學들은 십익十翼을 바탕으로 역경易經을 해석解釋(이전해경以傳解經)하여 역易의 비의秘

義를 광범廣範하게 발현發顯하였다. 일부一夫께서 '부자친필오기장夫子親筆吾己藏'이라고 하신 것은 공자孔子의 친필親筆인 십익十翼의 정신精神과 원리原理를 모두 체득體得하셨음을 밝힌 것이다.

도 통 천 지 무 형 외
三. (2) 道通天地無形外라

• 천지만물과 형상이 없는 밖(宇宙)까지 일관一貫하는 도道를 통달通達하였는지라,

우주

粗解 우주무중벽宇宙無中碧을 통찰通察함이니 십수역十數易을 뜻한다.

句解 우주무중벽宇宙无中碧을 통찰通察하심이니 후천십수역后天十數易이라 함.

補解 일부一夫께서는 복희씨伏羲氏로부터 이어진 성학聖學을 계승繼承하여 공부자孔夫子의 친필親筆인 십익十翼의 정신精神과 원리原理를 체득體得하시고, 우주만유宇宙萬有의 존재원리存在原理와 형상形象이 없는 무형지외無形之外를 통관洞觀하였음을 밝히신 것이다. 이 구절句節은 정자程子(명도선생明道先生)의 감흥시感興詩「추일우성秋日偶成」에서 인용引用하시어 우의寓意하신 듯하다.

한 래 무 사 부 종 용　수 각 동 창 일 이 홍　만 물 정 관 개 자 득
閑來無事不從容　睡覺東窓日已紅　萬物靜觀皆自得

사 시 가 흥 여 인 동　도 통 천 지 무 형 외　사 입 풍 운 변 태 중
四時佳興與人同　道通天地無形外　思入風雲變態中

부 귀 불 음 빈 천 락　남 아 도 차 시 호 웅
富貴不淫貧賤樂　男兒到此是豪雄

복 희 조 획 문 왕 교
三. (3) 伏羲粗畫文王巧하니

● 복희씨伏羲氏는 양의兩儀와 팔괘八卦를 간략하게 그리시고, 문왕文王은
낙서구궁洛書九宮에 의하여 괘도卦圖를 정교精巧하게 그렸으니,

粗解 선천설계도先天設計圖에 의한 생장괘도生長卦圖이다.

句解 선천설계도先天設計圖에 의依한 생장괘도生長卦圖를 뜻함이라 함.

補解 태호복희씨太昊伏羲氏는 하도河圖를 얻으시고 최초最初로 선천팔괘
도先天八卦圖를 획괘畫卦하시어 원역原易인 무문괘도역無文卦圖易만을 완
성完成하였으므로 이를 '조획粗畫'이라 하였으며, 문왕文王은 복희팔괘도
伏羲八卦圖와 낙서洛書의 원리原理를 바탕으로 팔괘도八卦圖를 획괘畫卦하시
고 선천괘도先天卦圖와 문왕괘도文王卦圖의 원리原理대로 역易을 연역演
繹하시어 서역書易인 주역周易을 완성完成하였으므로 '문왕교文王巧'라고
표현表現하신 것이다.

大易序

三. (4) 天地傾危二千八百年이라.

● 천지가 기울어져 위태롭게 된 것이 2,800년이 되었도다.

粗解 문왕文王께서 선천운先天運에 따라 귀서龜書에 의依한 괘도卦圖를 그리신 후後 이천팔백년二千八百年을 건곤乾坤의 부모위父母位가 경위傾危 되니 건괘乾卦는 서북간西北間으로 곤괘坤卦는 서남간西南間으로 위치位置하였다.

句解 문왕文王께서 선천운先天運인 귀서龜書에서 괘도卦圖를 그으신 후後 이천팔백년二千八百年을 건곤乾坤의 부모위치父母位置가 경위傾危되니 건괘乾卦는 서북간西北間으로 곤괘坤卦는 서남간西南間으로 위치位置하였음이라 함.

補解 은말殷末의 폭군暴君 주왕紂王(在位–紀元前 1154~1122)의 재위말기在位末期에 문왕文王은 혐의嫌疑를 받아 유리羑里의 옥옥獄獄에 유폐幽閉되었던 일이 있었는바, 이때 옥중獄中에서 주역周易을 연역演繹하였다고 전전傳한다. 『주역周易』 계사하전繫辭下傳(第七章)에 「역지흥야易之興也 기어중고호其於中古乎인저 작역자作易者 기유우환호其有憂患乎인저」 동제십일장同第十一章에 「역지흥야易之興也 기당은지말세주지성덕야其當殷之末世周之盛德耶인저 당문왕여주지사야當文王與紂之事耶인저 시고是故로 기사위其辭危하야 위자危者를 사평使平하고 이자易者를 사경使傾하니 기도심대其道甚大」라고 한 것이 바로 문왕文王의 작역지사作易之事를 말한 것이다. 문왕

文王이 팔괘도八卦圖를 획획劃畫하고 주역周易을 연역演繹한 것이 주왕紂王의 재위말기在位末期라고 볼 때 일부선생一夫先生 재세시在世時까지는 대략 大略 삼천여년三千餘年이 된다. '천지경위天地傾危'라 함은 문왕팔괘도文王 八卦圖에 건괘乾卦(☰)는 서북우위西北隅位에, 곤괘坤卦(☷)는 서남우위西 南隅位에 정위定位하여 천지天地를 상징象徵하는 건곤괘乾坤卦가 음방陰 方인 서북西北으로 치우쳐 경위傾危되었음을 말씀한 것이다.[8]

오 호 성 재　　부 자 지 성 호

四. (1) 嗚呼聖哉라 夫子之聖乎여

• 아 – 성聖스럽도다 공부자孔夫子의 성인이심이여,

粗解 공자孔子의 불언이신不言而信을 찬양讚揚하신 것이다.

句解 불언이신不言而信은 부자지도夫子之道라 하심을 찬양讚揚하신 뜻이라 함.

補解 공자孔子께서 십이익지十而翼之하시어 역리易理를 밝히신 위대偉大한 업적業績을 찬양讚揚한 것이다. '오호성재嗚呼聖哉'는 성인聖人을 흠모欽慕하고 찬탄讚嘆하는 감탄사感歎詞이다.

---

8 補註: 周文王이 八卦圖를 畫하고 演易한 것이 周易繫辭傳 및 史書 等의 記錄으로 보아 殷末의 暴君인 紂王의 在位末期로 보는 것이 通說인 바, 그렇다면 一夫先生께서 大易序를 쓰신 때까지 大略 三千餘年이 된다. 그러나 先生은 '天地傾危二千八百年'이라고 하였는 바, 이는 언제부터 언제까지를 말씀한 것인지 詳考할 資料가 없어 알 수 없다. 研究가 必要한 대목이다.

• 하늘의 도道를 아시는 성인聖人도 성인聖人이시고 또한 하늘의 도道를 즐기시는 성인도 성인이시나,

**粗解** 지천지성知天之聖은 복희씨伏羲氏이시고 낙천지성樂天之聖은 문왕文王이시다.

**句解** 지천지성知天之聖은 복희씨伏羲氏요 낙천지성樂天之聖은 문왕文王이시라 함.

**補解** 복희씨伏羲氏는 황하黃河에서 용마龍馬가 지고 나온 하도河圖를 얻으시고 하늘의 뜻을 헤아려 최초最初로 팔괘八卦를 획획하여 역易을 창시創始하였으므로 진실眞實로 하늘의 뜻을 헤아리신 지천지성인知天之聖人이시니, 고고로『주역周易』계사하전繫辭下傳(第二章)에 「고자포희씨지왕천하야古者包犧氏之王天下也에 앙즉관상어천仰則觀象於天하고 부즉관어법어지俯則觀法於地하며 관조수지문觀鳥獸之文과 여지지의與地之宜하며 근취저신近取諸身하고 원취저물遠取諸物하야 어시於是에 시작팔괘始作八卦하야 이통신명지덕以通神明之德하며 이류만물지정以類萬物之情」이라 하였는바, 이는 복희씨伏羲氏가 하늘의 뜻을 헤아려 시작팔괘始作八卦하였음을 밝힌 것이다.

문왕文王은 은말殷末의 폭군暴君 주왕紂王(在位-紀元前1154-1122)의 박해迫害를 받아 유리羑里의 옥獄에 유폐幽閉되어 생사生死의 간두竿頭에서도

근심하지 않으시고 주역周易을 연역演繹하였다고 전傳하는바, 진실眞實로 천명天命을 헤아리신 낙천지성인樂天之聖人이시다. 『주역周易』 계사상전繫辭上傳(第四章)에 「여천지상사與天地相似라 고故로 불위不違하나니 지주호만물이도제천하知周乎萬物而道濟天下라 고故로 불과不過하며 방행이불류旁行而不流하야 낙천지명樂天知命이라 고故로 불우不憂하며 안토安土하야 돈호인敦乎仁이라 고故로 능애能愛하나니라」라고 하였는 바, 이것이 바로 성인聖人의 낙천樂天을 말한 것이다.

---

**四. (3)** 친 천 지 성　기 유 부 자 지 성 호
**親天之聖은 其惟夫子之聖乎**신저

---

• 하늘의 도道를 친親하신 성인은 오직 공부자孔夫子만이 그 경지에 이르신 성인이신저.

粗解 공부자孔夫子는 하늘을 어버이로 하는 성인聖人이시니, 논어論語에 자공子貢이 공자孔子께 대하야 '천종지장성天縱之將聖'이라 하였음.

句解 하늘을 어버이로 하시는 성인聖人이라 하며 《논어論語》에 자공子貢이 공자孔子께 "고천종지장성固天縱之將聖이시고 우다능야又多能也시니라" 함.

補解 공자孔子는 천도天道를 가장 중시重視하고 하늘을 어버이 섬기듯하신 친천지성인親天之聖人이시다. 『논어論語』에 「오십이지천명五十而知天

命」이라 하시고 또 「외천명畏天命, 여소부자천염지予所否者天厭之, 획죄어
천무소도야獲罪於天無所禱也」 등等의 말씀은 하늘을 어버이처럼 외경畏
敬한 것이며, 또한 「아침에 도道−천도天道를 들어 깨달으면 저녁에 죽어
도 좋으니라.(조문도석사가의朝聞道夕死可矣)」라고 하셨으니, 이와 같은 말
씀으로 보아 공자孔子께서는 하늘을 외경畏敬하시고 하늘의 뜻을 헤아
리신 친천지성인親天之聖人이시다.

---

통 관 천 지 무 형 지 경　　일 부 능 지
**四. (4) 洞觀天地無形之景**은 **一夫能之**하고

---

● 천지의 형상이 없는 경지를 통관洞觀하는 것은 일부一夫가 능히
하였고,

[粗解] 무형지경無形之景은 하도후천십무극河圖後天十无極인 태양지경太陽
之景을 말함이다.

[句解] 무형지경无形之景은 하도후천무극河圖后天无極인 태양지경太陽之景
을 말함이라 함.

[補解] 공자孔子도 말씀하시지 않은 십무극十无極의 원리原理와 후천금화
지리后天金火之理를 밝히시고 십수十數 정역팔괘도正易八卦圖를 획획畫하시
어 무형지경無形之景을 통관洞觀하셨음을 말씀한 것이다. '일부능지一夫
能之'라고 하신 것은 공자孔子께서도 말씀하지 않은 현묘玄妙한 원리原

理를 일부一夫가 능能히 밝히고 획괘畫卦하였음을 말씀한 것이다.

---

**四. (5)** 방 달 천 지 유 형 지 리 부 자 선 지
**四. (5)** 方達天地有形之理는 夫子先之시니

---

• 바야흐로 천지의 유형有形한 이치를 통달하심은 공부자孔夫子께서 먼저 하셨으니,

粗解 유형지리有形之理는 선천오황극先天五皇極인 태음지리太陰之理이다.

句解 유형지리有形之理는 선천오황극先天五皇極인 태음지리太陰之理라 함.

補解 공자孔子께서 위편韋編이 삼절三絶하도록 주역周易을 탐독耽讀하시고 십익十翼을 저술著述하시어 천지만물天地萬物이 생성生成하는 원리原理와 변화變化하는 이치理致를 모두 밝히셨음을 말씀한 것이다. '유형지리有形之理'는 하늘과 땅 사이에 존재存在하는 만물萬物의 유형지리有形之理를 말하는 것이며, '부자선지夫子先之'라 함은 일부一夫께서 무형지경無形之景인 무극지리无極之理를 밝히기 이전以前에 공부자孔夫子께서 먼저 십익十翼을 쓰시어 유형지원有形之原인 태극지리太極之理를 밝혔음을 말씀한 것이다.

四. (6) 嗚呼聖哉라 夫子之聖乎여

• 아 – 성聖스럽도다 공부자孔夫子의 성인聖人이심이여,

粗解 무극지무극无極之无極과 불언무극유의존不言无極有意存의 덕행德行을 중복찬양重複讚揚하며 감탄感歎하신 것이다

句解 무극지무극无極之无極과 불언무극유의존不言无極有意存의 덕행德行을 찬양讚揚하신 뜻임.

補解 '오호성재嗚呼聖哉'라 하고 재차再次 감탄感歎하신 것은 공부자孔夫子께서 십이익지十而翼之하시고 태극지리太極之理를 밝혀 전전傳하셨으니, 일부一夫께서는 이를 바탕으로 하여 십무극十无極의 리理를 밝히게 되었으므로 공부자孔夫子의 위대偉大한 성업聖業을 찬미讚美하시어 재차감탄再次感歎하신 것이다.

문 학 종 장　　공 구 시 야　　　치 정 종 장

四. (7) 文學宗長은 孔丘是也시오 治政宗長은

맹 가 시 야

孟軻是也시니

• 문학의 스승이신 종장宗長은 공자孔子이시고 치정治政의 스승이신 종

장은 맹자孟子이시니,

粗解 문학종장文學宗長과 치정종장治政宗長을 말씀하심은 후천문학後天文學에는 공부자孔夫子의 유도학문儒道學問이 으뜸이요 치정治政에는 맹자치정학孟子政治學인 정전법井田法이 으뜸이란 말씀이다. 연즉然則 문학文學은 구리화九離火 육진뢰六震雷인 상율천시上律天時요 치정治政은 일손풍一巽風 사감수四坎水인 하습수토下襲水土이다.[9]

句解 문학종장文學宗長과 치정종장治政宗長을 말씀하신 것은 후천문학后天文學에는 공부자孔夫子의 유도학문儒道學問이 으뜸이요 치정治政에는 맹자孟子의 정전법井田法인 왕도정치학王道政治學이 으뜸이라는 것이니 삼팔중지三八中指인 건곤중립위치乾坤中立位置에서 상上으로 구리화九離火 육진뢰六震雷는 상율천시上律天時요 치정治政은 하下로 일손풍一巽風 사감수四坎水인 하습수토下襲水土라 운운함.

補解 공자孔子의 문문文은 『논어論語』 자한편子罕篇에 「문왕文王이 기몰既沒하시니 문부재자호文不在茲乎아 천지장상사문야天之將喪斯文也신대 후사자後死者가 부득여어사문야不得與於斯文也어니와 천지미상사문야天之未喪斯文也시니 광인匡人이 기여여其如予에 하何리오」라고 한 사문斯文의 문문文을 말함이니, 곧 문왕文王의 성학聖學을 이어받아 십이익지十而翼之하시어 역리易理를 밝히신 문문文을 말함이다. 학學은 유학儒學으로서 인仁과 예禮의 도道를 기본基本으로 하여 인륜지대도人倫之大道를 밝혔음을 말함이니, 이와 같은 문학文學에는 공자孔子가 가장 으뜸인 종장宗長(종사宗師)이시다. 맹자孟子는 공자孔子의 성학聖學을 계승繼承하여 공자孔子의

9 原註 : 九離 六震 一巽 四坎 等의 卦數는 正易八卦圖의 卦數이다

인도仁道에 '의義'를 더하여 '인의仁義'의 도道로써 성선性善를 바탕으로
한 인성지도人性之道를 세우시고 아울러 왕도정치王道政治의 치도治道를
밝혔으니, 치정지도治政之道는 맹자孟子가 종장宗長이라는 것이다. '粗解'
에 맹자孟子의 정전법井田法이 치정治政의 으뜸이라는 해석解釋은 일부一
夫께서 말씀한 원의原義와는 맞지 않는 듯 하다.

四. (8) 嗚呼오 호라 兩夫子양 부 자시여 萬古聖人也만 고 성 인 야시니라.

• 아 – 공자와 맹자 양부자兩夫子는 만고의 성인聖人이시니라.

粗解 공부자孔夫子와 맹자孟子께서는 자고自古로 제일第一의 성인聖人이
시니 개고만세皆古萬世의 성인聖人이심을 말씀하시며 감탄感歎한 것이다.

句解 공부자孔夫子와 맹자孟子께서는 옛적부터 제일第一 으뜸이신 성인
聖人이시니 개고만세皆古萬世의 성인聖人이시라 함.

補解 앞에서는 공부자孔夫子를 재차再次 감탄感歎하시고 여기서는 공맹
양부자孔孟兩夫子를 만고성인萬古聖人이라고 감탄感歎하였는바. 이는 맹
자孟子께서 공자孔子의 위대偉大한 성학聖學을 계승繼承하여 '인의仁義'의
도道로써 이를 실천實踐하고자 진력盡力하였으며, 또한 왕도정치王道政治
의 치도治道를 밝히셨으니, 이로써 공자孔子의 성학聖學이 치정지도治政
之道로서 그 위상位相이 확립確立되었다고 할 수 있다. 그러므로 양부자

兩夫子를 만고성인萬古聖人이라고 찬탄讚嘆한 것이다. 관견管見으로는 일부一夫께서 육십년솔성지공六十年率性之工으로 완성完成하신 후천지학后天之學의 계승자繼承者를 염두念頭에 두시고 맹자孟子가 공자孔子의 학學을 계승繼承하였듯이 일부지학一夫之學을 계승繼承하여 만천하滿天下에 포도布道할 후계자後繼者가 선생재세시先生在世時에는 없었으므로 이를 한탄恨歎하는 뜻이 암시적暗示的으로 함축含蓄되어 있는 듯 하다.

---

### 五. 一夫事實이라.
일 부 사 실

---

• 김일부金一夫의 사실이라

[粗解] 일부선생一夫先生의 학통연원學統淵源과 혈통내력血統來歷의 사실事實이다.

[句解] 일부선생一夫先生의 학통연원學統淵源과 혈통내력血統來歷의 사실事實을 말씀함이라 함.

[補解] 필생畢生의 공력功力과 하늘의 뜻으로 후천지학后天之學(정역正易)을 펴신 일부선생一夫先生께서 자신自身의 혈통내력血統來歷과 학통연원學統淵源의 사실事實을 밝힌 말씀이다.

◉ 大易序
┊┊

六. (1) 淵源은 天地無窮化无翁이요 來歷은
　　　　연 원　　　 천 지 무 궁 화 무 옹　　　　내 력
新羅三十七王孫이라
신 라 삼 십 칠 왕 손

• 도학의 연원은 천지의 무궁한 조화를 주관하는 화무옹化无翁이요 선
대先代의 내력은 신라 삼십칠왕三十七王의 후손이라

粗解 연원근본淵源根本은 천지天地의 무궁無窮한 화무옹化无翁이시고,
혈통血統의 내력來歷은 신라삼십칠왕新羅三十七王의 후손後孫임을 밝히
신 것이다.

句解 도학연원道學淵源의 근본根本은 천지天地의 무궁无窮한 화무옹化
无翁이시오 혈통적血統的인 내력來歷은 신라삼십칠왕新羅三十七王의 후손
後孫이시라 함.

補解 후천역后天易인 정역正易의 연원淵源을 '천지무궁화무옹天地無窮化
无翁'이라 하였는바, 화무옹化无翁은 실체實體는 없으면서 천지만물天地
萬物을 포용包容하고 생화生化하는 십무극十无極을 의인화擬人化하여 말
씀한 것이다. 선천역先天易인 주역周易의 연원淵源은 일태극一太極이나 그
근본根本(체體)은 십무극十无極이며, 후천역后天易인 정역正易의 연원淵源
은 십무극十无極이나 그 바탕은 일태극一太極이니, 무극无極과 태극太極
은 일체一體의 양면兩面으로서 체용體用을 호환互換하며 무궁無窮하게
순환循環을 반복反復하는 것이다. 이와 같은 천지지리天地之理를 통관洞
觀하신 일부선생一夫先生은 후천역后天易인 정역正易의 연원淵源이 십무

正易集註補解

40

극十无極임을 밝히시고 이를 의인화擬人化하여 화무옹化无翁 또는 화옹化翁 화화옹化化翁 화무상제化无上帝라 한 것이다. 그리고 팔괘도八卦圖의 출현出現도 복희팔괘도伏羲八卦圖와 문왕팔괘도文王八卦圖는 모두 천하天下를 통치統治한 성왕聖王에 의依하여 성도成圖되었으나, 정역팔괘도正易八卦圖는 동방東方의 무위유사無位儒士인 일부선생一夫先生이 획괘畫卦하여 성도成圖하였다. 그러나 김일부金一夫의 선대내력先代來歷은 신라新羅를 통치統治한 삼십칠왕三十七王의 후손後孫이므로 그 지위地位가 부족不足함이 없음을 말씀한 것이다.[10]

---

| 연 원 무 궁 내 력 장 원 혜 |
| :-- |
| 六.⑵ 淵源無窮來歷長遠兮여 |

---

● 연원은 무궁하고 내력은 장원長遠함이여,

粗解 도학道學의 연원淵源은 무궁無窮하고 조상祖上의 혈통내력血統來歷이 장원長遠하다는 것을 말씀하신 것이다.

句解 도학道學의 연원淵源은 무궁无窮하고 조상祖上의 혈통내력血統來歷은 장원長遠함이라 함.

---

10 [補註]: 金氏姓의 新羅 三十七王은 味鄒 奈勿 寶聖 訥祇 慈悲 炤智 智證 法興 眞興 眞智 眞平 善德(女王) 眞德(女王) 武烈 文武 神文 孝昭 聖德 孝成 景德 惠恭 宣德 元聖 昭聖 哀莊 憲德 興德 僖康 閔哀 神武 文聖 憲安 景文 憲康 定康 眞聖(女王) 孝恭王이니 光山金氏 始祖 金興光은 孝恭王과 兄弟間이므로 新羅 三十七王孫이라 한 것이다.

補解 '연원무궁淵源無窮'이라 함은 일부一夫께서 필생畢生의 공력功力으로 완성完成한 정역正易의 연원淵源이 반고화盤古化(십무극十无極)로부터 이어진 십오성인十五聖人의 학통學統을 계승繼承하였으므로 무궁無窮하다는 것이며, '내력장원來歷長遠'은 신라왕조新羅王朝의 김씨삼십칠왕金氏三十七王의 후손後孫이므로 그 혈통내력血統來歷이 장원長遠함을 말씀한 것이다.

---

六. (3)  도 통 천 지 무 형 지 외 야
道通天地無形之外也라

---

• 하늘과 땅 그리고 형상이 없는 밖(外<sup>외</sup>)까지 도道를 통달한지라

粗解 무중벽无中碧을 관찰觀察하시고 통달通達하심. 무형지외無形之外는 십무극十無極이다.

句解 무중벽无中碧을 관찰觀察하시니 무형지외无形之外는 십무극十无極이라 함.

補解 무형지외無形之外는 형체形體가 없는 밖을 이름이니, 이를 이기理氣로 논論하면 유형有形(氣<sup>기</sup>)의 태극지리太極之理와 상대相對를 이루는 무형無形(理<sup>리</sup>)의 무극지리无極之理라고 말할 수 있다. 하도십수河圖十數와 낙서구수중洛書九數中 구수九數까지는 기氣(物質<sup>물질</sup>)를 뜻하며, 십수十數는 모든 수數를 포괄包括하는 본체本體로서 무극지수无極之數이므로 형상形象

이 없는 리理이다. 주자朱子는 이기론理氣論에서 「리理는 태극太極이며 기氣는 음양陰陽이다」라고 하였는바, 무극无極은 태극太極을 포괄包括하는 리理이므로 곧 이중지리理中之理이니, 일부一夫께서는 이를 무형지외無形之外라고 표현表現하신 것이다. 그러나 구수九數가 없이 십수十數만 홀로 성립成立할 수 없고, 십수十數가 없는 구수九數는 존재存在할 수 없는 것이니, 이것이 곧 무극이태극无極而太極이다. 일부선생一夫先生은 이 십수무극十數无極의 원리原理를 바탕으로 하여 정역괘도正易卦圖와 후천역后天易인 정역正易을 지으시고 그 경위經緯를 밝힌 것이다.

---

七. 我<sub>아</sub>馬<sub>마</sub>頭<sub>두</sub>通<sub>통</sub>天<sub>천</sub>地<sub>지</sub>第<sub>제</sub>一<sub>일</sub>元<sub>원</sub>은 金<sub>김</sub>一<sub>일</sub>夫<sub>부</sub>로다.

● 아마두我馬頭 천지만물의 이치를 통달한 제일원第一元은 김일부金一夫로다.

粗解 아마두我馬頭는 아마도我摩道와 같은 뜻이며, 천지天地를 통찰洞察하야 학문연원學問淵源의 무궁無窮함과 조상내력祖上來歷의 장원長遠함이 천지天地를 통通하여 봐도 제일第一 으뜸(元)인 김일부金一夫로다. 아마두我馬頭는 곤괘坤卦의 빈마지정牝馬之貞과 관련성關聯性이 있으며 제일원第一元의 자리는 팔간산八艮山 구리화九離火 십건천十乾天이요 아마두我馬頭는 포오함육包五含六의 자리인 삼태택三兌澤이다.

句解 아마도我摩道와 같은 뜻이며 천지天地를 통찰通察하야 학통연원學

統源泉의 무궁无窮함과 조상내력祖上來歷의 장원長遠함이란 천지天地를 통通하는바도 제일第一 으뜸이신 김일부金一夫시라 함.

補解 '아마두我馬頭'는 비사秘辭라고 생각한다. 근세近世에 이르러 역학자易學者들이 구전口傳하기를 지금의 시점時點을 오회중천시대午會中天時代라고 말한다. 오회午會는 소강절선생邵康節先生이 제시提示한 대순환주기大循環週期(원회운세元會運世. 일원一元: 129,600年, 일회一會: 10,800年)의 오회午會(오월午月)를 뜻하는 것이니, 음양지기陰陽之氣의 순환循環을 선先·후천后天으로 나누면 동지冬至에서 하지夏至까지를 선천先天, 하지夏至에서 동지冬至까지를 후천后天으로 나눌 수 있는바, 이렇게 볼 때 오회중천午會中天은 오월午月의 중기中氣인 하지夏至에 가까운 시대時代임을 말하는 것이므로 머지않아 후천后天으로 바뀌게 될 시점時點임을 암시暗示하고 있다. 필자筆者의 관견管見으로는 '아마두我馬頭'의 아我는 일부선생一夫先生이 재세在世하는 때이고, 마馬는 곧 오午이며, 두頭는 초初를 뜻한다고 보아 대역서大易序를 쓰신 때가 대순환주기大循環週期의 '오회초午會初'라는 시점時點을 말씀하신 것이 아닌가 하고 생각해 보았다. 아마두我馬頭는 '아마도我摩道'나 우리말 '아마도'와 동의어同義語는 아닌 듯하다.

'통천지제일원通天地第一元'이라 함은 선성先聖께서 말씀한바 없는 십무극十无極의 원리原理를 통관洞觀하시고 후천역后天易인 십수十數 정역팔괘도正易八卦圖를 획화劃畫하시어 후천지리后天之理를 밝혔으므로 후천后天의 제일원第一元은 김일부金一夫라고 말씀한 것이다. 선천역先天易의 제일원第一元은 선천팔괘도先天八卦圖를 최초最初로 획화劃畫한 복희씨伏羲氏이며, 제이원第二元은 주역周易을 연역演繹하신 문왕文王이시고 제삼원第三元은 십이익지十而翼之하시어 역리易理를 밝히신 공부자孔夫子이시다. 일부一夫

께서는 최초最初로 후천정역괘도后天正易卦圖를 획획劃畫하시고 후천지리后天 之理를 밝히셨으므로 후천역后天易의 제일원第一元임을 밝히신 것이다.

일 부 사 적
八. 一夫事蹟이라

• 김일부의 사적이라

粗解 일부선생一夫先生께서 평생平生에 이룩하신 공로功勞와 업적業績을 말씀한 것이다.

句解 일부선생一夫先生께서 평생平生에 이룩하신 공로功勞의 업적業績이시라 함.

補解 일부一夫께서 천명天命을 받들어 후천금화지리后天金火之理를 통관洞觀하시고 괘도卦圖와 정역正易을 완성完成하신 업적業績을 말함이다.

삼천년적덕지가 통천지제일복록운
三千年積德之家에 通天地第一福祿云
자 신고야
者는 神告也시오

• 三천년동안 덕을 쌓은 가문에 제일의 복록福祿이라 이르는 것은
신께서 고告하여 주심이오.

[粗解] 삼천년三千年동안 적덕積德한 가문家門에서 제일第一의 복록福祿을
천지신명天地神明을 통通하여 누리는 것을 예고豫告하심이다. 신고神告
는 이천칠지二天七地의 자리이다.

[句解] 삼천년三千年 동안 적덕積德한 집에서 제일第一가는 복록福祿을 천
지신명天地神明을 통通하야 누리는 것을 예고豫告하야 주심을 뜻함이라
함.

[補解] 내력來歷이 장원長遠한 적덕지가積德之家에서 탄생誕生하여 천지지
도天地之道를 통관通觀하시고 후천제일원后天第一元의 복록福祿을 누리
게 된 것은 일부선생一夫先生 자신自身의 능력能力이 아니라 하늘의 뜻임
을 밝힌 것이다. 『주역周易』 곤괘문언전坤卦文言傳에 「적선지가필유여경
積善之家必有餘慶」 이라 하였으니, 일부一夫께서 신고神告를 받아 정역괘
도正易卦圖와 정역正易을 완성完成한 것은 적덕지가積德之家의 여경餘慶
으로서 선조先祖의 덕덕德이며, 자신自身의 능력能力만으로 된 것이 아니라
는 겸사謙辭의 말씀이다.

六十年率性之工에 秉義理大著春秋事者는
上敎也시니라.

육십년솔성지공 병의리대저춘추사자
상교야

• 육십六十년동안 솔성率性의 공력과 의리義理를 잡고 춘추春秋의 일을
크게 나타낸 것은 상천上天의 가르침이니라.

粗解 육십년六十年동안 솔성率性(道)의 공부工夫를 하고 의리義理를 잡
아서 크게 나타내며 춘추대의春秋大義로 일한 것은 상천上天의 가르침
이다. (육구지년솔성지공六九之年率性之工은 일부선생一夫先生 오십사세
五十四歲임)

句解 육십년六十年동안 솔성率性대로 따르는 공부工夫를 하고 의리義理
를 잡아서 크게 나타내어 춘추대의春秋大義로 일한 것은 위에서 가르치
심이라 함이요, 육구지년六九之年 솔성지공率性之工은 일부선생一夫先生
오십사세五十四歲시라 함.

補解 육십년솔성지공六十年率性之工이라 함은 육구지년六九之年(五十四
歲-己卯年)에 시견공始見工하시고 현묘지리玄妙之理를 통通하시어 신사년
辛巳年(五十六歲-1881)에 정역팔괘도正易八卦圖를 획획劃畫하시고 대역서大易序
를 쓰셨으며, 갑신년甲申年(五十九歲-1884)에 정역상편正易上篇을 쓰시고 을
유년乙酉年(六十歲-1885)에 정역하편正易下篇을 쓰시어 괘도卦圖와 정역正
易을 완성完成하였음을 말씀한 것이다. 『중용中庸』에 「천명지위성天命之
謂性 솔성지위도率性之謂道」 라고 하였으니, '솔성率性'은 곧 천명지성天命

之性을 따라 종도從道함을 뜻하고 '공工'은 도道를 탐구探究하는 공력功力을 말하며, '병의리대저춘추사자秉義理大著春秋事者'는 천지무형지외天地無形之外의 대도大道를 통관洞觀하시고 그 내력來歷과 사적事蹟을 천하天下에 드러내어 밝히게 되었음을 말씀한 것이다. '춘추사자春秋事者'라 함은 공자孔子께서 천하래세天下來世의 난신적자지폐해亂臣賊子之弊害를 우려憂慮하시고 춘추春秋를 직필直筆하시어 대의大義를 밝히신 뜻과 같이 일부一夫께서도 후천지래세后天之來世를 우려憂慮하시어 정역팔괘도正易八卦圖를 획획畵畵하시고 후천지리后天之理를 밝히시는 대의大義를 말씀한 것이다. 일부一夫께서는 이와 같은 업적業績을 이룬 것이 모두 상교上敎에 의依한 것이라고 하였으니, 상교上敎는 상천上天의 계시啓示와 선성先聖의 가르침을 뜻하는바, 고故로 정역상편正易上篇(십오일언十五一言)에 반고화盤古化로부터 이어진 십오성인十五聖人의 도통道統을 밝히신 것이다.

---

일 부 경 서    서 기 도 죄 호
十一. 一夫敬書하니 庶幾逃罪乎인저.

---

• 일부一夫는 경건하게 쓴 바이니, 거의 죄를 면할 수 있을 진저.

粗解 일부一夫는 경건敬虔한 마음으로 쓰노니 천리天理를 거스르는 죄罪를 거의 면免할 수 있으리라.

補解 일부一夫께서는 공부자孔夫子도 말씀하시지 않은 십무극十无極의 리理를 통通하시고 십수十數 정역팔괘도正易八卦圖와 정역상하편正易上下

篇을 쓰시어 후천后天의 리理를 세상世上에 폈으므로 천기天機를 누설漏洩한 죄罪가 무거우나 이는 모두 상교上敎에 의依한 것이며, 선생자신先生自身은 하늘의 뜻에 따라 이를 경서敬書하였으므로 하늘에 지은 죄罪는 거의 면免하게 될 것임을 말씀한 것이다. 공자孔子는 「획죄어천獲罪於天이면 무소도야無所禱也니라」라고 하였으나 일부一夫께서는 하늘의 뜻에 따라 행行하였으므로 거의 면免하게 될 것이라는 소신所信을 밝힌 것이다.

---

신 사 유 월 이 십 이 일 일 부
十二. 辛巳 六月 二十二日 一夫

---

• 신사년 六月 二十二일에 일부一夫가 서書하다.

粗解 포오함육包五含六의 자리인 삼태택三兌澤으로 볼 수 있는 일부一夫이시다.

補解 선생先生께서 육구지년六九之年인 기묘년己卯年(1879—五十四歲)에 시견공始見工하신 후後 삼년三年째 되는 해 신사년辛巳年(1881)에 정역팔괘도正易八卦圖를 획획劃畫하시고 대역서大易序를 쓰셨음을 밝히신 것이다.

十五一言

一. 十五一言이라.

• 십十과 오五와 일一의 원리를 밝히는 말씀이라.

**[註義]** 십 지수야 기성 천야 기도 성야 기덕 중야
十은 地數也라 其性은 天也요 其道는 誠也요 其德은 中也니

오 천수야 기성왈지 기도왈신 기덕왈정 일 양
라 五는 天數也라 其性曰地요 其道曰信이요 其德曰正이라 一은 陽

수야 어기성즉수 어기도즉경 어기덕즉지 개십오자
數也라 語其性則水요 語其道則敬이요 語其德則知라 盖十五者는

명성대대지체 십일자 명성유행지용 일언자 역성인겸
命性待對之體요 十一者는 命性流行之用이요 一言者는 亦聖人謙

덕 지 사
德之辭라

**[演解]** 십 무극야 오 황극야 일 태극야 차서 삼극지리
十은 无極也오 五는 皇極也오 一은 太極也니 此書는 三極之理

전 발명고 칭이십오일언이 현허난진왈무 거중총만왈
를 全히 發明故로 稱以十五一言耳라. 玄虛難眹曰无며 居中總萬曰

황 대무부포왈태 지무불비왈극 일운극 대중지처야
皇이며 大无不包曰太며 至无不備曰極이라. 一云極은 大中之處也니

차 대중처 난진 무극야 유진 태극야
此大中處를 難眹한즉 无極也오 有眹한즉 太極也라.

**[粗解]** 정역正易은 십오일언十五一言이 상편上篇이고 십일일언十一一言이 하

편下篇이다. 십오일언十五一言은 기축궁己丑宮에서 무술궁戊戌宮까지의 십

十과 무술궁戊戌宮에서 임인궁壬寅宮까지의 오五를 합습하여 십오十五를

말한 것이고, 또한 십무극十无極 오황극五皇極과 일태극一太極이며, 십오

성인十五聖人에 대對한 말씀이 있다.

정역正易에는 십오일언十五一言이 상편上篇이요 십일일언十一一言이
하편下篇으로서 간지도수干支度數로는 기축궁己丑宮에서 무술궁戊戌宮까
지 십十과 무술戊戌에서 임인壬寅까지 오五를 합合해서 십오일언十五一
言이라 칭칭稱하고 하도河圖인 중앙中央 오십토五十土로서 십무극十无極(천
황씨天皇氏)과 오황극五皇極(지황씨地皇氏)과 일태극一太極(인황씨人皇氏)이라
하고 십오성인十五聖人의 말씀이라 함.

십오일언十五一言은 정역正易의 상편上篇이다. 주역周易에서는 볼 수
없는 생소生疎한 어휘語彙이나 정역正易에서는 수리數理로써 편명篇名을
정정定한 것이니, 즉卽 십十은 십무극十无極이고 오五는 오황극五皇極이며
일一은 일태극一太極을 말하는 것이다. 이는 곧 삼극지도三極之道로서 무
극이황극이태극无極而皇極而太極이니, 나누어 논論하면 삼三이나 그 체체體
는 나눌 수 없는 하나(一)이다. 그러므로 십오일언十五一言은 '십무극十无
極·오황극五皇極·일태극一太極의 삼극三極이 하나의 원리原理임을 밝힌 말
씀'이라는 뜻이다. 연然이나 관견管見으로는 하문下文에 십오성인十五聖
人의 도통연원道統淵源을 밝히시고 이어서 '상률하습上律下襲 습우금일襲
于今日 일호일부一乎一夫'라고 결구結句하신 것으로 보아 십오일언十五一
言은 십오성인十五聖人의 도통道統을 계승繼承한 일부一夫의 말씀이라는
뜻으로 해석解釋하여도 역시亦是 뜻은 통通한다.

● 아 – 반고씨盤古氏께서 화化하시니,

**註義** 嗚呼는 嘆美辭라 盤古는 按史記하니 三才之首요 形化之主<sub>오 호 탄 미 사 반 고 안 사 기 삼 재 지 수 형 화 지 주</sub>
야
也니라

**粗解** 반고盤古는 상원上元의 원원元元인 기축궁己丑宮이요 태극太極이요
음양陰陽의 시초始初요 천지만물天地萬物의 시조始祖요 태고太古의 기반
基盤이라면 화化는 원화元和의 중추中樞요 기축궁己丑宮에서 무술戊戌이
요 무극이태극無極而太極이요 십변시태극十便是太極이다. 간지도수干支度
數로는 임인壬寅에서 이십일도二十一度인 임술壬戌 계해癸亥이니 임술壬戌
은 구지신九指伸이며 계해癸亥는 십지신十指伸이다.

**句解** 반고盤古는 상원上元의 원원元元인 기축궁己丑宮으로서 태극太極이
요 음양陰陽의 비롯이요 천지만물天地萬物의 시조始祖시며 태고太古의 기
반基盤이라면 화化는 원화元和의 중추中樞가 되고 기축궁己丑宮에서 무
술戊戌이요 무극无極이 태극太極이며 십변시태극十便是太極이요 태음太
陰 · 태양太陽에도 포태과정胞胎過程에서 경자庚子로부터 경신庚申까지 이
십일도二十一度요 병오丙午에서 병인丙寅으로 이십일도二十一度에 가서
생生하는 이치理致와 같이 천지天地 또한 임인壬寅에서 임술壬戌까지 이
십일도二十一度를 거쳐 개벽開闢한다 하므로 수지手指에 구지九指 십지十

指자리에서 임술壬戌 계해癸亥라 함.

補解 반고씨盤古氏는 태고시대太古時代에 최초最初로 중국中國을 다스린 제왕帝王이라고 하나 학자學者에 따라 해석解釋은 구구區區하다. 혹或은 천지만물天地萬物의 조상祖上이라 하고 혹或은 천지天地를 조판肇判한 조화주造化主라 하나 통설通說은 실존實存한 제왕帝王이 아니라 천지만물天地萬物의 창조적근원創造的根源을 의인화擬人化하여 인류역사人類歷史의 시초始初로 하였다는 것이다. 일부一夫께서는 반고씨盤古氏를 천지만물天地萬物의 본원本原인 십무극十无極을 의인화擬人化한 것으로 보시고 그 이칭異稱으로 화옹化翁 화무옹化无翁 화화옹化化翁 화무상제化无上帝라 하였으며, 십무극十无極이 정역正易의 본원本原임을 밝히셨다. 그러므로 십오성인十五聖人에 반고씨盤古氏는 포함包含하지 아니하고 상제上帝의 위位에 놓아 반고화盤古化라고 한 것이니, 십무극十无極에서 귀체歸體(십일귀체十一歸體)한 일태극一太極은 선천先天의 시원始元이며, 일태극一太極에서 역상逆上하여 극極에 이른 십무극十无極은 곧 후천后天의 시원始元이다. 고故로 무극이태극无極而太極이요 태극이무극太極而无極이니, 무극无極과 태극太極은 분리分離할 수 없는 일체一體로서 서로 뿌리가 되는 순환체循環體이다. 하문下文에 「십변시태극十便是太極이니 일一이니라 일一이 무십无十이면 무체无體요 십十이 무일无一이면 무용无用」이라 함이 이를 말한 것이다. 이하以下 십오성인十五聖人은 반고화盤古化(십무극十无極)를 뿌리로 한 선천성인先天聖人이니, 이는 곧 태극太極(선천先天)은 무극无極을 뿌리로 하고, 무극无極(후천后天)은 태극太極을 바탕으로 하는 선후천先后天의 순환원리循環原理를 성인聖人의 도통연원道統淵源으로써 밝힌 것이다.

二. (2) 天皇无爲시고[11]

• 천황씨天皇氏께서는 아무 하심이 없으시고,

註義 天皇氏는 一姓으로 兄第十二人이시요 始制干支시니라 盖十母十二子之名으로 以定歲之所在시니라 又曰 天皇은 取開子之義요

粗解 천天은 무위無爲의 건곤지도乾坤之道이다. 주역계사하전周易繫辭下傳에 「황제요순黃帝堯舜이 수의상이천하치垂衣裳而天下治하니 개취저건곤蓋取諸乾坤이라」 하였고, 간지干支는 천개어자天開於子로 무지일拇指一을 굴屈하니 갑자시甲子時이다.

句解 천天은 무위無爲의 건곤乾坤의 도道라 하니 《주역계사하편周易繫辭下篇》에 "황제요순黃帝堯舜이 수의상이천하치垂衣裳而天下治하니 개취저건곤蓋取諸乾坤이라" 하였고. 간지차干支次로는 천개어자天開於子라 하야 무지拇指 일一자리를 굴屈하니 갑자궁甲子宮이라 함.

補解 천황씨天皇氏는 제일第一 첫 번째 성인聖人이시다. 『십팔사략十八史略』에 「태고太古의 천황씨天皇氏는 목덕木德으로 왕王이 되었다. 세시歲時는 인년寅年의 섭제攝提(인월寅月)로부터 시작始作되었는데, 정치기

---

11 편집자주 :『정역대경(모필본)』에는 '天皇, 无爲,'로『정역주의(하상역본)』에는 '天皇无爲,'로 기록되어 있다.

구政治機構는 없었으나 임금의 덕德으로 백성百姓이 저절로 잘 감화感化되었으며, 형제兄弟가 열두 사람, 각각各各 일만팔천년一萬八千年의 나이를 누렸다 (太古 天皇氏 以木德王 歲起攝提 無爲而化 兄弟十二人 各一萬八千歲)」라고 하였다. 천황씨天皇氏는 중국中國 시초始初의 왕王으로서 무위無爲라 함은 무위이화無爲而化를 말함이니, 왕정王政을 행行하지 않았으나 왕덕王德으로 저절로 다스려졌음을 뜻한다.

---

## 二. (3) 地皇載德하시니[12]
### 지 황 재 덕

* 지황씨地皇氏께서는 덕德을 실으셨으니,

**註義** 地皇氏는 一姓으로 兄第十一人이시요 爰定三辰하시고
지 황 씨　일 성　　형 제 십 일 인　　원 정 삼 신
是分晝夜하사 以三十日로爲一月하시니라. 又曰 地皇은 取闢丑之義요.
시 분 주 야　이 삼 십 일 위 일 월　　우 왈 지 황　취 벽 축 지 의

**粗解** 곤후재물坤厚載物이 덕합무강德合无疆이라 하였으며, 간지干支로는 식지이食指二를 굴屈하니 지벽어축地闢於丑으로 을축시乙丑時이다.

**句解** 곤괘坤卦에서 곤후재물坤厚載物이 덕합무강德合无疆이라 하였고, 지황씨地皇氏는 용상마제龍顙馬蹄의 상상像이시라 전傳함. 간지차干支次로는 식지食指 이二자리를 굴屈하면 지벽어축地闢於丑으로 을축궁乙丑宮이라 함.

---

12 편집자주 : 『정역대경(모필본)』에는 '地皇, 載德,'으로 『정역주의(하상역본)』에는 '地皇 載德,'으로 기록되어 있다.

補解 지황씨地皇氏는 제이第二 성인聖人이시다. 『십팔사략十八史略』에 「지황씨地皇氏는 화덕火德으로 왕王이 되었으며, 형제兄弟 열 한 사람
(十一人)이 각각各各 <sub>십일인</sub> 일만팔천세一萬八千歲의 장수長壽를 누렸다(地皇氏 <sub>지황씨</sub>
以火德王 兄弟十一人 亦各一萬八千歲)」<sub>이화덕왕 형제십일인 역각일만팔천세</sub>라고 하였다. 재덕載德은 만물萬物을 포용包容하여 싣는 덕德으로서 『주역周易』 곤괘단전坤卦彖傳에 「지재至哉라 곤원坤元이여 만물萬物이 자생資生하나니 내순승천乃順承天이니 지후재물地厚載物이 덕합무강德合无疆」 이라 하였으니, '지황재덕地皇載德'은 곧 '지후재물地厚載物 덕합무강德合无疆'의 뜻이며, 지황씨地皇氏도 역시亦是 덕德으로 백성百姓을 다스렸다.

二. (4) 人皇作<sub>인 황 작</sub>이로다.[13]

• 인황씨人皇氏께서 지으셨도다.

註義 人皇氏는 一姓으로 兄第九人이시요 亦號九皇氏라 分居九區<sub>인황씨 일성 형제구인 역호구황씨 분거구구</sub>

亦曰居方氏라 하니라 政教君臣이 所自起飲食男女所由始니라<sub>역왈거방씨 정교군신 소자기음식남녀소유시</sub>

又曰 人皇은 取生人之義也니라 盖天道는 理氣爲主이나 然必得形<sub>우왈 인황 취생인지의야 개천도 리기위주 연필득형</sub>

化而成物故로 擧此載籍可考之實事하여 欲使推致正易無窮之道<sub>화이성물고 거차재적가고지실사 욕사추치정역무궁지도</sub>

體也라 夫天與人은 一本而已요 道之謂也라 分而爲二는 形氣之謂<sub>체야 부천여인 일본이이 도지위야 분위위이 형기지위</sub>

---

13 편집자주 : 『정역대경(모필본)』에는 '人皇, 作,'으로 『정역주의(하상역본)』에는 '人皇作,'으로 기록되어 있다.

야　　　　개곡어형기즉변연위이물　　　　합어도즉소무기간　　　유
也니라 蓋梏於形氣則辨然爲二物이나 合於道則小無其間이라 幽

명지제　　호위체용　　　상위종시　　유성인　작이계시도　참
明之際에 互爲體用하여 相爲終始하니 唯聖人이 作而繼是道요 叅

위삼재　　입인극언
爲三才하여 立人極焉하니라.


[粗解] 인류人類의 조상祖上은 인황씨人皇氏에서 비롯되었다 하며, 간지干

支로는 중지삼中指三을 굴屈하니 인생어인人生於寅으로 병인시丙寅時이다.


[句解] 인류人類의 조상祖上은 인황씨人皇氏가 비롯이라 하고, 인황씨人皇

氏는 인면용신人面龍身이시오 신유구장身有九章이시라 전함. 간지干支로

는 중지中指 삼三자리를 굴屈하니 인생어인人生於寅이라 하야 병인시丙寅

時라 함.


[補解] 인황씨人皇氏는 제삼第三 성인聖人이시다.『십팔사략十八史略』에「인
　　　　　　　　　　　　　　　　　구인
황씨人皇氏는 형제兄弟가 아홉 사람(九人)이었는데, 각각各各 나뉘어 아

홉 주州의 군주君主가 되었다. 인황씨人皇氏와 그 형제兄弟들의 자손子

孫은 대대代代로 영토領土를 다스리기를 무릇 일백오십대一百五十代 사
　　　　　　　　　　　　　　　　　　　　　　인황씨 형제구인 분장구주
만오천육백년四萬五千六百年에 이르렀다 (人皇氏 兄弟九人 分長九州
　일 백 오 십 세　합사만오천육백년
凡一百五十世 合四萬五千六百年)」라고 하였다. '인황작人皇作'이라 함은

인황씨人皇氏에 이르러 비로소 천하天下를 구주九州로 나누고 분권이치

分權而治를 시행施行하였음을 말한 것이다.

유 소 기 소
二. (5) 有巢旣巢하시고[14]

• 유소씨有巢氏는 나무를 얽어 집을 지어서 백성들을 소거巢居케 하
시고,

유소씨    태고지민    혈거야처        피금수조아지독
**註義** 有巢氏는 太古之民으로 穴居野處이러시니 被禽獸爪牙之毒하
시교구목위소        이피기해      포금수음혈여모
사 始敎搆木爲巢하시고 以避其害하사 捕禽獸飮血茹毛하시니라.

**粗解** 주역계사하전周易繫辭下傳에「상고上古엔 혈거이야처穴居而野處러니
후세성인後世聖人이 역지이궁실易之以宮室하야 상동하우上棟下宇로 이대
풍우以待風雨하니 개취저대장蓋取諸大壯이라」하야 혈거穴居에서 소거巢
居로 바꾸는 일을 유소씨有巢氏가 하셨으며, 무명지사無名指四를 굴굴하
니 사상이치四象理致로서 간지干支는 정묘丁卯이다.

**句解** 《계사하편繫辭下篇》에 "상고上古엔 혈거이야처穴居而野處러니 후세
성인後世聖人이 역지이궁실易之以宮室하야 상동하우上棟下宇하야 이대풍
우以待風雨하니 개취저대장蓋取諸大壯이라"하야 혈거穴居에서 소거巢居
로 바꾸는 일을 유소씨有巢氏게서 행行하시였고, 간지차干支次로 무명지
無名指 사四자리를 굴굴하니 정묘궁丁卯宮이라 함.

---

14 편집자주 : 『정역대경(모필본)』에는 '有巢, 旣巢,'로『정역주의(하상역본)』에는 '有巢旣
巢,'로 기록되어 있다.

유소씨有巢氏는 제사第四 성인聖人이시다.『십팔사략十八史略』에 「인황씨人皇氏 다음에 유소씨有巢氏가 나와서 나무를 얽어 집을 짓고 나무의 열매를 따서 먹도록 하였다. (人皇氏以後 有曰有巢氏 構木爲巢 食木實)」 라고 하였다. 인황씨이후人皇氏以後 유소씨有巢氏에 의依하여 주거생활住居生活이 혈거穴居에서 소거巢居로 바뀌었으며, 식생활食生活도 나무 열매를 먹도록 하여 점차漸次 개선改善되었음을 말씀한 것이다.

---

수 인 내 수
二. (6) 燧人乃燧로다.

---

• 수인씨燧人氏가 나무를 뚫어 마찰하는 찬수鑽燧로써 불을 쓰게 하셨도다.

註義 燧人氏는 觀星辰察五行하사 知空有火麗木則明이시니 於是에 以鼻桃樹로 燨火하시며 立傳敎之臺하사 仰遂天意하시고 俯察人情故로 亦曰燧皇氏라.

粗解 수인씨燧人氏는 태고시대太古時代에 찬목취화鑽木取火하야 생식生食에서 화식火食을 하도록 교화敎化하신 성인聖人이시며, 소지오小指五를 굴屈하니 이천화二天火자리요 간지干支로는 무진戊辰이다.

句解 수인씨燧人氏는 태고시대太古時代에 찬목취화鑽木取火하야 생식生

食에서 화식火食토록 하신 성인聖人이시며, 소지小指 오五자리를 굴屈하니 이천二天이 기사己巳 원천화原天火의 중건천重乾天에 당當하니 간지차干支次로는 무진궁戊辰宮이라 함.

補解 수인씨燧人氏는 제오第五 성인聖人이시다. 『십팔사략十八史略』에 「수인씨燧人氏에 이르러 처음으로 나무를 뚫어 비벼서(鑽木) 불을 일으키는 방법方法을 발명發明하여 백성百姓들에게 음식飲食을 익혀먹는 법法을 가르쳐 주었으며, 당시當時는 문자文字가 없던 시대時代이므로 그 년대年代나 도읍지都邑地는 고증考證할 수 없다 (至燧人氏始鑽燧 敎人火食 在書契以前 年代國都不可攷)」라고 하였다. '수인내수燧人乃燧' 라 함은 수인씨燧人氏에 이르러 백성百姓들에게 불을 쓰는 방법方法을 가르치고 생식生食에서 화식火食을 하도록 하였음을 말하며, 또한 식물食物을 불로 조리調理하는 법法을 전전傳하여 식생활食生活을 개선改善하였음을 말씀한 것이다.

---

신 재 복 희 획 결
二. (7) 神哉伏羲劃結하시고

---

● 신명神明하신 복희씨伏羲氏께서는 팔괘八卦를 그으시고 노를 맺어
결승
(結繩) 표시하며 백성을 다스리시고,

태호복희씨 생유성덕 상일월지명고 왈태호 획팔괘
註義 太昊伏羲氏는 生有聖德하사 象日月之明故로 曰太昊라 劃八卦

이 치 하 하복이화고 왈복희 작황악 가부래영
하사 以治下이시어늘 下伏而化故로 曰伏羲라 作荒樂하사 歌扶徠詠

망고          이 진 천 하          명 왈 입 기          환 상 위 슬          이 수 신 이 성
網罟하시고 以鎭天下하시니 命曰立基라 組桑爲瑟하사 以修身理性

이 낙 음          자 시 흥
而樂音이시니 自是興이라.


粗解 하수河水에서 용마龍馬가 십수형상十數形象의 상수象數(하도河圖)를 등에 지고 나타나서 이에 팔괘八卦를 그으시어 왕천하원리王天下原理를 밝히시고 문자文字가 없는 시대時代이므로 노(繩)를 맺어 기사記事토록 하시며, 또한 결승結繩하야 그물을 만들어 짐승과 고기를 잡게 하셨다. 주역계사하전周易繫辭下傳에 「고자포희씨지왕천하古者包犧氏之王天下에 앙즉관상어천仰則觀象於天하고 부즉관법어지俯則觀法於地하며 관조수지문觀鳥獸之文과 여지지의與地之宜하며 근취저신近取諸身하고 원취저물遠取諸物하야 어시於是에 시작팔괘始作八卦하야 이통신명지덕以通神明之德하며 이류만물지정以類萬物之情하니 작결승이위망고作結繩而爲網罟하야 이전이어以佃以漁하니 개취저리蓋取諸離라」 하였으며, 간지干支로는 소지육小指六을 신伸하니 육효六爻자리로서 기사궁己巳宮이다.


句解 하수河水에서 용마龍馬가 등에 십수상十數象을 지고 나타나서 하도河圖라 하였고 이에 팔괘八卦를 그으시며 왕천하원리王天下原理를 밝히시고 결승結繩해서 짐승과 고기를 잡게 하는 일과 문자 없는 정치를 노를 맞어 행사케 하시니 《계사하편繫辭下篇》에 "고자포희씨지왕천하古者包犧氏之王天下에 앙이관어천문仰而觀於天文하고 부이찰어지리俯而察於地理라 관조수지문觀鳥獸之文과 여지지의與地之宜하며 근취저신近取諸身하고 원취저물遠取諸物하야 어시於是에 시작팔괘始作八卦하야 이통신명지덕以通神明之德하며 이류만물지정以類萬物之情하니 작결승이위망고作結繩而爲網罟하야 이전이어以佃以漁하니 개취저리蓋取諸離라"함. 백십오년

百十五年 왕좌王座의 보위寶位에서 왕천하王天下의 도道를 이루시니, 복희씨伏羲氏는 사신인수蛇身人首의 상상像이시라 함. 간지차干支次로는 소지小指 육六자리를 신伸하면 포오함육包五舍六자리로서 기사궁己巳宮이라 함.

補解 복희씨伏羲氏는 제육第六 성인聖人이시다. 『십팔사략十八史略』에 「태호복희씨太昊伏羲氏는 성姓은 풍風이니 수인씨燧人氏 다음의 왕王이 되었다. 그의 몸은 뱀이오 머리는 사람(蛇身人首)이었다고 한다. 처음으로 팔괘八卦를 획畫하고 또 상형문자(書契)를 만들어서 새끼를 매듭지어 표시表示하는 방법方法으로 백성百姓을 다스린 결승지정結繩之政에 대代하였다. 그리고 혼인婚姻의 예절禮節을 제정制定하였으며, 그물을 얽어서 새 짐승 물고기 따위를 잡는 법法도 가르쳤다. 복희씨伏羲氏는 짐승을 길들여 희생犧牲으로 가축家畜하여 포주庖廚에서 요리料理하도록 가르쳤으므로 포희씨庖犧氏라고도 불렀다. 어느 날 용마龍馬가 그림을 등에 지고 황하黃河에서 나오니(河出圖) 상서祥瑞로운 징조徵兆이므로 관직官職이름에 용자龍字를 붙여 용사龍師라는 벼슬이 생겼다. 복희씨伏羲氏는 태고太古의 천황씨天皇氏와 같이 거룩한 덕德과 예지叡智를 갖춘 천자天子였으므로 오행五行의 첫째인 목덕木德으로 왕천하王天下하였으며, 도읍지都邑地는 진陳(하남성진주河南省陳州)에 정정定하였다. 복희씨伏羲氏가 죽고 풍성風姓의 왕王이 십오대十五代를 계승繼承하였다」라고 기록記錄되어 있다. "복희획결伏羲劃結"이라 함은 용마龍馬가 지고 나온 도상圖象(하도河圖)을 얻어 최초最初로 팔괘八卦를 획畫하고 결승지정結繩之政으로 다스렸음을 말한 것이며, '신재神哉라' 함은 복희씨伏羲氏의 신명神明하심을 감탄感歎한 것이다.

二. ⑧ 聖哉神農耕市 로다.

---

• 성聖스러우신 신농씨께서는 밭을 갈아 농사를 하도록 가르치고 저자
(市場)를 열어 교역을 하도록 하셨도다.
<sub>시장</sub>

**註義** 神農氏는 作耒耜하사 敎民稼穡하시며 日中爲市하사 聚民交易
하시며 察水泉甘苦하사 令人知避하시니 無夭札之患이러시다.

**粗解** 신농씨神農氏는 농사農事짓는 방법方法과 시장市場에서 물물교역
物物交易을 하도록 교화敎化하시어 성업聖業을 행行하시고 의학醫學을 가
르치신 시조始祖이시기도 하다. 주역周易 계사하전繫辭下傳에「착목위사
斲木爲耜하고 유목위뢰揉木爲耒하야 뇌누지리耒耨之利로 이교천하以敎天
下하니 개취저익蓋取諸益하고 일중위시日中爲市하야 치천하지민致天下之
民하며 취천하지화聚天下之貨하야 교역이퇴交易而退하야 각득기소各得其
所케하니 개취저서합蓋取諸噬嗑이라」하였다. 수지도수手指度數로는 무명
지칠無名指七을 신伸하니 태양지정일칠사太陽之政一七四요 칠일래복七日
來復자리이며 간지干支로는 경오庚午이다.

**句解** 염제炎帝 신농씨神農氏는 농사農事짓는 방법方法과 시장市場에서
물물교역物物交易하는 성업聖業을 행行하시고 의학醫學의 시조始祖시라
하니《계사하편繫辭下篇》에 "착목위사斲木爲耜하고 유목위뢰누지리揉木
爲耒耨之利로 이교천하以敎天下하니 개취저익蓋取諸益하고 일중위시日中

爲市하야 치천하지민致天下之民하며 취천하지화聚天下之貨하야 교역이퇴
交易而退하야 각득기소各得其所케 하니 개취저서합蓋取諸噬嗑이라"함. 신
농씨神農氏는 인신우수대미人身牛首大眉의 상像이시라고 전전傳함. 무명지無
名指 칠七자리를 신伸하면 신명神明의 존공尊空자리라 하고 간지차干支次
로는 경오궁庚午宮이라 함.

補解 신농씨神農氏는 제칠第七 성인聖人이시다. 『십팔사략十八史略』에 「염
제신농씨炎帝神農氏는 성姓은 강씨姜氏이며, 몸은 사람이고 머리는 소(人
身牛首)였다고 한다. 풍성風姓의 뒤를 이어 천자天子가 된 화덕火德의 왕
王이다. 신농씨神農氏는 처음으로 나무를 깎아 쟁기를 만들고 나무를 구
부려 자루를 만들어 농경지법農耕之法을 가르치고, 백초百草를 맛보아
처음으로 의약醫藥을 만들었다. 또 한낮을 기期해 시장市場을 열어서 필
요必要한 물건物件을 서로 바꾸게 하는 교역交易의 법法을 가르쳐 민생民
生의 편리便利를 도모圖謀하였으며, 이후以後 강성姜姓의 천자天子가 팔대
八代 오백이십년五百二十年을 다스렸다」라고 하였다. '신농경시神農耕市'
라 함은 신농씨神農氏가 농경지법農耕之法과 시장교역市場交易을 창시創
始하여 위민지정爲民之政을 베푸신 위덕偉德을 말하며, 그 성덕聖德을 '성
재聖哉라' 하고 찬탄讚嘆한 것이다.

황 제 갑 자 성 두
二. (9) 黃帝甲子星斗요

• 황제黃帝는 별자리와 북두北斗의 이치를 밝히시어 육십갑자六十甲子를

지으시고,

註義 黃帝氏<sup>황제씨</sup>는 命大撓<sup>명대요</sup>하사 占斗綱所建<sup>점두강소건</sup>이시니 作甲子<sup>작갑자</sup>하시다 容成<sup>용성</sup>으로 作盖天圖<sup>작개천도</sup>하시고 作算術<sup>작산술</sup>과 律度量衡<sup>율도량형</sup>하시며 作咸池樂<sup>작함지악</sup>하시고 作舟車醫藥<sup>작주거의약</sup>과 死用棺槨<sup>사용관곽</sup>하시며 鑄金爲貨<sup>주금위화</sup>하시고 始制宮室<sup>시제궁실</sup>이러시다.

粗解 황제黃帝께서는 북두칠성北斗七星을 관찰觀察하시고 발명發明하시어 정치政治를 천도天道에 맞추어서 행사行事하셨다. 주역계사하전周易繫辭下傳에 「황제요순씨작黃帝堯舜氏作하야 통기변通其變하야 사민불권使民不倦하며 신이화지神而化之하야 사민의지使民宜之하니 역易이 궁즉변窮則變하고 변즉통變則通하고 통즉구通則久라 시이자천우지是以自天佑之하야 길무불리吉无不利니 황제요순黃帝堯舜이 수의상이천하치垂衣裳而天下治하니 개취저건곤蓋取諸乾坤이라」 하였다. 제재위백년帝在位百年이요 수지도수手指度數로는 중지팔中指八을 신伸하니 자운일팔子運一八에 정역팔괘正易八卦의 오곤지五坤地자리이며 간지干支로는 신미辛未에 당當한다.

句解 황제黃帝께서는 조화무궁造化无窮한 천문天文인 성두星斗에 대對한 발명發明으로 정치政治를 천도天道에 맞추어 행사行事하시며 육갑六甲을 마련하심으로 신이화지神而化之하야 사민선지使民宣之라 하셨고 향수享壽는 백십세百十歲시오 제위백년帝位百年이시며 황제형모黃帝形貌는 하목융상河目隆顙에 일각룡안日角龍顔이시라고 전전함. 중지中指 팔八을 신伸하면 자운일팔子運一八에 곤덕坤德이라 함. 간지차干支次로는 신미궁辛未宮이라 함.

황제黃帝는 제팔第八 성인聖人이시다. 『십팔사략十八史略』에 「황제黃帝의 성성姓은 공손公孫이고 이름은 헌원軒轅이며 유웅국有熊國의 임금 소전少典의 아들이다. 염제신농씨炎帝神農氏의 자손子孫의 덕德이 쇠퇴衰退하여 제후諸侯들의 반란叛亂이 일어났으므로 황제黃帝는 창과 방패(干戈)를 써서 정복征服하였으며, 치우蚩尤의 반란叛亂은 지남거指南車를 만들어 탁록涿鹿의 들에서 싸워 격파擊破한 후後 드디어 즉위卽位하여 토덕土德의 왕王이 되었다. 황제黃帝는 일월성신日月星辰의 형상形象을 살피시고 자세히 관찰觀察하여 처음으로 성관지서星官之書(력曆)를 만들었으며, 국사國師 대요大撓에게 명命하여 두건斗建(북두칠성北斗七星)을 살펴 육십갑자六十甲子를 만들게 하고 력서曆書를 만들었다. 또 봉황鳳凰의 울음소리를 듣고 육율六律과 육려六呂를 만들어 이를 십이월十二月에 배정配定하였으며, 이후以後 천하天下는 잘 다스려 졌다. 황제黃帝는 재위일백십년在位一百十年에 붕崩하고 아들이 이십오인二十五人이었다」라고 하였다. 일부一夫께서 '황제갑자성두黃帝甲子星斗'라 하심은 북두칠성北斗七星과 성좌星座를 관찰觀察하여 육십갑자六十甲子를 만들고 력원曆元을 밝혀 진리眞理에 부합符合하는 력서曆書를 창제創製하신 위대偉大한 성덕聖德을 말씀한 것이다.

二. (10) 神堯日月甲辰이라.
신 요 일 월 갑 진

• 신神과 같은 요堯임금께서는 갑진년에 등극登極하시고 해(日)와 달(月)의 역법曆法을 마련하시니라.

註義 帝堯陶唐氏<sup>제요도당씨</sup>는 狩五岳<sup>수오악</sup>하사 存鱗寡<sup>존인과</sup>하시며 濟天札<sup>제요찰</sup>하시니 一民<sup>일민</sup>

註義 帝堯陶唐氏는 狩五岳하사 存鱗寡하시며 濟天札하시니 一民

이 飢曰我飢하시고 一人寒曰我寒之하시며 一民이 罹辜曰我陷之

라 하시다 帝崩이시니 三年不花하며 白鶴語悲하며 靑鸚語哀이어늘

作大章樂하시다 元年甲辰이라.

粗解 책력冊曆을 지으시고 갑진년甲辰年에 등극登極하시니 제호帝號는 제요도당씨帝堯陶唐氏요 수壽는 백십팔세百十八歲시오 재위구십팔년在位九十八年이시며, 수지手指로는 식지구食指九를 신伸하니 용구用九인 태양도수太陽度數요 태양성도운太陽成道運으로는 병인丙寅에서 임인壬寅까지 삼십육도三十六度를 뛰어넘는 과정過程에서 구지九指에 갑진甲辰이 다시 신해궁辛亥宮에 삼십육도三十六度로 성도成道하니 간지干支로는 임신壬申이다.

句解 책력冊曆을 지으시고 갑진년甲辰年을 재위원년在位元年이라 함. 요堯의 제호帝號는 도당씨陶唐氏시고 향수享壽는 백십팔세百十八歲시며 재위구십팔년在位九十八年이라 함. 수지手指로는 식지食指 구九자리를 간지차干支次로는 임신壬申에 당當한다 함.

補解 제요帝堯는 제구第九 성인聖人이시다.『서경書經』요전堯典에 요堯임금의 사적事蹟이 기록記錄되어 있다.(재위在位: 紀元前2357-2255)『십팔사략十八史略』에「제요도당씨帝堯陶唐氏는 성姓은 이기씨伊祈氏요 이름은 방훈放勳이니 황제黃帝의 증손曾孫인 제곡帝嚳의 아들이다. 요堯임금은 어질기가 하늘과 같고 예지叡知가 신神과 같으며, 성품性品의 인자仁慈함이

마치 태양太陽을 우러러보는 것과 같았다. 요堯임금은 화덕火德의 제왕帝王으로서 즉위후卽位後 평양부平陽府(산서성山西省)에 도읍都邑하였는데 궁전宮殿의 지붕은 띠풀(茅)로 덮었고 그 끝을 가지런히 자르지도 않았으며, 궁전宮殿의 층계는 흙으로 만든 세 층계였다. 이 궁전宮殿 뜰에 한 포기의 이상異常한 풀이 났으니, 보름까지는 날마다 잎이 하나씩 나고 보름 후後부터는 잎이 하나씩 떨어지는데 작은 달(29日-소월小月)에는 떨어지지 않고 그대로 말라 버렸다. 그래서 이 풀을 명협蓂莢(일명一名-력초曆草)이라 이름하고 이를 관찰觀察하여 순旬과 삭朔을 알아 백성百姓에게 때를 알렸다. 요堯임금은 천하天下를 다스리기 오십년五十年에 태평성대太平聖代를 이루었으며, 백성百姓들은 격양가擊壤歌(가왈일출이작歌曰日出而作 일입이식日入而息 착정이음鑿井而飮 경전이식耕田而食 제력하유어아재帝力何有於我哉)를 구가謳歌하였다. 만년晩年에는 순舜에게 정치政治를 맡기고 하늘에 순舜을 제위帝位에 오르게 할 것을 고告하였으며, 요堯임금이 붕崩하시니 순舜이 즉위卽位하였」라고 기록記錄되어 있다. 서경書經에는 「희씨羲氏와 화씨和氏에게 명命하여 하늘을 공경恭敬하고 일월성신日月星辰의 력상曆象을 살펴 백성百姓들에게 때를 알리도록 하셨다」라고 하였다. 일부一夫께서는 신요神堯라고 하시며 성덕聖德을 칭송稱頌한 것이다.

---

제 순 칠 정 옥 형
二. (11) 帝舜七政玉衡이요[15]

---

• 순舜임금께서는 칠정七政의 정사政事를 하시고 선기옥형璿璣玉衡을 지

15 편집자주 : 『정역대경(모필본)』에는 '帝舜七政, 玉衡.'으로 『정역주의(하상역본)』에는 '帝舜七政玉衡.'으로 기록되어 있다.

으시니,

帝舜有虞氏는 姓姚氏이시요 定六律五聲하사 以通八風
하시고 立國學하사 立考績法하시다 命禹하사 興九韶之樂하시고
擧八元八凱하사 作玉衡齊七政하시며 作五絃琴하사 歌南風詩하시다
元年丙辰이라.


粗解 칠정七政은 일월日月과 오성五星(금목수화토金木水火土)의 정사政事요
옥형玉衡은 玉으로 꾸민 천문관기天文觀器를 말함이니, 서경書經에 「정월
상일正月上日에 수종우문조受終于文祖하시다 재선기옥형在璿璣玉衡하사
이제칠정以齊七政이라」 하였다. 제호帝號는 제순유우씨帝舜有虞氏이고 향
수백세享壽百歲시오 재위육십일년在位六十一年이시며, 요堯임금으로부터
받으신 심법心法은 윤집궐중允執厥中이라 하시고 역이명우亦以命禹하시
다. 간지干支로는 계유천근궁癸酉天根宮으로서 상률하습上律下襲인 중립
中立이시며 도수度數로는 무지십拇指十을 신신伸하니 정역괘도상正易卦圖上
으로 중지곤重地坤자리이다.


句解 칠정七政은 일월日月과 오성五星(금목수화토金木水火土)의 오행이치五
行理致인 정사政事를 말함이요 선기옥형璿璣玉衡은 옥玉으로 꾸민 천문
관측기天文觀測器이니, 《서경書經》에 "정월상일正月上日에 수조우문조受
祚于文祖하시다 재선기옥형在璿璣玉衡하사 이제칠정以齊七政이라"하심.
순舜임금의 제호帝號는 유우씨有虞氏시고 백세百歲의 향수享壽에 재위육
십일년在位六十一年이시라 하며, 요堯임금으로 받으신 심법心法은 윤집궐

중윤집궐중允執厥中이라 함. 간지차干支次로는 계유천근궁癸酉天根宮으로서 무지拇指 십十자리를 신伸한다.

補解 제순帝舜은 제십第十 성인聖人이시다. 순舜임금은 섭정기간攝政期間을 제외除外하면 기원전紀元前2255년年부터 2208년年까지 재위在位하였다. 『서경書經』 순전舜典에 「구슬로 만든 혼천의渾天儀-선기옥형璿璣玉衡로 천체天體를 관측觀測하여 일월日月과 오성五星의 운행도수運行度數를 바로잡으시고 시절時節과 달을 맞추어 날짜를 바로잡았으며, 악율樂律과 도량형度量衡을 통일統一시키셨다」 라고 하였다. 『십팔사략十八史略』에는 「제순유우씨帝舜有虞氏는 성姓은 요씨姚氏이고 이름은 중화重華이니 고수瞽瞍의 아들이요 황제黃帝의 손자孫子 전욱고양씨顓頊高陽氏의 오세손五世孫이다. 요堯임금은 순舜의 높은 덕망德望을 듣고 견무畎畝(전야田野)에서 발탁拔擢하여 중용重用하고 두 딸을 순舜에게 시집보냈다. 순舜은 이렇게 하여 요堯임금의 재상宰相이 되고 섭정攝政이 되었다가 요堯임금의 뒤를 이어 즉위卽位하여 토덕土德의 제왕帝王이 되었다. 순舜임금은 간신奸臣들을 물리치고 유능有能하고 충직忠直한 신하臣下 팔원팔개八元八愷를 등용登用하고 구관九官과 십이목十二牧을 두어 다스리니 천하백성天下百姓들은 모두 기뻐하고 공덕功德을 찬송讚頌하였다. 만년晩年에 남南쪽을 순행巡幸하고 창오蒼梧의 들에서 병을 얻어 붕崩하니 재위육십일년在位六十一年이다」 라고 기록記錄되어 있다.

二. (12) **大禹九疇玄龜**로다.

---

• 위대하신 우禹임금께서는 치수治水하는 중에 현묘한 거북이 등에 글
(洛書)을 지고 나오니, 이를 바탕으로 구주九疇를 지으셨다.

註義 夏禹氏는 姓이 姒氏이시요 治洪水하실새 得龜文하사 劃井地
하시다 作世室하사 揭鐘鼓磬鐸鞀하시고 以求諫이러시다 時天이[16]
雨金을 三日이니 作大夏樂이러시다 元年丁巳라.

粗解 대우大禹께서는 천하天下를 구주九州로 나누어 행정구역行政區域
을 정定하실 때 낙수洛水에서 현귀玄龜가 구주형상九州形象의 글을 지고
나온 것이 소위所謂 낙서洛書로서 홍범구주洪範九疇의 대법大法으로 정치
政治를 행행行하시니 중국中國 하夏나라를 창시創始하신 하우씨夏禹氏라고
하며, 순舜임금으로부터 전수傳受받은 심법心法은 인심人心은 유위惟危하
고 도심道心은 유미惟微하니 유정유일唯精唯一이라사 윤집궐중允執厥中
이라 하셨다. 향수백세享壽百歲시오 재위팔년在位八年이시며, 수지도수手
指度數로는 무지일拇指一을 굴屈하니 상대방구相對方九자리를 가리키므
로 구궁도수九宮度數이다.

---

16 편집자주 : 『정역대경(모필본)』에서는 '時'만 있고, 『정역주의(하상역본)』에서 '時天'으
로 '天'字가 추가되어 있다.

대우大禹께서는 천하天下를 구주九州로 나누어 행정구역行政區域을 정定하실 때 낙수洛水에서 현귀玄龜가 등에 구주형상九州形象을 한 것이 소위 낙서洛書(귀서龜書)로서 홍범구주洪範九疇의 대법大法으로 정치政治를 행行하시니 중국中國 하夏나라를 창시創始하신 하우씨夏禹氏라고 하며, 순舜임금으로부터 전수심법傳受心法은 인심人心은 유위惟危하고 도심道心은 유미惟微하니 유정유일唯精唯一이라야 윤집궐중允執厥中이라 하시다 함. 신장身長은 구척구촌九尺九寸이시고 장경조훼長頸鳥喙(새부리임)에 호비양이虎鼻兩耳로 규규(삼규三竅)시라 전전傳함. 백세향수百歲享壽에 재위팔년在位八年이시요, 수지手指로 무지拇指 일一자리를 굴굴屈屈하면 상대방相對方 구九수로서 구궁도수九宮度數라 함.

대우大禹는 제십일第十一 성인聖人이시다. 우禹임금은 제순帝舜의 뒤를 이어 즉위卽位하고 나라이름을 하夏라고 하였다. 하왕조夏王朝는 대우大禹와 그 자손子孫들이 기원전紀元前 2208년부터 1767년年까지 400여년餘年을 다스렸다. 『십팔사략十八史略』에 「하후씨우夏后氏禹는 성姓은 사씨姒氏이고 이름은 문명文命이며 곤鯀의 아들이요 황제黃帝의 후손後孫이다. 우禹는 제순帝舜으로부터 치수治水의 명命을 받고 노신초사勞身焦思 그 일에 열중熱中하여 팔년八年 동안 집을 떠나 있으면서 혹或 집 앞을 지나게 되어도 들어가지 않았으며, 평지平地에서는 수레를 타고 강江을 만나면 배를 타고 진흙길에서는 썰매(橇)를 타고 산山에서는 나무로 만든 신을 신고 다니면서 조사하여 구주九州에 구개九個의 수로水路를 열고 아홉 곳의 늪에는 제방堤防을 쌓아 수해水害를 막고 구주九州의 구산九山을 측량測量하여 치수治水를 완성完成하였다. 제순帝舜은 그 공로功勞를 치하致賀하고 우禹에게 천하天下를 다스리는 정사政事를 맡겼으며, 제순帝舜이 붕崩하니 그 뒤를 이어 즉위卽位하여 수덕水德의 제왕帝王

이 되었다. 대우大禹는 인월寅月로 세수歲首하고 성위율聲爲律 신위도身爲度하고 좌준승左準繩 우규구右規矩하여 몸소 백성百姓들의 모범模範이 되었으며. 구주九州의 금金을 모아 구정九鼎을 만들어 상제上帝와 천신天神에게 제향祭享하였다. 만년晩年에 남방南方을 순회巡廻하다가 회계산會稽山에 이르러 병病을 얻어 붕崩하였다.」 라고 기록記錄되어있다. 우禹임금이 황하黃河를 치수治水할 때 낙수洛水(황하黃河의 지류支流)에서 신귀神龜가 등에 글을 지고 나오니 곧 낙서洛書이며, 이를 보시고 아홉 가지의 큰 규범規範을 밝히시니 바로 홍범구주洪範九疇이다. 우禹임금은 홍수洪水를 다스릴 때 낙서洛書의 이치理致(상극원리相克原理)를 근본根本으로 하여 치수治水하였다고 하며, 구주九疇는 일오행一五行 이오사二五事 삼팔정三八政 사오기四五紀 오황극五皇極 육삼덕六三德 칠계의七稽疑 팔서징八庶徵 구오복육극九五福六極이다. 일부一夫께서 '구주현귀九疇玄龜'라 하심은 이를 칭송稱頌한 것이다.

은 묘 가 이 관 덕
二. (13) 殷廟可以觀德이오[17]

• 은나라 묘당廟堂의 덕이 가히 볼만하고,

**註義** 成湯은 名이 履이시고 一名은 天乙이시며 姓은 子氏이시다 作盤銘하시고 作大護樂하시니 殷德이 降盛일새 賢聖之君이 六七作이라

---

17 편집자주 : 『정역대경(모필본)』에는 '殷廟可以, 觀德箕聖乃聖,'으로 『정역주의(하상역본)』에는 '殷廟可以, 觀德, 箕聖乃聖,'으로 기록되어 있다.

서 왈칠세지묘 가이관덕 이윤 중훼 위이상
書에 曰七世之廟에 可以觀德이라 하니 伊尹과 仲虺가 爲二相이라.

粗解 은殷나라 때에 비로소 사당祠堂을 세워 종묘宗廟에서 성덕聖德을 소昭와 목목穆으로 하여 신주神主를 좌우左右로 모시고 질서秩序를 볼 수 있었다는 것이니, 탕湯임금의 업적業蹟을 찬양讚揚한 것이다. 수지手指로는 식지이食指二를 굴屈하니 상대방중지相對方中指인 팔八에 당當하므로 곤덕坤德이다.

句解 은殷나라 때에 비로소 사당祠堂이 있어 종묘宗廟에서 성덕聖德을 소昭와 목목穆으로 신주神主를 좌우左右로 모시고 질서秩序를 볼 수 있으니, 식지食指 이二를 굴屈하면 상대방相對方 수지중手指中인 팔八자리가 당當하니 곤덕坤德이라 함.

補解 은殷나라의 성탕成湯은 폭군暴君 걸왕桀王을 정벌征伐하여 하왕조夏王朝를 멸망滅亡시키고 은왕조殷王朝(紀元前1767~1122)를 창업創業하였다.『십팔사략十八史略』에「은왕殷王 성탕成湯은 성姓은 자씨子氏요 이름은 이履이니 황제黃帝의 증손曾孫 제곡帝嚳의 후손後孫이다. 탕왕湯王은 현신賢臣 이윤伊尹을 얻어 마침내 무도無道한 폭군暴君 걸왕桀王을 정벌征伐하였는데 천하天下의 제후諸侯들이 탕왕湯王을 추대推戴하여 천자天子가 되니 금덕金德의 제왕帝王이며 세수歲首를 축월丑月로 하였다」라고 기록記錄되어있다. 일부一夫께서 '은묘가이관덕殷廟可以觀德'이라 하심은 탕왕湯王이 세운 은왕조殷王朝의 덕德이 가可히 볼만하나 이신벌군以臣伐君하여 제왕帝王이 되었으므로 탕왕湯王은 성인聖人의 반열班列에는 들 수 없음을 말씀한 것이다. 그러므로 은탕殷湯이라 하시지 않고 은묘

殷廟라고 한 것이며, 천황씨天皇氏로부터 내려온 성통聖統이 은묘殷廟를 거쳐 기성箕聖으로 이어졌음을 밝히기 위爲해 말씀한 것이다.

<br>

## 二. (14) 箕聖乃聖이시니
### 기 성 내 성

<br>

• 은나라의 기자箕子가 곧 성인聖人이시니,

<br>

**註義** 箕子는 姓이 子氏시요 名은 胥餘시라 著洪範傳하시다 周武王이 封朝鮮하사 設八條之教하시니 化民移俗이니라.
기자 성 자씨 명 서여 저홍범전 주무왕
봉조선 설팔조지교 화민이속

<br>

**粗解** 기자箕子는 은殷나라의 말왕末王인 폭군暴君 주紂의 왕숙王叔이시다. 주무왕周武王이 주紂를 정벌征伐하고 기자箕子를 대노大老로 모시어 홍범구주洪範九疇의 대법大法을 이어받아 주周나라를 흥성興盛케 하시고 기자箕子를 조선朝鮮에 봉封하셨다. 수지도수手指度數는 중지삼中指三을 굴屈하니 상대방相對方인 무명지칠無名指七을 가리킨다.

<br>

**句解** 기자箕子께서는 은殷나라 말왕末王의 주紂의 서숙庶叔이시고 무왕武王이 주紂를 치시고 기자箕子를 대노大老로 모시어 홍범구주洪範九疇의 법도法度를 이어받아 주周나라를 흥興케 하시었으며 기자성인箕子聖人을 조선朝鮮에 봉封하셨다 함. 중지中指 삼三자리를 굴屈하니 상대相對 수지手指는 무명지無名指 칠七자리가 당當하는 신명정사神明政事자리라 함.

補解 기자箕子는 제십이第十二 성인聖人이시다. 주무왕周武王이 은왕조殷王朝를 멸멸滅滅하고 기자箕子에게 천도天道를 물었을 때 기자箕子는 이에 홍범구주洪範九疇를 전전傳傳하였다. 홍범洪範은 대우大禹께서 낙서洛書의 원리原理를 바탕으로 천지天地의 대법大法 즉卽 정치政治와 도덕道德의 근본법칙根本法則을 밝힌 것이니,『서경書經』주서편周書篇에「기자내언왈箕子乃言曰 아문我聞 재석곤인홍수在昔鯀陻洪水 골진기오행汨陳其五行 제내진로불비홍범구주帝乃震怒不畀洪範九疇 이륜유두彛倫攸斁 곤즉극사鯀則殛死 우내사홍禹乃嗣興 천내석우홍범구주天乃錫禹洪範九疇 이륜유서彛倫攸叙」라고 하였다. 일부一夫께서 '은묘가이관덕殷廟可以觀德 기성내성箕聖乃聖'이라고 하신 것은 은왕조殷王朝의 덕덕德德도 가히可히 볼만하나 은대殷代의 성인聖人은 기자箕子가 성인聖人이라는 말씀이다. 기자箕子는 무왕武王에게 홍범洪範을 설설說說하고 조선朝鮮으로 건너와서 왕조王朝를 세웠으니, 이른바 기자조선箕子朝鮮이다.『사기史記』에는 주무왕周武王이 기자箕子를 조선朝鮮에 봉봉封하였다고 하였으며, 우리 나라의 고기古記에는「기자箕子 자성子姓 명서여名胥餘 은왕성탕지묘예殷王成湯之苗裔 주지제부야紂之諸父也 봉어기이자작封於箕而子爵 고왈기자故曰箕子. 주무왕벌주입은周武王伐紂入殷 문은소이망問殷所以亡 기자불인언箕子不忍言 내문이천도乃問以天道 기자위진홍범구주箕子爲陳洪範九疇 기이기자旣而箕子 의불신복義不臣僕 주지조선走之朝鮮 거평양居平壤 혹왈조선或曰朝鮮 역위지한亦謂之韓. 우왈기자지동래야又曰箕子之東來也 은인수지자오천殷人隨之者五千 시서詩書 예악禮樂 의무醫巫 음양복서지류陰陽卜筮之類 백공기예개종언百工技藝皆從焉 시지언어불통始至言語不通 역이후지지譯而後知之」라고 하였다. 기자箕子의 동래시기東來時期는 주무왕周武王이 즉위卽位한 다음해인 기원전紀元前 1121年으로 전전傳하고 있다.[18]

18 補註: 近世史學者들은 箕子東來說에 疑問을 提起하고 箕子朝鮮을 否定하는 傾向이

## 주 덕 재 자
二. (15) 周德在茲하야

• 주周나라의 덕德이 이에 있으니,

粗解 주周나라의 덕德이 이에 있다는 것은 기자箕子의 홍범규범洪範規範
으로 주周나라의 성왕聖王이 왕도정치王道政治를 하게 되었으니 그 공덕
功德이 기자箕子에게 있다는 것이다. 수지手指로는 무명지사無名指四를 굴
屈하면 상대방相對方 소지육小指六을 가리키니 포오함육包五含六자리이다.

句解 주周나라 성덕聖德이 여기에 있다는 것은 기자箕子의 홍범洪範으
로 주周나라의 왕도정치王道政治를 하게 된 것은 기자성인箕子聖人께 있
다 함. 무명지無名指 사四자리를 굴屈하게 되니 상대방相對方은 소지小指
육六자리를 가리키니 포오함육包五含六자리가 당當한다 함.

## 이 남 칠 월
二. (16) 二南七月이로다.

• 이남二南과 칠월七月의 덕화德化가 바로 이것이로다.

註義 주문왕 명 창 성 희씨 획괘 이명후천
周文王은 名이 昌이시요 姓은 姬氏이시다 劃卦하사 以明后天하

───────────────────

나, 實證的資料의 考證없이 새로운 史觀의 論理만으로 否定하는 것은 옳은 歷史認識이라
고 할 수 없다.

시다 不大聲以色하시고 於緝熙敬止하시다 作靈臺靈沼하사 掘地得死

骨이시어늘 以衣冠葬之하시다 褒封五帝后이시니 鳳凰이 啣書來遊이

어늘 五神이 合謀于房하여 興業이라 元年己卯이라.

武王은 名이 發이시요 夢에 上帝與九齡과 伐商操이시어늘 上告皇天

兮이며 可以行兮인저 屈一人之下로 伸於萬人之上이시니[19] 不泄邇

不忘遠하사[20] 作大武樂이러시다 元年己卯이라.

周公는 名이 旦이시요[21] 文王之子이시며 武王之弟이시니라 元聖으로

思兼三王하시니라 作豳風七月篇하시고 制禮作樂이니라.


粗解 시경詩經의 주남周南과 소남召南을 이남二南이라 하고 칠월七月은

빈풍칠월장豳風七月章을 말함이니, 이남二南은 주문왕周文王의 덕화德化

이시고 칠월七月은 주공周公의 성덕盛德을 사모思慕한 것이다. 수지手指로

는 소지小指를 굴屈하니 이천화二天火인 중건천重乾天자리이다.


句解 《시경詩經》에 주남周南과 소남召南을 이남二南이라 하고 칠월七月은

빈풍칠월장豳風七月章을 말함이니, 이남二南은 문왕文王의 덕화시德化詩

이고 빈풍칠월豳風七月은 주공周公이 지은 시라 함. 소지小指 오五를 굴屈

하면 이천화二天火의 중곤지重坤地 위치位置라 함.


---

19 편집자주 : 『정역대경(모필본)』에서 '於'字가 누락되어 있다.

20 편집자주 : 『정역대경(모필본)』에서 '忘'字가 작은 글씨로 기록되어 있다.

21 편집자주 : 『정역대경(모필본)』에서 '名旦'字가 작은 글씨로 기록되어 있다.

제십삼第十三 성인聖人 문왕文王과 제십사第十四 성인聖人 주공周公에 대對한 말씀이다. 시경詩經의 이남二南(주남소남周南召南)은 문왕文王의 덕화德化를 칭송稱頌한 시詩이고 칠월七月(빈풍칠월장豳風七月章)은 주공周公의 성덕盛德을 기리는 시詩이다. 문왕文王의 아들 무왕武王이 기원전紀元前 1122年에 주왕조周王朝를 창업創業하고 문왕文王으로 추존追尊하였다. 문왕文王은 성姓은 희씨姬氏이고 이름은 창昌이며, 후직后稷의 십오대손十五代孫이다. 문왕文王은 은殷나라의 제후諸侯(서백西伯)로서 폭군暴君 주왕紂王의 박해迫害를 받아 유리羑里의 옥獄에 유폐幽閉되었을 때 후천팔괘도後天八卦圖를 획획劃畫하고 연역演易하였다고 전傳한다. 복희씨이래伏羲氏以來의 무문역無文易을 문왕文王이 육십사괘六十四卦의 괘의卦義를 밝히고 괘사卦辭를 달아 연역演易함으로써 서역書易인 주역周易이 되었는 바, 공자孔子도 평생平生 문왕文王의 성덕盛德을 숭앙崇仰하고 주역계사전周易繫辭傳에 문왕작역지사文王作易之事를 기술記述하였다. 주공周公은 문왕文王의 아들이며 무왕武王의 제弟로서 이름은 단旦이다. 무왕武王이 붕崩하고 무왕武王의 아들 성왕成王(재위在位-紀元前1114~1077)이 즉위即位하였으나 아직 어렸으므로 왕숙王叔인 주공周公이 총재冢宰로서 섭정攝政을 하며, 주周의 예악禮樂과 문물제도文物制度를 확립確立하고 많은 치적治績을 남겼다. 뿐만 아니라 문왕文王의 성학聖學을 계승繼承하여 주역周易 삼백팔십사효三百八十四爻의 효사爻辭를 달아 주역周易을 완성完成하였다고 전傳한다. 공자孔子는 주공周公을 이상적理想的인 성인聖人으로 숭앙崇仰하고 흠모欽慕하여 『논어論語』 술이편述而篇에 「심의甚矣라 오쇠야吾衰也여 구의久矣토록 오불복몽견주공吾不復夢見周公이로다」 라고 탄식歎息하였다. 일부一夫께서는 '주덕재자周德在玆 이남칠월二南七月'이라 하여 문왕文王과 주공周公의 성덕盛德을 칭송稱頌한 것이다.

二. (17) 麟兮我聖이여

---

• 기린麒麟과 같으신 우리 성인聖人 공자孔子님이시여,

　　　　　공자　　명　　구　　　　자　　중니　　　　노인　　　은후
註義 孔子는 名이 丘이시요 字는 仲尼이시며 魯人으로 殷后이시다
일태극　　　상률천시　　　하습수토　　　시중　　　만세토
一太極으로 上律天時하시고 下襲水土하시어 時中이러시니 萬世土이
　　　　예악지성　막여부자야
시니라 禮樂之盛이 莫如夫子也시니라.

粗解 공부자孔夫子를 인성麟聖이라 하심은 '춘추春秋'에 「애공십사년서
수획린공자절필哀公十四年西狩獲麟孔子絶筆」 이라 하였는바, 노애공魯哀
公이 사냥한 짐승의 이름을 몰라 공자孔子에게 물으니 공자孔子께서 보
시고 놀라시며 이르시기를 이 짐승이 바로 기린麒麟이라 하시고 마침내
'춘추春秋'의 집필執筆을 중지中止하셨다 한다. 그 기린麒麟이 다리가 부러
져 있어 공자孔子께서는 인자仁慈한 기린麒麟이 저렇게 되었다고 하시며
탄식歎息하셨으니 그 후後로부터 공자孔子를 인혜아성麟兮我聖이라 하였
다. 수지도수手指度數로는 소지小指를 신신伸하니 상대방무명지칠相對方無
名指七을 가리키므로 신명神明을 의미意味한다.

句解 공부자孔夫子를 인성麟聖이라 함은《춘추春秋》에 "애공십사년哀公
四十年, 서수획린西狩獲麟, 공자절필孔子絶筆"이라는 문구文句가 있고, 애
공哀公이 그 짐승을 몰라 공부자孔夫子께 물었을 때 공자孔子께서 보시
고 놀라시며 이르시기를 이는 바로 기린麒麟이라 하시고 마침내 쓰시든

《춘추春秋》를 중지中止하셨다. 그 기린麒麟이 다리가 부러져 있어 공부자孔夫子께서 말씀하시기를 인자仁慈한 기린麒麟이 저렇게 되었다 하여 탄식歎息하시니 그 후後로부터 인혜아성麟兮我聖이라 하였다고 전傳함. 수지手指로는 소지小指 육六자리를 신伸하면 상대방相對方 수지手指 위치位置는 칠七자리가 당當하니 신명정사神明政事하는 당기當期 360日(구구중九九中)자리라 함.

補解 공자孔子는 제십오第十五 성인聖人이시다. 공자孔子(紀元前552~479)는 이름은 구丘 자字는 중니仲尼이며 노魯나라 추읍陬邑에서 탄생誕生하였다. 공자孔子는 인仁과 예禮의 도道로써 삼천三千의 문제門弟를 가르치시며, 인륜지대도人倫之大道를 확립確立하시고 시서詩書의 산정刪定과 아울러 춘추春秋를 직필直筆하시어 춘추필법春秋筆法의 역사정의歷史正義를 세우신 만고萬古의 성인聖人이시다. 사기史記 공자세가孔子世家에 「공자만이희역孔子晚而喜易 서단계상설괘문언序彖繫象說卦文言 독역위편삼절讀易韋編三絶」이라 하였으니, 공자孔子께서 만년晚年에 주역周易을 좋아하여 위편韋編이 삼절三絶하도록 독역讀易하고 십익十翼을 저술著述하였다는 것이다. 공자孔子가 문왕文王과 주공周公을 숭앙崇仰하고 추모追慕한 것은 두 성인聖人의 덕업德業도 그러려니와 위편韋編이 삼절三絶하도록 독역讀易하는 과정過程에서 더 많이 경복敬服하였던 것이라고 생각한다. 『논어論語』 술이편述而篇에 「술이부작述而不作 신이호고信而好古」라고 하였으니, 이는 주역周易의 본문本文은 한 자字도 손대지 않으시고 십익十翼을 저술著述하시어 주역周易의 의의意義와 이리理理를 밝혔음을 술회述懷하신 것이라고 해석解釋하고 있다. 만약萬若 주역周易에 십익十翼이 없다면 완벽完璧한 경전經典이라고 할 수 없을 것이다. 그리고 공자孔子를 인성麟聖이라고 하는 것은 고대古代 중국中國에서는 기린麒麟을 성인聖人의 상징象

徵으로 여겼기 때문이다.『춘추春秋』공양전公羊傳에「인인수야麟仁獸也 예기린봉귀용禮記麟鳳龜龍 위지사령謂之四靈」이라 하였고 또 한유韓愈의 획린해獲麟解에「인지출麟之出 필유성인재호위必有聖人在乎位 인위성인출 야麟爲聖人出也 성인자필지린聖人者必知麟 인지과 불위불상야麟之果不爲不 祥也」라고 하였다. 고故로 일부一夫께서 '인혜아성麟兮我聖'이라 하였으 며, 또한 대역서大易序에서 '오호성재嗚呼聖哉라 부자지성호夫子之聖乎여' 라고 감탄感歎하신 것이다.

---

### 건 곤 중 립
## 二. (18) 乾坤中立하사

• 공부자孔夫子는 하늘(乾<sub>건</sub>)과 땅(坤<sub>곤</sub>) 사이에 중립中立하사

[粗解] 건乾과 곤坤 어느 쪽에도 치우치지 않으시고 건남곤북乾南坤北의 중앙中央에 중립中立하셨으니, 천지天地의 성정性情은 건곤乾坤이요 건곤 乾坤의 형체形體는 천지天地이다. 수지手指로는 중지中指인 십오건곤十五 乾坤의 위치位置이다.

[句解] 건乾과 곤坤의 위치位置가 어느 쪽에도 편들지 아니하고 남북南北 중앙中央에 중립中立하였으니, 천지성정天地性情은 건곤乾坤이요 건곤乾 坤의 형체形體는 천지天地인 것. 수지手指로는 삼팔三八 중지中指로서 십 오건곤十五乾坤 위치位置가 되는 것이라 함.

[補解] 건곤乾坤은 천지天地를 상징象徵하는 역易의 괘명卦名이니 곧 천지

天地를 뜻한다. 『주역周易』 서괘전序卦傳에 「유천지연후有天地然後 만물생언萬物生焉 영천지지간자盈天地之間者 유만물唯萬物」 이라 하였으니, 사람은 만물萬物을 대표代表하여 천지인天地人 삼재지도三才之道를 이루는 것이다. 일부一夫께서 '건곤중립乾坤中立'이라 하신 것은 공부자孔夫子는 만고萬古의 성인聖人으로서 하늘과 땅 사이에서 천지天地와 지위地位를 나란히 하시고 우뚝 스셨음을 말씀한 것이다.

---

二. (19) <ruby>上律下襲<rt>상 률 하 습</rt></ruby>하시니 <ruby>襲于今日<rt>습 우 금 일</rt></ruby>이로다.

---

• 위로는 천시天時를 본받고 아래로는 수토水土를 물려받아 오늘에 이어지게 하셨도다.

**粗解** 위로 천시天時와 율력律曆을 밝히시고 아래로 윤력閏曆을 밝히시어 오늘에 인습因襲하게 하셨다는 말씀이다. 논어論語에 행하지시行夏之時라는 공자孔子의 말씀이 있고 오늘날까지도 하력夏曆인 태음력太陰曆을 쓰고있으며, 수지手指로는 식지구食指九인 육진뢰六震雷와 역시亦是 식지굴食指屈인 이二자리 구리화九離火와 중지中指인 십오건곤十五乾坤자리를 중립中立으로 하고 무명지사無名指四인 일손풍一巽風과 역시亦是 무명지無名指인 칠七자리가 사감수四坎水이니 상률上律은 뇌화雷火요 하습下襲은 풍수風水가 됨으로 건곤일월사상乾坤日月四象이 되는 것이다.

**句解** 위로 천지天地와 율력律曆을 360으로 밝히고 아래로 수토천지水土天地로 밝히시어 오늘에 인습因襲하게 하셨다는 말씀이다. 논어論語에

행하지시行夏之時라는 공자孔子의 말씀이 있고 오늘날까지도 하력夏曆인 태음력太陰曆을 쓰고 있으며, 수지手指로는 중지中指 중심中心으로 십오건곤十五乾坤자리를 중립中立으로 하고 무명지無名指 사四인 일손풍一巽風과 역시 무명지無名指인 칠七자리가 상률上律이오 하습下襲은 수토水土가 됨으로 건곤일월사상乾坤日月四象이 되는 것이다.

補解 '상률하습上律下襲 습우금일襲于今日'이라 함은 공부자孔夫子께서 십이익지十而翼之하시어 천지지도天地之道를 밝히시고 이를 후세後世에 전傳하시어 오늘에 이르러 일부선생一夫先生에게 이어졌음을 말하는 것이다. 이상以上으로 천황씨天皇氏에서 공자孔子에 이르는 십오성인十五聖人의 성학연원聖學淵源을 밝히시고 그 도통道統이 오늘에 이르러 일부一夫께서 십오성인十五聖人의 성통聖統을 이어받았음을 밝히신 것이니, 이는 공자孔子도 말씀하시지 않은 십무극十无極의 원리原理와 후천금화지리后天金火之理를 밝히시고 십수十數 정역팔괘도正易八卦圖와 후천역后天易인 정역正易을 완성完成하였음을 말씀한 것이다.

---

오 호 금 일 금 일
三. ⑴ 嗚呼라 今日今日이여

---

• 아 – 오늘이여 오늘이여

粗解 시운時運의 찬사讚詞이다. 수지手指로는 무지굴拇指屈인 일一이 팔간산八艮山자리요 소지신小指伸인 육六이 삼태택三兌澤이니 간태합덕艮兌

兌合德의 의지意旨가 있다. 금일금일今日今日 중복重複하심은 무지일拇指一과 소지육小指六을 뜻한다.

시운時運의 찬사讚詞이며, 무지拇指 일一인 팔간산八艮山과 소지小指 육六인 삼태택三兌澤을 의미意味함이니 간태합덕艮兌合德의 심오深奧한 뜻이 있음이라 함.

補解 금일今日을 중복重複하였음은 오늘의 시점時點이 선천先天의 말세末世인 오늘이고 동시同時에 후천后天을 맞이하는 오늘임을 말씀한 것이니, 시운時運의 변화變化를 통관洞觀하시고 감탄感歎하신 것이다.

---

> 　　　　　육 십 삼　　　칠 십 이　　　팔 십 일
> 三.⑵ 六十三　七十二　八十一은

---

• 九九법인 七九-六十三　八九-七十二　九九-八十一은,

註義 　차　　지구수이언야　　수시어일이대비어구구의　　구수
此는 指九數而言也라 數始於一而大備於九九矣이니 九數
지 제구항　　　기수　　합위사백단오　　낙서지수　　존공즉흡위
之第九行하면 其數는 合爲四百單五요 洛書之數[22]를 尊空則恰爲
삼 백 육 십 당 기 지 수　　육 십 삼 칠 십 이 팔 십 일　　응 건 지 책 이 백 일 십
三百六十當朞之數라 六十三七十二八十一은 應乾之策二百一十
유 육　　　일 구 이 구 삼 구 사 구 육 구　　응 곤 지 책 백 사 십 유 사　　곤 책
有六이요 一九二九三九四九六九는 應坤之策百四十有四라 坤策

---

22 편집자주 : 『정역대경(모필본)』은 '洛書之本數'로 기록되어 있다.

은 用之於先天子會이니 前日已然之事也이요 乾策은 用之於後天

이니 丑會今日將然之事也라 盖是策을 分而爲黃鐘絲之數하고 合

而爲律曆之數라 特擧其用九之至要하여 起下十數之大體也니라.


演解 九는 眞陽이오 乾의 元數이다. 六十三 七十二 八十一 合二百一十

有六數는 盖乾道之策이니 而易道之原이 宗於此라 故로 夫子

(一夫)께서 擧今日今日以下節句而云이라. 萬物이 得此乾元眞

陽而生故로 易云大哉乾元萬物資始라 하였으며, 惟彼乾元眞性은 剛

大而圓明하야 通天地貫古今하며 其妙莫測하야 捲之則不盈一杯며

舒之則猶窄八宇로다.



粗解 건지책乾之策 이백일십육수二百一十六數이니, 수지手指로는 六十三

은 중지굴中指屈인 三자리요 七十二는 식지굴食指屈인 二자리요 八十一

은 무지굴拇指屈인 第一자리이다. 구구법九九法 도수度數의 아래에서 위

로 一二三은 일손풍一巽風 이천二天 삼태택三兌澤을 뜻함이요 위에서 아

래로 六七八은 육진뢰六震雷 칠지七地 팔간산八艮山이니 정역괘正易卦의

현상現象을 뜻한다.


句解 건지책乾之策 이백십육二百十六의 추연수推衍數가 되는 것임. 수지

상手指上에 六十三은 중지굴中指屈인 三자리요 七十二는 식지굴食指屈인

二자리요 八十一은 무지굴拇指屈인 一자리로서 구구법도수하九九法度數

下에서 정역팔괘正易八卦의 현상現象의 뜻이라 함.

[補解] 구구법九九法으로 一에서 九까지의 구수중九數中 중수오中數五를 제외除外하고 여팔수餘八數를 九로 승승乘乘하면 합수合數가 삼백육십三百六十이 되니 곧 당기지수當朞之數이다. 이는 십수十數에서 십오十五를 존공尊空하고 얻는 수數와 같은 것이니 곧 일부지기一夫之朞이다. 七八九의 승수합乘數合은 이백일십육二百一十六(7+8+9=24×9=216)이니 역수易數 건지책乾之策이다. 일부一夫께서 구구법九九法으로 건지책수乾之策數를 말씀한 것은 선천先天에서는 곤지책坤之策 일백사십사수一百四十四數를 용用하였으나(體陽用陰) 후천后天에서는 건지책乾之策 이백일십육수二百一十六數를 용용하게 되므로(體陰用陽) 이를 밝히신 것이다.

<small>체양용음</small>

<small>체음용양</small>

---

일 호 일 부
三. (3) 一乎一夫로다.

---

• 하나(一)로 이름하여 부를 수 있는 일부一夫로다.

일 호 일 부 자　　반 고 이 하　역 대 열 성 지 역 통　　선 인 명　　　　즉
[演解] 一乎一夫者는 盤古以下 歷代列聖之易統을 先引明하야 卽

자 습 임 이 발 언 야　　차 일 호 지　천 이 역 통　　유 일 무 이 이 전 임
自襲任而發言也시며, 且一乎之는 天以易統으로 唯一無二而專任

호 부 자 지 의 야
乎夫子之意也시니라.

[粗解] 하나로 이름지을 수 있는 일부一夫시고 건지책乾之策인 천지력수天

之력수之曆數가 일부一夫께 당도當到하여 무지일拇指一자리를 굴굴屈하니 팔간산八艮山자리에서 천하통일天下通一이 되는 의지意旨이다.

句解 일부一夫께서 하나로 이름질수 있다는 말씀이요, 천지력수天地曆數가 일부一夫께 당도當到하였음을 뜻하고 무지拇指 일一자리를 굴굴屈하니 천하통일天下統一된다는 의지意志라 함.

補解 일호일부一乎一夫는 하나(一)로 이름하여 부를 수 있는 일부一夫라는 뜻이니, 십오성인十五聖人에 대對하여 당당堂堂하게 하나(一)인 일부一夫라고 할 수 있다는 것이다. 일부一夫께서는 일호일부一乎一夫를 밝히기 위爲해 연원淵源인 반고화盤古化로부터 십오성인十五聖人을 열거列擧하신 것이니, 십오성인十五聖人을 낙서이전洛書以前과 이후以後로 나누면 천황씨天皇氏에서 제순帝舜까지 십성인十聖人이요 낙서洛書를 얻은 하우씨夏禹氏에서 공자孔子까지 오성인五聖人이요 정역팔괘도正易八卦圖를 획획畫하신 일부一夫가 일성인一聖人이므로 곧 십성인十聖人 오성인五聖人 일성인一聖人이 하나로 합合하는 십오일언十五一言인 것이다. 그러므로 일부一夫께서는 십오성인十五聖人의 성학도통聖學道統을 계승繼承한 일부一夫임을 밝히시고, 후학後學들에게 십오성인十五聖人의 성학연원聖學淵源과 도학道學을 깊이 탐구探究하면 정역正易의 이치理致를 통달通達할 수 있다는 교시敎示를 무언중無言中에 하신 것이니, 공자孔子께서 불언무극유의존不言无極有意存하신 뜻과 같이 일부선생一夫先生도 불언후학유의존不言後學有意存을 은연중隱然中 암시暗示하신 것이다.

<blockquote>

거 변 무 극　　십
四. 擧便無極이니 十이니라.

</blockquote>

• 손을 들면 문득 십十이니 무극无極이니라.

　　　　개 도 수 무 형　　　유 시 리 즉 필 유 시 상　　무 극　시 야　천 수
註義 盖道雖無形이나 有是理則必有是象이니 無極이 是也라 天雖

무 체　유 시 기 즉 필 유 시 수　　십 공　시 야　　십 수 지 수　기 공
無體나 有是氣則必有是數하니 十空이 是也니라 十雖地數나 其空

즉 천 야　공 즉 통　통 즉 명　　신 명 지 소 유 생 야　태 공 지 소 유
則天也라 空則通하고 通則明하니 神明之所有生也며 太空之所由

명 야　석 씨 지 공 중　노 씨 지 허 무　개 불 외 호 시 리 야　　차　거
名也라 釋氏之空中과 老氏之虛無도 皆不外乎是理也니라 此는 擧

성 명 지 원　　포 하 삼 극 지 리
性命之元으로 包下三極之理라.


　　　　십　　성 지 체　　천 지 만 물 지 생 성 총 수　불 외 호 십　　고
演解 十은 性之體이니 天地萬物之生成總數가 不外乎十이라 故로

운 거 변 무 극 십 이　　하 문 운 천 지 지 도 수 지 호 십　시 야
云擧便无極十耳니라. 下文云天地之度數止乎十이 是也라.


粗解 무지일拇指一자리를 신伸하면 십수十數인 무극无極이니 도생역성倒

生逆成하는 선천태극先天太極이 곧 후천무극後天无極이다.


句解 무지拇指 일一자리를 신伸하면 십수十數인 무극无極이니 도생역성

倒生逆成하는 선천태극先天太極이 후천무극后天无極이라 함.

**補解** 천지만물天地萬物의 원리原理가 손바닥(手掌)안에 들어 있으니, 엄지손가락(拇指)을 굽히며 一로 시작始作하여 五에 이르면 다섯 손가락을 모두 굽히게 되고 새끼손가락(小指)을 펴면서 六하고 차례로 펴 나가면 엄지손가락에 이르러 마지막으로 펴면서 十하면 다섯 손가락이 다 펴진 빈(空) 손바닥만 남으니 곧 '거변무극십擧便无極十'이 되는 것이다. 이 십수十數는 비어있는 듯 하나 그 안에는 一에서 九까지의 모든 수數가 들어 있으니 하나의 완성체完成體인 것이다. 십수十數는 식물植物에 비유比喩하면 줄기에서 성숙成熟한 열매(結實)와 같은 것이니, 九까지는 모체母體에 속屬한 줄기와 지엽枝葉이나 十은 완전完全히 성숙成熟한 열매로서 모체母體와 분리分離된 하나의 독립獨立된 실체實體인 것이다. 모체母體는 十에 이르면 본체本體로 환원還元하나 십수十數열매는 그 안에 一에서 九까지의 수數가 다 들어 있으므로 다시 一로 시작始作하게 되는 것이다. 이것이 곧 태극太極(一)이무극而无極(十)이며 무극이태극无極而太極인 것이니 하문下文의 '십변시태극일十便是太極一'이 이를 말하는 것이다.

---

**五.** 십 변 시 태 극　　　일
**十便是太極**이니 **一**이니라.

---

• 열(十)하고 이어 모지(拇指) 일一을 굴屈하면 문득 태극이 되니 하나가 되느니라.

**註義** 태 대야　일자　수지시　일　거지즉위무극　　　이권지
**太는 大也**요 **一者는 數之始**니 **一**을 **擧之則爲無極**이나 **而圈之**

正易集註補解 ┃┈┈

즉위태극          십위연부    일위연자     십생일       일화십          화
則爲太極이라 十爲衍父요 一爲衍子니 十生一하고 一化十하여 化

화화생생           호변불궁         거천하지물         각일시성야
化生生하고 互變不窮하니 擧天下之物에 各一是性也라.


[演解] 대도지십체       이부득이자연포화진용즉생일        고     운십
　　　大道之十體가 理不得已自然布化進用則生一하니 故로 云十

변시태극일이      일    성지용        자십체중        생일       일   형
便是太極一耳라. 一은 性之用이라 自十體中으로 生一하니 一은 形

화지시야     즉생인생물지문이
化之始也니 卽生人生物之門耳니라.


[粗解] 십무극十无極이 곧 일태극一太極이니 수지도수手指度數로 무지일㧢

指一을 신신伸하면 십수상무극十數象无極이 되는데 이를 다시 굴굴屈하면 일

태극一太極을 나타내고 있으니 역생도성逆生倒成하는 후천무극后天无極

이다.


[句解] 십무극十无極이 일태극一太極이니 무지㧢指 일一자리를 굴굴屈한 것

이 십수상十數象인데 일태극一太極을 나타내고 있으니 역생도성逆生倒成

하는 후천무극后天无極이라 함.


[補解] '십변시태극일十便是太極一'이라 하신 것은 수지상수手指象數로서

무극이태극无極而太極의 리리理를 말씀한 것이다. 역학적易學的으로 무극이

태극无極而太極의 원리原理를 밝혀 논론論論한 것은 주렴계周濂溪 선생先生의

『태극도설太極圖說』이 있으니 「무극이태극无極而太極 태극동이생양太極動

而生陽 동극이정動極而靜 정이생음靜而生陰 정극복동靜極復動 일동일정一

動一靜 호위기근互爲其根 분음분양分陰分陽 양의입언兩儀立焉 양변음합이

생수화금목토陽變陰合而生水火金木土 오기순포사시행언五氣順布四時行焉
오행일음양야五行一陰陽也 음양일태극야陰陽一太極也 태극본무극야太極
本无極也 오행지생야五行之生也 각일기성各一其性 무극지진无極之眞 이오지
정二五之精 묘합이응妙合而凝 건도성남乾道成男 곤도성녀坤道成女 이기교
감화생만물二氣交感化生萬物 만물생생이변화무궁언萬物生生而變化無窮焉」
이라 하였다. 무극이태극无極而太極에 대對하여 학자學者마다 해석解釋이
구구區區하나 주자朱子는 어류語類(卷九五)에서 「무극이태극无極而太極 지
시설무형이유리只是說無形而有理」 라고 하였다. 관견管見으로는 우주宇宙
삼라만상森羅萬象은 태극太極으로부터 비롯되는 것이므로 태극太極은
만물萬物의 부모父母이며, 만물萬物은 모두 태극太極의 소산所産이나 목
적目的을 이루면 반드시 본체本體로 환원還元하는 것이다. 본체本體라 함
은 생생하기 이전以前의 본원本源을 뜻하며, 이 본원本源이 곧 무극无極이
다. 그러므로 무극无極은 허허虛虛한 무無가 아니라 일태극一太極을 내포
內包하고 있는 십무극十无極인 것이니, 십무극十无極은 다시 일태극一太極
으로 순환循環하며 반복反復하는 것이다. '태극도설太極圖說'에 「태극동
이생양太極動而生陽 동극이정動極而靜 정이생음靜而生陰 정극복동靜極復
動 일동일정一動一靜 호위기근互爲其根」 이라고 한 것이 바로 무극无極과
태극太極의 순환循環을 말하는 것이다. 고故로 태극太極이 양陽이라면 무
극无極은 음陰이며, 음양陰陽은 소장消長과 변화變化를 반복反復하나 선
후先後가 없고 또한 분리分離할 수 없는 일체一體의 양면兩面이므로 일부
一夫께서 '거변무극십擧便无極十 십변시태극일十便是太極一'이라고 한 것
이다. 율곡선생栗谷先生도 그의 이기론理氣論에서 음양陰陽은 이물二物이
아니며 일기一氣의 동정動靜일 따름이라고 하였다.

六. 一<sub>이</sub> 无十<sub>하면</sub> 无體<sub>요</sub> 十<sub>이</sub> 无一<sub>이면</sub> 无用<sub>이니</sub>

合<sub>하면</sub> 土<sub>라</sub> 居中五<sub>니</sub> 皇極<sub>이니라.</sub>[23]

일 무십 무체 십 무일 무용

합 토 거중오 황극

• 하나(一)가 열(十)이 없으면 체體가 없음이요 열(十)이 하나(一)가 없으면 용用이 없으니, 합(十加一)하면 토土라 중앙에 위치하는 오五이니 황극皇極이니라.

십가일

**註義** 中은 不偏也요 五者는 生數之成이요 皇은 美盛也라 自一積

중 불편야 오자 생수지성 황 미성야 자일적

十은 體也요 自十分一은 用也라 十一合體하여 爲土니 五土之爲德

십 체야 자십분일 용야 십일합체 위토 오토지위덕

은 會合沖和하고 居中無偏이며 造成爲能하니 豈非極之美盛乎리요

회합충화 거중무편 조성위능 기비극지미성호

蓋無極而太極而皇極은 指其造化之實體而明辨之也라 以其至眞

개무극이태극이황극 지기조화지실체이명변지야 이기지진

言之則其極曰無요 以其至大言之則其極曰太요 以其至美言之則

언지즉기극왈무 이기지대언지즉기극왈태 이기지미언지즉

其極曰皇이라 蓋渾淪之初에 何嘗有二이나 見於用則有是象有是

기극왈황 개혼륜지초 하상유이 견어용즉유시상유시

數故로 必因象數而指其所以然也라 因是而求道者는 不必靠着

수고 필인상수이지기소이연야 인시이구도자 불필고착

於象數而超然默喫也라

어상수이초연묵끽야

**演解** 无極이 爲體요 太極이 爲用이며, 皇極은 兼體用而居中하야

무극 위체 태극 위용 황극 겸체용이거중

---

23 편집자주 : 『정역대경(모필본)』과 『정역주의(하상역본)』에는 '一而無十, 無體, 十而無一, 無用, 合, 土, 居中, 五, 皇極,'으로 기록되어 있다.

집 만 물 생 성 지 권 야　　　　합 토 지 토　　즉 무 기　　　위 음 양 지 원
執萬物生成之權也니라. 合土之土는 卽戊己이니 爲陰陽之源이라

고　　적 연 존 호 십 방 즉　　기 지 음 토 야　　　황 연 추 호 일 위 즉　　무 지 양 토
故로 寂然存乎十方則 己之陰土也오 恍然趣乎一位則 戊之陽土

야　　하 도 지 우 수　　속 기　　　낙 서 지 기 수　　속 무
也라. 河圖之偶數는 屬己하고 洛書之奇數는 屬戊니라.[24]

**粗解** 태극太極이면서 무극无極이라는 것이니 태극일太極一은 무극십无極十이 없으면 체體가 없는 허용虛用이며, 또한 무극십无極十은 태극일太極一이 없으면 용用이 없는 허체虛體이다. 무극십无極十과 태극일太極一이 합合하면 토土가 되니 토土는 중심中心에 위치位置하는 오토五土로서 즉 오황극五皇極이며, 황극체위도수皇極體位度數인 무술궁戊戌宮이다. 이것이 곧 오거중위五居中位의 황극皇極이니, 수지手指로는 소지小指 오五자리를 굴屈한 형상形象이다.

**句解** 태극太極이라도 무극无極이라는 것이니 태극일太極一은 무극십无極十이 없으면 체體가 없는 허虛라 함. 또한 무극십无極十은 태극일太極一이 없으면 용用이 없는 공체空體이다. 무극십无極十과 태극일太極一이 합合하면 토土가 되니 토土는 중심中心에 위치位置하는 오토五土로서 즉 오황극五皇極이며, 황극체위도수皇極體位度數인 무술궁戊戌宮이다. 이것이 곧 오거중위五居中位의 황극皇極이니, 수지手指로는 소지小指 육六자리를 신伸한 포오함육五含六 형상形象이다. 무극无極이라도 태극太極이라는 것이니 무극십无極十은 태극일太極一이 없으면 용用이 없는 허체虛體라 함. 십十과 일一이 합合하면 토土가 되고 그 중심中心에는 오五가 있으니 즉卽 오황극五皇極인 황극체위도수皇極體位度數요 무술궁戊戌宮이니 오

---

24 原註: 十與一合則成土字也.

거중위五居中位인 황극皇極으로서 소지小指 육六자리를 신伸한 상象이라함.

補解 무극无極과 태극太極은 분리分離할 수 없는 일체一體의 양면兩面으로서 여기에는 체용體用의 구분區分이 있으니, 무극无極은 태극太極의 체體이고 태극太極은 무극无極의 용用이다. 이를 수數로 논론論하면 처음 시작始作하는 시수始數는 一(태극太極)이고 종수終數는 十(무극无極)이나 이 十은 一로 시작始作하기 전前의 수數이므로 一의 종착수終着數인 동시同時에 전수前數가 된다. 一로 시작始作하여 二三四五六七八九로 역상逆上하면 결국結局은 十에 이르러 일시一始하기 전前의 수數(十)로 환원還元하는 것이며, 十은 머무르지 아니하고 다시 一로 시작始作하는 것이다. 그러므로 일태극一太極과 십무극十无極은 시종始終과 선후先後가 없는 순환체循環體이며, 분리分離할 수 없는 일체一體의 양면兩面(체용體用)으로서 서로 표리表裏가 되는 것이니, 고故로 일부一夫께서 '일무십무체一无十無體 십무일무용十无一无用'이라고 하신 것이다. 그러나 일태극一太極과 십무극十无極이 순환循環을 반복反復함에 있어서는 반드시 순환循環하도록 조절調節하는 중심체中心體가 있어야만 가능可能한 것이니, 이 중심체中心體가 곧 오황극五皇極이다. 오황극五皇極의 중간조절中間調節이 없으면 십무극十无極과 일태극一太極의 순환循環은 이루어질 수 없는 것이니, 이 순환과정循環過程을 수數로써 살펴보면 一에서 四까지의 진행進行은 원점原點(十)에서 전진前進하는 것이고, 六에서 九로 행행行함은 원점原點(十)으로 환원還元하는 후퇴後退이니, 이와 같은 진퇴進退를 반복反復할 수 있는 것은 중수오中數五의 조절調節이 있음으로써 이루어지는 것이다. 수지상수手指象數로는 무지拇指를 펴면서 十하면 오지五指를 다 펴게 되므로 십무극十无極이 되고, 다시 무지拇指를 굴굴屈屈하면 一이 되니 곧

일태극一太極이다. 무지일拇指一에서 차례로 굴屈하여 식지이食指二 중지삼中指三 무명지사無名指四 소지오小指五에 이르면 중수中數인 소지굴오小指屈五는 전진前進을 멈추게 하고 소지小指를 펴서 六(소지신小指伸)으로 후퇴後退하도록 조절調節하는 것이니, 차례로 신伸하여 무명지칠無名指七 중지팔中指八 식지구食指九 무지십拇指十으로 환원還元하게 되며, 다시 무지拇指를 굴屈하여 一로 진행進行하는 순환循環을 반복反復한다. 이것이 곧 무극이태극无極而太極이며, 소지小指의 굴신屈伸(五六)이 곧 오황극五皇極의 진퇴조절進退調節인 것이다. 연然이나 오황극五皇極은 일태극一太極과 십무극十无極이 있음으로써 거중조절居中調節하는 오황극五皇極이 되는 것이니, 一(태극太極)과 十(무극无極)이 없으면 황극皇極으로서의 거중오居中五는 성립成立할 수 없는 것이다. 그러므로 일부一夫께서 一과 十을 합合하면 토土가 되고 이 토土가 곧 거중오황극居中五皇極이라고 밝힌 것이다. 거중오토居中五土는 十과 一이 합合하여 이루어진 체體(십무극十无極)와 용用(일태극一太極)을 겸비兼備한 토土이므로 하도河圖와 낙서洛書의 중궁中宮에 모두 위位하는 것이다.

---

七. 地는 載天而方正하니 體니라.
　　지　　재천이방정　　체

• 땅은 하늘을 싣고 방정方正하니 체體이니라.

**註義** 地는 謂土也요 體는 謂實體也라 得剛柔之實體를 謂之地이니
　　　　지　　위토야　　체　　위실체야　　득강유지실체　　위지지

地雖一塊物이나 其中은 實虛容得天無窮化하고 其德은 方正이라
지수일괴물　　　기중　　실허용득천무궁화　　　기덕　　방정

부지　　처도야　　자도야　　신도야　　기도　　비이간능　　유진이
夫地는 妻道也요 子道也며 臣道也라 其道는 卑而簡能이니 柔進而

상행　　　응천이대종　　　즉지지태이거선
上行하여 應天而大終이라 卽地之泰而居先이니라.

지지음체　　운우창공　　음득양이동야　　　천동지정　　음
演解 地之陰體가 運于蒼空은 陰得陽而動也니라. 天動地靜은 陰

양지원성　　천정지동　　음양지호용
陽之原性이오 天靜地動은 陰陽之互用이라.[25]

粗解 지덕地德은 하늘을 싣고서 방정方正한 것이니 실체實體가 되는 것
이다. 수지手指로는 二·四·六·八·十 삼지양천三地兩天이니 하도후천河圖
後天이다.

句解 지덕地德은 하늘을 싣고서 방정方正한 것이니 실체實體가 되는 것
이요 수지手指로는 六七八九十인 하도후천河圖後天이라 함.

補解 땅(地)은 음체陰體로서 유한有限한 실체實體이나 능能히 무한無限
한 하늘(天)을 실을 수 있고 또한 하늘의 모든 기운氣運을 받아들여 능
能히 만물萬物을 자생資生하므로 그 덕德은 방정方正하다. 『주역周易』 곤
괘단전坤卦彖傳에 「지재곤원至哉坤元 만물자생萬物資生 내순승천乃順承天
지후재물地厚載物 덕합무강德合無疆」이라 한 것이 바로 이를 말한 것이
다. 땅(地)은 비록 지위地位가 낮은 음체陰體이나 간능지도簡能之道로서
천도天道에 상응相應하여 만물萬物을 자생資生하는 것이니, 그 덕德은 지
대至大하다고 할 것이다. 일부一夫께서 천도天道보다 지도地道를 먼저 말
씀하신 것은 후천后天은 삼지양천三地兩天으로서 체용體用을 호역互易하

25 原註: 載는 地以陰體로 載天而吸受陽電하야 右旋함이며, 電은 乾陽之活力也라.

正易集註補解

기 때문이다. 선천先天은 수건차곤首乾次坤(건남곤북乾南坤北)으로 천존지비天尊地卑이나 후천后天은 수곤차건首坤次乾(곤남건북坤南乾北)으로 체용體用이 전도顚倒되는 것이다. (정역팔괘도正易八卦圖 참조參照)

---

八. 天<sup>천</sup>은 包地而圓環<sup>포지이원환</sup>하니 影<sup>영</sup>이니라.

• 하늘은 땅을 싸고있는 둥근 고리와 같으니 그림자(影像<sup>영상</sup>)이니라.

**註義** 天<sup>천</sup>은 謂一大也<sup>위일대야</sup>요 影<sup>영</sup>은 謂光影也<sup>위광영야</sup>라 得陰陽之光影<sup>득음양지광영</sup>을 謂之天<sup>위지천</sup>이라 天雖一空氣<sup>천수일공기</sup>이나 其實<sup>기실</sup>은 至大<sup>지대</sup>하며 包含地許多物<sup>포함지허다물</sup>하니 其道<sup>기도</sup>는 圓環<sup>원환</sup>이라 夫天<sup>부천</sup>은 夫道也<sup>부도야</sup>며 父道也<sup>부도야</sup>며 君道也<sup>군도야</sup>라 其道<sup>기도</sup>는 尊而不亢<sup>존이불항</sup>하고 光明而下濟<sup>광명이하제</sup>하고 交地而大始<sup>교지이대시</sup>하니 卽天之泰而居後<sup>즉천지태이거후</sup>라 此<sup>차</sup>는 擧天地之形體<sup>거천지지형체</sup>하여 明下神明之聚焉<sup>명하신명지췌언</sup>이니라.[26]

**演解** 天之陽影<sup>천지양영</sup>이 躔于玄虛<sup>전우현허</sup>는 陽得陰而靜也<sup>양득음이정야</sup>니라.[27]

**粗解** 하늘의 도道는 땅을 원형圓形으로 포용包容하야 원환圓環을 이루

---

26 편집자주 : 『정역대경(모필본)』은 '神氣'로, 『정역주의(하상역본)』는 '神明'으로 기록되어 있다.

27 原註 : 包는 天以陽影으로 包地而挽引陰電하야 左旋한다.

고 있으니 그림자의 상象이며, 도수度數는 一·三·五·七·九 삼천양지三天
兩地이니 선천낙서수先天洛書數이다.

하늘의 도道는 땅을 원형圓形으로 포용包容하야 원환圓環으로 환
상環狀한 것이니 그림자라 하는 것이며, 수지手指는 一二三四五인 낙서선
천洛書先天이라 함.

하늘(天)은 땅(地)을 감싸고 둥근 고리를 이루며 상대운동相對運
動을 하고 있으므로 "포지이원환包地而圓環"이라 한 것이다. 하늘은 땅을
포용包容하고 끊임없이 생기生氣를 부여賦與하고 있으나 그 기氣는 형체
形體가 없는 광영光影일 뿐이니, 그러므로 '영影'이라고 표현表現한 것이
다. 하늘(天)은 무소부유無所不有의 지대至大한 실체實體로서 대시大始를
주관主管하며, 그 성정性情이 강건剛健하여 잠시暫時도 멈춤이 없으므로
그 덕德은 위대偉大하다고 할 것이다. 선천先天에서는 지존지체至尊之體로
서 광명지덕光明之德으로 천하天下를 밝히는 체體가 되나, 후천后天에서
는 일락서산지상日落西山之象이라 음체陰體의 용用이 되어 달(月)만을 비
추게 되니, 고故로 일부一夫께서 '영影'이라고 하신 것이다. 선천先天은 생
장生長을 주主하므로 복희선천괘도伏羲先天卦圖에는 건괘乾卦가 남방상
위南方上位에 위位하여 만물萬物의 생장生長을 주관主管하나, 후천后天은
수장收藏을 주主하므로 정역괘도正易卦圖에는 오곤지五坤地가 남방상위
南方上位에 위位하여 만물萬物을 수렴收斂하고 대지大地에 축장蓄藏하는
것이니, 고故로 생장生長을 주主하는 십건천十乾天은 북방하위北方下位로
퇴위退位하게 되는 것이다.

大哉라 體影之道여 理氣囿焉하고 神明萃焉이니라.

• 크도다 체體와 영影의 도道여, 이기理氣가 그 안에 있고 신명神明이 모여 있느니라.

**註義** 體影之道는 不可以指名故로 讚美曰大哉라 理者는 氣之所以然이요 氣者는 理之所由發이라 囿는 蘊也요 萃는 聚也니라 氣之屈伸曰神이요 理之光明曰明이라 凡塞乎天地之間者는 一氣流行과 陰陽其功이니 飛潛動植之物이 各得其理乎인저 盈乎天地之間者는 一神明光으로 日月이 其根이니 虛靈瑩澈之性이 各受其德乎인저.

**演解** 周萬物而無漏者는 理也오 妙萬物而莫測者는 神也오 育萬物而不息者는 氣也니 此三者咸萃于體影之中矣. 四時에 節限不忒은 理之定也오 三光이 常明不昧는 神之用也오 五運이 循環不休는 氣之行也니라. ○誰識陰陽雙電力 能令大球運蒼空.

**粗解** 크고 큰 체영體影의 도道를 "대재大哉라"하고 감탄感歎한 것이니

이기理氣가 그 안에 있고 신령神靈한 광명光明이 그 안에 모여있으니, 이기언지즉以氣言之則 천동지정天動地靜이요 이리언지즉以理言之則 천정지동天靜地動이라 곧 지구地球의 공전公轉과 자전自轉하는 이치理致이다.

句解 크고 큰 체영體影의 도道를 형용形容한 감탄사感歎詞요 이치理致와 기기氣가 있고 신령神靈한 기운과 광명光明이 모여 있으니, 지구地球의 공전公轉과 자전自轉하는 리기理氣에 영影은 기氣니 오개지굴五個指屈이요 체體는 리理니 오개지신五個指伸이라 함.

補解 천지지도天地之道라 하지 않고 '체영지도體影之道'라고 한 것은 후천后天에서는 재천이방정載天而方正한 지도地道가 체體가 되고 포지이원환包地而圓環한 천도天道가 용用이 되므로 체영體影으로 표현表現한 것이며, '대재大哉라' 함은 체영지도體影之道의 위대偉大함을 찬탄讚歎한 것이다. '이기유언理氣囿焉'의 '유囿'는 있기는 하나 닫혀있음을 뜻함이니, 예例를 들면 선천先天의 생장지기生長之氣(생명지기生命之氣)가 수장收藏된 씨앗(種子)속에 갇혀있는 상象이므로 '유언囿焉'이라 표현表現한 것이다. 십수十數(무극无極)를 용用하는 후천后天에서는 一에서 九까지의 수數는 십수十數안에 갇혀 있으므로 발현發顯할 수 없는 것이다. 신명神明은 이기理氣의 조화造化(작용作用)를 뜻함이니, 일부一夫께서는 후천后天의 체영지도體影之道에는 이기조화理氣造化가 모두 응축凝蓄되어 있으므로 '신명췌언神明萃焉'이라 한 것이다.

천 지 지 리   삼 원
十. 天地之理는 三元이니라.

● 하늘과 땅의 이치는 삼원三元이니라.

삼 원   위 무 극 태 극 황 극 삼 극 지 도 야   차   승 상 삼 원 지
[註義] 三元은 謂無極太極皇極三極之道也니라 此는 承上三元之
리     기 하 삼 재 지 도
理²⁸하여 起下三才之道라.

삼 원   천 지 운 도 지 시 중 종 삼 원 야   시   일 야   중   오 야
[演解] 三元은 天地運度之始中終三元也니 始는 一也오 中은 五也

종   십 야   수 성 어 십 즉 갱 환 어 일 고   하 문 운 극 즉 반
오 終은 十也라. 數成於十則更還於一故로 下文云極則反이라 하였

다.²⁹

[粗解] 천지天地의 리理는 십무극十無極 일태극一太極 오황극五皇極의 삼원

이치三元理致이다.

천황씨           지황씨           인황씨
[句解] 십무극十無極(天皇氏) 오황극五皇極(地皇氏) 일태극一太極(人皇氏)

이라 함.

[補解] 삼원三元은 무극无極 태극太極 황극皇極의 삼극지도三極之道를 말

---

28 편집자주 : 『정역대경(모필본)』은 '承上'이라 한 반면에, 『정역주의(하상역본)』에는 '上'
자가 누락되어 있다. 다음 문장의 '起下三才之道'의 문맥에 비추어보면 『정역대경(모필본)』
이 옳은 것으로 추정된다.
29 [原註] : 此節에 隱含壬戊己三世之運也라.

함이니, 삼극三極이 있음으로써 천지지도天地之道는 장구長久할 수 있는 것이다. 『주역周易』계사전繫辭傳(上二章)에「변화자變化者는 진퇴지상야進退之象也오 강유자剛柔者는 주야지상야晝夜之象也오 육효지동六爻之動은 삼극지도야三極之道也」라고 하였는바. 천지만물天地萬物의 변화變化는 모두 반복反復되는 진퇴운동進退運動에 의依하여 나타나는 것이므로 여기에는 일정一定한 법칙法則이 있으니 곧 삼극지도三極之道이다. 이 삼극三極은 천지인삼재天地人三才를 뜻하는 것이나 그 도道는 극즉변極則變하는 진퇴운동進退運動의 순환循環을 뜻하는 것이니, 이는 천지만물天地萬物의 생장성生長成의 원리原理로서 곧 무극이태극无極而太極의 원리原理인 것이다. 십무극十无極과 일태극一太極의 순환循環(십일귀체十一歸體)은 거중오황극居中五皇極의 진퇴조절進退調節이 있음으로써 이루어지는 것이니, 이것이 곧 삼원지리三元之理이며 삼극지도三極之道이다. 천지순환지도天地循環之道는 생장성生長成 삼원三元의 순환循環을 말하며, '원元'은 종즉유시終則有始의 시원始元을 뜻하는 것이니, 이를 괘도卦圖로써 논론論論하면 복희괘伏羲卦는 생괘生卦이고 문왕괘文王卦는 장괘長卦이며 정역괘正易卦는 성괘成卦이다. 일부一夫께서는 천지변화天地變化의 차원次元을 밝힌 것이다.

十一. 元降聖人하시고 示之神物하시니 乃圖乃書니라.

• 하늘(元)에서 성인聖人을 내려보내시고 신물神物을 보이시니 이것이 곧 하도河圖와 낙서洛書니라.

元降者는 合三元之理而乃降也라 通明을 謂之聖이요 仁을 謂之人이니 人類之明且仁者를 謂之聖人也. 南軒張先生曰通於 天者는 河也라 有龍馬負圖而出하니 此는 聖人之德이 上通乎天이 요 天降其祥이라 中於地者는 洛也라 有神龜載書而出하니 此는 聖 人之德이 下及于地이니 地呈其瑞라 하니라 此所謂元降聖人示之 神物이니 此는 擧圖書之理數하여 示古聖人之淵源이라.


粗解 원元은 건괘단전乾卦彖辭「대재건원大哉乾元이여」의 元이며, 신물 神物은 용도龍圖와 귀서龜書이다. 二·四·六·八·十은 하도河圖요 一·三· 五·七·九는 낙서洛書이니 포태양생胞胎養生의 원리原理이다.


句解 원元은 건원乾元이여 하는 원元의 뜻이며 신물神物은 용도龍圖와 귀서龜書이니라. 二 四 六 八 十은 하도河圖요 一 三 五 七 九는 낙서洛書 이다.


補解 원元은 삼원三元을 말함이니, 곧 무극无極 태극太極 황극皇極으로 서 시원始元을 뜻한다 삼원三元은 시중말始中末의 순환循環을 반복反復 하는 천지지도天地之道로서 그 시원始元을 달리할 때마다 하늘은 인세 人世에 성인聖人을 나게 하시고 신물神物을 보이시어 천지순환지도天地循 環之道를 바로 알게 하셨으니, 그 신물神物이 바로 하도河圖와 낙서洛書이 다. 『주역周易』계사상전繫辭上傳(第十一章)에「천생신물天生神物이어늘 성 인聖人이 칙지則之하며 천지변화天地變化어늘 성인聖人이 효지效之하며 천

수상天垂象하야 현길흉見吉凶이어늘 성인聖人이 상지象之하며 하출도河出圖하며 낙출서洛出書어늘 성인聖人이 칙지則之하니 역유사상易有四象은 소이시야所以示也오 계사언繫辭焉은 소이고야所以告也오 정지이길흉定之以吉凶은 소이단야所以斷也라」라고 하였으니, 바로 '원강성인元降聖人 시지신물示之神物'을 말한 것이다. 하도河圖를 지고 황하黃河에서 나온 용마龍馬와 낙서洛書를 싣고 낙수洛水에서 나온 신귀神龜가 곧 하늘이 성인聖人에게 보이신 신물神物이니, 성인聖人은 하도河圖와 낙서洛書를 얻어 괘도卦圖를 획화畫하고 천지지도天地之道를 밝힌 복희씨伏羲氏와 하우씨夏禹氏또는 이를 바탕으로 역리易理를 밝힌 문왕文王 주공周公 공자孔子를 말함이다. 일부一夫께서는 후천后天에서도 반드시 시지신물示之神物이 있을 것임을 은연중隱然中 예언豫言한 것이며, 또한 일부선생一夫先生이 정역팔괘도正易八卦圖를 그리실 때 허공虛空에 팔괘도八卦圖의 영상影象이전후수년간前後數年間 보였다고 전전傳하는바, 이러한 계시啓示가 곧 하늘의 뜻임을 은연중隱然中 밝힌 것이다.

十二. 圖書之理는 后天先天이요 天地之道는 旣濟未濟니라.

（도서지리 후천선천 천지지도 기 제미제）

• 하도와 낙서의 이치는 후천과 선천이요 천지天地의 도道는 기제旣濟와미제未濟니라.

註義 圖書는 數之祖요 理之宗이라 先於天而有是理하고 後於天而

（도서 수지조 리지종 선어천이유시리 후어천이）

유시수　수기대비　가이진물변　도위체　서위용
有是數하니 數旣大備하여 可以盡物變이라 圖爲體요 書爲用이니

선천자회야　수시변역　도변위용　서변위체　후천축
先天子會也라 隨時變易하여 圖變爲用하고 書變爲體하니 後天丑

회야　유흠소위상위경위자　시야　유시이작간지　정율
會也니라 劉歆所謂相爲經緯者가 是也라 由是而作干支하고 定律

력　사시지행　불특　인시이획괘위　입강유　팔
曆하니 四時之行이 不忒이라 因是而劃卦位하여[30] 立剛柔하니 八

풍지동　불착의　개천지　이수화위정이괘기지기제미제　수
風之動이 不錯矣라. 盖天地는 以水火爲政而卦氣之旣濟未濟와 水

화지교불교야　천지지도　어사　상위종시야
火之交不交也일새니 天地之道가 於斯에 相爲終始也니라

[演解] 圖爲先天而用十土於后天하고 書爲后天而用一水於先天하
도위선천이용십토어후천　서위후천이용일수어선천

며, 未濟는 天道之始于一이요 旣濟는 地道之終于十耳라.[31]
미제　천도지시우일　기제　지도지종우십이

[粗解] 하도河圖와 낙서洛書의 운행이치運行理致는 十九八七六五四三二一
로 도생역성倒生逆成하는 것이 하도河圖이며, 一二三四五六七八九十으로
역생도성逆生倒成하는 것이 낙서洛書이다. 천지지도天地之道는 수화기제
水火旣濟와 화수미제火水未濟이다.

[句解] 하도河圖와 낙서洛書의 운행이치運行理致는 시간적時間的으로 十
九 八 七 六 五 四 三 二 一로 도생倒生하는 하도河圖와, 一 二 三 四 五 六
七 八 九 十으로 역생도성逆生倒成하는 것이 낙서洛書이다. 천지지도天地
之道는 공간적空間的으로 수화기제水火旣濟와 화수미제火水未濟이다.

---

30 편집자주 : 『정역대경(모필본)』에는 '晝'字로 기록되어 있다.
31 [原註] : 濟는 成也라.

補解 하도십수河圖十數와 낙서구수洛書九數는 수數의 기본基本이며, 천지만물天地萬物이 생성변화生成變化하는 리理의 근본根本이다. 본래本來 하도河圖는 선천지리先天之理이고 낙서洛書는 후천지리后天之理이나 그 체용體用으로 논론論論하면 선천先天은 하도위체河圖爲體 낙서위용洛書爲用이며, 후천后天에서는 반대反對로 낙서위체洛書爲體 하도위용河圖爲用이니, 그 쓰임으로 볼 때 하도河圖는 선천先天이면서 후천后天이요 낙서洛書는 후천后天이면서 선천先天이 되는 것이다. 이는 하도河圖와 낙서洛書의 체용體用이 선先·후천后天에서 호역互易함을 밝힌 것이며, 천지지도天地之道는 멈춤이 없이 순환循環하므로 만물萬物은 춘생하장春生夏長하고 추수동장秋收冬藏하는 변화變化를 반복反復하게 되는 것이니, 이를 기제이미제旣濟而未濟라고 한 것이다. 천지天地의 정사政事는 곧 수화水火의 용사用事를 말함이니, 수기상승水氣上昇하고 화기하강火氣下降하는 수화水火의 상교相交를 수화기제水火旣濟라 하며, 화기재상火氣在上하고 수기재하水氣在下하는 화수火水의 불교不交를 화수미제火水未濟라 한다. 선천先天의 낙서용사洛書用事는 역생도성逆生倒成하므로 수화기제水火旣濟이며, 후천后天의 하도용사河圖用事는 도생역성倒生逆成하므로 화수미제火水未濟이니, 선후천先后天의 정사政事는 곧 기제旣濟와 미제未濟를 반복反復하는 용사用事일 뿐이다. 고故로 『주역周易』 서괘전序卦傳에 「유과물자필제有過物者必濟라 고故로 수지이기제受之以旣濟하고 물불가궁야物不可窮也라 고故로 수지이미제受之以未濟」 라고 하였으니, 이는 천지리기天地理氣의 순환循環이 종즉유시終則有始하여 끝이 없음을 밝힌 것이다.

십삼. 龍圖는 未濟之象而倒生逆成하니 先天
太極이니라.[32]

• 용도龍圖-河圖는 화수미제火水未濟의 상象으로 거꾸로 생生하여 거슬러서 이루는 것이니, 선천先天의 태극이니라.

註義 龍圖는 以陰數爲主故肇二而有未濟之象이라 自上而下를 謂之倒요 自下而上을 謂之逆이라. 下生之數는 倒成이요 上生之數는 逆成이니 生成之理與數가 皆然也라 六七八九十은 配一二三四五요 一屈一伸하여 成十對五하니 此盖數之常也라 實中爲體하여 以順運用은 先天太極之道니라.

演解 龍圖는 主一太極生數而藹然外使萬物之枝葉으로 振發于陽順之方이라가 待秋成實于陰逆之方하니 故로 言倒生而逆成也며 且知生而未知成故로 言未濟之象耳라.[33]

---

32 편집자주 : 『정역대경(모필본)』과 『정역주의(하상역본)』에는 '龍圖, 未濟之象而, 倒生逆成, 先天太極'로 기록되어 있다.

33 原註 : 龍居春夏 而行一水之政故로 云先天太極. 外布木火 而內含金水하니 外陽內陰也라. 倒는 順也라.

粗解 하도河圖는 십十에서 순順하게 내려가 二一로 마치니 화수미제火水未濟의 상象으로 도생역성倒生逆成은 선천先天의 일수一數를 말함이니, 이는 태극도수太極度數이다.

句解 하도河圖는 십十에서 순順하게 내려가 二 一로 종終하니 화수미제火水未濟의 상象인데 도생역성倒生逆成하는 선천先天의 일수一數를 말하는 선천태극도수先天太極度數라 함.

補解 용도龍圖는 황하黃河에서 용마龍馬가 지고 나온 도상圖象을 이름이니, 즉卽 하도河圖를 말함이다. 전절前節에서는 하도후천河圖后天이라 하고 여기서는 선천태극先天太極이라고 하였으니, 전후前後가 모순矛盾되는 듯 하나 이는 체體와 용用으로 구분區分하여 논론論論하기 때문이다. 하도河圖는 선천지체先天之體요 후천지용后天之用으로서 도생역성倒生逆成하므로 화수미제지상火水未濟之象이라 한 것이니, 주역周易의 종괘終卦인 화수미제괘火水未濟卦의 괘상卦象을 보면 이화離火와 감수坎水가 각기各其 제 자리로 환원還元(리상감하離上坎下)하여 그 쓰임(用)에 이르지 못한 상象이다. 하도십수河圖十數는 만수滿數로서 진지극進之極이니 극즉반極則反이라 고故로 그 쓰임(用)은 십수十數에서 도생倒生하여 一(태극太極)에 이르는 것이며, 一에 이르면 퇴지극退之極이라 다시 역상逆上하여 十(무극无極)으로 환원還元하는 것이니, 이와 같은 하도십수河圖十數의 순환과정循環過程을 일부一夫께서는 '도생역성倒生逆成 선천태극先天太極'이라고 한 것이다. 만극지수滿極之數인 十에서 도생倒生하는 것은 후천용사后天用事이며, 도생倒生하는 목적目的은 역성逆成에 있으므로 퇴극지수退極之數인 一(태극太極)에 이르면 하도용사河圖用事는 끝나게 되므로 선천先天의 체體가 되며, 낙서洛書를 용用하여 다시 역상逆上함으로써 十(무극无極)으로

환원還元(역성逆成)하는 것이니, 이 역상과정逆上過程은 선천용사先天用事
이므로 '선천태극先天太極'이라 한 것이다.

---

십사. 十四. 龜書<sub>는</sub> 旣濟之數而逆生倒成<sub>하니</sub> 后天
无極<sub>이니라.</sub>

귀서　　기제지수이역생도성　　후천
무극

---

• 귀서龜書–낙서洛書는 수화기제水火旣濟의 수數이며, 거슬러 생생生生하고 거
꾸로 이루는 것이니 후천의 무극无極이니라.

---

**註義** 龜書<sub>는</sub> 以陽數爲主故<sub>로</sub> 始一而成旣濟之數<sub>라</sub> 生成之理<sub>는</sub>
書與圖<sub>가</sub> 相反<sub>하니</sub> 順逆之道也<sub>라.</sub> 一二三四<sub>가</sub> 合九八七六<sub>하여</sub> 一
退一進<sub>하며</sub> 居五空十<sub>은</sub> 此盖數之變也<sub>라</sub> 空位爲尊<sub>하여</sub> 由逆運行
<sub>이니</sub> 後天無極之道<sub>니라.</sub>

---

**演解** 龜書<sub>는</sub> 主十无極成數而暗然內使萬物之根核<sub>으로</sub> 含生于
陰逆之方<sub>이라가</sub> 待春柝甲于陽順之方<sub>하니</sub> 故<sub>로</sub> 言逆生而倒成也
<sub>며</sub> 且只知成而未知生故<sub>로</sub> 言旣濟之象<sub>이라</sub> 外布金水而內含木火
<sub>하니</sub> 外陰內陽也<sub>라</sub> 又以五行胞胎<sub>로</sub> 言則木火<sub>는</sub> 雖陽也<sub>나</sub> 胞于陰

---

<sup>중이왕우양순지방</sup> <sup>금수수음야</sup> <sup>포우양중이왕우음역지방</sup>
中而旺于陽順之方하고 金水雖陰也나 胞于陽中而旺于陰逆之方

<sup>차음양</sup> <sup>호근</sup> <sup>도생이역성</sup> <sup>역생이도성지리야</sup> <sup>우</sup>
하니 此陰陽이 互根하야 倒生而逆成하고 逆生而倒成之理也라 又

<sup>수왕처</sup> <sup>화존</sup> <sup>금왕처</sup> <sup>목존</sup> <sup>즉차리야</sup> <sup>기생성시종순</sup>
水旺處에 火存하며 金旺處에 木存함이 卽此理也니 其生成始終循

<sup>환무단</sup> <sup>어차도서</sup> <sup>가관의</sup> <sup>도서지기미제</sup> <sup>음양방위</sup> <sup>언</sup>
環無端을 於此圖書에 可觀矣라. 圖書之旣未濟는 陰陽方位로 言

<sup>야</sup> <sup>이일일</sup> <sup>간즉 오전</sup> <sup>선천</sup> <sup>오후</sup> <sup>후천야</sup> <sup>이일월</sup>
也니라. 以一日로 看則 午前이 先天이며 午後는 后天也오 以一月로

<sup>간즉 망전</sup> <sup>선천</sup> <sup>망후</sup> <sup>후천야</sup> <sup>사시</sup> <sup>간즉 춘하</sup> <sup>선천</sup>
看則 望前이 先天이며 望後는 后天也오 四時로 看則 春夏가 先天

<sup>추동</sup> <sup>후천야</sup> <sup>수지우천만년</sup> <sup>역이차추관</sup> <sup>선</sup>
이며 秋冬은 后天也니 雖至于千萬年이라도 亦以此推觀함이니라. 先

<sup>후천생성순환</sup> <sup>각유계정고</sup> <sup>만물</sup> <sup>수왕</sup> <sup>불유기절</sup> <sup>사</sup>
后天生成循環에 各有界定故로 萬物이 雖旺이나 不踰其節이며 四

<sup>해수창</sup> <sup>불유기한</sup>
海雖漲이나 不踰其限이니라.[34]


[粗解] 낙서洛書는 一二에서 거슬러 올라가 九十으로 종終하니 역생도성
逆生倒成하는 수화기제水火旣濟이다. 一二는 수화水火이며, 종終하는 十은
후천무극도수後天無極度數이다.


[句解] 낙서洛書는 거슬러 올라가 一 二에서 九 十으로 종終하니 역생도성
逆生倒成하는 수화기제水火旣濟요 十에서 종終하는 후천무극도수后天无
極度數라 함.


[補解] 귀서龜書는 낙수洛水에서 신귀神龜가 지고 나온 상수象數를 이름
이니 곧 낙서洛書를 말함이다. 하도河圖와 낙서洛書는 모두 수數로 이루

---

34 [原註]: 龜居秋冬而行十土之政故로 云后天无極.

어져 있으나 낙서구궁洛書九宮은 십수十數에 불급不及하는 구수九數이며, 하도십수河圖十數는 완성수完成數(기본수基本數)로서 하나의 상象을 이루게 되므로 용도龍圖는 미제지상未濟之象이라 하고 귀서龜書는 기제지수旣濟之數라고 한 것이다. 그러면 십수十數로 완성完成된 하도河圖는 미제未濟라 하고 십수十數에 미달未達하는 낙서洛書를 기제旣濟라 함은 무슨 까닭인가. 이는 낙서구궁洛書九宮의 원리原理로서 낙서洛書를 바탕으로 한 문왕팔괘도文王八卦圖를 보면 북방北方의 일감수一坎水가 역상逆上하여 남방南方의 구리화九離火에 이르러 일수一水가 구화九火로 기제旣濟(수변위화水變爲火)하는 이치理致를 말함이니, 낙서구수洛書九數는 완성수完成數(十)에는 이르지 못하였으나 일감수一坎水가 역상逆上한 목적目的은 구리화九離火에 이르러 기제旣濟함으로써 선천용사先天用事가 끝나게 되므로 수화水火의 기제旣濟와 동시同時에 후천后天으로 전환轉換되는 것이다. 선천先天의 용사用事가 끝난 낙서洛書는 체용體用을 호역互易하여 후천后天에서는 체體가 되어 선천지체先天之體인 하도십수河圖十數를 용用하여 도생倒生함으로써 본체本體(일수一水)로 환원還元하는 것이니, 선천先天의 일태극一太極은 후천后天의 십무극十无極을 용用하여 귀체歸體(도성倒成)하므로 이와 같은 순환지리循環之理를 '역생도성逆生倒成 후천무극后天无極'이라고 한 것이다. 만물萬物이 생장生長하는 목적目的은 완성完成하는데 있으므로 선천지체先天之體인 하도河圖는 낙서구궁洛書九宮을 용用하여 역성逆成하므로 '선천태극先天太極'이라 하였으며, 후천지체后天之體인 낙서洛書는 하도십수河圖十數를 용用하여 도성倒成하므로 '후천무극后天无極'이라 한 것이다, 이는 음변양화陰變陽化하는 음양陰陽의 원리原理로서 선천역생先天逆生은 음변위양陰變爲陽이며, 후천도생后天倒生은 양화위음陽化爲陰이니, 선후천先后天의 순환循環과 만물萬物의 생성변화生成變化가 불외호음양지리不外乎陰陽之理이다.

오 거 중 위     황 극
**十五.** 五居中位하니 皇極이니라.

• 五는 중앙中央에 위치하였으니 황극皇極이니라.

**註義** 至哉라 五皇極之爲德也와 中位正易之實體여 在河圖之中

則一得五而配六하고 二得五而配七하고 三得五而配八하고 四得

五而配九하고 五得五而配十하니 十用其全하고 五用其半이니 十

包五而兼內外之道하고 五守中而修分內之職하니 於是에[35] 土性

冲和之德이 充諸內而達於外矣라 四九는 得是而主義하고 一六은

得是而止智하고 三八得是而施仁하고 二七은 得是而致明하니 皇

極之道가 乃著顯矣니라. 在洛書之中則九者는 十分一餘也요 八者

는 十分二之餘也요 七者는 十分三之餘也요 六者는 十分四之餘也

요 五者는 十分五之餘也라 十便空位하고 五獨居中하니 十非眞空

也요 尊其位也라 五不自專이니 承其職也라 其本也는 靜而正이니

陰之德也요 其動也는 光而大하니 五之性也라 美哉라 皇皇者極이

여 和順은 積於中而發諸外하니 四奇는 得是而守四正之位하고 四

偶는 得是而補四方之空하니 正正而方方이라 居中而應正하여 皇

---

35 편집자주 : 『정역대경(모필본)』에는 '於是乎'로 기록되어 있다.

<sup>극 지 도</sup> <sup>대 비 어 시 의</sup> <sup>대 범 천 지 지 정 위</sup> <sup>일 월 지 행 도</sup> <sup>귀 신</sup>
極之道가 大備於是矣니라 大凡天地之定位와 日月之行度와 鬼神

<sup>지 정 령</sup> <sup>개 성 기 의 야</sup> <sup>오 호</sup> <sup>세 지 인</sup> <sup>능 지 차 의</sup> <sup>즉 존 상 수</sup>
之政令이 皆成其義也라 嗚呼라 世之人이 能知此義면 則尊上受

<sup>직</sup> <sup>여 황 극 지 승 무 극</sup> <sup>사 친 사 군 사 장 지 도</sup> <sup>입 이 인 륜</sup> <sup>자 정</sup>
職이 如皇極之承无極과 事親事君事長之道가 立而人倫이 自正하

<sup>천 하</sup> <sup>화 순 의</sup>
여 天下가 和順矣리라.


<sup>성 인 효 차 정 리 이 설 오 륜</sup> <sup>이 입 인 극 언</sup>
演解 聖人效此正理而設五倫하야 以立人極焉하시다.


粗解 五가 중앙中央에 위치位置하였으니 곧 오황극五皇極이다.


句解 五가 중앙中央에 위치位置하였으니 오황극五皇極자리라 함.


補解 지대至大한 것을 황皇이라 하고 지중至中한 것을 극極이라 한다. 오
황극五皇極은 하도河圖와 낙서洛書의 중궁中宮에 위위位하여 만물萬物의 생
성生成을 조절調節하니, 그 위상位相은 참으로 지대지중至大至中한 것이
다. 황극皇極에 대對하여 이미 전문前文에서 '일무십무체一无十无體 십무
일무용十无一无用 합토거중오황극合土居中五皇極'이라 하고 또 본문本文에
서 '오거중위황극五居中位皇極'이라고 중복重複하였음은 전문前文에서는
십무극十无極과 일태극一太極의 본체순환本體循環이 오황극五皇極의 거
중조절居中調節에 의依하여 이루어짐을 논論한 것이고, 여기에서는 하도
십수河圖十數와 낙서구수洛書九數의 도역倒逆 즉卽 만물생성萬物生成의 순
환循環 역시亦是 오황극五皇極의 거중조절居中調節로 이루어짐을 말한 것
이다. 낙서洛書와 하도河圖에는 모두 오황극五皇極이 중궁中宮에 위위位하

●十五一言┊┊

여 만물萬物의 생장生長과 수장收藏을 거중조절居中調節하는 원리原理를 밝힌 것이니, 십수十數 정역팔괘도正易八卦圖에 오곤지五坤地가 남방주궁南方主宮에 정위定位함은 곧 선후천先后天의 교역交易을 중위오황극中位五皇極이 조절調節하는 원리原理를 괘도卦圖의 설위設位로써 밝힌 것이다. 선천先天의 입용괘도入用卦圖인 문왕괘도文王卦圖는 오황극五皇極이 중궁中宮에 위위하므로 존공尊空되어 오수괘五數卦가 없으나 후천后天에서는 오황극五皇極이 교역交易의 주체主體가 되므로 정역괘도正易卦圖에는 오곤지五坤地가 남방주궁南方主宮에 정위正位하는 것이다. 수지상수手指象數로서 보더라도 제오지第五指(소지小指)에 의依하여 수지手指의 굴신屈伸이 이루어지므로 중위中位에서 거중조절居中調節하는 오황극五皇極의 위상位相은 지중지대至中至大한 것이다.

十六. 易<sup>역</sup>은 逆<sup>역</sup>也<sup>야</sup>니 極<sup>극</sup>則<sup>즉</sup>反<sup>반</sup>하느니라.

- 역易의 이치는 거스르는 것이니, 극極에 도달하면 돌이키는 것이니라.

【註義】 易<sup>역</sup>은 无體<sup>무체</sup>나 以逆爲體<sup>이역위체</sup>하고 以順爲用<sup>이순위용</sup>이라 順者<sup>순자</sup>는 理之常<sup>리지상</sup>이요 逆者<sup>역자</sup>는 理之變<sup>리지변</sup>이니 觀其變而知其逆<sup>관기변이지기역</sup>이라 比如剝復之理<sup>비여박복지리</sup>니 極則必反<sup>극즉필반</sup>이라.

【演解】 自一極乎十<sup>자일극호십</sup>은 數之逆終也<sup>수지역종야</sup>오 自十復乎一<sup>자십복호일</sup>은 數之反原也<sup>수지반원야</sup>라

고　　　여 시 운 이
故로 如是云耳라.


역易은 수리數理로는 거스르며 생생生生하는 것이니, 一二에서 九十으
로 거슬러 극極에 이르면 돌이켜 一자리로 돌아오는 이치理致이다.


句解 역易은 거슬러 가는 수數 一 二에서 九 十으로 극極자리에 이르면
다시 一 자리로 돌아오는 이치理致라 함.


補解 역易은 변역지도變易之道이니, 변역變易은 곧 음양陰陽의 변화變化
를 말함이다. 음양陰陽은 항구불변恒久不變의 법칙法則(도道)에 따라 변화
變化를 반복反復하는 것이니, 『역전易傳』서序에 「역易은 변역야變易也니
수시변역隨時變易하야 이종도야以從道也라」라고 하였는바, 이는 바로 역
도易道에 따라 음양陰陽이 변화變化하는 원리原理를 말한 것이다. 또『주
역周易』설괘전說卦傳(第三章)에 「팔괘상착八卦相錯하니 수왕자數往者는
순順코 지래자知來者는 역逆하니 시고是故로 역易은 역수야逆數也라」라
고 하였는바, 역易의 변역變易은 미래지수未來之數인 역수逆數로서 진進
하고 극極에 이르면 돌이켜 기왕지수既往之數로서 퇴退하여 환원還元하
는 역易의 순환원리循環原理를 말한 것이니, 이는 곧 양陽은 미래지수未
來之數를 역수逆數하여 진進하고 음陰은 양陽이 역진逆進한 기왕지수既往
之數를 순수順數하여 퇴退하는 양진음퇴陽進陰退를 말하는 것이다. 그러
므로 '역역야易逆也'는 선천용양지리先天用陽之理로서 양수일陽數一에서
역생逆生하여 구수九數에 이르는 양陽의 역상逆上을 말하며, '극즉반極則
反'은 후천용음지리后天用陰之理로서 음수십陰數十은 극極에 이른 양수陽
數를 수렴收斂하고 이를 도생倒生하여 환원還元시키는 음퇴陰退를 말하

는 것이니, 이것이 곧 음변양화陰變陽化를 반복反復하는 음양陰陽의 순환지도循環之道이다. 『주역周易』 계사상전繫辭上傳(第四章)에 「역易이 여천지준與天地準이라 고故로 능미륜천지지도能彌綸天地之道하나니 앙이관어천문仰以觀於天文하고 부이찰어지리俯以察於地理라 시고是故로 지유명지고知幽明之故하며 원시반종原始反終이라 고故로 지사생지설知死生之說하며…」 라고 하였는바, 원시반종原始反終이 곧 극즉반極則反의 원리原理를 말한 것이니, 양陽의 역상지극逆上之極(종종終終)은 곧 음陰의 도하지시倒下(퇴退)之始이며, 반대反對로 음陰의 도하지극倒下之極(종종終終)은 곧 양陽의 역상지시逆上之始가 되므로 종終과 시始는 동위同位인 것이다. 『주역周易』 고괘단전蠱卦彖傳에 「종즉유시천행야終則有始天行也라」 라고 함이 바로 극즉반極則反의 원리原理로서 종시終始가 동위同位임을 말한 것이니, 이는 천지음양天地陰陽의 순환지도循環之道이다.

---

十七. 土極토극하면 生水생수하고 水極수극하면 生火생화하고 火極화극하면 生金생금하고 金極금극하면 生木생목하고 木極목극하면 生土생토하니 土而生火토이생화하느니라.

---

• 토가 다하면 수를 낳고, 수가 다하면 화를 낳고, 화가 다하면 금을 낳고, 금이 다하면 목을 낳고, 목이 다하면 토를 낳고, 토는 화를 생하느니라.

註義 數窮則還生故수궁즉환생고로 反克相生반극상생하니 土復生火토부생화하고 火反生金화반생금하고

생 수 개 연　　차　 거 오 행 지 변 통　　 이 시 만 물 지 성 공
水木皆然이라 此는 擧五行之變通으로 以示萬物之成功이라.


　　　　　 차　 낙 서 구 궁 역 수 야　 우 선 상 제　　 수 성 만 물　　　　 극 즉
[演解] 此는 洛書九宮逆數也라 右旋相制하야 收成萬物이라가 極則

양 도 반 원 이 수 출 서 물　　 기 토　 무 극 야　 십 토 진 음 정 리　 섬
陽道反元而首出庶物하니라. 己土는 无極也니 十土眞陰靜裏에 閃

출 구 양 화　 즉 곤 극 이 생 복 지 리 고　 운 토 이 생 화　　　 토 지 운
出九陽火하니 卽坤極而生復之理故로 云土而生火하니라. 土之運

극　 수 생　 수 지 운 극　 화 생　　 화 지 운 극　 금 생　 금 지 운
極에 水生하며 水之運極에 火生하며 火之運極에 金生하며 金之運

극　 목 생　 목 지 운 극　 토 생　　 차 오 행 상 선　 성 쇠 계 언 고
極에 木生하며 木之運極에 土生하나니 此五行相禪에 盛衰係焉故

로 송 구 영 신　 불 유 절 한　　 차 여 무 기 십 간 성 수　 의 통
로 送舊迎新에 不踰節限이로다. 此與戊己十干成數로 意通이라.


[粗解] 수지상수手指象數의 이치理致이니 무지십拇指十인 토土자리를 신伸

하며 무지일拇指一을 굴屈하니 토극생수土極生水요 식지이食指二를 굴屈

하니 수극생화水極生火요 무명지사無名指四를 굴屈하니 화극생금火極生金

이요 중지팔中指八을 신伸하니 금극생목金極生木이요 소지오小指五를 굴

屈하니 목극생토木極生土요 무지십拇指十을 신伸하니 칠지七地자리에서

토이생화土而生火로 종終한다. 정역正易에 화옹化翁은 무위无位시고 원천

화原天火하시니 생지십기토生地十己土라 한다.


[句解] 무지拇指 십十자리를 신伸하고 다시 무지拇指 일一을 굴屈하니 토

극생수土極生水요 식지食指 이二를 굴屈하니 수극생화水極生火요 무명지

無名指 四를 굴屈하니 화극생금火極生金이요 중지中指 八을 신伸하니 금극

생목金極生木이요 소지小指 오五를 굴屈하니 목극생토木極生土요 무지拇

指 십十을 신伸하니 칠지七地자리에서 토이생화土而生火로 終이라 함.《정역正易》에 화옹化翁은 무위无位시고 원천화原天火하시니 생지십기토生地十己土라 하였으니 기사궁己巳宮이 원천화原天火시고 화옹무위化翁无位시다.

補解 오행五行의 생극원리生克原理는 토극수土克水가 상리常理인데, 토극생수土極生水라 함은 역시亦是 극즉반極則反의 원리原理를 말함이다. 동지冬至에 일양一陽이 시생始生하고 하지夏至에 일음一陰이 시생始生하니, 이는 음극즉양생陰極則陽生하고 양극즉음생陽極則陰生하는 이치理致이다. 오행五行의 생성生成과 순환循環은 음양陰陽의 변화작용變化作用(음변양화陰變陽化)에 의依하여 상생相生과 상극相剋을 반복反復하는 것이니, 사시四時(춘하추동春夏秋冬)의 오기순환五氣循環에서도 극이반생極而反生하는 이치理致를 볼 수 있다. 예例를 들면 삼동三冬의 수왕지절水旺之節에 음기陰氣(수水)가 극성極盛하여 양기陽氣(화火)를 극진剋盡할 듯 하나 음기陰氣가 극極에 이르는 동지冬至에 일양一陽이 시생始生하는 것이니, 이것이 곧 수극생화水極生火의 이치理致이다. 그리고 토이생화土而生火는 후천도생지리后天倒生之理로서 선천先天에서 역생逆生하여 극極에 이른 구리화九離火가 선천지서先天之序로는 생토生土하나 후천지서后天之序는 지십기토地十己土가 구리화九離火를 수렴收斂하여 도생倒生하게 되므로 곧 '토이생화土而生火'이며, 십토十土가 선천구화先天九火를 수렴收斂하여 도생倒生하면 구금九金으로 변變하므로 이것이 곧 '화극생금火極生金'의 이치理致이다. 정역팔괘도正易八卦圖를 보면 남방오곤지南方五坤地의 다음자리인 서남우위西南隅位에 구리화九離火가 위位하니 곧 토이생화土而生火이며, 또한 구리화九離火는 문왕괘도文王卦圖의 이곤지二坤地자리에 위位하므로 역시亦是 토이생화土而生火의 뜻이 통通하는 것이다. 만물萬物의 생성

生成은 극즉반생極則反生하는 원리原理에 의依하여 존속存續하며 순환循環을 반복反復하는 것이니, 일부一夫께서는 이를 말씀한 것이다.[36]

---

**금화호택   도역지리**
**十八. 金火互宅은 倒逆之理니라.**

---

• 금金과 화火가 서로 집을 같이하는 것은 거꾸로 생하고(倒生·도생) 거슬러 이루는(逆成·역생) 이치니라.

**註義** 金入火位와 火入金位는 倒逆之至理而書之西南互宅이라 時
(금입화위)(화입금위)(도역지지리이서지서남호택)(시)
之夏秋相交요 世之治亂相因과 人之吉凶相反이 皆其理也라 人
(지하추상교)(세지치란상인)(인지길흉상반)(개기리야)(인)
能悟此則自克으로 爲己하고 反亂으로 憂世하고 避凶으로 敎人也니
(능오차즉자극)(위기)(반란)(우세)(피흉)(교인야)
라

**演解** 九金이 居南하고 七火移西하니 左旋으로 自九數七한즉 數之
(구금)(거남)(칠화이서)(좌선)(자구수칠)(수지)

---

36 [補註]: 文王八卦圖에는 九離火가 南方에 正位하고 二坤地는 西南間方에 位하였으나, 正易八卦圖에는 五坤地가 南方에 正位하고 九離火가 西南間方으로 옮겨 그 位를 互易하였는바, 이는 后天金火之理로서 后天에서는 太陽을 象徵하는 九離火가 南方正位에서 밀려나 西方으로 기울어짐을 뜻하는 것이다. 五氣의 四時循環을 살펴보면 木火가 極에 이르면 土金水를 生하고 反對로 金水가 極에 이르면 木火를 生하는 것이 四時의 循環之序이며, 이와 같은 循環은 土의 調節에 依하여 이루어지므로 土極生水하고 土而生火하는 것이다. 土의 用事는 正易卦圖에 그대로 나타나 있으니, 南方의 五坤地는 西南隅位의 九離火를 生하므로 곧 土而生火이며, 北方의 十乾天(十土)은 東北隅位의 四坎水를 生하므로 곧 土極生水이다.

도 야　　자 칠 수 구　　　수 지 역 야
倒也며 自七數九한즉 數之逆也라.


粗解 수지상수手指象數로 식지굴이食指屈二자리에 구금九金이 닿고 식지
신구食指伸九자리에서 이화二火가 서로 같은 집(宅)을 차지하는 이치理致
이다.


句解 식지食指 이二자리에서 구금九金이 닿고 식지食指 九자리에서 이화
二火가 같은 집을 서로 집 차지하는 이치理致이니, 간지도수干支度數로는
기경임갑병己庚壬甲丙하는 경금庚金과 무정을계신戊丁乙癸辛하는 정이화
丁二火가 식지食指 九二자리에서 같은 집을 서로 합습하게 되니 금화호택
金火互宅이라 하였고 신유궁辛酉宮에서 하도궁河圖宮으로 넘어가는 구이
착종도수九二錯綜度數라고도 함.


補解 선천先天의 문왕괘도文王卦圖에서 후천정역괘도后天正易卦圖로 바
뀌는 금화호택지리金火互宅之理를 논론論論한 것이다. 문왕괘文王卦의 구리화
九離火가 서남방西南方 이곤지二坤地자리로 옮기니 구이동궁九二同宮이
며, 또한 구리화九離火는 수數로는 구금九金이나 체상體象은 이화二火이
니 역시亦是 금화金火가 호택互宅하는 이치理致이다. 도역倒逆은 괘위卦位
의 수리數理로서 금화호택金火互宅의 이치理致를 말한 것이니, 즉卽 구리
화九離火가 이곤지二坤地자리로 옮겨 구이도생九二倒生(토이생화土而生火)
이 되고 이곤지二坤地는 구리화九離火자리로 옮겨 정위正位하니 역성逆成
이 되는바, 이는 후천后天에서 금화金火가 도역倒逆하여 호택互宅하고 용
사用事하는 이치理致를 밝힌 것이다. 또 하도河圖와 낙서洛書의 금화호역
金火互易에서도 금화金火가 호택互宅하는 이치理致를 볼 수 있는 바, 즉卽

서방구금西方九金이 남방칠화南方七火의 자리로 도행倒行하고, 남방칠화南方七火는 서방구금西方九金의 자리로 역수逆數하여 호역互易하므로 이 것이 곧 도역지리倒逆之理이며, 금화金火가 호택互宅하는 것이니, 천지만물지리天地萬物之理는 일이관지一以貫之하므로 하도낙서河圖洛書와 정역괘도지리正易卦圖之理는 일치一致하게 상통相通하는 것이다.

十九. 嗚呼至矣哉라 无極之无極이여 夫子之
오 호 지 의 재　무 극 지 무 극　부 자 지
不言이시니라.
불 언

• 아 – 지극하도다 무극无極이 무극함이여, 공자孔子께서 말씀하지 않으신 것이니라.

**註義** 至矣之至字는[37] 當以大字而隨時以母道니 稱美也라 重言无
지 의 지 지 자　당 이 대 자 이 수 시 이 모 도　칭 미 야　중 언 무
極者는 盖无極이 存乎无極之位니 渾淪未判에 無由以化하고 无緣
극 자　개 무 극　존 호 무 극 지 위　혼 륜 미 판　무 유 이 화　무 연
而始하니 但爲无而已라 聖人之不露天機와 與夫罕言性命은 盖先
이 시　단 위 무 이 이　성 인 지 불 로 천 기　여 부 한 언 성 명　개 선
天之時也라 化无爲體이니 无極而太極과 太極而无極으로 渾元自
천 지 시 야　화 무 위 체　무 극 이 태 극　태 극 이 무 극　혼 원 자
分하니 不陷於虛空하고 眞實无妄으로 大化普施하니 後聖之直指
분　불 함 어 허 공　진 실 무 망　대 화 보 시　후 성 지 직 지
道體하여 詳言性命은 后天之時也일새라 盖夫子之道는 時中而已
도 체　상 언 성 명　후 천 지 시 야　개 부 자 지 도　시 중 이 이

---

37 편집자주 : 『정역대경(모필본)』에는 '字'가 빠져 있다.

十五一言 ⋯

라 不得先時而開故로 以待後人而不言也라.
<ruby>부득선시이개고</ruby> <ruby>이대후인이불언야</ruby>

[演解] 盖用九之時에 豫言无極之十則恐漏天機故로 夫子所以不
言이시니 此以文王卦位로 言也니라. 九居陽位하니 貴族得旺之世
也라. 左旋倒數行則以生勝己者하고 右旋逆數行則以生己勝者하
니라.

[粗解] 무극지무극无極之无極이라함은 주역周易 계사상전繫辭上傳의 「성
성존존成性存存(第七章)과 인이신지引而伸之하며 촉유이장지觸類而長
之하면 천하지능사필의天下之能事畢矣(第九章)」라 한 것과 상통相通되
니 십수十數가 선천先天의 닫힌 자리이고 다음 식지이食指二자리에서
一二三四五六七八九까지 가면 九는 十자리에서 九하고 날리게되니 십이
익지十而翼之가 되며 十하면서 一자리에 꽂히니 즉卽 일이관지一而貫之가
되는 것이다. 이것이 중中은 「십십일일지공十十一一之空」의 중中이 되고
성성존존成性存存이 되는 현상現象을 무극지무극无極之无極이라고 표현
表現하신 것이다. 공부자孔夫子께서 말씀하지 않으신 자리는 십무극十无
極이시다.

[句解] 무극지무극无極之无極이란 《계사상편繫辭上篇》에 "성성존존成性存
存과 인이신지引而伸之하며 촉유이장지觸類而長之하면 천하지능사필의天
下之能事畢矣라"함과 상통相通됨이니 십수十數가 선천先天의 닫힌 무지拇
指자리 다음 식지食指 이二자리에서 一 二 三 四 五 六 七 八 九까지 가면

九는 十자리에서 날리게 되므로 십이익지十而翼之가 되며 다시 十하면서 하나자리에 꽂히니 일이관지一以貫之라 함이요. 중中은 십십일일지공十十一一之空의 중中이 되고 성성존존成性存存이 되는 현상現象을 무극지무극无極之无極이라 표현表現한다 함. 말씀 않으신 자리는 십무극十无極이라 함.

補解 문왕역文王易인 주역周易은 낙서구수洛書九數를 바탕으로 한 선천역先天易이므로 하도십수河圖十數는 선천지체先天之體로서 존공尊空되어 드러나지 않고 있으나, 십무극十无極은 무극无極의 위位에 엄연嚴然히 존재存在하므로 '무극지무극无極之无極'이라 한 것이다. 이와 같이 드러나지 않은 지극至極한 원리原理가 있으므로 '오호지의재嗚呼至矣哉'라고 감탄感歎하시고 이 지리至理는 십이익지十而翼之하신 공부자孔夫子께서도 말씀한바 없으므로 '부자지불언夫子之不言'이라고 한 것이다. 일부선생一夫先生은 십무극十无極이 용사用事하는 후천금화지리后天金火之理를 밝히시고 선성先聖께서 말씀하시지 않은 무극지리无極之理를 천시천명天時天命에 따라 밝히게 되었음을 말씀한 것이니, 하문下文 금화오송金火五頌에 '성인소불언聖人所不言 기일부감언豈一夫敢言 시명時命'이라 하심이 바로 이를 말씀한 것이다.[38]

---

38 補註: '夫子之不言'은 十而翼之하시어 易理를 밝히신 孔夫子께서도 말씀하시지 않은 无極之理를 一夫가 敢히 밝혀 말한다는 뜻이 含蓄되어 있다. 孔子께서는 先天의 太極이 用事하는 때이므로 后天의 无極之理는 말씀하시지 않았는바, 그 理由는 先天의 太極이 用事하는 때에 后天의 无極之理를 말하면 사람들의 마음에 混亂이 惹起될 것을 憂慮하시어 不言하신 듯 하다. 管見으로는 孔子께서 无極을 不言하신 것은 陽을 알면 陰은 저절로 알게 되듯이 太極之理를 通達하면 无極之理는 저절로 알게 될 것이므로 먼저 太極之理부터 探究하라는 뜻이 含蓄되어 있는 듯 하다.『論語』에 弟子와의 問答에서 弟子가 死에 對하여 물었을 때「未知生焉知死」라 하시고 死에 對하여 말씀하시지 않았는바, 이는 无極을 不言하신 뜻과 相通하는 바가 있다고 하겠다.

## 二十. 不言而信<sub>은</sub> 夫子之道<sub>시니라.</sub>

불언이신 부자지도

• 말씀하지 않아도 믿음이 있는 것은 공자의 도道시니라.

**[註義]** 夫子가 不言无이시나 而信夫子之道而言之者는 周濂溪之順
부자　불언무　　이신부자지도이언지자　주렴계지순
時也요 信夫子之道而衍之者는 金一夫之奉天也니라.
시야　신부자지도이연지자　김일부지봉천야

**[粗解]** ㊀无極之无極夫子之不言 ㊁불언이신부자지도
무극지무극부자지불언
不言而信夫子之道 ㊂부자지불언시금일夫子之不言是今日 ㊃성인소불언聖人所
不言 ㊄불언무극유의존不言无極有意存 등等 이상以上과 같이 공자孔子께서
무극无極에 대하여 말씀하시지 않은 까닭을 말씀하셨다.

**[句解]** 《계사상편繫辭上篇》에서 "묵이성지默而成之하며 불언이신不言而信
은 존호덕행存乎德行이라" 말씀하셨고 《정역正易》에서는 무극지무극无極
之无極이며 부자지불언夫子之不言과 불언이신不言而信은 부자지도夫子之道
시며 부자지불언夫子之不言은 시금일是今日이며 성인소불언聖人所不言이
시며 불언무극유의존不言无極有意存이라 하야 무극无極에 대對한 찬양讚
揚의 말씀이 있음.

**[補解]** '불언이신不言而信은 부자지도夫子之道'라 함은 공부자孔夫子께서
말씀하시지는 않았으나 십이익지十而翼之하신 가운데 무극지리无極之理
를 함축含蓄하고 있으므로 부자지도夫子之道를 신봉信奉한다는 뜻이니,

대역서大易序에서 「부자친필오기장夫子親筆吾己藏하니 도통천지무형외道通天地無形外라」고 하심이 곧 불언이신不言而信을 말씀한 것이다. 『주역周易』 계사상전繫辭上傳(第十二章)에 「자왈서불진언子曰書不盡言하며 언불진의言不盡意니 연즉성인지의然則聖人之意를 기불가견호其不可見乎아 성인聖人이 입상立象하야 이진의以盡意하며 설괘設卦하야 이진정위以盡情僞하며 계사언繫辭言하야 이진기언以盡其言하며 변이통지變而通之하야 이진리以盡利하며 고지무지鼓之舞之하야 이진신以盡神하니라···중략中略···신이명지神而明之는 존호기인存乎其人하고 묵이성지黙而成之하며 불언이신不言而信은 존호덕행存乎德行하니라」라고 하였는바, 공자孔子는 글이나 말로써 역易의 심오深奧한 지리至理를 모두 설명說明할 수 없으므로 이치理致를 미루어서 '신이명지神而明之'하라는 것이다. 십익중十翼中에 은연중隱然中 무극지리无極之理를 추리推理할 수 있는 구절句節을 살펴보면 「생생지위역生生之謂易」(繫辭上傳五章)이라 한 것도 만물萬物을 생생生生만 하는 이치理致는 없는 것이므로 여기에는 '사사지위역死死之謂易'의 리理가 내포內包되어 있는 것이며, 또 「역유태극易有太極 시생양의是生兩儀」(繫辭上傳十一章) 역시亦是 태극太極만 말씀하시고 태극지전太極之前(무극无極)은 말씀하시지 않았으나 그 이면裏面에는 '역유무극易有无極'의 뜻이 내포內包되어 있는 것이니, 고故로 일부一夫께서 '불언이신不言而信 부자지도夫子之道'라고 말씀한 것이다.

二一. 晚<sup>만이</sup>而喜<sup>희지</sup>之<sub>하사</sub> 十<sup>십이</sup>而翼<sup>익지</sup>之<sub>하시고</sub> 一<sup>일이</sup>而貫<sup>관지</sup>之<sub>하</sub>시니 儘<sup>진아</sup>我萬<sup>만세</sup>世師<sup>사</sup><sub>신저.</sub>

● 공자께서 만년晚年에 역易을 좋아하시어 십익十翼을 지으시고 하나의 이理로 관통하시니, 진실로 만세의 스승이신저.

**註義** 夫子<sup>부자지도</sup>之道는 易<sup>역이이</sup>而已라 蓋<sup>개부자지만년</sup>夫子之晚年에 洞<sup>통관도체</sup>觀道體하사 逆<sup>역도후</sup>睹後天하시니 斯<sup>사도대행</sup>道大行이라 深<sup>심희이발탄왈가아수년</sup>喜而發嘆曰假我數年이면 卒<sup>졸이학역</sup>以學易이라 하시니라 且<sup>차익지십전</sup>翼之十傳하여 貫<sup>관이일리</sup>以一理하고 大<sup>대개내학</sup>開來學하니 眞<sup>진아만세지</sup>我萬世之聖<sup>성사야</sup>師也니라.<sup>39</sup>

**粗解** 역易을 十으로 익전翼傳하고 一로 관통貫通한다는 것은 십수十數가 닫혔던 것을 열(十)로서 날리고 하나(一)로 관통貫通하는 것이니, 수지手指로는 一로 무지拇指를 굴屈하면 一로써 十을 꿰뚫는 형상形象이다. 주역周易의 십익十翼은 ①계사전상하繫辭傳上下 ②단전彖傳 ③대상전大象傳 ④소상전小象傳 ⑤문언전文言傳 ⑥서괘전상하序卦傳上下 ⑦설괘전說卦傳 ⑧잡괘전雜卦傳 등等 십편十篇이다. 공자孔子는 영원永遠한 무궁세계無窮世界까지 인류만대人類萬代의 스승이시다.

**句解** 역易을 十으로 익전翼傳하고 一로 관통貫通한다는 것은 십수十數

---

39 편집자주 : 『정역대경(모필본)』은 '眞我万世師也'로 기술하고 있다.

가 닫혔던 것을 열(十)로서 날리고 하나(一)로 무지拇指자리에서 굴屈하
면 하나로써 꿰뚫는 수지형상手指形象이라 함. 기왕旣往《주역周易》에서
말씀한 십익十翼은 〈단전彖傳〉상하上下, 〈상전象傳〉상하上下, 〈계사繫辭〉상
하上下, 〈문언전文言傳〉〈설괘전說卦傳〉〈서괘전序卦傳〉〈잡괘전雜卦傳〉을
합하여 십익十翼이라 함. 공부자孔夫子께서는 영원永遠한 무궁세계無窮世
界까지 인류人類의 스승이시라는 말씀.

補解 『사기史記』 공자세가孔子世家에 「공자만이희역孔子晚而喜易 서단계
상설괘문언序彖繫象說卦文言 독역위편삼절讀易韋編三絶」 이라 하였다. 공
자孔子는 위편韋編이 삼절三絶하도록 독역讀易하시고 십익十翼을 저술著
述하시어 역易의 리理를 밝히시고, 천지만물天地萬物이 하나의 리理로 관
통貫通되어 있음을 밝히셨다. 그러므로 『논어論語』 이인편里仁篇에 「오도
일이관지吾道一以貫之」 라고 하신 것이다. 일부선생一夫先生은 공부자孔夫
子께서 역리易理를 모두 밝혀 일이관지一以貫之하시고 유독惟獨 무극无極
만 불언不言하신 깊은 뜻을 헤아리시고 진실眞實로 만세萬世의 스승이라
고 찬탄讚嘆한 것이다.[40]

---

40 補註: 論語에 顏子는 聞一知十이라 하였는바, 十은 數之全이니 곧 하나를 들으면 그
全體(十)를 다 알았다는 뜻이다. 管見으로는 孔子께서 "나의 道는 一로써 貫通하였다" 라
고 하였으니, 그 一이 곧 一太極이라고 볼 때 十无極을 貫之하였다는 뜻이 含蓄되어 있으
므로 一夫께서 '十而翼之一以貫之'의 眞義를 헤아리시고 儘我萬世師라고 讚嘆하신 듯 하다.

천 사　　　지 육　　　 천 오　　 지 오　　 천 육
二二. 天四면 地六이오 天五면 地五요 天六이면

지 사
地四니라.

• 하늘이 넷이면 땅은 여섯이오, 하늘이 다섯이면 땅도 다섯이오, 하늘
이 여섯이면 땅은 넷이니라.

차　　 언구육　　 질위소장　　 용십지도　　 개일일지시　 기
**註義** 此는 言九六으로 迭爲消長이요 用十之道라 盖一日之時는 起

어해이지어진즉당천사지수　　 기용　 위지육이종어술지　 기어
於亥而止於辰則當天四之數하고 其用은 爲地六而終於戌也라 起於

해이합어사즉당천오지수　　 기용　 위지오이역종어술야　 차
亥而合於巳則當天五之數하고 其用은 爲地五而亦終於戌也니 且

기어유이합어진즉당천육지수　　 기용　 위지사이종어신야
起於酉而合於辰則當天六之數하고 其用은 爲地四而終於申也라

종횡착종지수　 수도이동귀어십　　 십변시도체고야　 차　 승
縱橫錯綜之數로 殊道而同歸於十하니 十便是道體故也라 此는 承

부자십익지도　　 이기천지십수지용
夫子十翼之道하여 以起天地十數之用이라.

차　　 천지절후지차이　　 해언야　　 차이양생우해　 계
**演解** 此는 天地節候之差異를 解言也니라. 此以陽生于亥(癸)로

언야　 자해계지인　 입춘　 즉천사　 여지육　　 자해계지묘　 춘
言也니 自亥計至寅(立春)則天四니 餘地六이며 自亥計至卯(春

분　 즉천오　 여지오　　 자해계지진　 입하　 즉천육　　 여지사
分)則天五니 餘地五며 自亥計至辰(立夏)則天六이니 餘地四니

천　 양　　 지　 음　　 일광지소조처　 위주지양야　 미조처
라. 天은 陽이며 地는 陰이니 日光之所照處가 爲晝之陽也오 未照處

위야지음야　 개천지지십수설위중　 음양지양도진퇴　 유
가 爲夜之陰也라. 盖天地之十數設位中에 陰陽之兩度進退가 有

차이고　동서주야지상반　남북한서지상배　소이생야　당수
差異故로 東西晝夜之相反과 南北寒暑之相背가 所以生也니 當隨
지역기후　치력명시언
地域氣候하야 治曆明時焉이라.

粗解 복희팔괘伏羲八卦는 생괘生卦로서 자구지自九指에서 계해癸亥로 시
始하여 제사지第四指(무명지無名指)에 무진戊辰이며 임신壬申 계유癸酉 갑술
甲戌로 십지十指(무지拇指)에서 종終하니 천사지육天四地六이요. 문왕팔괘
文王八卦는 장괘長卦로서 자무지일自拇指一에서 갑자甲子로 시始하여 제
오지第五指에 무진戊辰이며 갑술甲戌 을해乙亥로 종終하니 천오지오天五
地五요. 정역팔괘正易八卦는 성괘成卦로서 자무지일自拇指一에서 계해癸亥
로 시始하여 제육지第六指에 무진戊辰이며 계유癸酉 갑술甲戌로 종終하니
천육지사天六地四이다. 팔괘八卦의 생장성生長成을 논론論論한 것이다.

句解 복희괘伏羲卦는 생괘生卦로서 자구지自九指에서 계해이시癸亥而始
하니 四指에 무진戊辰이 닿고 사오미신巳午未申이 십지十指에 종終하니
천사지육天四地六이요, 문왕괘文王卦는 장괘長卦로서 무지拇指 일一에서
갑자이시甲子而始하야 오지五指에 무진戊辰이요 사오미신유巳午未申酉에
종終하니 천오지오天五地五요, 정역괘正易卦는 성괘成卦로서 자무지自拇
指에 一에서 계해이시癸亥而始하야 육지六指자리에 술진戌辰이요 사오미
신巳午未申으로 무지拇指 십十에서 종終하니 천육지사天六地四라 하야 팔
괘八卦의 생장성生長性을 논론論論한 것이라 함.

補解 위 삼씨三氏의 주해註解가 모두 뜻을 달리하고 있는바, 필자筆者
의 관견管見으로는 하문下文에 '천지지도天地之度 수지호십數止乎十'이라
하였으니, 일부一夫께서는 천지운행天地運行을 측도測度함에 있어서 십

수율十數率을 기본척도基本尺度로 하였음이 분명分明하므로 본문本文의 '천사지육天四地六 천오지오天五地五 천육지사天六地四'는 곧 천지절후天地節候의 도수度數를 십수율十數率로 밝힌 것이니, 이는 이지二至(동지하지冬至夏至) 이분二分(춘분추분春分秋分)의 천지운행도수天地運行度數를 십수율十數率로 말씀한 것이다. 이를 세론細論하면 동지冬至의 주야지율晝夜之率은 천사지육天四地六이니 현용시現用時로 대략大略 낮 구시간사십분九時間四十分 밤 십사시간이십분十四時間二十分이므로 십분율十分率로 사대육四對六이고 하지夏至는 동지冬至와 반대反對이니 천육지사天六地四이며, 춘추春秋의 중도中度인 춘분春分과 추분秋分은 주야晝夜가 평균平均하므로 천오지오天五地五가 된다. 일부一夫께서 십수율十數率로 천지天地의 절후도수節候度數를 말씀하신 뜻은 후천后天의 천지운행天地運行도 선천先天과 다름없음을 밝히신 것이다. '演解'에서 입춘지도立春之度를 천사지육天四地六이라 하고 입하지도立夏之度를 천육지사天六地四라고 하였는바, 이는 십수율十數率에 맞지 않는다.

---

천 지 지 도　　수 지 호 십
二三. 天地之度는 數止乎十이니라.[41]

---

* 하늘과 땅의 도度는 그 수數가 열(十)에 그치느니라.

십 위 연 부　　대 연 지 즉 통 수 지 백 천 만 억　　기 용　　무 량 이 불
**註義** 十爲衍父니 大衍之則統數之百千萬億이요 其用은 无量而不

---

41 편집자주 : 『정역대경(모필본)』과 『정역주의(하상역본)』에는 '天地之度, 數, 止乎十.'으로 기록되어 있다.

過曰十이라 小衍之則分數之九六七八이요 其用은 不一而亦不過

십　　개 천 지 지 도　　지 어 십 이 율 려 음 양 일 월 지 도　　개 이 십 위 기
十이라 盖天地之道는 止於十而律呂陰陽日月之度는 皆以十爲紀라

　　　　차　　지 도 우 선 수　　언 야　　구 퇴 십 진 지 리　　현 우 시 이
演解 此는 地道右旋數로 言也니 九退十進之理가 現于是耳라.

粗解 천지지도天地之度는 수수數가 十에 그쳤다함은 하늘의 도도度는 무한無限한 것이나 그 수수數는 무극수無極數인 十에 한정限定하는 것이다.

句解 천지지도天地之度는 수수數가 十에 그쳤다함은 하늘의 도도度는 무한无限한 것이나 수수數는 무극수无極數인 하도십河圖十에 한정限定이라 함.

補解 『주역周易』계사상전繫辭上傳(第九章)에「천일天一 지이地二 천삼天三 지사地四 천오天五 지육地六 천칠天七 지팔地八 천구天九 지십地十이니 천수오天數五 지수오地數五니 오위상득五位相得하며 이각유합而各有合하니 천수이십유오天數二十有五 지수삼십地數三十이라 범천지지수오십유오凡天地之數五十有五니 차소이성변화此所以成變化하며 이행귀신야而行鬼神也」라고 하였는바, 이는 천지天地의 기본수基本數인 하도십수河圖十數의 수리數理를 밝힌 것이다. 하도河圖의 십수十數는 천수오天數五 지수오地數五이므로 곧 음양지수陰陽之數이며, 십수지합十數之合 오십오五十五는 범천지지수凡天地之數라고 하였으니, 십수十數는 곧 천지만물지수天地萬物之數이다. 수수數를 늘려 나가면 한계限界가 없는 무한대無限大의 수수數가 되나, 그 기본基本은 십수十數를 반복反復하여 연지적지衍之積之한 것에 불과不過한 것이니, 고故로 하도십수河圖十數를 천지天地의 기본수基本數라

고 하는 것이다. 하도십수河圖十數의 안에는 만물萬物을 생화生化하는 천지지도天地之道와 아울러 삼천양지參天兩地와 삼지양천參地兩天의 선후천순환지리先后天循環之理를 내포內包하고 있으므로, 수수數는 비록 십수十數에 불과不過하나 십수十數가 함축含蓄하고 있는 뜻은 무궁無窮하다고 할 것이다. 고故로 일부一夫께서는 이러한 원리原理를 밝혀 '천지지도天地之度 수지호십數止乎十'이라 한 것이다.

---

二四. 十은 紀요 二는 經이요 五는 綱이요 七은 緯니라.
　　십　　기　　이　　경　　오　　강　　칠　　위

---

• 열(十)은 기紀요 둘(二)은 경經이요 다섯(五)은 강綱이요 일곱(七)은 위緯니라.

[註義] 十乾은 爲紀요 二天은 爲經이요 五坤은 爲綱이요 七地는 爲緯라 乾坤天地의 四象立焉하고 紀綱經緯의 四維備焉하니 十五二七의 四數成焉이라.
　　십건　위기　이천　위경　오곤　위강　칠지
　위위　건곤천지　사상입언　기강경위　사유비언
　십오이칠　사수성언

[演解] 十은 乾이며 二는 天이며 五는 坤이며 七은 地니 以正易十數卦位言也라 地道逆上하니 民勢得仰之世也라.
　　십　건　이　천　오　곤　칠　지　이정역십수괘
　위언야　지도역상　민세득앙지세야

[粗解] 기강紀綱은 상하남북上下南北이니 십건천十乾天 오곤지五坤地요 경

위經緯는 좌우동서左右東西이니 이천二天 칠지七地이다.

기강紀綱은 상하남북上下南北이니 십건오곤十乾五坤으로 기토무토己土戊土를 말함이요 경위經緯는 좌우동서左右東西이니 이천칠지二天七地로서 남북이칠화南北二七火가 입궁중入中宮이라 함.

십기十紀 이경二經 오강五綱 칠위七緯는 정역팔괘도正易八卦圖의 괘위도수卦位度數와 그 기강경위紀綱經緯를 밝힌 것이다. 정역팔괘도正易八卦圖는 오곤지五坤地 십건천十乾天이 남북南北에 정위定位하여 후천后天의 기강紀綱이 되며, 이천칠지二天七地는 정역괘도正易卦圖에 괘위卦位가 없으므로 밖으로 드러나지 않은 천지天地의 법칙法則을 뜻하므로 경위經緯가 된다. 십건十乾을 기紀라 함은 십수十數는 범천지지수凡天地之數로서 천지운도天地運度의 기본基本이 됨을 뜻하며, 오곤위강五坤爲綱은 순환체循環體의 중추中樞인 오황극五皇極으로서 중심지강령中心之綱領이니 정역괘도正易卦圖에 오곤지五坤地가 상위上位(남방南方)에 위위하여 십건천十乾天과 더불어 상하上下의 기강紀綱이 됨을 뜻한다. 이천위경二天爲經 칠지위위七地爲緯의 경위經緯는 선천先天의 삼천양지參天兩地가 후천后天에서는 삼지양천參地兩天으로 전도顚倒되는 변화變化를 뜻함이니, 후천后天은 삼지위주參地爲主이므로 양천兩天(이천二天)은 북방십건천北方十乾天의 위로 퇴위退位하여 경經이 되며, 칠지七地는 선천先天의 칠화지기七火之氣로서 후천后天에서는 금화교역金火交易으로 오곤지五坤地의 아래로 퇴위退位하여 위緯가 되니, 이로써 선천先天의 건곤천지乾坤天地가 후천后天에서는 곤건지천坤乾地天으로 전도顚倒되는 이치理致를 밝힌 것이다. 주자朱子의 『역학계몽易學啓蒙』 하도낙서세주河圖洛書細註에 「잠실진씨왈潛室陳氏曰 경위지설經緯之說 비시이상하위경좌우위위非是以上下爲經左右爲緯

대저경언기정위언기변大抵經言其正緯言其變 이이도호위정변而二圖互爲正變 주하도이언즉하도위정낙서위변主河圖而言則河圖爲正洛書爲變 주낙서이언 즉낙서위정하도우위변主洛書而言則洛書爲正河圖又爲變 요지천지간要之天地 間 불과일음일양이양기오행不過一陰一陽以兩其五行 이태극상거기중而太極 常居其中 이도수종횡변동二圖雖縱橫變動 요지시참호정견要只是參互呈見 차 소이위지상위경위야此所以謂之相爲經緯也 표리지설역연언表裏之說亦然」이라 하였는바, 체용體用과 경위經緯는 고정불변固定不變한 것이 아니며, 하도 河圖와 낙서洛書는 선후천先后天에서 체용體用을 호역互易하므로 천지天 地의 경위經緯도 상하지위上下之位가 전도顚倒되는 것이니, 진씨주陳氏註 에 '상위경위相爲經緯'라 함은 체용호역體用互易을 말한 것이다. 일부一夫 께서 기강紀綱과 경위經緯를 논론論論하신 것은 선후천先后天의 체용전도體 用顚倒에 따라 설위設位한 정역팔괘도正易八卦圖의 체용體用을 밝힌 것이 니, 괘도卦圖를 보면 기강紀綱과 경위經緯의 상하지위上下之位가 전도顚倒 되었음을 알 수 있다.

二五. 戊位는 度順而道逆하야[42] 度成道於
三十二度하니 后天水金太陰之母니라.

• 무위戊位는 간지干支로는 순順하고 수수數로는 거슬러서 그 도수度數가 삼십이三十二도에 이르러 성도成道하니, 무위는 후천의 수금태음水金太陰

---

42 편집자주 : 『정역대경(모필본)』(1909년)과 『정역주의(하상역본)』(1912년)에는 '道順而 度逆', 『정역(돈암서원본)』(1923년)에는 '度順而道逆'으로 기록되어 있다.

의 모母가 되느니라.

**註義** 圖書之數가 旣備하니 星紀之數가 始焉이라 在干名의 五曰戊

이니 戊得支之戌하여 爲戊戌이라 蓋皇極之數는 謂之五요 皇極之

位는 謂之戊이니 皇極之宮은 謂之戊戌이라 道順度逆은 卽圖之倒

生逆成이라 戊戌宮은 至己巳宮而成度하니 其道順行이나 其度逆

成이며 其數는 三十二也라 夫太陰은 月之體也니 一水之魂이요 四

金之魄이요 戊位之女也라 美哉라 戊位之弘德也여 順道而逆終者

는 應天而行簡也요 得己位之半數者는 陰性用半之理也라 以后天

而居先者는 勞於王事而身先之義也라 柔順利貞之道가 盡矣니 世

之爲臣爲子爲婦爲弟로 凡屬下位者가 效以行之하면 決無越常過

分之僭亂矣리라.⁴³


**演解** 戊位自戊戌로 右旋而至于戊辰己巳則六甲躔次之度는 雖

順이나 行以陰道之逆運故로 云道逆이라 戊雖陽土也나 反孕月下

니 此는 陽受金水之陰精于己而幻生故로 爲太陰之母니라 戊卽龜

書金水之外行政 然內包木火之陽根于戊戌宮而傳于河하야 得旺

---

43 編註: 此書는 正易原文과 다르게 '道順而度逆'이라고 하였는바, 研究를 要하는 대목이다.

十五一言

139

춘 하 지 절 야
**春夏之節也**라.

【粗解】 무위戊位는 무술기해戊戌己亥 무진기사戊辰己巳로 간지干支는 순행順行하고, 수數는 五에서 十으로 거슬러 역행逆行하여 기사궁己巳宮에 이르러 삼십이도三十二度로 성도成道함을 밝힌 것이다. 이는 황극체위도수皇極體位度數로서 낙서후천洛書后天 사금일수四金一水는 태음太陰의 모모母가 되니, 수지手指로는 경사금庚金四는 이지굴二指屈이요 임수일壬水一은 사지굴四指屈이다.

【句解】 무술戊戌 기해己亥 무진戊辰 기사己巳로 간지도수干支度數는 순순하고, 수數로는 五에서 十으로 거슬러서 기사궁己巳宮까지 삼십이도三十二度로 성도成道하니 황극체위도수皇極體位度數라 함. 낙서후천洛書后天 사금일수四金一水의 태음太陰의 모모母가 되며, 수지手指로 경금사庚金四는 식지食指 이二자리를 굴굴屈하고 임수일壬水一은 무명지無名指 사四자리를 굴굴함.

【補解】 하도河圖와 낙서洛書의 거중오토居中五土가 무토戊土이니 五는 황극지수皇極之數이다. 무토지위戊土之位는 선천先天에서는 자子에서 시始하므로 제오위진第五位辰이 무위戊位이나 후천后天에서는 오午에서 시始하므로 제오위술第五位戌이 무위戊位이니 곧 무술戊戌이다. 그 행도行度는 무술기해戊戌己亥로 우선순행右旋順行하여 삼십이도三十二度 기사궁己巳宮에 이르러 성도成道하니, 비록 육갑전차지도六甲躔次之度는 순순이나 수數로는 五에서 十으로 역행逆行하는 음도역운陰道逆運이므로 '도순이도역度順而道逆'이라 한 것이며, 또한 음도역운陰道逆運을 행행行하므로 음

140

용기반陰用其牛이라 고故로 육십도六十度를 전순全循하지 아니하고 반순半循하여 기사궁己巳宮에 이르러 성도成道하는 것이다. 무토戊土는 양토陽土이나 후천后天 수금水金의 중위中位인 술궁戌宮에 위位하여 수금水金을 잉태孕胎하고 역행逆行하여 삼십이도三十二度 기사궁己巳宮에 이르러 태음지월太陰之月을 환생幻生하므로 무위양토戊位陽土를 '태음지모太陰之母'라고 한 것이다. (태음太陰은 월지체月之體이다)

---

二六. 己位는 度逆而道順하야[44] 度成道於六
十一度하니 先天火木太陽之父니라.

• 기위己位는 간지干支로는 거스르고 수數로는 순順하여 도수度數가 육십일六十一도에 이르러 성도成道하니, 선천의 화목火木은 태양太陽의 아버지父가 되느니라.

**註義** 干支之位가 既定하니 圖書之數가 成章이라 干名의 十曰己이니 己得支之巳하여 爲己巳라 盖无極之數는 謂之十이요 无極之位는 謂之己이니 无極之宮은 謂之己巳라 道逆度順은 卽書之逆生倒成이라 己巳宮은 得數全體而成度하니[45] 其道逆而其度順하고 恰

---

44 편집자주 : 『정역대경(모필본)』(1909년)과 『정역주의(하상역본)』(1912년)에는 '道逆而度順', 『정역(돈암서원본)』(1923년)에는 '度逆而道順'으로 기록되어 있다.

45 편집자주 : 『정역대경(모필본)』에는 '得數之全體而成'으로 기록되어 있다.

득 육 십 일 도 이 여 환 무 단　　종 위 시 지 원　　시 위 종 지 단　　순
得六十一度而如環无端하니 終爲始之原하고 始爲終之端하니 循

환 불 이 의　　부 태 양　　일 지 체 야　　칠 화 지 기　　팔 목 지 체　　기 위
環不已矣. 夫太陽은 日之體也니 七火之氣요 八木之體요 己位

지 남 야　　대 의 재　　기 위 야　　불 가 이 명 언　　도 역 이 도 순 자
之男也라 大矣哉라 己位也여 不可以名焉이라 道逆而度順者는[46]

포 지 이 행 건 야　　겸 무 위 지 도 이 성 전 수 자　　양 성 용 전 지 도 야
包地而行健也요 兼戊位之度而成全數者는 陽性用全之道也일새

　라 이 선 천 이 거 후 자　　동 어 도 이 귀 하 천 야　　순 수 중 정 지 도　　극 의
라 以先天而居后者는 同於道而貴下賤也라 純粹中正之道가 極矣

　라 세 지 위 군 위 부 위 부 위 형　　범 속 상 위 자　　감 이 계 지　　부 지
라 世之爲君爲夫爲父爲兄으로 凡屬上位者가 監以戒之하면 不至

자 항 자 만 지 초 화 야　　차　　거 천 지 지 성 도　　기 하 음 양 지 성 도
自亢自滿之召禍也리라 此는 擧天地之成度하여 起下陰陽之成度

라
라.[47]


　　　　　　기 위 자 기 사　　좌 선 이 지 우 기 해 무 술 즉 육 갑 전 차 지 도　　수
演解 己位自己巳로 左旋而至于己亥戊戌則六甲躔次之度는 雖

역　　행 이 양 도 지 순 운 고　　운 도 순　　기 수 음 토 야　　반 잉 일 하
逆이나 行以陽道之順運故로 云道順이라. 己雖陰土也나 反孕日하

니 차 음 수 목 화 지 양 정 우 무 이 환 생 고　　위 태 양 지 부　　기 즉 용 도
니 此陰受木火之陽精于戊而幻生故로 爲太陽之父니라. 己卽龍圖

목 화 지 외 행 정　연 내 포 금 수 지 음 근 우 기 사 궁 이 전 우 낙　　득 왕 추
木火之外行政 然內包金水之陰根于己巳宮而傳于洛하야 得旺秋

동 지 절 야　　양 용 기 전 고　　주 천 육 십 도　　총 관 이 반 일 행 즉 합 육
冬之節也라. 陽用其全故로 周天六十度를 總管而反一行則合六

십 일 도 야
十一度也라.[48]

---

46 편집자주:『정역주의(하상역본)』에는 '道逆而道順'으로 작은 글씨로 '而'字가 추가되어 있고,『정역대경(모필본)』에는 '而'字가 빠져 있다.

47 編註: 此節亦是 道逆而度順云 學者宜審焉.

48 原註: 經世書云 陽火寄於艮土之中 陰水寄於坤土之中이라하니 坤은 屬戊하고 艮은 屬己라, 陽受陰精而幻生은 陽變爲陰也오 陰受陽精而幻生은 陰變爲陽也라.

粗解 기위己位는 기사무진己巳戊辰 기해무술己亥戊戌로 간지干支는 거슬러서 역행逆行하고, 수수數는 十에서 五로 순행順行하여 기사궁己巳宮에 이르러 성도成道한다. 이는 무극체위도수無極體位度數로서 선천하도先天河圖 칠화팔목七火八木은 태양太陽의 부父가 되니, 수지手指로는 갑팔목甲八木은 육지신六指伸이요 병칠화丙七火는 팔지신八指伸이다.

句解 기사己巳 무진戊辰 기해己亥 무술戊戌로 간지干支로는 거스르며 수수數는 도생倒生으로 十에서 五로 순順하므로 기사궁己巳宮에 가서 육십일도六十一度로 성도成道하니 무극체위도수无極體位度數라 함. 선천하도先天河圖 칠화팔목七火八木은 태양太陽의 부父가 되며 수지手指로 갑팔목甲八木은 소지小指 육六자리를 신伸하고 병칠화丙七火는 중지中指 팔八자리를 신伸함.

補解 기위己位는 하도중궁河圖中宮의 십토十土이니, 십수十數는 곧 무극지수无極之數이며, 천간天干으로는 기토己土이다. 기토지위己土之位는 무오토戊五土가 성도成道한 기사궁己巳宮이니, 그 행도行度는 기사무진己巳戊辰으로 좌선左旋 역행逆行하여 육십일도六十一度 기사궁己巳宮에 이르러 성도成道한다. 육갑六甲의 전차躔次로는 역행逆行이나 수수數로는 十에서 一로 순행順行하는 양도순운陽道順運이므로 '도역이도순度逆而道順'이라 한 것이며, 육갑六甲의 전도躔度는 비록 역행逆行하나 양도陽道는 용전用全이라 고故로 육십도六十度를 전순全循하여 다시 기사궁己巳宮에 이르러 육십일도六十一度로 성도成道하는 것이다. 기토己土가 비록 음토陰土이나 선천先天의 화목지중위火木之中位인 사궁巳宮에 위位하여 화목火木을 잉태孕胎하고 순행順行하여 육십일도六十一度 기사궁己巳宮에 이르러 태양지일太陽之日을 환생幻生하므로 기위음토己位陰土를 '태양지부太

陽之父'라고 한 것이다. (태양太陽은 일지체日之體이다)

　이상以上 무기위戊己位의 성도成道는 천지天地의 성도成道를 뜻하며, 다음 하문下文은 무기토戊己土가 생생生生한 태음태양太陰太陽의 성도成道를 밝힌 것이다.

---

　　　　　태음　　역생도성　　　선천이후천
二七. (1) 太陰은 逆生倒成하니 先天而后天이요
　　　기제이미제
　　　旣濟而未濟니라.

---

• 태음太陰은 거슬러서 생하고 거꾸로(倒) 이루니, 선천이로되 후천이요
기제旣濟로되 미제未濟니라.

　　　　　도　　이음양위용이양상기어음고　　추음이거선　　　지천
**註義** 道는 以陰陽爲用而陽常基於陰故로[49] 推陰而居先하니 地天

태지의야　역생도성　음지성야　태음　주형고　필역성
泰之義也라 逆生倒成은 陰之性也라 太陰은 主形故로 必易成하니

생후어양이성선어양　　주정어선천자회　　차위선천이후천
生后於陽而成先於陽으로 主政於先天子會하니 此謂先天而后天

야　행도　시어자오　　종어사해　차시기제이미제야
也라 行度는 始於子午하여 終於巳亥하니 此是旣濟而未濟也라.

　　　　태음　월야　시생어서음역지방이우선　　원성어동양
**演解** 太陰은 月也니 始生於西陰逆之方而右旋하야 圓成於東陽

순지방　시역생이도성야　수성어선천양방　　복생어후천
順之方하니 是逆生而倒成也며 雖成於先天陽方이나 復生於后天

---

49 편집자주 : 『정역대경(모필본)』에는 '基'字가 '㫷'字로 기록되어 있다.

음방　　선천이후천　　기제이미제　　　차　　월지회삭현망
陰方하니 先天而后天이며 旣濟而未濟니라. 此는 月之晦朔弦望이

순환무단　　　자연성선후천급기제미제지상　　　방위언즉양방
循環無端하야 自然成先后天及旣濟未濟之象이라 方位言則陽方

　선천　　미제야　　음방　　후천　　기제야　　연　　　성쇠영허
은 先天이며 未濟也오 陰方은 后天이며 旣濟也나 然이나 盛衰盈虛

언즉월체　　영어인　　기제야　　월광　　비어신　　미제야
言則月體는 盈於寅하니 旣濟也며 月光은 朏於申하니 未濟也니라.


粗解 태음太陰은 역생도성逆生倒成하니 선천先天이나 체體는 후천後天이요 수화기제水火旣濟로 용용用用하였으나 체體는 화수미제지상火水未濟之象이다. 수리數理로는 一·二에서 九·十으로 역생도성逆生倒成하니 一·二는 수화水火이며, (하도생수일수이화河圖生數一水二火) 낙서洛書의 천수天數는 종어구終於九로 十에 미달未達하니 기제旣濟라도 미제未濟의 상象이다.


句解 태음太陰은 역생도성逆生倒成하니 선천先天이로되 체體는 후천后天이요 수화기제水火旣濟로 용용用用하였으나 체體는 화수미제지상火水未濟之象이며 一 二에서 九 十으로 역생도성逆生倒成하니 一 二는 수화水火니 낙서洛書의 천수天數는 종어구終於九로 十에 미달未達이니 기제旣濟라도 미제未濟의 상象이라 함.


補解 천지만물天地萬物의 변화變化는 곧 음양陰陽의 변화變化이니, 천지天地는 음양陰陽의 체體이며 음양陰陽은 천지天地의 용용用用이다. 음양陰陽은 무시무종無始無終하고 선후先後도 없으나 서로 뿌리하고(호위기근互爲其根) 동정작용動靜作用을 반복反復하는 것이니, 이 동정작용動靜作用이 곧 음양陰陽의 변화變化이다. 주자朱子는 『주역본의周易本義』에서 음양陰陽의 동정動靜과 변화變化에 대對하여 「동자양지상動者陽之常 정자음지상

靜者陰之常 변화자變化者 음변위양陰變爲陽 양화위음자야陽化爲陰者也」라고 하였는바, 태음태양太陰太陽의 성도成道는 곧 음陰이 변變하여 양陽이 되고, 양陽이 화化하여 음陰이 되는 과정過程을 뜻하는 것이니, 일부一夫께서는 전문前文에서 무위戊位(오황극五皇極) 기위己位(십무극十无極)의 성도成道를 밝히고 이어서 음양陰陽의 성도成道를 밝힌 것이다.

태음太陰은 음陰이 극極에 이른 음중지음陰中之陰으로서 순음지체純陰之體이다. 음양지리陰陽之理는 극즉변極則變이라 고故로 태음太陰은 음변위양陰變爲陽하여 양陽으로 변變하며, 양陽으로 변變하여 극極에 이르면 양화위음陽化爲陰하여 본체本體(태음太陰)로 환원還元하게 되는바, 이러한 순환과정循環過程을 역생도성逆生倒成이라 한다. 다시 말하면 음陰이 양陽으로 변變하는 과정過程은 하생상下生上이니 곧 역생逆生이며, 양陽으로 변變한 태음太陰이 극極에 이르러 다시 화음化陰(본체환원本體還元)하는 과정過程은 상생하上生下이니 곧 도성倒成이다. 음변위양陰變爲陽은 선천先天의 낙서용사洛書用事이며, 양화위음陽化爲陰은 후천后天의 하도용사河圖用事이니, 고故로 '역생도성逆生倒成 선천이후천先天而后天'이라 한 것이다. 태음太陰이 역생逆生하여 양陽으로 변變함은 목적目的한 바를 이루어 건너간 상象이므로 이를 '기제旣濟'라 하며, 기제旣濟한 양陽이 극極에 이르면 극즉반極則反이라 다시 양화위음陽化爲陰하여 역생逆生하기 전前의 본체本體(태음太陰)로 환원還元하므로 이를 미제未濟라 한다. 『주역周易』 하경下經의 종괘終卦를 기제괘旣濟卦 다음에 미제괘未濟卦로 서괘序卦한 것도 역시亦是 같은 뜻이다.[50]

---

50 [補註]: 陰陽의 體인 天地는 天이 먼저이고 地가 다음이나 天地의 用인 陰陽은 陰이 먼저이고 陽이 다음이니, 이는 萬物의 形成은 陰의 逆生으로 이루어지기 때문이다. 故로 太陰成道를 먼저 말씀한 것이다.

<table>
<tr><td>二七.(2)</td><td>일 수 지 혼<br>一水之魂이요</td><td>사 금 지 백<br>四金之魄이니</td><td>포 어 무 위<br>胞於戊位</td></tr>
</table>

성 도 지 월 초 일 도　　　　태 어 일 구 도
成度之月初一度하고 胎於一九度하고

양 어 십 삼 도　　　　생 어 이 십 일 도　　　도
養於十三度하고 生於二十一度하니 度

성 도 어 삼 십
成道於三十이니라.[51]

• 일수一水의 혼魂이요 사금四金의 백魄이니, 무위戊位에서 성도成度하는

　　　　　　　　　　　　　　　　　　월
달(月)은 초일도初一度에서 포胞하고 九도에서 태胎하고 十三도에서 양

養하고 二十一도에서 생生하니 도수가 삼십三十도에 이르러 성도成道하느

니라.

　　　　　간 지 임　　　수 지 일 야　　임 정　응 혼　　　간 지 경　　수 지 사 야
註義 干之壬은 數之一也요 壬精은 凝魂이라 干之庚은 數之四也요

경 정　　성 백　　　합 혼 백 이 성 태 음 지 체　　　선 수 후 금　　도 역 지 리
庚精은 成魄이라 合魂魄而成太陰之體하니 先水后金은 倒逆之理

야　포 어 경 자　　태 어 무 신　　양 어 임 자　　　생 어 경 신　　　성 어
也라. 胞於庚子하고 胎於戊申고 養於壬子하고 生於庚申하니 成於

기 사　　도 위 삼 십 이 종 어 경 오　　　복 어 기 유　　차　　월 극 체 위 지
己巳라 度爲三十而終於庚午하고 復於己酉하니 此는 月極體位之

성 도 야
成度也라.

　　　　　태 음　　수 영 이 기 허 고　　　유 소 장 지 리 야　　무 위 지 자　낙 서 지
演解 太陰은 數盈而氣虛故로 有消長之理也라. 戊位之子 洛書之

---

51 편집자주 : 『정역(돈암서원본)』에는 원문이 '度成道'로 기록되어 있고, 『정역주의(하상

역본)』와 『정역대경(모필본)』에서는 원문이 '度成度'로 기록되어 있다. 하지만 '戊位'와 '己

位'쪽의 기록을 보면 '度成道'로 기록되어 있다.

운 야
**運也**라.

粗解 경庚은 사금지백四金之魄이요 자子는 일수지혼一水之魂이니, 정령政
令은 기경임갑병己庚壬甲丙에서 혼백魂魄이 수금기운水金氣運으로 나타
나는 것이다. 간지干支로는 기해己亥에서 경자일지庚子一指를 굴屈하면서
초일도初一度를 포포胞胞하니 무위도수戊位度數를 이루는 달은 기해己亥이고
초일도初一度는 경자庚子이다. 수지도수手指度數로는 무지일拇指一자리에
서 경자庚子로 시작始作하여 구지九指자리에 가서 신伸하며 무신戊申에
서 태胎胎하고 십삼지十三指를 굴屈하면 임자壬子에서 양양養養하고 이십일지
二十一指자리에서 경신庚申으로 생생生生하니 삼십지三十指자리(무지신拇指伸)
에 이르러 기사궁己巳宮에서 성도成道한다.

句解 경庚은 사금四金의 백魄이요 자子는 일수一水의 혼魂이니 정령政令
은 기경임갑병己庚壬甲丙에서 혼백魂魄이 수금水金기운으로 나타나는 것
이요 간지干支로는 기해己亥에서 경자庚子로 무지拇指 일一자리를 굴屈하
면서 초일도初一度를 포포胞胞하니 무위도수戊位度數를 이루는 달은 기해己
亥가 되고 초일도初一度는 경자庚子라 함. 무지拇指 일一자리에서 경자庚
子로 시작始作하야 구지九指자리에 가서 신伸하면 무신戊申에서 태胎胎하고
십삼지十三指를 굴屈하면 임자壬子에서 양양養養하고 이십일지二十一指자리에
가서 경신庚申에서 생생生生하니 삼십지三十指자리에 가서 기사궁己巳宮으로
성도成道라 함.

補解 전문前文 무위성도戊位成道에서 무위戊位는 '후천수금태음지모后
天水金太陰之母'라고 하였는바, 본문本文은 무위戊位에서 잉태孕胎한 태음

太陰의 성도과정成道過程을 밝힌 것이다. 만물萬物은 돌연突然히 생생生하는 이치理致는 없는 것이므로 태음지정太陰之精인 월月의 성도成道 역시亦是 포태과정胞胎過程을 거쳐야 하는 것이니, 무위戊位가 후천수금后天水金의 중위中位인 무술궁戊戌宮에서 일수지혼一水之魂과 사금지백四金之魄을 무술기해戊戌己亥의 다음 자리인 경자궁庚子宮에서 초일도初一度로 포胞하고 태어구도무신胎於九度戊申 양어십삼도임자養於十三度壬子 생어이십일도경신生於二十一度庚申 삼십도기사궁三十度己巳宮에 이르러 성도成道하는 것이다. 일수一水는 임壬이니 임정壬精이 혼魂으로 응결凝結되고 사금四金은 경庚이니 경정庚精이 성백成魄하여 이 수금혼백水金魂魄이 합합合함으로써 태음지체太陰之體를 이루는 것이며, 수水를 먼저하고 금金을 뒤로함은 도역지리倒逆之理이다. 이는 월극체위月極體位의 성도成道를 밝힌 것이다.

二八. 終于己位成度之年初一度하고 復於戊位成度之年十一度니라.

● 기己의 자리에서 성도成度하는 해 초初一도에서 마치고 무戊의 자리에서 성도成度하는 해 十一도에서 회복하나니라.

註義 成於己巳라 度爲三十而終於庚午하고 復於己酉하니 此는 月極體位之成度也라 詳見於下라.

粗解 기위성도지년己位成度之年은 기사己巳요 초일도初一度는 경오庚午이다. 무위성도지년戊位成度之年은 무술戊戌(기사己巳에서 시始하여 제삼십위第三十位)이요 십일도十一度에서 회복回復하는 도수度數는 무술戊戌 다음 무지일拇指一이 기해己亥이니 십일도十一度에 가서 기유궁己酉宮으로 성도成度한다.

句解 기위성도지년己位成度之年은 기사己巳요 초일도初一度는 경오庚午라 하고 무위성도지년戊位成度之年은 무술戊戌이니 십일도十一度에 회복回復하는 도수度數는 무지拇指 일一자리에서 기해己亥로 하니 십일도十一度에 가서 기유궁己酉宮으로 성도成道라 함.

補解 기사궁己巳宮의 초일도初一度 경오庚午에서 종終하고 기해궁己亥宮에서 회복回復함은 도수度數가 삼십도三十度이므로 이치理致에 합당合當하나, 십일도기유궁十一度己酉宮에서 성도成道한다는 해석解釋은 수궁首肯할 수 없다. 전문前文에는 태음太陰은 경자초일도庚子初一度에서 포胞하여 구도무신九度戊申에서 태胎하고 삼십도기사궁三十度己巳宮에 이르러 성도成道한다고 하였는바, 일월日月의 운도運度는 일정一定하게 반복기도反復其道함이 상리常理이므로 기사궁己巳宮이 아닌 기유궁己酉宮에서 성도成道한다는 해석解釋은 이해理解하기가 어렵다. 기유己酉는 구도九度로 태胎하는 무신戊申의 다음자리이니, 태궁胎宮의 다음자리에서 회복回復하거나 성도成道한다는 것은 이치理致에 부합符合하지 않으므로 관견管見으로는 위 ' 粗解 '의 해석解釋은 전후前後가 모순矛盾되는 듯 하다.

> 복 지 지 리　　일 팔 칠
> **二九. 復之之理는 一八七이니라.**

<br>

- 회복하는 이치는 一八七이니라.

<br>

> 일 팔 칠　　위 성 현 망 야　　기 망 이 복 전 기 리
> **註義** 一八七은 謂成弦望也요 旣望而復全其理라.

<br>

> 월 정　　포 어 무 칠 지 경 야　　차 십 오 일　　원 성 고　　복 기 전 성
> **演解** 月精은 包於戊七之庚也라 此十五日에 圓成故로 復其全性
> 야
> 也라.

<br>

> **粗解** 달(月)이 本本자리로 회복回復하는 원리原理로서 태음太陰은 一八七을 본수本數로 한 십퇴일진十退一進자리이니 복상復上자리를 지축地軸으로 삼아 천심월天心月에 당도當到하게 된다. 이는 십오일절후정사十五日節侯政事이며 무지拇指를 굽히고(屈) 펴는(伸) 자리로서 곤곤坤은 원元코 형亨코 이利코 빈마지정牝馬之貞의 상상象이요 팔간산八艮山과 칠지七地와의 합合친 자리이다.

<br>

> **句解** 달이 本本자리로 회복回復하는 이치理致의 원리原理는 태음太陰은 一八七을 본수本數로 한 십퇴일진十退一進자리로서 복상復上하는 지축地軸으로 삼아 천심월天心月에 당도當到하게 하고 십오일절후정사十五日節侯政事이며 무지굴신拇指屈伸자리로서 곤곤坤은 원元코 형亨코 이利 빈마지정牝馬之貞의 상상象이요 팔간산八艮山과 칠지七地와의 합合친 자리라 함.

補解 八七은 태음지정太陰之精인 월체月體의 회삭현망晦朔弦望의 도수度數를 말함이니, 삭일도朔一度에서 진팔도進八度하면 상현上弦이요 다시 진칠도進七度하면 망望이며, 기망旣望에서 진팔도進八度하면 하현下弦이요 다시 진칠도進七度하면 회晦이다. 태음지정太陰之精인 월月의 성도도수成道度數는 삼십도三十度로서 수數는 영영하나 기氣는 태양지기太陽之氣를 받아야 본체本體를 드러내게 되므로 이를 '수영이기허數盈而氣虛'라 하며, 고故로 소장消長의 이치理致가 성립成立하는 것이다. 그러므로 기망旣望(십육일十六日)에서 십오일十五日(八七)간間은 소이기허消而氣虛하며, 삭朔에서 십오일十五日(八·七)간間은 장이기영長而氣盈하니 망望에 이르러 월극체위月極體位를 회복回復하는 것이다. 이것이 '복지지리復之之理'이며, 一八七이라 함은 망望(천심월天心月)에 이르는 하나의 八七(상현上弦·망望)을 말한 것이니 즉卽 십오일정사十五日政事를 말함이다. 태양太陽은 성전리직性全理直하므로 전수全數를 용用하나, 태음太陰은 수영기허數盈氣虛라 고故로 그 반수半數만을 용用하는 것이다.

---

| 오 일 일 후 | 십 일 일 기 | 십 오 일 일 절 |
|---|---|---|
| 三十.五日一候요[52] | 十日一氣요 | 十五日一節이요 |
| 삼 십 일 일 월 | 십 이 월 일 기 | |
| 三十日一月이요 | 十二月一朞니라. | |

---

• 五일이 一후요 十일이 一기氣요 십오十五일이 一절이요 삼십三十일이 一월이요 十二월이 一기朞(주기週期)니라.

---

52 편집자주 : 『정역대경(모필본)』에는 '五日一侯'로 기록되어 있는데 '候'字의 오기로 보인다.

**註義** <ruby>戊<rt>무</rt></ruby><ruby>位<rt>위</rt></ruby>는 <ruby>太<rt>태</rt></ruby><ruby>陰<rt>음</rt></ruby><ruby>之<rt>지</rt></ruby><ruby>母<rt>모</rt></ruby>이어늘 <ruby>以<rt>이</rt></ruby><ruby>五<rt>오</rt></ruby><ruby>爲<rt>위</rt></ruby><ruby>紀<rt>기</rt></ruby><ruby>故<rt>고</rt></ruby>로 <ruby>五<rt>오</rt></ruby><ruby>日<rt>일</rt></ruby><ruby>而<rt>이</rt></ruby><ruby>候<rt>후</rt></ruby>라 <ruby>二<rt>이</rt></ruby><ruby>五<rt>오</rt></ruby><ruby>合<rt>합</rt></ruby><ruby>德<rt>덕</rt></ruby><ruby>故<rt>고</rt></ruby>로 <ruby>十<rt>십</rt></ruby><ruby>日<rt>일</rt></ruby><ruby>而<rt>이</rt></ruby><ruby>氣<rt>기</rt></ruby>하고 <ruby>三<rt>삼</rt></ruby><ruby>五<rt>오</rt></ruby><ruby>而<rt>이</rt></ruby><ruby>盈<rt>영</rt></ruby><ruby>故<rt>고</rt></ruby>로 <ruby>十<rt>십</rt></ruby><ruby>五<rt>오</rt></ruby><ruby>而<rt>이</rt></ruby><ruby>望<rt>망</rt></ruby>하고 <ruby>三<rt>삼</rt></ruby><ruby>五<rt>오</rt></ruby><ruby>而<rt>이</rt></ruby><ruby>變<rt>변</rt></ruby><ruby>故<rt>고</rt></ruby>로 <ruby>三<rt>삼</rt></ruby><ruby>十<rt>십</rt></ruby><ruby>而<rt>이</rt></ruby><ruby>晦<rt>회</rt></ruby>라 <ruby>五<rt>오</rt></ruby><ruby>合<rt>합</rt></ruby><ruby>六<rt>육</rt></ruby><ruby>氣<rt>기</rt></ruby><ruby>成<rt>성</rt></ruby><ruby>章<rt>장</rt></ruby><ruby>故<rt>고</rt></ruby>로 <ruby>十<rt>십</rt></ruby><ruby>二<rt>이</rt></ruby><ruby>月<rt>월</rt></ruby><ruby>而<rt>이</rt></ruby><ruby>朞<rt>기</rt></ruby>니라 <ruby>蓋<rt>개</rt></ruby><ruby>氣<rt>기</rt></ruby><ruby>數<rt>수</rt></ruby><ruby>之<rt>지</rt></ruby><ruby>分<rt>분</rt></ruby><ruby>限<rt>한</rt></ruby>은 <ruby>即<rt>즉</rt></ruby><ruby>是<rt>시</rt></ruby><ruby>天<rt>천</rt></ruby><ruby>理<rt>리</rt></ruby><ruby>之<rt>지</rt></ruby><ruby>節<rt>절</rt></ruby><ruby>文<rt>문</rt></ruby>이니 <ruby>无<rt>무</rt></ruby><ruby>本<rt>본</rt></ruby><ruby>不<rt>불</rt></ruby><ruby>立<rt>립</rt></ruby><ruby>故<rt>고</rt></ruby>로 <ruby>五<rt>오</rt></ruby><ruby>爲<rt>위</rt></ruby><ruby>統<rt>통</rt></ruby><ruby>紀<rt>기</rt></ruby>요 <ruby>无<rt>무</rt></ruby><ruby>文<rt>문</rt></ruby><ruby>不<rt>불</rt></ruby><ruby>行<rt>행</rt></ruby><ruby>故<rt>고</rt></ruby>로 <ruby>五<rt>오</rt></ruby><ruby>變<rt>변</rt></ruby><ruby>合<rt>합</rt></ruby><ruby>六<rt>육</rt></ruby><ruby>而<rt>이</rt></ruby><ruby>成<rt>성</rt></ruby><ruby>文<rt>문</rt></ruby>이라 <ruby>此<rt>차</rt></ruby>는 <ruby>太<rt>태</rt></ruby><ruby>陰<rt>음</rt></ruby><ruby>成<rt>성</rt></ruby><ruby>一<rt>일</rt></ruby><ruby>歲<rt>세</rt></ruby><ruby>之<rt>지</rt></ruby><ruby>制<rt>제</rt></ruby><ruby>度<rt>도</rt></ruby><ruby>也<rt>야</rt></ruby>라.

**演解** <ruby>五<rt>오</rt></ruby><ruby>日<rt>일</rt></ruby><ruby>一<rt>일</rt></ruby><ruby>候<rt>후</rt></ruby><ruby>則<rt>즉</rt></ruby> <ruby>十<rt>십</rt></ruby><ruby>五<rt>오</rt></ruby><ruby>日<rt>일</rt></ruby>이 <ruby>即<rt>즉</rt></ruby><ruby>上<rt>상</rt></ruby><ruby>中<rt>중</rt></ruby><ruby>下<rt>하</rt></ruby><ruby>三<rt>삼</rt></ruby><ruby>元<rt>원</rt></ruby><ruby>三<rt>삼</rt></ruby><ruby>候<rt>후</rt></ruby><ruby>也<rt>야</rt></ruby>라.

**粗解** 오일일후五日一候는 '한파수'를 이름이요, 십일일기十日一氣는 천지운기天地運氣가 십일十日에 한 운기運氣가 차는 것을 이름이요, 십오일일절十五日一節은 한 달의 중간中間인 십오일十五日을 한 마디(節)로 한 것이고, 삼십일일월三十日一月은 달의 주기週期를 이름이요, 십이월일기일기十二月一朞는 일년一年의 주기週期를 이름한 것이다.

**句解** 오일일후五日一候는 '한파수'라 하고 십일일기十日一氣는 천지기운天地氣運이 십일十日이면 한 기운이 차는 것을 일기一氣라 함이요, 십오일十五日이면 한 절기라 하야 반半달 절후節候요 삼십일三十日이면 일월一月이니 일년一年은 삼백육십일三百六十日이요 정역正易이니 일기一朞라 함.

**補解** 후候·기氣·절節·월月·기朞는 천지운기天地運氣의 순환단위循環單位를 말함이니, 이는 무위戊位에서 잉태孕胎한 태음太陰이 성도成道함으로써 성립成立하는 도수度數이다. 오일일후五日一候는 태음지모太陰之母인 무오

토무오토土戊五土의 오수五數를 기본基本으로 한 것이나 기기氣의 순환循環으로 보면 오행五行(목화토금수木火土金水)이 일순一循하는 오일五日의 도수度數 육십시六十時를 뜻하며, 십일일기十日一氣는 오행五行의 음양합덕陰陽合德(이오지합二五之合)으로 이루어진 십천간十天干이 일순一循하는 단위單位이고, 십오일일절十五日一節은 오행五行이 삼순三循하여 삼오합덕三五合德으로 월영月盈하는 일팔칠월정一八七月政으로서 한 절후節候의 단위單位이며, 삼십일일월三十日一月은 오행五行이 육순六循하여 오육합덕五六合德으로 성장成章하는 삼십일三十日 삼백육십시三百六十時로서 곧 태음일월지기太陰一月之朞이니, 고故로 태음지체太陰之體인 일수지혼一水之魂 사금지백四金之魄은 삼십도三十度로서 성도成道하는 것이며, 십이월일기十二月一朞는 월月(삼십일三十日)이 십이순十二循하는 삼백육십일三百六十日 태음일세지기太陰一歲之朞를 말함이다. 기기朞를 이루는 五와 六은 곧 오육합덕五六合德으로서 천간지서天干之序로는 무기토戊己土이니, 무위戊位는 황극체위皇極體位이고 기위己位는 무극체위无極體位이므로 오육무기토五六戊己土의 합덕合德은 곧 천지합덕天地合德을 뜻하는 것이다.


> 　　　　태　양　　　　도　생　역　성　　　　후　천　이　선　천
> 三一. (1) 太陽은 倒生逆成하니 后天而先天이요
> 　　　　미　제　이　기　제
> 　　　未濟而旣濟니라.


• 태양太陽은 거꾸로(倒) 생하고 거슬러(逆) 이루니, 후천後天이로되 선천先天이요 미제未濟로되 기제旣濟니라.

註義 道는 具於陰而行於陽故로[53] 陽雖尊而後於陰하니 男下女之

義也라 倒生逆成은 陽之性也라 太陽主氣故로 久而后成하니 生先

於陰而成后於陰으로 主政於後天丑會하니 此謂后天而先天也라

行度는 始於巳亥하여 終於子午하니 此是未濟而旣濟也니라.


演解 太陽은 日也니 始生於東陽順之方而左旋하야 戾終於西陰逆

之方하니 是倒生而逆成也며 雖終於后天陰方이나 復生於先天陽

方하니 后天而先天이며 未濟而旣濟니라 此는 日之晝夜朝暮가 循

環無端하야 自然成后先天及未旣濟之象이라 日月之旣未濟는 以

體光盛衰로 言也니라.[54]


粗解 태양太陽은 十九八七六五四三二一로 도생역성倒生逆成하니 후천后

天이로되 선천先天을 체體로 한 것이요 十·九에서 二·一로 종終하니 화

수미제火水未濟로되 십수十數를 용用하였으니 수화기제水火旣濟이며, 하

도河圖는 후천이사육팔십后天二四六八十으로 용用하니 지수地數는 종어

십終於十이라 성수成數이다.

句解 태양太陽은 十 九 八 七 六 五 四 三 二 一로 도생역성倒生逆成하니

후천后天이로되 선천先天을 체體로 한 것이요 十 九에서 二 一로 종終하

---

53 편집자주 : 『정역대경(모필본)』은 '行乎'로 되어 있고, 『정역주의(하상역본)』는 '行於'로 기록되어 있다.

54 原註 : 經世書云 天之神은 棲於日하고 人之神은 發於目하느니라.

니 화수미제火水未濟로되 십수十數를 용용하였으니 수화기제水火旣濟가 되고 하도河圖는 二 四 六 八 十으로 용용하므로 지수地數는 종어십終於十하니 성수成數라 함.

補解 차절此節은 태음太陰에 이어서 태양지리太陽之理을 논론論한 것이다. 주역周易의 서괘序卦는 건괘乾卦를 먼저하고 곤괘坤卦를 다음으로 하여 양선음후陽先陰後이나 여기서는 음선양후陰先陽後로 하였는바. 이는 본체本體인 천지天地는 양선이음후陽先而陰後이나 천지天地의 용용인 음양陰陽은 음陰이 먼저이고 양陽은 다음이니, 즉卽 만물萬物의 생성生成은 음陰을 바탕으로 하여 발현發現되기 때문이다.

태양太陽은 양중지양陽中之陽이니 양지체陽之體이며, 십수하도十數河圖의 원리原理이다. 태양太陽도 역시亦是 체용體用의 분별分別이 있으니, 선천先天에서는 체體가 되어 구수九數를 용용하나 후천后天에서는 용용이 된다. 태양太陽은 양극지상陽極之象이라 그 순환循環은 후천后天에서는 만수滿數인 십수十數를 용용하므로 극즉필반極則必反이라 고故로 도생倒生(상생하上生下)하여 일수一數에 이르며, 다시 음변위양陰變爲陽(하생상下生上)하여 본체本體로 환원還元하게 되는바, 이러한 순환과정循環過程을 '도생역성倒生逆成'이라 한다. 이를 체용體用으로 논론論하면 선천지체先天之體요 후천지용后天之用으로서 후천后天에서 용사用事(도생倒生)하고 선천先天에서 역성逆成하므로 이를 '후천이선천后天而先天'이라 한 것이다. 그리고 '미제이기제未濟而旣濟'라 함은 태양太陽은 후천后天의 용용으로서 十에서 도생倒生하여 一에 이르는 용사用事이므로 화수火水가 제자리를 지키는 상상象이라 고故로 미제未濟이며, 선천先天에서는 체體로 바뀌어 역성逆成(환원還元)하게 되므로 수화기제水火旣濟가 되는 것이다.

주역周易의 서괘序卦는 수화기제괘水火旣濟卦 다음에 화수미제괘火水未

濟卦로 마치는 역생도성逆生倒成이므로 '기제이미제旣濟而未濟'이나, 후천 정역后天正易은 체용體用의 호역互易으로 화수미제괘火水未濟卦에서 도생倒生하여 수화기제괘水火旣濟卦로 역성逆成하는 도생역성지서倒生逆成之序이므로 '미제이기제未濟而旣濟'가 되는 것이다.

---

칠화지기　팔목지체　포어기위성
三一. (2) 七火之氣요 八木之體니 胞於己位成
도지일일칠도　　태어십오도　　양
度之日一七度하고 胎於十五度하고 養
어십구도　　생어이십칠도　　도성
於十九度하고 生於二十七度하니 度成
도어삼십육
道於三十六이니라.[55]

---

• 칠화七火-陽火의 기氣요 팔목八木-陰木의 체體이니, 기기의 자리에서 성도成度하는 일日이 초칠도에서 포胞하고 십오十五도에서 태胎하고 十九도에서 양養하고 二十七도에서 생生하니 도수가 삼십육三十六에 이르러 성도成道하느니라.

간지병　수지칠야　화지기야　간지갑　수지팔야　목
註義 干之丙은 數之七也요 火之氣也라 干之甲은 數之八也요 木
지체야　합병갑지기　성태양지체　선화후목　도역지리
之體也라 合丙甲之氣하여 成太陽之體하니 先火後木은 倒逆之理
야　포어병오　태어갑인　양어무오　화어병인　생
也라 胞於丙午하고 胎於甲寅하고 養於戊午하고 化於丙寅하며 生

---

55 편집자주 : 『정역(돈암서원본)』에는 원문이 '度成道'로 기록되어 있고, 『정역주의(하상역본)』와 『정역대경(모필본)』에서는 원문이 '度成度'로 기록되어 있다. 하지만 '戊位'와 '己位'쪽의 기록을 보면 '度成道'로 기록되어 있다.

어 임 인　　성 어 신 해　　도　위 삼 십 육 이 종 어 임 자　　복 어 경
於壬寅하고 成於辛亥하니 度는 爲三十六而終於壬子하고 復於庚
오　　차　　일 극 체 위 지 성 도 야
午하니 此는 日極體位之成度也라.


粗解 태양太陽의 정령政令은 기경임갑병己庚壬甲丙의 병칠화丙七火의 기
氣와 갑팔목甲八木의 체위體位이니 기위성도지일己位成度之日은 기해己亥
이며, 수지手指로는 무지拇指를 굴屈하며 경자庚子로 시始하여 칠지신七指
伸 병오칠도丙午七度로 포胞하고, 십오지굴十五指屈 갑인십오도甲寅十五度
에서 태태胎하며, 십구지신十九指伸 무오십구도戊午十九度에서 양養하고 이
십칠지신二十七指伸 병인이십칠도丙寅二十七度에서 생생生하니, 소위所謂 건
곤교乾坤橋인 신유궁辛酉宮에서 하도궁河圖宮인 정유丁酉를 거쳐가는 이
치理致로 병인丙寅에서 다시 삼십육도三十六度를 뛰어넘어서 임인壬寅에
이르고 신해궁辛亥宮에서 삼십육도三十六度로 태양성도太陽成道한다.


句解 정령政令은 기경임갑병己庚壬甲丙의 병칠화丙七火의 기氣와 갑팔목
甲八木의 체위體位로서 기위성도지일己位成度之日은 기해己亥이고, 무지拇
指 일一자리에서 경자庚子로 시작始作하야 칠지七指까지 가면 단 칠도七
度인 병오丙午로 포胞함이라 함. 무명지無名指인 칠七자리 병오丙午에서
십오지十五指까지 가면 갑인甲寅 십오도十五度로 태태胎하고, 십구지十九指
자리에서 무오戊午 십구도十九度로 양養하고 이십칠지二十七指자리에 가
서 병인丙寅인 이십칠도二十七度로 생생生하는 바, 소위所爲 건곤교乾坤橋의
신유궁辛酉宮에서 하도궁河圖宮인 정유丁酉를 거쳐 가는 이치理致로 병인
丙寅에서 다시 삼십육도三十六度를 뛰어 넘어서 임인壬寅으로 하야 신해
궁辛亥宮에 삼십육도三十六度로 태양성도太陽成道라 함.

補解 전문前文의 기위성도己位成道에서 기위己位는 '선천화목태양지부先天火木太陽之父'라고 하였는바, 본문本文은 기위己位에서 생生한 태양太陽의 성도과정成道過程을 밝힌 것이다. 태양지체太陽之體인 일日의 성도成道도 역시亦是 포태과정胞胎過程을 거쳐야 하는 것이니, 기위己位는 선천화목先天火木의 중위中位에서 칠화지기七火之氣와 팔목지체八木之體인 태양지정太陽之精을 경자궁庚子宮에서 시始하여 초칠도병오初七度丙午에서 포포胞하고 십오도갑인十五度甲寅에서 태태胎하며 십구도무오十九度戊午에서 양양養하고 이십칠도병인二十七度丙寅에서 생생하며, 여기에서 삼십육도三十六度를 뛰어넘어 임인壬寅에 이르고 계묘癸卯를 이십팔도二十八度로 하여 삼십육도신해궁三十六度辛亥宮에 이르러 성도成道한다. 태양지정太陽之精인 칠화七火는 병화지기丙火之氣이고 팔목八木은 갑목지체甲木之體이니 병갑丙甲이 합합하여 태양지체太陽之體를 이루는 것이며, 화火를 먼저하고 목木을 뒤로함은 도생倒生(팔생칠八生七–목생화기木生火氣) 역성逆成(칠성팔七成八–화성목체火成木體)하는 이치理致이다.

　태양성도太陽成道에서 삼십육도三十六度를 뛰어넘어서 성도成道하게 되는 것은 선천先天에서 후천后天으로 넘어갈 때 삼십육도三十六度의 허도수虛度數가 생生하기 때문이다. 이 원리原理를 주공周公과 공자孔子께서 밝히셨으니, 『주역周易』산풍고괘山風蠱卦 단전彖傳에 「선갑삼일先甲三日 후갑삼일後甲三日은 종즉유시終則有始니 천행야天行也라」라고 하였고, 중풍손괘重風巽卦 구오효사九五爻辭에는 「무초유종无初有終이라 선경삼일先庚三日하며 후경삼일後庚三日이면 길吉하리라」라고 하였는바, 선갑삼일先甲三日은 신유辛酉 임술壬戌 계해癸亥이고 선경삼일先庚三日은 정유丁酉 무술戊戌 기해己亥이니 신유辛酉 정유丁酉는 이른바 건곤교乾坤橋이며, 공자孔子께서는 선후천先后天의 원리原理를 "종즉유시終則有始니 천행야天行也라"라고 하시어 천도지행天道之行은 무시무종無始無終하고 순환무단

循環無端하므로 끝이 없음을 밝혀 말씀한 것이다. 갑자甲子(선천先天)에서 경자庚子(후천后天)로 넘어감에는 정유궁丁酉宮을 건너 경자庚子에 이르게 되는바, 갑자甲子에서 경자庚子까지는 삼십육도三十六度의 허도수虛度數를 뛰어넘어야 하므로 일부一夫께서는 이를 '도성도어삼십육度成道於三十六이니라' 라고 밝힌 것이다. 또한 후천后天은 경자궁庚子宮을 시두始頭로 하므로 태음太陰은 경자초일도庚子初一度에서 포태하고 태양太陽은 경자庚子에서 칠도七度를 진進하여 포태하는바, 태양太陽이 칠도七度를 진進함은 "칠일래복七日來復"의 원리原理이니, 『주역周易』 복괘단전復卦彖傳에 「반복기도칠일래복反復其道七日來復은 천행야天行也오 이유유왕利有攸往은 강장야剛長也니 복복에 기견천지지심호其見天地之心·乎인져」 라고 한 것이 이를 말한 것이다.

　『주역周易』의 괘서卦序를 보면 산풍고괘山風蠱卦(18)(☶)에서 삼십팔괘三十八卦를 뛰어넘어서 중풍손괘重風巽卦(57)(☴)를 서괘序卦하였는바, 하경下經의 주괘主卦인 함咸(☱)·항恒(☳) 이괘二卦를 제외除外하면 삼십육괘三十六卦가 되므로 주역周易의 서괘序卦에서도 역시亦是 삼십육허도三十六虛度의 원리原理를 밝히고 있는 것이다. 또한 산풍고괘山風蠱卦 육오효六五爻(간부지고幹父之蠱)가 변變하면 중풍손괘重風巽卦가 되므로 손괘巽卦 구오효사九五爻辭에 「선경삼일先庚三日 후경삼일後庚三日」 을 밝힌 것이며, 고괘蠱卦에서 뛰어넘은 삼십육괘三十六卦는 이백십육효二百一十六爻이므로 이는 곧 건지책수乾之策數이니, 선천先天에서 후천后天으로 전환轉換함에 있어서는 건천乾天(선천先天)지도之度를 뛰어 넘어야 후천后天이 열리는 원리原理를 주역周易의 서괘序卦를 통通하여 밝혀 놓은 것이다.

三二. 終于戊位成度之年十四度하고 復於己

위 성 도 지 년 초 일 도

位成度之年初一度니라.

● 무위戊位가 성도成度하는 해 十四도에서 마치고, 기위己位가 성도成度하는 해 초일도初一度에서 회복하느니라.

粗解 무위성도지년戊位成度之年은 무술戊戌이요 십사도十四度는 무지拇指에서 기해己亥로 시작始作하야 십사지十四指 임자壬子에 이르러 십사도十四度로 마치고, 기위성도지년己位成度之年은 기사己巳요 그 초일도初一度는 경오庚午이니 여기에서 회복回復하는 것이다.

句解 무위성도지년戊位成度之年은 무술戊戌이요 십사도十四度는 무지拇指 일一자리에서 기해己亥로 시작始作하야 십사지十四指에 가서 임자壬子인 십사도十四度로 마치고, 기위성도지년己位成度之年은 기사己巳이며 그 초일도初一度는 경오庚午라 함.

補解 무위성도지년戊位成道之年은 무술궁戊戌宮이니 초일도기해初一度己亥에서 시始하여 십사도임자十四度壬子에서 종終하는바, 태양太陽은 신해궁辛亥宮에서 성도成道하므로 그 다음자리인 임자壬子에서 마치는 것이며, 기위성도지년己位成道之年은 기사궁己巳宮이니 초일도경오初一度庚午에서 회복回復하는바, 이는 경오庚午에서 태양太陽을 포포胞하는 병오丙午까지 삼십육도三十六度이므로 허도수虛度數를 뛰어넘으면 회복回復하는 경오庚午가 곧 병오丙午인 것이다. 태음太陰은 음용기반陰用其半하므로 삼

십도三十度로 회복回復하나, 태양太陽은 양용기전陽用其全이라 고故로 육십도六十度에서 회복回復하는 것이다.

---

복 지 지 리　　일 칠 사
三三. 復之之理는 一七四니라.

• 회복하는 이치는 一七四니라.

**[註義]** 一七四는 謂時也라 自亥至巳하니 時之先天而卽一七也요 自午至酉하니 時之后天而卽四也라 戌則尊空故로 用十一時而復全其理라.
일 칠 사　위 시 야　자 해 지 사　시 지 선 천 이 즉 일 칠 야
자 오 지 유　시 지 후 천 이 즉 사 야　술 즉 존 공 고　용 십 일 시 이 복
전 기 리

**[演解]** 太陽은 性全而理直故로 有恒圓之光也라. 己位之子河圖之運也라 日精은 包於己八之丙也라 此一陽이 始生亥而光沉于酉하야 昏於戌하니 戌은 無用故로 尊空而回氣胞于亥則十一時而復其原性也라 七日而復은 以子午復姤之卦度로 計則七日而回陽也라.
태 양　성 전 이 리 직 고　유 항 원 지 광 야　기 위 지 자 하 도 지
운 야　일 정　포 어 기 팔 지 병 야　차 일 양　시 생 해 이 광 침 우 유
혼 어 술　술　무 용 고　존 공 이 회 기 포 우 해 즉 십 일 시 이 복 기
원 성 야　칠 일 이 복　이 자 오 복 구 지 괘 도　계 즉 칠 일 이 회 양 야

**[粗解]** 태양太陽의 회복回復하는 원리原理는 一七四이다. 태양太陽은 一七四의 원리原理로 포오함육包五舍六하는 자리이니 황중皇中의 자리를 천추天樞로 하여 황심월皇心月에 당도當到하게 된다. 건도乾道에 원형이정

元亨利貞이요 도생역성倒生逆成으로 十·九·八·七·六·五·四하면 七·四數가 칠일래복七日來復자리에 같이 닿는 태양太陽의 십일시간행사十一時間行事이다.

句解 태양太陽의 회복回復하는 원리原理는 一七四로서 포오함육包五含六인 황중皇中 자리를 천추天樞로하야 황심월皇心月에 당도當到하게 함이요 건도乾道의 원형이정元亨利貞이며 도생역성倒生逆成으로 十 九 八 七 六 五 四로 하면 七 四가 칠일래복七日來復하는 이치理致와 같이 신명神明 자리에서 같이 맞닿는 태양太陽의 십일시간행사十一時間行事라 함.

補解 태음太陰은 기氣가 허허虛하여 영허소장盈虛消長이 있으나, 태양太陽은 성전이리직性全而理直하므로 항상恒常 둥글고 빛을 발發한다. 태양太陽은 곧 주야지도晝夜之道이므로 주야상교晝夜相交에는 시時를 용용用한다. 一七四는 시時를 말함이니, 七四가 합合하여 十一이 됨은 십일귀체十一歸體를 뜻한다. 태양太陽은 성전리직性全理直하여 전수全數를 용용用하므로 십수十數에서 도생倒生하여 一로 귀체歸體하고 一에서 역성逆成하여 일극체위日極體位를 성도成道한다. 후천后天의 시두時頭 해亥에서 기일起一하여 사칠巳七에 이르러 성도成道하므로 이 일지칠一至七이 시時의 선천先天이며, 오午에서 유酉는 시時의 후천后天이니, 곧 사수四數로서 술戌은 무위戊位(황극皇極)지궁之宮이라 용용用이 없으므로 해亥에 이르러 십일귀체十一歸體하여 회복回復하는 원리原理를 '복지지리일칠사復之之理一七四'라 한 것이다. 일일一日 십이시十二時에서 황극지궁皇極之宮인 술戌을 귀공歸空하므로 태양太陽의 십일귀체十一歸體가 이루어져 칠사성도七四成道를 반복反復하는 것이다. 이는 태양太陽이 十九八七로 사위四位를 도생倒生하여 七에 이르면 칠일래복七日來復하는 자리에서 七과 四가 같이 닿으

십
오
일
언

니, 이것이 곧 칠사복지지리七四復之之理로서 태양太陽의 일일지정一日之政이다. 지뢰복괘地雷復卦 단전彖傳에 "반복기도칠일래복反復其道七日來復 천행야天行也"라고 한 것이 바로 一七四의 이치理致이다.

---

三四. 十五分<sup>십오분</sup>一刻<sup>일각</sup>이요 八刻<sup>팔각</sup>一時<sup>일시</sup>요 十二時<sup>십이시</sup>一<sup>일</sup>日이니라.[56]

---

• 십오十五분이 一각이고 八각이 一시이며 十二시가 一일이니라.

**註義** 己位<sup>기위</sup>는 太陽之父<sup>태양지부</sup>라 陰不能兼陽而陽兼陰故<sup>음불능겸양이양겸음고</sup>로 化己戊之性<sup>화기무지성</sup>而成分<sup>이성분</sup>하니 分之十五<sup>분지십오</sup>로 謂一刻<sup>위일각</sup>하여 配卦氣而成刻<sup>배괘기이성각</sup>이라 刻之八<sup>각지팔</sup>은 謂一時<sup>위일시</sup>니 重交六氣而成時<sup>중교육기이성시</sup>하여 時之十二<sup>시지십이</sup>로 謂一日<sup>위일일</sup>이라[57] 蓋氣分<sup>개기분</sup>之節度秩序<sup>지절도질서</sup>하여[58] 粲然詳備<sup>찬연상비</sup>하니 幽則爲鬼神<sup>유즉위귀신</sup>이요 明則爲禮樂<sup>명즉위예악</sup>이라 此太陽成一日之文章也<sup>차태양성일일지문장야</sup>니라.

**粗解** 십오분十五分 곱하기 팔각八刻은 백이십분百二十分(일시一時)이고 일일一日은 십이시十二時이니, 십이시十二時 곱하기 팔각八刻은 구십육각

---

56 편집자주:『정역대경(하상역본)』에는 '十五分, 一刻, 八刻, 一時, 十二時, 一日'로 기록되어 있다.
57 편집자주:『정역대경(모필본)』은 '謂之一日'로 기록되어 있다.
58 편집자주:『정역대경(모필본)』은 '盖',『정역주의(하상역본)』는 '益'로 기록되어 있다.

九十六刻이므로 일일一日은 구십육각九十六刻이다.

句解 십오十五를 八로 승승乘하면 十二가 되므로 일일一日 십이시十二時가 됨이니, 십이시十二時를 팔각八刻으로 승승乘하면 구십육각九十六刻이 되므로 일일一日은 구십육각九十六刻이라 함.

補解 태양지용太陽之用인 시時를 논론論한 것이다. 음陰은 양陽을 겸겸兼할 수 없으나 양陽은 음陰을 겸겸兼할 수 있으므로 기십己十(무극无極)무오戊五(황극皇極)의 합수合數인 십오분十五分으로 일각一刻을 이루고, 각刻은 팔괘八卦의 기기氣를 배합配合하여 팔각八刻으로 일시一時를 이루며, 시時는 육기六氣를 거듭(6×2=12)하여 십이시十二時로 일일一日을 이루니, 이는 태양太陽이 천지음양天地陰陽의 수수數를 모두 갖추어 일일一日의 장장章을 이루는 것이다. 이를 체용體用으로 논론論하면 일일一日(체體)은 용십이시用十二時하고 일시一時(체體)는 용팔각用八刻하며 일각一刻(체體)은 용십오분用十五分하고 분分은 용용用이 없다. 일일성장一日成章을 합산合算하면 십이시十二時 구십육각九十六刻 일천사백사십분一千四百四十分이니, 일일십이시一日十二時는 일기십이월一朞十二月과 대비對比되는 소기小朞이고 구십육각九十六刻은 칠십이후七十二候와 이십사절기二十四節氣를 합합한 수수數로서 용구용육지의用九用六之義를 내포內包하고 있다.[59]

---

[59] 補註: 現用時는 刻의 單位를 없애고, 一日을 二十四時 一千四百四十分으로 하였는바, 時를 六十分 一時로 나누어 小時로 하였으나 分의 總數는 同一하다.

三五.⑴ 天地合德三十二요地天合道六十一을

---

• 천지가 덕德을 합하니 삼십이三十二요, 지천地天이 도道를 합하니 육십

일六十一이 됨을,

　　　　　　천지자　　　　어괘　　위비　　　비즉불교고　　수합기덕이분기
註義 天地者는⁶⁰ 於卦로 爲否인데 否則不交故로 雖合其德而分其

체도　　　　즉삼십이야　　지천자　　　어괘위태　　　태즉교합고　　통
體度하니 卽三十二也라 地天者는 於卦爲泰인데 泰則交合故로 統

합기도이전기체도　　　즉육십일야
合其度而全其體度하니 卽六十一也라.

　　　　　자무술순수기해　　시지도진전이우선행야　　여천합덕우
演解 自戊戌順數己亥는 是地度進前而右旋行也니 與天合德于

기사궁이포시만물　　　　　　기사내음포지궁　　천지　　외양내음
己巳宮而胞始萬物함이라 (己巳乃陰胞之宮) 天地는 外陽內陰이

　목화지왕절이　　　　자기사역수무진　　시천도퇴후이좌선행야
니 木火之旺節耳니라. 自己巳逆數戊辰은 是天度退後而左旋行也

　여지합도우무술궁이수장만물　　　　　　무술내양포지궁　　지천
니 與地合道于戊戌宮而收藏萬物함이라. (戊戌乃陽胞之宮) 地天

　외음내양　　금수지왕절이
은 外陰內陽이니 金水之旺節耳니라.

粗解 선천先天의 천지합덕天地合德은 황극체위도수皇極體位度數이니 무

술戊戌에서 기사己巳까지의 삼십이三十二요. 후천后天의 지천합도地天合道

는 기사己巳에서 역逆으로 기사궁己巳宮까지 육십일六十一이다. 천지합덕

---

60 편집자주 : 『정역대경(모필본)』은 '天地'로, 『정역주의(하상역본)』는 '天地者'로 기록되

어 있다.

天地合德은 천지비운天地否運이요 지천합도地天合道는 지천태운地天泰運이다.

句解 선천先天의 천지합덕天地合德은 황극체위도수皇極體位度數로서 무술戊戌에서 기사己巳까지 삼십이三十二요 지천합도地天合道는 무극체위도수无極體位度數로서 기사己巳에서 역逆으로 기사궁己巳宮까지 육십일六十一이 되므로 천지합덕天地合德은 천지비운天地否運이요 지천합도地天合道는 지천태운地天泰運이라 함.

補解 '천지합덕삼십이天地合德三十二'는 황극체위도수皇極體位度數이니, 오황극五皇極 무위戊位는 무술궁戊戌宮에서 순행順行(도순도역度順道逆)하여 삼십이도三十二度 기사궁己巳宮에 이르러 성도成道함을 말하며, '지천합도육십일地天合道六十一'은 무극체위도수无極體位度數이니, 십무극十无極 기위己位는 기사궁己巳宮에서 역행逆行(도역도순度逆道順)으로 일순一循하여 육십일도六十一度 기사궁己巳宮으로 환원還元하여 성도成道함을 말한 것이다. 또한 천지합덕天地合德은 천지비괘天地否卦의 상象으로서 천지天地가 비색否塞하여 불교不交하므로 비록 합덕合德하였으나 그 체도體度는 용반用半하며, 지천합도地天合道는 지천태괘地天泰卦의 상象으로서 지천地天이 상교相交하여 합도合道하므로 그 체도體度는 전수全數를 용用하는 것이다. 용전용반用全用半은 육십갑자六十甲子의 도수度數를 말함이다. (전문前文의 무위성도戊位成道와 기위성도己位成道 참조參照)

일 월 동 궁 유 무 지
## 三五.⑵ 日月同宮有无地요

● 해와 달이 집을 같이하나 없는 땅이 있고,

일월자　　괘지기제　　　수화상교이동궁　　　감리무상사지
**註義** 日月者는 卦之旣濟이니 水火相交而同宮하여 坎离无相射之

폐　　조석　　무사리지과　　　수성평이사유토로고　　　위유무지
弊하니 潮汐이 无射离之過하고 水性平而四維土露故로 謂有无地

야
也라.

차일월동궁　　일월합삭　　　언야　　월체　　불견　　　수유이
**演解** 此日月同宮은 日月合朔으로 言也니 月體가 不見한즉 雖有而

반무야
反無也라.[61]

**粗解** 태음태양太陰太陽이 생생하는 궁宮은 같으나 포태胞胎하는 과정過
程은 다르다. 이는 태양太陽은 병오丙午에서 칠도七度로 포胞하니 초초일
도初初一度는 태양태음太陽太陰이 기해궁己亥宮으로 동일同一하나 태양太
陽은 기위성도지일己位成度之日이요 태음太陰은 무위성도지월戊位成度之月
에서 각각各各 생생하지만 다 같은 기해궁己亥宮이므로 일월동궁유무지
日月同宮有无地이다.

**句解** 태양태음太陽太陰이 생생한 궁宮은 같은데 포태胞胎하는 과정課程

___
61 原註: 太陽之合陰時에 吸引月之精而添鉛發輝하니 此는 陽感於陰也라.

은 다르다는 것은 태양太陽은 병오丙午에서 단 칠도七度로 포태胞하니 초
초일도初一度는 태양태음太陽太陰이 기해궁己亥宮으로 동일同一하나 유
무지有无地가 다르므로 태양太陽은 기위성도지일己位成度之日이요 태음太
陰은 무위성도지월戊位成度之月에서 각각 생생生生하지만 다 같은 기해궁己亥
宮이니 일월동궁유무지日月同宮有无地라 함.

補解 후천后天은 경자궁庚子宮를 시두始頭로 하여 기수起數하므로 태음
太陰은 경자초일도庚子初一度에서 포태胞하고 태양太陽은 경자庚子에서 시
始하여 병오칠도丙午七度에서 포태胞하는바, 경자庚子에 이르기 전前의 초
초일도初初一度는 기해궁己亥宮이니 태음태양太陰太陽이 모두 기해궁己亥
宮에서 동궁同宮하나 포태胞胎하는 과정過程은 각기各其 다르므로 '일월
동궁유무지日月同宮有无地'라 한 것이다. 이를 현상現象으로 보면 일월日月
이 기해궁己亥宮에서 동궁同宮함은 일월日月의 합삭合朔을 뜻함이니, 합삭
合朔하는 궁宮은 있으나 지상地上에는 월체月體가 보이지 않으므로 이것
이 곧 '유무지有无地'이다. 다시 말하면 기해궁己亥宮에서 일월日月이 합삭
合朔하고 경자庚子에서 각각各各 기도起度하나 포태과정胞胎過程은 서로
달리함을 말한 것이다.

월 일 동 도 선 후 천
三五. (3) 月日同度先后天을

• 달은 해와 도수度數를 같이하나 선천과 후천 임을,

註義 月日者는 卦之未濟也니 火水相分而修職하고 互相終始而同
度하니 后天癸未癸丑이 反爲先天朔日故로 謂先后天也라.

演解 此月日同度는 月日相望으로 言也니 望前則先天也오 望後
則后天也라.[62]

粗解 태음太陰은 삼십도三十度에 성도成道하고 태양太陽은 삼십육도
三十六度에 성도成道하니 태음太陰은 경자일도庚子一度에서 포태하고 태
양太陽은 병오칠도丙午七度에서 포태하므로 월일月日이 성도成道하는 도
수度數는 같으나 선후천先后天이 다르다는 것이다.

句解 태음太陰은 삼십도三十度에 성도成道하고 태양太陽은 삼십육도三十
六度에 성도成道하니 태음太陰은 경자庚子 일도一度에서 포태하고 태양太
陽은 병오丙午 칠도七度에서 포태하니 월일月日이 성도成道하는 도수度數
는 같지만 선후천先后天이 다르다는 것임.

補解 태음太陰은 경자초일도庚子初一度에서 포태하여 삼십도기사궁三十
度己巳宮에서 성도成道하고, 태양太陽은 병오칠도丙午七度에서 포태하여
삼십육도신해궁三十六度辛亥宮에서 성도成道하므로 월일月日이 성도成道
하는 도수度數(삼십도三十度)는 같으나 성도成道하는 궁宮은 선후천先后天
이 다르다는 것이다. 이는 월일상망月日相望을 말함이니, 망望은 월체月體
가 흡수일광吸收日光하여 성도成道하나 월체月體를 비추는 일日(태양太陽)
은 반대反對편에 위치位置하며, 망전望前은 선천先天이나 망후望後는 후천

---
62 原註: 太陰之望陽時에 吸收日之光而孕秉成彩하니 此는 陰感於陽也라.

后天后天이 된다. 그러므로 성도成道하는 도수度數는 비록 같으나 월일月日의 위치位置로 보면 일日은 선천先天(주畫)에 있고 월月은 후천后天(야夜)에 있음을 밝힌 것이니, 전문前文의 '일월동궁유무지日月同宮有无地'와 연관聯關된 내용內容이다.

---

삼 십 육 궁 선 천 월　　대 명 후 천 삼 십 일
三五.(4) 三十六宮先天月이 大明后天三十日을.

월
• 삼십육三十六궁 선천의 달(月)이 후천의 삼십三十일을 크게 밝히는 것을.

삼 십 육 궁 자　　자 월 굴 지 진　　지 복 어 자 지 도 야　　개 월
註義 三十六宮者는 自月窟之辰으로 至復於子之度也라. 盖月은

수 일 자 야　삼 십 육 궁 성 도 월 지 선 천 임 오 궁　　대 명 어 후 천 월 지
隨日者也라 三十六宮成度月之先天壬午宮하여 大明於后天月之

삼 십 일　어 시 호　율 려 조 이 음 양 화　　사 상　립 이 육 합　성
三十日이니 於是乎라 律呂調而陰陽和하고 四象이 立而六合이 成

만 물　번 식　인 문 사 랑　약 비 심 조 도 체 자　숙 능 지 지
하고 萬物이 繁殖하며 人文斯朗하니[63] 若非深造道體者면 孰能知之

리요.

월 형　이 팔 괘 변 체 언 즉　팔 괘 지 음 양 획　합 삼 십 육 야 고
演解 月形이 以八卦變體言則 八卦之陰陽劃이 合三十六也故로

운 삼 십 육 궁　선 천 월　문 왕 괘　자 위 복 상 월 야　삼 십 일
云三十六宮이라. 先天月은 文王卦의 子位復上月也라.[64] 三十日은

---

63 편집자주 : 『정역대경(모필본)』은 '朖'(본자), 『정역주의(하상역본)』는 '朗'으로 기록되어 있다.

64 原註 : 此指有閏曆月政而言也

十五一言 ┊

171

月之一朔度數<sup>월지일삭도수</sup>也니 此言月政三十度之始終規次<sup>차언월정삼십도지시종규차</sup>가 大明而行<sup>대명이행</sup>하야
無一毫過不及之差矣故<sup>무일호과불급지차의고</sup>로 晦朔弦望<sup>회삭현망</sup>에 日辰一定不改也<sup>일진일정불개야</sup>라.[65]

[粗解] 삼십육궁三十六宮 선천월先天月이 후천後天의 삼십일三十日을 크게 밝힌다함은 삼십육도三十六度(태양太陽)수數에 당當하는 신해궁辛亥宮을 말함이요 선천先天의 초初하루인 무진무술戊辰戊戌에서 기산起算하면 십사일十四日에 신해신사辛亥辛巳로 당當하는 선先보름달이 후천後天에 가서는 계미계축癸未癸丑인 초初하루에서 기산起算하여 이십구일二十九日째에 신해신사辛亥辛巳가 당當하니 삼십육도신해궁三十六度辛亥宮이 후천삼십일後天三十日을 밝힌다는 것이다.

[句解] 삼십육궁三十六宮 선천先天의 달이 후천后天의 삼십일三十日을 크게 밝힌다 함은 삼십육도수三十六度數(태양太陽)에 당當하는 신해궁辛亥宮을 말함이니 선천先天의 초初하루인 무진戊辰 무술戊戌에서 치면 십사일十四日에 신해辛亥 신사辛巳가 당當하는 선先보름달이 후천后天에 가서는 계미癸未 계축癸丑인 초初하루에서 치면 이십구일二十九日째에 가서 신해辛亥 신사辛巳가 당當하니 삼십육도신해궁三十六度辛亥宮이 후천삼십일后天三十日을 밝힌다 함.

[補解] 삼십육궁三十六宮은 삼십육도三十六度로 태양太陽이 성도成道하는 신해궁辛亥宮을 말함이니, 선천先天에서는 신해궁辛亥宮의 태양太陽이 보름달(십오일망월十五日望月)을 밝혀주나 후천后天에서는 회일晦日에 당當하는 삼십일三十日에 달을 크게 밝힌다는 것이다. 이는 선천先天의 십오일

---

65 [原註]: 此指無閏曆月政而言也

망월十五日望月이 후천后天에서는 삼십일망월三十日望月로 바뀌게 되는 변화變化를 말한 것이다. 달(月)은 해(日)를 따라 형체形體를 드러내는 것이므로 태양太陽은 신해궁辛亥宮에 그대로 있는데 망월望月이 바뀌게 되는 까닭은 선후천先后天의 체용體用이 달라지기 때문이다. 선천先天은 무극无極을 체體로 하고 태극太極을 용用하므로 태극수太極數인 일수一數를 시두始頭로 하여 역생도성逆生倒成하므로 십오일十五日이 망望이 되나, 후천后天은 체용體用이 바뀌어 십무극十无極을 용用하므로 십수十數를 시두始頭로 하여 도생역성倒生逆成하는 것이니, 월극月極인 십오일十五日에서 도생倒生하면 삼십일三十日이 십오도十五度에 당當하는지라 고故로 '대명후천삼십일大明后天三十日'이 되는 것이다. 이는 망望에 이르는 날짜를 말한 것이 아니라 도수度數를 논론論論한 것이니, 망일望日이 바뀌는 것이 아니라 망望에 이르는 육갑도수六甲度數가 달라지는 이치理致를 밝힌 것이다. '註義'에서 「도체道體를 깊이 통달通達한 사람이 아니면 누가 능能히 이 묘리妙理를 알 수 있으리요.(약비심조도체자숙능지지若非深造道體者孰能知之)」라고 하였으니, 필자筆者의 補解는 관견管見에 불과不過하므로 사학동인斯學同人들의 깊은 탐구探究와 교시敎示를 기대期待하는 바이다.

---

사 상 분 체 도　　일 백 오 십 구
三六. 四象分體度는 一百五十九니라.

---

• 사상四象으로 나누어진 분체도수分體度數는 일백오십구一百五十九이니라.

註義 四象體度<sup>사상체도</sup>는 謂无極皇極日極月極<sup>위무극황극일극월극</sup>이니 合度數爲一百五十九<sup>합도수위일백오십구</sup>

라 此<sup>차</sup>는 合下一元衍數<sup>합하일원연수</sup>로 以明上太歲成章<sup>이명상태세성장</sup>이라.

演解 坤之策一百四十有四<sup>곤지책일백사십유사</sup>에 加戊己十五數則一百五十九也<sup>가무기십오수즉일백오십구야</sup>라

戊己十五<sup>무기십오</sup>는 卽坤之本宮數故<sup>즉곤지본궁수고</sup>로 加入耳<sup>가입이</sup>라. 四象<sup>사상</sup>은 卽金木水火也<sup>즉금목수화야</sup>니

皆得此中央土而寄根布于四方故<sup>개득차중앙토이기근포우사방고</sup>로 云分體而出耳<sup>운분체이출이</sup>라.

粗解 사상四象은 천지일월天地日月이며 분체도分體度는 무극체위도수無極體位度數가 육십일六十一, 황극체위도수皇極體位度數가 삼십이三十二, 일극체위도수日極體位度數가 삼십육三十六, 월극체위도수月極體位度數가 삼십三十, 합솝이 일백오십구一百五十九이다.

句解 사상四象은 천지일월天地日月이며 분체도分體度는 무극체위도수無極體位度數가 육십일六十一이요 황극체위도수皇極體位度數가 삼십이三十二요 일극체위도수日極體位度數가 삼십육三十六이요 월극체위도수月極體位度數가 삼십三十이니 합솝이 일백오십구一百五十九라 함.

補解 일부선생一夫先生은 십오성인十五聖人의 도통道統을 계승繼承한 일호일부一乎一夫임을 밝히시고 이어서 삼극지도三極之道와 선후천지리先后天之理를 밝혀 천지일월天地日月 사상四象의 성도과정成道過程과 도수度數를 밝혔으니, 그 분체도수分體度數는 위의 '粗解'와 같다. 선천先天은 양수陽數를 용용用用하고 후천后天은 음수陰數를 용용用用하므로 곤지책坤之策

일백사십사수一百四十四數에 후천后天에서 용사用事하는 하도河圖의 중궁수십오中宮數十五를 합습하면 역시亦是 일백오십구수一百五十九數를 얻게 된다. (하문下文 일원추연수一元推衍數 참조參照)

---

일 원 추 연 수　　이 백 일 십 육
三七. 一元推衍數는 二百一十六이니라.

● 일원一元을 추리하여 늘린 수는 이백십육二百十六이니라.

［註義］ 一元推衍數는 謂六十三七十二八十一이니 合數爲二百十六
야
也라 四象一元合數爲三百六十當朞日이라.

［演解］ 乾之策數也니 四象一元之數合則 三百七十五度也라.[66]

［粗解］ 九九는 八十一, 八九는 七十二, 七九는 六十三, 합수合數 이백일십육二百一十六이니 건지책乾之策이다. (81+72+63=216)

［句解］ 구구법九九法으로 九九 八十一과 八九 七十二와 七九 六十三이면 합습이 이백십육二百十六이니 건지책乾之策이라 함. (81+72+63=216)

［補解］ 이백일십육二百一十六은 건지책수乾之策數이다. 이는 태양지수삼십

---

66 ［原註］: 一元推衍數216+四象分體度數159=375. 15尊空則 360當朞之日.

육太陽之數三十六을 육효지수六爻之數로 승승乘한 수수數이니, 구구법추연수九九法推衍數와 일치一致한다. 일원一元은 즉卽 건원乾元이며 건원지수乾元之數는 九이니, 이 구수九數를 四(사상四象)수수數로 승승乘하면 태양지수太陽之數인 삼십육三十六을 얻게 되고 또 삼십육三十六을 六(육효六爻)수수數로 승승乘하면 이백일십육수二百一十六數를 얻게 되는바, 이것이 곧 건일원乾一元의 추연수推衍數이다. 이와 같이 건원지수乾元之數는 불변不變이나 곤원지수坤元之數인 사상분체도수四象分體度數는 일백오십구一百五十九로서 곤지책수坤之策數보다 십오수十五數가 더 많은바, 이는 후천后天에서 하도십수河圖十數(십무극十无極)를 용용用用하는 고故로 중궁본체수中宮本體數 십오十五를 가산加算하기 때문이다. 건원수乾元數와 곤원수坤元數를 합합合하면 삼백칠십오도三百七十五度이나 십무극十无極과 오황극五皇極의 수數 십오十五를 존공尊空하니 삼백육십당기일三百六十當朞日이 된다.

후천    정 어 선 천        수 화
三八. 后天은 政於先天하니 水火니라.

• 후천은 선천에서 정사政事하니 수화水火니라.

후천    위 무 술 무 진      정 어 선 천 자 회 지 자 오
註義 后天은 謂戊戌戊辰이니 政於先天子會之子午니라.


월 생 어 신  후 천  이 체 성 어 인  선 천      기 제 지 상 야    차
演解 月生於申(后天) 而體成於寅(先天)하니 既濟之象也라. 此

지 정 역 괘  감 종 우 인 이 언 야    수 입 화 향    월 도 일 생 지 궁 야 고
는 指正易卦 坎終于寅而言也니 水入火鄕에 月到日生之宮也故

正易集註補解 —⋮

176

로 云水火라.

낙서후천洛書后天은 선천先天에서 정사政事하니 수화기제水火旣濟이며, 천지비괘天地否卦이다.

句解 낙서洛書 후천后天은 선천先天에서 정사政事하니 수화기제水火旣濟로서 선천先天의 천지비운天地否運이라 함.

補解 낙서구궁洛書九宮은 후천지체后天之體이나 그 용용은 선천先天에 있으므로 '후천정어선천后天政於先天'이라 한 것이다. 낙서洛書의 선천용사先天用事는 낙서하단洛書下端(북방北方)에 있는 일수一水가 역생逆生하여 남방南方으로 올라가는 정사政事이므로 이를 수입화향水入火鄕이라 하며, 괘상卦象으로는 수화기제水火旣濟이다. 수화기제水火旣濟는 일수一水가 역상逆上하여 극極에 이르는 것이니, 극즉필반極則必反이라 고故로 공성자功成者는 퇴退하여 본체本體로 환원還元하는 것이다, 다시 말하면 선천용사先天用事는 음陰(수水)이 역생逆生하여 양陽(화火)이 되는 과정過程(음변위양陰變爲陽)이며, 역상逆上하여 극極에 이르면 더 전진前進할 수 없으므로 후퇴後退하여 본체本體로 환원還元하는 것이니, 이와 같은 수화水火의 순환循環을 역생도성逆生倒成이라 한다. 이를 주역周易의 괘상卦象으로 보면 천지비괘天地否卦의 상象이니, 천지天地가 각수기위各守其位하고 불교不交하므로 천지비운天地否運이라 한다.[67]

---

67 補註: 十二月消息卦에 天地否卦는 七月節(立秋)에 該當하는 卦인바, 七月은 金火互易으로 金氣가 當權하여 萬物의 生長을 抑制하고 收斂하는 節氣이므로 先天의 生長之氣는 否塞하게 되는 것이니, 故로 天地否運이라 한다. 先天之始는 天地가 開泰하는 地天泰卦(正月節)로서 萬物이 蘇生하고 逆上하나 生長이 極에 이르면 結局은 否塞하게 되므로 先天之運을 天地否運이라 하고, 后天之運을 地天泰運이라 하는 것이다.

• 선천은 후천에서 정사政事하니 화수火水니라.

註義 　선천　위기사기해　정어후천축회지사해
先天은 謂己巳己亥니 政於後天丑會之巳亥니라.

演解 　일생어인　선천　이색쇠어신　후천　　미제지상야　차
日生於寅(先天) 而色衰於申(后天)하니 未濟之象也라. 此
는 指正易卦 離終于申而言也니 火入水鄕에 月到日生之宮也故
　운화수
로 云火水라.

粗解 하도선천河圖先天은 후천後天에서 정사政事하니 화수미제火水未濟
이며 지천태괘地天泰卦이다.

句解 하도河圖 선천先天은 후천後天에서 정사政事하니 화수미제火水未濟
로서 후천後天의 지천태운地天泰運이라 함.

補解 십수하도十數河圖는 선천지체先天之體이나 그 용用은 후천后天에 있
으므로 '선천정어후천先天政於后天'이라 한 것이다. 하도河圖의 후천용사
后天用事는 선천先天에서 역상逆上하여 극極에 도달到達한 양陽(화火)을 도
생倒生하여 본체本體인 음陰(수水)으로 환원還元시키는 정사政事이니, 이
를 화입수향火入水鄕이라 한다. 극極에 이른 양陽(화火)을 아래로 되돌려

(도생倒生하여) 음陰(수水)으로 환원還元시키는 것(양화위음陽化爲陰)이 곧 후천后天의 화수작용火水用事이니, 이를 화수미제火水未濟라 한다. 용사用事가 끝나면 종극지상終極之象이나 역易의 원리原理는 종즉유시終則有始라고故로 진극즉퇴進極則退하고 퇴극즉진退極則進하여 반복기도反復其道하는 것이니, 이와 같은 진퇴進退의 반복反復이 곧 선후천先后天의 순환循環인 것이다. 후천后天에서 극極에 도달到達한 양기陽氣를 수렴收斂하여 도생倒生하는 목적目的은 다시 선천先天을 개태開泰하는데 있으므로 이를 지천태운地天泰運이라 한다. 『주역周易』에 지천태괘地天泰卦 다음에 천지비괘天地否卦, 수화기제괘水火旣濟卦 다음에 화수미제괘火水未濟卦를 서괘序卦한 것은 모두 선천先天과 후천后天의 순환循環을 뜻하는 것이다.[68]

---

四十. 금 화 일 송
金火一頌이라.

---

• 금화金火를 첫 번째로 칭송함이라.

---

68 補註: 尖端科學時代를 살고있는 지금, 사람들은 未來에 다가올 后天에 對하여 無關心하며, 自身과는 無關한 것으로 생각하고 있다. 或者는 后天易인 正易에 對하여도 疑問을 提起하고 있는바, 그 理由는 未來易은 現在에 必要한 學問이 아니며, 또한 科學的으로 實證할 수 없다는 것이다. 一理가 있는 듯 하나 하나만 알고 둘은 모르는 所致이다. 지금의 世界는 物質文明이 極에 이르러 尖端科學은 人類를 爲한 科學이 아니라 오히려 사람 위에 君臨하여 사람을 科學에 從屬시키고 있으니, 科學文明의 弊害는 人類의 存立基盤을 威脅하고 있다. 이러한 때에 이를 自覺하고 새로운 突破口를 열지 않는다면 危機를 맞게 될 것은 必然之事이다. 宇宙自然의 法則은 極則必反이라 故로 正易에 「易은 逆也니 極則反」이라 하였다. 一夫께서는 人類가 危機에서 脫出할 수 있는 知慧를 正易上下篇에 담아 天下에 布道하시고 各自 自覺할 수 있는 契機를 賦與하셨으니, 우리는 이를 探究함으로써 새로운 思考로 새로운 價値를 創出하여 人類危機에 對處할 수 있는 知慧를 얻어야 할 것이다.

演解 蓋四順이 讓位에 四强이 得旺하며 水木이 退權에 金火來政이

　　　육 주 대 계　 풍 연　 상 운　 가 금 편 화　　호 호 태 공　 붕 운 만
로다. 六洲大界가 風烟이 相連에 駕金鞭火하고 浩浩太空에 鵬運萬

리　　 황 천　 기 비 이 재 여 인 지 시 호　　물 질 지 교　 여 시 개 명　 겸
里하니 皇天이 豈非以才與人之時乎아. 物質之巧가 如是開明에 兼

　　 행 이 성 리 륜 도　　　천 지 인 삼　 비 명　　자 연 성 용 화 극 락 지 세 의
行以性理倫道한즉 天地人三이 備明하야 自然成龍華極樂之世矣

리라. 憶彼一甲星霜之前 濛濛靑邱에 艮城夫子께서 來頭奇運을 超

연 독 오　　　 상 연 제 월 지 흉 금　　 기 무 쾌 락 이 가 송 영 음 지 재
然獨悟하시니 爽然霽月之胸襟으로 豈無快樂而歌頌詠吟之哉시리

　　 차 하 문　 다 소 찬 영 가 음 지 구 어　 개 동 연 야
오 且下文에 多少贊詠歌吟之句語가 皆同然也라.[69]

粗解 사구금四九金과 이칠화二七火에 대對하야 첫 번째로 칭송稱頌한 것
이다.

句解 사구금四九金과 이칠화二七火에 대對하야 제일장第一章에 찬양함.

補解 사구금四九金과 이칠화二七火가 서로 자리를 바꾸는 것을 금화호
역金火互易이라 한다. 금화金火가 교역交易함으로써 선천先天에서 후천后
天으로 전환轉換하는 것이니, 이는 하도낙서河圖洛書의 진리眞理로서 천
지자연天地自然의 오묘奧妙한 진리眞理이다. 선천先天과 후천后天이 순환
循環을 반복反復하는 원리原理는 일년一年의 세공歲功과 같은 것이니, 곧
춘하春夏는 선천先天이요 추동秋冬은 후천后天이다. 선천先天은 만물萬物
의 생장生長을 위주爲主로 용사用事하므로 춘생하장春生夏長하여 생기

---

69 原註: 火入金則得凝明하고 金入火則得煉淸이니 是金火相配而成功也라.

生氣(목화木火)가 왕성旺盛하나 생장지기生長之氣가 극極에 이르면 극즉반極則反이라 서방금西方金이 당권當權하여 숙살지기肅殺之氣(냉기冷氣)로서 생장生長을 멈추게 하고 성숙成熟(결실結實)하도록 작용作用하는 것이니, 이것이 곧 금화교역金火交易이다. 후천용사后天用事는 만물萬物의 수장收藏을 위주爲主하므로 가을은 만물萬物을 수렴收斂하여 결실結實을 이루게 하고 겨울은 결실結實(씨앗)을 보존축장保存蓄藏하여 다음해의 봄(선천先天)을 열게 한다. 만물萬物이 봄에 싹트고 여름에 자라는 목적目的은 열매를 맺기 위爲함이니, 아무리 잘 생장生長하여도 열매를 맺지 못한다면 그 생生의 목적目的한 바는 허사虛事가 될 것이다. 후천后天의 용사用事는 결실結實의 수확收穫에 있으니, 후천시대后天時代는 곧 결실結實의 시대時代이며, 또한 다음의 선천先天을 대비對備하는 시대時代이다. 일부一夫께서는 육십년솔성지공六十年率性之工으로 후천금화지리后天金火之理를 통관洞觀하시고 이 현묘玄妙한 진리眞理를 시가詩歌로써 송頌하였으니, 곧 금화지송金火之頌이다.

四一. (1) 聖人垂道하시니 金火明이로다.

• 성인께서 도道를 드리우시니 금화金火의 이치가 밝혀 졌도다.

註義 洪範에 云金曰從革이요 火曰炎上이라 하니 從而能聽하고 革而能變者는 金之性也라 就而必燥하고 麗而必明者는 火之性也라 蓋

오행 이변화위용이능신오행지공자 금화야 금화자 천지
五行이 以變化爲用而能神五行之功者는 金火也라 金火者는 天地
지신공야 묘용 여성인지수도이대명 차위실덕야
之神功也요 妙用은 如聖人之垂道而大明이니 此謂實德也라.


粗解 성인聖人의 수훈垂訓은 심법윤리계명心法倫理戒命 등等을 내리시어
교훈敎訓하였으니 선천先天을 밝히심이요. 수도垂道는 성리율력음율性理
律曆音律 등等을 내리시어 인도引導하시니 후천後天을 밝히신 것이다. 하도
십수河圖十數가 드리워지니 도생역성倒生逆成이라 구금이화九金二火로 되
어 금화金火의 이치理致가 밝혀진 것이다.


句解 수훈垂訓은 심법心法 윤리倫理 계명戒名 등等을 내려서 교훈敎訓하
는 것이니 선천적先天的이요. 수도垂道는 성리性理 율력律曆 음율音律 등
等을 내려 인도引導하는 것이 후천적后天的이라 하며 십수十數가 드리워
지니 도생역성倒生逆成이니 구금이화九金二火로 밝았다 함.


補解 '성인수도聖人垂道'라 함은 역리易理를 밝혀 후세後世에 드리운 성
인聖人을 이름이니, 곧 태호복희씨太昊伏羲氏 주문왕周文王 주공周公 공자
孔子를 말함이다. 복희씨伏羲氏는 천수하도天授河圖의 원리原理를 바탕으
로 자연지역自然之易을 그대로 괘도卦圖로 옮겨 선천팔괘도先天八卦圖를
획畫하여 무문괘도역無文卦圖易인 원역原易을 완성完成하였으며, 문왕文
王은 낙서구궁洛書九宮을 바탕으로 문왕팔괘도文王八卦圖와 육십사괘六
十四卦의 괘사卦辭를 연역演繹하시어 서역書易인 주역周易을 지으시고, 주
공周公은 문왕文王의 성학聖學을 이어받아 삼백팔십사효三百八十四爻의
효사爻辭를 연역演繹하여 괘효卦爻의 변화變化를 밝혀 주역周易을 완성
完成하였다. 공자孔子는 문왕文王과 주공周公의 성학聖學을 계승繼承하여

십이익지十而翼之하시고 역易의 진의眞義를 밝히시어 후세後世에 전전傳하셨다. 일부一夫께서는 성인聖人의 수도垂道를 바탕으로 하여 선성先聖께서 말씀한바 없는 십무극十无極의 원리原理와 후천금화지리后天金火之理를 밝히게 되었으므로 성인수도聖人垂道를 칭송稱頌한 것이다. 금화호역金火互易은 낙서변역지도洛書變易之道로서 낙서洛書의 상수象數에 그대로 나타나 있으니, 낙서洛書는 곧 하늘이 신귀神龜의 등에 새겨 내리신 신물神物이다. 문왕文王은 낙서구궁洛書九宮을 바탕으로 후천팔괘도后天八卦圖를 획화하시고 주역육십사괘周易六十四卦를 연역演繹하였으나 문왕文王의 팔괘도八卦圖는 복희선천괘도伏羲先天卦圖의 입용괘도入用卦圖로서 선천先天의 용用을 밝힌 괘도卦圖이며, 후천지리后天之理를 밝힌 괘도卦圖는 아니다. 그러므로 문왕文王의 후천괘도后天卦圖는 선천지후천괘도先天之后天卦圖이며, 일부선생一夫先生의 정역팔괘도正易八卦圖는 후천지후천괘도后天之后天卦圖라고 이름할 수 있다. 일부一夫께서 '금화명金火明'이라 하심은 선성先聖의 수도垂道를 바탕으로 하여 현묘玄妙한 금화지리金火之理를 밝히셨음을 말씀한 것이다.

---

장 군 운 주　　수 토 평
四一. ⑵ 將軍運籌하니 水土平이로다.

• 장군이 산算가지를 움직이니 수토水土가 평정되었도다.

　　　　　 수 토 자　　천 지 지 성 도 야　　극 첩 여 장 군 지 운 주 이 평 적　　　 차
**註義** 水土者는 天地之成度也라 克捷如將軍之運籌而平敵하니 此
위 지 평 야
謂地平也라.

粗解 오행장군五行將軍이 운주運籌하여 무토오운戊土五運을 운운運運하고 계수육수癸水六氣를 기기氣하야 십일귀체十一歸體(5+6=11)로 평정平定하는 것이 곧 운주수토평運籌水土平이다. 수토정사水土政事의 균형均衡은 수륙水陸이 평등平等하게 되는 이치理致이니 선천先天의 갑을병정무甲乙丙丁戊가 후천後天의 기경신임계己庚辛壬癸로 변변變變하는 것이 곧 장준운주將軍運籌이다.

句解 오행장군五行將軍이 운주運籌하므로 무지拇指 일一자리에서 기토己土를 쓰게 되니 무토오戊土五를 운행運行하고 계육수癸六水의 기기氣를 흥기興氣하야 십일귀체十一歸體(5+6=11)로 평정平定하는 것이 운주運籌 수토평水土平이라 하고 수토정사水土政事의 균형均衡은 수륙水陸의 평등平等되는 이치理致라 하며 선천先天의 갑을병정무甲乙丙丁戊가 후천后天의 기경신임계己庚辛壬癸로 변변變變하는 것이 곧 장군운주將軍運籌라 함.

補解 장군將軍이라 함은 오행五行의 변화작용變化作用을 말함이니, 오행五行은 상생相生과 상극相剋으로서 생生과 극剋(사死)를 주관主管하므로 장군將軍에 비유比喩한 것이다. 또한 상생相生과 상극相剋의 작용作用은 곧 음양陰陽의 변화變化를 뜻함이니, 모두 수수數의 도역倒逆에 의依하여 양진음퇴陽進陰退하는 변화變化를 반복反復하므로 이를 장군운주將軍運籌라고 한 것이다. '수토평水土平'은 십토十土 일수一水의 변화變化를 말하는 것이니, 一은 수지시數之始로서 역수逆數하여 十에 이르게 되고 十은 만극지수滿極之數로서 수지종數之終이므로 되돌려 도생倒生함으로써 다시 一로 돌아가게 되는바, 十과 一은 양극兩極으로서 곧 십무극十无極과 일태극一太極이니, 이를 십일귀체十一歸體 또는 무극이태극无極而太極이라 한다, 일수一水가 역생逆生하여 십토十土에 이르면 수변위토水變爲土하고

십토十土가 도생倒生하여 일수一水에 이르면 토화위수土化爲水하여 수토水土가 상평相平하므로 이를 '수토평水土平'이라 한 것이다. 또한 정역괘도正易卦圖에 십건천十乾天이 문왕괘도文王卦圖의 일감수一坎水자리로 내려앉아 십토十土가 일수一水를 평정平定(토극수土剋水)한 상象이므로 역시亦是 수토평水土平의 뜻이 성립成立한다. 수지도수手指度數로는 무지굴일拇指屈一(수水)을 신신伸하면 十(토土)이 되고 다시 무지拇指를 굴굴屈하면 一(수水)로 변變하므로 이를 '십일귀체十一歸體'라 하며, 수토水土가 동위同位에서 서로 평정平定하는 상象이나 이와 같은 변화變化는 다른 사지四指(식지食指·중지中指·무명지無名指·소지小指)의 운주運籌에 의依하여 이루어지는 것이므로 '장준운주수토평將軍運籌水土平'이라 한 것이다. 이는 일부一夫께서 오행五行이 운주運籌하여 수토水土가 변역變易하고 십무극十无極과 일태극一太極이 도역倒逆함으로써 선후천先后天이 순환循環하는 원리原理를 밝힌 것이다.

---

四一. (3) 農夫洗鋤하니 歲功成이로다.
농 부 세 서　　세 공 성

---

• 농부가 호미를 씻으니 한 해의 공功이 이루어 지도다.

註義 太歲者는 天地之成章也라 了役은 如農夫之洗鋤而致功이니
태 세 자　천 지 지 성 장 야　요 역　　여 농 부 지 세 서 이 치 공
此謂天成也라.
차 위 천 성 야

후천後天의 농사기구農事器具의 발달發達과 과학문명科學文明으로 인인因한 농가생활農家生活의 풍요豊饒함을 뜻한다.

후천后天의 농사기구農事器具 과학문명科學文明으로 인인因한 농가생활農家生活의 풍요豊饒함이라 함. 속에는 칠월장七月章을 내포內包함.

일년一年의 농사農事는 봄에 심고 여름에는 가꾸고 가을에는 결실結實을 수확收穫하여 저장貯藏하는 것으로 용사用事를 마무리하고 한 해의 세공歲功을 이루는 것이니, 호미를 씻는 일은 다음해를 위爲하여 농기구農器具를 닦아서 보관保管하는 것이다. 일년농사一年農事를 선후천先后天으로 나누면 봄에 심고 여름에 가꾸는 일은 선천지사先天之事이며, 가을에 결실結實을 수확收穫하고 겨울에 저장貯藏하는 일은 후천지사后天之事이다. 일부一夫께서는 정역팔괘도正易八卦圖를 획획劃畫하시고 금화지리金火之理와 후천지도后天之道를 밝히신 과정過程을 농부세서農夫洗鋤에 비유比喩하신 것이다. 그리고 호미(鋤)는 김을 매고 가꾸는 농기구農器具로서 주主로 선천지용구先天之用具이니, 후천后天에서는 쓸 일이 별로 없으므로 다음을 위爲해 잘 씻어서 보관保管하는 것으로 해석解釋할 수 있다. 이는 후천后天에서 쓸 농기구農器具(십수괘도十數卦圖)가 만들어 졌으므로 선천지용구先天之用具인 호미(서서鋤—구궁괘도九宮卦圖)는 쓰임이 끝났음을 은연중隱然中 비유比喩하여 '세서洗鋤'라고 한 것이다. 일부一夫께서는 농부農夫가 세공歲功을 이루고 기뻐하듯이 정역괘도正易卦圖를 획획劃畫하시고 후천금화지리后天金火之理를 밝힌 기쁨을 자축自祝하는 뜻이 함축含蓄되어 있다.

書工却筆하니 雷風生이로다.

• 화공이 그림을 완성하고 붓을 놓으니, 우레와 바람이 생생生生하는 도다.

**註義** 雷風者는 天地之消息也라 肯像은 如畵工之却筆而奪化하니
此謂氣成也라.

**粗解** 후천後天 금화정역도金火正易圖가 성도成圖되니 뇌풍雷風이 생생하
고 각필却筆은 십수팔괘十數八卦가 완성完成되니 다시 괘도卦圖가 나오
지 않음을 뜻한다.

**句解** 후천后天 금화정역도金火正易圖가 성도成圖하니 뇌풍雷風이 생생하
고 각필却筆은 십수팔괘十數八卦가 생생生하니 다시 괘도卦圖가 나지 않음
을 뜻함이라 함.

**補解** 일부一夫께서 십수十數 정역팔괘도正易八卦圖를 성도成圖하시니, 정
위건곤正位乾坤의 장남장녀長男長女인 육진뢰六震雷와 일손풍一巽風이 건
곤乾坤의 측위側位에서 부모父母를 보필輔弼하여 대리용정代理用政하는
후천지리后天之理를 밝히신 것이다. 이는 정역팔괘도正易八卦圖의 주괘主
괘인 오곤지五坤地 십건천十乾天을 동남우위東南隅位에 정위定位한 일손
풍一巽風과 서북우위西北隅位에 정위定位한 육진뢰六震雷가 좌우左右에서
보필輔弼하여 대리용정代理用政하는 후천后天의 용사지리用事之理이며,

화공畫工은 괘도卦圖를 그리신 일부一夫이시고 각필刻筆은 괘도卦圖의 완성完成을 뜻한다. 일부一夫께서는 정역괘도正易卦圖의 원리原理와 성도 과정成圖過程을 차례로 밝혀 시송詩頌한 것이다.

　문왕文王은 『주역周易』 하경下經에서 택산함괘澤山咸卦와 뇌풍항괘雷風 恒卦를 주괘主卦로 하여 선천先天의 후천지리后天之理를 밝혔으며, 공자孔 子는 다시 십이익지十而翼之하시어 그 뜻을 드러나게 하시고 택화혁괘澤 火革卦와 중풍손괘重風巽卦에 이르러 치력명시治歷明時와 신명행사申命行 事를 밝히셨다. 정역팔괘도正易八卦圖의 후천용사后天用事는 산택통기山 澤通氣(택산함澤山咸)와 뇌풍용정雷風用政(뇌풍항雷風恒)에 있으므로 이는 『주역周易』 하경下經의 서괘지리序卦之理와 일맥상통一脈相通하는 것이다.

---

덕 부 천 황　　　불 능 명
四一. (5) 德符天皇하니 不能名이로다.

---

● 덕이 천심天心 황심皇心과 부합하니 이름을 지을 수 없도다.

미 재　　어 사 시 야　　도 명 화 행　　지 평 천 성　　오 기 순 포
**註義** 美哉라 於斯時也에 道明化行하여 地平天成하고 五氣順布하

만 물 생 수　　　막 비 금 화 지 신 공 야　　덕 합 천 황　　불 능 명 언
여 萬物生遂하니 莫非金火之神功也라 德合天皇하니 不能 名焉은

오 송 소 이 작 야
五頌所以作也라.

**粗解** 천심天心의 무토戊土와 황심皇心의 기토己土가 한자리에서 부합符 合하니 이를 천심天心이라 할지 황심皇心이라 할지 이름을 지을 수 없다

는 것이다.

句解 천심天心의 무戊와 황심皇心의 기己가 한자리에 부합符合하니 천심天心과 황심皇心을 구별區別해서 능能히 이름을 짓지 못한다 함.

補解 금화지리金火之理와 선후천先后天이 전환轉換하는 이치理致를 밝히시고 십수十數 정역팔괘도正易八卦圖를 성도成圖하시니, 그 덕德이 천심天心(십건천十乾天─무극无極)과 황심皇心(오곤지五坤地─황심황극皇極)에 부합符合하는지라 기쁨은 한량限量없으나 이에 적합適合한 이름을 지을 수 없었다는 말씀이다. 이는 정역괘도正易卦圖가 천지지도天地之道와 부합符合하는 괘도卦圖로서 복희伏羲 문왕文王의 괘도卦圖와 지위地位를 나란히 하는 진리괘도眞理卦圖이나 이에 적합適合한 이름을 정定하기가 어려웠다는 뜻이다. 고故로 정역서문正易序文도 대역서大易序라 하시고 정역상편正易上篇을 '십오일언十五一言'이라 하신 것 역시亦是 십무극十无極 오황극五皇極 일태극一太極의 수리數理로써 이름한 것이니, 덕부천황德符天皇의 뜻을 살려 정명定名하였다고 할 수 있다. 그러나 관견管見으로는 '불능명不能名'의 참뜻은 정역팔괘도正易八卦圖가 덕부천황德符天皇하는 완벽完璧한 진리眞理이므로 한마디로 이름할 수 없을 만큼 위대偉大하다는 뜻이 함축含蓄되어 있는 듯하다.

지금 부르고있는 '정역正易'이라는 이름도 일부一夫께서 정명定名한 것인지는 분명分明하지 않으나 정역상하편正易上下篇을 살펴보면 불역정역不易正易 금화정역金火正易 정역시正易詩 역위정역역위역易爲正易易爲易 금화정역도金火正易圖 중위정역中位正易 등等 여러 곳에서 볼 수 있는바, 그 뜻은 관견管見으로는 '바르게 교역交易하는 역易' 의 뜻과 아울러 '정正'자字가 오획五劃이므로 오황극五皇極이 당권當權하는 역易, 또는 괘도卦

圖에 건곤乾坤이 호역기위互易其位하여 오곤지五坤地가 남방정위南方正位로 교역交易하여 후천后天을 주관主管하는 뜻을 함축含蓄하고 있는 듯하다.

---

四一. (6) 喜<sup>희</sup>好<sup>호</sup>一<sup>일</sup>曲<sup>곡</sup>하니 瑞<sup>서</sup>鳳<sup>봉</sup>鳴<sup>명</sup>이로다.

• 기쁘고 좋아서 한 곡曲 부르니 하늘에서 상서로운 봉鳳이 울어 화답하는 도다.

**註義** 頌<sup>송</sup>而<sup>이</sup>歌<sup>가</sup>之<sup>지</sup>하고 淸<sup>청</sup>越<sup>월</sup>且<sup>차</sup>明<sup>명</sup>하니[70] 茲<sup>자</sup>豈<sup>기</sup>非<sup>비</sup>瑞<sup>서</sup>鳳<sup>봉</sup>鳴<sup>명</sup>兮<sup>혜</sup>와 律<sup>율</sup>呂<sup>려</sup>之<sup>지</sup>調<sup>조</sup>也<sup>야</sup>리요.

**粗解** 주역周易에 「명학鳴鶴이 재음在陰이어늘 기자화지其子和之로다. 아유호작我有好爵하야 오여이미지吾與爾靡之하노라」(中孚九二) 하니 주역周易의 명학鳴鶴은 정역正易의 봉명鳳鳴이오 풍삼산이일학風三山而一鶴과 상통相通하며, 간지干支로는 육진뢰六震雷의 용구用九 자리인 유술해酉戌亥요 팔간산八艮山을 거처 십건천十乾天까지 올라가면 지상地上의 봉鳳이 하늘에서는 학鶴이 되는 상象이므로 한 곡조 서봉瑞鳳이 운다고 하니, 일곡一曲은 다름 아닌 영가詠歌요 후천오행後天五行의 찬송가讚頌歌이다.

---

70 편집자주 : 『정역대경(모필본)』은 '而歌之淸越且明'으로, 『정역주의(하상역본)』는 '頌而歌之, 淸越且明'으로 기록되어 있다.

句解 《주역周易》에 "명학鳴鶴이 재음在陰이어늘 기자화지其子和之로다. 아유호작我有好爵하야 오여이미지吾與爾靡之라"하니 《주역周易》의 명학鳴鶴은 《정역正易》의 봉명鳳鳴이요 풍삼산이일학風三山而一鶴과 상통相通하는 뜻이며, 간지干支로는 육진뢰六震雷가 용구用九 자리인 유술해자酉戌亥子요 팔간산八艮山을 거쳐 십건천十乾天까지 올라가면 닭이 하늘에서는 봉鳳이 학鶴이 되는 상상象이므로 한 곡조曲調 서봉瑞鳳이 운다 하니, 일곡一曲은 다름 아닌 영가詠歌요 후천오행后天五行 찬송가讚頌歌라 함.

補解 선생先生께서 육구지년六九之年(五十四歲)에 시견공始見工하시어 금화金火의 현묘지리玄妙之理를 통관洞觀하시고 그 기쁨을 영가무도詠歌舞蹈로서 하늘에 고告하시니 이에 감응感應하여 하늘에서 팔괘도八卦圖를 계시啓示하였다고 전전傳하는 바, 선생先生은 이 계시啓示를 받아 정역팔괘도正易八卦圖를 획화畵하시고 대역서大易序와 정역正易을 지으시게 된 것이다. 팔괘도八卦圖와 정역正易을 지으신 것이 선생先生의 공력功力만으로 된 것이 아니라 하늘의 뜻으로 완성完成된 것이므로 그 기쁨을 가송歌頌한 것이 곧 '희호일곡喜好一曲'이며, 하늘은 이에 화답和答하여 상서祥瑞로운 봉鳳이 울어 상응相應하듯 계시啓示하였다는 뜻이니, 봉명화답鳳鳴和答은 『주역周易』 건괘문언전乾卦文言傳의 '동성상응同聲相應'의 뜻이 함축含蓄되어 있다. '희호일곡喜好一曲'은 영가무도詠歌舞蹈뿐만 아니라 괘도卦圖를 완성完成하시고 후천지리后天之理를 밝히는 기쁨을 가송歌頌한 금화송金火頌의 뜻도 함축含蓄되어 있는 일곡一曲이라 하겠다. 선생先生의 전기傳記를 보면 괘도卦圖를 성도成圖하신 후後에도 삼년三年동안 정역괘도正易卦圖가 안전眼前에 나타나 보였다고 하므로 이를 봉명화답鳳鳴和答에 비유比喩하여 '서봉명瑞鳳鳴'이라 하신 듯하다.

四一. (7) 瑞鳳鳴兮여 律呂聲이로다.

• 상서로운 봉황鳳이 울음이여 율려律呂의 소리로다.

<sub>개 금 화 유 오 송 이 협 율 려    이 비 봉 명 유 오 성 이 협 율 려 야</sub>
**註義** 蓋金火有五頌而叶律呂하니 以比鳳鳴有五聲而叶律呂也라.

**粗解** 서경書經에 순순임금께서 음악音樂을 반주伴奏하시니 봉황鳳凰이 와서 춤을 추었다는 고사故事가 기록記錄되어 있는바, 소소구성簫韶九成에 봉황鳳凰이 내의來儀라 하였으니 율려律呂는 양율음려陽律陰呂로 되어 십이율려十二律呂이니 一三五七九는 십일월十一月의 율월律月이요 二四六八十은 십이월十二月의 여월呂月이다.

**句解** 《서경書經》에 순순임금께서 음악音樂을 반주伴奏하시니 봉황鳳凰이 와서 춤을 추었다는 고사故事이니 소소구성簫韶九成에 봉황鳳凰이 내의來儀라 하였으며 율려律呂는 양율陽律과 음려陰呂로 되었고 십이율려十二律呂라 하니 一 三 五 七 九 십일월十一月은 율월律月이요 二 四 六 八 十 십이월十二月은 여월呂月이라 함.

**補解** 선성先聖의 도통道統을 이어서 현묘玄妙한 금화지리金火之理를 통관洞觀하시고 정역괘도正易卦圖와 정역正易의 원리原理를 가송歌頌으로써 밝힌 것이다. 그러나 이와 같은 성업聖業은 일부선생자신一夫先生自身의 공력功力만으로 된 것이 아니라 선성先聖의 수도垂道와 하늘의 계시啓

示에 의依한 것이므로 덕부천황德符天皇하는 진리眞理임을 아울러 밝히
셨다. 고故로 '희호일곡서봉명喜好一曲瑞鳳鳴 서봉명혜율려성瑞鳳鳴兮律呂
聲'이라 하시어 봉황鳳凰의 울음소리가 율려律呂의 음율音律과 부합符合
하듯이 선생先生의 금화송金火頌은 율려지리律呂之理와 조화調和를 이루
는 천지음양지원리天地陰陽之正理임을 서봉내의瑞鳳來儀의 고사故事를 인
용引用하여 밝히신 것이다.

[演解] 一頌中에 云水土平과 歲功成 雷風生之三節句는 皆引喩金
火成道之奇運而歌頌也.[71] 天地之化權이 在於金火故로 二頌云理
金火之互位며 經天地之化權이라. 天地도 非金火相制之化權이면
不能成萬物之事功이시리라.

[補解] 제일송第一頌은 금화송金火頌의 서장序章으로서 선생先生은 선성先
聖의 수도垂道를 계승繼承하여 육십년六十年 솔성지공率性之工으로 금화
지묘리金火之妙理를 밝히시고 하늘의 계시啓示가 있어 정역팔괘도正易八
卦圖를 완성完成하신 기쁨을 가송歌頌한 것이다. 결구結句의 희호일곡喜
好一曲 봉명율려鳳鳴律呂는 하늘의 감응感應을 송축頌祝하고 찬미讚美하
는 뜻이 함축含蓄되어 있다.

---

71 [原註]: 金火之運이 始於坤而成於日也.

四二. 金火二頌이라
금 화 이 송

• 금화金火를 두 번째로 칭송함이라.

粗解 사구금四九金과 이칠화二七火를 두 번째 칭송稱頌한 것이다.

句解 사구금四九金과 이칠화二七火의 교역交易하는 이치理致를 제이장第
二章에서 칭송稱頌함.

四三.(1) 吾皇大道當天心하니
오 황 대 도 당 천 심

• 우리 오황극五皇極의 큰 진리가 천심天心에 당當하니,

註義 當天心은 謂誠之復也라.
당 천 심    위 성 지 복 야

粗解 오황대도吾皇大道는 무기토戊己土의 천심天心과 황심皇心을 뜻하니
금화일송金火一頌에서 덕부천황德符天皇이라고 한 기己와 무戊가 한자리
에서 지십위천地十爲天 천오위지天五爲地가 됨을 뜻하는 것이다. 기월起月
은 무지拇指에서 갑을병정무甲乙丙丁戊로 나가는 것은 천심天心이요 오육
五六자리는 황중皇中의 자리가 되고 황심皇心은 十자리를 말한다.

句解 오황대도吾皇大道는 무기토戊己土의 천심天心과 황심皇心을 뜻하니 금화일송金火一頌에 덕부천황德符天皇이라는 기己와 무戊가 한자리에서 지십위천地十爲天 천오지天五地가 되는 것을 뜻함이요. 기월起月은 갑을병정무甲乙丙丁戊로 나가는 것은 천심天心이요 오육五六자리는 황중皇中자리가 되고 황심皇心은 十자리라 함.

補解 정역괘도正易卦圖의 주괘主卦인 오곤지五坤地가 하늘의 중심中心인 남방주궁南方主宮에 정위正位하는 원리原理를 밝힌 것이다. 이는 선천先天의 천심天心(건천乾天)은 체體가 되어 가라앉고 후천后天의 황극皇極(곤坤)이 솟아올라 용사用事함을 뜻하는 바, 복희선천괘도伏羲先天卦圖는 건상곤하乾上坤下이나 후천后天의 정역괘도正易卦圖는 곤상건하坤上乾下로서 십건천十乾天은 아래로 내려가고 오곤지五坤地가 위로 올라와서 천심天心에 당위當位하여 후천后天의 주主가 됨을 말함이다. 이를 하도낙서河圖洛書의 수리數理로 살펴보면 하도중궁河圖中宮의 오수五數(오황극五皇極)는 십수十數의 안에 갇히어 보호保護를 받는 유치幼稚한 상象이나 낙서洛書에 이르러서는 하도중궁河圖中宮에서 튀어나와 낙서중궁洛書中宮에 당위當位하고 선천용사先天用事(역생도성逆生倒成)를 중위中位에서 조절調節하며, 후천后天에서는 다시 솟아올라 남방정위南方正位에 이르러 천심天心에 당위當位하니 곧 후천后天의 주괘主卦인 오곤지五坤地로서 '당천심當天心'이 되는 것이다. 선천先天은 천존지비天尊地卑로서 일건천一乾天이 만물萬物의 생장生長을 주재主宰하였으나 후천后天에서는 건천乾天은 북방北方으로 퇴위退位하고 오황극五皇極이 남방정위南方正位(천심天心)에 당권當權하여 만물萬物을 수렴收斂하고 축장蓄藏하는 후천용사后天用事를 통섭統攝한다. 그러므로 정역팔괘도正易八卦圖는 천심天心에 당위當位하는 오곤궁五坤宮을 주主로 하여 설위設位된 것이니, 이러한 이치理致를 '오황

대도당천심오황大道當天心'이라 한 것이다.

---

四三. (2) 氣東北而固守하고
　　　　　기 동 북 이 고 수

• 기氣(수목水木)는 동북의 제자리를 굳게 지키고,

註義 東北은 陽方이라 陽主常故로 固守하느니라.
　　　동북　　양방　　　양주상고　고수

粗解 일육一六 삼팔三八은 동북東北에서 변동變動없음을 뜻한다. 기氣는 일이삼사오一二三四五와 같이 선천先天의 생장과정生長過程이요 리理는 십구팔칠육十九八七六으로 성숙과정成熟過程이다.

句解 일육一六 삼팔三八은 동북東北에서 변동變動없이 고수固守함이니 기氣는 一 二 三 四 五로 역생逆生하는 선천先天의 생장과정生長過程이요 리理는 十 九 八 七 六으로 도생倒生하는 성숙과정成熟過程이라 함.

補解 전문前文에 이어서 정역괘도正易卦圖의 동북지괘東北之卦를 논론論한 것이다. 하도河圖의 북방일육수北方一六水와 동방삼팔목東方三八木의 생기生氣는 금화金火가 호역互易하는 후천后天에서도 그대로 변變함 없이 동북지위東北之位를 고수固守하고 있음을 말함이니, 곧 정역팔괘도正易八卦圖에 사감수四坎水는 동북간방東北間方에, 육진목六震木은 서북간방西北間方에 위위位하는 이치理致를 밝힌 것이다. 다만 선천先天에서는 정위正

位에서 용사用事하였으나 후천后天에서는 간방우위間方隅位로 옮겼을 따름이다. 후천后天의 용사用事는 결실結實의 성숙成熟에 있으므로 생장지기生長之氣는 내재잠복內在潛伏하여 다음해 봄을 기다려야 하는 것이니, 정역괘도正易卦圖에 북北과 동東의 간방間方에 정위定位한 것은 겨울동안 잠복潛伏하면서 봄을 기다리는 이치理致를 그대로 시현示顯한 것이다. 후천后天에서의 생장지기生長之氣는 결실結實한 씨앗 속에 내재잠복內在潛伏하고 있으므로 개개箇箇의 씨앗에는 모두 음양오행지리陰陽五行之理와 생장지기生長之氣를 갖추고 있으니, 주자朱子가 『어류語類』에서 「금목수화토金木水火土 수왈오행雖曰五行 각일기성各一其性 연일물우각구오행지리然一物又各具五行之理 불가부지不可不知」라 함이 바로 이를 말한 것이다.

리 서 남 이 교 통
四三. (3) 理西南而交通이라.

• 금화교역의 리理는 서로 사귀어 통하는지라,

서 남    음 방    음 주 변 고    교 통
註義 西南은 陰方이라 陰主變故로 交通이라.

粗解 사구금四九金과 이칠화二七火가 서남西南에서 교통交通함으로써 하도河圖로 복귀復歸하는 것이니 금화교역金火交易의 이치理致이다.

句解 사구금四九金과 이칠화二七火가 서남西南에서 교통交通함으로 하도

河圖로 복귀復歸하는 것이니 금화교역金火交易하는 이치理致라 함.

補解 전문前文에 이어서 정역괘도正易卦圖의 금화교역지리金火交易之理를 논론論한 것이다. 선천先天의 용사用事가 끝나면서 남방칠화南方七火와 서방구금西方九金이 서로 자리를 바꾸니 이른바 금화호역金火互易이며, 금화金火가 교역交易함으로써 선천先天에서 후천后天으로 전환轉換하여 십수하도十數河圖가 용사用事하게 되는 이치理致를 밝힌 것이다. '리서남理西南'은 곧 선천화금先天火金이 후천금화后天金火로 바뀌는 이치理致를 말함이고, '교통交通'은 서로 자리를 바꾸는 교역交易을 말하는 것이다. 기동북氣東北은 만물萬物이 생장生長하는 생기生氣를 말함이고 리서남理西南은 생장生長한 만물萬物의 결실結實이 성숙成熟하도록 다스리는 원리原理를 말함이니, 이를 일년농사一年農事에 비유比喻하면 춘생하장春生夏長은 선천先天의 생장과정生長過程이요 추수동장秋收冬藏은 후천后天의 성숙수장과정成熟收藏過程이라고 할 수 있다. 만물萬物이 생장生長만 하고 결실結實의 성숙成熟이 없다면 만물萬物은 존재存在할 수 없는 것이므로 반드시 결실結實과 성숙成熟을 이루게 하는 원리原理가 있어야 하는 것이니, 이 원리原理가 바로 금화교역지리金火交易之理이다. 금화金火의 교통交通은 만물萬物의 생장生長을 멈추게 하고 결실結實을 이루게 하는 작용作用이니, 곧 서방西方의 금기金氣(한기寒氣)가 남방南方으로 오고, 남방南方의 화기火氣(서기暑氣)는 서방西方으로 내려가는 계절季節의 바뀜을 뜻하는 것이다. 『주역周易』 계사상전繫辭上傳(第五章)에 「한왕즉서래寒往則暑來하고 서왕즉한래暑往則寒來하야 한서상추이세성언寒暑相推而歲成焉」이라 하였는바, 이는 한서寒暑가 호역互易하며 순환循環하는 원리原理로서 곧 선후천先后天의 순환원리循環原理를 밝힌 것이니, 일일一日의 소순환小循環으로부터 우주宇宙의 대순환大循環에 이르기까지 그 순환원리

循環原理는 동일同一한 것이다. 그러므로 후천지리后天之理는 경험經驗하지 못한 미래未來의 원리原理가 아니라 일상日常 경험經驗하고 있는 현시現時의 원리原理인 것이다. 고故로 역易은 쉽고 간단簡單한 일에서 천지만물지리天地萬物之理를 체득體得할 수 있는 이간지도易簡之道이니,『주역周易』계사상전繫辭上傳(第一章)에「이간이천하지리득의易簡而天下之理得矣니 천하지리득이성위호기중의天下之理得而成位乎其中矣니라」라고 함이 바로 이간지도易簡之道를 말한 것이다.

---

경 금 구 이 기 영
四三.(4) 庚金九而氣盈이오

---

• 경금庚金은 九이니 기운氣運이 차 있음이요,

기 리 즉 금 수 영 이 화 수 허 고 야
[註義] 其理則金數盈而火數虛故也라.

[粗解] 경庚은 구금九金이 사금四金으로 됨을 말함이니 서방西方의 사구금四九金이로되 금화교역金火交易으로 인因하야 남방南方에 기기氣가 충만充滿하게 됨을 말함이다. 달의 형상形象을 말할 때는 수영기허數盈氣虛라 하고 화금火金에서 금화金火로 변變할 때는 기영수허氣盈數虛라 한다.

[句解] 경庚은 선천先天의 구금九金이 후천后天의 사금四金으로 됨을 말하고 서방西方의 사구금四九金이로되 금화교역金火交易으로 인因하야 남방南方에 기기氣가 찼음을 말함이니 화금火金에서 금화金火로 변할 때는 기영

수허氣盈數虛라 하고 달의 형상形象을 말할 때는 수영기허數盈氣虛라 함.

補解 금화金火가 역위易位하여 남방南方으로 옮긴 구금九金은 서방금기西方金氣가 충만充滿하므로 이를 기영氣盈이라 한다. 금화호역金火互易은 금金이 남방정위南方正位로 역위易位하여 당권當權하는 것이니, 낙서洛書를 보면 서방구금西方九金이 남방정위南方正位에서 천하天下를 호령號令하는 상象이라 이것이 곧 한래서왕寒來暑往하여 하추상선夏秋相禪하는 자연지리自然之理이다. 정역괘도正易卦圖를 보면 구리화九離火는 서남간방西南間方에 위位하여 구금九金이 이화離火를 용用하는 상象이며, 사감수四坎水는 동북간위東北間位에서 구금九金과 대대待對하고 사금四金이 감수坎水를 용用하는 상象이니, 이는 금화호역金火互易으로 서방사구금西方四九金이 수화지기水火之氣를 조절調節하여 만물萬物의 성숙成熟을 주재主宰하는 것이므로 이를 '기영氣盈'이라 한 것이다. 또한 구금용사九金用事로 만물萬物은 결실結實을 이루며, 그 결실結實에는 생기生氣가 충만充滿하므로 역시亦是 기영지상氣盈之象이다.

---

정 화 칠 이 수 허
四三. (5) 丁火七而數虛로다.

---

• 정화丁火는 七이니 수數가 비어 있도다.

粗解 남방이칠화南方二七火가 서방西方으로 교역交易하는 이치理致로서 수數가 허虛하다는 것은 정화칠丁火七이 수數가 허虛하여 정화이丁火二로

되니 허虛하다는 것이다.

句解 남방南方 이칠화二七火가 서방西方으로 교역交易하는 이치理致로서 수數가 허虛하다는 것은 정화칠丁火七이 정이화丁二火로 변하야 후천后天에 이화二火가 되니 수數가 허虛한 것이라 함.

補解 '粗解'의 해석解釋은 금화호역金火互易으로 남방南方에서 서방西方으로 옮긴 칠화七火는 수數가 허虛하여 정이화丁二火로 된다는 것이나 필자筆者의 관견管見으로는 정화칠丁火七이 정화이丁火二로 된다는 것은 해석解釋이 미진未盡한 듯 하다.

금화호역金火互易으로 남방南方에서 맹열猛烈하게 팽창膨脹하였던 화기火氣가 서방西方으로 내려가니 일락서산지상日落西山之象이므로 기세氣勢가 위축萎縮되는 것은 자연自然의 원리原理이다. 그러나 기허氣虛와 수허數虛는 다른 것이니, 본문本文에 '수허數虛'라고 한 것은 정역괘도正易卦圖의 수數를 말한 것이다. 정역팔괘正易八卦를 살펴보면 구리화九離火는 서남우위西南隅位에 있으나 화火의 원수原數인 二七은 괘위卦位에서 물러나 이천二天 칠지七地로 퇴위退位하였으니, 괘도卦圖의 이화離火는 본수本數가 없는 화火이므로 '수허數虛'라고 한 것이다. 역易의 상수지리象數之理는 유상유수有象有數하고 무수무상無數無象이니, 정역괘도正易卦圖에 칠화지수七火之數는 오곤지五坤地의 하下에 위위位하여 태양太陽이 서방西方에서 지하地下로 내려간 모습을 감춘 상象이고, 이화지수二火之數만이 십건천十乾天위에 남아 있는 상象이므로 이것이 곧 수허數虛이다, 고故로 일부一夫께서는 금화교역金火交易으로 이칠화수二七火數가 괘위卦位에서 퇴위退位하여 화수火數가 비었으므로 이를 수허數虛라고 한 것이다.

• 금화金火가 서로 자리를 같이하도록 다스려서,

**註義** 금화호위 천지화권 대행 풍운 자동어거천하지
金火互位는 天地化權의 大行이요 風雲은 自動於擧天下之
상수 묘만물이합만용 가견의
象數이니 妙萬物而合萬用을 可見矣라.


**粗解** 금화金火가 교역交易하는 위치位置를 다스림이니 금화金火가 호위
互位한다는 것은 구이착종九二錯綜자리에서 금金과 화火가 서로 자리함
을 말한다.


**句解** 금화金火가 교역交易하는 위치位置를 다스림이니 금화호위金火互位
한다는 것은 구이착종九二錯綜자리에서 금金과 화火가 서로 같이 위치位
置함이라 함.


**補解** 남방이칠화南方二七火와 서방사구금西方四九金 중中에서 자리를 바
꾸는 것은 구금칠화九金七火이니, 남방南方에는 구금九金과 이화二火가
동위同位하고 서방西方에는 칠화七火와 사금四金이 동궁同宮하여 후천后
天을 다스리므로 곧 '리금화지호위理金火之互位'이다. 정역괘도正易卦圖에
는 문왕괘文王卦의 이곤지二坤地자리에 구리화九離火가 위위하니 구이착
종九二錯綜을 뜻하며, 또한 구리화九離火는 구수지화九數之火이니 이는
구금九金이 용用하는 이화離火가 동궁同宮하는 것이므로 곧 금화지호위

金火之互位이다. 이와 같이 금화金火의 교역交易과 호위互位를 다스리는 현묘玄妙한 후천지리后天之理를 일부一夫께서는 괘도卦圖와 금화송金火頌으로써 밝힌 것이다. 수지도수手指度數로는 제이지第二指(식지食指)를 굴신屈伸하면 이화二火·구금九金이 동위同位하고, 제사지第四指(무명지無名指)를 굴신屈伸하면 사금四金·칠화七火가 동궁同宮하니, 이것이 곧 금화착종金火錯綜이며 금화호위金火互位를 상수象數로 나타내는 것이다.

---

경 천 지 지 화 권
**四三. (7) 經天地之化權**이라.

---

• 천지의 화권化權을 경영하는 것이니라.

[粗解] 천지天地를 변화變化하는 권능權能이니 곧 용구用九 용육用六을 행行하는 것이다.

[句解] 천지변화天地變化하는 권능權能을 용구用九 용육用六을 행行한다 함.

[補解] 동북양방東北陽方은 주생主生하니 수목水木이 용사用事하고, 서남음방西南陰方은 주변主變하니 화금火金이 용사用事한다. 리서남이교통理西南而交通하여 금화金火가 호역互易하니, 천지만물天地萬物의 변화變化를 주재主宰하는 권능權能이 금화金火에 있음을 말한 것이다. 만물萬物이 생장生長하는 목적目的은 결실結實에 있고, 결실結實은 성숙成熟함으로써

그 목적目的을 이루는 것이니, 만물萬物의 생장生長을 멈추게 하고 결실結實을 촉진促進하는 것은 금金의 권능權能이요, 결실結實을 성숙成熟하도록 조화調和하는 것은 화火의 권능權能이므로 '리금화지호위理金火之互位 경천지지화권經天地之化權'이라 한 것이다. 선천先天은 생生을 주主하므로 음변위양陰變爲陽하는 수목용사水木用事이며, 후천后天은 화化를 주主하므로 양화위음陽化爲陰하는 금화용사金火用事이니, '화권化權'은 생장生長한 만물萬物을 인화引化하여 본체本體로 되돌리는 권능權能을 말함이다. 만물萬物을 본체本體로 환원還元시키는 목적目的은 다시 생생生生하도록 하기 위爲함이니, 이는 생명生命의 순환循環을 뜻하는 것으로 『주역周易』 계사상전繫辭上傳(第五章)에 「생생지위역生生之謂易」이라 함이 바로 생명生命의 순환循環이 무궁無窮함을 말한 것이다. 십수정역괘도十數正易卦圖에는 천지변화天地變化의 상수象數와 후천后天의 금화호역지리金火互易之理를 모두 담고 있으므로 일부一夫께서는 괘도卦圖의 괘위卦位 괘리卦理 괘기卦氣 괘상卦象 괘수卦數를 차례로 송頌하시어 밝힌 것이다.

---

### 四三. (8) 風雲動於數象이오
풍 운 동 어 수 상

---

• 구름과 바람은 수數와 상象에 의하여 움직이고,

粗解 풍운조화風雲造化는 수數와 상象에서 일어나는 것이니 일손풍一巽風은 수數요 사감수四坎水는 상象이다. 수지手指로는 무명지無名指자리에 풍운風雲이 닿게되니 일손풍一巽風 이천二天 삼태택三兌澤 사감수四坎水

를 합슴하면 十이 되므로 상象이라 한 것이다.

풍운조화風雲造化는 수數와 상象에서 변동變動하는 것이니 일손풍一巽風은 수數라 하고 사감수四坎水(운雲)는 상象이라 말함이니 무명지無名指자리에서 풍운風雲이 닿으므로 일손풍一巽風 이천二天 삼태택三兌澤 사감수四坎水를 합슴치면 십수상十數象이라 함.

정역팔괘도正易八卦圖의 간방괘間方卦를 논론論한 것이다. 풍운조화風雲造化는 수數와 상象으로써 동동動한다 함은 정역괘도正易卦圖의 양방陽方인 동남간방東南間方에 위위位한 일손풍一巽風과 동북간방東北間方에 위위位한 사감수四坎水의 용사用事를 말함이니, 괘상卦象으로 보면 일손풍一巽風과 사감수四坎水가 합덕合德하면 풍수환괘風水渙卦가 되므로 역시亦是는 풍운風雲이 동동動하는 상象이며, 또한 괘도卦圖의 양방陽方은 선천先天을 뜻하므로 선천先天의 말기末期에는 풍수風水가 크게 동동動하여 만물萬物이 흩어지게 될 것임을 예견豫見하시고 그 조짐兆朕을 미리 밝히신 듯하다. 그리고 수상數象이라 함은 선천先天의 역생도성逆生倒成을 말함이니, 一에서 九까지는 수數이고 만수滿數인 十은 하나의 상象이 형성形成되므로 수數가 아니라 상象이 되는 것이다. 이해理解를 돕기 위위爲하여 초목草木의 생성生成을 예례例로 하면, 하나의 씨앗(象)에서 싹(一)이 터서 구수九數까지 거슬러 생장生長하는 것은 수數이나 종국終局에는 十에 이르러 본체本體인 씨앗(象)으로 환원還元하게 되는 것이니, 일수一數의 시始는 十(상象)을 뿌리로 하여 역생逆生하므로 十과 一은 불가분不可分의 일체一體이다. 이는 십일귀체十一歸體하는 선후천先后天의 이치理致를 말한 것이니, 일손풍一巽風 사감수四坎水는 수數이나 一에서 四까지의 수數(一二三四)를 합슴하면 十(상象)이 되므로 양방선천지리陽方先天之理를 수

상수상數象이라 한 것이다.

• 노래와 풍악은 무武와 문文에 빛나는 도다.

[粗解] 무武는 육진뢰六震雷요 문文은 구리화九離火이니 용구用九하는 자리에서 무문武文이 빛남을 말한 것이다. 무공武功을 먼저하고 문덕文德이 뒤따르는 까닭에 무문武文이라 한 것이다.

[句解] 무武는 육진뢰六震雷요 문文은 구리화九離火로서 용구用九자리에서 무문武文이 빛내는 것이라 함.

[補解] 역시亦是 정역팔괘도正易八卦圖의 간방괘間方卦를 논론論한 것이다. 가악歌樂은 무문武文에서 빛난다고 함은 정역괘도正易卦圖의 음방陰方인 서북간방西北間方에 위위位한 육진뢰六震雷와 서남간방西南間方에 위위位한 구리화九離火의 용사用事를 말함이니, 무武는 육진뢰六震雷요 문文은 구리화九離火이다. 선천양방先天陽方의 괘괘卦는 풍운동風雲動이라 하고, 후천음방后天陰方의 괘괘卦는 가악歌樂이 빛난다고 하였으니, 그 까닭은 후천后天의 용사用事는 결실結實의 수확收穫에 있으므로 육진뢰六震雷와 구리화九離火가 합덕合德하여 뇌화풍괘雷火豊卦를 이루니 풍년豊年을 구가謳歌하는 노래와 풍악風樂의 뜻이 나오며, 육진뢰六震雷는 서북간방西北間方

에 위位하므로 북방현무지상北方玄武之象이라 고故로 무武가 되고, 구리화九離火는 서남간방西南間方에 위位하여 남방광명지상南方光明之象이라 고故로 문文이 된다. 천하대업天下大業은 유공연후有功然後에 유문덕有文德이라 고故로 무공武功를 먼저하고 문덕文德을 뒤로하여 무문武文이라 한 것이다. 이는 음방陰方의 후천지리后天之理를 밝힌 것이니, 후천后天의 용사用事는 낡은 것은 보내고 새것(結實)을 수장收藏하는 송구영신送舊迎新에 있는 것이니, 무공武功는 낡은 것을 숙살肅殺하여 보내는 것이고, 문악文樂은 새것을 맞이하는 기쁨을 뜻하므로 후천용사后天用事의 선무공先武功 후문악後文樂의 뜻이 성립成立한다.

四三. (10) 喜黃河之一淸이여[72] 好一夫之壯觀이라.
(희 황 하 지 일 청)　(호 일 부 지 장 관)

- 기쁘다 황하의 물이 한번 맑아짐이여, 좋다 일부一夫가 장관壯觀하노라.

粗解 성인聖人이 나게되면 황하黃河의 흐린 물이 삼년三年동안 맑아진다는 말이 있으니 고금천지古今天地에서 전무후무前無後無한 일부一夫의 장관壯觀이라고 찬탄讚嘆한 것이다. 수지手指로는 십건오곤十乾五坤의 정위正位에서 좌우左右로 육진뢰六震雷 일손풍一巽風이 보필輔弼하니 뇌천대장雷天大壯과 풍지관風地觀이 됨을 뜻한다.

句解 성인聖人이 나시게 되면 황하수黃河水 탁濁한 물이 맑게 된다 함이

---

72 편집자주 : 『정역대경(모필본)』은 '十淸', 『정역주의(하상역본)』는 '一淸十淸', 『정역(돈암서원본)』은 '一淸'으로 기록되어 있다.

니 고금천지古今天地에서 전무후무前無後無한 일부一夫의 장관壯觀이란 말씀이요 수지手指로는 십건천十乾天과 오곤지五坤地인 중앙위치中央位置에서 좌우左右로 육진뢰六震雷 일손풍一巽風이니 뇌천대장雷天大壯이며 풍지관風地觀을 표현表現한 것이라 함.

補解 정역팔괘도正易八卦圖의 오곤지五坤地 십건천十乾天의 남북정위南北定位와 뇌풍용정雷風用政의 장관壯觀을 논론論論한 것이다. 성인聖人이 나게되면 황하黃河의 물이 맑아진다고 하였으니, 후천后天이 열리면 반드시 일부정역一夫正易을 계승繼承하여 후천시대后天時代를 교화敎化할 성인聖人이 나올 것이므로 이를 괘도卦圖로써 밝힌 것이니, 일부一夫께서는 미래未來의 후천后天을 내다보시고 후천성인后天聖人에 의依해 크게 떨치게 될 정역시대正易時代의 장관壯觀이 괘도卦圖를 펼치면 그대로 나타나므로 이를 감탄感歎한 것이다. '호일부지장관好一夫之壯觀'은 일부一夫께서 직접直接 후천后天의 장관壯觀을 보신다는 뜻이 아니라 괘도卦圖에 전개展開되는 장관壯觀을 보신다는 뜻이다. 이는 정역괘도正易卦圖에 그대로 나타나 있으니, 육진뢰六震雷가 십건천十乾天을 보필輔弼하여 뇌천대장괘雷天大壯卦를 이루고 일손풍一巽風이 오곤지五坤地를 보필輔弼하여 풍지관괘風地觀卦를 이루게 되므로 대장괘大壯卦와 관괘觀卦가 합덕合德하여 후천시대后天時代의 일대장관一大壯觀을 펼치게 되는지라 이 장관壯觀을 관망觀望하는 뜻이 함축含蓄되어 있는 것이다.[73]

73 補註: 風地觀卦는 地澤臨卦가 倒顚된 卦인바, 臨卦는 十二月에 該當하는 卦로서 先天을 開泰하는 卦이며, 觀卦는 臨卦가 倒顚한 卦로서 臨卦와는 反對이므로 后天을 열어주는 뜻이 있으니, 觀卦象傳에 「觀天之神道而四時不忒하니 聖人이 以神道設敎而天下服矣니라」라고 하였다. 一夫께서 啓示를 받아 晝卦한 正易八卦圖는 天地循環之理와 如合符節하게 一致하는 絶對眞理이므로 正易卦圖의 硏究를 通하여 眞理를 確認할 수 있을 것이다. 正易上下篇의 一言一句는 모두 奧妙한 后天金火之理를 밝힌 것이나, 或은 理氣로서 或은 卦位로서 或은 象과 數로서 或은 相對的인 原理로서 多樣하게 말씀하시고 或은 直喩하고 或은 隱喩하여 깊은 뜻을 含蓄하고 있으므로, 먼저 卦圖를 探究하여 眞義를 體得하는 것

• 삼산을 풍동하는 하나의 학鶴이요 삼벽三碧을 교화하는 하나의 황새
(觀–鶴)이니라.

<u>註義</u> 一淸十淸三山一鶴三碧一觀은[74] 皆一夫夫子之門徒而優游
涵泳於此하여 共觀先生之壯觀을 喜而好之하고 風而化之하니라.

<u>粗解</u> 삼산三山을 풍동風動하는 한 마리 백학白鶴이 날아오고, 삼벽三碧
을 교화敎化하는 한 마리 대관大觀(관鶴)이 보인다는 것이니 간태합덕艮
兌合德을 상징象徵한다. 수지手指로는 삼산三山은 팔간산八艮山이요 삼벽
三碧은 삼태택三兌澤으로서 용구用九자리에서 육진뢰六震雷 칠지七地 팔
간산八艮山하니 진변위간震變爲艮이요 용육用六자리에서 일손풍一巽風
이천二天 삼태택三兌澤하니 손변위태巽變爲兌가 되는 것이다. 삼산三山은
육진뢰六震雷 칠지七地 팔간산八艮山을 풍자諷刺한 백학白鶴이 되고 삼벽
三碧은 일손풍一巽風 이천二天 삼태택三兌澤을 화化하는 하나의 황새가
되는 것이다.

<u>句解</u> 삼산三山을 풍동風動하는 한 마리 백학白鶴이 날아오고, 삼벽三碧
을 교화敎化하는 한 마리 대관大觀이 보인다는 것이니 간태합덕艮兌合德

---

이 正易理解의 捷徑이라고 생각한다.
**74** 편집자주 : 『정역대경(모필본)』은 '十淸', 『정역주의(하상역본)』는 '一淸十淸'으로 기록
되어 있다.

을 상징象徵함이니 삼산三山은 팔간산八艮山이며 삼벽三碧은 삼태택三兌澤으로서 용구用九자리에서 육진뢰六震雷 칠지七地 팔간산八艮山하니 진변위간震變爲艮이요 용육用六자리에서 일손풍一巽風 이천二天 삼태택三兌澤하니 손변위태巽變爲兌가 되는 것으로 삼산三山은 육진뢰六震雷 칠지七地 팔간산八艮山을 풍자한 백학白鶴이 되고 삼벽三碧은 일손풍一巽風 이천二天 삼태택三兌澤을 교화敎化하는 하나의 황새라 함.

補解 정역팔괘도正易八卦圖의 용괘用卦인 팔간산八艮山 삼태택三兌澤이 서로 배합配合하여 산택山澤이 통기通氣하는 이치理致를 논論한 것이다. '풍삼산이일학風三山而一鶴'의 풍風은 오곤지五坤地를 보필輔弼하여 용정用政하는 일손풍一巽風이고 삼산三山은 동방정위東方正位의 팔간산八艮山이니, 곧 동방東方의 간성艮城으로서 일부선생一夫先生의 탄생지誕生地를 말함이다. 팔간산八艮山을 삼산三山이라 한 것은 고래古來로 봉래蓬萊 방장方丈 영주瀛州를 삼신산三神山이라 하였으니 곧 동방간역東方艮域을 지칭指稱한 것이며, 일학一鶴은 십오성인十五聖人의 도통道統을 이어서 후천지리后天之理를 밝히신 일부선생一夫先生 자신自身을 말함이다. 삼산三山을 풍동風動하는 일손풍一巽風은 팔간산八艮山과 통기通氣하는 삼태택三兌澤과 합덕合德하여 풍택중부괘風澤中孚卦를 이루는바, 중부괘中孚卦의 괘상卦象은 닭(鷄–酉)이 알을 품고있는 상象으로서 그 구이효사九二爻辭에 「명학재음鳴鶴在陰이어늘 기자화지其子和之로다 아유호작我有好爵하야 오여이미지吾與爾靡之하노라」 라고 하였고 공자孔子는 상전象傳에서 「기자화지其子和之는 중심원야中心願也라」 라고 하였다. 이는 포란抱卵에서 계승자繼承者가 태어나기를 바라는 일학一鶴의 '중심원中心願'이니 곧 정역正易을 계승繼承할 후천성인后天聖人이 나오기를 중심中心으로 원願하는 일부一夫이시다. '화삼벽이일관化三碧而一觀'의 화化는 교화敎化

를 뜻하고 삼벽三碧은 음방陰方(후천后天)인 서방정위西方正位의 삼태택三兌澤으로서 동방東方의 간산艮山(삼산三山)과 통기通氣하였으므로 삼벽三碧이라 한 것이며, 일관一觀은 삼벽지택三碧之澤에 우뚝한 하나의 황새(관鸛)이니 이는 삼산일학三山一鶴의 뜻을 계승繼承하는 황새로서 곧 일부一夫께서 중심염원中心念願하는 후천성인后天聖人이다. 삼태택三兌澤이 서남우위西南隅位의 구리화九離火와 합덕合德하여 택화혁괘澤火革卦를 이루니, 혁괘革卦의 단전彖傳에 「천지혁이사시성天地革而四時成하며 탕무혁명湯武革命하야 순호천이응호인順乎天而應乎人하니 혁지시革之時 대의재大矣哉라」 또 상전象傳에 「택상유화혁澤上有火革이니 군자이君子以하야 치력명시治歷明時하나니라」 라고 하였는바, 일부정역一夫正易을 계승繼承할 후천성인后天聖人은 순호천이응호인順乎天而應乎人하여 치력명시治歷明時하고 아울러 후천시대后天時代를 개혁改革하여 교화敎化하게 될 것이다. 서남방西南方에 위위한 구리화九離火는 광명光明한 문덕文德이니 교화지상敎化之象이라 삼산일학三山一鶴을 계승繼承하는 삼벽일관三碧一觀(관鸛)이 후천后天을 교화敎化하는 뜻이 나오므로 '화삼벽化三碧'이라 한 것이다. 일부一夫께서 『주역周易』 설괘전說卦傳(第六章)의 「신야자神也者는 묘만물이위언자야妙萬物而爲言者也니… 종만물시만물자終萬物始萬物者 막성호간莫盛乎艮하니 고故로 수화상체水火相逮하며 뇌풍雷風이 불상패不相悖하며 산택山澤이 통기연후通氣然後에 능변화能變化하야 기성만물야旣成萬物也하나니라」 에서 산택山澤이 통기通氣하여 간태합덕艮兌合德(택산함澤山咸)하는 후천지리后天之理를 통관洞觀하시고 십수정역괘도十數正易卦圖를 성도成圖하였다고 전傳한다. 그러므로 정역괘도正易卦圖에 팔간산八艮山 삼태택三兌澤을 동서정위東西正位에 설위設位한 것은 『주역周易』 하경下經에 택산함괘澤山咸卦를 수괘首卦로 한 원리原理와 맥맥脈을 같이한다고 할

수 있다.[75]

> 관 어 차 이 대 장　　예 삼 천 이 의 일
> 四三. (12) 觀於此而大壯하니[76] 禮三千而義一이라.

● 관觀에서 후천의 대장大壯함을 바라보니 예禮는 삼천이나 의義는 하나
로다.

[註義] 가 악 장 어 무 문 지 장 이　　강 예 의 어 삼 천 지 일 의　　주 관
歌樂章於武文之張弛하고[77] 講禮義於三千之一義하니 周觀

어 차　　심 락 기 대 장 야　　개 예 악　　유 천 지 생 이 시 발 어 차　　연 정
於此하여 深樂其大壯也라 蓋禮樂은 由天地生而始發於此라 然正

역 소 재　　일 언 일 구　　막 비 예 악 지 본　　후 지 학 자　　종 용 완 리
易所載의 一言一句는 莫非禮樂之本이니 後之學者는 從容玩理하

심 체 득 지　　내 지 부 자 예 악 지 성 의
여 深體得之하면 乃知夫子禮樂之盛矣라.

[粗解] 풍지관風地觀에서는 신도神道와 악樂이 나오고 뇌천대장雷天大壯
에서는 예禮와 의義가 나오는 것이다. 수지手指로는 중지中指인 십건천十
乾天에서 좌左로 육진뢰六震雷하면 뇌천대장雷天大壯이요 중지中指인 오
곤지五坤地에서 우右로 일손풍一巽風하면 풍지관風地觀이니 간태합덕艮兌

---

75 [補註]: 蓬萊 方丈 瀛州의 三山은 卽 金剛山 智異山 漢拏山이라고 傳하며, 곧 우리 나라
의 別稱으로 通한다.

76 편집자주 : 『정역대경(모필본)』은 '觀於此大壯'으로, 『정역주의(하상역본)』와 『정역(돈
암서원본)』은 '觀於此而大壯'으로 기록되어 있다.

77 편집자주 : 『정역대경(모필본)』은 '武文'으로, 『정역주의(하상역본)』는 '文武'로 기록되
어 있다. 『정역』본문에서는 '武文'으로 되어 있으므로 '武文'이 옳은 것으로 추정된다.

合德하야 이어 예악禮樂이 병출並出한다.

句解 풍지관風地觀에서는 신도神道와 악樂이 나오고 뇌천대장雷天大壯에서는 예禮와 의의義가 나온다는 것이니 삼팔중지三八中指인 십건천十乾天에서 좌左로 육진뢰六震雷하면 뇌천대장雷天大壯이요 오곤지五坤地에서 우右로 일손풍一巽風하면 풍지관風地觀이니 간태합덕艮兌合德하야 이에서 예악禮樂이 병출並出한다 함.

補解 십건천十乾天과 오곤지五坤地를 보필輔弼하여 용정用政하는 육진뢰六震雷와 일손풍一巽風을 논론論한 것이다. 정역괘도正易卦圖의 음방사괘중陰方四卦中 오곤지五坤地 구리화九離火 삼태택三兌澤은 모두 음괘陰卦이나 육진뢰六震雷는 양괘陽卦로서 양방陽方의 음괘陰卦인 일손풍一巽風과 대궁對宮을 이루고 있다. 일손풍一巽風이 오곤지五坤地와 합덕合德하여 풍지관괘風地觀卦를 이루고 육진뢰六震雷와 십건천十乾天이 합덕合德하여 뇌천대장괘雷天大壯卦를 이루니, 관觀과 대장大壯의 뜻이 나온다. 일손一巽에서 대궁對宮인 육진六震에 이르면 후천后天의 후기後期로서 다시 선천先天을 대비對備하는 시점時點에 이르게 되므로 이것이 천지순환지도天地循環之道이다. 풍지관괘風地觀卦의 배합괘配合卦인 뇌천대장괘雷天大壯卦는 십이소식괘十二消息卦로는 이월二月(춘분春分)에 해당該當하는 괘卦로서 대장괘단전大壯卦彖傳에 「대장大壯은 대자장야大者壯也니 강이동고剛以動故로 장壯」이라 하였고 상전象傳에서는 「비례불리非禮弗履」라 하였으니 곧 대장지례大壯之禮이며, 일손풍一巽風이 후천后天을 주재主宰하는 오곤지五坤地를 보필輔弼하는 것처럼 육진뢰六震雷는 다음의 선천先天을 주재主宰할 십건천十乾天을 보필輔弼하는 용정用政이다. '관어차이대장觀於此而大壯'이라 한 것은 후천지초后天之初에서 후천지말后天之末까

지 대관大觀한다는 뜻이며, '예삼천이의일禮三千而義一'이라 함은 공자孔子의 도道를 말함이니, 공자孔子께서는 인仁과 예禮의 도道로써 문도삼천門徒三千을 가르쳤으므로 이를 '예삼천禮三千'이라 한 것이다. 『십팔사략十八史略』에 「산고시삼천刪古詩三千 위삼백십일편爲三百十一編 개현가지皆絃歌之 예악자차가술禮樂自此可述…중략中略…제자삼천인弟子三千人 신통육례자身通六藝者 칠십이인七十二人」이라 하였으며, 또한 오행五行으로 보면 예禮는 화火에 속속屬하고 의義는 金에 속속屬하므로 후천后天의 금화金火가 말기末期에는 화금火金으로 되어 택화혁괘澤火革卦가 화택규괘火澤睽卦로 바뀌게 되는바, 규괘단전睽卦彖傳에 「천지규이기사동야天地睽而其事同也며 남녀규이기지통야男女睽而其志通也며 만물규이기사류야萬物睽而其事類也니 규지시용睽之時用이 대의재大矣哉라」라고 하였으니, 대장大壯에서 예禮가 점장漸長하나 인세人世를 바르게 하는 것은 윤리倫理와 예의禮義이므로 선先·후천后天이 바뀌어도 인륜人倫과 예의禮義는 다를 바 없는 것이다. 고故로 '예삼천이의일禮三千而義一'이라 한 것이니, 곧 "천지규이기사동야天地睽而其事同也"의 뜻이다.

演解 二頌中에 云氣東北而固守와 理西南而交通은 卽水木之氣는
主生萬物而不變其位하고 金火之理는 主成萬物而互易其位하니
此洛書九宮變化之道也며 且云風三山而一鶴과 化三碧而一觀을
解則三山은 艮城瀛蓬丈之三山也오 一鶴은 指高道之人而必是託
意頌之시며 三碧은 紫白九宮의 坤方也니 此坤未方所居人物을 一
夫接觸而面觀之意며 此天俾斯界로 大爲新闢하심에 非倫理면 無

이 정 인 세 고    예 삼 천 이 의 일
**以正人世故로 禮三千而義一**이라 하시니라.


補解 이상以上 금화이송金火二頌은 금화교역金火交易으로 건곤乾坤이 호
역기위互易其位하여 낙서중궁洛書中宮의 오황극五皇極(오곤지五坤地)이 선
천괘先天卦의 일건천지위一乾天之位에 당위當位하고 건천乾天은 북방하위
北方下位로 퇴위退位하는 후천지리后天之理를 밝힌 것이니, 정역팔괘도正
易八卦圖의 양방陽方(후천지선천后天之先天)과 음방陰方(후천지후천后天之后天)
에 배열配列한 괘卦의 괘의卦義와 용사지리用事之理를 논론論하고 아울러
삼산三山의 일학一鶴이신 일부一夫께서는 정역괘도지리正易卦圖之理와 후
천변화지도后天變化之道를 모두 밝히셨다. 그리고 결구結句에 '예삼천이
의일禮三千而義一'이라 하신 것은 후천后天정역正易의 강상綱常과 예악지
도禮樂之道는 공자孔子의 성학聖學을 그대로 계승繼承하게 된다는 것을
밝힌 것이다.


금 화 삼 송
**四四. 金火三頌**이라.


• 금화金火를 세 번째 칭송함이라.


粗解 사구금四九金과 이칠화二七火에 대하여 세 번째로 칭송稱頌한 것이다.


句解 금화교역金火交易으로 기후변동氣候變動함을 제삼장第三章에서 칭
송稱頌함.

• 북쪽의 창窓 맑은 바람에 화창한 마음으로 도연명陶淵明의 줄없는 거문고에 화답하고,

**註義** 淵明은 晉之靖節處士라 姓은 陶요 名은 潛이라 性好高潔하여[78] 不以世事로 累心이며 藏无絃琴於胷中하여 開北窓而迎淸風하니 斯樂也無窮焉이라 先生이 亦取斯人之樂而暢和者也라.

**粗解** 북창청풍北窓淸風은 기후氣候의 변동變動으로 사시장춘四時長春이 됨을 뜻함이요. 도연명陶淵明은 세상世上에서 정절선생靖節先生이라는 칭호稱號가 있어 본시本是 갖추어지지 않은 거문고를 항시恒時 어루만지면서 융합融合하였으며, 스스로 희황상인羲皇上人이라 자칭自稱하였다 한다. 무현금无絃琴은 오음성五音聲인 영가咏歌를 뜻하기도 한다.

**句解** 북창청풍北窓淸風은 기후氣候 변동으로 사시장춘四時長春됨을 뜻함이요. 도연명陶淵明은 세상에서 정절선생靖節先生이라는 칭호稱號가 있어 본시本是 갖추어지지 아니한 거문고를 어루만지고 융합融合하였고 스스로 희황상인羲皇上人이라 칭稱하였다 함. 무현금無絃琴은 오음성五音聲인 영가咏歌라 함.

---

78 편집자주 : 『정역대경(모필본)』에는 '性好'가 '好性'으로 기록되어 있다.

補解 소통蕭統의 도정절전陶靖節傳에 「연명불해음률淵明不解音律 이축무현금일장而蓄无絃琴一張」 이라 하였고 또 『진서晉書』 도잠전陶潛傳에는 「상언하월허한嘗言夏月虛閑 고와북창지하高臥北窓之下 청풍삽지淸風颯至 자칭희황상인自謂羲皇上人」 이라고 하였는바, 도공陶公은 명리名利를 멀리하고 전원田園에서 송국松菊을 사랑하며 자연自然과 더불어 유연悠然하게 무현금无絃琴을 만지면서 융화融和하였다고 한다. 일부一夫께서도 육십년솔성지공六十年率性之工으로 후천금화지리后天金火之理를 통관洞觀하시고 홀로 영가무도詠歌舞蹈하시며 즐기는 자신自身의 모습이 무현금无絃琴을 만지면서 홀로 화락和樂한 도공陶公과 흡사恰似하므로 고사故事를 인용引用하여 심경心鏡을 밝히신 것으로 해석解釋할 수 있다. 그러나 필자筆者의 관견管見으로는 후천무극지리后天无極之理에 대對하여 말씀이 없는 『주역周易』을 소리 없는 무현금无絃琴에 비유比喩하시고, 도연명선생陶淵明先生이 무현금无絃琴을 안고 화락和樂하듯이 일부一夫께서도 소리 없는 주역周易을 탐구探究하시고 솔성지공率性之工을 다하여 후천지리后天之理를 통관洞觀하셨으므로 도공陶公의 고사故事를 인용引用하시어 소회所懷를 밝히신 듯 하다.[79]

---

79 補註: 위 '粗解'에서 北窓淸風을 四時長春이 되는 氣候變動으로 解釋하였음은 一夫께서 말씀하신 原義와는 맞지 않는 듯 하다. 氣候變化가 없는 四時長春이 된다는 것은 春夏秋冬의 寒暑循環이 停止되는 것을 뜻하는바, 이는 陰陽五行의 循環原理에 不合하는 解釋으로서 先后天의 循環을 밝힌 正易의 原理에도 어긋나는 것이다. 그러므로 故事의 뜻을 그대로 헤아려 解釋하거나 不然이면 北窓淸風에 含蓄된 숨은 뜻을 찾는 것이 옳을 듯 하다.

**四五.** ⑵ 東山第一三八峰에 次第登臨하야

• 동산東山에서 제일 가는 三八봉에 차례로 올라가서,

[註義] 東은 <sup>동</sup>東方也요 <sup>산</sup>山은 <sup>간산야</sup>艮山也라 <sup>제일</sup>第一은 <sup>위간지덕</sup>謂艮之德으로 <sup>능성종</sup>能成終
而成始也라 三八은 <sup>삼팔</sup>東方木之數也요 <sup>봉</sup>峰은 <sup>역지간야</sup>亦指艮也라.

[粗解] 동산제일삼팔봉東山第一三八峯은 팔간산八艮山을 말함이요, 동산東
山은 동방삼팔목東方三八木을 뜻한다.

[句解] 동산제일봉東山第一峰에 차례次例로 올라간다는 것은 장차將次 지
구地球의 판도版圖가 변동變動하는 광경光景을 본다는 뜻이기도 하며 동
산삼팔봉東山三八峰은 동방삼팔목東方三八木으로 팔간산八艮山이라 함.

[補解] 동산東山은 동방東方의 산山을 말하며, 제일삼팔봉第一三八峯은 동
방제일東方第一의 팔간산八艮山을 말함이니, 이를 삼팔봉三八峯이라 함은
서남정위西方正位의 삼태택三兌澤과 대궁對宮을 이루고 정위定位한 동방
제일東方第一의 팔간산八艮山임을 뜻하는 것이다. '차제등림次第登臨'이라
함은 동방제일東方第一(정위正位)의 팔간산八艮山을 차례로 올랐음을 말
함이니, 정역팔괘도正易八卦圖의 성도과정成圖過程을 삼팔봉등림三八峯登
臨에 비유比喩하여 말씀한 것이다. 일부一夫께서 주역설괘전周易說卦傳의
신야자장神也者章(第六章)에서 「산택山澤이 통기연후通氣然後에 능변화能
變化하야 기성만물야旣成萬物也하나라」 라는 대목에 이르러 팔간산八艮

山과 삼태택三兌澤이 통기通氣하는 후천변화지리后天變化之理를 통관洞觀하시고 드디어 정역팔괘도正易八卦圖를 완성完成하였다고 전傳하는바, 고故로 육십년솔성지공六十年率性之工으로 후천금화지리后天金火之理를 통관洞觀하신 과정過程을 동산제일東山第一의 삼팔봉三八峯(팔간산八艮山) 차제등림次第登臨에 비유比喩하여 밝힌 것이다.

---

### 四五.(3) 洞得吾孔夫子 小魯意를.
통득오공부자 소로의

---

• 우리 공부자孔夫子께서 노魯나라가 작다고 하신 뜻을 통찰하여 터득하였노라.

**註義** 小魯는 孔夫子所言登東山而小魯하고 登泰山而小天下也라
소로    공부자소언등동산이소로    등태산이소천하야

特取小魯者는 寓意於東方故也라 蓋先生은 生於東洋民國之遠하
특취소로자  우의어동방고야    개선생    생어동양민국지원

여 后於夫子數千載之下에 登彼艮東三八次第之峰으로 洞得夫子
후어부자수천재지하    등피간동삼팔차제지봉    통득부자

小魯小天下之意하니 前聖后聖의 洞觀道體는 活潑潑這一般氣像
소로소천하지의    전성후성    통관도체    활발발저일반기상

而但孔夫子之歎辭는 道方衰微之時也라 先生之取美者는 道將大
이단공부자지탄사  도방쇠미지시야    선생지취미자    도장대

行之時也라.
행지시야

---

**粗解** 맹자진심장孟子盡心章에 등동산이소노登東山而小魯요 등태산이소천하登泰山而小天下라 하신 말씀과 같이 아직은 지구地球가 다 드러나지

아니하여 장차將次 후천지구后天地球의 판도版圖가 변동變動될 것임을 뜻한다.

句解 《맹자孟子 진심장盡心章》에 등동산이소노登東山而小魯요 등태산이소천하登泰山而小天下라 하신 말씀과 같이 아직 지구地球가 다 드러나지 아니해서 장차將次 후천后天 지구地球의 판도版圖가 변동變動함을 뜻한다 함.

補解 공부자孔夫子께서 노魯나라의 동산東山에 올라 둘러보시고는 노魯나라를 작다고 생각하셨고, 또 태산泰山에 올라 사방四方을 보시고는 천하天下를 작다고 생각하셨다는 것이다. 이는 공자孔子의 대도大道를 펴기에는 노魯나라는 너무 작고 중국中國의 천하天下도 오히려 작다고 생각하였다는 것이니, 일부一夫께서 이를 인용引用하신 뜻은 육십년솔성六十年率性의 공력功力으로 통관洞觀하신 현묘玄妙한 후천금화지리后天金火之理와 선후천순환원리先后天循環原理를 밝힌 대도大道를 세계만방世界萬邦에 펼치기에는 동방간역東方艮域은 너무 작다고 생각되시어 문득 공자孔子께서 소노小魯 소천하小天下라고 말씀하신 뜻을 헤아려 통득洞得할 수 있었다는 것이다. 시대時代와 지역地域이 달라도 성인聖人의 뜻은 일치一致함을 알 수 있다. 일부선생一夫先生의 이 말씀은 우천하후세憂天下後世하시는 큰 뜻이 함축含蓄되어 있다.

• 두건頭巾을 벗어 석벽石壁에 걸어놓고,

이 무 량 지 도 체　취 무 궁 지 물 태　　영 탄 음 일 이 초 탈 세 속
**註義** 以无量之道體로 取無窮之物態하여 咏嘆淫泆而超脫世俗이[81]

여 탈 건 고 괘 어 석 벽
如脫巾高掛於石壁가.[82]

**粗解** 건巾을 벗어서 석벽石壁에 걸었다함은 십건十乾의 괘도위치卦圖位置가 남南에서 북北으로 이동移動됨을 뜻한다.

**句解** 건巾을 벗어서 석벽石壁에 걸었다 함은 십건十乾의 괘도위치卦圖位置가 남南에서 북北으로 이동移動됨을 뜻함이라 함.

**補解** 차문此文은 동방제일東方第一의 삼팔봉三八峯을 차제등림次第登臨하여 사방四方을 대관大觀하시고 공자孔子의 소노의小魯意를 헤아려 통득洞得하신 다음 건巾을 벗어 석벽石壁에 걸었다는 뜻으로 전문前文과 연관聯關하여 해석解釋할 수 있다. 연然이나 '탈건괘석벽脫巾掛石壁'의 시구詩句에는 정역팔괘도正易八卦圖의 괘의卦義가 우의寓意되어 있으므로 깊이 통찰洞察하여 원의原義를 찾아야 한다. 이를 차례로 살펴보면 '탈건脫

---

80 편집자주 : 『정역대경(모필본)』에는 '帨巾'으로 기록되어 있다.
81 편집자주 : 『정역대경(모필본)』에는 '咏嘆潘泆', 『정역주의(하상역본)』에는 '詠嘆淫泆'로 기록되어 있다.
82 편집자주 : 『정역대경(모필본)』에는 '掛'字가 '排'字로 기록되어 있다.

巾'의 건巾은 건乾과 동음同音이므로 탈건脫巾은 곧 복희선천괘도伏羲先天卦圖의 남방주궁南方主宮에 정위定位하였던 일건천一乾天이 후천后天에서는 십건천十乾天으로 노화老化하여 북방北方으로 퇴위退位함를 뜻하는 바, 일부一夫께서 동산제일東山第一의 삼팔봉三八峯(팔간산八艮山)에 차제등림次第登臨하시어 선후천순환지리先后天循環之理를 대관大觀하시고 정역팔괘正易八卦의 설괘지의設卦之義를 시구詩句에 우의寓意하여 말씀한 것이다. 건남곤북乾南坤北으로 남방정위南方正位에서 선천先天을 주재主宰한 일건천一乾天은 후천后天에서는 곤남건북坤南乾北으로 호역기위互易其位하여 북방하위北方下位로 퇴위退位하는 것이니, 이와 같이 퇴휴退休하는 것을 '탈건괘석벽脫巾掛石壁'이라 한 것이다. 그러므로 일부一夫께서는 십수정역괘도十數正易卦圖를 설위設位함에 있어서 먼저 괘도卦圖의 주위主位인 오곤지五坤地와 십건천十乾天을 정위定位하시고 그 뜻을 고시古詩에 우의寓意하여 밝힌 것이다.[83]

---

남 망 청 송 가 단 학    서 새 산 전 백 로 비
**四五.** (5) 南望靑松架短壑하니 西塞山前白鷺飛를

---

• 남쪽을 바라보니 푸른 소나무가 짧은 계곡에 시렁처럼 걸려 있고 서쪽변방의 산 앞에는 백로白鷺가 날아들고 있으니,

---

83 [補註]: 『周易』 說卦傳에 「乾爲首」라고 하였으므로 乾은 머리에 該當하며, 十乾天의 北方退位를 頭巾을 벗어 掛石壁하고 閒暇하게 休息하는 形象에 比喩한 것이다. 先天의 一乾天이 十乾天으로 退位하는 것은 先天用事를 마치고 退休하는 것이므로 頭巾을 벗어 石壁에 걸어놓고 쉬는 뜻이 含蓄된 詩句에 寓意한 것이다.

[註義] 特立不倚하고 如靑松滿架於短壑高尙其志하니 如白鷺之高

비 어 서 새
飛於西塞하여.


[粗解] 청송靑松이 짧은 계곡에 시렁을 한다함은 곤괘坤卦를 지칭指稱하
고 곤삼절坤三絶을 상징象徵한 것이고, 서西쪽 가의 산山앞에 백로白鷺가
날아든다 함은 백로白鷺가 팔간산八艮山을 향向하여 날아드는 형상形象
을 말함이니 산택통기山澤通氣의 뜻이 함축含蓄되어 있다.

[句解] 짧은 골자기에 시렁을 한다 함은 곤괘坤卦를 지칭指稱하고 곤삼절
坤三絶을 상징象徵함이요, 서西녘 가의 산山 앞에는 백로白鷺가 날아든다
함은 백로白鷺가 태방兌方에서 팔간산八艮山을 향하야 날아오는 형상을
뜻함이니 산택통기山澤通氣의 의지意旨가 있다 함.


[補解] 역시亦是 정역팔괘도正易八卦圖의 설위設位를 말씀한 것이니, 일부
一夫께서 차제등림次第登臨한 동산제일東山第一의 팔간산八艮山에서 남방
南方의 오곤지五坤地와 서방西方의 삼태택三兌澤을 관망觀望하고 괘상卦象
과 괘의卦義를 논론論한 것이다. 남방정위南方正位의 오곤지五坤地는 곤삼절
坤三絶로서 그 형상形象을 단학短壑에 비유比喩한 것이며, 서새산전西塞山
前은 곧 팔간산八艮山의 대궁對宮인 삼태택三兌澤으로서 서방西方에 정위
正位하여 팔간산八艮山과 통기通氣하고 있음을 말한 것이다. 단학短壑의
청송靑松은 오곤지五坤地를 보필輔弼하여 용정用政하는 일손풍一巽風을
말함이니, 『주역周易』 설괘전說卦傳에 「손巽은 위목爲木 위풍爲風」 이라
하였으므로 청송靑松에 비유比喩한 것이며, 일손풍一巽風이 괘도卦圖의
주궁主宮인 오곤지五坤地와 합덕合德하여 대리용정代理用政하는 형상形象
을 단학短壑에 청송靑松이 어울려있는 운치韻致있는 경관景觀에 비유比喩

한 것이고, 서새백로西塞白鷺는 팔간산八艮山의 대궁對宮인 서방정위西方
正位의 삼태택三兌澤으로서 소녀少女(☱)소남少男(☶)이 감이상통感而相
通(산택통기山澤通氣)하고 간태합덕艮兌合德으로 택산함괘澤山咸卦가 이루
어져 부부夫婦가 화락和樂하는 상象이라 함괘단전咸卦彖傳에「천지감이
만물天地感而萬物이 화생化生하고 성인聖人이 감인심이천하화평感人心而
天下和平하나니 관기소감이천지만물지정觀其所感而天地萬物之情을 가견의
可見矣리라」라고 하였으니, 간태艮兌가 합덕合德하고 산택山澤이 통기通氣
하는 형상形象을 삼벽백로三碧白鷺가 삼산일학三山一鶴을 연모戀慕하여
춤을 추며 날고있는 상象에 비유比喩한 것이다. 일부一夫께서 동산제일東
山第一 삼팔봉三八峯(팔간산八艮山)에 오르시어 공부자孔夫子의 소노의小
魯意를 통득洞得하시고 탈건괘석벽脫巾卦石壁과 남망단학청송南望短壑靑
松이라 하심은 정역괘도正易卦圖에 오곤지五坤地와 십건천十乾天을 남북
南北으로 정위定位하여 후천后天에서는 건곤乾坤이 호역기위互易其位하
는 이치理致를 밝힌 것이며, 서새백로西塞白鷺는 팔간산八艮山 삼태택三兌
澤을 동서東西로 배위配位하여 산택山澤이 통기通氣하는 이치理致를 밝힌
것이니, 이상以上은 정역팔괘도正易八卦圖의 사정괘四正卦인 오곤십건五坤
十乾의 남북정위南北定位와 팔간삼태八艮三兌의 동서배위東西配位를 시송
詩頌한 것이다.

---

四五. (6) 懶搖白羽扇하고 俯瞰赤壁江하니
　　　나 요 백 우 선　　　부 감 적 벽 강

---

• 느릿느릿 흰 부채를 흔들며, 적벽강赤壁江을 굽어보니,

**註義** <sup></sup>白賁素質<small>백 비 소 질</small>하고 如羽扇之懶搖而无飾<small>여 우 선 지 나 요 이 무 식</small>하고 俯瞰瀅澈<small>부 감 형 철</small>이 如赤壁<small>여 적 벽</small>之水淸而无底<small>지 수 청 이 무 저</small>하니.

**粗解** 게을리 백우선白羽扇을 흔든다는 것은 진손괘震巽卦를 뜻함이요 나요懶搖는 진동震動함을 말하고 백우선白羽扇은 손방풍巽方風을 뜻하며, 적벽강赤壁江을 굽어본다는 것은 사감수四坎水를 적벽강赤壁江에 비유比喻하고 부감俯瞰은 구리화九離火를 표현表現한 것이다.

**句解** 백우선白羽扇을 게을리 흔든다는 것은 진손괘震巽卦를 의미意味하고 나요懶搖란 진동震動하는 것을 말함이고 백우선白羽扇은 손방풍巽方風을 뜻하며, 구부려 적벽강赤壁江을 본다는 것은 사감수四坎水를 적벽강赤壁江으로 비유하고 부감俯瞰은 구리화九離火를 표현表現한 것이라 함.

**補解** 전문前文에서 탈건괘석벽脫巾掛石壁 남망단학南望短壑 서새백로西塞白鷺로서 남북동서南北東西의 체용괘體用卦를 정위定位하였으며, 차문此文은 사간방괘四間方卦를 정위定位하시고 뇌풍용정雷風用政과 감리합덕坎離合德의 이치理致을 송頌한 것이다. 백우선白羽扇은 일손풍一巽風으로서 대궁對宮 육진뢰六震雷와 합덕合德하여 뇌풍항괘雷風恒卦를 이루니, 항괘단전恒卦彖傳에 「항형무구이정恒亨无咎利貞은 구어기도야久於其道也니 천지지도항구이불이야天地之道恒久而不已也니라 이유유왕利有攸往은 종즉유시야終則有始也니 일월日月이 득천이능구조得天而能久照하며 사시변화이능구성四時變化而能久成하며 성인聖人이 구어기도이천하화성久於其道而天下化成」이라 하였는바, 진손지합震巽之合은 곧 항구恒久한 부부지도夫婦之道로서 육진뢰六震雷가 일손풍一巽風의 부채를 천천히 동요動搖하

여 시원한 바람(后天之風)을 일으키는 상象이며, 적벽강赤壁江은 동북간東北間에 위위位한 사감수四坎水로서 대궁對宮인 구리화九離火와 합덕合德하여 수화기제괘水火旣濟卦를 이루니, 수화水火가 상제相濟하는 상象이라 사감수四坎水의 강江물이 후천리궁后天離宮의 허중虛中을 향向하여 흘러가니 곧 적벽강赤壁江이다. 이와 같이 정역괘도正易卦圖의 사우지괘四隅之卦가 주궁主宮인 오곤십건五坤十乾을 좌우左右에서 보필輔弼하고 용사괘用事卦인 팔간삼태八艮三兌가 합덕合德하니 찬란燦爛한 후천后天의 역사歷史는 전개展開되는 것이다. 특特히 육진뢰六震雷 일손풍一巽風은 오행지종五行之宗이요 육종지장六宗之長(장남장녀長男長女)으로서 부모父母(건곤乾坤)를 대신代身하여 용정用政하므로 존상지덕尊上之德이 빛나며, 풍요豐饒한 결실結實과 예악禮樂으로써 후천성대后天聖代를 구가謳歌하는 것이다. 이러한 후천지리后天之理를 통관洞觀하시고 적벽강赤壁江을 부감俯瞰하는 삼산三山의 일학一鶴은 곧 일부선생一夫先生이시니,『논어論語』자한편子罕篇에「자재천상왈子在川上曰 서자여사부逝者如斯夫인저 불사주야不舍晝夜로다」정자程子는 이를 주해註解하여「차此는 도체야道體也니 천운이불이天運而不已라 일왕즉월래日往則月來하고 한왕즉서래寒往則暑來하며 수류이불식水流而不息하고 물생이불궁物生而不窮하니 개여도위체皆與道爲體하야 운호주야運乎晝夜하니 미상이야未嘗已也라」라고 하였는 바, 일부一夫께서 괘도卦圖를 펼치고 적벽강赤壁江을 부감俯瞰하시는 뜻은 공자孔子의 천상탄식川上歎息과 맥맥脈을 같이하며, 정자程子의 주해註解와 같이 선천왕즉후천래先天往則后天來하는 시간時間의 흐름과 운이불이運而不已하는 도체지리道體之理를 함축含蓄하고 있는 것이다.[84]

---

84 [補註]: 一巽風을 白羽扇이라 한 것은 后天은 金火交易으로 金氣가 用事하는 때이므로 金色인 白色의 부채로 金風(秋風)을 일으기는 것이며, 赤壁江은 中國의 赤壁江이 아니라 九離火(赤色離宮)와 合德하여 虛中으로 흐르는 四坎水의 江을 말함이니, 곧 水火旣濟를 뜻하는 江이다. 그러나 蘇東坡의 赤壁賦에「壬戌之秋七月旣望 蘇子與客泛舟遊於赤壁之

후천지풍

正易集註補解

## 四五. (7) 赤<sub>적</sub>赤<sub>적</sub>白<sub>백</sub>白<sub>백</sub>互<sub>호</sub>互<sub>호</sub>中<sub>중</sub>에

* 붉고 붉으며 희고 흰 것이 서로서로 얽힌 가운데,

**註義** 動<sub>동</sub>兮<sub>혜</sub>潛<sub>잠</sub>兮<sub>혜</sub>로 赤<sub>적</sub>兮<sub>혜</sub>白<sub>백</sub>兮<sub>혜</sub>하고 形<sub>형</sub>形<sub>형</sub>色<sub>색</sub>色<sub>색</sub>으로 互<sub>호</sub>雜<sub>잡</sub>相<sub>상</sub>間<sub>간</sub>之<sub>지</sub>中<sub>중</sub>에.

**粗解** 남방南方의 적적赤赤 서방西方의 백백白白이 서로서로 한가운데라 함은 삼팔중지三八中指를 중심中心으로 하여 九二는 백적白赤 四七도 백적白赤 二七은 적적赤赤 四九는 백백白白으로 사구이칠금화문四九二七金火門을 뜻하니 금화金火의 교역변역交易變易이요 정역正易의 화입금향금입화火入金鄉金入火 금입화향화입금金入火鄉火入金을 말하는 것이다.

**句解** 남방南方의 적적赤赤 서방西方의 백백白白이 서로서로 한가운데라 함은 삼팔중지三八中指를 중심中心으로 하야 九二는 백적白赤, 四七도 백적白赤, 二七은 적적赤赤, 四九는 백백白白으로 사구이칠금화문四九二七金火門을 의미意味함이니 금화金火의 교역변역交易變易이요 정역正易의 화입금향금입화火入金鄉金入火 금입화향화입금金入火鄉火入金이라 함.

---

下 淸風徐來水波不興 擧酒屬客 誦明月之詩 歌窈窕之章 少焉月出於東山之上 徘徊於斗牛之間…」이라고 하였는바, 秋七月 旣望 淸風 明月 月出東山 斗牛 等의 句節은 모두 后天變化의 뜻을 含蓄하고 있으므로 管見으로는 '俯瞰赤壁江'의 詩句에는 赤壁賦의 詩意도 含蓄되어 있는 듯하다. 以外에도 第三頌에는 古詩를 引用하시고 그 詩句에 寓意하여 卦圖之理를 밝힌 대목이 여러 곳에 있으니, 先生께서 引用한 詩句는 李白의 夏日山中詩「懶搖白羽扇 裸體靑林中 脫巾掛石壁 露頂灑松風」과 張志和의 漁父歌「西塞山前白露飛 桃花流水鱖魚肥」等이다.

補解 이화칠화二火七火는 적적赤赤이요 사금구금四金九金은 백백白白이나 금화호역金火互易으로 칠화七火와 구금九金이 자리를 바꾸어 호역기위互易其位하면 남방南方은 이화二火와 구금九金이 공위共位하니 적백赤白이 되고 서방西方은 사금四金과 칠화七火가 공위共位하니 백적白赤이 된다. 이는 정역正易의 후천금화지리后天金火之理로서 금金과 화火가 서로서로 얽히는 가운데 주성만물主成萬物하는 후천정사后天政事는 이루어지는 것이며, 이와 같은 후천변화后天變化의 중심中心은 정역팔괘도正易八卦圖의 용사괘用事卦인 팔간산八艮山과 삼태택三兌澤에 있으므로 '호호중互互中'이라고 한 것이니, 곧 삼태三兌는 이화사금二火四金의 중수中數이고 팔간八艮은 칠화구금七火九金의 중수中數이므로 '중中'이라 한 것이다.(수지도수手指度數 참조參照) 금화金火가 호역기위互易其位하여 구금九金이 남방정위南方正位에 당위當位하므로 후천后天의 주성만물主成萬物하는 변화變化는 구금九金이 주관主管하는 것이니, 이는 낙서구궁변화지도洛書九宮變化之道이다. 그러나 정역괘도正易卦圖는 구리화九離火를 서남우위西南隅位에 놓아 금화金火가 공위共位하므로 후천변화后天變化를 금화金火가 주관主管하는 뜻을 분명分明하게 하였으니, 이것이 곧 화입금향금입화火入金鄕金入火요 금입화향화입금金入火鄕火入金인 것이다.

---

四五.(8) 中有學仙侶하야 吹簫弄明月을

- 가운데에 학도學道하는 선려仙侶가 있어 퉁소를 불며 밝은달을 희롱함을.

人有學道之仙侶에 拔乎其萃하여 樂於天理하고 閑吹淸蕭하며 玩弄明月而已라 蓋金夫子之學은 學究天人하여 无物不包하니 雜引古詩而无礙者는 興之體也요 旣取鷺復取羽者는 貴其禮之質素也며 先取琴后取蕭者는 樂其樂之本質也라 此章은 亦見夫子禮樂之實矣라.

（인유학도지선려　발호기췌　낙어천리　한취청소　완롱명월이이　개김부자지학　학구천인　무물불포　잡인고시이무애자　흥지체야　기취로복취우자　귀기예지질소야　선취금후취소자　낙기악지본질야　차장　역견부자예악지실의）

**粗解** 학선려學仙侶는 유불선儒仙佛을 이름이니 본시本是 일부선생一夫先生은 홍몽이전불鴻濛以前佛이시오 부판지초선剖判之初仙이시고 생민이후유生民以後儒이시니 유불선삼도儒佛仙三道가 일월日月같이 밝아올 것을 찬송讚頌한 것이다.

**句解** 학선려學仙侶는 유불선儒仙佛이니 본시本是 일부선생一夫先生께서 홍몽이전불鴻濛以前佛이시요 부판지초선剖判之初仙이시고 생민이후유生民以後儒가 되셨다 하시니 후천后天에 유불선삼도儒佛仙三道가 일월日月같이 밝아올 것을 뜻함이라 함.

**補解** '중유학선려中有學仙侶'의 중中은 호호지중互互之中의 중中이니, 곧 동산제일東山第一의 팔간산지중八艮山之中을 말하며, 학선려學仙侶는 선생先生을 따르는 학도지려學道之侶이니 곧 문도門徒를 말함이다. 삼송三頌의 처음은 무음無音의 무현금无絃琴으로 창화暢和하였으나 뒤에는 유음有音의 통소洞簫를 농롱弄하였으니, 이는 일부一夫께서 도道를 통通하는 과정過程에는 무언無言이니 무현금无絃琴도 가可하나 적백호호중赤白互互中

에 이르러 통관천지무형지경洞觀天地無形之景하시고 유학려有學侶하니 유언有言이라 소리가 없는 무현금无絃琴으로는 융화融和할 수 없으므로 소리가 아름다운 퉁소洞簫를 취취取하신 것이다. 선생先生께서 취소화락吹簫和樂하신 명월明月은 곧 스승인 연담선생蓮潭先生께서 찾으라고 당부當付한 '영동천심월影動天心月'의 명월明月이니, 육십년솔성지공六十年率性之工으로 천심월天心月의 진리眞理를 통관洞觀하신 그 기쁨을 송축頌祝하는 뜻이 담겨져 있다.

演解 三頌中에 云 北窓東山 南望西塞之四節句는 亦引喻天道之節換하야 益贊金火之盛功 而且擧以學仙弄明月之句하야 託意詠之시며 又云赤赤白白互互之句에 隱含坤之上六 龍戰于野其血玄黃之意로다. 陰盛則必抗陽而相戰耳라. 水木之化權은 艮以司之하고 金火之化權은 坤以司之함이라. 己火之赤은 孕於丑生于寅하고 戊金之白은 孕於未生于申故로 丑未相冲赤白互爭은 理之自然也라.

補解 이상以上 제삼송第三頌은 동산제일삼팔봉東山第一三八峯(八艮山)에 차제등림次第登臨하여 산택山澤이 통기通氣하는 묘만물지리妙萬物之理와 금화金火가 호역互易하는 후천지리后天之理를 통관洞觀하시고 정역팔괘도正易八卦圖의 괘상卦象과 설괘지의設卦之義를 시송詩頌한 것이며, 결구結句의 취소농명월吹簫弄明月은 괘도완성卦圖完成의 기쁨을 자축自祝하

는 뜻과 아울러 '영동천심월影動天心月'의 진리眞理를 찾으라고 권권勸하신 스승 연담선생蓮潭先生을 추모追慕하는 뜻이 함축含蓄되어 있다고 하겠다.

---

四六. 金火四頌<sup>금 화 사 송</sup>이라.

금화四頌이라.

• 금화를 네 번째 칭송함이니라.

粗解 사구금四九金과 이칠화二七火의 금화문金火門을 네 번째 찬송讚頌한 것이다.

句解 금화사송장金火四頌章에서는 사구이칠금화문四九二七金火門의 찬송讚頌이라 함.

---

四七. (1) 四九二七金火門<sup>사 구 이 칠 금 화 문</sup>은 古人意思不到處<sup>고 인 의 사 부 도 처</sup>라

• 四九금과 二七화의 금화문金火門은 옛사람의 뜻과 생각이 이르지 못한 곳이라,

演解 四頌中<sup>사 송 중</sup>의 初句語<sup>초 구 어</sup>는 盖金火之盛運<sup>개 금 화 지 성 운</sup>이 未來前<sup>미 래 전</sup>에는 古人意思<sup>고 인 의 사</sup>도

역 난 득 역 도 처 의
**亦難得逆睹處矣**라.


粗解 금화문金火門은 서방사구금西方四九金이 남방南方으로, 남방이칠
화南方二七火가 서방西方으로 교역交易 변역變易 호역互易하는 문門이라는
뜻이니 괘도卦圖로는 사감수四坎水 구리화九離火 이천二天 칠지七地의 상
象이다. 그러므로 고인古人의 의사意思가 이르지 못한 곳이라 한 것이다.


句解 서방사구금西方四九金이 남방南方으로, 남방이칠화南方二七火가 서
방西方으로 교역交易 변역變易 호역互易하는 문門이라는 것이니 괘도卦圖
로는 사감수四坎水 구리화九離火 이천二天 칠지七地의 상象이 되는 것으
로 고인古人의 의사意思에는 상상想像할 수 없는 곳이라 함.


補解 금화문金火門은 사구금四九金과 이칠화二七火가 교역交易함으로써
열리는 후천지관문后天之關門을 뜻한다. 이 금화문金火門에 이르는 현묘
玄妙한 후천지리后天之理는 고인古人이 밝힌바 없으므로 부도처不到處라
한 것이니, '고인의사古人意思'라 함은 즉卽 주역周易을 연역演繹한 문왕文
王과 주공周公 그리고 십이익지十而翼之하시어 역리易理를 밝히신 공부자
孔夫子와 주역周易을 주해註解한 선현先賢들의 의사意思를 말한다. 일부
一夫께서 육십년솔성지공六十年率性之工으로 천지무형지경天地無形之景
을 통관洞觀하시고 금화지화권문金火之化權門에 이르러 선성先聖들이 말
씀한바 없는 후천금화지리后天金火之理를 연역演繹하신 것은 문왕文王과
주공周公이 주역周易을 연역演繹하신 뜻과 같으며, 천하만세지후天下萬世
之後를 우려憂慮한 것이니, 『역서易序』에 「성인지우천하래세기지의聖人之
憂天下來世其至矣」라 함이 바로 성인聖人의 작역지의作易之義를 말한 것이

다. 복희씨伏羲氏의 선천팔괘도先天八卦圖는 선천先天의 천지설위天地設位와 선천지리先天之理를 밝힌 괘도卦圖이고, 문왕文王의 후천팔괘도后天八卦圖는 낙서구궁洛書九宮을 바탕으로 선천지용先天之用인 변화지리變化之理를 밝힌 괘도卦圖이며, 일부一夫께서 획괄하신 십수十數 정역팔괘도正易八卦圖는 후천지리后天之理와 후천지용后天之用을 밝힌 유일무이唯一無二한 괘도卦圖이므로 '고인의사부도처古人意思不到處'라고 말씀한 것이다. 선생先生은 팔괘도八卦圖를 성도成圖하신 후後 괘도지리卦圖之理를 밝혀 정역상하편正易上下篇을 쓰시고 스스로 십오성인十五聖人의 도통道統을 계승繼承한 일호일부一乎一夫라고 하셨으니, 고인古人들이 말씀한바 없다는 것을 이유理由로 정역正易의 진리眞理를 의심疑心하여서는 안될 것이다. 금화문金火門을 이루는 사구금四九金과 이칠화二七火는 하도河圖의 수數와 오행五行이므로 이는 후천后天의 하도용사河圖用事를 뜻하는 것이며, 이와 같은 하도용사河圖用事를 밝힌 후천지리后天之理는 고인古人들이 말씀한바 없음을 밝힌 것이다.

---

四七. (2) 我爲主人次第開하니 一六三八左右 分列하야

아 위 주 인 차 제 개 / 일 육 삼 팔 좌 우 / 분 열

---

• 내가 주인이 되어 차례로 금화문을 개문하니, 一·六과 三·八이 좌우로 나뉘어 벌였는지라,

註義 金火化權門은 古人意思亦不到處라 先生爲開時之主人으로

금 화 화 권 문 / 고 인 의 사 역 부 도 처 / 선 생 위 개 시 지 주 인

十五一言 ——

차 제 통 개　　　일 손 육 진 삼 태 팔 간　　좌 우 분 열
次第洞開하니 一巽六震三兌八艮은 左右分列하고.


　　　　　차 운 일 육 삼 팔　　좌 우 분 렬 지 구 절　　우 은 함 용 전 우 야 기 혈
演解 且云一六三八에 左右分列之句節은 又隱含龍戰于野其血
현 황 지 의　　　차 중 언 자　　이 계 후 인 신 기 지 의 야
玄黃之意로다. 此重言者는 以戒後人愼己之意也라.


粗解 건곤부모乾坤父母가 중립中立이 되어 차례로 괘卦를 연다는 것이니
일손풍一巽風 육진뢰六震雷 삼태택三兌澤 팔간산八艮山 등등等等의 괘卦가 좌
우左右로 분열分列하여 자리함을 뜻한다.


句解 건곤부모乾坤父母가 삼팔중지三八中指에 중립中立이 되어 괘卦를 차
례로 벌인다는 것이니　일손풍一巽風(무명지사굴無名指四屈) 육진뢰六震雷
(식지구신食指九伸) 삼태택三兌澤(소지육신小指六伸) 팔간산八艮山(무지일굴拇
指一屈)괘卦 등등等等을 좌우左右로 분열分列한다 함.


補解 고인古人의 의사意思가 이르지 못한 후천금화지리后天金火之理를
통관洞觀하신 일부一夫께서 금화문金火門의 주인主人이 되어 오곤지五坤
地 십건천十乾天이 곤남건북坤南乾北으로 호역기위互易其位하는 원리原理
와 사구금四九金 이칠화二七火가 교역변역交易變易하는 후천지리后天之理
를 밝히시고 금화문金火門을 차례로 개문開門하시니, 일손一巽 육진六震
삼태三兌 팔간八艮이 괘도卦圖의 주궁主宮인 오곤지五坤地(☷) 십건천十乾
天(☰)의 좌우左右로 분열分列하여 정위定位함으로써 십수정역괘도十數
正易卦圖의 후천설위后天設位가 완성完成되었음을 밝힌 것이다. 동남東南
과 서북西北의 유위維位에 정위定位한 일손一巽(☴) 육진六震(☳)은 건곤

주궁乾坤主宮의 장남장녀長男長女로서 부모父母를 좌우左右에서 보필輔弼하여 대리용정代理用政(뇌풍·용정雷風用政)하며, 동서정위東西正位에 대위對位한 삼태三兌(☱) 팔간八艮(☶)은 건곤주궁乾坤主宮의 소남소녀少男少女로서 합덕이통기合德而通氣하여 후천변화后天變化를 용사用事하고, 동북東北과 서남西南의 유위維位에 정위定位한 사감四坎(☵) 구리九離(☲)는 건곤주궁乾坤主宮의 중남중녀中男中女로서 감수리화坎水離火가 상제相濟하여 선후천先后天의 종시終始를 주관主管하니, 이로써 후천금화문后天金火門은 활짝 열리는 것이다. 선생先生께서 전문前文에서는 십수十數 정역팔괘도正易八卦圖에 담긴 후천지리后天之理는 고인古人들도 밝힌 바 없는 절대진리絶對眞理임을 밝히시고, 차문此文에서는 정역괘도正易卦圖의 팔괘배열八卦配列과 용사用事를 밝힌 것이다.[85]

---

四七. (3) 古<sub>고</sub>今<sub>금</sub>天<sub>천</sub>地<sub>지</sub>一<sub>일</sub>大<sub>대</sub>壯<sub>장</sub>觀<sub>관</sub>이오 今<sub>금</sub>古<sub>고</sub>日<sub>일</sub>月<sub>월</sub>第<sub>제</sub>一<sub>일</sub>奇<sub>기</sub>觀<sub>관</sub>이라

• 고금의 천지에 하나의 큰 장관이오 금고今古 일월에 제一의 기관奇觀이라.

---

85 補註: 東北 西南의 維位에서 先后天의 終始를 主管한다 함은 『周易』 說卦傳에 「艮은 東北之卦也니 萬物之所成終而所成始也」 라고 하여 東北維位가 先天의 終始宮임을 밝혔으므로 그 對位인 西南維位는 后天의 終始宮이 되는 것이니, 故로 正易卦圖의 四坎 九離는 先后天의 終始를 主管하는 것이다.
　그리고 左右分列한 一六三八은 正易卦圖의 卦數(一巽六震三兌八艮)를 말한 것이나, 여기에는 河圖數의 一六水 三八木의 五行數理가 含蓄되어 있으므로 亦是 后天의 河圖用事를 뜻하는 것이다.

**註義** 十乾五坤貞觀天地하니 亘古今一大壯觀이요 四坎九离貞明
日月하니 溯今古第一奇觀이라.[86]

**粗解** 옛날부터 이제까지 온 천지天地에서 제일장관第一壯觀은 뇌천대장
雷天大壯과 풍지관風地觀이요 금고今古의 제일기관第一奇觀은 사구이칠금
화문四九二七金火門을 가리킴이니 건곤천지乾坤天地가 중립中立이 되어 동
서삼팔東西三八과 좌우左右의 一六 四九로 분열分列되고 중건천重乾天 중
곤지重坤地의 괘도성립卦圖成立으로 인因한 일대장관一大壯觀과 제일기관
第一奇觀임을 표현表現한 것이다.

**句解** 옛 부터 이제까지 온 천지天地에서 제일장관第一壯觀은 뇌천대장雷
天大壯과 풍지관風地觀이요 금고今古의 제일기이第一奇異한 것은 사구이
칠금화문四九二七金火門을 가리킴이니 건곤천지부모乾坤天地父母가 삼팔
중지三八中指에서 중립中立되어 동서삼팔東西三八(소남소녀少男少女)과 좌우
일육左右一六(장남장녀長男長女)과 四九(중남중녀中男中女) 등 삼남삼녀三男三
女로 분열分列하고 이천칠지二天七地(중건천重乾天 중곤지重坤地)의 십수괘
도十數卦圖 성립成立으로 인因한 일대장관一夫壯觀과 제일기관第一奇觀임
을 표현表現함.

**補解** 일부선생一夫先生께서 후천금화지리后天金火之理를 통관洞觀하시
고 금화문金火門을 활짝 개문開門하시니, 곤남건북坤南乾北으로 건곤乾
坤이 정위正位하고 일손육진一巽六震이 좌우左右에서 주위主位를 보필輔
弼하여 대리용정代理用政하며, 삼태팔간三兌八艮이 좌우분열左右分列하고

---

86 편집자주: 『정역대경(모필본)』은 '古今', 『정역주의(하상역본)』는 '今古'로 기록되어 있다.

사감수四坎水 구리화九離火가 상제相濟하여 적벽강赤壁江을 이루는바, 이와 같은 후천지경后天之景은 고금천지古今天地의 일대장관一大壯觀이라 하지 않을 수 없다. 이는 육진뢰六震雷와 십건천十乾天이 합덕合德하여 뇌천대장괘雷天大壯卦를 이루고 일손풍一巽風과 오곤지五坤地가 합덕合德하여 풍지관괘風地觀卦를 이루게 되므로 장관壯觀이 되는 것이다. 또한 이칠화二七火와 사구금四九金은 호역기위互易其位하여 후천변혁后天變革을 주관主管하며, 수화水火가 상제相濟하여 적벽강赤壁江을 이루고 찬란燦爛한 금화문金火門이 우뚝하니, 이는 금고세월今古歲月에 처음 보는 제일第一의 기관奇觀이라 할 것이다. 이상以上은 일부一夫께서 획괘畫卦하신 정역팔괘도正易八卦圖의 현묘玄妙한 금화지리金火之理는 유사이래有史以來 유일무이唯一無二한 진리眞理이므로 그 괘도지상卦圖之象을 자송自頌한 것이다. 고금천지古今天地는 공간적空間的인 장관壯觀을 말함이요 금고일월今古日月은 시간적時間的으로 가장 신묘神妙한 기관奇觀임을 말한 것이다.

---

四七.(4) 歌頌七月章一篇하고[87] 景慕周公聖德하니
가 송 칠 월 장 일 편     경 모 주 공 성 덕

• 빈풍豳風 七月장 한편을 칭송하여 노래하고 주공周公의 성덕聖德을 크게 사모하는 바이니,

註義 慕古歌誦兮여 詩之七月篇은 卽周之授時也요 周公之制禮
모 고 가 송 혜   시 지 칠 월 편    즉 주 지 수 시 야    주 공 지 제 례

---

87 편집자주 : 『정역대경(모필본)』에는 '七月七篇', 『정역주의(하상역본)』와 『정역(돈암서원본)』에는 '七月一篇'으로 기록되어 있다.

<sup>작악</sup> <sup>인기시손익</sup> <sup>수천재지하</sup> <sup>막감의의이준수</sup> <sup>개비오</sup>
作樂은 因其時損益이니 數千載之下에 莫敢擬議而遵守라 蓋非五

<sup>제지불상연악</sup> <sup>삼왕지불상습례</sup> <sup>연예악</sup> <sup>천자지사야</sup>
帝之不相沿樂이요 三王之不相襲禮일새라 然禮樂은 天子之事也

<sup>고</sup> <sup>수부자</sup> <sup>종주이이</sup>
라 故로 雖夫子라도 從周而已라.


<sup>차칠월</sup> <sup>일세중원지절</sup> <sup>하추상선</sup> <sup>금화호역 이만물</sup>
[演解] 且七月은 一歲中元之節이며 夏秋相禪에 金火互易 而萬物

<sup>치양지시고</sup> <sup>인차칠월장시 이가송주공지성덕</sup> <sup>우감유화지</sup>
致養之時故로 引此七月章詩 而歌頌周公之盛德하야 寓感流火之

<sup>변절이</sup> <sup>일</sup> <sup>오</sup> <sup>십 삼원</sup> <sup>이우절후이언즉 일</sup> <sup>속우입춘이</sup>
變節耳라. 一 · 五 · 十 三元을 以寓節候而言則 一은 屬于立春이

<sup>오</sup> <sup>속우입추</sup> <sup>십</sup> <sup>속우대한</sup> <sup>대한</sup> <sup>일세대성지절이</sup>
고 五는 屬于立秋이며 十은 屬于大寒하니, 大寒은 一歲大成之節이

<sup>입춘</sup> <sup>일세원시지절</sup> <sup>입추</sup> <sup>일세치양지절</sup>
오 立春은 一歲元始之節이오 立秋는 一歲致養之節이라.


[粗解] 시경詩經의 빈풍칠월장豳風七月章은 주공周公이 성왕成王을 위爲하

여 농사農事하는 근경勤境을 읊으신 것이니 주공周公의 성덕聖德을 크게

우러러 사모思慕하며 찬송讚頌한 것이다.


[句解] 〈칠월장七月章〉 일편一篇을 칭송稱頌하야 노래한 것은《시경詩經》

에 〈빈풍칠월장豳風七月章〉을 주공周公이 성왕成王을 위하여 농사짓는 근

경勤境을 지으시고 읊으신 것이니 주공周公의 성덕聖德을 크게 우러러 사

모思慕한 것이라 함.


[補解] 시경詩經의 빈풍칠월장豳風七月章을 가송歌頌하시고 주공周公의 성

덕聖德을 우러러 사모思慕하셨음은 주공周公의 덕업德業을 칭송稱頌한

것이나 여기에는 숨은 뜻이 있는 듯 하다. 일년一年을 선先·후천后天으로 나누면 금화교역金火交易은 여름에서 가을로 넘어가는 칠월七月에 이루어지는 것이니, 금화金火가 교역交易하는 시기時期와 현상現象을 칠월장七月章의 주공성덕周公聖德에 우의寓意하여 금화지리金火之理를 밝힌 것이며, 또한 일부一夫께서 솔성지공率性之工으로 천지무형지경天地無形之景을 통관洞觀하시고 후천금화지리后天金火之理를 밝혀 정역괘도正易卦圖를 완성完成한 업적業績을 빈풍칠월장豳風七月章을 지으신 주공성덕周公聖德에 비유比喩하여 인용引用하신 듯하다. 또 하나는 후세後世에 내려오면서 빈풍칠월장豳風七月章은 빈인豳人들의 시詩로서 주공소작周公所作이 아니라고 의심疑心하는 사람이 있으므로 일부一夫께서는 칠월장七月章을 가송歌頌하시고 주공周公의 성덕聖德을 경모景慕함으로써 세인世人들의 의혹疑惑을 해소解消하였는바, 이는 금화송金火頌에서 밝힌 후천금화지리后天金火之理는 절대진리絶對眞理이므로 고인古人들의 말씀이 없었다고 하여 의심疑心하지 말라는 뜻을 은연중隱然中 함축含蓄하신 듯 하다.

---

四七.(5) 於好夫子之不言이 是今日을
　　　　오 호 부 자 지 불 언　　시 금 일

● 아 – 공부자께서 말씀하시지 않으신 것이 바로 오늘날임을.

[註義] 且不言禮樂之時라 然이나 以禮樂之德으로[88] 傳至于今日은
차 불 언 예 악 지 시　연　이 예 악 지 덕　전 지 우 금 일

---

88 편집자주 : 『정역대경(모필본)』은 "且不言禮樂之時, 然, 以禮樂之德"이라고 기록되어 있고, 『정역주의(하상역본)』는 "且不言禮樂之德"으로 기록되어 있다.

후 생　뇌 지 이 송 습　　시 개 주 공 공 자 지 성 덕 야
后生이 賴之而誦習이니 是皆周公孔子之盛德也라.[89]

粗解 공부자孔夫子께서 말씀하지 않으신 것은 후천십무극后天十无極이다. 그러므로 일부선생一夫先生은 불언무극유의존不言无極有意存이라 하셨다.

句解 공부자孔夫子께서 말씀 않으신 것은 후천십무극后天十无極이요 불언무극유의존不言无極有意存이라 하심. 어호於好는 감탄사感歎詞로서 호의好意함을 밝힌 것이라 함.

補解 공부자孔夫子께서는 천지유형지리天地有形之理는 모두 말씀하셨으나 오늘날 일부一夫께서 밝히신 후천무극지리后天无極之理와 십수괘도지리十數卦圖之理는 말씀하시지 않았으니, 이를 탄歎한 것이다. '오호於好'는 탄사歎辭이나 '오호於乎'와는 다른 뜻이 있으니, 즉卽 내가 좋아하는 뜻이 함축含蓄된 탄사歎辭인바, 이는 천지유형지리天地有形之理는 다 말씀하신 부자夫子께서 무슨 연유緣由로 후천무극지리后天无極之理는 말씀하시지 아니하여 오늘날 육십년솔성지공六十年率性之工으로 이룩한 정역正易에 대對하여 선성先聖의 말씀이 없다는 이유理由로 의심疑心하는 사람이 있으니, 이것이 가탄지사可歎之事라는 뜻이다.

　제사송第四頌은 십수十數 정역팔괘도正易八卦圖를 성도成圖하시고 후천后天의 현묘玄妙한 금화지리金火之理를 모두 밝히시니, 이 천지무형지경天地無形之景은 고금천지古今天地에서 처음 보는 일대장관一大壯觀이요 제일기관第一奇觀이므로 이를 빈풍칠월장豳風七月章의 주공성덕周公聖德에 은

---

89 편집자주 : 『정역대경(모필본)』은 "後 賴之而誦習"으로 '生'字 누락되어 있다.

연중隱然中 비유比喩하여 자송自頌한 것이며, 이러한 진리眞理를 불언不言하신 공부자孔夫子의 뜻을 헤아리시고 찬탄讚歎한 것이다.

---

금 화 오 송
四八. 金火五頌이라.

---

• 금화金火를 다섯 번째 칭송함이라.

粗解 사구금四九金과 이칠화二七火의 금화호역金火互易을 거듭 찬송讚頌한 것이다.

句解 금화오송장金火五頌章에는 금화호역金火互易으로 인因하여 불역정역不易正易의 과정課程에 대하여 찬송讚頌함이라 함.

補解 제오송第五頌은 금화송金火頌의 종장終章이다. 금화송金火頌을 오장五章으로 나누어 송頌한 것은 정역괘도正易卦圖의 주궁主宮이 오곤지五坤地이므로 후천용사后天用事를 조절調節하는 중위오황극中位五皇極을 상징象徵하여 오수五數를 부각浮刻시킨 듯하다.

> 오 호　금 화 호 역　불 역 정 역
> 四九. (1) 嗚呼라 金火互易은 不易正易이니

• 아 – 금金과 화火가 서로 자리를 바꾸는 것은 바뀌지 않는 정역正易의
원리이니,

註義 金火互易은 天地不易之正理也라.

　　　　금 화 호 역　　천 지 불 역 지 정 리 야

粗解 금화호역金火互易은 바꿀 수 없는 정역正易이라고 한 것이니, 교역
변역交易變易을 합습하여 말한 것이 호역互易이며, 불역정역不易正易은 무
윤역無閏易인 후천삼백육십일後天三百六十日을 기碁로하는 정역正易을 말
함이다.

句解 금화호역金火互易은 바뀌지 못할 정역正易이란 것이니, 교역交易 변
역變易을 합습하여 말한 것을 호역互易이라 하고 무윤력無閏曆인 삼백육
십일三百六十日 정사政事 하는 정역正易이라 함.

補解 역易에는 변역變易 불역不易의 리理가 있으니, 금화호역지리金火互
易之理는 금화金火가 교역交易 변역變易을 함으로써 후천后天을 여는 변
역지도變易之道를 말함이다. 이렇게 필연적必然的으로 변역變易하는 원리
原理가 곧 불역不易의 정역正易(정리正理)임을 밝힌 것이다. 여기에서 말하
는 정역正易은 편명篇名을 말함이 아니라 정리지역正理之易을 뜻함이니,
선천왕즉후천래先天往則后天來하는 천지순환지리天地循環之理에 따라 금
화金火가 호역互易하고 후천后天이 열리게 되는 것은 불역不易의 정리正

正易集註補解 | ……

242

理라는 뜻이다. 선천先天이 가고 후천后天이 오는 것은 여름이 가고 가을이 오는 시절時節의 바뀜과 같은 것이며, 여름의 서기暑氣(양陽)가 물러가고 가을의 선선한 냉기冷氣(음陰)가 다가오는 것은 음陰과 양陽이 서로 자리를 바꾸기 때문이니, 이것이 곧 금화교역金火交易이다. 낙서洛書를 살펴보면 구금九金은 남방상위南方上位로 당두當頭하고 칠화七火는 서방하위西方下位로 내려가서 서로 자리를 바꾸었으니, 흡사恰似 일락서산지상日落西山之象이라 이것이 곧 낙서洛書의 금화호역지리金火互易之理이다. 후천금화문后天金火門은 당권當權한 금金(음陰)에 의依하여 열리게 되며, 이와 같은 변역變易에는 일정불변一定不變의 법칙法則이 있으니, 공부자孔夫子께서는 『주역周易』하경下經의 수괘首卦인 택산함괘澤山咸卦의 구사효사九四爻辭「동동왕래憧憧往來」에 대對하여 계사하전繫辭下傳(第五章)에서「일왕즉월래日往則月來하고 월왕즉일래月往則日來하야 일월상추이명생언日月相推而明生焉하며 한왕즉서래寒往則暑來하고 서왕즉한래暑往則寒來하야 한서상추이세성언寒暑相推而歲成焉하니 왕자往者는 굴야屈也오 내자來者는 신신信(신伸)야니 굴신屈信이 상감이이생언相感而利生焉하나니라」라고 하였는바, 이는 천지순환지도天地循環之道에 따라 왕래往來를 반복反復하며 순환循環하는 원리原理를 밝힌 것이다. 천지天地의 순환循環과 만물萬物의 변역變易은 불역지리不易之理가 있음으로써 알기 쉽고 간명簡明한 것이니, 이것이 이른바 역易의 이간지도易簡之道이다. 그러므로 계사상전繫辭上傳(第一章)에 「이간이천하지리득의易簡而天下之理得矣니 천하지리득이성위호기중의天下之理得而成位乎其中矣니라」라고 하였는바, 이는 알기 쉽고 간명簡明한 이간지도易簡之道로써 천하지리天下之理를 체득體得할 수 있고 천하지리天下之理를 체득體得함으로써 천지天地와 더불어 나란히 중위中位를 얻어 삼재지위三才之位를 이룬다는 뜻이니, 이와 같은 이간지도易簡之道는 불역정역지리不易正易之理가 있음으로써 성립成立하는 것임을 밝힌 것이다.

---

**四九.** (2) 晦朔弦望進退屈伸 律呂度數造化
회 삭 현 망 진 퇴 굴 신 율 려 도 수 조 화

功用이 立이라
공 용 입

---

• 회삭현망晦朔弦望 진퇴굴신進退屈伸과 율려도수律呂度數에 따라 조화

造化功用造化功用이 서는지라,

【註義】 太陰之退極而變陽하고 太陽之進極而化陰하니 一屈一伸과
태 음 지 퇴 극 이 변 양　　태 양 지 진 극 이 화 음　　일 굴 일 신

一日之晝夜昏旦不差하고 一月之晦朔弦望이 不忒하니 律呂度數
일 일 지 주 야 혼 단 불 차　　일 월 지 회 삭 현 망　　불 특　　율 려 도 수

가 由是以定하고 造化功用이 由是以立하니 天地自然之禮樂이 成
　유 시 이 정　　조 화 공 용　　유 시 이 립　　천 지 자 연 지 예 악　　성

而日月裴然之文章으로[90] 著矣니라.
이 일 월 배 연 지 문 장　　　　저 의

【粗解】 회삭현망晦朔弦望은 일월日月의 자연운행自然運行에 의하여 변동變

動하는 현상現象이요 진퇴굴신進退屈伸은 지구地球의 공전자전公轉自轉

과 일월日月의 인력引力에 따라 일어나는 조류지각潮流地殼의 현상現象이

며, 십퇴일진지위十退一進之位 포오함육상하굴신지도包五含六上下屈伸之度

요 양율음려陽律陰呂의 도수度數와 천지자연天地自然의 조화造化와 육갑

지공六甲之功이 성립成立됨을 뜻한다.

---

90 편집자주 : 『정역주의(하상역본)』는 '裵', 『정역대경(모필본)』은 '斐'로 기록되어 있다.

句解 회삭현망晦朔弦望은 일월日月의 자연自然의 운행運行에 의依하여 변동變動하는 현상現象이요, 진퇴굴신進退屈伸은 지구地球의 공전자전公轉自轉과 일월日月의 인력引力에 따라 일어나는 조류지각潮流地殼의 현상現象이며 십퇴일진지위十退一進之位와 포오함육包五舍六과 상하굴신지도上下屈伸之度요 양율음려陽律陰呂의 도수度數와 천지자연天地自然의 조화造化와 육갑지공六甲之功이 성립成立됨이라 함.

補解 음변위양陰變爲陽하고 양화위음陽化爲陰하는 음양陰陽의 변화變化가 곧 천지변화지도天地變化之道이다. 선천先天은 음陰이 양陽으로 변變하는 과정過程이며, 후천后天은 양陽이 음陰으로 화化하는 과정過程이니, 이와 같은 변화變化는 천지일월天地日月의 진퇴굴신進退屈伸에 의依하여 이루어지는 것이다. 그러나 이러한 변역變易에는 선천先天은 선천先天의 법칙法則(역생도성逆生倒成)이 있고 후천后天은 후천后天의 법칙法則(도생역성倒生逆成)이 있으므로 일부一夫께서는 금화金火가 호역互易하여 후천금화문后天金火門이 열리면 후천도수后天度數에 따른 회삭현망晦朔弦望과 진퇴굴신進退屈伸, 율려도수律呂度數와 조화공용造化功用이 서게 된다고 밝힌 것이다. 회삭현망晦朔弦望은 일월운행日月運行에 따라 변화變化하는 달(月)의 현상現象을 말함이나 이것 역시亦是 후천도수后天度數에 맞는 회삭현망晦朔弦望이 되어야 하는 것이니, 예例를 들면 초일일初一日(삭朔)에서 십오일十五日(망望)까지는 선천월先天月이고 십육일十六日(기망旣望)부터 삼십일三十日(회晦)까지는 후천월后天月이나 이것은 선천도수先天度數의 회삭현망晦朔弦望이며, 후천도수后天度數의 회삭현망晦朔弦望은 아닌 것이다. 고故로 선천先天에서는 선천월先天月의 초일일初一日을 삭朔으로 함이 합당合當하나, 후천后天에서는 후천월后天月의 초初인 십육일十六日을 초일도初一度로 함이 또한 합당合當한 것이므로 전문前文에서 '삼십육

궁선천월三十六宮先天月 대명후천삼십일大明后天三十日'이라고 한 것이다. 선천先天은 역생도성逆生倒成하므로 진이퇴進而退하는 도수度數이며, 후천后天은 도생역성倒生逆成하므로 굴이신屈而伸하는 도수度數이니, 그 율려도수律呂度數가 달라짐은 당연當然한 이치理致이다. 그러므로 후천后天에서는 후천后天의 율려도수律呂度數에 따른 조화공용造化功用이 성립成立하는 것이니, 이는 만물萬物의 생성生成을 주재主宰하는 체용體用이 달라짐을 뜻한다. 선천先天은 하도십수河圖十數를 체體로 하고 낙서구수洛書九數를 용用하나, 후천后天은 낙서洛書를 체體로 하고 하도河圖를 용用하므로 그 체용體用이 반대反對라 고故로 역易(력曆)도 후천역后天易으로 바뀌게 되는 것이다. 금화호역金火互易을 상징象徵하는 택화혁괘澤火革卦 상전象傳에 「택중유화혁澤中有火革이니 군자이君子以하야 치력명시治歷明時하나니라」 라고 하였는바, 이는 바로 력수曆數(율려도수律呂度數)를 바르게 다스려 후천지시后天之時를 밝히라는 뜻이다.

---

四九. (3)
　　　　　성 인 소 불 언　　　　　기 일 부 감 언
　　　聖人所不言이시니 豈一夫敢言이리오마는
　　시　　명
　　時요命이시니라.

---

• 성인께서 말씀하시지 않으신 바이니 어찌 일부一夫가 감히 말하리오마는 때가 왔고 천명天命이 계심이니라.

　　　　　금 화 지 역　　　　선 성 소 불 언　　　　이 후 학 지 감 언 이 흥 기 자　　　내 시
**註義** 金火之易은 先聖所不言이나 而後學之敢言而興起者는[91] 乃時

---

91 편집자주 : 『정역대경(모필본)』은 '后學'으로 표기하고 있다.

<sup>야</sup> <sup>명야</sup> <sup>우</sup> <sup>안모시지송</sup> <sup>득기성정지정</sup> <sup>찬미선</sup>
也요 命也니라 愚가 按毛詩之頌인데[92] 得其性情之正하여 讚美先

<sup>왕지덕</sup> <sup>배우상제야</sup> <sup>금화지송</sup> <sup>발호성정지정</sup> <sup>찬미상제</sup>
王之德이 配于上帝也며 金火之頌은 發乎性情之正하여 讚美上帝

<sup>지덕</sup> <sup>합호성인야</sup> <sup>문사소이</sup> <sup>기의일야</sup> <sup>대범성현가송지</sup>
之德이 合乎聖人也니 文辭少異나 其義一也라 大凡聖賢歌誦之

<sup>작</sup> <sup>도덕지대</sup> <sup>불능형언이발어성기야</sup> <sup>선관가송자</sup> <sup>취기</sup>
作은 道德之大를 不能形言而發於聲氣也니라 善觀歌誦者는 取其

<sup>정성기상지정</sup> <sup>불필이문해의가야</sup> <sup>오송</sup> <sup>극찬천지지공</sup>
情性氣象之正이니[93] 不必以文害義可也라 五頌은 極讚天地之功

<sup>용</sup> <sup>금화위조화지문</sup>
用이니 金火爲造化之門이라.


演解 <sup>오송중</sup> <sup>운</sup> <sup>금화호역</sup> <sup>불역정역</sup> <sup>회삭현망</sup> <sup>진퇴굴</sup>
五頌中에 云 金火互易은 不易正易이니 晦朔弦望에 進退屈

<sup>신</sup> <sup>율려도수</sup> <sup>조화공용</sup> <sup>입</sup> <sup>성인</sup> <sup>소불언</sup> <sup>기일</sup>
伸과 律呂度數에 造化功用이 立함을 聖人도 所不言이시어늘 豈一

<sup>부감언</sup> <sup>시명</sup> <sup>개시지고</sup> <sup>무윤월정</sup> <sup>율려원도</sup>
夫敢言이리오 時命이라 하시니 蓋時至故로 無閏月政과 律呂原道를

<sup>시우하문이</sup> <sup>시치대혁</sup> <sup>황천</sup> <sup>이금화묘화</sup> <sup>성대운</sup> <sup>도인</sup>
示于下文耳라. 時値大革에 皇天은 以金火妙化로 成大運하고 道人

<sup>이금화묘리</sup> <sup>성지공</sup> <sup>범세</sup> <sup>이금화묘기</sup> <sup>성이용</sup> <sup>기</sup>
은 以金火妙理로 成至工하고 凡世는 以金火妙技로 成利用하니 豈

<sup>불송기금화지성공여</sup> <sup>공용입</sup> <sup>완성이무기차야</sup>
不頌其金火之盛功歟아. 功用立은 完成而無奇差也라.


粗解 천시천명天時天命을 어찌 일부一夫가 감敢히 회삭현망晦朔弦望과

진퇴굴신進退屈伸 율려도수律呂度數와 조화공용造化功用의 불역정역不易

正易이 성립成立하는 과정過程을 말하리요 마는 천시天時요 천명天命이

---

92 편집자주 :『정역주의(하상역본)』는 '頌', 『정역대경(모필본)』은 '誦'으로 기록되어 있다.
93 편집자주 :『정역주의(하상역본)』는 '象', 『정역대경(모필본)』은 '像'으로 기록되어 있다.

계셨으므로 말씀한다는 것이다.

句解 성인聖人께서 말씀하지 않으신 바니 어찌 일부一夫가 감敢히 회삭현망晦朔弦望과 진퇴굴신進退屈伸과 율려도수律呂度數와 조화공용造化功用 불역정역不易正易이 성립成立하는 과정課程을 말 하리오 마는 천시天時요 천명天命이 계심이라 함.

補解 일부선생一夫先生은 금화송金火頌의 종장終章에서 선성先聖께서도 말씀한바 없는 금화호역金火互易 불역정역不易正易의 후천지리后天之理를 일부一夫가 감敢히 말함은 천시天時요 천명天命이라고 하셨다. 고인古人의 시詩에 "산승불해수갑자山僧不解數甲子 일엽낙지천하추一葉落知天下秋"라는 구절句節이 있으니, 범인凡人은 일엽낙一葉落의 작은 조짐兆朕이라도 본 연후然後에야 비로소 시절時節을 감지感知할 수 있으나, 일부一夫께서는 육구지년六九之年에 시견공始見工하신 이후以後 오직 일념지공력一念之功力으로써 후천지천시后天之天時를 감지感知하시고 더욱 적공積功하시어 마침내 하늘의 계시啓示를 받아 십수十數 정역팔괘도正易八卦圖의 완성完成과 아울러 후천금화지리后天金火之理를 통관洞觀하시고 정역상하편正易上下篇을 쓰셨으니, 이는 천시天時요 천명天命인지라 이를 세상世上에 펴지 않는다면 천명天命을 거역拒逆하는 것이 되므로 '일부감언一夫敢言 시명時命'이라고 하신 것이다.

천지변화지도天地變化之道는 천지일월天地日月의 진퇴進退와 굴신작용屈伸作用을 뜻함이니, 공자孔子는 『주역周易』 계사하전繫辭下傳(第五章)에서 「왕자往者는 굴야屈也오 내자來者는 신신(신伸)야也니 굴신屈信이 상감이이생언相感而利生焉하니라 척확지굴尺蠖之屈은 이구신야以求信也오 용사지칩龍蛇之蟄은 이존신야以存身也오」 라고 하였는바, 가는 것(往)은 사라지는 것이므로 굴屈(음陰)이요 오는 것(來)은 생겨나는 것이므로 신伸(양陽)이다, 예例를 들면 씨앗이 땅에 떨어져 흙에 묻히는 과정過程은 굴屈이고 흙 속에 묻혔던 씨앗이 싹을 터서 형상形象을 드러내는 과정過程은 신伸이니, 이는 자벌레가 전진前進하기 위爲하여 몸을 굽히고 용사龍蛇가 몸을 보존保存하기 위爲하여 겨울잠을 자는 이치理致와 같은 것이다. 그러므로 선천先天이 가고 후천后天이 온다는 것은 생장生長(伸)하는 시절時節은 가고 성숙成熟하여 수장收藏(屈)하는 시절時節이 다가옴을 뜻하는 것이니, 이는 천지순환天地循環의 필연적必然的인 과정過程이므로 우리 인간人間은 이와 같은 자연질서自然秩序에 순응順應하여 슬기롭게 대처對處하는 것이 곧 척확지굴尺蠖之屈 용사지칩龍蛇之蟄의 지혜智慧가 될 것이다. 혹자或者는 후천시대后天時代가 열리면 사시장춘四時長春의 지상천국地上天國이 화현化現되는 것처럼 미화美化하여 해석解釋하고 있으나 필자筆者의 관견管見으로는 수긍首肯할 수 없다.

금화송金火頌은 정역正易의 핵심원리核心原理인 정역팔괘도正易八卦圖의 진리眞理와 후천금화지리后天金火之理를 밝히시고 그 위대偉大함을 시송詩頌한 것이니, 시경詩經의 송頌은 위대偉大한 성왕聖王의 성덕盛德을 찬미讚美하였으나, 금화金火의 송頌은 위대偉大한 상제上帝(자연自然)의 덕화德化을 찬미讚美한 것이다. 선천先天은 만물萬物의 생장기生長期이므로 억음존양抑陰尊陽하는 성왕聖王의 덕德이 필요必要하였으나, 후천后天은 성숙수장지시成熟收藏之時이므로 성왕聖王의 덕치德治보다는 조양율음調陽律陰하는 상제上帝의 덕화德化가 절실切實하기 때문이다. 계사하전繫辭下傳(第五章)에서 또 말씀하시기를 「정의입신精義入神은 이치용야以致用也오 궁신지화窮神知化는 덕지성야德之盛也라」 라고 하였으니, 금화송金火頌을 잠심탐구潛心探究하면 정역正易의 진수眞髓를 얻어 도道에 근접近接하게 될 것임을 확신確信하는 바이다.

五十. 嗚呼라 日月之德이여 天地之分이니 分을
積十五하면 刻이요 刻을 積八하면 時요 時를
積十二하면 日이요 日을 積三十하면 月이요 月
을 積十二하면 朞니라.

• 아 – 해와 달의 공덕은 하늘과 땅이 나누어진 것이니, 분分을 十五를

쌓으면 각刻이요 각을 八을 쌓으면 시時요 시時 十二를 쌓으면 일日이요

일을 삼십三十을 쌓으면 월月이요 월을 十二를 쌓으면 기朞니라.

**註義** 天地之性은 無心而生化라 似无積累之漸이나 然日月終始之

德은 卽天地生化之分이라 分積十五而成刻하고 刻積八而成時하

며 時積十二而成日하고 日積三十而成月하며 月積十二而成朞하

니 朞者期也라 日月之於天地는 始分而終合하니 如期而相會故로

謂之期라.

**粗解** 일월日月의 덕德은 곧 천지일월天地日月이 생생生生하는 덕德을 말함

이니 천지天地에서 나누어진 것이 일월日月의 덕德이다. 건곤십오乾坤十五

(십건오곤十乾五坤)를 단위單位로 하야 쌓은 것이 일각一刻이 되고, 팔각八

刻이 일시一時가 되고, 십이시十二時가 일일一日이 되니 구십육각九十六刻

이고, 일日을 삼십三十하면 월月이 되고, 월月을 十二하면 당기삼백육십일
當朞三百六十日이 된다.

句解 일월日月의 덕德은 곧 천지일월天地日月의 생생한 덕德을 말함이니
천지天地에서 나뉘어 진 게 일월日月의 덕德이라 함. 건곤십오乾坤十五를
단위로 하야 쌓은 것이 일각一刻이 되고, 팔각八刻이 일시一時가 되고, 십
이시十二時가 일일一日이 되니 구십육각九十六刻이 되고, 일日을 삼십三十
하면 월月이 되고, 월月을 십이월十二月하면 당기삼백육십일當朞三百六十日
이라 함.

補解 주역周易 서괘전序卦傳에 「유천지연후有天地然後에 만물萬物이 생언
生焉하니 영천지지간자유만물盈天地之間者唯萬物이라」고 하였다. 만물萬
物의 생성生成과 변화變化를 주재主宰하는 것은 일월日月이나 그 일월지덕
日月之德은 천지지도天地之道에서 분화分化된 것이므로 복희선천팔괘도
伏羲先天八卦圖에 천지天地(건곤乾坤)를 체體로 하고 일월日月(리감離坎)을 용
用으로 하여 정위定位하였으니, 이는 천지天地가 있은 연후然後에 일월日
月이 발용發用함을 밝힌 것이다. 만물萬物은 끊임없이 변화變化하고 종시
終始를 반복反復하며 순환循環하고 있는바, 이러한 순환循環에는 일정一
定한 시간時間의 단위單位가 있으니, 이 순환단위循環單位는 천지일월天地
日月의 운행도수運行度數를 기본基本으로 하여 정정定한 것이므로 만물萬物
의 변화變化를 헤아리는 기본척도基本尺度가 되는 것이다.
　분分은 시간時間의 기초단위基礎單位로서 천지지분天地之分이므로 천지
지수天地之數를 기본基本으로 하였으니 곧 십건천十乾天 오곤지五坤地의
합수合數인 십오분十五分으로 일각一刻을 이루며, 각刻은 팔괘지수八卦之
數인 팔각八刻으로 써 시時를 이루고, 시時는 지구자전地球自轉을 기본基

本으로 하여 십이지지수十二地支數인 십이시十二時로서 일日을 이루며, 일日은 월月과 배합配合하므로 달의 주기週期인 삼십일三十日로서 월月을 이루고, 월月은 지구地球와 배합配合하므로 십이지지수十二地支數인 십이월十二月로서 기朞를 이루니 기朞는 삼백육십일三百六十日이다. 이와 같이 시時는 천지일월天地日月의 배합配合으로 정정定하여지는 단위單位로서 이 시간단위時間單位(년월일시年月日時)에 십천간十天干과 십이지지十二地支를 배합配合하면 육십갑자六十甲子의 순환도수循環度數가 성립成立하는바, 이 육갑도수六甲度數는 천지일월天地日月의 운행도수運行度數와 만물萬物의 생성변화生成變化를 헤아릴 수 있는 진리척도眞理尺度가 되는 것이다. 일부一夫께서 서두書頭에 '오호嗚呼라' 하고 감탄感歎하신 것은 년월일시年月日時의 순환循環에 배합配合되어있는 육십갑자六十甲子의 상수원리象數原理는 그 심오深奧함이 서불진언書不盡言하며 언불진의言不盡意라 고故로 감탄사感歎辭로서 묵이시지黙而示之하신 것이다.

---

五一. 朞는 生月하고 月은 生日하고 日은 生時하고
時는 生刻하고 刻은 生分하고 分은 生空하니
空은 无位니라.

---

• 기朞는 월月을 생하고 월은 일日을 생하고 일은 시時를 생하고 시는 각刻을 생하고 각은 분分을 생하고 분은 공空을 생하나니 공은 위位가 없느니라.

**註義** <sup>기 위 음 부 이 생 월</sup> <sup>월 위 양 모 이 생 일</sup> <sup>일 위 강 부 이 생 시</sup>

**註義** 朞爲陰父而生月하고 月爲陽母而生日하며 日爲剛父而生時

<sup>시 위 유 모 이 생 각</sup> <sup>각 생 분</sup> <sup>분 생 공</sup> <sup>기 변</sup> <sup>무 궁</sup>
하고 時爲柔母而生刻하며 刻生分하고 分生空하니 其變이 无窮이요

<sup>기 성</sup> <sup>환 생</sup> <sup>재 분</sup> <sup>필 성</sup> <sup>공 수 무 위</sup> <sup>실 조 화 지 추 뉴</sup>
旣成하면 還生하니 纔分이나 必成이니 空雖无位나 實造化之樞紐

<sup>야</sup> <sup>전 설 대 고</sup> <sup>비 의</sup> <sup>우</sup> <sup>안 역 계 왈 범 위 천 지 지 화 이 불 과</sup>
也라 前說大故로 備矣라 愚가 按易繫曰 範圍天地之化而不過하며

<sup>곡 성 만 물 이 불 유</sup> <sup>통 호 주 야 지 도 이 지</sup> <sup>고</sup> <sup>신 무 방 역 무 체</sup>
曲成萬物而不遺하며 通乎晝夜之道而知라 故로 神无方易无體라

<sup>개 천 지 자 연 지 역</sup> <sup>무 유 정 체</sup> <sup>신 묘</sup> <sup>무 유 방 소</sup> <sup>저</sup>
하니라 蓋天地自然之易은 无有定體이나 神妙하여 无有方所니 著

<sup>지 어 만 물</sup> <sup>명 지 어 주 야</sup> <sup>성 인</sup> <sup>앙 관 부 찰</sup> <sup>재 성 보 상</sup>
之於萬物하고 明之於晝夜이니라 聖人이 仰觀俯察하고 裁成輔相하

<sup>지 무 불 통</sup> <sup>행 무 불 성</sup> <sup>여 천 지</sup> <sup>병 립 위 삼</sup> <sup>삼 극 지 도</sup>
여[94] 知无不通하고 行无不成하니 與天地로 並立爲三이라 三極之道

<sup>기 비</sup> <sup>유 이 음 계</sup> <sup>명 이 양 계</sup> <sup>신 인 동 도</sup> <sup>무 불 화 해 의</sup>
가 旣備니 幽而陰界와 明而陽界로 神人同道하니 無不和諧矣라.

**演解** <sup>일 월 지 정</sup> <sup>시 우 분 이 적 위 일 기</sup> <sup>원 통 호 장 지 무 궁 년 수</sup>

**演解** 日月之政은 始于分而積爲一朞하야 元統會章之無窮年數가

<sup>개 유 어 일 분 초 중 이</sup>
蓋由於一分秒中耳라.


**粗解** 기朞가 생월生月하면 십이월十二月이 되고 월月이 생일生日하면 삼십

일三十日이 되고 일日이 생시生時하면 십이시十二時가 되고 시時가 생각生

刻하면 팔각八刻이 되고 각刻이 생분生分하면 십오분十五分이 되고 분分

은 생공生空하니 공空은 무위無位이다.


**句解** 기朞가 생월生月하면 십이월十二月이 되고 월月이 생일生日하면 삼십

---

94 편집자주 : 『정역주의(하상역본)』는 '裁成輔相', 『정역대경(모필본)』은 '裁相輔相'으로
기록되어 있다.

일三十日이 되고 일日이 생시生時하면 십이시十二時가 되고 시時가 생각生刻하면 팔각八刻이 되고 각刻이 생분生分하면 십오분十五分이 되고 분分은 생공生空하니 공空은 위位가 없다 함.

補解 전문前文에서는 시時의 기초단위基礎單位인 분分에서 적상積上하여 차례로 올라가며 각刻·시時·일日·월月·기朞의 시위時位를 성도成道하였으나 이는 초기初期의 생성과정生成過程이며, 최상시위最上時位인 기삼백육십朞三百六十이 성도成道한 연후然後에는 기삼백육십朞三百六十을 체體로 하여 만물萬物의 운도運度를 통섭統攝하므로 월月·일日·시時·각刻·분分은 기朞의 용用이 되어 각기各其 용정用政을 분장分掌하는 것이니, 고故로 기朞는 용월用月하고 월月은 용일用日하며 일日은 용시用時하고 시時는 용각用刻하며 각刻은 용분用分하고 분分은 용用이 없는 것이다. 일부一夫께서는 전문前文에서 시위時位의 성도과정成道過程을 논론論하시고 차문此文은 각각 시위時位의 체용體用을 논론論한 것이니, 성도과정成道過程은 하생상下生上으로 역생逆生하고 성도후成道後에는 상생하上生下로 도생倒生하니, 태음太陰 태양太陽의 성도과정成道過程과 같으며, 기삼백육십朞三百六十은 시위時位의 주체主體로서 용用인 월月을 생생生하고 이하以下 차례로 하생下生하여 분分에 이르면 분分은 공空을 생생生하고 공空은 무위无位라고 하였다. 이 공무위空无位는 역생逆生하여 시위時位를 이룰 때에는 각시위各時位의 기초基礎가 되는 바탕으로서 체體가 되는 것이나, 시위時位가 성도成道하여 체용體用이 정정定하여진 연후然後에는 무위无位이므로 용用이 없다. 그러나 공무위空无位는 위位만 없을 뿐이지 실실實은 무소부재无所不在하므로 천지만물天地萬物을 포용包容하고 있는 십무극十无極과 같다고 할 수 있다.

　기삼백육십朞三百六十은 하도십수河圖十數와 낙서구수洛書九數를 합합한 십구수十九數를 자승自乘하여 얻은 삼백육일수三百六十一數(19×19=361)에서 본체수本體數인 一(태극太極)을 제외除外한 수數이므로 이 기수碁數에는 하도낙서河圖洛書의 원리原理와 천지만물지리天地萬物之理를 포괄包括하고 있는 것이다. 그러므로 기삼백육십碁三百六十은 크게는 대우주大宇宙로부터 작게는 극미極微에 이르기까지 그 순환도수循環度數와 변화變化를 측도測度할 수 있는 기본척도基本尺度가 되는 것이니, 소강절선생邵康節先生이 제시提示한 대순환지기大循環之碁 십이만구천육백년十二萬九千六百年도 기실其實은 기삼백육십碁三百六十을 자승自乘하여 얻은 수數(360×360=129,600)이므로 기삼백육십碁三百六十의 의의意義는 크다고 할 것이다.[95]

---

95 補註 : 邵康節先生이 提示한 元會運世의 碁數도 모두 碁三百六十數를 基本으로 한 것이니, 이를 說明하면 다음과 같다.

　一元　129,600年　(360年×360年)　十二會
　一會　10,800年　　(129,600月)　三十運
　一運　360年　　　(129,600日)　十二世
　一世　30年　　　　(129,600時)

　或者는 碁三百六十을 地球의 公轉週期와 混同하고 있는바, 이는 碁의 成立原理를 理解하지 못한 所致이다. 碁三百六十은 極大에서 極微에 이르는 모든 循環體의 循環度數를 말함이니, 地球의 自轉을 例로 하면 地球는 舊時로 十二時間에 一自轉하므로 그 自轉度數는 十二度라고 생각하기 쉬우나 地球의 自轉度數는 三百六十度이며, 十二時는 三百六十度를 十二等分한 時間單位인 것이다. 그러므로 循環週期가 循環度數와 一致하는 循環體는 宇宙에서 오직 地球의 一日之碁뿐이다. 故로 地球의 公轉週期와 달(月)의 週期 等 모든 循環體의 週期를 測度하는 尺度는 一日之碁三百六十(十二時)을 基本尺度로 하는 것이다. 『周易』 繫辭上傳(九章)에 「乾之策이 二百一十有六이오 坤之策이 百四十有四라 凡三百有六十이니 當碁之日」 이라 하였는바, 이는 乾坤之策數 三百六十은 一日之碁三百六十에 當(符合)한다는 뜻이며, 一年之碁가 三百六十日이라는 뜻이 아니다. 이미 堯舜時代에 一年의 週期는 三百六十五度四分度之一이라고 밝혀져 있었는데, 孔子께서 이를 모르시고 一年의 週期를 三百六十日이라고 말씀하였을 理가 없는 것이다.

十五一言 ｜ ⋮

• 요堯(도당씨陶唐氏)임금의 기朞는 三百六十六일이니라.


　　　　역　　일월야　　력　　유정유윤　　삼 백 육 십 자　　력지정야
註義 易은 日月也요 曆은 有正有閏이니 三百六十者는 曆之正也며

영육일자　역지윤야　이윤　　정사시지성세야　차이하　설
零六日者는 曆之閏也라 以閏으로 定四時之成歲也니 此以下의 說

일월지정　상견우서
日月之政은 詳見虞書라.


　　　　서 운 천행심건　　일 일 일 야　　주삼백육십오도사지일이
演解 書云 天行甚健하야 一日一夜에 周三百六十五度四之一而

우진일도　　차　천지행　비일즉가일도야　차　매주야
又進一度라하니 此는 天之行이 比日則加一度也라. 此는 每晝夜에

일불급천지일도상차　추산일년적수즉　천여일　상우동지시
日不及天之一度相差로 推筭一年積數則 天與日이 相遇冬至時를

가 지
可知하니라.


粗解 서경요전書經堯典에 「제왈자帝曰咨아 여희기화汝羲暨和여 기삼백유

육순유육일朞三百有六旬有六日이니 이윤월以閏月이라사 정사시성세定四時

成歲하야 윤리백공允釐百工하야 서적庶績이 함희咸熙하리라」 하였으니

이를 말한 것이다.


句解 요堯임금의 기朞는 삼백육십육일三百六十六日이라 하였으니 《서경

書經 요전堯典》에 "제왈자여희기화帝曰咨汝羲暨和아 기朞는 삼백육순유

육일三百六旬有六日이니 이윤월以閏月이라사 정사시성세定四時成歲하야 윤리백공允釐百工하야 서적庶績이 함희咸熙하리라"함.

補解 요堯임금은 백성百姓을 덕德으로 다스린 성군聖君이시다. 서경우서書經虞書에 요堯임금이 신하臣下인 희씨羲氏와 화씨和氏에게 말씀한 것을 요약要約하여보면 「일년一年은 삼백육십육일三百六十六日이니 윤월閏月을 둠으로써 춘하추동春夏秋冬의 사시四時를 정定하고 한 해를 이루는 것이니, 백관百官들은 잘 다스려 무릇 많은 공적功績이 다 빛나게 되리라」라고 하였으며, 또 말씀하시기를 「넓고 큰 하늘을 삼가 공경恭敬하고 일월日月과 별자리의 운행運行을 자주 관찰觀察하여 백성百姓들에게 정성을 다해 때(時節)를 알리도록 하라.(乃命羲和<sup>내명희화</sup> 欽若昊天<sup>흠약호천</sup> 曆象日月星辰<sup>역상일월성신</sup> 敬授<sup>경수</sup> 人時<sup>인시</sup>)」라고 하교下敎하였다. 우서虞書의 글을 살펴보면 제요帝堯는 백성百姓을 위爲한 덕치德治에만 주력注力하였으므로 기삼백육십육일朞三百六十六日은 오직 순환주기循環週期를 알아 치력治曆함으로써 민생民生에 불편不便이 없도록 시절時節을 알려주는 것이 주목적主目的이었다. 그러나 후대後代에 이르러 문왕文王이 주역周易을 연역演繹한 이후以後에는 기삼백육십도朞三百六十度를 천지일월天地日月과 만물萬物의 순환循環을 측도測度하고 변화變化를 헤아리는 기본척도基本尺度로 하였으므로 공자지기孔子之朞는 제요지기帝堯之朞와는 뜻을 달리하는 것이다. 제요지기帝堯之朞는 단순單純히 시절時節의 변화變化를 알기 위爲해 지구地球의 공전주기公轉週期를 파악把握한 것에 불과不過하며, 공자지기삼백육십孔子之朞三百六十은 천지만물天地萬物의 생성변화生成變化를 주재主宰하는 리기理氣(음양오행陰陽五行)의 순환도수循環度數를 뜻하는 것이므로 지구地球의 공전주기公轉週期와는 다른 것이다. 다시 말하면 만물萬物의 변화變化를 헤아리는 척도尺度로서의 기朞를 말함이니, 주역계사전周易繫辭傳에 건

곤책수乾坤之策數가 삼백육십三百六十이므로 기삼백육십朞三百六十의 도수度數와 같다고 하였는바, 건곤책수乾坤之策數는 미래未來의 변화變化를 헤아리기 위爲해 행行하는 점서지책수占筮之策數이니, 이 점서책수占筮策數가 기삼백육십도朞三百六十度와 동일同一하다고 한 것은 공자지기孔子之朞가 제요지기帝堯之朞와는 그 맥脈이 다름을 알 수 있다. (전문前文의 補註 참조參照) 일부一夫께서 제요지기帝堯之朞를 말씀하신 뜻은 십오성인十五聖人의 내력來歷을 밝힌 것처럼 기朞의 내력來歷을 밝히시고 일부지기一夫之朞는 공자지기孔子之朞와 같으며, 또한 제요지기帝堯之朞와는 차이差異가 있음을 밝히려는 뜻이 함축含蓄되어 있는 것이다.

---

五三. 帝舜之朞는 三百六十五度四分度之
(제 순 지 기    삼 백 육 십 오 도 사 분 도 지)
一이니라.
(일)

---

• 순舜(유우씨有虞氏)임금의 기朞는 삼백육십오三百六十五도 사분도四分度의 一이니라.

註義 上六日者는 閏之定體요 此五度四分之一者는 閏之實用也
(상 육 일 자    윤 지 정 체    차 오 도 사 분 지 일 자    윤 지 실 용 야)
라 五日二百三十五分은 過於曆正故로 謂之氣盈이요 所謂陽曆也
(오 일 이 백 삼 십 오 분    과 어 력 정 고    위 지 기 영    소 위 양 력 야)
라 每日日法九百四十分은 非其全日法故로 是謂閏日分也라 月法
(매 일 일 법 구 백 사 십 분    비 기 전 일 법 고    시 위 윤 일 분 야    월 법)
二十九日四百九十九分은 不及이니 四百四十一分而不得全月故
(이 십 구 일 사 백 구 십 구 분    불 급    사 백 사 십 일 분 이 부 득 전 월 고)

로 是謂朔虛也라 歲法의 三百五十四日三百四十八分은 不及이니

五日五百九十二分而不成正歲故로 謂之小歲요 此爲陰曆也라 合

陰陽曆歲餘日則零하면 十日八百二十七分이니 積此餘日하면 五

歲再閏이요 十九歲七閏하면 成一章之曆數也라 詳見虞書其法註

解라.

演解 書云日行速健이 次於天하야 一日一夜에 周三百六十五度

四之一이라하니 此는 日之行이 比天則減一度也라.

粗解 순순舜임금의 기朞는 삼백육십오도사분도지일三百六十五度四分度之一

이니 현재現在 쓰고있는 윤력閏曆이다.

句解 순순舜임금의 기朞는 삼백육십오도사분도지일三百六十五度四分度之一

이니 현재現在 쓰고 있는 윤력閏曆이라 함.

補解 제요지기帝堯之朞는 개략적槪略的으로 측정測定한 주기週期이고 제

순지기삼백육십오도사분도지일帝舜之朞三百六十五度四分度之一은 거의 정

확正確하게 측정測定한 주기週期이나 역시亦是 제요지기帝堯之朞와 맥脈

을 같이하는 기朞이다. 우서순전虞書舜典에 「구슬로 만든 혼천의渾天儀

선기옥형璿璣玉衡으로 살피시어 칠정七政(일월여오성日月與五星)의 운행도

수運行度數를 바로잡으셨다.(在璿璣玉衡 以齊七政)」 라고 하였는바, 순순舜

임금은 천문관측기구天文觀測器具를 만들어 천체운행天體運行을 관측觀測하였으므로 정확正確한 도수度數를 측정測定하여 제요지기帝堯之朞의 오차誤差를 바로잡은 듯 하다. 그러나 지금의 측정치觀測値와는 약간若干의 오차誤差가 있다. (현재現在의 측정치觀測値는 365.2422일日로서 사분도지일四分度之一보다 0.78도度가 부족不足하다. 2422는 백분율百分率로서 즉卽 백분百分의 24.22이니, 사분도지일四分度之一인 25.00보다 0.78도度가 부족不足한 것이다) 일부一夫께서 제순지기帝舜之朞를 말씀한것 역시亦是 기朞의 내력來歷이 유구悠久함을 밝히신 것이다.

---

五四.
일 부 지 기　　삼 백 칠 십 오 도　　십 오　　존
一夫之朞는 三百七十五度니 十五를 尊
공　　　　정 오 부 자 지 기　　　　당 기 삼 백 육 십
空하면 正吾夫子之朞니[96] 當朞三百六十
일
日이니라.

---

• 일부의 기朞는 삼백칠십오三百七十五도이니 십오十五를 존공尊空하면 바로 우리공부자孔夫子의 기朞 삼백육십三百六十일과 같으니라.

註義　삼 백 칠 십 오 도 자　　토 금 수 목 화　　개 성 도 즉 각 성 칠 십 오 도
三百七十五度者는 土金水木火가 皆成度則各成七十五度
야　　십 오 존 공 자　　십 여 오　　위 천 지 성 명 지 지 존 고　　공 기 위 이
也라 十五尊空者는 十與五로 爲天地性命之至尊故로 空其位而
불 용 야　　연 즉 도　　합 어 역 계 소 재 당 기 삼 백 육 십 일　　차 개 율
不用也라 然則道는 合於易繫所載當朞三百六十日이니 此蓋律

---

96 편집자주 : 『정역주의(하상역본)』는 '正吾夫子之朞'로 '朞'字를 교정하여 넣은 표시가 있으며, 『정역대경(모필본)』은 '正吾夫子之'로 '朞'字가 없이 기록되어 있다.

<ruby>曆<rt>력</rt></ruby><ruby>之<rt>지</rt></ruby><ruby>正<rt>정</rt></ruby><ruby>也<rt>야</rt></ruby>. <ruby>日法<rt>일법</rt></ruby>은 <ruby>一千四百四十分<rt>일천사백사십분</rt></ruby>이니 <ruby>此所以分列謂閏政矣<rt>차소이분열위윤정의</rt></ruby>라

<ruby>九百四十分<rt>구백사십분</rt></ruby>은 <ruby>分政於太陽之體<rt>분정어태양지체</rt></ruby>하고 <ruby>三百四十六分<rt>삼백사십육분</rt></ruby>은 <ruby>分政於太陰<rt>분정어태음</rt></ruby>

<ruby>之體<rt>지체</rt></ruby>하니 <ruby>三十六分<rt>삼십육분</rt></ruby>은 <ruby>分政於律呂之度<rt>분정어율려지도</rt></ruby>니라 <ruby>恰用十一時而行晝夜<rt>흡용십일시이행주야</rt></ruby>

<ruby>之政<rt>지정</rt></ruby>하니 <ruby>一時<rt>일시</rt></ruby>는 <ruby>爲時母而不動<rt>위시모이부동</rt></ruby>이며 <ruby>又化來日之分也<rt>우화내일지분야</rt></ruby>요 <ruby>時之戌空<rt>시지술공</rt></ruby>

이 <ruby>是也<rt>시야</rt></ruby>니 <ruby>后天正曆所以成也<rt>후천정역소이성야</rt></ruby>라.


演解 <ruby>此二帝閏曆之外<rt>차이제윤력지외</rt></ruby>에 <ruby>三百六十日戊己無閏之曆度<rt>삼백육십일무기무윤지력도</rt></ruby>는 <ruby>夫子始<rt>부자시</rt></ruby>

<ruby>發言也<rt>발언야</rt></ruby>시니라. <ruby>戊己中位<rt>무기중위</rt></ruby>는 <ruby>性界之無閏也<rt>성계지무윤야</rt></ruby>오 <ruby>地域中心<rt>지역중심</rt></ruby>은 <ruby>形界之無<rt>형계지무</rt></ruby>

<ruby>閏也<rt>윤야</rt></ruby>니 <ruby>此用中之度<rt>차용중지도</rt></ruby>는 <ruby>無加無減<rt>무가무감</rt></ruby>이니라.


粗解 <ruby>一夫之朞<rt>일부지기</rt></ruby>는 <ruby>三百七十五度<rt>삼백칠십오도</rt></ruby>이니 <ruby>十五乾坤數<rt>십오건곤수</rt></ruby>인 <ruby>戊己十五<rt>무기십오</rt></ruby>를 <ruby>尊空<rt>존공</rt></ruby>하면 바로 <ruby>孔夫子<rt>공부자</rt></ruby>의 기朞인 <ruby>三百六十日正曆度數<rt>삼백육십일정력도수</rt></ruby>이다. <ruby>一元推衍數二百十六<rt>일원추연수이백십육</rt></ruby>과 <ruby>無極數六十一<rt>무극수육십일</rt></ruby>과 <ruby>皇極數三十二<rt>황극수삼십이</rt></ruby>와 <ruby>日極數三十六<rt>일극수삼십육</rt></ruby>과 <ruby>月極數三十<rt>월극수삼십</rt></ruby>을 합合하면 <ruby>三百七十五度<rt>삼백칠십오도</rt></ruby>로서 <ruby>十五數<rt>십오수</rt></ruby>를 <ruby>尊空<rt>존공</rt></ruby>하면 <ruby>三百六十日正數<rt>삼백육십일정수</rt></ruby>이다.


句解 <ruby>一夫之朞<rt>일부지기</rt></ruby>는 <ruby>三百七十五度<rt>삼백칠십오도</rt></ruby>이니 <ruby>十五乾坤數<rt>십오건곤수</rt></ruby>인 <ruby>戊己十五<rt>무기십오</rt></ruby>를 <ruby>尊空<rt>존공</rt></ruby>하면 <ruby>孔夫子<rt>공부자</rt></ruby>의 기朞니 <ruby>三百六十<rt>삼백육십일</rt></ruby> <ruby>正曆度數<rt>정력도수</rt></ruby>라 하니 <ruby>一元推衍數<rt>일원추연수</rt></ruby> 二一

六과 무극수无極數 육십일六十一과 황극수皇極數 삼십이三十二와 일극수日極數 삼십육三十六과 월극수月極數 삼십三十을 합습하면 삼백칠십오도三百七十五度로서 십오수十五數를 존공尊空하면 삼백육십일정수三百六十日正數라 함.

일부선생一夫先生은 일부지기一夫之朞는 삼백칠십오도三百七十五度이나 십오十五를 존공尊空하니 공부자孔夫子의 기朞와 같다고 하였다. 그러나 유의留意할 점點은 공자지기孔子之朞는 선천지기先天之朞를 말함이고 일부지기一夫之朞는 후천지기后天之朞를 말한 것이니, 기朞의 수數는 같으나 쓰는 시기時期는 다른 것이다. 그리고 기朞를 산정算定하는 원리原理를 명확明確하게 밝힌 근거根據는 찾을 수 없으나 다만 『주역周易』계사전繫辭傳에서 건지책이백십육乾之策二百十六과 곤지책백사십사坤之策百四十四의 합수合數가 당기지일當期之日이라 하였는바, 이는 건곤책수乾坤策數가 기수朞數와 같다는 뜻이지 이를 근거根據로 기朞를 산정算定하였다는 뜻은 아니며, 일부一夫께서도 역시亦是 기수朞數만을 말씀하시고 그 근거根據는 밝히지 않았다. 위 '粗解'에서 일원추연수이백십육一元推衍數二百十六 무극수육십일无極數六十一 황극수삼십이皇極數三十二 일극수삼십육日極數三十六 월극수삼십月極數三十을 합산合算하면 삼백칠십오수三百七十五數가 된다는 해석解釋 역시亦是 일부지기一夫之朞의 산출근거算出根據라고 볼 수는 없다.

　필자筆者의 관견管見으로는 공자지기孔子之朞는 선천지용先天之用인 낙서구수洛書九數에서 취취取하였고, 일부지기一夫之朞는 후천지용后天之用인 하도십수河圖十數에서 취취取한 것으로 추정推定하는바, 그 이유理由는 선천지용先天之用인 낙서구수洛書九數를 놓고 볼 때 중궁수오中宮數五는 중심中心의 부동수不動數이므로 제외除外하고 동수動數인 一二三四(생수生

數)와 六七八九(성수成數)를 합산合算하면 사십수四十數를 얻게 되므로 이 사십수四十數를 동극지수動極之數인 구수九數로 승승乘하면 삼백육십三百六十(40×9＝360)의 기수朞數를 얻게 되는 것이다. 그러므로 공자孔子께서 말씀한 바는 없으나 공자지기삼백육십孔子之朞三百六十은 낙서구수洛書九數에서 얻은 삼백육십오三百六十五에서 중궁수오中宮數五를 존공尊空하였음이 분명分明하다. 일부一夫께서 '일부지기삼백칠십오도一夫之朞三百七十五度니 십오十五를 존공尊空하면 정오부자지기正吾夫子之朞'라고 한 것은 하도십수河圖十數에서 산출算出한 삼백칠십오三百七十五에서 하도중궁수십오河圖中宮數十五를 존공尊空하여 얻었음을 말씀한 것이 분명分明하며, 그 원리原理는 공자孔子께서 산정算定한 원리原理와 같으므로 '정오부자지기正吾夫子之朞'라고 한 것이다. 또한 선천先天에서는 낙서구수洛書九數를 용용用하고 후천后天에서는 하도십수河圖十數를 용용用하므로 공자지기孔子之朞는 낙서洛書에서 취취取하고 일부지기一夫之朞는 하도河圖에서 취취取하였음을 미루어 짐작斟酌할 수 있는 것이다.

지구地球의 공전주기公轉週期는 조력造曆의 근거根據로서 실측實測에 의依하여 얻은 수치數値이고, 기삼백육십朞三百六十은 천지음양지기天地陰陽之氣의 순환도수循環度數를 이기理氣의 순환원리循環原理에 의依하여 산정算定한 도수度數이다. 예예例를 들면 력서曆書에 일년一年의 대大·소월小月과 일수日數는 실측實測한 공전주기公轉週期(365.2422日)에 의依하여 정정定하는 것이고, 력서曆書의 년월일年月日에 병기倂記한 육십갑자六十甲子(십천간十天干·십이지지十二地支)는 천지음양지기天地陰陽之氣의 순환도수循環度數를 표시表示한 것으로 이는 기삼백육십朞三百六十의 원리原理에 의依한 것이다. 혹자或者는 일부一夫께서 일부지기一夫之朞(삼백육십도三百六十度)는 공자지기孔子之朞와 같다고 말씀하였으므로 후천后天이 되면 지구地球의 공전주기公轉週期와 기삼백육십도朞三百六十度가 일치一致하는 무윤정력無閏正曆이 되고 황도黃道와 적도赤道가 일치一致하여 동지하지冬至夏至가 없어지게 된다는 해석解釋을 하고 있는 바, 이는 기朞의 성립원리成立原理를 이해理解하지 못하고 공전주기公轉週期와 기朞를 혼동混同한 인식認識의 착오錯誤에서 비롯된 것이니, 공자시대孔子時代로부터 지금至今에 이르기까지 황도黃道와 적도赤道가 일치一致한 바 없었는데 후천시대后天時代에 갑자기 지구地球의 공전주기公轉週期가 달라질 까닭이 없으며, 또한 황도적도黃道赤道가 일치一致하게 된다면 춘하추동春夏秋冬의 기후변화氣候變化가 없어지게 되는 바, 이러한 기후순환氣候循環의 정지停止는 있을 수 없는 일이다. 이와 같은 음양오행陰陽五行의 정리正理에 부합不合하는 해석解釋이나 주장主張은 자칫하면 정역正易의 진리眞理를 오도誤導하는 결과結果가 초래招來될 수도 있으므로 이를 우려憂慮하는 바이다.[97]

---

[97] 補註: 宇宙의 萬有循環體의 循環度數는 모두 三百六十度로서 同一하나, 다만 循環體의 大小遠近에 따라 循環時間(週期)의 差異가 있을 뿐이다. 그러므로 우리가 살고있는 地球의 自轉度數亦是 三百六十度로서 그 自轉時間은 正確하게 十二時間(一日)에 一自轉하므로 一時間에 三十度를 進度하는 것이다. 이 宇宙空間에서 循環度數(360度)와 循環週期가 一致하는 循環體는 오직 地球뿐이므로 地球의 自轉時間(12時間一日)은 모든 循環體의 週期를 測度하는 基本尺度가 되고 있다. 그러므로 地球의 公轉週期三百六十五,四分度之一日도 地球의 自轉時間을 尺度로 하여 測度한 數值이니, 地球가 三百六十度를 公轉하는 週期는 正確하게 365.2422日(365日5時間48分46秒)이므로 公轉度數(360度)와는 一致하지 않으며, 地球의 自轉時間을 尺度로 하는 限 一致할 수도 없는 것이다. 宇宙의 모든 循環體는 모두 三百六十度의 循環運動을 誤差없이 正確하게 反復하고 있으므로 尺度로 한 地球의 自轉時間과 一致하지 않는다고 하여 問題가 될 것은 없는 것이며, 다만 이러한 不一致로 因하여 地球는 宇宙의 氣(陰陽五行之氣)를 受氣함에 있어서 變化가 生하는 것이다. 이 變化原理를 밝힌 것이 곧 易이며, 이를 數로써 밝힌 것이 曆數이니, 故로 一夫께서는 大易序에서 「易者曆也」라고 말씀한 것이다. 本文에 一夫之朞는 正吾夫子之朞라고 말씀한 것은 筆者의 管見으로는 孔子가 十而翼之한 原理와 精神을 그대로 正易의 根本原理로 하였음을 밝히신 것이라고 생각하는바, 그 理由는 大易序에서 「夫子親筆吾己藏하니 道通天地無形外라」고 하시어 一夫之易은 孔子之易을 繼承하여 演繹한 것임을 밝혔기 때문이다.

前文에서도 이미 言及한 바와 같이 或者는 正易에 一夫之朞가 孔子之朞(三百六十度)와 같다고 하였으므로 后天이 到來하면 地球의 公轉日數(週期)와 朞數(三百六十度)가 一致하게 되고 또한 地球의 地軸이 九十度로 바로 서게 되므로 黃道와 赤道가 一致하여 冬至夏至가 없어지고 極寒極暑의 氣候變化가 없는 四時春風의 地上天國이 化現된다는 等으로 荒唐한 解釋을 하여 后天原理를 밝힌 正易을 秘訣類와 같은 后天豫言書로 顚落시키는

五度而月魂生申하니 初三日이오 月弦上
오도이월혼생신　　초삼일　　월현상

亥하니 初八日이오 月魄成午하니 十五日이
해　　초팔일　　월백성오　　십오일

望이니 先天이니라.
망　　선천

• 五度에 월혼月魂이 신申에서 생하니 초三일이요 달이 해亥에서 상현이

되니 초八일이요 월백月魄이 오午에서 이루어져 십오十五일이 보름이니

선천이니라.

註義 辰爲月窟이니 自辰至申을 謂五度也라 一水四金이 凝而成體
진위월굴　　자진지신　　위오도야　　일수사금　　응이성체

하고 二火三木이 感而生影하여 魂生於申하고 弦上於亥하며 魄成
이화삼목　　감이생영　　혼생어신　　현상어해　　백성

於午를 謂之望이니 先天之政이라.
어오　　위지망　　선천지정

演解 此는 無閏曆法으로 明其月之晦朔弦望也라 月體가 隱於
차　　무윤력법　　명기월지회삭현망야　　월체　　은어

二十八之辰分而見于初三之申分故로 云五度而月魂生申耳라.
이십팔지진분이견우초삼지신분고　　운오도이월혼생신이

周天六十度에 月政은 減用其半故로 二八運度內十六日戊辰을 初
주천육십도　　월정　　감용기반고　　이팔운도내십육일무진　　초

朔日로 移躔革用하야 計至亥則初八日이니 月弦上亥이며 又計之
삭일　　이전혁용　　계지해즉초팔일　　월현상해　　우계지

午則十五日이니 月魄成午니라.
오즉십오일　　월백성오

---

現實은 참으로 안타까운 일이다.

**粗解** 오도五度를 가면 월혼月魂이 신申자리에서 생생生生하니 초삼일初三日이 되는 것은 이십팔일경진二十八日庚辰에 달이 굴굴屈한 즉(무색정사無色政事) 오도五度에 가서 초삼일갑신初三日甲申에 당당當하니 월혼생신月魂生申이라 하며, 달이 반월半月이 된 것을 월현月弦이라 하고 선천先天 무진초戊辰初 하루에서 팔일八日이 되면 을해乙亥가 되니 이것을 상해上亥라하고 또 선천先天 무진戊辰 초初하루에서 십오일임오十五日壬午에 가서 체백體魄이 형성形成되니 원만圓滿한 선천先天보름달이 된다.

**句解** 오도五度를 가면 월혼月魂이 신申자리에서 나니 초삼일初三日이 되는 것은 이십팔일경진二十八日庚辰에 달이 굴굴屈하므로(무색정사無色政事) 오도五度에 가서 초삼일初三日 갑신甲申에 당당當하니 월혼月魂 생신生申이라 함. 달이 반半달이 된 것을 월현月弦이라 하고 선천先天 초初하루 일진日辰인 무진戊辰에서 팔일八日이 되면 을해乙亥가 당당當하니 이것을 상해上亥라 함. 선천先天 무진戊辰 초初하루에서 십오일十五日이면 임오壬午에 가서 체백體魄의 형성形成으로 원만圓滿한 선천先天 보름달이라 함.

**補解** 전문前文 기삼백육십笄三百六十은 지구地球와 일日(태양太陽)의 정사政事를 논론論한 것이고 차문此文은 월月(태음太陰)의 정사政事를 논론論한 것이다. 일월지정日月之政은 곧 수화지정水火之政이니, 만물萬物의 생성生成과 변화變化는 수화水火가 주재主宰하는 것이므로 선천지용先天之用인 문왕팔괘文王八卦는 수화水火(감리坎離)를 체體로 하고 금목金木(진태震兌)을 용용用하나, 후천지용后天之用인 정역팔괘正易八卦는 수화水火가 정위正位에서 동북간東北間(사감四坎)과 서남간西南間(구리九離)으로 퇴위退位하였으니, 이는 금화호역金火互易을 뜻함이고 뇌풍雷風(진손震巽)용정用政에 산택山澤(간태艮兌)통기通氣는 후천后天의 정사政事이다. 그러므로 일부一

夫께서는 먼저 선先·후천后天의 기朞를 밝히시고 이어서 월정月政을 밝힌 것이다.

전문前文에서 '기생월朞生月'이라 하였으니, 기삼백육십朞三百六十으로 생월生月하면 월정도수月政度數는 고르게 삼십일三十日(360÷12=30)이 되므로 월정도수月政度數는 삼십도三十度이다. 차문此文은 이 월정도수月政度數로서 선천先天의 회삭현망晦朔弦望을 논론論論한 것이니, '오도이월혼생신五度而月魂生申하니 초삼일初三日'이라 함은 월月은 수영이기허數盈而氣虛하여 월체月體의 형상形象이 소장消長과 영휴盈虧를 반복反復하므로 달의 형체形體가 이십팔일二十八日(진진辰)부터 사라졌다가 오일후五日後 초삼일初三日(신申)에 서西쪽에서 모습을 나타내니 월혼생신月魂生申이요 월현상해月弦上亥는 초팔일初八日(해亥)의 상현월上弦月을 말하며, 월백성오月魄成午는 초일일무진初一日戊辰에서 십오일임오十五日壬午에 이르면 월지체백月之體魄이 원만圓滿하게 형성形成된 보름달이 되어 망望이 되니 곧 선천월先天月의 월백성오月魄成午이다.[98]

98 [補註]: 海水의 潮汐現象은 달에 依하여 一定하게 反復되는바, 每月 初八日(上弦月)을 上亥라 하고 二十三日(下弦月)을 下巳라고 하니, 이 上亥 下巳는 潮水의 干滿時刻을 뜻한다. 一夫께서는 每月 月政度數가 三十으로 均一하므로 每月初一日朔을 戊辰戊戌로 起하여 十五日 壬午壬子를 望으로 하였으니, 이는 后天月政이 달라지는 것을 밝히기 爲하여 先天月政을 먼저 말씀한 것이다.

五六. 月分于戌하니 十六日이오 月弦下巳하니
二十三日이요 窟于辰하니 二十八日이요 月
復于子하니 三十日이 晦니 后天이니라.

• 달이 술戌에서 나누어지니 十六일이요 사巳에서 하현下弦이 되니
二十三일이요 진辰에서 굴窟하니 二十八일이요 자子에서 회복하여 삼십
三十일이 그믐(晦)이니 후천이니라.

**註義** 窟者는 屈也요 宅也라 自午至戌은 亦五度而分焉이니 弦下於
巳하고 窟宅於辰하여 精復於子를 謂之晦이요 后天之政이라.

**演解** 自十六日戊戌로 計至巳則二十三日이니 月弦下巳이며 又計
至子則三十日이니 月復于子니라. 分은 月光이 虧也며 窟은 月體가
隱也라. 此無閏之月政은 由於戊己也니라.[99]

**粗解** 일월日月이 마주 바라보는 상태가 망望이니 후천後天 계미초癸未初
하루에서 십육일十六日이 무술戊戌이므로 이를 월분우술月分于戌이라 하
며, 이십삼일二十三日이면 을사乙巳가 되니 이를 하현下弦이라 하고 이십
팔일二十八日이면 경진경술庚辰庚戌이니 이를 월굴우진月窟于辰이라 한다.

---

99 原註: 自辰分至午十五度-自戌分至子十五度 合三十度也

월月이 자子에서 회복回復한다는 것은 후천력后天曆으로 삼십일三十日이면 임자임오壬子壬午가 되므로 자子에서 회복回復한다 하며, 이를 후천회일后天晦日이라 한다. 달이 본시本是 자체自體에서 광光을 발휘發輝하는 것이 아니라 태양太陽의 빛을 받아 영허소장盈虛消長의 형태形態를 이루는 것이며, 달의 자체自體는 어두운 것이다. 월굴우진月屈于辰하니 이십팔일二十八日이요 월복우자月復于子하야 삼십일三十日이면 달이 본체本體로 회복回復하는 것이다.

**句解** 일월日月이 마주 바라보는 상태가 망望이니 후천后天 계미癸未 초初하루에서 십육일十六日이 무술戊戌이므로 월분우술月分于戌이라 함. 후천后天 초初하루인 계미癸未에서 이십삼일二十三日이면 을사乙巳가 되니 이를 월현하사月弦下巳라 함. 후천后天 초初하루인 계미癸未 계축癸丑에서 이십팔일二十八日이면 경진庚辰 경술庚戌이 당當하니 월굴우진月窟于辰이라 함. 월月이 자子에서 회복回復한다는 것은 후천력后天曆으로 계미癸未 계축癸丑인 초初하루에서 삼십일三十日이면 임자壬子 임오壬午가 되는 것을 자子에서 복復한다 하며, 후천회일后天晦日이라 하고 달이 본시本是 자체自體에서 광光을 발휘하는 것이 아니라 태양太陽 빛을받아 영허소장盈虛消長의 형태形態를 이루는 것이므로 달의 자체自體는 어두운 것이요 월굴우진月屈于辰하니 이십팔일二十八日이요 월복우자月復于子하니 삼십일三十日이면 그믐달이 본체本體로 회복回復함 함.

**補解** 전문前文은 선천先天의 월정月政을 논론論論하고 차문此文은 후천后天의 월정月政을 말씀한 것이다. 선천先天의 월정月政은 초일일삭初一日朔을 무진무술戊辰戊戌에서 시始하여 십오일十五日 임오임자壬午壬子가 망望이 되나, 후천后天의 월정月政은 십육일十六日이 후천지시后天之始이므로 임오

임자壬午壬子(망望)의 다음인 계미계축癸未癸丑을 초일일삭初一日朔으로 하는 바, 계미계축癸未癸丑에서 기산起算하면 십육일十六日이 무진무술戊辰戊戌에 당當하므로 무진무술戊辰戊戌을 후천월后天月의 시시始로 하니, 이로써 선천월정先天月政이 끝나고 후천월정后天月政이 시작始作되는지라 고故로 '월분우술십육일月分于戌十六日'이라 한 것이다. 무술戊戌에서 팔도八度를 진進하면 을사乙巳이니 곧 '월현하사이십삼일月弦下巳二十三日'이요, 다시 오도五度를 진進하면 경술경진庚戌庚辰이니 '월굴우진이십팔일月窟于辰二十八日'이 되며, 또 이도二度를 진進하면 임오임자壬午壬子로서 삼십일회三十日晦라 후천월정后天月政이 끝나면서 월月의 체백體魄이 회복回復되니, 이를 '월복우자月復于子 삼십일회三十日晦 후천后天'이라 한 것이다. 월굴우진月窟于辰의 '굴窟'은 월택月宅을 말함이니, 곧 월月이 입택入宅하여 형체形體가 사라짐을 뜻한다.

선천지정先天之政은 복희선천괘도伏羲先天卦圖의 일건천위주一乾天爲主이므로 태양太陽(일日)의 정사政事이나, 후천지정后天之政은 정역괘도正易卦圖의 오곤지五坤地(황극황극皇極)위주爲主이므로 태음太陰(월月)의 정사政事이다. 고故로 일부一夫께서 태음지정太陰之政에 대對하여 거듭 말씀한 것이니, 하문下文의 복상월復上月 천심월天心月 황중월皇中月 황심월皇心月을 잠심연구潛心硏究하면 후천지정后天之政을 이해理解하게 될 것이다.

---

五七.
월 합 중 궁 지 중 위　　일 일　　삭
月合中宮之中位하니 一日이 朔이니라.

---

• 달이 중궁의 중위中位에서 합하니 一일이 삭朔이니라.

註義 中宮<sup></sup>을 謂戌宮이요 中位를 謂亥宮이요 朔은 謂消而復生也라

盖月分于戌而必合於戌하니 當亥而合朔하고 日月交感은 已屈之

氣蘇生이라[100] 至于三日而哉生明하니 此以下는 承日月之政으로

起律呂之政也니라.


演解 此月日合朔度數는 以月法으로 計則二十九日四百九十九分

也니 即三十日午初二刻末分也라. 午之初二刻이 即午之三刻也니

細計則 四百七十分이 爲六時며 二十九分이 三刻假量也니 弱三

抄七厘半이라. 陳氏註云六時零三刻弱이 是也.


粗解 선천先天과 후천后天의 초初하루가 되는 원리原理는 달이 중궁中宮

의 중위中位에서 합삭合朔하는 때가 초初하루가 되는 것이니, 이십팔수

운기도二十八宿運氣圖의 운기運氣가 그것인즉 선천先天의 초初하루는 계

미계축癸未癸丑으로부터 삼십일三十日 임오임자壬午壬子까지의 중궁지중

위中宮之中位인 무진무술戊辰戊戌이 초初하루가 되고, 후천后天의 초初하

루 또한 선천무진무술先天戊辰戊戌에서 삼십일三十日 정유정묘丁酉丁卯까

지의 중궁지중위中宮之中位인 계미계축癸未癸丑이 후천后天 초初하루가

되는 것이다.


句解 선천先天과 후천后天의 초初하루 되는 원리原理는 달이 중궁中宮

---

100 편집자주 : 『정역주의(하상역본)』는 '屈', 『정역대경(모필본)』은 '窟'로 기록되어 있다.

의 중위中位에서 합삭한 때가 초初하루가 되는 것이니, 이십팔수운기도二十八宿運氣圖의 운기運氣가 그런 연유緣由이므로 선천先天의 초初하루는 계미癸未 계축癸丑으로부터 삼십일三十日 임오壬午 임자壬子까지의 중궁지중위中宮之中位는 무진戊辰 무술戊戌이 초初하루가 되고, 후천后天의 초初하루 또한 선천先天 무진戊辰 무술戊戌에서 삼십일三十日인 정유丁酉 정묘丁卯까지의 중궁지중위中宮之中位는 계미癸未 계축癸丑이 된 위치位置가 후천后天 초初하루가 된다 함.

補解 월月은 수영이기허數盈而氣虛하여 소장消長과 영휴盈虧를 반복反復하는바, 중궁中宮은 망월望月이 이루어지는 십오일十五日을 말하며, 중위中位는 망望에서 다음달 망望까지 삼십일三十日의 중위中位를 말함이니 곧 일월日月이 합삭合朔하는 초일일初一日을 말하는 것이다. 이는 삭일朔日의 육갑지진六甲之辰이 정定해지는 이치理致를 말씀한 것이니, 이미 전문前文에서 '월백성오月魄成午 십오일망十五日望 선천先天'이라고 하여 선천先天의 망일望日을 말씀하였다. 고故로 선천先天의 망일望日이 임오임자壬午壬子이므로 그 다음날은 계미계축癸未癸丑이 되는바, 계미계축癸未癸丑에서 다음달 임오임자壬午壬子까지 삼십일간三十日間의 중궁지중위中宮之中位는 무진무술戊辰戊戌이므로 선천先天의 초일일삭初一日朔은 무진무술戊辰戊戌이 되며, 후천后天은 월분우술月分于戌이라 십육일十六日을 후천월지시后天月之始로 하니, 십육일十六日을 무진무술戊辰戊戌로 하여 다음달 십오일十五日(정유정묘丁酉丁卯)까지 삼십일간三十日間의 중궁지중위中宮之中位는 계미계축癸未癸丑이 되므로 후천后天의 초일일삭初一日朔은 계미계축癸未癸丑이 되는 것이다. 일부一夫께서 월일합삭도수月日合朔度數를 육갑지진六甲之辰으로 말씀한 뜻은 육십갑자六十甲子의 순환도수循環度數가 곧 음양오행지기陰陽五行之氣의 순환도수循環度數(천지운행도수天地運

行度數)와 부합符合하는 것이므로 월체月體의 회삭현망晦朔弦望과 영허소장盈虛消長하는 순환도수循環度數를 천지도수天地度數와 맞추기 위爲하여 간지도수干支度數로써 월정도수月政度數를 말씀한 것이다.

---

　　　　　육 수 구 금　　회 이 윤 이 율
五八. 六水九金은 會而潤而律이니라.

• 육수六水와 구금九金은 모여 불려서 율律이 되느니라.

　　　　　육 수　　위 계 위　　구 금　　위 신 위　　조 화 지 초　　신 계 지 정
[註義] 六水는 謂癸位요 九金은 謂辛位라 造化之初에 辛癸之精

　　화 어 기 위　　　융 화 이 성 율　　　조 어 태 양 지 체　　매 일 지 분 용
이 化於己位하여 融和而成律하니 調於太陽之體라. 每日之分用

구 백 사 십 분
九百四十分이라.[101]

　　　　　육 수 구 금　　월 야　　여 일 십 이 회 즉 자 유 십 이 삭 지 윤 수 야 고
[演解] 六水九金은 月也니 與日十二會則自有十二朔之潤數也故로

십 이 율 려 지 칭 명　　응 월 도 이 생 야　　십 이 삭 지　　분 즉 육 율　　양
十二律呂之稱名은 應月度而生也라. 十二朔支를 分則六律은 陽

지 자 인 진 오 신 술 야　　육 려　　음 지 축 해 유 미 사 묘 야
支子寅辰午申戌也오 六呂는 陰支丑亥酉未巳卯也니라.[102]

---

101 편집자주 : 『정역대경(모필본)』에는 '每日之分用三十六分'이라고 기록되어 있지만 『정역주의(하상역본)』에는 없는 표현이다. 그러나 『정역대경(모필본)』의 '每日之分用三十六分'이라는 기록은 오기誤記로 보인다. 본서 260쪽 〈一夫之朞〉의 주석을 보면 '九百四十分 分政於太陽之體 三百四十六分 分政於太陰之體 三十六分 分政於律呂之度'라 기록하고 있어 '每日之分用三十六分'은 잘못된 것으로 보아 '每日之分用九百四十分'이라 바로 잡는다. '每日之分用三十六分'은 율려도수律呂度數가 매일 작용하는 시간이다.

102 [原註]: 此體方用圓也.

粗解 육수구금六水九金은 회윤會潤하는 율률인즉 무정을계신戊丁乙癸辛인 육계수六癸水 신구금辛九金이 회윤會潤하는 양률陽律이다.

句解 육수구금六水九金은 회윤會潤하는 율률이므로 무정을계신戊丁乙癸辛인 계육수癸六水와 신구금辛九金이 회윤會潤하는 양률陽律이라 함.

補解 전문前文에서는 '일수지혼一水之魂 사금지백四金之魄'이라 하고 여기서는 '육수구금六水九金'이라 하였는바, 전자前者는 태음지정太陰之精(월일月日)의 성도과정成道過程을 말한 것이고 후자後者는 성도成道한 태음지체太陰之體(월일月日)가 태양太陽(일일日日)과 합삭合朔(會)하며 순환循環(윤윤潤)함으로써 양률陽律이 이루어짐을 말함이다. 일기一朞(삼백육십일三百六十日)지중之中에 월일月日의 회윤會潤이 십이순十二循하므로 육률六律과 육려六呂가 이루어지는 것이니, 육률六律은 자인진오신술子寅辰午申戌이오 육려六呂는 축묘사미술해丑卯巳未酉亥이다. 연연然이나 육수구금六水九金의 회윤會潤으로 육률六律만을 이루는 것은 금수지음체金水之陰體인 태음太陰이 태양太陽을 용용用用하기 때문이니, 이를 체음용양體陰用陽이라 한다. 『주역周易』계사전繫辭傳에 「일음일양지위도一陰一陽之謂道」 라고 하였는바, 천지지도天地之道는 한번 음陰하고 한번 양陽하는 것이 천지순환天地循環(음변양화陰變陽化)의 정도正道이므로 월일지도月日之道 역시亦是 일률일려一律一呂하는 것이 천지지도天地之道와 부합符合하는 것이다. 그러므로 십이월지十二月支(십이지지十二地支)의 순환循環도 율월律(양陽)월月 다음은 여呂(음陰)월月이고 여월呂月 다음은 율월律月이니, 이는 일음일양지도一陰一陽之道로서 일률일려一律一呂를 뜻하는 것이다.

이 화 삼 목　분 이 영 이 려
**五九.** 二火三木은 分而影而呂니라.

• 二화 三목은 나뉘어진 그림자로서 여呂가 되느니라.

---

**註義**　이 화　　정 위　　　삼 목　위 을 위　을 정 지 령　　역 화 어 기 위
二火는 丁位이요 三木은 謂乙位라 乙丁之靈이 亦化於己位

응 취 이 성 려　　정 어 태 음 지 체　매 일 지 분 용 삼 백 사 십 육 분
하여 凝聚而成呂하니 政於太陰之體라. 每日之分用三百四十六分이

라.[103]

---

**演解**　이 화 삼 목　　일 야　매 일 분 도 즉　자 성 십 구 도 지 영 수 야 고
二火三木은 日也니 每日分度則 自成十九度之影數也故로

십 이 율 려 지 세 분　　응 일 도 이 생 야　월 지 삼 십 개 도　　일 지 삼 육 유
十二律呂之細分은 應日度而生也라 月之三十箇度와 日之三六有

순　　이 무 윤 정 법　　　용　　율 려 지 도 수　　역 수 정 이 무 기 차 고
旬을 以无閏正法으로 用한즉 律呂之度數가 亦隨正而無奇差故로

오 송　　운　율 려 도 수 조 화 공 용 입
五頌에 云 律呂度數造化功用立이라 하니라.

십 이 율 려 명　자　황 종　축　대 려　인　대 주　묘　협 종　진　고 선
十二律呂名: 子－黃鍾　丑－大呂　寅－大簇　卯－夾鍾　辰－姑洗

사　중 려　오　유 빈　미　임 종　신　이 칙　유　남 려
巳－仲呂　午－蕤賓　未－林鍾　申－夷則　酉－南呂

술　무 사　해　응 종
戌－無射　亥－應鍾

율　법 야　려　조 야　언 조 양 선 기 야　차 이 일 도 지 세 분　　조
律은 法也며 呂는 助也니 言助陽宣氣也며 且以日度之細分으로 助

---

103 편집자주 : 『정역대경(모필본)』에는 '每日之分用三百四十六分'이라고 기록되어 있지만
『정역주의(하상역본)』에는 없는 표현이다

성십이율고　려　부우일정이언이　궁현　팔십일현　상현
成十二律故로 呂를 附于日政而言耳라 宮絃은 八十一絲・商絃은

칠십이현　각현　육십삼현　치현　오십사현　우현　사십오
七十二絲・角絃은 六十三絲・徵絃은 五十四絲・羽絃은 四十五

현　차응일구도세수이생야　성출어양이흥조심기고　성인현
絲니 此應日九度細數而生也니라. 聲出於陽而興助心氣故로 聖人效

차작악　창화만민지성정
此作樂하야 暢和萬民之性情하시니라.


粗解 이화二火 삼목三木은 분영分影한 여呂인즉 무정을계신戊丁乙癸辛인

정이화丁二火 을삼목乙三木이 분영分影하는 음려陰呂이다.


句解 이화삼목二火三木은 분영分影하는 여呂가 되므로 무정을계신戊丁

乙癸辛인 정이화丁二火와 을삼목乙三木이 분영分影하는 음려陰呂라 함.


補解 전문前文에서 태양지정太陽之精은 칠화지기七火之氣와 팔목지체八

木之體로서 성도成道한다고 하였으나, 여기서는 이화삼목二火三木의 분영

分影이 육려六呂를 이룬다고 하였는바, 이는 포태지정胞胎之精과 성도지

체成道之體는 그 기질氣質이 다르기 때문이니, 예例를 들면 나무의 씨앗

과 씨앗에서 발아發芽하여 성체成體된 나무는 비록 근원根源은 같으나

그 기질氣質이 다른 것과 같다. 이화삼목二火三木은 태양지체太陽之體(일

日)로서 태음지체太陰之體인 달(月)과 합덕合德(합삭合朔)하고 각기各其 순

환循環하면서 그 광영光影을 나누어 육려六呂를 이루는바, 이는 순양지

체純陽之體인 태양太陽이 태음太陰을 용용用하기 때문이니 이를 체양용음

體陽用陰이라 한다. 그러므로 주역계사전周易繫辭傳에 태음지괘太陰之卦인

감坎(☵)을 양괘陽卦라 하고 태양지괘太陽之卦인 리離(☲)를 음괘陰卦라

고 하였는바, (陽卦多陰 陰卦多陽 其故何也 陽卦奇 陰卦耦…下四章) 이는

양괘다음 음괘다양 기고하야 양괘기 음괘우

음양陰陽이 합덕合德하여 음체陰體는 생양生陽하고 양체陽體는 생음生陰함을 말한 것이다. 양陽의 본성本性은 동動하여 팽창膨脹(진進)하는 것이고 음陰의 본성本性은 정靜하여 수축收縮(퇴退)하는 것이므로 일음일양一陰一陽 일동일정一動一靜 일진일퇴一進一退 일율일려一律一呂 등等은 모두 음양지도陰陽之道를 말한 것이다. 한 달의 월정月政도 삭朔에서 망望까지의 전반월前半月은 동이영動而盈(진이장進而長)하는 것이고, 기망旣望에서 회회晦까지의 후반월後半月은 정이휴靜而虧(퇴이소退而消)하는 것이므로 이는 한 달의 율려律呂이니, 일부一夫께서는 천지음양天地陰陽의 합덕合德과 동정작용動靜作用으로 육률육려六律六呂를 이루어 성기成朞하는 이치理致를 말씀한 것이다.

---

일 세 주 천 율 려 도 수
**六十. 一歲周天律呂度數**라

• 한 해의 하늘을 주회周回하는 율여律呂도수라.

[粗解] 여율呂律은 무정을계신戊丁乙癸辛이다.

[句解] 여율呂律은 무정을계신戊丁乙癸辛이라 함.

[補解] 일세주천一歲周天은 음양오행지기陰陽五行之氣가 일순一循하는 기삼백육십도朞三百六十度를 말함이니, 지구地球의 공전주기公轉週期 삼백육십오도사분도지일일三百六十五度四分度之一日을 말하는 것이 아니다.

율려도수律呂度數는 음양오행陰陽五行의 상수이기象數理氣를 모두 함축含蓄하고 있는 십천간十天干 십이지지十二地支의 배합配合으로 이루어진 육십갑자六十甲子의 운행도수運行度數를 말함이니, 육십갑자六十甲子를 율려律呂로 나누면 갑자甲子에서 계사癸巳까지 삼십도三十度가 양율陽律이고 갑오甲午에서 계해癸亥까지 삼십도三十度가 음려陰呂이다. 그러므로 육십갑자六十甲子가 육순六循하면 육률육려六律六呂가 이루어지고, 일세주천도수一歲周天度數인 기삼백육십도朞三百六十度를 일순환一循環하게 되는 것이다. 고故로 일부一夫께서 전문前文에 태음회이윤이율太陰會而潤而律과 태양분이영이려太陽分而影而呂의 이치理致를 말씀한 것이며, 하문下文에서는 율려律呂가 성도成度하는 근본원리根本原理를 밝힌 것이다.[104]

분  일 만 이 천 구 백 육 십
六一. 分은 一萬二千九百六十이니라

● 분分으로는 12,960분이니라.

---

104 補註 一歲周天律呂度數인 朞三百六十度와 地球의 公轉週期 365.2422日을 混同하면 正易의 理解에도 混亂이 招來되므로 合理的인 理解가 必要하다. 宇宙의 모든 循環體(天體)의 一度數는 모두 360度로서 同一하나 다만 360度를 一周하는 週期(時間)는 一定하지 않으며, 따라서 時間的差異가 있는 것이다. 地球의 一自轉週期인 一日之朞(360度12時)는 週期와 度數가 一致하므로 天體를 測度하는 時間尺度로 하고 있는바, 이 尺度로 地球의 公轉週期를 測度하여 보면 365.2422日이 되므로 一日一度로 算하면 一年에 5.2422日의 閏日이 생기게 된다. 그러나 陰陽五行之氣는 閏度없이 一定하게 360度로 循環하므로 律呂度數와 公轉日數에는 差異가 發生하나, 地球는 이와 같은 差異에도 不拘하고 360度로 循環하는 陰陽之氣를 그대로 받아들이므로 地球의 氣候와 萬物의 變化가 이 日差로 因하여 一定하지 않은 것이며, 또한 變化를 豫測하기도 어려운 것이다. 一夫께서는 地球의 公轉週期와 關係없이 始終一貫 律呂周天度數로써 后天變化를 밝힌 것이다. 그러므로 公轉週期를 朞로 한 帝堯之朞와 帝舜之朞를 말씀한 다음 一夫之朞는 '正吾夫子之朞當朞三百六十日'이라고 말씀한 것이니, 이는 律呂周天度數를 朞로 하였음을 밝힌 것이다. (以上 補註는 筆者의 管見이므로 高明大家의 批正을 期待하는 바이다)

[演解] 每分에 直十分한즉 經十二萬九千六百分이니 與經世書一元

年數로 互合耳라.


[粗解] 각刻八六四를 십오분十五分으로 승승乘한 것이다. (십오분十五分이 일

각一刻)


[句解] 각刻864를 십오분十五分으로 승승乘하면 12960이니 십오분十五分이

일각一刻이라 함.


[補解] 일태극一太極이 분화分化하면 만물지수萬物之數로 늘어나고 이를

수축收縮하면 일수一數로 환원還元한다. 일세주천율려도수一歲周天律呂

度數는 낙서구궁지수洛書九宮之數를 기본基本으로 한 것이니, 육률육려

六律六呂를 이루는 십이지지十二地支가 낙서구궁수洛書九宮數에 의依하여

성립成立하기 때문이다. (하문下文 일일구日一九 보주補註 참조參照) 고故로 낙

서구수洛書九數가 역생逆生하는 구일九日을 기본基本으로 하여 분分으로

나누면 일만이천구백육십분一萬二千九百六十分이 되며, (9×12=108×8=

864×15=12,960) 이를 다시 대연大衍하면 소강절선생邵康節先生의 대주천

도수大周天度數인 십이만구천육백년十二萬九千六百年(12,960×10=129,600)

의 수數와 같은 것이다. 그러므로 낙서구궁수洛書九宮數의 一에서 시각

분時刻分을 역생逆生하여 극수極數인 九에 이르면 일만이천구백육십분

一萬二千九百六十分으로 분화分化하고 이를 다시 도성倒成(수축收縮)하면 一

로 환원還元하는 것이니, 일세주천율려도수一歲周天律呂度數는 천지순환

도수天地循環度數와 일이관지一以貫之하며, 또한 기삼백육십朞三百六十을

자승自乘하여 산출算出한 대순환주기大循環週期 십이만구천육백년十二萬

九千六百年의 운행도수運行度數와 맥맥脈을 같이하는 것이다.

六二. 刻은 八百六十四니라

• 각刻으로는 864각이니라.

粗解 시일백팔時一百八을 팔각八刻으로 승乘한 것이다. (팔각八刻이 일시一時)

句解 시時108을 팔각八刻으로 승乘하면 864가 되니 팔각八刻이 일시一時라 함.

補解 일세주천율려도수一歲周天律呂度數인 일만이천구백육십분一萬二千九百六十分을 각刻으로 도성倒成하면 팔백육십사각八百六十四刻 (12,960分÷15＝864刻)을 이루는 것이다. 분적십오위일각分積十五爲一刻이니 이 십오十五는 하도중궁지수河圖中宮之數로서 곧 천지天地의 용수用數 (용구용육지합수用九用六之合數)이며, 또한 십무극十无極과 오황극五皇極의 합수合數이다. 이분성해以分成刻은 역생도성逆生倒成하는 낙서구궁洛書九宮의 원리原理이다.

시 일백팔

六三. 時는 一百八이니라

• 시時로는 108시니라.

**粗解** 일구日九를 십이시十二時로 승승乘하면 일백팔시一百八時이다.

**句解** 일日9를 십이시十二時로 승승乘하면 108이니 일日은 단 九라 함.

**補解** 팔각위일시八刻爲一時라 이각성시以刻成時하니 일백팔시一百八時가 된다.(864÷8＝108) 시時를 이루는 팔수八數는 팔괘지수八卦之數로서 기본팔괘基本八卦에는 천지天地의 상수이기象數理氣를 모두 함축含蓄하고 있으며, 또한 일백영팔시一百零八時를 대연大衍하면 원회운세도수元會運世度數인 일회一會 일만영팔백년一萬零八百年(108×100＝10,800)의 수數와 부합符合하는 바, 회會는 회합會合으로서 곧 일월日月이 삼십일三十日을 주기週期로 합삭合朔하여 이루는 월회月會를 뜻한다. 이와 같은 일월합삭日月合朔(회합會合)의 순환循環을 반복反復함으로써 육률육려六律六呂의 십이월정十二月政이 이루어지는 것이니, 율려도수律呂度數는 곧 일월합덕日月合德에서 나오는 것이다.

---

六四.
일 일구
日은 一九니라

---

• 일日은 단 九이니라.

**註義**
율려 비일월 무용 일월 비율려 무체 매일
律呂는 非日月이면 无用이요 日月은 非律呂면 无體라 每日을
용삼십육분 기어외이조이십사위자 이십사분야 강어
用三十六分하니 紀於外而調二十四位者는[105] 二十四分也요 綱於

---

105 편집자주:『정역대경(모필본)』에는 '於'字가 없다.

내 이 화 십 이 궁 자     십 이 분 야     율 려 지 분     입 기 강       일 월 지 분
內而和十二宮者는 十二分也라 律呂之分은 立紀綱이요 日月之分

성 경 위     매 일 십 이 시     행 정 어 삼 십 육 궁       기 화 유 원 이 무 궁
은 成經緯라 每日十二時에 行政於三十六宮하니 其化有原而無窮

기 서 유 조 이 불 문 야
하고 其序有條而不紊也니라.

演解  일 구     양 수 지 극 야     십 이 시     이 구 승 즉 일 백 팔     팔 각
一九는 陽數之極也니 十二時를 以九乘則一百八이오 八刻을

일 백 팔     승 즉 팔 백 육 십 사       십 오 분     팔 백 육 십 사     승 즉 일 만
一百八로 乘則八百六十四이며 十五分을 八百六十四로 乘則一萬

이 천 구 백 육 십 야     차 율 려 지 원 도     유 어 일 월 야
二千九百六十也라. 此律呂之原度는 由於日月也니라.

粗解  시일백팔時一百八을 十二로 제除하면 단單 九이다. (십이시일일十二時一
日)

句解  시時108을 십이시十二時로 제除하면 단單 九가 되니 십이시十二時 일일
一日이라 함.

補解  십이시十二時가 일일一日이니 일백팔시一百八時를 이시성일以時成日
하면 단單 구일九日이 되는 바, 이 구일九日은 곧 낙서구궁洛書九宮의 본수
本數를 뜻한다. 율려도수律呂度數는 기삼백육십朞三百六十을 기본基本으
로 하며, 기삼백육십朞三百六十은 낙서구궁수洛書九宮數에서 산출算出한
도수度數이다. 또한 육십갑자六十甲子는 십천간十天干 십이지지十二地支의
배합配合으로 이루어진 천지도수天地度數이며, 이 육십갑자六十甲子가 육
순환六循環하면 기삼백육십朞三百六十(60×6 = 360)을 성도成道하는 것이
니, 율려律呂의 근원根源인 육십갑자六十甲子는 하도낙서河圖洛書의 원리

原理에서 유래由來한 천지도수天地度數이다.[106]

십이시十二時는 지구地球가 삼백육십도三百六十度를 일자전一自轉하는 일천사백사십분一千四百四十分을 낙서구궁洛書九宮이 생생生生한 십이지지十二地支로 나누어 얻은 시간단위時間單位(일시一時: 백이십분百二十分)이므로 십이시十二時는 시간측도時間測度의 기본基本이 되는 것이다. 십이시十二時가 오순환五循環하면 육십갑자六十甲子가 성도成道하므로 이를 오일일후五日一候라 하며, 십이시十二時가 삼십순환三十循環하면 기삼백육십도朞三百六十度가 성도成道하는바, 곧 일월지기一月之朞 삼백육십시三百六十時이다. 일부一夫께서는 이와 같은 심오深奧한 이치理致를 낙서구궁洛書九宮의 역생도성지리逆生倒成之理로써 밝힌 것이다.

---

六五. 理會本原原是性이라 乾坤天地雷風中을.
　　　 이 회 본 원 원 시 성　　　 건 곤 천 지 뇌 풍 중

● 이理가 본원本原에 모이는 것이 원래의 본성이니, 이러한 이치가 건곤

---

106 補註: 六十甲子가 河圖洛書에서 由來한 根源的原理를 살펴보면 十數河圖는 圓相이라 天圓을 象徵하며 十數로서 十天干을 生하는바, 十天干은 陽干五(壬一水 甲三木 戊五土 丙七火 庚九金) 陰干五(丁二火 四辛金 六癸水 八乙木 十己土)로서 河圖의 奇偶陰陽之數가 陰陽五行을 뜻하는 十天干을 生한다. 九宮洛書는 方相이라 地方을 象徵하며, 東西南北의 四方이 各生三支하여 十二地支를 生하는바, 十二地支는 곧 東方의 寅卯辰 南方의 巳午未 西方의 申酉戌 北方의 亥子丑으로서 亦是 陽支(子寅辰午申戌) 陰支(丑卯巳未酉亥)로 나누어지니, 地支도 亦是 陰陽五行을 뜻하나 天干보다 二支가 많은 것은 洛書九宮은 方이라 四方에 土(辰戌丑未)를 配屬하여 戊土와 己土가 하나씩 더 있는 때문이다. 以上과 같이 生한 十天干과 十二地支를 陽干에는 陽支를 配하고 陰干에는 陰支를 配하여 循環하면 十天干은 六循하고 十二地支는 五循하여 六十度로서 六十甲子를 이루는바, 이 六十甲子에는 河圖洛書의 原理와 아울러 陰陽五行의 理氣象數가 모두 含蓄되어 있으므로 六十甲子는 宇宙萬有를 測度할 수 있는 唯一無二한 絶對眞理의 尺度인 것이다. 그러므로 天地日月의 運行度數를 비롯하여 모든 循環度數는 六十甲子를 基本度數로 하여 成道하는 것이며, 또한 天地萬物의 變化를 헤아릴 수 있는 것이다.

천지와 뇌풍雷風이 용정用政하는 괘도卦圖중에 있음을.

뇌풍　　　　율려지성상　　　　중위지정역　　　　추지원본　　　　개자
雷風은 律呂之成象이요 中位之正易이라 推之原本하니 皆自

연지성　　　　수건곤천지지대　　　　불외호뇌풍지중
然之性이라 雖乾坤天地之大라도 不外乎雷風之中이라.

개이회지기본원즉원어진성　　　　기묘용즉불유어천지뇌풍
演解 蓋理會之基本原則原於眞性이며 其妙用則不踰於天地雷風

지중의　　　유음　　　암소중양　　　취동고　　　위지풍야　　　강양　　　타파
之中矣라 柔陰이 暗消重陽한즉 吹動故로 謂之風也오 剛陽이 打破

중음　　　발성고　　　위지뇌야
重陰한즉 發聲故로 謂之雷也라.

粗解 사리事理를 깨달아 아는 것을 이회理會라 하고, 알 수 있는 까닭의 그 본원本原을 성성이라 하며, 건곤乾坤은 천지뇌풍天地雷風의 중中이 되니, 수지手指로는 십건천十乾天 오곤지五坤地의 중지中指자리에 좌우左右로 육진뢰六震雷 일손풍一巽風이 호위互位하고 있는 중위中位이다.

句解 사리事理를 깨달아 아는 것을 이회理會라 하고, 알 수 있는 까닭의 그 본원본本原本을 이루는 것을 성성이라고 하며, 건곤乾坤과 천지뇌풍天地雷風의 중中이라 하니, 수지상手指上으로 십건천十乾天 오곤지五坤地의 중지中指자리에 좌우左右로 육진뢰六震雷(식지구신食指九伸) 일손풍一巽風(무명지사굴無名指四屈)이 호위互位하고 있는 중위中位라 함.

補解 이회理會는 만유사물지리萬有事物之理와 자신自身의 이성理性이 합치合致하여 그 사물事物의 원리原理를 깨달아 회통會通하는 것을 말함이

니, 이러한 오성悟性의 본원本原은 자연自然으로부터 품수稟受한 본연지성本然之性에 있으므로 이회理會하여 본원지성本原之性에 이르는 길은 오직 궁리진성窮理盡性에 있음을 말씀한 것이다. 일부一夫께서 이회理會하신 진리眞理는 곧 정역팔괘도正易八卦圖의 오곤지五坤地 십건천十乾天의 정위正位를 일손풍一巽風 육진뢰六震雷가 보필輔弼하여 대리용정代理用政하는 후천지리后天之理이니, 이러한 건곤천지지리乾坤天地之理가 모두 괘도중卦圖中에 담겨져 있음을 밝힌 것이다. 이는 오직 궁리진성窮理盡性함으로써 본연지오성本然之悟性에 이르러 현묘玄妙한 후천금화지리后天金火之理를 이회理會하신 결과結果로서 정역괘도正易卦圖를 획획畫하시고 금화송金火頌을 송頌하시어 괘도지리卦圖之理를 밝히게 되었으므로 이러한 감회感懷를 '이회본원원시성理會本原原是性 건곤천지뇌풍중乾坤天地雷風中'이라 자송自頌한 것이다. 정자程子(명도선생明道先生)의 입도시立道詩에 「만물정관개자득萬物靜觀皆自得 사시가흥여인동四時佳興與人同 도통천지무형외道通天地無形外 사입풍운변태중思入風雲變態中」이라 하였는바, 선생先生의 자송自頌이 정자程子의 시詩와 일맥상통一脈相通하는바가 있다고 하겠다.

세 갑 신 유 월 이 십 육 일 무 술　교 정 서 송
六六. 歲甲申六月二十六日戊戌에 校正書頌
하노라.

• 갑신년 六月 二十六일 무술戊戌에 교정하여 쓰고 송하노라.

[粗解] 갑신년甲申年(1884) 유월六月 이십육일二十六日 무술戊戌에 교정校正하여 쓰고 칭송稱頌함이라.

[句解] 갑신년甲申年(1884) 오월五月이 윤달閏달이였으므로 세갑신歲甲申 유월六月은 유화유월流火六月이라 하고 칠월七月 맞임이라 함.

[補解] 일부一夫께서 금화송金火頌을 시송詩頌하시어 정역괘도지리正易卦圖之理와 후천금화지리后天金火之理를 모두 밝히셨으나 시송詩頌으로서는 진리眞理를 표현表現하는데 한계限界가 있으므로 그 미진未盡한 부분部分을 부연敷衍하여 밝히시고 그 경위經緯를 기록記錄한 것이다. 그러므로 금화제오송金火第五頌의 말미末尾에 「일부감언一夫敢言 시명時命」이라 하시고, 이어서 쓰신 「오호일월지덕嗚呼日月之德」에서 「일日은 일구一九니라」 까지의 말씀은 금화송金火頌의 보송補頌이라고 할 수 있는 바, 고故로 '교정서송校正書頌'이라 명기明記한 것이다.

---

六七. <sub>수 토 지 성 도</sub> 水土之成道는 <sub>천 지</sub> 天地요 <sub>천 지 지 합 덕</sub> 天地之合德은 <sub>일</sub> 日 <sub>월</sub> 月이니라.

---

● 수水와 토土가 성도成道한 것이 하늘과 땅이요, 하늘과 땅이 합덕合德한 것이 해와 달이니라.

[註義] <sub>천 지 자</sub> 天地者는 <sub>기 시 야</sub> 其始也가 <sub>수</sub> 水요 <sub>기 종 야</sub> 其終也는 <sub>토</sub> 土라 <sub>시 종</sub> 始終이 <sub>상 인</sub> 相因하여 <sub>내</sub> 乃

성기도야　기자야　수　기식야　토　자식　상비　　혼성기
成其道也라 其滋也는 水요 其息也는 土라 滋息이 相比하여 渾成其

체야　일월자　기생야지　　기성야천　생성　호근　　내
體也라. 日月者는 其生也地이고 其成也天이니 生成이 互根하여 乃

성기덕야　기림야　천　기조야　지　임조　호위　합
成其德也라 其臨也는 天이요 其照也는 地이라 臨照가 互位하여 合

성기공야　차　언수토지도　성천지　천지지덕　성일월이
成其功也라 此는 言水土之道로 成天地하고 天地之德은 成日月而

하문　　반복상설　　이명성공지의
下文으로 反覆詳說하여 以明成功之義라.


수토지위만물　혼혼돈돈　　함우일권즉태극야　청승
演解 水土之爲萬物이 混混沌沌하야 含于一圈則太極也오 淸升

탁강　　분호이위즉양의야　고　수지정　승이화위천　　토
濁降하야 分乎二位則兩儀也라 故로 水之精은 升而化爲天하고 土

지정　강이화위지　천지지개벽　즉수토지성도　일품천
之精은 降而化爲地하니 天地之開闢이 卽水土之成道이며 日稟天

양　목화　방기지성이생　　월품지음　금수　응장지성이생
陽(木火) 方起之性而生하고 月稟地陰(金水) 凝長之性而生하니

일월지광명　즉천지지합덕　　이시추관즉천지지산개　원
日月之光明이 卽天地之合德이니라 以是推觀則天地之産開는 原

어수토　일월지산명　원어천지
於水土하며 日月之産明은 原於天地로다.[107]


粗解 수토水土는 천지天地를 성도成道시킨다 하였으니 일태극一太極 십

무극十无極 오황극五皇極 수數인 일수一水 십토十土 오토五土가 곧 천지天

地를 성도成道시키는 수토水土이며, 천지합덕天地合德은 일월日月이라 하

였으니 천지지분天地之分과 천지天地의 합덕合德이 모두 일월日月로 인因

한 것이기 때문에 천지天地가 일월日月이 없으면 빈 껍질(공각空殼)이라고

한 것이다.

---

107 原註: 水之精은 淸하고 土之根은 靜하니 人能常淸靜則天地悉歸矣리라.

句解 수토水土는 천지天地를 성도成道시킨다 하였으니 일태극一太極과 십무극十無極과 오황극五皇極 수數인 일수一水 십토十土 오토五土가 수토라 함. 천지합덕天地合德은 일월日月이라 하였으니 천지지분天地之分과 천지지합덕天地之合德이 모두 일월日月로 인因한 것이므로 천지天地가 일월日月이 없으면 빈 껍질이라 함.

補解 수水는 일수一水로서 만물萬物의 근원根源이니 곧 일태극一太極이며, 토土는 십토十土와 오토五土로서 만물萬物이 귀의歸依하는 바탕이니 곧 십무극十无極과 오황극五皇極이다. 일수一水 십토十土 오토五土의 수토水土가 성도成道하여 생장성生長成의 순환循環을 반복反復하는바, 이러한 수토성도水土成道가 없다면 비록 천지天地가 있다고 하더라도 유이무有而無라 고故로 '수토지성도천지水土之成道天地'라고 한 것이다. 괘도卦圖로서 수토성도水土成道를 살펴보면 복희선천괘도伏羲先天卦圖는 일건천一乾天 팔곤지八坤地를 체體로 하고 육감수六坎水 삼리화三離火를 용용用하였으나, 문왕괘도文王卦圖에는 육감수六坎水가 일감수一坎水로 되어 선천팔곤지先天八坤地자리로 역위易位하니 곧 수토합덕水土合德이며, 정역괘도正易卦圖에는 선천先天의 하위下位에 있던 팔곤지八坤地가 상위上位의 일건천一乾天자리에 정위正位하고 일건천一乾天은 십건천十乾天으로 노화老化하여 문왕괘文王卦 일감수一坎水의 자리로 내려가니, 이것이 곧 수토水土가 성도成道하여 천지天地가 역위易位하는 것이므로 일부一夫께서 이 이치理致를 말씀한 것이다.

'천지지합덕일월天地之合德日月'이라 함은 천지天地가 합덕合德함으로써 일월日月이 그 용사用事를 얻어 성도成道한다는 뜻이니, 고故로 천지지용天地之用은 곧 일월日月인 것이다. 일월日月의 광명光明이 주야晝夜로 천지天地를 밝히며, 생기生氣를 부여賦與함으로써 만물萬物은 생장성生長成의 도道를 이루는 것이니, 고故로 『주역周易』 리괘단전離卦彖傳에 「리離는 이야麗也니 일월日月이 이호천麗乎天하며 백곡초목百穀草木이 이호토麗乎土하니 중명重明으로 이리호정以麗乎正하야 내화성천하乃化成天下하나니라」라고 하였는바, 천지天地에 일월日月이 없다면 천지天地는 빈 공간空間에 불과不過할 것이므로 일월日月의 공덕功德은 크다고 할 것이다. 그러나 반대反對로 일월日月의 광명光明도 천지天地가 없다면 공용功用을 발휘發揮할 수 없는 허영虛影에 불과不過할 것이니, 천지天地와 일월日月은 서로 뿌리가 되는 것이다. 그러므로 복희선천괘도伏羲先天卦圖는 건곤乾坤(천지天地)위체爲體이나 문왕괘도文王卦圖는 감리坎離(일월日月)위체爲體이며, 정역괘도正易卦圖는 곤건위체坤乾爲體에 사감四坎 구리九離가 건곤乾坤의 측위側位에서 천지天地를 밝히는 상象이므로 일부一夫께서는 천지일월天地日月의 후천성도后天成道를 밝히시고 하문下文에 일월日月의 성정性情을 말씀한 것이다.

太양항상    성전리직
六八. 太陽恒常은 性全理直이니라.

• 태양이 항상 변함이 없는 것은 성性이 온전하고 리理가 곧기 때문이니라.

태양    칠화팔목    육수구금    합이성성    주일일지정
**註義** 太陽은 七火八木과 六水九金으로 合而成性하여 主一日之政
구조불변    성리필전직고야
하고 久照不變하니 性理必全直故也라.

演解 太陽稟庚丁九二之精故로 光有堅完之全也라.


粗解 태양太陽은 영허소장盈虛消長이 없이 항상恒常한 것으로 그 본성本性이 온전하고 도리道理가 순직純直한 것이니, 주역周易에 성性을 성지자成之者라 하고 성전性全을 성성존존成性存存이라 하면 리직理直은 정직正直한 도의道義라 할 것이다.


句解 태양太陽은 영허소장盈虛消長이 없이 항상恒常한 것으로 본성本性이 완전하고 도리道理가 순직純直함이니《주역周易》에 성性을 성지자成之者라 하고 성전性全을 성성존존成性存存이라 하면 리직理直은 정직正直한 도의道義라 함.


補解 문왕팔괘도文王八卦圖에 구리화九離火를 일건천一乾天의 위位에 놓아 괘도지주卦圖之主로 하였음은 태양太陽의 항상恒常함을 취取하여 일건천一乾天이 구리화九離火를 용用하는 건원용구지의乾元用九之義를 밝힌 것이다. 정전程傳에 「용구지도用九之道 천여성인天與聖人 동득기용즉천하치야同得其用則天下治也」 라고 하였으니, 성인聖人은 하늘의 뜻을 받들어 용구지도用九之道를 행行하는 것이므로 일부一夫께서는 이에 태양太陽의 성리性理를 밝히시고 하늘이 태양太陽을 용用하여 천지天地를 밝히듯이 후천시대后天時代에는 후천后天을 교화敎化할 성인聖人이 나올 것임을 은연중隱然中 말씀한 것이다. 하늘에는 하루라도 태양太陽이 없으면 안되며, 인세人世에는 하루도 다스리는 사람이 없으면 안 되는 것이다. 태양太陽은 성전이리직性全而理直하여 항구적恒久的으로 여일如一하게 존재存在하는 것이니, 성전性全은 영허소장盈虛消長이 없이 항상恒常 그 체

상체象과 성정性情이 온전하다는 것이고 리직理直은 그 순환지도循環之道가 천지지도天地之道의 정리正理를 따르고 있으므로 일정불변一定不變하여 어김이 없다는 것이다.

---

**六九.** 太陰消長은 數盈氣虛니라.
태 음 소 장　수 영 기 허

---

• 태음이 사라지고 자라고 하는 것은 수數는 차고 기氣는 허虛하기 때문이니라.

**註義** 太陰은 一水四金과 二火三木이 交而成體하여 主一月之政하
　　　　태 음　　일 수 사 금　　이 화 삼 목　　교 이 성 체　　　주 일 월 지 정
고 旣長而復消하니 氣數有盈虛故也라.
　　기 장 이 복 소　　　기 수 유 영 허 고 야

**演解** 太陰用甲戊三五之數故로 影有盈虛之差也라.
　　　　태 음 용 갑 무 삼 오 지 수 고　　영 유 영 허 지 차 야

**粗解** 달의 후後보름에서 선先보름까지(旣望至望)를 소장消長이라 하니
　　　　　　　　　　　　　　　　　　　　기망지망
이를 후천後天이라 하고, 달의 선先보름 초初하루부터 그믐까지(朔至晦)
　　　　　　　　　　　　　　　　　　　　　　　　　　삭지회
를 영허盈虛라 하며 이를 선천先天이라 한다.

**句解** 달의 후後보름에서 다음달 선先보름까지를 소장消長이라 하야 후
천后天이라 하고, 달의 선先보름 초初하루부터 그믐까지를 영허盈虛라
하야 선천先天이라 함. 간지干支로는 십육일十六日 계미癸未 계축癸丑에서

삼십일三十日 임자壬子 임오壬午까지를 후천後天이라 하고 초初하루 무진戊辰 무술戊戌에서 삼십일三十日 신해辛亥 신사辛巳까지를 선천先天이라 함.

補解 문왕팔괘도文王八卦圖에 일감수一坎水를 선천팔곤지先天八坤地자리에 놓아 수토합덕지의水土合德之義를 밝혔으며, 일감수一坎水는 곧 일태극一太極이니 선천태극지도先天太極之道이다. 태극太極은 역생도성逆生倒成이라 고故로 생장生長과 수축收縮의 원리原理가 있으니, 역생逆生은 시생始生하여 자라는 과정過程이므로 장長이며, 도성倒成은 생장生長이 극極에 이르러 수축收縮하여 본체本體로 환원還元하는 과정過程이므로 소消이다. 태음太陰은 일월지정一月之政으로서 역시亦是 소장消長의 원리原理가 있으니, 성도도수成道度數는 삼십도三十度이므로 수數는 영盈하나 그 형태形態는 태양지기太陽之氣를 받아 성체成體하므로 반음반양半陰半陽이라 고故로 기氣가 허虛하니, 이를 수영기허數盈氣虛라고 한다, 그러므로 월형月形이 장長하는 선반월先半月을 기영氣盈이라 하고 월형月形이 소消하는 후반월後半月을 기허氣虛라 한다.

> 영 허   기 야   선 천
> **七十.** 盈虛는 氣也니 先天이니라.

• 차고(盈)  허虛하고 하는 것은 기氣이니 선천이니라.

> 영 허   상 수 자   기 야   주 선 천 삼 오 지 정
> 註義 盈虛의 相須者는 氣也요 主先天三五之政이라.

演解 先天은 先十五望也니 數則虛也나 氣方盈故로 不言理而言
기 야
氣也.


粗解 먼저 차고 뒤에 허虛한 것은 기운氣運때문이니 선천先天이라는 것
인즉 선천先天의 진퇴지정進退之政이요 주역周易에 「천지영허天地盈虛도
여시소식與時消息」이라 한 영허盈虛는 성쇠지리盛衰之理를 말한 것이고
정역正易의 영허소장盈虛消長은 생성지의生成之義를 말하는 것이다.


句解 먼저는 찼다가 뒤에 허虛한 것은 기운氣運때문이니 선천先天이라
함인 즉 선천先天의 남북진퇴지정南北進退之政이니 지구地球 공전운동公
轉運動이요《주역周易》에 "천지영허天地盈虛로 여시소식與時消息"이란 영
허盈虛는 성쇠지리盛衰之理를 말하고《정역正易》의 영허소장盈虛消長은
생성지의生成之義를 뜻한다 함.


補解 영허盈虛는 낙서지리洛書之理로서 역생도성逆生倒成을 말함이다. 역
생逆生은 영盈하는 과정過程이고 도성倒成은 허虛하는 과정過程인 바, 한
달의 월정月政인 선先보름과 후後보름의 영허盈虛뿐만 아니라 일년一年
의 상반기上半期와 후반기後半期도 같은 이치理致이니, 이는 선천先天의
진퇴지정進退之政이다. 영허盈虛는 기氣의 진퇴進退로 인因하여 일어나는
현상現象이므로 영허盈虛는 기氣라고 한 것이며, 이는 선천先天의 음양변
화陰陽變化를 말함이니, 곧 음陰이 양陽으로 변變하는 과정過程은 영盈이
고, 양陽이 음陰으로 화化하는 과정過程은 허虛이다. 고故로 계사상전繫
辭上傳(第二章)에 「강유상추剛柔相推하야 이생변화而生變化하니…변화자
變化者는 진퇴지상야進退之象也」 라고 하였다.

七一. 消長은 理也니 后天이니라.

• 사라졌다 자랐다 하는 것은 리理이니 후천이니라.

　　　소 장 상 인 자　　리 야　　행 후 천 삼 오 지 변
註義 消長相因者는 理也라 行后天三五之變이라.

　　　후 천　　후 십 오 회 야　　수 즉 영 야　　기 점 허 고　　불 언 기 이 언
演解 后天은 後十五晦也니 數則盈也나 氣漸虛故로 不言氣而言
리 야
理也.

粗解 달의 소장消長은 후後보름 십육일十六日부터 사라지다가 다음달
초삼일부터 보름까지 자라는 것은 소장消長하는 이치理致이니 후천굴신
지도后天屈伸之道이며 지구地球의 자전운동自轉運動이다.

句解 달의 소장消長은 후後보름 십육일十六日부터 사라지다가 다음 달
초삼일初三日부터 보름까지 자라는 것은 소장消長하는 이치理致이니 후
천동서굴신지도后天東西屈伸之道로서 지구地球 자전운동自轉運動이라 함.

補解 소장消長은 사라졌다가 다시 자라나는 원리原理를 말함이니, 이는
무극이태극지리无極而太極之理로서 하도河圖의 도생역성지리倒生逆成之理
이다. 주렴계周濂溪의 '태극도설太極圖說'에「무극이태극无極而太極 태극동
이생양太極動而生陽 동극이정動極而靜 정이생음靜而生陰 정극복동靜極復

動」이라 하였는바, '정이생음靜而生陰 정극복동靜極復動'이라 함이 곧 소장지리消長之理이다. 영허盈虛는 기기氣의 진퇴進退이며, 소장消長은 굴신지리屈伸之理이니, 한 달의 월정月政도 기망旣望에서 회회晦까지의 후後보름은 월형月形이 소消하는 과정過程이므로 월정지후천月政之后天이고, 삭朔에서 망望까지의 선先보름은 월형月形이 장장長하는 과정過程이므로 월정지선천月政之先天이다. 이기理氣는 일원一元이므로 모든 변화變化는 기발리승일도氣發理乘一途이나, 일부一夫께서는 선천先天의 영허盈虛는 기기氣가 주主하므로 '영허기야盈虛氣也'라고 하시고 후천后天의 소장消長은 리理가 주主하므로 '소장리야消長理也'라고 말씀한 것이다.

---

후 천 지 도　굴 신　　선 천 지 정　진 퇴
七. 后天之道는 屈伸이오 先天之政은 進退니라.

---

• 후천의 도는 굽혔다(屈) 폈다(伸) 하는 것이고, 선천의 정사政事는 나아갔다(進) 물러갔다(退) 하는 것이니라.

굴 신　이 리 언　　진 퇴　이 기 언　　자 유 이 무　위 지 리
**註義** 屈伸은 以理言이요 進退는 以氣言이라 自有而无를 謂之理요
시 허 이 영　위 지 기
始虛而盈을 謂之氣라.

**粗解** 후천后天의 천도정사天道政事는 동서東西로 굴신屈伸하는 지구地球의 자전운동自轉運動을 뜻함이요 달의 굴신屈伸으로 보면 십육일十六日 달이 굴屈한데서 시작始作하여 다음 보름까지 신伸하는 것이니 이를 굴

신정사屈伸政事라 하며, 선천先天의 천도정사天道政事는 남북南北으로 진
퇴進退하는 공전운동公轉運動이니 춘하추동春夏秋冬의 절후節候는 남북
진퇴南北進退로 인인因하여 발생發生하는 것이다. 후천后天은 사시장춘四時
長春이 되는 연고緣故로 진퇴進退가 아니고 굴신지도屈伸之道이다.

句解 후천后天의 천도정사天道政事는 동서東西로 굴신屈伸하는 지구地球
의 자전운동自轉運動을 뜻함이니 달의 굴신屈伸으로 보면 십육일十六日
달이 굴屈한데서 시작始作하야 다음 보름까지 되면 신伸하는 것이니 굴
신정사屈伸政事라 함. 선천先天의 천지정사天地政事는 남북진퇴南北進退하
는 공전운동公轉運動이니 춘하추동春夏秋冬의 절후節候는 남북진퇴南北
進退로 인인因하야 발생發生하는 연유緣由로 후천后天은 사시장춘四時長春
이 된다 하니 진퇴進退가 아니요 굴신지도屈伸之道라 함.

補解 전문前文의 영허盈虛와 소장消長을 다시 부연敷衍하여 말씀한 것
이다. 영허盈虛와 소장消長은 동일同一한 현상現象을 기氣와 리理의 측면
側面에서 말씀한 것이고, 차문此文은 역시亦是 동일同一한 현상現象을 순
환循環하는 도체道體의 측면側面에서 말씀한 것이다. 도道는 무궁無窮하
게 순환循環을 반복反復하나 그 순환循環은 일정불변一定不變하여 어김
이 없으며, 이러한 것이 모두 천지자연天地自然의 오묘奧妙한 이치理致이
니, 고故로 도道라고 이름한 것이다. 도道는 일언一言으로 이름하여 정의
定義하기가 어려운 미묘微妙한 바가 있으므로 일부一夫께서는 도道의 순
환循環을 크게 구분區分하여 선천후천先天后天이라 하시고 그 현상現象
을 영허盈虛 소장消長 굴신屈伸 진퇴進退 등等으로 여러 측면側面에서 말
씀한 것이다.

후천지도后天之道는 굴신屈伸이라 함은 굽혔다 폈다 하는 후천지도后天

之道를 말함이니, 『주역周易』 계사하전繫辭下傳(第五章)에 「왕자往者는 굴야屈也오 내자來者는 신신(신伸)야也니 굴신屈信이 상감이이생언相感而利生焉하나라 척확지굴尺蠖之屈은 이구신야以求信也오 용사지칩龍蛇之蟄은 이존신야以存身也」 라고 한 것이 바로 굴신지의屈伸之義를 밝힌 것이다. 자벌레가 몸을 굽힘은 장차將次 펼 수 있음을 믿기 때문에 굽히는 것이며, 용사龍蛇가 겨울동안 엎드려 있음은 장차將次 봄이 올 것을 믿기 때문에 몸을 보존保存하기 위爲하여 칩거蟄居하는 것이니, 이는 후천后天에 처處하는 지혜智慧를 일깨워 주는 대목이다. 굴신屈伸은 일음일양一陰一陽하는 음양지도陰陽之道로서 양陽은 음陰을 바탕으로 하여 드러날 수 있으므로 양陽(신伸)보다 음陰(굴屈)을 먼저 말하는 것이다. 후천굴신지도后天屈伸之道를 일년지정一年之政으로 보면 추동秋冬은 굴屈이요 춘하春夏는 신伸이며, 일월지정一月之政은 기망旣望에서 회晦까지의 후반월後半月은 굴屈이요 삭朔에서 망望까지의 선반월先半月은 신伸이다.

선천지정先天之政은 진퇴進退라 함은 후천굴신지도后天屈伸之道를 기氣로써 말한 것이니, 만물萬物이 형체形體를 이루는 것은 기氣에 의依하여 형성形成되기 때문이다. 후천后天은 기氣(만물萬物)가 리理(본체本體)로 환원還元하는 자유이무自有而無라 고故로 도道라고 한 것이며, 선천先天은 만물萬物이 다시 새롭게 형성形成되어 자무이유自無而有라 고故로 정政이라고 한 것이다. 선천지정先天之政은 기氣의 진퇴進退이므로 장래자將來者는 진이장進而長하고 공성자功成者는 퇴이소退而消하는 것이니, 이는 도道(순환법칙循環法則)를 따라 포태양생胞胎養生의 과정過程을 거쳐 진퇴進退를 반복反復하는 것이며, 과정過程이 없는 돌연突然한 진퇴進退는 있을 수 없는 것이다.

• 나아갔다 물러갔다 하는 정사政事는 달이 찼다 비었다 하는 것이니라.

**註義** 기 지 진 이 영 자　　위 망　　　퇴 이 허 자　　위 회　　기 영 즉 수 허
氣之進而盈者는 爲望이요 退而虛者는 爲晦니 氣盈則數虛하

능 적 양 체 이 미 성 일 월 야
여 能敵陽體而未成一月也라.

**演解** 차 이 기 지 영 허　　언 야　　선 천　　수 유 영　　지 후 천 즉 유 허
此以氣之盈虛로 言也니 先天에 雖有盈이나 至后天則有虛

언
焉이라.

**粗解** 진퇴進退하는 정사政事는 달이 차는 데서부터 달이 비어 가는데 까지를 말하며 이를 태음지정太陰之政이라 한다.

**句解** 진퇴進退하는 정사政事는 달이 차는 데서 달이 비어 가는데 까지 말하야 태음지정太陰之政이라 함.

**補解** 역시亦是 전문前文에 이어서 선천先天의 진퇴지정進退之政을 월정月政으로서 논론論한 것이다. 이는 기氣의 진퇴進退로서 양진음퇴陽進陰退를 말하는 것이니, 일월지정一月之政은 삭朔에서 진進하여 만월滿月(망望)이 되는 것을 기영氣盈이라 하고, 기망旣望에서 퇴退하여 그믐(회晦)에 이르러 월형月形이 없어지는 것을 기허氣虛라고 한다. 기氣의 진퇴進退는 일년

一年의 춘하지진春夏之進과 추동지퇴秋冬之退도 역시亦是 진퇴지정進退之政이나, 후천后天은 십무극十无極을 용용用用하는 태음지정太陰之政이므로 태음지정太陰之精인 월月을 위주爲主로 논론論한 것이다.

<br>

굴 신 지 도　　월 소 이 월 장
七四. 屈伸之道는 月消而月長이니라.

<br>

● 굽혔다 폈다 하는 도道는 달이 사라졌다 다시 자라났다 하는 것이니라.

리 지 소 이 무 자　　위 회　　장 이 유 자　　위 망　　　리 소 즉 수 만
註義 理之消而無者는 爲晦요 長而有者는 爲望이니 理消則數滿하
능 성 일 월 이 기　　반 허 무 야
여 能成一月而氣는 反虛無也라.

<br>

차 이 리 지 소 장　　　언 야　　후 천　　수 유 소　　지 선 천 즉 유 장
演解 此以理之消長으로 言也니 后天에 雖有消나 至先天則有長
언
焉이라.

<br>

粗解 굴신屈伸하는 도리道理는 후천后天의 태양정사太陽政事로서 선천先天을 표준標準하면 십육일十六日에 계미계축癸未癸丑이 당당當하므로 후천后天의 달은 사라져 가는 쪽에서부터 달이 자라나는 형태形態로 간다는 것이니 이는 후천后天의 굴신屈伸하는 달의 운행運行하는 형태形態를 나타내는 지구地球의 자전운동自轉運動이다.

句解 굴신屈伸하는 도리道理는 후천后天의 태양정사太陽政事로서 선천先天을 표준標準하면 십육일十六日에 계미癸未 계축癸丑이 당當하므로 후천달은 사라져 가는 쪽에서부터 달이 자라가는 형태形態로 간다는 것이니 이는 후천后天의 굴신屈伸하는 달의 운행運行하는 형태形態를 나타내는 지구地球 자전운동自轉運動이라 함.

補解 역시亦是 전문前文에 이어서 후천后天의 굴신지도屈伸之道를 논론論한 것이다. 월소이월장月消而月長은 후천后天의 월정月政으로서 십육일기망十六日旣望을 시두始頭로 하여 달이 사라지는 후천월后天月을 위주爲主로 소장消長을 반복反復하는 것이니, 선천先天은 진퇴지정進退之政이므로 초일일삭初一日朔에서 달이 자라나는 영허위주盈虛爲主의 월정月政이나 후천后天은 굴신지도屈伸之道이므로 달이 사라지는 후반월위주後半月爲主로 월정月政을 논론論하는 것이다. 일부一夫께서 월정月政을 거듭 말씀하심은 선천先天은 기氣가 진퇴進退하는 유형지정有形之政이나, 후천后天은 형체形體가 사라지는 무형지도無形之道이므로 현묘이난측玄妙而難測이라고故로 반복反復하여 말씀한 것이다.

억 음 존 양  선 천 심 법 지 학
七五. 抑陰尊陽은 先天心法之學이니라.

• 음陰을 억제하고 양陽을 높이는 것은 선천의 심법心法을 닦는 학문이니라.

선천 태음지운야 음수적양 음상박양 사능승정

**註義** 先天은 太陰之運也라 陰數敵陽하니 陰常迫陽일새 邪能勝正

소인도형 군자도비 성인 인시제의 억특부
하니 小人道亨하고 君子道否니라 聖人이 因時制宜하여[108] 抑慝扶

숙 공사지별 심엄 계간외축 사현도진 교인항
淑하고 公私之別을 甚嚴하여 戒姦畏縮하고 使賢圖進하니 敎人降

심복지고 위지심법지학
心服志故로 謂之心法之學이라.


차 지문왕괘운이언야
**演解** 此는 指文王卦運而言也니라.


**粗解** 선천先天은 독서학역讀書學易으로 심법心法을 닦는 도리道理를 배우는 것이니 쇄소응대진퇴지절灑掃應對進退之節을 배우는 정심성의지학正心誠意之學이다.


**句解** 선천先天은 독서학역讀書學易인 심법心法을 닦는 도리道理를 배우는 것이니 쇄소응대진퇴지절灑掃應對進退之節을 배우는 정심성의지학正心誠意之學이라 함.


**補解** 선천先天은 생장生長을 위주爲主로 하는 역생지서逆生之序로서 생기生氣(양陽)를 저해沮害하는 음陰을 억제抑制하는 정사政事이므로 『주역周易』 계사전繫辭傳의 첫머리에 「천존지비天尊地卑하니 건곤정의乾坤定矣오 비고이진卑高以陳하니 귀천위의貴賤位矣」 라고 하였으니, 이는 주역周易을 서괘序卦하고 연역演易하는 기본법칙基本法則이 억음존양抑陰尊陽에 있음을 밝힌 것이다. 그러므로 공자孔子의 유학儒學도 인仁과 예禮의 도

---

108 편집자주 : 『정역대경(모필본)』에는 '因時制宜'로 기록되어 있다.

道로써 천하天下를 교화教化하였으니, 그 실천철학實踐哲學은 마음을 닦고 학문學問을 수련修練하여 소인小人을 교화教化하고 군자君子를 지향指向하며, 사도邪道를 멀리하고 인도仁道를 행행行하는 것을 유가儒家의 본령本領으로 하였는바,『중용中庸』장구章句에「공문전수심법孔門傳授心法」이라 함이 바로 그것이다. 공자孔子는 또 계사하전繫辭下傳(第四章)에서「양괘陽卦는 다음多陰하고 음괘陰卦는 다양多陽하니…기덕행其德行은 하야何也오 양陽은 일군이이민一君而二民이니 군자지도야君子之道也오 음陰은 이군이일민二君而一民이니 소인지도야小人之道也라」라고 하였는바, 선천先天은 태음지운太陰之運이라 숙계지세叔季之世에 이르면 소인小人이 득세得勢하여 발호跋扈하게 되고 군자지도君子之道는 발붙일 곳이 없게 될 것이므로 일부一夫께서는 이를 우려憂慮하시어 정역팔괘도正易八卦圖를 획畫하시고 후천금화지리后天金火之理를 밝혀 정역상하편正易上下篇을 쓰신 것이니, 이는 공자孔子께서 난신적자亂臣賊子의 폐해弊害를 우려憂慮하시어 '춘추春秋'를 직필直筆하신 대의大義와 맥脈을 같이 하는 것이다. 고故로 대역서大易序에서 '육십년솔성지공六十年率性之工에 병의리대저춘추사자秉義理大著春秋事者는 상교야上教也시니라' 라고 말씀한 것이다.

---

七六. 調陽律陰은 后天性理之道니라.
조 양 율 음　후 천 성 리 지 도

● 양陽을 고르게 하고 음陰을 맞추는 것은 후천 성리性理의 도道이니라.

**註義** 后天은 泰陽之會也라 陽數兼陰하니 陽唱陰隨上和下順일새
후 천　태 양 지 회 야　양 수 겸 음　양 창 음 수 상 화 하 순

군자도태　　소인도소　　　성인수시설교　　조정율신　　선
君子道泰하고 小人道消이니라 聖人隨時設教하여 調精律神하니 善

악지분　자명　　인우지급　　사과부취　　영인궁리진성고
惡之分이 自明이라 引愚趿及하고 使過俯就하여 令人窮理盡性故

　위지성리지도　우　안역계왈일음일양지위도　주자석지왈
로 謂之性理之道라 愚가 按易繫曰一陰一陽之謂道라 朱子釋之曰

도불외호음양이미상의어음양　　개도수부잡호음양이상행호
道不外乎陰陽而未嘗倚於陰陽이라 盖道雖不雜乎陰陽而常行乎

음양고　성학소이불리호차　이시후인야　욕학자　어차구득
陰陽故로 聖學所以不離乎此요 以示後人也라 欲學者는 於此求得

즉도기지별　여리기지불상리　환연소석의　어선천지주심법
則道器之別과 與理氣之不相離를 煥然昭釋矣라 於先天之主心法

과 후천지주성리　관통무의의　거차장통상하치의가야
과 后天之主性理를 貫通无疑矣라 擧此章通上下致意可也.

　　차　　지정역괘운이언야
演解 此는 指正易卦運而言也라.

粗解 양陽을 조리調理하고 음陰을 율화律和하는 것은 후천성리后天性理
의 길이니 율려조음양律呂調陰陽이라 함은 조양율음調陽律陰을 말하며,
자율적自律的으로 조화調和하는 궁리진성窮理盡性이 후천지도后天之道이다.

句解 양陽을 조리調理하고 음陰을 율화律和하는 것은 후천성리后天性理
의 길이니 율려조음양律呂調陰陽이란 조양율음調陽律陰인 것이고, 자율
적自律的으로 조화調和하는 궁리진성窮理盡性이 후천지도后天之道라 함.

補解 억음존양抑陰尊陽은 선천先天의 심법지학心法之學이나 후천后天의
조양율음調陽律陰 즉卽 음양陰陽의 조화調和는 양陽을 존숭尊崇하고 음
陰을 억제抑制하는 선천先天의 심법心法으로는 안되며, 오직 전체全體를

포용包容하는 도道만이 조화調和를 이룰 수 있으니 곧 성리지도性理之道
이다. 『중용中庸』의 첫머리에 「천명지위성天命之謂性 솔성지위도率性之謂
道」라고 하였으니, 하늘이 부여賦與한 것이 성性이고 그 본성本性을 따르
는 것이 도道이다. 주자朱子는 성리性理에 대對하여 「재천위명在天爲命 품
어인위성稟於人爲性 기발위성旣發爲情…성시리性是理 심이성위체心以性爲
體…심유선악心有善惡 성무불선性無不善」이라고 하였는바, 성性은 곧 리
理이며 심心은 성지용性之用이니, 심心은 선악善惡이 있으나 성性은 순선
純善하여 불선不善함이 없다고 하였다. 그러므로 선천심법지학先天心法之
學은 선악善惡을 구분區分하여 억음존양抑陰尊陽하였으나, 후천성리지도
后天性理之道는 불선不善함이 없으므로 모두 포용包容하고 천명지성天命
之性을 따르는 것이니, 후천지학后天之學은 순리행지順理行之함으로써 조
양율음調陽律陰을 이루는 것이다. 일부一夫께서는 후천后天에 대처對處
하는 철학哲學으로 천명지성天命之性을 따르는 성리지도性理之道를 제시
提示한 것이다.

---

七. 天천地지가 匪비日일月월이면 空공殼각이오 日일月월이 匪비至지
人인이면 虛허影영이니라.[109]

---

• 하늘과 땅이 해와 달이 아니면 빈 껍질이요, 해와 달이 지극한 사람이
아니면 빈 그림자이니라.

---

109 편집자주 : 『정역대경(모필본)』과 『정역주의(하상역본)』는 아닐 '非'字로, 『정역(돈암
서원본)』은 아닐 '匪'字로 기록되어 있다.

**註義** 天地者는 一空範圍나 日月之德이 實其中이라 日月者는[110]

일 허 신 광　　　지 인 지 지　　명 기 정
一虛神光이니 至人之知로 明其政이라.


**粗解** 천지天地도 일월日月이 아니면 빈 껍질(空殼)에 불과不過하고 일월日
月도 지인至人이 아니면 헛된 그림자라 하였으니, 후천后天의 작역성인作
易聖人을 지칭指稱한 것이다.


**句解** 천지天地도 일월日月이 아니면 공각空殼이라 하고 일월日月도 지인至
人이 아니면 헛된 그림자라 하였으니, 후천后天 작역성인作易聖人을 지칭
指稱함이라 함.


**補解** 천지天地의 용用은 일월日月이며, 일월日月의 체體는 천지天地이니, 복
희선천괘도伏羲先天卦圖에 건곤乾坤을 체體로 하고 감리坎離를 용用으로
설위設位한 것은 천지일월天地日月의 체용體用을 분명分明하게 밝힌 것이
다. 천지天地와 일월日月은 비록 서로 떨어져 있으나 체용體用으로 묶여
일체一體를 이루고 있으니, 사람에 비유比喻하면 몸과 마음은 분리分離
할 수 없는 일체一體이므로 별개別個로 논론論할 수 없는 이치理致와 같다.
그러므로 천지天地가 비록 광대廣大하나 일월日月이 없다면 사람을 비롯
한 만물萬物이 존재存在할 수 없을 것이므로 이러한 무용無用의 천지天地
는 빈 껍질과 같은 것이며, 일월日月의 빛이 비록 밝으나 지극至極한 이치
理致를 통관洞觀하신 지인至人이 아니면 천지지도天地之道와 일월지정日月
之政을 기본基本으로 한 력력曆(역易)이 없을 것이므로 력력曆이 없는 일월日月
은 의미意味없이 순환循環하는 허영虛影에 불과不過하다는 것이다. 고故

---

110 편집자주 : 『정역대경(모필본)』에는 '日月'로 '者'字가 없다.

로 일부一夫께서는 체용體用에 대對하여 「일무십무체一无十无體 십무일무용十无一无用」이라 하시고 또 대역서大易序에서 「역자력야易者曆也 무력무성無曆無聖 무성무역無聖無易」이라 하셨으니, 바로 천지일월天地日月의 체용體用과 일월지정日月之政을 말씀한 것이다. 일월日月의 광명光明도 성인聖人이 아니면 허영虛影에 불과不過한 것이니, 곧 '무성무역無聖無易'임을 말한 것이다.

七八. 潮汐之理는 一六壬癸水位北하고 二七丙丁火宮南하야 火氣는 炎上하고 水性은 就下하여 互相衝激하며 互相進退而隨時候氣節은 日月之政이니라.

• 밀물과 썰물의 이치는 一六임계수가 북쪽에 자리잡고 二七병정화가 남쪽에 집을 하고 있음이니, 불의 기운은 타오르고 물의 성질은 흘러내려 서로 충격하고 서로 진퇴進退하면서 시후절기時候節氣를 따르게 하는 것은 해와 달의 정사니라.

註義 地之有潮汐하니 如之有日月에 上下弦之燥坎과 望晦之射离이니 隨日月之政而添減而已라.

[粗解] 조석潮汐의 이치理致는 일육임계수一六壬癸水가 북방北方에 위치位置하여 있고 이칠병정화二七丙丁火가 남방南方에 집을 하고 있음이니, 밀물(潮)과 썰물(汐)이 달의 인력引力으로 인因하여 간만干滿하는 이치理致이다. 화기火氣는 이칠병정화二七丙丁火로 염상炎上하고 수성水性은 일육임계수一六壬癸水로 취하就下하니 서로 상대相對하여 충돌衝突하고 격동激動하는 것은 포오함육包五含六의 기운氣運으로서 복지지리일칠사復之之理一七四의 태양운행도수太陽運行度數와도 관련關聯되며, 서로 상대相對하여 진퇴進退함은 십퇴일진十退一進의 기운氣運으로서 태음太陰의 복지지리復之之理인 一八七과도 관련關聯되는 것이니 조석潮汐의 간만干滿과 일조日照의 장단長短에 따라 생기는 시후기절時候氣節을 따라 정사政事하는 것은 일월日月의 정사政事이다.

[句解] 조석潮汐의 이치理致는 북방北方 일육임계수一六壬癸水에 위치位置하여 있고 남방南方 이칠병정화二七丙丁火가 집을 하고 있음이니, 밀물을 조潮라 하고 썰물을 석汐이라 하니 달의 인력引力으로 인因한 조석潮汐의 간만干滿하는 이치理致라 함. 화기火氣는 이칠병정화二七丙丁火요 수성水性은 일육임계수一六壬癸水로 취하就下하니 서로 상대相對하야 충돌衝突하고 격돌하는 것은 포오함육包五含六의 기운氣運으로써 복지지리일칠사復之之理一七四의 태양운행도수太陽運行度數와도 관련關聯되며, 서로 상대相對하야 진퇴進退함은 십퇴일진十退一進의 기운氣運으로서 태음太陰의 복지지리復之之理인 一八七의 운행도수運行度數와도 관련되는 것이니 조석潮汐의 간만干滿과 일조日照의 장단長短에 따라 생기는 시후기절時候

氣節을 따라 정사政事하는 것은 일월日月의 운행정사運行政事라 함.

補解 조석지리潮汐之理는 역생도성逆生倒成하는 낙서洛書의 원리原理로서 문왕괘도文王卦圖에 그 이치理致가 드러나 있으니, 일육임계수一六壬癸水의 위북位北은 복희괘도伏羲卦圖의 서방감수西方坎水가 취하就下하여 북방北方에 정위定位하였음을 말하고, 이칠병정화二七丙丁火의 궁남宮南은 복희괘도伏羲卦圖의 동방리화東方離火가 염상炎上하여 남방南方에 정위定位하였음을 말하는 것이다. 북방일감수北方一坎水는 역생逆生(음변위양陰變爲陽)하고 남방구리화南方九離火는 도성倒成(양화위음陽化爲陰)하는 것이 선천先天의 일월지정日月之政이다. 화기火氣는 염상炎上하고 수성水性은 취하就下하는 과정過程에서 수화水火가 서로 충격衝激하여 밀고 당기므로 상하현지조감上下弦之燥坎과 망회지사리望晦之射離의 조석현상潮汐現象이 일어나며, 또한 수화水火(한서寒暑)가 일진일퇴一進一退(양진음퇴陽進陰退)함에 따라 기후절기氣候節氣가 변화變化하는 것이니, 이것이 곧 일월日月의 정사政事이다. 혹자或者는 조석현상潮汐現象이 달의 인력引力에 의依한 것이고 태양太陽의 작용作用은 없는 것으로 인식認識하고 있으나 이는 달의 회삭현망晦朔弦望이 일어나는 변화變化의 근본根本이 태양太陽에 있음을 이해理解하지 못한 소치所致이다.

七九.
오 호　　일 월 지 정　　　지 신 지 명　　　서
嗚呼라 日月之政이여 至神至明하시니 書
불 진 언
不盡言이로다.

• 아 – 해와 달의 정사政事는 지극히 신비하고 지극히 밝으시니, 글로서는 다 말할 수 없느니라.

**註義** 차　우 찬 일 월 지 정　신 명 불 측　　퇴 조 석 지 범 람　　평 지
此는 又讚日月之政이 神明不測이라 退潮汐之氾濫하고 平地
구 지 전 폭 무 토 불 로　　무 원 부 조　　서 불 가 진 언 기 묘 야
球之全幅无土不露하니 无遠不照를 書不可盡言其妙也라.

**粗解** 일월日月의 정사政事는 지극히 신비롭고 지극히 밝으므로 그 얼마나 신비하며 얼마나 밝은지 글로서는 형용하여 다 말할 수가 없다는 것이다.

**句解** 일월日月의 정사政事는 지극히 신비롭고 지극히 밝은 것이어서 그 얼마나 신비神秘하며 얼마나 밝은가에 대하야 글로서도 이루 형용하야 말 할 수 없다 함.

**補解** 일월日月의 정사政事가 지극至極히 현묘玄妙하고 신명神明함을 찬탄讚嘆한 것이다. 천지지정天地之政은 건곤乾坤(천지天地)을 체體로 한 복희선천괘도伏羲先天卦圖의 정사政事이고 일월지정日月之政은 감리坎離(수화水火)를 위주爲主로 한 문왕괘도文王卦圖의 정사政事이니, 복희괘도伏羲卦圖는 천지일월天地日月의 설위設位와 만물萬物의 생성지리生成之理를 밝혔으

며, 문왕괘도文王卦圖는 일월日月의 성도成道와 일진일퇴一進一退하는 수화용사水火用事로써 만물萬物의 변화지리變化之理를 밝혔는바, 이와 같은 일월지정日月之政은 그 신명神明함이 현묘불측玄妙不測하므로 글로서는 다 밝힐 수 없다는 말씀이다, 공자孔子도 『주역周易』 계사전繫辭傳에서 「음양불측지위신陰陽不測之謂神」이라 하시고 또 「서불진언書不盡言하며 언불진의言不盡意니 연즉성인지의然則聖人之意를 기불가견호其不可見乎아 성인聖人이 입상立象하야 이진의以盡意하며 설괘設卦하야 이진정위以盡情僞하며 계사언繫辭焉하야 이진기언以盡其言하며 변이통지變而通之하야 이진리以盡利하며 고지무지鼓之舞之하야 이진신以盡神하나라」라고 하였는바, 이는 역易의 지리至理를 말과 글로서는 다 표현表現할 수 없으므로 성인聖人께서는 상상象을 세워 그 뜻을 밝혔고 괘卦를 베풀어서 그 진위眞僞를 밝혔으며, 괘효卦爻마다 사辭를 달아서 그 뜻을 말하였고 변화지리變化之理를 통通하게 함으로써 천하지리天下之利를 알게 하였으니, 이를 연마硏磨하고 스스로 고무진작鼓舞振作하여 천인天人이 합일合一하는 경지境地에 이르면 성인聖人의 뜻을 알게 된다고 하였다. 일부一夫께서 서불진언書不盡言이라 하신 뜻도 공부자孔夫子의 말씀과 맥脈을 같이하고 있는바, 즉卽 후천금화지리后天金火之理를 글로서는 다 말할 수 없으므로 십수十數 정역팔괘도正易八卦圖로서 설괘입상設卦立象하였고 상수象數로서 그 뜻을 밝혔고 십오일언十五一言과 십일일언十一一言으로써 리理를 밝혔으니, 사학斯學에 뜻을 둔 이는 각자各自 궁리진성窮理盡性하여 고지무지鼓之舞之함으로써 지신지명至神至明한 현묘지리玄妙之理를 깨달아야 한다는 것이다.

오 호　　천 하 언 재　　　지 하 언 재
八十. 嗚呼라 天何言哉시며 地何言哉시리요마는
일 부 능 언
一夫能言이로다.

• 아 – 하늘이 무엇을 말씀하시며 땅이 무엇을 말씀하시리요 마는 일부
一夫가 능히 말하노라.

천 지 불 언　　　인 인 이 선　　　인 수 회 양　　　시 지 즉 언
[註義] 天地不言이나 因人以宣이니 人雖晦養이나 時至則言이라.

[粗解] 천지天地도 말씀하시지 않으신 바를 일부一夫가 홀로 능能히 말씀
하심이니 논어論語에서도 「자왈천하언재子曰天何言哉시리오 사시행언四
時行焉하며 백물생언百物生焉하나니 천하언재天何言哉시리오」 라고 하였
다.

[句解] 천지天地도 말씀 않으신 바를 일부一夫가 홀로 능能히 말씀하심이
니 《논어論語》에서도 "자왈천하언재子曰天何言哉시리오 사시행언四時行
焉하며 백물百物이 생언生焉하나니 천하언재天何言哉시리요" 하신 공부자
孔夫子의 말씀이시다 함.

[補解] 선성先聖도 말씀한 바 없는 십무극十无極과 후천지리后天之理를 하
늘과 땅이 무슨 말씀을 하시리요 마는 천지지도天地之道는 말없이 순환
循環하여 선천先天은 가고 후천后天이 도래到來하게 되었으니, 천하래세
天下來世를 위爲하여 일부一夫께서 말씀한다는 것이다. 공부자孔夫子의

말씀과 같이 천지天地는 비록 말씀이 없으나 사시행언四時行焉하고 백물 생언百物生焉하는 것이니, 천지天地는 말씀으로 표현表現하는 것이 아니 라 현상現象을 드러냄으로써 그 조짐兆朕을 보여주는 것이다. 선천先天에 서 후천后天으로 바뀌는 조짐兆朕도 사시四時의 계절변화季節變化를 보 여주는 것처럼 반드시 후천변화后天變化의 현상現象이 나타나 알게 될 것 임을 은연중隱然中 말씀한 것이다.

---

### 八. 一夫能言兮여 水潮南天하고 水汐北地로다.
일 부 능 언 혜　수 조 남 천　　수 석 북 지

---

• 일부가 능히 말할 수 있음이여, 밀물은 남쪽하늘에 모이고 썰물은 북 쪽 땅에서 빠짐이로다.

**註義** 北爲天之陰이요 南爲地之陰이니 必有肅氣之凝決而潮解汐
북 위 천 지 음　　남 위 지 지 음　　필 유 숙 기 지 응 결 이 조 해 석

散하여 出地之北極은 平하고 入地之南極은 露하니라.
산　　출 지 지 북 극　평　　입 지 지 남 극　노

**演解** 此潮汐之理를 感得天命而能言하심이라. 海潮者는 地之喘息
차 조 석 지 리　　감 득 천 명 이 능 언　　　해 조 자　　지 지 천 식

也니 火之性은 炎上也나 與水配則得下行하고 水之性은 就下也나
야　화 지 성　염 상 야　여 수 배 즉 득 하 행　　수 지 성　취 하 야

與火配則得上行故로 潮汐之進退生焉이라 李土亭先生望前觀潮
여 화 배 즉 득 상 행 고　　조 석 지 진 퇴 생 언　　이 토 정 선 생 망 전 관 조

詩云 三兎三龍水 三巳一馬時 半三猿亦二 月黑復如斯라 하시니
시 운 삼 토 삼 용 수 삼 사 일 마 시 반 삼 원 역 이 월 흑 복 여 사

역 해 차 리 야　　월 지 체　　본 수 정　　　월 여 수　　일 야　　생 명 지 삭
亦解此理也라. 月之體는 本水精이니 月與水로 一也라 生明之朔은

자 전 월 이 십 육 일　　장 수　　위 지 기 신　　　력 회 삭 지 후 월 초 삼 일
自前月二十六日로 長水하니 謂之起信이요 曆晦朔之後月初三日

위 지 대 신　　초 사 조　　세 점 살　　위 지 낙 신　　　력 상 현 지 초 십
謂之大信이요 初四潮는 勢漸殺하니 謂之落信이요 曆上弦之初十

일 위 지 소 신　　생 백 지 조　　자 십 일 일 시 장　　　력 망 지 십 팔 일 이
日謂之小信이요 生魄之潮는 自十一日始長하야 曆望至十八日而

성　　자 십 구 시 살　　력 하 현 이 십 오 이 쇠　　기 기 낙 대 소 지
盛이라가 自十九始殺하며 曆下弦二十五而衰하니 其起落大小之

신　　여 차 행 도 언　　차　　축 미 상 충 진 술 상 충 자 오 상 충　　추 간
信이 如此行度焉이라. 此는 丑未相冲 辰戌相冲 子午相冲으로 推看

함.[111]


粗解 후천后天 지구地球의 변화變化가 인간人間에 미치는 영향影響이 무
엇보다 중요重要한 것은 조류潮流의 현상現象이며, 조수潮水의 변화變化
는 태양태음太陽太陰의 인력引力이요 그 인력引力에 인因한 조석潮汐의 이
치理致는 조수潮水 남방이칠병정화南方二七丙丁火와 석수汐水 북방일육임
계수北方一六壬癸水에서 밀고(潮) 썰고(汐) 하는 조화造化이다.


句解 후천后天에 지구地球의 변화變化가 인간人間에 미치는 영향影響이
무엇보다도 중요重要한 것은 조류潮流의 형상形象이며, 조수潮水의 변화
變化는 태양태음太陽太陰의 인력引力이요 그 인력引力에 인因한 조석潮汐
의 이치理致는 조수潮水는 南쪽 이칠병정화二七丙丁火와 석수汐水는 북北
쪽 일육임계수一六壬癸水에서 밀고(潮) 썰고(汐)하는 조화造化라 함.

---

111 原註: 每月 二十六日丑時謂起信　初三日 卯時謂大信　初四日 辰時謂落信
初十日 午時謂小信　十一日 未時謂起信　十八日 酉時謂大信
十九日 戌時謂落信　二十五日子時謂小信.

'일부능언혜一夫能言兮' 는 전문前文에 이어서 천지天地도 불언不言하고 선성先聖께서도 말씀한바 없는 후천지리后天之理와 변화지도變化之道를 일부一夫께서 능能히 말씀한다는 것이다. 후천后天에서 가장 먼저 나타나는 변화變化는 조석潮汐의 현상現象이니, 곧 밀물은 남천南天에서 일어나고 썰물은 북쪽에서 물이 빠져 육지陸地가 드러나게 된다는 것이다. 관견管見으로는 후천后天의 조석潮汐은 선천先天과는 반대현상反對現象이 일어나게 된다는 뜻으로 해석解釋되는바, 후천后天에서 조석潮汐의 변화變化가 먼저 나타나는 까닭은 일월지정日月之政이 달라지기 때문이다. 후천后天의 조석현상潮汐現象이 선천先天과 같다면 굳이 「천하언재天何言哉시며 지하언재地何言哉시리오 마는 일부능언一夫能言이로다」 라고 말씀할 이유理由가 없을 것이기 때문이다. 그러나 '수조남천水潮南天 수석북지水汐北地'에 대對하여 이와 같은 조석현상潮汐現象의 변화變化가 일어나는 원리原理를 궁구窮究하는 것이 과제課題이다.

---

수 석 북 지 혜　　조 모 난 판
八二. 水汐北地兮여 早暮難辨이로다.

---

• 물이 북쪽 땅에서 빠짐이여 이르고 늦음을 판단하기 어렵도다.

수 도 지 평　　비 일 조 일 석 지 고　　하 조 모 지 판
註義 水道之平은 非一朝一夕之故로 何朝暮之辨이리요.

조 석 진 퇴　　본 무 정 각　　초 삼 지 조 조　　퇴 입 우 십 팔 지 모
演解 潮汐進退가 本無定刻하야 初三之朝潮는 退入于十八之暮하

고 十八之暮潮는 進入于初三之朝故로 云早暮難辨이라. 天地大革
운지시 해륙변역 역인조석지승강조화이성 기조모시
運之時에 海陸變易도 亦因潮汐之升降造化而成이어늘 其早暮時
기 인하판지호 계육회동 천필선고지지
期를 人何辨知乎아 癸六回東하니 天必先告知之하심이라.


粗解 썰물은 북지北地에서 임계수壬癸水인 일육수一六水의 운동運動이

며 밀물은 남천南天에서 병정화丙丁火인 이칠화二七火의 운동運動이라고

하니, 조석潮汐의 이치理致는 이르고 늦을 것을 판단判斷하기가 어렵다

는 것이다.


句解 썰물은 북지北地에서 임계수壬癸水인 일육수一六水의 운동運動이

며 밀물은 남천南天에서 병정화丙丁火인 이칠화二七火의 운동運動이라고

하니, 조석潮汐의 이치理致는 이르고 늦을 것을 판단하기 어렵다고 함.


補解 조석지리潮汐之理는 일월지정日月之政으로서 일육임계수一六壬癸水

와 이칠병정화二七丙丁火의 충격衝激과 진퇴운동進退運動으로 인因한 것

이다. 그러나 후천后天에서는 조석潮汐의 현상現象도 전도顚倒되므로 수

석북지水汐北地하여 해륙海陸이 변역變易하게 될 것은 필연지사必然之事이

나 그 시기時期의 조모早暮는 판단判斷하기가 어렵다는 말씀이다. 필자

筆者의 관견管見으로는 조석潮汐의 변화變化로 인因하여 해륙海陸이 변역

變易하는 것은 일조일석一朝一夕에 이루어지는 것이 아니라 계절季節이

바뀌듯이 점진적漸進的으로 변역變易할 것이므로 그 시기時期를 어느 때

라고 판단判斷하기가 어렵다는 뜻이다.

八三. 水火旣濟兮여 火水未濟로다.

• 수화가 기제旣濟함이여 화수가 미제未濟로다.

기 제 이 미 제　수 화 지 공 기 성　　성 즉 치 도 정 의
**註義** 旣濟而未濟는 水火之功旣成이니 成則治道正矣라.

**粗解** 수화水火는 선천先天의 역생도성逆生倒成하는 이치理致이며, 화수火水는 후천后天의 도생역성倒生逆成하는 이치理致이다.

**句解** 수화水火는 선천先天의 역생도성逆生倒成하는 이치理致라 하고, 화수火水는 후천后天 도생역성倒生逆成하는 이치理致라 함.

**補解** 수화기제水火旣濟는 역생도성逆生倒成하는 낙서지리洛書之理로서 선천지정先天之政이며, 화수미제火水未濟는 도생역성倒生逆成하는 하도지리河圖之理로서 후천后天의 정사政事이다. 수화水火가 기제旣濟하여 용사用事를 마치면 다시 화수미제火水未濟가 되는 것이니, 이는 선천용사先天用事가 끝나면 동시同時에 후천용사后天用事가 시작始作되는 천지지도天地之道를 뜻하는 것이며, 조석현상潮汐現象의 선후천변화先后天變化도 기제旣濟와 미제未濟가 반복反復하는 천지순환지도天地循環之道에 따르는 것임을 말씀한 것이다.

八四. 大道從天兮여 天不言가.

• 큰 도道가 하늘을 좇음이여 하늘이 말씀을 않겠는가.

대 도 종 천 이 성 성 혜　　천 기 불 언
[註義] 大道從天而成性兮여 天豈不言이리요.

[粗解] 대도大道는 지십위천천오지地十爲天天五地라는 말로서 수지手指로는 육지六指자리에 있던 기위대도己位大道가 무지拇指인 一자리로 올라오니 이것이 천불언天不言이다.

[句解] 대도大道는 지십위천천오지地十爲天天五地란 말로서 수지手指로 선천先天에 갑을병정무기甲乙丙丁戊己로 六指자리에 있던 기위대도己位大道가 무지拇指인 一자리로 올라오니 이것이 천불언天不言가라 함.

[補解] 대도大道는 근원적根源的인 큰 도道를 말함이니, 곧 지도地道를 말함이다. 대도大道가 하늘을 좇는다 함은 천도天道는 지대지건至大至健하여 포용包容하지 않음이 없고 그 운행運行은 어김이 없으므로 지도地道는 이를 좇아 행행行行하는 것이니,『주역周易』건괘문언전乾卦文言傳에「선천이천불위先天而天弗違하며 후천이봉천시後天而奉天時하나니 천차불위天且弗違온 이황어인호而況於人乎며 황어귀신호況於鬼神乎여」라고 하였는바, 바로 대도종천大道從天을 말한 것이다. 이와 같이 하늘을 좇으면 하늘은 직접直接 말씀하는 것이 아니라 변화變化하는 현상現象을 보여 뜻

을 표현表現하는 것이니, 후천后天의 변화變化에서 가장 먼저 조석潮汐의 변화變化를 보여줄 것임을 말씀한 것이다.

八五. 大德從地兮여 地從言이로다.

• 큰 덕德이 땅을 좇음이여, 땅은 말씀을 좇는 도다.

註義 대 덕 종 지 이 성 공 혜　　지 필 언　　차 성 인 지 겸 덕 이 무 아　　가
大德從地而成功兮여 地必言이라 此聖人之謙德而无我를 可
견
見이라.

粗解 대덕大德은 무위천심戊位天心이 황심皇心자리로 놓임이니 이를 지종언地從言이라 한다. 황심皇心자리는 무지신拇指伸인 칠지七地자리이다.

句解 대덕大德은 무위천심戊位天心이 황심皇心자리로 놓인 것이 지종언地從言이라 하니, 황심皇心자리는 무지拇指를 신伸하면 칠지七地로서 중곤지重坤地라 함.

補解 대덕大德은 화생만물化生萬物하는 큰 덕德을 이름이니, 곧 생생불식生生不息하는 천덕天德을 말함이다. 『중용中庸』에 「대덕돈화大德敦化」라 함이 바로 대덕大德의 돈후화생敦厚化生을 이름이다. 대도大道는 종천從天하고 대덕大德은 종지從地하여 화생만물化生萬物하니, 그 변화變化가

무궁無窮한 것이다. 곤괘단전坤卦彖傳에 「곤후재물坤厚載物 덕합무강德合無疆」이라 함이 곧 천지합덕天地合德으로 천지지도天地之道가 가구가대可久可大함을 말한 것이다. 또한 지종언地從言이라 함은 천지天地의 운행運行이 천도天道를 따르므로 어김이 없음을 말함이다.

八六. 天一壬水兮여 萬折必東이로다.
　　　천 일 임 수 혜　　만 절 필 동

● 천일임수天一壬水는 만 번 꺾여도 반드시 동쪽으로 흐르는 도다.

**註義** 壬水退而丁火入兮여 東海雖左나 萬折必朝라.
　　　　임 수 퇴 이 정 화 입 혜　　동 해 수 좌　　만 절 필 조

**演解** 壬水之運은 歸東而開春生物하고, 己土之運은 向西而開秋成物하니라.
　　　　임 수 지 운　　귀 동 이 개 춘 생 물　　　　기 토 지 운　　향 서 이 개 추 성 물

**粗解** 일부一夫께서 능언能言하신 수석북지水汐北地의 격동激動하는 현상現象과 조화造化를 말씀하신 것이다.

**句解** 일부一夫께서 능언能言하신 수석북지격동水汐北地激動하는 현상現象의 조화造化를 뜻함이라 함.

**補解** 수水는 생명生命의 근원根源이다. 천일임수天一壬水는 생명지수生命

之水를 뜻하며, 수조남천水潮南天하고 수석북지水汐北地하여 조석潮汐의 후천변혁后天變革으로 천일임수天一壬水도 변혁變革될 것이나 결국結局에는 생육지방生育之方인 동방東方으로 흘러 생명生命을 꽃피우게 된다는 뜻이다.『주역周易』설괘전說卦傳에「종만물시만물자終萬物始萬物者 막성호간莫盛乎艮」이라 하였는바. 이는 임수壬水의 만절필동萬折必東을 말한 것이다.

<br>

> 八七. 지 일 자 수 혜　　만 절 우 귀
> 地一子水兮여 萬折于歸로다.

- 지일자수地一子水여 만 번 꺾여도 기어코 임수壬水를 따라 돌아가는 도다.

**註義** 자 수 퇴 이 축 토 기 혜　　만 절 귀 우 귀 문
子水退而丑土起兮여 萬折歸于鬼門이라.

**演解** 지 지 유 수 자　　즉 여 인 지 유 혈 야　　인 지 혈　　심 출 이 간 납
地之有水者는 即如人之有血也라 人之血은 心出而肝納하니
지 지 수　　나 무 일 출 일 납 지 리 호　　백 천 지 수　　만 절 귀 동　　즉 간 납
地之水가 那無一出一納之理乎아 百川之水가 萬折歸東은 即肝納
혈 지 리　　차 출 납 진 퇴 지 리　　성 조 석 야
血之理니 此出納進退之理로 成潮汐也니라.

**粗解** 신부新婦가 처음으로 시집에 가는 것을 우귀于歸라 하듯이 지일자수地一子水가 결국結局 천일임수天一壬水자리로 합合하게 됨을 말함이다.

신부新婦가 처음으로 시집에 가는 것을 우귀于歸라 하듯이 지일자
수地一子水가 결국 천일임수天一壬水 자리로 합合침이라 함.

補解 천일임수天一壬水가 생명지수生命之水라면 지일자수地一子水는 생
명生命을 양육養育하는 수水이니, 그 방위方位는 북방北方이다. 『주역周
易』 설괘전說卦傳에 「감자수야坎者水也 정북방지괘야正北方之卦也 노괘야
勞卦也 만물지소귀야萬物之所歸也」 라고 하였는바, 노괘勞卦라 함은 만물
양육지로萬物養育之勞를 말함이다. 만절우귀萬折于歸는 임수壬水가 마침
내는 본원本源으로 돌아가게 되므로 자수子水도 역시亦是 임수壬水를 따
라 북방北方으로 돌아가게 되는 이치理致를 밝힌 것이다.

세 갑 신 유 화 유 월 칠 일          대 성 칠 원 군
八八. 歲甲申流火六月七日에[112] 大聖七元君
서
은 書하노라.[113]

• 갑신년 유화流火 六월 七일에 대성칠원군大聖七元君은 쓰노라.

---

112 편집자주 : 『정역대경(모필본)』은 '歲甲申流火月七日書'로 기록되어 있고, 『정역주의
(하상역본)』는 '歲甲申流火六月七日'로 표현되어 '流火月'이 '流火六月'로 알려지게 된 것
으로 보인다. 이후 『정역(돈암서원본)』(1923년)에도 똑같이 '流火六月'로 표현을 하고 있다.
그러나 갑신년(1884)은 윤달이 5월에 있기 때문에 유화6월은 잘못된 것이다. 실제론 음력
7월을 流火之月로 표현한다. 그리고 교정을 본 날짜의 일진이 기록되지 않은 유일한 곳이
다. 일부선생은 교정을 본 날짜의 일진을 기록하였는데 이 부분만 일진의 기록이 없다. 이
날은 甲申年(1884년) 음력 7월7일(양력 8월27일) 己卯日이다.

113 편집자주 : '大聖七元君' 부분은 '歲甲申流火六月七일, 大聖七元君, 書'로 『정역(돈암
서원본)』(1923년)에 처음 등장한다. 『정역대경(모필본)』(1909년)과 『정역주의(하상역본)』
(1912년)에는 '大聖七元君'이 없다.

註義 <ruby>此<rt>차</rt></ruby><ruby>歲<rt>세</rt></ruby><ruby>有<rt>유</rt></ruby><ruby>閏<rt>윤</rt></ruby><ruby>六<rt>유</rt></ruby><ruby>月<rt>월</rt></ruby><ruby>故<rt>고</rt></ruby>로 <ruby>言<rt>언</rt></ruby><ruby>流<rt>유</rt></ruby><ruby>火<rt>화</rt></ruby><ruby>六<rt>유</rt></ruby><ruby>月<rt>월</rt></ruby>이라.[114]

粗解 갑신년甲申年 오월五月이 윤달(閏月)이었으므로 유화유월流火六月이라 하였다. 칠월七月이 되면 화성火星이 서쪽으로 기울게 되니 날씨가 이때부터 서늘하여 지므로 유화流火라고 한 것이니, 유화유월流火六月은 절기節氣로는 칠월七月임을 뜻한다. 갑신년甲申年 유월六月 칠일七日은 기묘일己卯日이며, 대성칠원군大聖七元君은 일부선생一夫先生의 다른 존칭尊稱이니 북두칠성北斗七星의 조화무궁造化無窮한 뜻이 함축含蓄되어 있다.

句解 갑신년甲申年 오월五月이 윤달이었으므로 유화유월流火六月이라 하고 칠월七月이 되면 대화심성大火心星이 서西쪽으로 기울게 되며 날씨가 이때부터 서늘하게 되기 때문에 유화流火라 한 것이 유화유월流火六月은 칠월七月에 마침이 되고 서기西紀로는 一八八四年 갑신유월甲申六月 칠일七日 기묘일己卯日. 대성칠원군大聖七元君은 일부선생一夫先生님의 별다른 존칭尊稱이시니 북두칠성北斗七星의 조화무궁造化無窮하고 심오深奧한 뜻이 있다 함.

補解 갑신년甲申年(1884) 유화유월流火六月이라 함은 이 해에 윤오월閏五月이 들어 입추立秋가 유월六月에 입절入節되었으므로 유화流火라고 한 것이다. 대성칠원군大聖七元君은 위 '粗解'에서는 일부선생一夫先生의 다른 존호尊號라고 하였으나 필자筆者는 견해見解를 달리한다. 관견管見으로는 대성칠원군大聖七元君이 선생先生의 다른 존호尊號라고 한다면 선생先生께서 대성大聖이라고 자칭自稱한 것이 되는바, 이는 선생先生의 높으

---

114 이 부분은 『정역주의(하상역본)』에만 기록되어 있다.

신 겸덕謙德으로 보아 수긍首肯할 수 없으며, 여기에는 반드시 다른 뜻이 있다고 생각한다. 원元은 시원始元를 뜻함이니, 역易을 창시創始한 복희씨伏羲氏를 제일원第一元으로 하여 역리易理를 밝히신 하우씨夏禹氏 기자箕子 문왕文王 주공周公 공자孔子와 후천역后天易을 지으신 일부선생一夫先生을 합슴하면 대성칠원군大聖七元君이 되므로 전성前聖의 도통道統을 이은 일부一夫라는 뜻으로 해석解釋함이 옳을 듯 하다.

---

八九. 嗚呼(오호)라 天地无言(천지무언)이시면 一夫何言(일부하언)이리요 天(천)
地有言(지유언)하시니 一夫敢言(일부감언)하노라.

---

• 아 – 하늘과 땅이 말씀이 없으시면 일부一夫가 어찌 말하리요, 하늘과 땅이 말씀이 있으시니 일부가 감히 말하노라.

**註義** 天地非面命(천지비면명지)之요 以心應(이심응지)之하니 其言辭之間(기언사지간)에 酬酌不倚(수작불의)하니 라[115] 此盖聖人之獨知而非泛然氣像(차개성인지독지이비범연기상)으로 所可擬議也(소가의의야)라.

**粗解** 천지天地는 본시本是 말이 없이 행行한다 하였으나 특特히 여기서는 천지天地가 말씀이 없으시면 일부一夫가 어찌 말하리요 마는 천지天地가 말씀하시니 일부一夫가 감敢히 말한다는 것이다.

---

115 편집자주 : 『정역주의(하상역본)』는 '酌'으로, 『정역대경(모필본)』은 '酢'으로 기록되어 있다.

句解 천지天地는 본시本是 말이 없이 행행한다 하였으나 특特히 여기에는 천지天地가 말씀이 없으시면 일부一夫가 어찌 말하리요 천지天地가 말씀하신바 있어 일부一夫가 감敢히 말한다 하였으니 천시天時요 천명天命이라 함.

補解 성인聖人께서 천지天地와 대화對話하심은 범인凡人들의 일상대화日常對話와는 다른 것이다. 천지天地는 본래本來 무언이행지無言而行之시나 성인聖人에게는 변화變化를 보여서 뜻을 표현表現하고 혹或은 어떤 형상形象이나 신물神物을 보여 뜻을 알리는 것이니, 『주역周易』계사상전繫辭上傳(第十一章)에「천생신물天生神物이어는 성인聖人이 칙지則之하며 천지변화天地變化어늘 성인聖人이 효지效之하며 천수상天垂象하야 현길흉見吉凶이어늘 성인聖人이 상지象之하며 하출도河出圖하며 낙출서洛出書어늘 성인칙지聖人則之」라고 하였는바, 이는 천지天地가 성인聖人에게 뜻을 알린 것이므로 대화對話라고 할 수 있다. 일부一夫께서 정역팔괘도正易八卦圖를 획획畫하실 때 선생先生의 안전眼前에 정역괘도正易卦圖의 팔괘형상八卦形象이 전후수년간前後數年間 보였다고 전전傳하는바, 이는 천지天地가 도형圖形을 계시啓示하여 뜻을 알려주심이니 곧 천지유언天地有言인 것이다. 이외以外에도 선생先生은 영가무도詠歌舞蹈와 명상冥想을 행함으로써 천지天地와 합일合一하는 경지境地에 이르셨으니, 이때에 심응心應하신 대화對話도 있었을 듯 하다.

九十. 天地言一夫言하시니 一夫言天地言하노라.
천지언일부언　　　　일부언천지언

• 천지가 말씀하시니 일부가 말하며 일부가 말하니 천지도 말씀하시도다.

**註義** 承上文反覆詳說하여 以明快非私言이라 盖天地之言을 一夫
　　　승상문반복상설　　이명쾌비사언　　개천지지언　　일부

能言하니 然則一夫之言이 實天地之言이라.
능언　　연즉일부지언　실천지지언

**演解** 此以上諸節意는 卽上帝與夫子로 親對所命之言也시니 古之
　　　차이상제절의　　즉상제여부자　친대소명지언야　　고지

黃帝는 與玄女問答之後 知先后天道之變革하시니 以是觀之則人
황제　여현녀문답지후 지선후천도지변혁　　　　이시관지즉인

謀難及處에는 天必使教知之하시나니 時若不至한즉 天亦秘而不發
모난급처　　천필사교지지　　　시약부지　천역비이불발

하심에 人何知之리오 時未來前에 先漏天機한즉 是逆天也故로 三
하심　인하지지　시미래전　선루천기　시역천야고　삼

絶韋編吾夫子 不言无極有意存하심이 此也라.
절위편오부자 불언무극유의존　　차야

**粗解** 천지天地의 말씀이 일부一夫의 말씀이요 일부一夫의 말씀이 곧 천
지天地의 말씀이라는 뜻이다.

**句解** 천지天地의 말씀이 일부一夫의 말씀이요 일부一夫의 말씀이 천지
天地의 말씀이라 함.

**補解** 전문前文에 이어서 반복反復하여 천지天地의 뜻임을 밝힌 것이다.

뜻을 전傳하는 방법方法은 언어言語 글(書) 계시啓示 감응感應 등等 다양多樣하나 '천지언天地言'은 계시啓示로 뜻을 전傳하거나 혹或은 천지天地의 뜻이 이심전심以心傳心으로 감응感應된 '심언心言'이라고 해석解釋함이 옳을 듯 하다. 일부一夫께서 천지지의天地之意를 그대로 말씀한 것이므로 일부언一夫言이 곧 천지언天地言인 것이다. 대역서大易序에 「일부경서一夫敬書 서기도죄호庶幾逃罪乎」 라고 하신 것도 천지지언天地之言을 일부언一夫言하였으므로 천기누설天機漏洩이 아니라는 뜻이다.

---

九一. 大哉라 金火門이여 天地出入하고 一夫出入하니
<small>대 재　금 화 문　　천 지 출 입　　일 부 출 입</small>
三才門이로다.
<small>삼 재 문</small>

---

• 위대하도다 금화문金火門이여 하늘과 땅이 출입하고 일부一夫가 출입하니 삼재문三才門 이로다.

**[註義]** 門은 謂開闔無窮也요 出入은 謂變通無方也요 金火는 卽天
<small>　문　위 개 합 무 궁 야　출 입　위 변 통 무 방 야　금 화　즉 천</small>
地一開一闔之門也라 由此變而通之하니 無有方所也라 一夫之知
<small>지 일 개 일 합 지 문 야　유 차 변 이 통 지　무 유 방 소 야　일 부 지 지</small>
는 洞開其門而扶世敎하여 使天下之人으로 共爲出入하니 乃是三
<small>통 개 기 문 이 부 세 교　사 천 하 지 인　공 위 출 입　내 시 삼</small>
才之門也라.
<small>재 지 문 야</small>

**[粗解]** 대재大哉라 함은 지극히 위대함을 지칭指稱하는 감탄사感歎詞이며,

사구금四九金과 이칠화二七火의 금화문金火門이 천지天地와 일부一夫가 함께 출입出入하는 위대偉大한 문門이므로 곧 천지인삼재天地人三才와 같이 위대偉大함을 말한 것이다. 금화문金火門은 구이착종도수九二錯綜度數이다.

句解 대재大哉라 함은 형용사形容詞며 감탄사感歎詞요 지극히 위대偉大함을 지칭指稱함이니 사구금四九金과 이칠화二七火의 금화문金火門에 대한 중요성重要性과 천지인삼재天地人三才와 같이 크다고 강조強調하는 말에서 대재大哉라 금화문金火門이라 하고 구이착종도수九二錯綜度數라 함.

補解 四九 二七 금화문金火門은 후천지문后天之門으로서 천지天地가 출입出入하는 위대偉大한 문門이므로 '대재大哉라' 하고 감탄感歎한 것이다. 금화문金火門은 금화교역金火交易으로 후천后天을 여는 문門으로서 '천지출입天地出入'이라 함은 선천先天의 천지天地(건곤乾坤)가 금화문金火門으로 들어가면 호역기위互易其位하여 지천地天(곤건坤乾)으로 위位가 전도顚倒되므로 이를 말한 것이며, 일부一夫께서는 육십년솔성지공六十年率性之工을 다하시어 현묘玄妙한 후천무형지경后天無形之景을 통관洞觀하시고 천지天地의 뜻에 따라 정역팔괘도正易八卦圖를 획획劃畫하시어 후천后天의 금화지리金火之理를 밝히셨으니, 천지天地와 더불어 나란히 금화문金火門을 출입出入한 것이므로 이를 '일부출입一夫出入'이라 한 것이다. 후천后天의 금화문金火門은 천지인天地人이 나란히 출입出入하는 문門이므로 곧 삼재문三才門이 되는 것이다.

九二. 日月星辰이 氣影하고 一夫氣影하니 五元門

이로다.

• 일월성신이 기운이 빛나고 일부一夫의 기운이 빛나니, 오원문五元門이
로다.

註義　氣影은 爲光明也라 日月星辰은 以光明之性으로 普照下土하니
一夫가 亦以光明之德으로 垂教世人하니 豈非五元之門也리요.

粗解 일월성신日月星辰이 기영氣盈하다 함은 금화호역金火互易에 따라 일
월성신日月星辰도 새 기운氣運이 충만充滿하고 일부一夫의 기운氣運도 빛
나니 후천오원수后天五元數인 오원문五元門이 이루어짐을 뜻한다.

句解 일월성신日月星辰이 기영氣影한다 함은 금화교역金火交易에 따라 일
월성신日月星辰도 새 기운이 영동影動한다는 것이요 일부一夫도 또한 기
영氣影하니 후천后天에 오원수五元數인 오원문五元門이 이루어 진다 함.

補解 금화교역金火交易으로 후천后天이 열리면 일월성신日月星辰도 후천
도수后天度數에 따라 새 기운氣運이 충만充滿하여 천하天下를 밝힐 것이
며, 후천지리后天之理를 밝힌 일부선생一夫先生의 광명지덕光明之德도 세
상世上에 빛날 것이므로 금화문金火門은 일월성신日月星辰의 새로운 광명
光明과 일부선생一夫先生의 명덕明德이 함께 빛나는 오원문五元門이 된다

는 뜻이다. 그러므로 금화문金火門이 열리면 천지인삼재天地人三才가 출입出入하므로 삼극지도三極之道가 정립正立하고 후천오원后天五元이 갖추어짐을 말씀한 것이니, 후천오원后天五元의 일부기영一夫氣影은 일부선생一夫先生만을 지칭指稱하는 것이 아니라 만물萬物을 대표代表하는 일부一夫이므로 금화문金火門은 일월성신日月星辰과 만물萬物의 기영氣影이 함께 빛나는 오원문五元門이 되는 것이다.

---

九三. 八風<sub>팔풍</sub>이 風<sub>풍</sub>하고 一夫風<sub>일부풍</sub>하니 十无門<sub>십무문</sub>이로다.

---

• 팔괘八卦의 바람이 불고 일부一夫의 바람이 부니 십무문十无門이로다.

**註義** 八風<sub>팔풍</sub>은 謂卦氣之風也<sub>위괘기지풍야</sub>요 十无門<sub>십무문</sub>은 謂化无造化之門也<sub>위화무조화지문야</sub>라 盖<sub>개</sub>

乾坤健順之道<sub>건곤건순지도</sub>와 水火相逮之德<sub>수화상체지덕</sub>과 雷風不悖之義<sub>뇌풍불패지의</sub>와 山澤通氣之功<sub>산택통기지공</sub>

으로 風以化之<sub>풍이화지</sub>하여 旣成萬物<sub>기성만물</sub>이니 一夫通此神明之德<sub>일부통차신명지덕</sub>으로 風敎四<sub>풍교사</sub>

方<sub>방</sub>하여 无不感化<sub>무불감화</sub>하니 如物之因風而動<sub>여물지인풍이동</sub>하여 共樂至善之地<sub>공락지선지지</sub>하고 物<sub>물</sub>

我无間<sub>아무간</sub>으로 果於天下<sub>과어천하</sub>하니 大開十无門矣<sub>대개십무문의</sub>라 愚<sub>우</sub>가 按此章<sub>안차장</sub>하니 文義<sub>문의</sub>

怳惚<sub>황홀</sub>하고 其辭簡奧<sub>기사간오</sub>로다 有志之士<sub>유지지사</sub>라도 或疑高虛難象<sub>혹의고허난상</sub>이라 然聖人<sub>연성인</sub>

之心<sub>지심</sub>은 與天地无間<sub>여천지무간</sub>하여 寂然之中<sub>적연지중</sub>에 自然有此應<sub>자연유차응</sub>하니[116] 一言一動<sub>일언일동</sub>

---

[116] 편집자주 : 『정역주의(하상역본)』는 '自然有此應'으로, 『정역대경(모필본)』은 '有此應'으로 기록되어 있다.

이 莫非天命<sub></sub>을 可見矣<sub></sub>니라.

막비천명　가견의

[演解] 天地萬化三光八風이 無不運用於金火之化權門中故로 此
金火門을 兼稱以三才五元十无之門也시니라.

천지만화삼광팔풍　무불운용어금화지화권문중고　차
금화문　겸칭이삼재오원십무지문야

[粗解] 팔괘八卦가 변동變動하는 바람이 팔풍八風이며, 일부一夫의 바람이
일부풍一夫風이니, 八一은 구궁도수九宮度數라 십수팔괘十數八卦가 성도
成道함을 이름이다. 십무문十无門은 곧 십무극十无極을 말함이다.

[句解] 팔괘八卦의 변동變動하는 바람이 팔풍八風이요 일부풍一夫風으로
변동變動하니 구궁도수九宮度數요 십수팔괘十數八卦가 성도成道하니 십
무문十无門이 십무극十无極이라 함.

[補解] 팔풍八風은 곧 팔괘지풍八卦之風을 말함이다. 만물萬物은 동동하면
바람이 이는 것이니, 이는 천지자연天地自然의 풍동風動하는 이치理致이
다. 선천先天의 용괘用卦인 문왕팔괘文王八卦가 후천정역팔괘后天正易八卦
로 괘위卦位를 변동變動하니 팔괘풍八卦風이 일고 일부一夫께서 팔괘도八
卦圖를 획획劃畫하시니 일부풍一夫風이 일며, 괘도卦圖를 완성完成하시고 바
람이 없는 십무문十无門에 이르러 무형지경無形之景을 통관洞觀하셨음을
말씀한 것이다. 팔풍八風과 일풍一風은 형상形象이 동동하여 일어나는 유
형지풍有形之風이나, 십무문十无門은 무형지문無形之門이므로 무형무상
無形無象이라 고故로 바람이 없다. 십무문十无門은 십수정역괘도十數正易
卦圖의 본원本原인 십무극十无極을 말함이니, 무극지궁无極之宮에 이르는

길은 삼재三才가 출입出入하고 오원지기五元之氣가 빛나는 금화문金火門을 열고 구궁지풍九宮之風을 거쳐야 십무문十无門에 이르게 되는 바, 일부一夫께서는 이 이치理致를 천지언天地言에 따라 말씀한 것이다.

팔풍八風과 일풍一風은 선천先天에서 후천后天으로 바뀌는 환절지풍換節之風이니, 곧 선先·후천변역지리后天變易之理를 밝힌 중풍손괘重風巽卦의 후천풍后天風이다. 손괘巽卦 구오효사九五爻辭에 「선경삼일先庚三日 후경삼일後庚三日」이라 하여 선천先天(갑甲)에서 후천后天(경庚)으로 바뀌는 이치理致를 밝혔으며, 상전象傳에서는 「수풍隨風이 손巽이니 군자이君子以하야 신명행사申命行事하나니라」라고 하였는바, 신명행사申命行事는 군명君命에 따라 정사政事를 행행하는 것이므로 일부一夫께서 '천지언天地言 일부언一夫言' 하심이 곧 신명행사申命行事라고 할 수 있다.

九四. (1) 日月大明乾坤宅이오 天地壯觀雷風宮을
일 월 대 명 건 곤 택    천 지 장 관 뇌 풍    궁

• 해와 달은 크게 건곤乾坤의 집을 밝히고, 천지의 장관인 뇌풍궁雷風宮을 보는 것을,

演解 天地非日月이면 不得光明이니 卽空殼이며 非雷風이면 無以
천 지 비 일 월    부 득 광 명    즉 공 각    비 뇌 풍    무 이
行化니 卽虛室이라 故로 擧其日月雷風之盛功而贊詠耳라.
행 화    즉 허 실    고    거 기 일 월 뇌 풍 지 성 공 이 찬 영 이

粗解 일월日月은 건곤乾坤의 집을 크게 밝힌다 함은 수지도수手指度數로 중지中指인 건곤乾坤자리를 중립中立하고 감리일월坎離日月이 좌우左右로 사구四九 이칠二七자리에서 싸고 있음을 말함이고, 천지天地의 장관壯觀이 뇌풍궁雷風宮이라 함은 수지手指로 중지中指자리가 건곤천지乾坤天地이며 좌우左右에 육진뢰六震雷 일손풍一巽風이 옹호擁護하고 있으니 풍지관괘風地觀卦와 뇌천대장괘雷天大壯卦가 이루어짐을 뜻한다.

句解 일월日月은 건곤택乾坤宅에 크게 밝힌다 함은 수지상手指上으로 삼팔중지三八中指인 건곤乾坤자리를 중립中立으로 하야 감리일월坎離日月이 좌우左右로 사구四九 이칠二七자리에서 호위互位하고 있음을 말함. 천지天地의 장엄莊嚴한 것이 뇌풍雷風집이라 함은 삼팔중지三八中指자리에서 건곤乾坤(천지天地)위치位置에 좌우左右로 육진뢰六震雷 일손풍一巽風이 옹호雍護하고 있어 풍지관風地觀과 뇌천대장雷天大壯을 이룬 것이라 함.

補解 정역괘도正易卦圖의 후천지리后天之理로서 곧 일월성도日月成道와 뇌풍용정雷風用政을 밝힌 것이다. 정역괘도正易卦圖는 오곤지五坤地 십건천十乾天을 주궁主宮으로 하는바, 오곤궁五坤宮의 서남측위西南側位에 구리화九離火(일日)가 정위定位하고 십건궁十乾宮의 동북측위東北側位에 사감수四坎水(월月)가 정위定位하여 건곤궁乾坤宮을 크게 밝히고 있으므로 이를 '일월대명건곤택日月大明乾坤宅'이라 한 것이며, 오곤궁五坤宮의 동남측위東南側位에 정위定位한 일손풍一巽風과 십건천十乾天의 서북측위西北側位에 정위定位한 육진뢰六震雷가 건곤乾坤의 장남장녀長男長女로서 부모父母(건곤乾坤)를 대리代理하여 후천정사后天政事를 용정用政하므로 이는 일찍이 볼 수 없었던 천지장관天地壯觀이라 고故로 '천지장관뇌풍궁天地壯觀雷風宮'이라 한 것이다. 대명大明은 일월합덕日月合德을 뜻하며, 장

관장觀은 육진뢰六震雷가 십건천十乾天과 합덕合德하니 뇌천대장雷天大壯이요, 일손풍一巽風이 오곤지五坤地와 합덕合德하니 풍지관風地觀이라 고故로 일대장관一大壯觀이 되는 것이다. 십이소식괘十二消息卦로 대장괘大壯卦는 이월지괘二月之卦이고 관괘觀卦은 팔월지괘八月之卦이니, 이월二月에 싹이 터서 생장生長한 만물萬物이 팔월八月에는 결실結實이 무르익어 대풍大豊을 이루는 상상象이므로 천지장관天地壯觀이 아닐 수 없다. 천지天地가 비록 광대廣大하나 일월日月의 광명光明이 없으면 암흑暗黑의 빈 껍질에 불과不過하고, 뇌풍雷風의 용정用政이 없으면 황량荒凉한 빈 공간空間에 불과不過할 것이니, 일월日月의 순환循環과 뇌풍용정雷風用政의 뜻은 크다고 할 것이다.

---

수 식 선 천 복 상 월　　정 명 금 화 일 생 궁

**九四.** ⑵ 誰識先天復上月이 正明金火日生宮가.

---

● 선천의 복상復上의 달이 바로 금화金火가 일日(火)을 생하는 금화궁을 밝힐 줄 누가 알았겠는가.

---

**註義** 차시 영찬일월 득건곤지성이정명 뇌풍 득천지
此詩는 詠讚日月이 得乾坤之性而貞明하고 雷風이 得天地

지정이순동 명차금화지리 피선천복상지월 반위일생지
之情而順動하니 明此金火之理로 彼先天復上之月이 反爲日生之

궁이양정어음 비조도자 수능식지 우 안조화지공
宮而陽政於陰이라 非造道者면 誰能識之리요 愚가 按造化之功인

기여차지정 곤위건택 월위일궁 후천 내위태양
데 旣如此至正이면 坤爲乾宅이요 月爲日宮이니 后天은 乃爲太陽

세계 양하이교음 음순이승양 천인 동기도 신인
世界라 陽下而交陰하고 陰順而承陽하니 天人이 同其道하고 神人

이 共其和하니 幽明之間에 交通無碍하고 動止之際에 一從天心이

니 禮樂之復盛을 於斯에 可見矣니라.

演解 寅宮은 日(火)의 生處이며 金之胞所故로 坎月이 終於寅하야 明于金火之日生宮이 此也라. 以三合五行으로 言則寅亦火也라.

粗解 선천복상월先天復上月은 一二三四五(갑을병정무甲乙丙丁戊)로 자오복구子午復姤자리이며, 기경임갑병무정을계신己庚壬甲丙戊丁乙癸辛하는 경금정화庚金丁火자리에 유술해자酉戌亥子를 굴신屈伸하면 용구用九자리로 부합符合됨으로 금화金火가 날로 나는 집이니 구이착종九二錯綜자리이다.

句解 선천복상월先天復上月은 一二三四五(갑을병정무甲乙丙丁戊)로 자오복구子午復姤자리로서 후천后天에 기경임갑병무정을계신己庚壬甲丙戊丁乙癸辛하는 경금庚金 정화丁火자리에 유술해자酉戌亥子를 굴신屈伸하면 용구用九자리로 부합符合되는 것이 금화金火가 날나는 집이라 하니 구이착종九二錯綜자리라 함.

補解 복상월復上月은 복상復上(갑자궁甲子宮)에서 기월起月하는 선천월先天月을 이름이니, 곧 십오일十五日에 망望이 되는 천심월天心月을 말함이다. 선천先天의 천심월天心月이 금화후천金火后天의 일생궁日生宮을 밝힌다 함은 정역괘도正易卦圖의 사감수四坎水 월궁月宮이 문왕괘도文王卦圖의 간인궁艮寅宮(동북유위東北維位)에 정위定位하였으므로 후천后天의 황심월皇心月은 선천先天의 일생궁日生宮인 인궁寅宮을 밝히게 되는 것이니,

이는 선先·후천后天의 괘변卦變에 따라 월정月政이 달라지는 이치理致를 말씀한 것이다. 곤입건궁坤入乾宮하고 월입일궁月入日宮하는 후천금화지리后天金火之理를 일부一夫께서 '천지언天地言 일부언一夫言' 하시어 밝히시기 이전以前에 누가 이 현묘玄妙한 이치理致를 밝힐 수 있겠는가. 오직 일부선생一夫先生만이 천지지명天地之命에 따라 후천后天의 내세來世를 위爲하여 밝힌 것이니, 선생先生의 위업偉業은 과연果然 크고 높다고 하리라.

---

### 九五. 化无上帝言이시니라.
화 무 상 제 언

● 화무상제의 말씀이니라.

**註義** 化者는 變之漸이요 易之體이며 无者는 有之對요 道之本이며
화자　변지점　　역지체　　무자　유지대　도지본

上者는 極至之謂이며 帝者는 主宰之謂이니 化无上帝者는 普化上
상자　극지지위　　제자　주재지위　　화무상제자　보화상

帝之眞主宰也라[117] 然則尊莫如帝而何以對乎리요 幽莫如帝而何
제지진주재야　　연즉존막여제이하이대호　　유막여제이하

以言乎리요 曰噫라 人皆知吾之有身而不知父母之遺體하고 知吾
이언호　왈희　인개지오지유신이부지부모지유체　지오

之有命而不知上帝之降衷이라 惟明哲과 大覺만이 潛心以居하여
지유명이부지상제지강충　유명철　대각　잠심이거

對越上帝하고 樂天安土하여 言黙竢命而已라 彼衆人은 愚昧하
대월상제　낙천안토　언묵사명이이　피중인　우매

---

117 편집자주 : 『정역주의(하상역본)』에서는 '普化'로, 『정역대경(모필본)』에서는 '普施'로 기록되어 있다.

여 私其身而不顧父母之養하고 父母惡而遠之하여 役其心而不知
性命之養하니 上帝厭而遠之라 是則帝欲遠之乎아 人自遠之乎아
蓋上帝之爲道也는 與物同體而善者는 順之하고 惡者는 背之일새니
若非眞无惡實而有善者라야 豈能聽命乎잇가 考諸聖言에 庸學之
自誠明止至善이라 하니 足以發明其德이라 而書與我가 猶有彼此
之別故하니 以見聞之學은 終身勞苦하여도 不可察也니라 必反之
於身하고 驗之於心하여 久久積習하면 自得豁然貫通이요 不知手
舞足蹈然後에야 復我天性하고 自然合德於上帝之實體리라 心知
虛靈으로 耳目聰明하여 視於無形은 莫非上帝之明命故로 能知命
하고 聽於無聲은 莫非上帝之至言故로 能耳順하니 此는 體道之極
功으로 聖人之能事也라 經曰上帝命汝와 曰簡在帝心과 曰克配上
帝와 曰帝謂文王이라 하니라 蓋前聖後聖이 無二其德이요 同一其
揆也라 愚가 按天人하니 本無二理라 況聖人이 術不違天하고 動不
失時하며 代天用工者乎아 然而上下文辭之間에 從容酬應者는 不
無學者之疑惑이나 然聖凡逈異者가 此類也니라 以聖人至聖至德
으로 合上帝至聖之道하고 聖人之心으로 直上帝之心이니 不知不
覺之中에 有此實然之事而不敢而歸諸己하고 直指上帝之言을 不

고 시 속 지 기 의      성 인 지 지 공 무 사      가 견 의
顧時俗之忌疑하면 聖人之至共無私를 可見矣리라.


粗解 화무상제化无上帝께서 말씀하심은 후천황중월后天皇中月을 분부分付하심이다.

句解 화무상제化无上帝께서 말씀하심은 후천황중월后天皇中月을 분부分付하심이라 함.

補解 정역正易에서는 화무상제化无上帝 외外에도 화무옹化无翁 화화옹化化翁 화옹化翁 반고화盤古化 등等으로 호칭呼稱하고 있으나 실實은 다 같은 뜻이다. 위 '註義'에서는 '화化'는 변지점變之漸으로 역易의 본체本體이고 '무无'는 유有의 대對이니 도道의 본원本原이며, '상上'은 지상至上의 극極을 말함이고 '제帝'는 주재主宰를 뜻한다고 하였는바, 이를 요약要約하여 보면 화무상제化无上帝는 실체實體는 없으나 조화造化를 주재主宰하는 원리原理 즉即 도체道體를 의인화擬人化한 존칭尊稱이라 하겠다. 『주역周易』계사상전繫辭上傳(第四章)에 「역易이 여천지준與天地準이라 고故로 능미륜천지지도能彌綸天地之道하나니 … 범위천지지화이불과範圍天地之化而不過하며 곡성만물이불유曲成萬物而不遺하며 통호주야지도이지通乎晝夜之道而知라 고故로 신무방이역무체神无方而易无體하나라」 라고 하였으니, 역리易理로서 보면 체體는 없으나 무소부재无所不在하는 역易의 본원本原이 곧 화무상제化无上帝라고 할 수 있다. 그러나 일부一夫께서는 전성前聖께서 말씀한바 없는 십무극후천지리十无極后天之理를 밝히셨으니, 화무상제化无上帝는 무극지리无極之理를 주재主宰하는 무극无極의 도체道體를 말씀한 것으로도 해석解釋할 수 있다. 일부一夫께서 전문

前文에서는 천지언天地言이라 하시고 여기서는 화무상제언化无上帝言이라 하였으니, 이로써 보면 천지언天地言이 곧 화무상제언化无上帝言임을 알 수 있다.

---

九六. 復上<small>복 상</small>에 起月當天心<small>기 월 당 천 심</small>이오 皇中<small>황 중</small>에

起月當皇心<small>기 월 당 황 심</small>이라 敢將多辞古人月<small>감 장 다 사 고 인 월</small>하여

幾度復上當天心<small>기 도 복 상 당 천 심</small>고.

● 복상復上에서 달을 일으키면 천심天心에 당하고 황중皇中에서 달을 일으키면 황심皇心에 당하니, 감히 말많은 옛사람의 달을 헤아려(推數<small>추수</small>)보면 장차 몇 번이나 복상復上을 건너 천심天心에 당하게 될 것인고.

註義 月<small>월</small>은 陰之基<small>음 지 기</small>이요 陽之宅<small>양 지 택</small>이라 正其基然後安其宅故<small>정 기 기 연 후 안 기 택 고</small>로 化翁<small>화 옹</small>이

造成天地<small>조 성 천 지</small>에 必以月政排布<small>필 이 월 정 배 포</small>하시니[118] 干支之六十數是也<small>간 지 지 육 십 수 시 야</small>라 復上者<small>복 상 자</small>

는 八七之氣影月也<small>팔 칠 지 기 영 월 야</small>요 皇中者<small>황 중 자</small>는 三十之體成月也<small>삼 십 지 체 성 월 야</small>라 氣復然後<small>기 복 연 후</small>에 正<small>정</small>

當天心<small>당 천 심</small>하고 體成然後<small>체 성 연 후</small>에 正當皇心<small>정 당 황 심</small>하니 帝謂一夫曰將此古人多辭<small>제 위 일 부 왈 장 차 고 인 다 사</small>

之月<small>지 월</small>이 幾度復上當天心乎<small>기 도 복 상 당 천 심 호</small>아.

---

118 편집자주 : 『정역대경(모필본)』은 '佈'字로 기록되어 있다.

粗解 천심天心에 당當한다는 것은 선천先天의 각항저방심角亢氐房心자리가 수지手指로는 갑을병정무甲乙丙丁戊의 다섯 자리이며 정역괘正易卦로는 이천二天자리인 천심天心이며, 황심皇心에 당當한다함은 소지小指인 六자리에서 간지干支로 갑을병정무甲乙丙丁戊하면 무오토戊五土가 무지拇指인 황심皇心에 당當하니 정역괘正易卦로는 칠지七地자리이다. 다사고인월多辭古人月이라 함은 선천력윤역先天曆閏易을 하은주삼대夏殷周三代에 세수歲首를 자축인子丑寅으로 썼기 때문에 말많은 고인월古人月이라 한 것이며, 천심天心은 갑을병정무甲乙丙丁戊의 무오토戊五土가 이천二天자리인 천심天心에 당當함을 말씀한 것이다.

句解 천심天心에 당當한다는 것은 선천先天에 각항저방심角亢氐房心자리가 수지手指로 갑을병정무甲乙丙丁戊인 五자리로서 정역괘正易卦로는 이천二天자리니 천심天心에 당當하고, 황심皇心에 당當한다 함은 소지小指 육六자리에서 후천后天에 간지干支로 갑을병정무甲乙丙丁戊하면 무오토戊五土가 무지拇指인 황심皇心에 당當하니 정역괘正易卦로는 칠지위치七地位置에 당當함. 다사고인월多辭古人月이라 함은 선천先天에 윤역閏易을 하은주夏殷周가 세수歲首를 자축인子丑寅으로 썼기 때문에 다사고인월多辭古人月이라 하고, 천심天心은 갑을병정무甲乙丙丁戊인 무오토戊五土가 괘卦로는 이천二天자리인 천심天心에 당當하고.

補解 선후천先后天의 월정月政을 밝힌 것이다. 선천월先天月은 일양一陽이 시생始生하는 복復(지뢰복地雷復)상上 갑자궁甲子宮에서 기월起月하여 제오위第五位 무진戊辰에서 합삭合朔하고 십오일十五日 임오궁壬午宮에 이르러 망월望月이 되므로 곧 천심월天心月이며, 후천월后天月은 일음一陰이 시생始生하는 황중皇中(십육일十六日)에서 기월起月하여 십오일十五日 후後

에는 황심皇心에 이르게 되므로 곧 황심월皇心月이 된다. 그러므로 기월점起月點을 기준基準으로 하여 말하면 선천월先天月이 복상월復上月이고 후천월后天月이 황중월皇中月이며, 선천월先天月은 태음지정太陰之政으로 팔칠기영지월八七氣影之月이니 영허진퇴盈虛進退하는 십오일十五日 월정月政을 말함이요 후천월后天月은 태양지정太陽之政으로 삼십체성지월三十體成之月이니 소장굴신消長屈伸하는 삼십일三十日 월정月政을 말함이다. 음양용사지리陰陽用事之理는 양용기전陽用其全하고 음용기반陰用其半이라 고故로 십오일十五日(반월半月)의 월정月政이 되는 것이다. 결구結句에 「감장다사고인월敢將多辭古人月 기도부상당천심幾度復上當天心고」 라고 하심은 고인古人들의 말씀이 많았던 선천월先天月의 장래將來를 추산推算하여 보면 선천복상월先天復上月이 천심天心에 당도當到하는 순환循環을 몇 번이나 반복反復할 수 있겠는가. 라는 뜻이니, 선생先生의 추산推算으로는 머지않아 후천后天이 도래到來하여 월정月政이 전환轉換될 것임을 시사示唆한 것으로 해석解釋할 수 있다. 시점時點을 명시明示하지 않으심은 선후천先后天의 전환轉換이 일조일석一朝一夕에 이루어지는 것이 아니며, 계절季節이 바뀌는 과정過程과 같이 점진적漸進的으로 전환轉換하므로 그 조짐兆朕만을 말씀한 것이다.

월 기 복 상 천 심 월　　　월 기 황 중 황 심 월
九七. 月起復上天心月이요月起皇中皇心月이니
보 화 일 천 화 옹 심　　정 녕 분 부 황 중 월
普化一天化翁心이丁寧分付皇中月이로

소이다.

• 달을 복상復上에서 기월起月하면 천심월이 되고, 달을 황중皇中에서 기
월起月하면 황심월이 되는 것을, 일관된 천리天理로서 널리 생화生化하시
는 화옹化翁의 마음이 정녕코 황중월을 분부하심 이로소이다.

무 진 궁　　월 굴 야　　월 혼 생 어 신　　상 어 해　　성 어 오 이 분
**註義** 戊辰宮은 月窟也라 月魂生於申하고 上於亥하고 成於午而分

어 술　　하 어 사　　굴 어 진　　복 어 자　　천 심 월 야　　무 술 궁
於戌하고 下於巳하고 窟於辰하니 復於子는 天心月也라 戊戌宮은

월 지 모 야　　포 어 경 자　　태 어 무 신　　양 어 임 자　　생 어 경 신
月之母也라 胞於庚子하고 胎於戊申하고 養於壬子하고 生於庚申

하여 성 어 기 사　　황 심 월 야　　보 화 일 천 화 옹 지 심　　정 녕 이 황 중
하여 成於己巳하니 皇心月也라 普化一天化翁之心이 丁寧以皇中

체 성 월　　분 부 야
體成月을 分付也시니라.

월　　감 야　　감 재 신　　복 희 괘　　즉 초 삼 일 지 월　　초 생 월 야
**演解** 月은 坎也니 坎在申(伏羲卦)則初三日之月이니 初生月也며

감 재 자　　문 왕 괘　　즉 초 팔 일 지 월　　복 상 월 야　　감 재 인　정 역 괘
坎在子(文王卦)則初八日之月이니 復上月也며 坎在寅(正易卦)

즉 십 오 일 지 월　　황 중 월 야　　차 선 천 복 상 월　　변 궁 위 후 천 황 중
則十五日之月이니 皇中月也라. 此先天復上月이 變宮爲后天皇中

월　　시 일 천 화 옹 심 지 분 부 시 운 이　　황 중　　무 기 십 오　　언 야
月인즉 是一天化翁心之分付時運耳라. 皇中은 戊己十五로 言也오

十五一言 ┊

341

천심    자오중정       언야
天心은 子午中正으로 言也니라.

**粗解** 달을 복상復上에서 기월起月하면 천심월天心月이라 함은 수지手指로 무지일拇指一자리에서 갑을병정무甲乙丙丁戊로 굴굴屈하면 이천二天에 무무戊가 당當하니 천심월天心月이라 한 것이고 황심월皇心月이라 함은 소지小指인 六자리에서 갑을병정무甲乙丙丁戊로 신신伸하면 무지칠지拇指七地자리에 무오토戊五土가 당當하니 황심월皇心月이 되는 것이며, 황중월皇中月은 기위己位(무지일拇指一자리)에서 기경신임계己庚辛壬癸(소지오小指五자리)로 포오함육包五舍六에 당當하는 자리이다.

**句解** 달을 복상復上에서 기월起月하면 천심월天心月이라 함은 무지拇指 일一자리에 갑을병정무甲乙丙丁戊로 굴굴屈하면 이천二天자리가 무무戊가 당當하니 천심월天心月이요, 황심월皇心月이라 하면 소지小指인 六자리에서 갑을병정무甲乙丙丁戊로 무지拇指를 신신伸하면 칠지七地자리에 무오토戊午土가 당當하니 황심월皇心月이라 하고, 소지小指인 포오함육包五舍六자리로서 癸甲으로 기월起月하는 것을 황중월皇中月이라 함. 황중월皇中月은 후천后天인 기위己位에서(무지拇指 일一자리) 시작始作하되 기경신임계己庚辛壬癸로 소지小指 오五자리를 굴굴屈하게 되니 황중월皇中月이라 함.

**補解** 전문前文에 이어서 거듭 선후천先后天의 월정月政을 말씀한 것이다. 복상復上에서 기월起月하면 선천先天의 천심월天心月이요 황중皇中에서 기월起月하면 후천后天의 황심월皇心月인 바, 이를 거듭 밝힘은 천지보화天地普化를 주재主宰하는 화무상제化无上帝의 뜻이니, 후천后天의 황중체성월皇中體成月의 원리原理를 자세仔細하게 밝히라는 간곡懇曲한 분부

分付에 따라 말씀한다는 것이다. 전문前文에서 '천지언天地言 일부언一夫
言'이라 함이 바로 화무상제化无上帝께서 분부分付하심에 따라 일부언一
夫言하심을 말함이니, 화옹분부化翁分付가 곧 천지언天地言임을 알 수 있
다. 혹자或者는 '천지언天地言' 화옹분부化翁分付 등等의 표현表現에 의혹
疑惑을 제기提起할 수도 있겠으나, 관견管見으로는 일부一夫께서 도통천
지무형지외道通天地無形之外하시고 천지지도天地之道와 합일合一하는 경
지境地에 이르시어 천지天地의 이수理數를 그대로 밝혀 말씀한 것이므로
일부언一夫言이 곧 천지언天地言이라고 한 것이며, 결決코 종교적宗敎的 신
인대화神人對話와 같은 어록류語錄類와는 다른 것이다.

> 화 무 상 제 중 언
> 九八. 化无上帝重言이시니라.

• 화무상제께서 거듭 말씀하심이니라.

粗解 추연推衍에 신중愼重을 기期하라는 분부分付의 말씀이다.

句解 추연推衍에 신중愼重을 기期하라는 분부分付시라 함.

補解 전문前文의 화무상제언化无上帝言에 이어서 거듭 분부分付하시는
말씀이므로 중언重言이라 한 것이다. 전문前文에서 일괄一括하여 말씀하
지 않으시고 별도別途로 중언重言하심은 그 중요성重要性을 강조强調하
시기 위爲함이다.

<table>
<tr><td>추연</td><td>무혹위정륜</td><td>도상천리부모위</td></tr>
</table>

九九. 推衍에 无或違正倫하라 倒喪天理父母危

시니라.

● 이치를 미루어 연역演繹함에 있어서 혹 바른 윤리에 어긋남이 없게 하라, 하늘의 이치를 거꾸로 손상하면 부모가 위태로울 것이니라.

**註義** 月政은 克治라 天倫은 必正故로 帝重謂一夫曰하니 推衍度數를 無或違越正倫하라 若倒喪天理하면 父母之心이 危殆也니라.

**粗解** 추리推理하여 연역演繹함에 있어서 바른 윤리倫理에 어긋남이 없이 하라는 분부分付이시니, 천리天理를 역행逆行하고 훼상毀喪하면 천지부모天地父母가 위태危殆롭게 된다는 계훈戒訓의 말씀이다.

**句解** 추리推理에 있어 정당正當한 윤리倫理에 어김없이 추리推理하라는 분부分付시라 함. 천리天理를 거꾸로 훼상毀喪하면 천지부모天地父母가 위태危殆롭게 되니 정당正當한 윤리倫理에 신중愼重을 기期할 것을 주장主張하심이라 함.

**補解** 천지天地의 이수理數를 추연推衍하여 연역演繹함에 있어서 정리正理와 정륜正倫에 어긋남이 없게 하라고 당부當付하심이니, 혹或 천지정리天地正理를 역행逆行하여 상제上帝의 뜻을 훼상毀傷하면 천지부모天地父母의 마음이 위태危殆하게 될 것임을 경계警戒하신 말씀이다. 천지지심天地

344

之心이 위태危殆하게 되면 따라서 인세人世도 위태危殆하게 된다는 뜻이 함축含蓄되어 있다. 일부一夫께서는 상제언上帝言에 따라 후세後世를 경계警戒하신 것이니, 정역지리正易之理를 자의恣意로 곡해曲解하여 악용惡用하거나 천지정리天地正理를 역행逆行하면 세상世上이 위태危殆하게 된다는 계훈戒訓의 뜻이 내포內包되어 있다.

---

　　　　불 초 감 언 추 리 수　　　　지 원 안 태 부 모
一〇〇. 不肖敢焉推理數리요마는 只願安泰父母
　　심
　　心하노이다.

---

• 불초가 어찌 감히 천지의 이수理數를 헤아릴 수 있으리요 마는 다만 부모의 마음이 편안하시기를 원할 뿐이로소이다.

　　　　　초　　현야　　불초　　겸사야　　리수심온오　　추연　　과난
**註義** 肖는 賢也요 不肖는 謙辭也라 理數甚蘊奧하여 推衍이 果難

중　　불초　하감능어차호　　연지원지성착의　　안태부모
重하니 不肖가 何敢能於此乎리요 然只願至誠着意로 安泰父母

지심야　　우　안례　　문왕세자편　　문왕위무왕왈　　　여
之心也니라 愚가 按禮인데 文王世子篇에 文王謂武王曰하사대 女

하몽의　무왕　대왈몽　제여구령　　　문왕왈여이위하
何夢矣요 武王이 對曰夢에 帝與九齡하더시이다 文王曰女以爲何

야　무왕왈　　서방　유구국언　　군왕　기종무저　　문
也요 武王曰하사대 西方에 有九國焉하니 君王이 其終撫諸신저 文

왕왈비야　고자　위년왈령　　치역령야　아　백　이
王曰非也라 古者에 謂年曰齡하더니 齒亦齡也니 我는 百이요 爾는

구십　　오여이삼언　　문왕　구십칠　내종　　무왕
九十이니 吾與爾三焉하시더니 文王은 九十七에 乃終하시고 武王은

구 십 삼 이 종 　　 여 상 독 차 　 미 상 불 엄 권 치 의 의 　　 거 차 유
九十三而終하시다 余嘗讀此에 未嘗不掩券致疑矣인데[119] 據此有

순 순 연 명 지 자 　 성 인 지 어 천 제 　 친 지 여 부 자 　　 가 지 이 후 학 지
諄諄然命之者에 聖人之於天帝는 親之如父子하니 可知而後學之

혹 　 내 가 파 야 　 연 약 비 지 성 무 망 지 성 　　 호 능 지 차 　　 학 자
惑을 乃可破也라 然若非至誠无妄之聖이면 胡能至此리요 學者가

불 가 조 예 무 서 　　 망 구 시 리 야
不可造詣無序하여 妄求是理也니라.


粗解 불초不肖가 어찌 감敢히 천지도수天地度數를 추리推理할 수 있으리요 마는 다만 부모父母의 마음만 안태安泰하시기를 기원祈願한다는 말씀이다.


句解 불초不肖하게도 감敢히 천지도수天地度數를 추리推理하리요 마는 부모父母의 마음 안태安泰하시기를 기원祈願하신다 함이니 건곤중위정역乾坤中位正易을 뜻함이라 함.


補解 불초不肖라 함은 선생先生의 겸사謙辭이시다. 심오深奧한 천지이수天地理數를 감敢히 헤아릴 수 있으리요 마는 다만 부모父母의 마음이 안태安泰하시기를 기원祈願하여 정역正易을 쓰신다는 말씀이다. 일부一夫께서 안태安泰하시기를 기원祈願하는 부모父母는 천지天地(상제上帝)를 지칭指稱하심이니, 이는 공부자孔夫子께서 하늘을 어버이 섬기듯 하신 것처럼 선생先生도 천지天地를 부모父母처럼 섬긴다는 뜻이다.


119 편집자주:『정역주의(하상역본)』는 '疑'으로,『정역대경(모필본)』은 '意'로 기록되어 있다.

正易集註補解

346

세 갑 신 칠 월 십 칠 일 기 미 불 초 자 김 항
歲甲申七月十七日己未에 不肖子金恒

김 읍 봉 서
은 感泣奉書하노이다.[120]

• 갑신년 七月 十七일 기미己未에 불초자 김항은 감읍하고 받들어 쓰나이다.

粗解 갑신년甲申年(1884) 칠월七月 십칠일十七日 기미己未에 불초자不肖子는 감읍感泣하고 받들어 정역正易을 쓰셨다는 말씀이다.

句解 서기西紀 一八八四年 칠월七月 십칠일十七日 기미일己未日에 불초자不肖子는 감읍感泣하고 받들어 쓰심이라 함.

補解 일부선생一夫先生은 천지생화지리天地生化之理를 깨우쳐 주신 화무상제化无上帝의 은고恩顧에 감읍感泣하며, 상제上帝의 뜻을 받들어 정역正易을 쓰셨음을 밝힌 것이다. 불초자不肖子라 함은 화무상제化无上帝를 부모父母로 섬기는 뜻을 분명分明하게 한 것이다.

---

120 편집자주 : 이 내용은 1909년에 기록한 『정역대경(모필본)』과 1912년에 발간된 『정역주의(하상역본)』에는 없고, 오직 1923년에 발간된 『정역(돈암서원본)』에만 기록되어 있다.

一〇二. 化翁親視監化事라.

• 화옹께서 친히 보시고 감화監化하신 사실이라.

**註義** 化翁은 造化之祖이시며 載道之神이시라 天之始地之生物之
成이 著此造化之實也라 后天變革은[121] 盖化翁親視監化之事也니
라.

**粗解** 조화옹造化翁께서 친親히 보시고 감화監化하신 사실事實을 그대로
쓰셨음을 밝히신 것이다.

**句解** 조화옹造化翁이 친親히 감화監化하신 일을 보이심이라 함.

**補解** 화옹化翁은 화무상제化无上帝를 이름이니 곧 천지조화지주天地造
化之主를 말함이다. 화옹化翁의 뜻에 따라 선후천先后天이 전환轉換되고
후천변혁后天變革이 일어나는 것이니, 후천변혁지사后天變革之事는 모두
천지부모天地父母이신 화옹化翁께서 친親히 보시고 감화監化하신 사실事
實이므로 화옹化翁의 뜻을 받들어 밝힌다는 뜻이다. 이는 '천지언天地言
일부언一夫言' 조條에서 차례로 이어지는 말씀이다.

---

121 편집자주 : 『정역주의(하상역본)』는 '變革'으로, 『정역대경(모필본)』은 '變化'로 기록되
어 있다.

• 아 – 금金과 화火가 바르게 바뀌어지니 천지의 비색否塞함은 가고 개태
開泰한 기운이 오는 도다.

**註義** 金火가 革易得正하니 先天否運은 往하고 后天泰運이 來하니라.

**演解** 天道下而光濟하고 地道升而著明하니 卽泰之運也라. 陽降而
陰升은 天地開交니 謂之泰也오 陽升而陰降은 天地閉交니 謂之
否也라. 金火成功함이 在於正易十數用時故로 金火正易이라.

**粗解** 사구금四九金과 이칠화二七火가 바르게 교역交易하니 천지天地의 비
운否運은 가고 지천태운地天泰運이 내도來到한다는 말씀이다.

**句解** 사구금四九金과 이칠화二七火가 제자리로 바뀌어 섰으니 천지비운
天地否運은 가고 후천后天 지천태운地天泰運이 도래到來함이라 함.

**補解** 서두書頭에 '오호嗚呼'라 하심은 금화金火가 바르게 교역交易하여
선후천先后天이 전환轉換하는 현묘玄妙한 이치理致를 감탄感歎한 것이다.
금화金火가 바르게 교역交易하면 비운否運은 가고 태운泰運이 온다고 하
심은 선후천先后天의 괘도지리卦圖之理를 말씀한 것이니, 복희선천괘도伏

義先天卦圖는 주괘主卦가 건상곤하乾上坤下로서 천지비괘지상天地否卦之象이므로 선천비운先天否運은 간다는 것이고, 정역팔괘도正易八卦圖는 주괘主卦가 곤상건하坤上乾下로서 지천태괘지상地天泰卦之象이므로 후천后天이 열리면 태운泰運이 온다는 것이다. 선천先天은 역생도성逆生倒成하므로 역생지종국逆生之終局은 비색否塞하게 되는 것이며, 후천后天은 도생역성倒生逆成하므로 도생지종국倒生之終局은 개태開泰하게 되는 것이니, 이는 만물萬物의 생생을 기준基準으로 하여 비태否泰를 논론論論하는 것이다.

---

**一○四.** 嗚呼라 己位親政하니 戊位尊空이로다.
오 호　기 위 친 정　　무 위 존 공

• 아 – 기위己位에서 친히 정사하시니 무위戊位는 존공尊空이 되는 도다.

**註義** 己位는 謂己巳宮이요 戊位는 謂戊戌宮이라 先天戊辰宮이 代
기 위　위 기 사 궁　　무 위　위 무 술 궁　　선 천 무 진 궁　　대

戊戌宮政令하여 御天而己位反正하니 戊位尊其位而空이라 空者
무 술 궁 정 령　　어 천 이 기 위 반 정　　무 위 존 기 위 이 공　　공 자

는 虛其位也라.
허 기 위 야

**演解** 己得一位而爲用하고 戊進十位而爲體한즉 十位尊空耳라.[122]
기 득 일 위 이 위 용　　무 진 십 위 이 위 체　　십 위 존 공 이

---

122 原註: 坤丑未는 屬己하고, 艮辰戌은 屬戊니라.

**粗解** 십수기사궁十數己巳宮(상제上帝)이 친親히 정사政事하시니 무위戊位는 존공尊空이 되며 수지手指로는 기사궁己巳宮은 무지굴拇指屈이요 무술궁戊戌宮은 무지신拇指伸이다.

**句解** 십수기사궁十數己巳宮(상제上帝)이 친親히 정사政事하시니 무위戊位는 존공尊空이 되니 수지手指로는 기사궁己巳宮은 무지拇指를 굴屈하고 무술궁戊戌宮은 무지拇指를 신伸함이라 함.

**補解** 후천后天에서는 십수기토十數己土가 친정용사親政用事하므로 선천先天에서 용사用事한 오수五數 무토戊土는 존공尊空 퇴위退位하는 이치理致를 밝힌 것이니, 이는 하도河圖 낙서洛書의 원리原理이다. 선천先天은 낙서구궁洛書九宮을 용용用用하므로 중궁中宮의 오수무토五數戊土가 주재主宰하고 십수기토十數己土는 존공尊空되었으나, 후천后天은 하도십수河圖十數를 용용用用하므로 중궁中宮의 십수기토十數己土가 주재主宰하고 오수무토五數戊土는 존공尊空되는 것이다. 십수기위十數己位는 곧 십무극十无極이며, 십무극十无極은 곧 화무상제化无上帝이다. 그러므로 일부一夫께서는 십수정역괘도十數正易卦圖를 획화劃畫하여 십수十數를 용용用用하는 기위친정己位親政의 이치理致를 밝힌 것이다.

---

一〇五. 오호嗚呼라 축궁득왕丑宮得旺하니 자궁퇴위子宮退位로다.

• 아 – 축궁이 왕운을 얻으니 자궁子宮은 자리를 물러가는 도다.

**註義** 丑宮<sup>축궁</sup>은 謂乙丑<sup>위을축</sup>이요 子宮<sup>자궁</sup>은 謂甲子<sup>위갑자</sup>라 盖丑土<sup>개축토</sup>가 得旺<sup>득왕</sup>하면 子水<sup>자수</sup>는 退次<sup>퇴차</sup>니라.

**演解** 此<sup>차</sup>는 地道右旋<sup>지도우선</sup>으로 言也<sup>언야</sup>니 民道盛旺之時也<sup>민도성왕지시야</sup>라 子以四陽之<sup>자이사양지</sup> 正<sup>정</sup>으로 居四陰之維<sup>거사음지유</sup>하고 丑以四藏之末<sup>축이사장지말</sup>로 居四時之首<sup>거사시지수</sup>하니 此<sup>차</sup>는 以<sup>이</sup> 貴居賤而以賤居貴之象也<sup>귀거천이이천거귀지상야</sup>라 天道輪幻<sup>천도윤환</sup>에 貴賤<sup>귀천</sup>이 無常<sup>무상</sup>이로다 此<sup>차</sup>는 陰數進而陽數退也<sup>음수진이양수퇴야</sup>니라.

**粗解** 선천先天에서는 자子에서 열렸으나 후천后天에서는 지정地政으로 바뀌어 축궁丑宮이 왕운旺運을 얻으니 자궁子宮은 퇴위退位하는 것이며, 간지도수干支度數로 해자축亥子丑하니 축궁丑宮에서 무지일拇指一을 굴屈한다.

**句解** 선천先天에는 자子에서 열렸으나 후천后天에는 지정地政으로 바뀌어 축궁丑宮이 왕운旺運을 얻었으니 자궁子宮이 퇴위退位함으로 간지干支로 해자축亥子丑하니 축궁丑宮은 무지拇指 일一자리를 굴屈함이라 함.

**補解** '축궁득왕丑宮得旺 자궁퇴위子宮退位'는 천개어자天開於子하고 지벽어축地闢於丑하는 천지순환지리天地循環之理를 밝힌 것이니 곧 정역괘도正易卦圖의 원리原理이다. 선천先天은 천개어자天開於子라 고故로 선천괘도先天卦圖는 일건천一乾天이 남방南方에 정위正位하고 팔곤지八坤地가 북방北方에 위위位位하였으나, 후천后天에서는 지벽어축地闢於丑이라 고故로 정역괘도正易卦圖에 건천乾天은 북방자궁北方子宮으로 퇴위退位하고 곤토坤

土는 남방南方에 정위正位하여 득왕得旺(화생토火生土)하게 되는 후천지리后天之理를 말씀한 것이다.

---

　　　　　오 호　　묘 궁 용 사　　인 궁 사 위
一○六. 嗚呼라 卯宮用事하니 寅宮謝位로다.

---

● 아 – 묘궁卯宮이 일을 주관하게 되니 인궁寅宮은 자리를 사양하고 물러가는 도다.

　　　　　후 천　　용 해 자 축 인 묘 오 원 고　　위 묘 궁 용 사　　선 천　　용
**註義** 后天은 用亥子丑寅卯五元故로 謂卯宮用事하고 先天은 用

자 축 인 삼 원 고　　위 인 궁　사 위
子丑寅三元故로 謂寅宮이 謝位니라.

　　　　　선 천 양 도 좌 선 수　　이 인 위 세 수 이 용 사　　후 천 음 도 우 선
**演解** 先天陽道左旋數에는 以寅爲歲首而用事러니 后天陰道右旋

수　　이 묘 위 세 수 이 용 사 고　　여 시 운 이　　지 도 우 선　　묘 입 유 분
數에는 以卯爲歲首而用事故로 如是云耳라. 地道右旋에 卯入酉分

즉 묘 당 기 두 이 용 사 야
則卯當起頭而用事也라.

**粗解** 기갑야반己甲夜半에 생계해生癸亥로 후천后天에서는 묘월卯月로 세수歲首하여 용사用事하니 선천先天의 인월세수寅月歲首는 자연自然 물러가게 되며, 선천先天은 자축인子丑寅으로 삼원두三元頭를 쓰고 후천后天은 해자축인묘亥子丑寅卯로 오원두五元頭를 용용用用하니 정월월건正月月建을 묘월卯月로 세수歲首한다.

句解 기갑야반己甲夜半에 생계해生癸亥로 후천后天에 묘월卯月로 세수歲
首하야 용사用事하니 선천先天 인월세수寅月歲首는 자연自然 물러가게 되
며, 선천先天은 자축인子丑寅으로 삼원두三元頭를 쓰고 후천后天은 해자
축인묘亥子丑寅卯로 오원두五元頭를 쓰게 되니 정월正月 월건月建을 묘월
卯月로 세수歲首라 함.

補解 선후천先后天의 용사원두用事元頭를 논論한 것이다. 선천先天은 일
태극一太極을 시두始頭로 역생逆生하므로 일진위삼一進爲三이라 고故로
자축인子丑寅 삼원두三元頭로서 인궁寅宮(정월正月)을 세수歲首로 하여 용
사用事하였으나, 후천后天은 십무극十无極을 시두始頭로 도생倒生하므로
음용기반陰用其半(십수지반十數之半)이라 고故로 해자축인묘亥子丑寅卯 오
원두五元頭로서 묘궁卯宮(이월二月)을 세수歲首로 하여 용사用事하는 이치
理致를 밝힌 것이다. 묘궁卯宮이 용사用事하면 인궁寅宮은 자연自然히 퇴
위退位하므로 이를 '인궁사위寅宮謝位'라 한 것이다.

一〇七. 嗚<sub>오</sub>呼<sub>호</sub>라 五<sub>오</sub>運<sub>운</sub>이 運<sub>운</sub>하고 六<sub>육</sub>氣<sub>기</sub>가 氣<sub>기</sub>하여
十<sub>십</sub>一<sub>일</sub>歸<sub>귀</sub>體<sub>체</sub>하니 功<sub>공</sub>德<sub>덕</sub>无<sub>무</sub>量<sub>량</sub>이로다.

● 아 — 오운五運이 운행하고 육기六氣가 기동하여 十과 一이 일체一體가
되니 그 공덕이 한량限量없도다.

**註義** <sup>오운</sup>五運이 <sup>운이진육</sup>運而進六하고 <sup>육기퇴이함오</sup>六氣退而含五하니 <sup>오육</sup>五六이<sup>123</sup> <sup>호상배합</sup>互相配合하여 <sup>십일성성</sup>十一成性하고 <sup>귀어일체</sup>歸於一體하니 <sup>조화공덕</sup>造化功德이 <sup>진무량의</sup>眞无量矣라.

**演解** <sup>차</sup>此는 <sup>오운</sup>五運의 <sup>운</sup>運과 <sup>육기</sup>六氣의 <sup>기</sup>氣가 <sup>십일귀체도수</sup>十一歸體度數로 <sup>수시변이</sup>隨時變而<sup>득행</sup>得行하니 <sup>기공덕</sup>其功德이 <sup>무량</sup>無量함을 <sup>위</sup>謂하심이라 <sup>선후천대혁운</sup>先后天大革運에 <sup>무기지</sup>戊己之<sup>오육</sup>五六이 <sup>변위십일</sup>變爲十一하며, <sup>정경지사칠</sup>丁庚之四七이 <sup>변위구이</sup>變爲九二(<sup>지도수</sup>手指度數)하니 <sup>오</sup>五<sup>운지운</sup>運之運 <sup>육기지기</sup>六氣之氣가 <sup>기무수변이혁용호</sup>豈無隨變而革用乎아. (<sup>하현우십일귀체시</sup>下現于十一歸體詩<sup>이</sup>耳)

**粗解** 선천先天에 갑을병정무甲乙丙丁戊하면 무오戊五가 기위친정己位親政으로 인因하여 十자리로 옮겨 내려가고 十자리에 있던 계육癸六은 소지小指인 五자리로 기동하여 올라와서 십일귀체十一歸體가 되며, 이 변화變化로 인因하여 계해癸亥가 간지干支로 무지拇指에서 용사用事함으로 무진戊辰은 용육用六하게 되니 그 공덕功德이 무량無量하다는 것이다.

**句解** 선천先天에 갑을병정무甲乙丙丁戊하면 무오戊五가 기위친정己位親政으로 인因하야 十자리로 운運하여 내려가고 十자리에 있던 계육癸六은 소지小指인 五자리로 기氣하야 올라와서 십일귀체十一歸體가 되고, 이 변화變化로 인因한 계해癸亥가 간지干支로 무지拇指 一자리에서 용사用事

---

123 편집자주 : 이부분은 『정역대경(모필본)』과 『정역주의(하상역본)』가 차이가 난다. 『정역주의(하상역본)』는 '進六, 六氣退而含五, 五六,'으로, 『정역대경(모필본)』은 '進六氣, 氣而退含, 五六,'으로 기록되어 있다.

함으로 무진戊辰는 용육用六하게 되니 그 공덕功德이 무량無量하다 함.

補解 오운五運이 운운함은 오수무토五數戊土가 운운하여 진오위進五位(六七八九十)하면 십수기토十數己土에 이르게 되고, 십수기토十數己土가 퇴육위退六位(十九八七六五)하면 오수무토五數戊土에 이르게 되니 곧 포오함육包五舍六이며, 오운육기五運六氣가 상교相交하고 상합相合하니 십일귀체十一歸體가 이루어진다. 이에 양陽(오운五運)은 진進하고 음陰(육기六氣)은 퇴退하여 조화調和(십일귀체十一歸體)를 이루니, 만물萬物의 생장生長과 수장收藏을 무궁無窮하게 반복反復하므로 오운육기五運六氣의 공덕功德이 무량無量함을 말씀한 것이다. 이는 선후천先后天의 무기정사戊己政事로서 오육五六이 상합相合하여 십일귀체十一歸體를 이루는바, 이것이 곧 황극이무극皇極而无極이요 무극이태극无極而太極이니 이 삼극지도三極之道로서 천지만물天地萬物을 통섭統攝하는 것이다.[124]

---

무 극 체 위 도 수
一〇八. 无極體位度數라.

---

• 무극이 체위體位하는 도수度數라.

註義 무 극 화 이 성 체
无極化而成體라.

---

124 補註 : 五運 六氣는 十天干과 十二地支를 말함이니, 五運은 곧 五行으로서 이를 陰陽으로 나누면 十天干이 되고, 六氣를 陰陽으로 나누면 十二地支가 되는 것이다. 五運(天干)과 六氣(地支)의 統體를 陰陽으로 나누면 五運은 陽이고 六氣는 陰이다. 故로 陽進陰退의 原理에 따라 五運은 進하고 六氣는 退하여 十一歸體를 이루는 것이니 萬物을 生成하는 功德이 無量하다는 것이다.

演解 <sup>무극즉기위야</sup>无極卽己位也며, <sup>명시지정일기</sup>命是至精一氣이니 <sup>인온야</sup>氤氳也니라.

粗解 십무극十无極이 체위體位한 도수度數이다.

句解 십무극十无極이 체위體位한 도수度數라 함.

補解 십무극十无極의 체위體位는 십토기위十土己位이니, 그 체위體位의 성도도수成道度數를 논론論論한 것이다. 전문前文에 「기위己位는 도역이도순度逆而道順하야 도성도어육십일도成道於六十一하니 선천목화태양지부先天木火太陽之父니라」 라고 하였는바, 차문此文은 전문前文에 이어서 기위己位가 곧 무극체위无極體位임을 밝히고, 그 성도도수成道度數와 순역지리順逆之理를 말씀한 것이다. (전문前文의 補註 참조參照)

<sup>기 사  무 진  기 해  무 술</sup>
一○九. 己巳 戊辰 己亥 戊戌이니라.

• 기사 무진이요 기해 무술이니라.

註義 <sup>기 사 년  무 진 월  기 해 일  무 술 시</sup>己巳年 戊辰月 己亥日 戊戌時라.

粗解 태양지정太陽之政인 무극체위도수无極體位度數이다.

[句解] 태양지정太陽之政인 무극체위도수无極體位度數라 함.

[補解] 무극지체无極之體인 기토지위己土之位는 곧 기사궁己巳宮이니, 그 행도行度는 기사己巳 무진戊辰 기해己亥 무술戊戌로 역행逆行하여 육십갑자六十甲子를 전순全循하고 다시 기사궁己巳宮에 이르러 성도成道한다. 본문本文은 그 육갑행도六甲行度를 밝힌 것이다.[125]

一〇. 度<sub>는</sub>逆<sub>하고</sub>道<sub>는</sub>順<sub>하니라.</sub>[126]

도   역   도   순

• 간지의 도度로는 역행하고 수리數理로는 순행하느니라.

[註義] 序次則逆이나 而法度則順이라.

서 차 즉 역      이 법 도 즉 순

[演解] 此天道左旋而六甲躔次則退後逆行也니 旺于己巳하며 冠於戊辰하며 胞於己亥하며 絶於戊戌하니라. 陽胞於亥는 乾始於西北之義也라. 天道는 以己位로 行政함에 其數는 二四六八十이니 陽反

차 천 도 좌 선 이 육 갑 전 차 즉 퇴 후 역 행 야   왕 우 기 사      관 어 무 진   포 어 기 해   절 어 무 술   양 포 어 해   건 시 어 서 북 지 의 야   천 도   이 기 위   행 정   기 수   이 사 육 팔 십   양 반

---

125 [補註]: 己巳를 始頭로 하여 逆行하므로 初一度 己巳, 二度 戊辰, 三十一度 己亥, 三十二度 戊戌이니, 己巳 戊辰 己亥 戊戌은 곧 逆循하는 行度를 表示한 것이며, 六十度를 全循하고 六十一度로 己巳宮에 還元하여 成道하는 것이다.

126 편집자주 : 이부분은 『정역대경(모필본)』, 『정역주의(하상역본)』와 『정역(돈암서원본)』이 차이가 난다. 『정역(돈암서원본)』(1923)은 '度逆道順'으로, 『정역대경(모필본)』(1909)과 『정역주의(하상역본)』(1912)는 '道逆度順'으로 기록되어 있다.

正易集註補解

<sup>용음수야</sup> <sup>차천수양야</sup> <sup>기용즉이기음토이상유정고</sup> <sup>본수</sup>
用陰數也며, 且天雖陽也나 其用則以己陰土而常幽靜故로 本數

<sup>즉십야</sup> <sup>역운건도변화각정성명</sup> <sup>시야</sup> <sup>음양지변화</sup> <sup>재어</sup>
則十也라. 易云乾道變化各正性命이 是也니 陰陽之變化는 在於

<sup>천</sup>
天이라.[127]


粗解 육갑六甲 간지도수干支度數는 역逆하고 수리數理로는 十·五로 도생
倒生하니 순리順理이다. (기왕지수既往之數로 행行함이 순順)


句解 육갑간지도수六甲干支度數는 역逆하고 수數로는 十·五로 도생倒生
하니 순리적順理的이라 함.


補解 무극체위无極體位가 기사궁己巳宮에서 성도成道하는 과정過程을
밝힌 것이니, 육십갑자六十甲子의 전차행도躔次行度는 기사궁己巳宮에서
무진戊辰 기해己亥 무술戊戌로 역행逆行하나, 그 성도지수成道之數는 十에
서 一로 순수順數하여 도행倒行하므로 이를 '도역도순度逆道順'이라 한 것
이다. 이는 무극체위无極體位가 기사궁己巳宮에서 도역도순度逆道順으로
도행倒行하여 육갑도수六甲度數를 일순一循하고 다시 기사궁己巳宮에 이
르러 성도成道하는 것이다.[128]


---

127 原註 : 陽反用陰數는 體圓用方也니라.
128 補註 : 順逆之理에 對하여 周易說卦傳에 「八卦相錯하니 數往者는 順코 知來者는 逆
하니 是故로 易은 逆數也라」 라고 하였는바, 易數는 一에서 十으로 上行함을 逆이라 하고
十에서 一로 倒行함을 順이라 하며, 六十甲子는 數理도 內包하고 있으나 그 實體는 數가
아니라 陰陽五行의 象이므로 六甲의 度數는 앞으로 進行함을 順이라 하고 뒤로 倒行함을
逆이라 한다.

$$\overset{\text{이 수}}{\text{一一. }}\underset{\text{而數는}}{}\overset{\text{육 십 일}}{\text{六十一}}\text{이니라.}$$

• 그 수는 육십일六十一이니라.

$$\boxed{\text{註義}}\overset{\text{천 도 무 단 시}}{\text{天道無端始}}\text{하니}\overset{\text{자 기 사 반 기 사}}{\text{自己巳反己巳}}\text{가}\overset{\text{위 육 십 일 도}}{\text{爲六十一度}}\text{라.}$$

[粗解] 기사궁己巳宮에서 역역逆으로 무진戊辰·기사己巳까지 육십일수六十一數이니 태양지정太陽之政이다.

[句解] 기사궁己巳宮에서 역역逆으로 무진戊辰 기사己巳까지 육십일수六十一數이니 태양지정太陽之政이라 함.

[補解] 무극체위无極體位인 기위성도己位成道는 태양지정太陽之政이다. 양陽의 성도成道는 그 전수全數를 용용用하므로 기사궁己巳宮에서 역역逆으로 도행倒行하여 육갑도수六甲度數를 전순全循하고 다시 기사궁己巳宮에 이르러 성도成道한다, 그러므로 '이수육십일而數六十一'이라 한 것이다. 이는 도생역성倒生逆成하는 십수하도十數河圖의 성도도수成道度數이니, 그 순환循環은 낙서구궁洛書九宮의 도수度數를 따르는바, 낙서洛書의 순환도수循環度數는 동방십오도東方十五度 (8+3+4=15) 남방십오도南方十五度 (4+9+2=15) 서방십오도西方十五度 (2+7+6=15) 북방십오도北方十五度 (6+1+8=15) 합합 육십도六十度이므로 육십도六十度를 전순全循하고 육십일도六十一度에서 성도成道하는 것이다.

正易集註補解

360

一一二. 皇極體位度數라.

• 황극의 체위 도수度數라.

**註義** 황 극 형 이 성 체
皇極形而成體라.

**演解** 황 극 즉 무 위 야　무 위 성 근　　성 시 진 여 일 령 형 철 야
皇極卽戊位也니 戊爲性根이며, 性是眞如一靈炯澈也라.

**粗解** 오황극五皇極이 체위體位한 도수度數이니 태음지정太陰之政이다.

**句解** 오황극五皇極이 체위體位한 도수度數인 태음지정太陰之政이라 함.

**補解** 오황극五皇極의 체위體位는 오토무위五土戊位이니, 그 체위體位의
성도도수成道度數를 밝힌 것이다. 전문前文에 「무위戊位는 도순이도역度
順而道逆하야 도성도어삼십이도度成道於三十二度하니 후천수금태음지모
后天水金太陰之母니라」 라고 하였는바, 차문此文은 전문前文에 이어서 무
위戊位가 곧 황극체위皇極體位임을 밝히고 그 성도도수成道度數와 순역
지리順逆之理를 밝힌 것이다. (전문前文의 補註 참조參照)[129]

---

**129** 補註: 先天은 十无極을 體로 하고 一太極을 用하여 先天之政을 用事하며, 后天은 體
用이 互易하므로 一太極을 體로 함이 當然할 듯 하나, 一夫께서는 五皇極을 體로 하고 十
无極을 用으로 한 正易卦圖를 畵하시고 그 理致를 밝히셨다. 그 原理를 要約하여 보면 先
天之體인 十數河圖의 中宮五數戊土가 透出하여 洛書九宮을 이루는바, 洛書는 十數를
尊空하고 五數戊土가 中宮에 位하여 先天之政을 調節하며, 一太極을 用하여 萬物을 逆生
(生長)하였으나, 后天으로 轉換하면 萬物을 逆生하는 一太極으로는 萬物을 收斂하여 蓄
藏할 수 없으므로 萬物을 收藏하는 五戊土(五坤地)를 卦圖의 南方主宮에 定位하여 體로
하고 十无極을 用하여 倒生하는 것이다. 이것이 이른바 天地人 三極之道니, 先天의 无極

## 一一三. 戊戌 己亥 戊辰 己巳니라.

• 무술 기해요 무진 기사니라.

무술년 기해월 무진일 기사시
**[註義]** 戊戌年 己亥月 戊辰日 己巳時라

**[粗解]** 태음지정太陰之政인 황극체위도수皇極體位度數이다.

**[句解]** 태음지정太陰之政인 황극체위도수皇極體位度數라 함.

**[補解]** 오황극五皇極의 체體인 오수무토지위五數戊土之位는 곧 무술궁戊戌宮이니, 그 행도行度는 무술戊戌 기해己亥 무진戊辰 기사己巳로 순행順行한다. 무술궁戊戌宮은 무위戊位의 본궁本宮이니, 무술戊戌을 시두始頭로 하여 기해己亥 무진戊辰으로 행도行度하여 삼십이도三十二度 기사궁己巳宮에 이르러 성도成道함을 밝힌 것이다. (성도과정成道過程은 하문下文 월극체위도수月極體位度數 참조參照)[130]

而太極에서 后天은 皇極而无極이 되는 所以이다. 一夫께서는 이와 같은 前人未踏의 后天之理를 밝히시고 이를 滿天下에 布道하셨으니, 참으로 偉大한 聖人이시다.

130 **[補註]**: 皇極體位인 戊位의 本宮이 戊戌宮이라 함은 先天에서 后天으로 轉換하는 理致를 周易 重風巽卦의 五爻辭에「无初有終이라 先庚三日하며 後庚三日이면 吉하리라」라고 하였는바, 이는 先天의 甲子宮에서 后天의 庚子宮으로 轉換하는 過程을 밝힌 것이니, 先庚三日에 該當하는 丁酉宮이 先天에서 后天으로 넘어가는 이른바 乾坤橋이므로 丁酉宮다음의 戊戌宮이 太陰之母인 戊位의 本宮이 되는 것이다. 그러므로 皇極戊位는 戊戌宮에서 三十二度를 進하여 己巳宮에서 成道한다.

• 간지도수干支度數로는 순順하고 도수道數로는 거스르느니라.

註義 서 차 즉 순 이 법 도 즉 역
序次則順而法度則逆이라.

演解 차 지 도 우 선 이 육 갑 전 차 즉 진 전 순 행 야　관 어 무 술　　왕 어
此地道右旋而六甲躔次則進前順行也니 冠於戊戌하며 旺於

기 해　　굴 어 무 진　　고 어 기 사　　음 굴 어 진　　곤 진 어 동 남
己亥하며 窟於戊辰하며 庫於己巳하니라. 陰窟於辰은 坤盡於東南

지 의 야　지 도　이 무 위　행 정　기 수 일 삼 오 칠 구　　음 반 용
之義也라 地道는 以戊位로 行政함에 其數一三五七九이니 陰反用

양 수 야　　차 지 수 음 야　기 용 즉 이 무 양 토 이 상 저 동 고　본 수 즉
陽數也며, 且地雖陰也나 其用則以戊陽土而常著動故로 本數則

오 야　　역 운 곤 지 유 이 동 야 강　시 야　강 유 지 변 화　재 어 지
五也니라. 易云坤至柔而動也剛이 是也니 剛柔之變化는 在於地니

라.[132]

粗解 육갑도수六甲度數는 무술기해戊戌己亥로 순행順行하고 도道의 수數

로는 五·十으로 역생逆生하니 도역道逆이다.

句解 육갑도수六甲度數는 무술戊戌 기해己亥로 順하고 도수度數로는 五·

---

131 편집자주 : 이부분은 『정역대경(모필본)』, 『정역주의(하상역본)』와 『정역(돈암서원본)』
이 차이가 난다. 『정역(돈암서원본)』(1923)은 '度順道逆'으로, 『정역대경(모필본)』(1909)과
『정역주의(하상역본)』(1912)는 '道順度逆'으로 기록되어 있다.

132 原註 : 陰反用陽數는 體方用圓也라.

十으로 역逆이라 함.

황극체위皇極體位인 무위성도戊位成道는 육십갑자六十甲子의 전차
행도躔次行度는 무술궁戊戌宮에서 시始하여 기해己亥 무진戊辰 기사己巳
로 진進하므로 이를 도순度順이라 하며, 도수道數는 五에서 十으로 역행
逆行하므로 도역道逆이라 한다. 이는 황극체위皇極體位가 본궁本宮인 무
술궁戊戌宮에서 도순이도역順而道逆으로 행도行度하여 기사궁己巳宮에
이르러 성도成道함을 밝힌 것이다.

<br>

이 수    삼 십 이
一一五. 而數는 三十二니라.

<br>

• 그 수數는 삼십이三十二이니라.

자 무 술 지 기 사    위 삼 십 이 도
註義 自戊戌至己巳는 爲三十二度라.

<br>

粗解 무술궁戊戌宮에서 무진기사戊辰己巳까지 순수順數하게 되면 삼십
이수三十二數에 당當하니 곧 태음지정太陰之政이다.

<br>

句解 무술궁戊戌宮에서 무진기사戊辰己巳로 순순하게 가면 삼십이수
三十二數인 태음지정太陰之政이라 함.

<br>

補解 황극체위皇極體位인 무위성도戊位成道는 태음지정太陰之政이다. 양

용기전陽用其全하고 음용기반陰用其半하므로 태양지정太陽之政인 기위성
도己位成道는 육십갑자六十甲子의 도수度數를 전용全用하여 육십일도六
十一度로 성도成道하나, 태음지정太陰之政인 무위성도戊位成道는 육갑도
수六甲度數의 반半을 용용用用하여 삼십이도三十二度로 성도成道한다. '이수삼
십이而數三十二'라 함은 황극체위皇極體位의 성도도수成道度數를 밝힌 것
이다. (하문下文 월극체위도수月極體位度數 참조參照)

---

　　　　　월 극 체 위 도 수
一一六. 月極體位度數라.

---

• 월극의 체위 도수度數라.

　　　　　위 월 극 생 성 도
[註義] 謂月極生成度라.

　　　　　일 수 지 혼　사 금 지 백　　　무 위 태 음 지 모 고　　감 납 무
[演解] 一水之魂 四金之魄이니, 戊爲太陰之母故로 坎納戊라.

[粗解] 월극月極이 체위體位한 태음도수太陰度數이다.

[句解] 월극月極이 체위體位한 태음도수太陰度數라 함.

[補解] 태음지정太陰之精인 월극체위月極體位의 성도도수成道度數를 밝힌
것이다. 전문前文에 「태음太陰은 역생도성逆生倒成하니 선천이후천先天而

后天后天이요 기제이미제旣濟而未濟니라 일수지혼一水之魂이요 사금지백四金
之魄이니 포어무위성도지월초일도胞於戊位成道之月初一度하고 태어일구
도胎於一九度하고 양어십삼도養於十三度하고 생어이십일도生於二十一度하
니 도성도어삼십도成道於三十이니라」라고 하였으며, 또 무위戊位는 후천
수금태음지모后天水金太陰之母라고 하였다. 본문本文은 무위성도戊位成道
로 환생幻生한 후천수금지정后天水金之精인 월극체위月極體位의 성도과정
成道過程과 그 도수度數를 밝히고 태음지정太陰之政이 곧 월정月政임을 말
씀한 것이다.

---

경자 무신 임자 경신 기사
一一七. 庚子 戊申 壬子 庚申 己巳니라.

---

• 경자 무신 임자 경신 기사니라.

경자포      무신태      임자양      경신생      기사성
**註義** 庚子胞하여 戊申胎하고 壬子養하여 庚申生하고 己巳成이라.

차      이정오행언즉신자      금수야      이삼합오행      언즉
**演解** 此는 以正五行言則申子는 金水也오 以三合五行으로 言則

사 역금야      전이금수혼백      성도야      포어무위성도지월초
巳 亦金也니, 全以金水魂魄으로 成道也라. 胞於戊位成道之月初

일도경자 이경자      음야      연진양      존언      음자이양야      태
一度庚子 而庚子는 陰也나 然眞陽이 存焉하니 陰資以陽也라. 太

음지성도      유어무위지금수잉정이운도즉이월수추계      무
陰之成道가 由於戊位之金水孕精而運度則以月數推計함이라. 戊

위지경 경자궁      시기포초일도      태어구도무신 양어십삼
位之庚 庚子宮으로 始起胞初一度한즉 胎於九度戊申 養於十三

도 임 자　생 어 이 십 일 도 경 신　성 어 삼 십 도 기 사 야　　무 위 지 금　　음
度壬子 生於二十一度庚申 成於三十度己巳也라. 戊位之金은 陰

중 금 야
中金也라.


粗解 월극체위도수月極體位度數는 경자궁庚子宮 초일도初一度에서 포胞

하고 무신구도戊申九度에서 태胎하고 임자십삼도壬子十三度에서 양양養

고 경신이십일도庚申二十一度에서 생생生生하니 기사궁삼십도己巳宮三十度로

서 성도成道한다.


句解 경자庚子 일도一度에서 포胞하고 무신戊申 구도九度에서 태胎하고 임자

壬子 십삼도十三度에서 양양養養하고 경신庚申 이십일도二十一度에서 생생生生하니

기사궁己巳宮에 삼십도三十度로 성도成道함.


補解 자연계自然界의 만유萬有는 돌연突然히 생성生成되는 이치理致는 없

으며, 모두 포태과정胞胎過程을 거쳐야 하는 것이니, 차문此文은 그 포胞·

태胎·양양養·생생生·성성成의 순서順序로 행도行度하는 육갑도수六甲度數를 밝

힌 것이다. 무위황극戊位皇極은 일수지혼一水之魂과 사금지백四金之魄으

로 형성形成되는 월극체위月極體位를 수금水金의 중위中位인 무술궁戊戌

宮에서 시始(잉태孕胎)하여 후천경자궁后天庚子宮에서 초일도初一度로 포胞

하고 구도무신九度戊申에서 태胎하며 십삼도임자十三度壬子에서 양양養養하고

이십일도경신二十一度庚申에서 생생生生하며 삼십도기사궁三十度己巳宮에 이

르러 성도成道하는 것이다. 태음지정太陰之精인 월극체위月極體位가 육갑

도수六甲度數의 반수半數인 삼십도三十度로 성도成道하는 것은 월극체위

月極體位는 수영이기허數盈而氣虛하므로 음용기반陰用其半이라 고故로 반

수半數를 용용用用하는 것이며, 월극체위月極體位가 포胞하는 경자궁庚子宮은

후천后天의 시원궁始元宮으로서 곧 금수金水를 뜻하는바, 경庚은 사금지백四金之魄이요 자子는 일수지혼一水之魂이므로 후천태음지정后天太陰之政을 대시大始하는 것이다.

> 초 초 일 도      유 이 무
> 一一八. 初初一度는 有而无니라.

• 초초 一도는 있어도 없는 것이니라.

**註義** 初初一度는 自庚子至戊申이 合爲一度일새니 謂初之又初度
야라 有而无는 蓋月復於己酉故로 己酉以前謂有若无也니 月之數
盈氣虛가 是也니라 陰之性은 主分主虛主无故로 用不能盡性이라
然非分이면 无以散合이요 非虛면 无以受盈이요 非无면 无以化有이
니 太陰承陽之簡能也라.

**演解** 上文 太陰成道曰 終于己位成道之年初一度(己巳宮)하고
復於戊位 成道之年十一度(戊申)니라.(引此上文而分解) 此는 月
在于巳時한즉 月體는 雖存이나 無光하니 有而反如无也니라. 月終
于巳位而復于申宮之理也니 太陰之影生于申方而至於巳時則遇

주 이 은 광 야
書而隱光也라.


경자庚子에서 포胞하였으니 경자초초일도庚子初初一度는 있으나 기해궁己亥宮이 없음을 뜻한다.

경자庚子에서 포胞하였으니 경자庚子 초초일도初初一度는 있어도 기해궁己亥宮이 없다 함.


황극체위도수皇極體位度數는 도순도역度順道逆하여 삼십이도三十二度에서 성도成道하고, 월극체위성도月極體位成道는 무술궁戊戌宮에서 포胞하는 것이 아니라 이도二度를 진進하여 경자궁庚子宮에서 초일도初一度로 포胞하고 삼십도기사궁三十度己巳宮에서 성도成道하는바, 황극체위성도皇極體位成道와 월극체위성도月體體位成道는 이도二度의 차이差異가 생기므로 이를 '초초일도유이무初初一度有而无'라고 한 것이다. 이는 월극체위月極體位를 포胞하는 초일도初一度 경자궁庚子宮은 있으나 황극본궁皇極本宮인 태음무위太陰戊位의 무술궁戊戌宮과 경자궁庚子宮의 전위前位 기해궁己亥宮은 월극체위도수月極體位度數에 없으므로 '유이무有而无'라고 한 것이니, 월지체영月之體影은 수영이기허數盈而氣虛라 고故로 체백體魄은 있으나 월영月影은 없을 때가 있음을 말씀한 것이다.


오 일 이 후
一九. 五日而候니라.


• 五일이 후候니라.

**註義** 六十時爲一候라.

**粗解** 오일五日이 일후一候 한 달이 육후六候 일년一年이 칠십이후七十二候
이다.

**句解** 오일五日이 한파수요 한 달은 六파수고 일년一年이면 칠십이七十二
파수라 함.

**補解** 오행五行(목화토금수木火土金水)의 기기氣가 일순一循하는 오일五日을
일후一候라 한다. 예例를 들면 갑자일甲子日부터 을축乙丑 병인丙寅 정묘
丁卯 무진戊辰까지 오일일후五日一候의 순환循環은 갑자甲子–갑기화토甲
己化土, 을축乙丑–을경화금乙庚化金, 병인丙寅–병신화수丙辛化水, 정묘丁
卯–정임화목丁壬化木, 무진戊辰–무계화화戊癸化火의 순順으로 오행五行의
화기化氣(토금수목화土金水木火)가 상생相生하며 오일五日에 일순一循하므
로 이를 일후一候라고 하며, 또한 오일일후五日一候는 육십시六十時이므
로 육갑도수六甲度數도 오일五日에 일순환一循環하여 일후一候를 성도成
道한다. 그리고 일월一月은 육후六候이니, 곧 포오함육包五含六으로서 오
육五六이 합덕合德하여 십일귀체十一歸體의 원리原理가 성립成立하므로
순환循環을 반복反復하게 되는 것이다.[133]

---

[133] 補註: 十天干 十二地支의 循環 亦是 天干과 地支가 配合하여 天干은 六回, 地支는 五
回 循環하면 六十甲子가 成立하는바, 이것 亦是 包五含六 十一歸體의 原理이니, 六十甲子
가 六回 循環하면 朞三百六十이 成道하는 것이다. 天地日月을 비롯한 萬物은 六甲度數(六
十度)를 基本單位로 하여 成道하므로 六十甲子는 宇宙萬有를 測度할 수 있는 基本尺度가
되는 것이니, 故로 六十甲子를 이루는 天干과 地支에는 陰陽五行의 理氣象數와 아울러 時
空의 原理가 모두 含蓄되어 있으므로 眞理中의 眞理라고 할 수 있다. 五日一候는 五行之氣
가 一循하는 單位이며, 同時에 六十甲子가 一循하는 基本單位(六十時)가 되는 것이다.

• 그 수는 삼십三十이니라.

　　　체 성 어 삼 십 도
註義 體成於三十度이라.

粗解 경자일도庚子一度에서 포胞하여 기사己巳까지 삼십도三十度로 성
도成道한다.

句解 경자庚子에서 기사己巳까지 삼십도三十度로 성도成道함.

補解 '이수삼십而數三十'은 월극체위月極體位의 성도도수成道度數를 말함
이다, 황극체위도수皇極體位度數는 삼십이도三十二度이고 월극체위도수月
極體位度數는 삼십도三十度이므로 이도二度의 차이差異가 있는바, 일치一
致하지 않는 이치理致를 전절前節에서 이미 논론論한바 있다. 다시 말하면
태음太陰의 본궁本宮과 월극체위月極體位의 포궁胞宮이 다르기 때문이니,
이는 선천갑자궁先天甲子宮에서 후천경자궁后天庚子宮으로 전환轉換하는
과정過程에 삼십육도三十六度의 허도수虛度數를 뛰어넘는 이치理致와 같
다. (하문下文 일극체위참조日極體位 참조參照) 육십갑자六十甲子의 도수度數는
육십도六十度이나 월극체위月極體位는 삼십도三十度로 성도成道하는바,
그 이유理由는 음陰은 스스로 형상形象을 들어내지 못하고, 반드시 양陽
과 합덕合德하여야만 형상形象을 들어낼 수 있으므로 그 체상體象이 반

十五一言

371

음반양半陰半陽인 까닭에 음陰은 반수半數만을 용用하는 것이니, 이를 수영기허數盈氣虛라 한다. 일부一夫께서는 이러한 이치理致를 '이수삼십而數三十'이라고 밝힌 것이다.[134]

---

일 극 체 위 도 수
一二. 日極體位度數라.[135]

---

• 일극이 체위하는 도수度數라.

위 일 극 생 성 도
[註義] 謂日極生成度라[136]

칠 화 지 기   팔 목 지 체     기 위 태 양 지 부 고     이 납 사
[演解] 七火之氣 八木之體라. 已爲太陽之父故로 離納巳라.

[粗解] 일극日極이 체위體位한 태양도수太陽度數이다.

[句解] 일극日極이 체위體位한 태양도수太陽度數라 함.

---

134 [補註]: 天地日月을 비롯한 宇宙의 모든 循環體는 그 循環度數가 모두 三百六十度이나 月極體位의 成道度數는 六甲度數三十度인바, 故로 六甲度數는 一度에 月體循環度數十二度를 進度하므로 三十度를 進度하면(12×30＝360) 三百六十度를 一循環하여 成道하는 것이니, 곧 一月之碁 三百六十時이다. 이 一月之碁三百六十時를 自乘하면 十二萬九千六百時(360×360＝129,600)가 되는바, 이 一元數를 年으로 換算하면 三十年 一世가 되는 것이다. (1年4320時×30年＝129,600時)

135 편집자주 : 『정역대경(모필본)』에는 '日極體位度', 『정역주의(하상역본)』와 『정역(돈암서원본)』에는 '日極體位度數'로 기록되어 있다.

136 편집자주 : 『정역대경(모필본)』에는 기록되어 있지만, 『정역주의(하상역본)』에는 이 부분에 대한 기록이 없다.

일日은 태양지정太陽之精으로서 칠화지기七火之氣요 팔목지체八木之體이니, 전문前文에 「기위己位는 도역이도순度逆而道順하야 도성도어육십일도度成道於六十一度하니 선천화목태양지부先天火木太陽之父니라」 라고 하였으며, 또 무극체위도수无極體位度數에는 「도역도순이수육십일度逆道順而數六十一」 이라 하였다. 이로써 보면 일극체위日極體位는 기위己位에서 환생幻生한 태양지정太陽之精으로서 곧 무극체위无極體位의 용정用政을 말함이니, 본문本文은 그 체위도수體位度數를 밝힌 것이다.

---

　　　　　병 오　갑 인　무 오　병 인　임 인　신 해
一二. 丙午 甲寅 戊午 丙寅 壬寅 辛亥니라.

● 병오 갑인 무오 병인 임인 신해이니라.

　　　　　병 오 포　　　갑 인 태　　　무 오 양　　　병 인 화　　　임 인 생
註義 丙午胞하여 甲寅胎하고 戊午養하여 丙寅化하고 壬寅生하여
신 해 성
辛亥成이라 .

　　　　차　　이 정 오 행 언 즉 인 오　　목 화 야　　이 삼 합 오 행　　언 즉
演解 此는 以正五行言則寅午는 木火也오 以三合五行으로 言則
해 역 목 야　　전 이 목 화 기 체　　성 도 야　　포 어 기 위 성 도 지 일　일 칠
亥亦木也니 全以木火氣體로 成道也라. 胞於己位成道之日 一七
도 병 오　이 병 오　　양 야　　연 진 음　　존 언　　양 자 이 음 야　　태 양
度丙午 而丙午는 陽也나 然眞陰이 存焉하니 陽資以陰也라. 太陽
지 성 도　유 어 기 위 지 목 화 잉 정　이 운 도 즉 이 일 수 추 계　　기 위
之成道가 由於己位之木火孕精 而運度則以日數推計함이라. 己位
지 경　경 자 궁　　시 계 지 칠 도　　즉 병 오 야　이 차 추 도　　태
之庚은 庚子宮으로 始計至七度한즉 卽丙午也니 以此推度하면 胎

어 십 오 도 갑 인　양 어 십 구 도 무 오　생 어 이 십 칠 도 병 인 야　　기 위 지
於十五度甲寅 養於十九度戊午 生於二十七度丙寅也라. 己位之

경　　양 중 금 야
庚은 陽中金也라.


粗解 일극체위도수日極體位度數는 병오칠도丙午七度에서 포胞하고 갑인

십오도甲寅十五度로 태胎하고 무오십구도戊午十九度로 양養하고 병인이십

칠도丙寅二十七度에서 생生하니 병인丙寅에서 다시 삼십육도三十六度를 뛰

어넘어서 임인壬寅을 거쳐 삼십육도三十六度인 신해궁辛亥宮에서 성도成

道한다.


句解 병오丙午 일칠도一七度에 포胞하고 갑인甲寅 십오도十五度로 태胎하

고 무오戊午 십구도十九度로 양養하고 병인丙寅 이십칠도二十七度에서 생

生하니 병인丙寅에서 다시 삼십육도三十六度를 뛰어넘어서 임인壬寅을 거

쳐 삼십육도三十六度인 신해궁辛亥宮에서 성도成道한다 함.


補解 후천后天의 무극용사无極用事로서 태양지정太陽之政이니, 태양지정

太陽之精인 일극체위日極體位의 성도도수成道度數를 밝힌 것이다. 전문前

文에서 「칠화지기七火之氣요 팔목지체八木之體니 포어기위성도지일일칠

도胞於己位成道之日一七度하고 태어십오도胎於十五度하고 양어십구도養於

十九度하고 생어이십칠도生於二十七度하고 도성도어삼십육度成道於三十六

이니라」 라고 하였는바, 이는 태양太陽의 성도도수成道度數를 밝힌 것이

고 본문本文은 일극체위日極體位가 성도成道하는 육갑지도六甲之度를 밝

힌 것이니, 곧 병오포丙午胞 갑인태甲寅胎 무오양戊午養 병인생丙寅生 임인

화壬寅化 신해성辛亥成을 말함이다. 만물萬物의 생성生成이 모두 포태과정

胞胎過程을 거쳐야 하는 것처럼 일극체위日極體位 역시亦是 포태과정胞胎

過程을 거쳐 성도成道하는 것이니, 이를 살펴보면 일극체위日極體位는 후천지궁后天之宮인 경자궁庚子宮에서 칠도七度를 진진하여 병오궁丙午宮에서 포胞하고 십오도갑인十五度甲寅에서 태胎하며 십구도무오十九度戊午에서 양養하고 이십칠도병인二十七度丙寅에서 생생生生하며, 여기에서 삼십육도三十六度를 뛰어넘어 후천后天 임인궁壬寅宮에 이르러 화化하고 계묘궁癸卯宮을 이십팔도二十八度로 하여 삼십육도신해궁三十六度辛亥宮에 이르러 성도成道하는 것이다.

---

초 초 일 도　　무 위 유
一二三. 初初一度는 无而有니라.

---

• 초초 一도는 없어도 있는 것이니라.

**註義** 初初一度는 自己亥至乙巳가 合爲一度일새니 謂初之又初度也라 无而有는 盖日胞于丙午故로 丙午以前은 無而實有也니 日之性全理直이 是也라 日陽之性은 主一主實主有故로 用必盡性而一以合殊하니라 實以充虛하여 有以著无는 太陽兼陰之要道也라.

**演解** 此는 日在于亥方한즉 日體는 不見이나 有胞하니 无而更得有也니라 日終于亥位而復于巳宮之理也니 太陽之光이 盛于巳時而至於亥方則遇夜而隱體也라.

粗解 경자궁庚子宮은 없어도 기해궁己亥宮은 있다는 뜻이다.

句解 경자궁庚子宮은 없어도 기해궁己亥宮은 있음이라 함.

補解 '초초일도初初一度'라 함은 일극체위日極體位가 포포胞胎하는 병오궁丙午宮 이전以前의 시궁始宮 경자궁庚子宮과 그 전위前位 기해궁己亥宮을 말함이니, 기해己亥 경자궁庚子宮은 포태이전胞胎以前의 궁궁宮宮이므로 성도과정成道過程에서 보면 없는 궁궁宮宮이나 태양지정太陽之精인 일체日體는 성전리직性全理直하여 항존이무소불유恒存而無所不有라 고故로 '무이유无而有'라고 한 것이다. 태음지정太陰之精인 월극체위月極體位는 수영이기허數盈而氣虛하여 '초초일도初初一度 유이무有而无'라 하고 일극체위日極體位는 '무이유无而有'라고 하였음은 양실음허陽實陰虛한 음양지리陰陽之理이니, 일월日月은 음양지정陰陽之精이므로 음양陰陽의 원리原理를 벗어날 수 없음을 밝힌 것이다.

---

칠 일 이 복
一二四. 七日而復이니라.

---

• 七일에 회복하느니라.

과 육 기 이 내 복
註義 過六氣而乃復이라.

粗解 칠일래복七日來復하는 이치理致로서 칠일七日만에 회양回陽되는 것

이다. 제순帝舜은 칠정옥형七政玉衡이라 하였고 현재現在도 일월화수목금토日月火水木金土로 칠일정사七日政事이다.

句解 칠일래복七日來復하는 이치理致로 칠일七日만에 회양回陽되는 것이라 하고 제순帝舜 칠정옥형七政玉衡이라 하였으니 현재現在도 일월화수목금토日月火水木金土로 칠일정사七日政事라 함.

補解 칠일七日에 회복回復된다고 함은 육도六度를 경과經過한 연후然後에 칠도七度에 이르러 회복回復하는 변화지도變化之道를 말함이다. 『주역周易』 지뢰복괘단전地雷復卦象傳에 「반복기도칠일래복反復其道七日來復은 천행야天行也오 이유유왕利有攸往은 강장야剛長也일새니 복復에 기견천지지심호其見天地之心乎인져」 라고 하였는바, 복괘초효復卦初爻에서 시생始生하는 일양一陽은 칠일七日에 래복來復한 일양一陽이니, 이는 음기陰氣가 극極에 이른 동지冬至에 일양一陽이 시생始生하는 칠일래복七日來復의 원리原理를 밝힌 것이다. 또 산풍고괘山風蠱卦에는 '선갑삼일先甲三日 후갑삼일後甲三日'이라 하였고 중풍손괘重風巽卦에는 '선경삼일先庚三日 후경삼일後庚三日'이라 하였는 바, 이는 갑甲(선천先天)에서 경庚(후천后天)으로 바뀌는 이치理致를 말한 것이니, 역시亦是 육도六度(갑을병정무기甲乙丙丁戊己)를 경과經過하고 칠도七度에 이르러서야 갑甲이 경庚으로 변역變易하게 되는 음양변화지리陰陽變化之理를 밝힌 것이다. 이와 같은 원리原理를 일부一夫께서는 '칠일이복七日而復'이라 하였는바, 이는 일극체위日極體位가 칠도七度에서 포胞하는 것이 곧 음극양생陰極陽生하고 양극음생陽極陰生하는 변역원리變易原理임을 밝힌 것이다.

• 그 수는 삼십육三十六이니라.


체 성 어 삼 십 육 도
[註義] 體成於三十六度라.


개 이 분 야 오 행 도 수　　추 산 십 이 방 즉　 매 방 속 오 도　 자 오 위
[演解] 蓋以分野五行度數로 推算十二方則(每方屬五度) 自午位

지 제 삼 도 병 오　　지 해 위 지 제 삼 도 신 해 즉 삼 십 육 도 야　　우 자 임 위
之第三度丙午로 至亥位之第三度辛亥則三十六度也며 又自壬位

지 제 일 도 계 해　　지 정 위 지 제 일 도 무 오 즉 역 삼 십 육 도 야　　태 양
之第一度癸亥로 至丁位之第一度戊午則亦三十六度也라. 太陽이

왕 우 오 정 이 절 고 어 술 해 지 방　　태 우 자 계 이 양 생 어 인 갑 지 방
旺于午丁 而絶庫於戌亥之方하며 胎于子癸而養生於寅甲之方하

즉 일 일 지 십 이 주 천 도 수 야
니 卽一日之十二周天度數也라.[137]

개 무 자　 즉 천 지 야　 천 지 지 도　 지 이 십 삭 이 내 성 고　 칭 이 성 도 지
蓋戊己는 卽天地也니 天地之度는 至十二朔而乃成故로 稱以成道之

년　　태 음 지 년　 지 삼 십 일 이 내 성 고　 칭 이 성 도 지 월　　태 양 지
年이며 太陰之度는 至三十日而乃成故로 稱以成道之月이며 太陽之

도　 지 십 이 시 이 내 성 고　 칭 이 성 도 지 일
度는 至十二時而乃成故로 稱以成道之日 하니라.


[粗解] 병오丙午에서 포태胞胎하여 신해궁辛亥宮에 이르러 삼십육도三十六度로

성도成道한다.

---

137 [原註] : 周天六十度內 陽度三十六度 自壬之癸亥至丁之戊午 合三十六度也. 陰度二十四
度 自丁之辛未至亥之辛亥 合二十四度也.

句解 병오丙午에서 포胞하야 신해궁辛亥宮에 삼십육도三十六度로 태양성도太陽成道라 함.

補解 전문前文에 「기위己位는 도역이도순度逆而道順하야 도성도어육십일도成道於六十一度하니 선천화목태양지부先天火木太陽之父니라」라고 하였으며, 또 무극체위도수无極體位度數 역시亦是 「이수육십일而數六十一」이라 하였다. 태양지부太陽之父인 기위己位와 무극체위无極體位는 모두 성도도수成道度數가 육십일도六十一度라고 하였는데, 태양지정太陽之精인 일극체위日極體位의 성도도수成道度數는 '이수삼십육而數三十六'이라 하였으니, 그 성도도수成道度數가 일치一致하지 않음은 무슨 까닭인가. 이는 이미 전문前文에서 논급論及한바와 같이 선천先天의 시두始頭인 갑자궁甲子宮에서 후천后天의 시두始頭인 경자궁庚子宮으로 전환轉換하는 과정過程에는 삼십육도三十六度를 건너뛰는 허도수虛度數가 생생生生하기 때문이니, 허도수虛度數를 제외除外하면 경자궁庚子宮을 초일도初一度로 하여 삼십육도三十六度 신해궁辛亥宮에 이르러 성도成道하는 것이다. 그러나 일극체위日極體位는 경자궁庚子宮에서 육도六度를 진進하여 초칠도初七度 병오궁丙午宮에서 포胞하므로 실성도도수實成道度數는 삼십도三十度이다. 연然이나 삼십육三十六 허도수虛度數도 역시亦是 육도六度를 제외除外하면 삼십도三十度이니, 이를 실성도도수實成道度數와 합合하면 육십일도六十一度로 병오궁丙午宮에 환원還元하게 되므로 기위己位 무극체위无極體位의 성도도수成道度數와 일치一致하는 것이다. 일부一夫께서는 이러한 원리原理를 밝혀 '칠일이복七日而復 이수삼십육而數三十六'이라 한 것이다.[138]

---

138 補註: 先天易인 周易에서는 先后天이 轉換하는 原理와 七日來復하는 理致를 卦爻辭와 象傳에서 밝혔으니, 이를 살펴보면 山風蠱卦象傳에 「先甲三日 後甲三日은 終則有始 天

화옹   무위      원천화      생지십기토
一二六. 化翁은 无位시고 原天火시니 生地十己土

니라.


● 화옹化翁은 자리가 없으시고 원천原天의 화火이시니 지십地十기토己土
를 생生하느니라.


          화옹    이만물위위      불가이일위    지명고    왈무위
**註義** 化翁이 以萬物爲位하시니 不可以一位로 指名故로 曰无位라

원   위본야    화지실리    위지천      화지신묘    위지화   개원
原은 謂本也라 化之實理를 謂之天이요 化之神妙를 謂之火라 蓋原

천   비위형기지천야     지기본연지실체야    화자    비위오행지
天은 非謂形氣之天也요 指其本然之實體也라 火者는 非謂五行之

화야    지기묘용지지신야     이화화옹지묘지실리      생일무량
火也요 指其妙用之至神也라 以化化翁至妙之實理하여 生一无量

대괴    시위지십기토    대저기범위    여대낭    장천지만물이
大塊하니 是謂地十己土라 大抵其範圍는 如大囊이 藏天地萬物而

총괄      무일물지유이불견기적      조천지만물이조창      저
總括하여 無一物之遺而不見其跡하고 造天地萬物而條暢하여 著

만물지수이불견기묘           대의재    시토지진혜    수지천하지
万物之殊而不見其妙하니[139] 大矣哉라 是土之眞兮여 誰知天下之

성명      유시진체이화화야
性命이리요 由是眞體而化化也라

---

行也라」 또 重風巽卦 九五爻辭에는 「无初有終이라 先庚三日하며 後庚三日하면 吉하리라」
라고 하였다. 이는 先后天이 바뀌면 先天의 元始宮인 甲子宮에서 后天의 元始宮인 庚子宮
으로 變換하는 過程에서 三十六度의 虛度數가 生하는바, 이를 뛰어넘는 原理를 '終則有
始天行也'라고 밝힌 것이며, 또 地雷復卦 彖傳에는 「反復其道 七日來復은 天行也오 利有
攸往은 剛長也니 復에 其見天地之心乎인져」라고 하여 陽은 七度에 來復하는 理致를 밝혔
다. 一夫께서는 이와 같은 原理를 '面數三十六'이라고 簡略하게 밝히셨다. 正易의 后天之
理를 探究하기 爲해서는 먼저 周易을 理解하는 것이 必須的이다. (前文 太陽成道補解參照)

139 편집자주 : 『정역주의(하상역본)』에서는 '万物'로, 『정역대경(모필본)』에서는 '萬象'으
로 기록하였다.

盖以其性으로 言則靈靈活活而含具衆理하야 爲萬化之祖故

로 云化翁이며 又以其體로 言則玄虛難朕故로 云无位라. 此는 虛中

生神而神生氣 氣生形之原理也라. 原火는 神也며 己土는 氣也니

天地得此神氣而結體長存矣라. 古德云運虛空者는 道也라하니 卽

原天火首靈大本心宮이시니라. 原火眞空之神이 先生己十土而己

巳宮이 設焉하니 道生一也오 次生戊五土而戊戊宮이 設焉하니 一

生二也라. 二者는 卽兩儀也니 兩儀旣立에 艮司陽宮之生物하고 坤

司陰宮之成物하니 是는 二生四而四象이 設焉하니라. 四象은 卽四

維也니 四維自闢에 八門이 轉開로다. 易辭云 天地設位에 易이 行

于其中이라 하심이 此니라. 一者는 屬天하니 氣之始也며 二者는

屬地하니 形之始也라. 氣形이 相交에 萬物生焉이라.[140]


주역周易에 '신무방이역무체神无方而易无體'라 하였으니 신神은 본

시本是 일정一定한 방위方位가 없다. 신神이란 상제上帝의 천사격天使格이

며 화옹化翁은 위位가 없으신 원천原天의 화火이시니 지십기토地十己土를

생生하며, 지십기토地十己土는 기사궁己巳宮으로 곧 하늘이다.


《주역周易》에 "신무방이역무체神无方而易无體"라 하였으니 神은 본

---

140 原註: 天下之心同者는 稟性以一也오 天下之貌殊者는 受氣不齊也라. 又曰 原天火는
卽乾元眞陽也오, 玄虛難朕은 性之體也오, 靈活閃轉은 性之用也라.

시본是 일정一定한 방위方位가 없고, 神이란 상제上帝의 천사격天使格이라 하고 화옹化翁은 위위가 없으신 원천原天의 화火이시니 지십기토地十己土라 하였으니 기사궁己巳宮은 하늘이라 함.

補解 무극체위无極體位 황극체위皇極體位 월극체위月極體位 일극체위日極體位의 성도成道를 논론論하시고 화옹化翁에 이르러서는 무위无位라고 하였는바, 이는 화옹化翁은 천지만물天地萬物을 생화生化하는 조화지주造化之主로서 무소부재無所不在하므로 어느 한 곳에 일정一定하게 정위定位함이 없다는 뜻이다. 『주역周易』 계사상전繫辭上傳(第四章)에「신무방이역무체神无方而易无體」라고 하였는바, 신神은 천지만물天地萬物을 생화生化하는 무형無形의 작용作用으로서 무소부재無所不在하므로 일정一定한 방소方所(위위)가 없다는 것이고, 역易은 조화造化(음변양화陰變陽化)를 주재主宰하는 원리原理이므로 일정一定한 체體가 없다는 것이니, 화옹무위化翁无位와 맥맥脈絡을 같이하는 것이다. 그러나 화옹化翁은 조화지리造化之理를 통섭統攝하는 이중지리理中之理이니, 그 현묘玄妙함은 서불진언書不盡言하며 언불진의言不盡意라 고故로 의인화擬人化하여 화옹化翁 또는 화무옹化无翁 화화옹化化翁 화무상제化无上帝 등等으로 이름하여 말씀한 것이다. 일부一夫께서는 화화옹化化翁은 원천화原天火로서 지십기토地十己土를 생생生한다고 하였는바, 원原은 우주만유宇宙萬有를 창시創始한 본원本原을 뜻하며, 천天은 형기形氣(음양陰陽)의 천天이 아니라 만물생성萬物生成을 주재主宰하는 본연本然의 천天을 뜻하고, 화火는 오행五行(기질氣質)의 화火가 아니라 만물萬物을 생화生化하는 묘용妙用의 화火를 말함이니, 이 원천화原天火는 후천后天의 도생지본원倒生之本原으로서 지십기토地十己土를 생생生하며, 지십기토地十己土는 원천화原天火이신 화옹化翁의 뜻

을 받들어 만물萬物을 도생倒生하는 것이다.[141]

---

기 사 궁　선 천 이 후 천
一二七. 己巳宮은 先天而后天이니라.

---

• 기사궁은 선천이면서 후천이니라.

註義　己配於巳爲成位를 謂之己巳宮이니 干支成度之首宮이요 亦
謂之无極宮이라 盖先天化无上帝宮而久而后에 成度故로 政於后
天이라 此章은 發明天干造化之始而特擧己巳宮而載此者는 明天
干이[142] 必配地支之意요 且便取覽者也라.

演解　天道는 陽也나 幽靜而反爲陰界(太玄)하야 以行神化焉이라.

粗解　기사궁己巳宮은 경오庚午에서 무인戊寅까지이며, 기사궁己巳宮은 원

---

141 補註: 萬物을 倒生하는 地十己土는 곧 河圖中宮의 十數己土를 말함이니, 河圖의 十
數는 滿極之數로서 곧 无極之數이다. 이 十數에는 一三五七九의 陽數와 二四六八十의 陰
數를 內包하고 있으며, 陽數와 陰數는 五行을 生成하는 天地(陰陽)之數로서 陰陽五行의
相互作用(相生相剋)에 依하여 萬物이 生成되고 變化하는 것이니, 『周易』 繫辭上傳(第九
章)에 「天數五 地數五니 五位相得하며 而各有合하니 天數二十有五요 地數三十이라 凡天
地之數 五十有五니 此所以成變化하며 而行鬼神也라」 라고 하였는바, 이는 곧 河圖十數의
萬物生成之理를 밝힌 것이다. 地十己土는 萬物의 根本이요 母體이므로 그 本原을 化翁 原
天火라고 한 것이다.
142 편집자주: 『정역대경(모필본)』은 '明天下', 『정역주의(하상역본)』는 '明天干'으로 기록
하고 있다.

十
五
一
言
｜
…

383

천화원천火의 하늘을 상징象徵하고 선천先天이로되 하도후천河圖后天이라는 것이다.

**句解** 기사궁己巳宮은 경오庚午에서 무인戊寅까지를 말하며 기사궁己巳宮은 원천화原天火의 하늘을 상징象徵하고 선천先天이로되 하도후천河圖后天이라 함.

**補解** 기사궁己巳宮은 기위성도지궁己位成道之宮이니, 곧 지십기토地十己土의 성도지궁成道之宮이다. 기위己位는 곧 무극체위无極體位로서 기사궁己巳宮에서 성도成道하여 후천后天을 용사用事하나 그 체體는 선천先天이므로 '선천이후천先天而后天'이라 한 것이다. 이는 도생역성倒生逆成하는 하도지리河圖之理로서 하도河圖의 체용體用 즉卽 선천지체先天之體 후천지용后天之用을 말한 것이니, 하문下文 '지십기토地十己土' 이하以下의 생생지리生生之理는 십토十土에서 차례로 도생倒生하는 하도河圖의 후천용사后天用事를 밝힌 것이다.

　선천先天은 일수一水에서 역생逆生하여 십토十土에 이르고, 후천后天은 십토十土에서 도생倒生하여 다시 일수一水에 이르는바, 이와 같은 도역倒逆의 반복反復이 곧 십일귀체十一歸體이며, 선후천先后天의 순환循環인 것이다. 주역周易을 집대성集大成한 주자朱子도 하도河圖의 수리數理에 대對하여 『역학계몽易學啓蒙』 하도주河圖註에서 「천이일생수이지이육성지天以一生水而地以六成之 지이이생화이천이칠성지地以二生火而天以七成之 천이삼생목이지이팔성지天以三生木而地以八成之 지이사생금이천이구성지地以四生金而天以九成之 천이오생토이지이십성지天以五生土而地以十成之 차우소위각유합언자야此又所謂各有合焉者也 적오기이위이십오積五奇而爲二十五 적오우이위삼십積五偶而爲三十 합시이자이위오십유오合是二者而爲

五十有五. 차하도지전수此河圖之全數 개부자지의皆夫子之意 이제유지설야而諸儒之說也」라고 하였는바, 이는 하도십수河圖十數를 오행五行을 생성生成하는 이수理數로 해석解釋한 것이며, 후천도생지리后天倒生之理에 대對하여는 밝힌바 없다. 이로써 보면 일부一夫께서 밝히신 하도십수河圖十數의 후천용사后天用事와 도생역성지리倒生逆成之理는 전인미도前人未蹈의 위대偉大한 발명發明임을 알 수 있다.[143]

<br>

• 지十기토己土는 천九신금辛金을 낳고,

粗解 여율呂律인 무정을계신戊丁乙癸辛의 수지형상手指形象으로서 천구신금天九辛金은 중지中指 삼三자리를 굴굴屈한다.

句解 여율呂律은 무정을계신戊丁乙癸辛의 수지형상手指形象으로서 천구신금天九辛金은 중지中指 삼三자리를 굴굴屈함.

補解 지십기토地十己土가 처음 도생倒生하는 금기金氣로서 십생구十生九

---

143 補註: '地十己土生天九辛金' 以下의 生生은 后天의 倒生之序를 밝힌 것인바, 이는 萬物이 生長과 收藏을 反復하는 原理로서 先天逆生은 一水에서 逆生하여 九에 이르는 生長(膨脹)過程을 말함이고, 后天倒生은 生長함이 極에 이른 萬物을 거두어 收藏(收縮)하는 過程을 말함이니, 곧 十土에서 차례로 倒生하여 一水로 되돌리는 것이다. 그러면 一水는 다시 逆生하게 되는 것이니, 이것이 이른바 后天의 太陽之政으로서 前文에서 「太陽은 倒生逆成하니 后天而先天이오 旣濟而未濟니라」라고 말씀한 所以이다.

하므로 천구신금天九辛金이라 한 것이다. 선천역생지서先天逆生之序는 천일임수天一壬水 지이정화地二丁火 천삼갑목天三甲木 지사신금地四辛金의 順으로 역생逆生하나, 후천后天의 도생지서倒生之序는 수축收縮하는 도생倒生이므로 그 수수數가 전도顚倒되는 것이니, 선천先天의 생장지서生長之序와는 다른 것이다. 선천先天은 생명生命을 시생始生하고 팽창膨脹하는 역생逆生이나 후천后天은 수축收縮을 먼저 하고 생명지기生命之氣를 후생後生하므로 선천先天은 수목화토금水木火土金의 상생지서相生之序인데 반反하여 후천도생지서后天倒生之序는 토금수목화土金水木火로서 선천先天에서 상생相生한 오행五行을 차례로 상극相剋 (토극수土剋水 금극목金剋木 수극화水剋火 목극토木剋土 화극금火剋金) 하는 수렴지서收斂之序이니, 이는 후천后天의 금화교역金火交易으로 금기金氣가 당권當權하여 선천先天의 용사用事가 끝난 만물萬物(생명生命)을 숙살肅殺하고 새로운 생명生命을 창조創造하는 신성神聖한 후천용사后天用事인 것이다. 그러므로 지십기토地十己土는 먼저 금수金水를 도생倒生하고 다음에 목화木火를 도생倒生하는 것이니, 선천상생지서先天相生之序와는 반대反對이다. 이와 같은 선후천先后天의 원리原理를 먼저 숙지熟知한 연후然後에 하문下文의 도생지서倒生之序를 연구研究하고 궁리窮理하면 일부一夫께서 밝히신 뜻을 이해理解할 수 있을 것이다.

一二九. 천 구 신 금 생 지 육 계 수
天九辛金은 生地六癸水하고

• 천九신금辛金은 지六계수癸水를 낳고,

여율呂律의 수지형상手指形象으로서 지육계수地六癸水는 소지小指 오五자리를 굴屈한다.

여율呂律은 무정을계신戊丁乙癸辛의 수지형상手指形象으로서 지육계수地六癸水는 소지小指 오五자리를 굴屈함.

---

지 육 계 수　　생 천 삼 을 목
一三○. 地六癸水는 生天三乙木하고

---

• 지六 계수癸水는 천三 을목乙木을 낳고,

여율呂律의 수지형상手指形象으로서 천삼을목天三乙木은 무명지無名指 칠七자리를 신伸한다.

여율呂律은 무정을계신戊丁乙癸辛의 수지형상手指形象으로서 천삼을목天三乙木은 무명지無名指 칠七자리를 신伸함.

을목乙木은 선천생성수先天生成數로는 육수六水에서 역생逆生하는 팔목八木이나, 후천后天에서는 육수六水에서 도생倒生하는 목木이므로 천삼을목天三乙木이 되는 것이다.

## 천 삼 을 목　생 지 이 정 화
一三一. 天三乙木은 生地二丁火하고

• 천三을목은 지二정화를 낳고,

粗解 여율呂律의 수지형상手指形象으로서 지이정화地二丁火는 식지食指 九자리를 신伸한다.

句解 여율呂律은 무정을계신戊丁乙癸辛의 수지형상手指形象으로서 지이정화地二丁火는 식지食指 九자리를 신伸함.


## 지 이 정 화　생 천 오 무 토
一三二. 地二丁火는 生天五戊土니라.

• 지二정화는 천五무토를 낳느니라.

　　　　차　　정화초　　담 담 혼 혼　　지 정 지 미　　부 지 기 자 화 언
註義 此는 精化初에 淡淡渾渾하고 至靜至微하여 不知其自化焉이

　　천 구 신 금　　지 육 계 수　　회 이 윤 이 위 율　　천 삼 을 목　　지 이 정
라 天九辛金과 地六癸水가 會而潤而爲律하고 天三乙木과 地二丁

화　　분 이 영 이 위 려　　견 상 문
火가 分而影而爲呂는 見上文이라.


　　　　이 상　　삼 지 양 천　　차　　기 궁 지 소 포 사 강　　전 우 무 이 행
演解 以上은 三地兩天이라 此는 己宮之所胞四强을 傳于戊而行

<sup>추 동 지 정</sup> <sup>시 근 어 선 천 양 방</sup> <sup>이 성 어 후 천 음 방 고</sup> <sup>운 선 천 이 후</sup>
秋冬之政하니 是根於先天陽方 而成於后天陰方故로 云先天而后

<sup>천 야</sup>
天也라.[144]

[粗解] 여율呂律의 수지형상手指形象으로서 천오무토天五戊土는 무지拇指
십十자리를 신伸한다.

[句解] 여율呂律은 무정을계신戊丁乙癸辛의 수지형상手指形象으로서 천오
무토天五戊土는 무지拇指 십十자리를 신伸함.

[補解] 이상以上 지십기토地十己土 천구신금天九辛金 지육계수地六癸水 천
삼을목天三乙木 지이정화地二丁火까지 토금수목화土金水木火(기신계을정己
辛癸乙丁)의 도생倒生은 삼지양천三地兩天으로서 후천后天의 도생태음倒生
太陰이다. 선천先天의 낙서용사洛書用事는 역생사상逆生四象이므로 목화
금수木火金水의 순順으로 역생逆生하나, 후천后天의 하도용사河圖用事는
도생사상倒生四象이므로 금수목화金水木火의 순順으로 도생倒生하는 것
이니, 선천역생先天逆生과는 반대反對이다. 그러나 음양변화陰陽變化는 음
생양陰生陽 양생음陽生陰으로 호역상생互易相生하는 것이 음변위양陰變爲
陽하고 양화위음陽化爲陰하는 순환원리循環原理이므로 지십기토地十己土
가 신계을정辛癸乙丁을 생생하여 음사상陰四象(태음太陰)이 이루어지면 천
오무토天五戊土를 생생하는 것이니, 곧 기사궁己巳宮에서 무술궁戊戌宮으
로 넘어가는 음양변화陰陽變化이다.

---

144 [原註]: 丁之二火生戊土故로 戊應陰火之電이라.

• 무술궁은 후천이면서 선천이니라.

**註義** 戊配於戌而成位를 謂之戊戌宮이니 干支成度之次宮이요 亦 謂之皇極宮이라 蓋后天五皇后帝宮而陰之成度하여 必易於陽故 로 主政於先天이라 然戊戌宮은 承奉於己巳宮故로 不敢自專而代 以戊辰宮이 御天行政하니 是謂太陰之會而甲子起頭하여 用之陰 曆이 是也라 此는 擧戊戌宮하여 亦對己巳宮也라.

**演解** 地道는 陰也나 著動而反爲陽界하야 以行形化焉이라 此는 戊 宮之所胞四順을 傳于己而行春夏之政하니 是根於后天陰方 而成 於先天陽方故로 云后天而先天也라.

**粗解** 무술궁戊戌宮은 후천后天이로되 낙서선천洛書先天이라는 것이다.

**句解** 무술궁戊戌宮은 후천后天이로되 낙서선천정사洛書先天政事라 함.

**補解** 무술궁戊戌宮은 후천무위后天戊位의 본궁本宮이니, 곧 낙서중궁洛

書中宮의 오토五土 황극궁皇極宮이다. 낙서洛書는 후천지체后天之體요 선천지용先天之用이므로 후천이선천后天而先天이라 한 것이다. 음양陰陽은 독립獨立하여 각각各各 존재存在하는 것이 아니라 음陰은 양陽을 뿌리로 하고 양陽은 음陰을 뿌리로 하여 호위기근互爲其根하므로 무술궁戊戌宮은 기사궁己巳宮에 뿌리하고 기사궁己巳宮은 무술궁戊戌宮에 뿌리 하는 것이니, 주자周子의 『태극도설太極圖說』에 「일동일정一動一靜 호위기근互爲其根 분음분양分陰分陽 양의입언兩儀立焉」이라 한 것이 바로 이를 말함이다. 고故로 기사궁己巳宮은 음사상陰四象(태음太陰)을 도생倒生하고 종국終局에는 무술궁戊戌宮의 천오무토天五戊土를 생생生生하게 되는 것이다. 이하以下는 무술궁戊戌宮 천오무토天五戊土의 용사用事이다.

<br>

> 천 오 무 토　생 지 사 경 금
> 一三四. 天五戊土는 生地四庚金하고

<br>

• 천五무토는 지四경금을 낳고,

[粗解] 정령政令 기경임갑병己庚壬甲丙의 수지형상手指形象으로서 지사경금地四庚金은 식지食指 이二자리를 굴屈한다.

[句解] 정령政令은 기경임갑병己庚壬甲丙의 수지형상手指形象으로서 지사경금地四庚金은 식지食指 이二자리를 굴屈함.

[補解] 경금庚金은 선천생성수先天生成數로는 천오무토天五戊土가 역생逆

生하는 양금陽金이므로 천구경금天九庚金이나, 후천后天에서는 천오무토 天五戊土가 도생倒生하는 금金이므로 지사경금地四庚金이 되는 것이다. 그 러나 경금庚金은 양금陽金이며, 지사地四는 도생순서倒生順序를 뜻한다.

---

一三五. 지 사 경 금 생 천 일 임 수
地四庚金은 生天一壬水하고

---

• 지四경금은 천一임수를 낳고,

[粗解] 정령政令의 수지형상手指形象으로서 천일임수天一壬水는 무명지無 名指 사四자리를 굴屈한다.

[句解] 정령政令은 기경임갑병己庚壬甲丙의 수지형상手指形象으로서 천일 임수天一壬水는 무명지無名指 사四자리를 굴屈함.

---

一三六. 천 일 임 수 생 지 팔 갑 묵
天一壬水는 生地八甲木하고

---

• 천一임수는 지八갑목을 낳고,

[粗解] 정령政令의 수지형상手指形象으로서 지팔갑목地八甲木은 소지小指 육六자리를 신伸한다.

정령政令은 기경임갑병己庚壬甲丙의 수지형상手指形象으로서 지팔갑목地八甲木은 소지小指 육六자리를 신신伸함.

갑목甲木은 선천생성수先天生成數로는 천일임수天一壬水가 역생逆生하는 삼목三木이나. 후천后天에서는 천일임수天一壬水가 도생倒生하는 지팔음수地八陰數의 목木이므로 팔목八木이 되는 것이다, 그 도생지서倒生之序는 一에서 十 九 八로 도행倒行한다.(일지전수내십야一之前數乃十也)

---

지 팔 갑 목    생 천 칠 병 화
一三七. 地八甲木은 生天七丙火하고

---

• 지八갑목은 천七병화를 낳고,

정령政令의 수지형상手指形象으로서 천칠병화天七丙火는 중지中指 八자리를 신신伸한다.

정령政令은 기경임갑병己庚壬甲丙의 수지형상手指形象으로서 천칠병화天七丙火는 중지中指 八자리를 신신伸함.

十五一言
393

一三八. 天七丙火는 生地十己土니라.

• 천七병화는 지十기토를 낳느니라.

註義 此는 氣化之始로 宥宥湋湋하니 若存若無하여 不覺其自生焉
이라 地四庚金과 天一壬水는 凝而成太陰之魂魄하고 地八甲木과
天七丙火는 合而成太陽之氣體하니 見上文이라.

演解 以上은 三天兩地라.[145]

粗解 정령政令의 수지형상手指形象으로서 지십기토地十己土는 무지일拇指一자리를 굴屈한다.

句解 정령政令은 기경임갑병己庚壬甲丙의 수지형상手指形象으로서 지십기토地十己土는 무지拇指 일一자리를 굴屈함.

補解 천오무토天五戊土가 경임갑병庚壬甲丙을 도생倒生하여 금수목화金水木火의 상象(양사상陽四象)을 이루니, 곧 후천后天의 도생태양倒生太陽으로서 삼천양지三天兩地이다. 상象이 이루어지면 종국終局에는 지십기토地十己土를 생생生生하여 무술궁戊戌宮에서 다시 기사궁己巳宮으로 전환轉換한

---

145 原註: 丙之七火生己土故로 己應陽火之電이라.

다. 이는 음극즉양생陰極則陽生하고 양극즉음생陽極則陰生하는 음양변화陰陽變化의 원리原理이다.

지 십 기 토 　 생 천 구 경 금
一三九. 地十己土는 生天九庚金하고

• 지十기토는 천九경금을 낳고,

粗解 여율呂律 무정을계신戊丁乙癸辛의 수지형상手指形象으로서 천구경금天九庚金은 중지中指 삼三자리를 굴屈한다.

句解 정령政令은 기경임갑병己庚壬甲丙의 수지형상手指形象으로서 천구경금天九庚金은 식지食指 이二자리를 굴屈함.

補解 상문上文의 기사궁己巳宮에서는 지십기토地十己土가 천구신금天九辛金을 생생生生하였는데 차문此文에서는 지십기토地十己土가 천구경금天九庚金을 생생生生하는 것은 일음일양一陰一陽하는 음양지도陰陽之道이다. 기사궁己巳宮에서 처음 생생生生한 신금辛金은 음금陰金이고 다음에 생생生生한 경금庚金은 양금陽金이니, 한번 음陰을 생생生生하고 한번 양陽을 생생生生하는 것이 음양생성陰陽生成의 정리正理이다. 『주역周易』 계사상전繫辭上傳(第十一章)에 「역유태극易有太極 시생양의是生兩儀 양의생사상兩儀生四象 사상생팔괘四象生八卦」라고 하였는바, 그 생성과정生成過程을 살펴보면 태극太極이 일음일양一陰一陽을 생생生生하여 양의兩儀(양의陽儀 음의陰儀)를 이루며, 양의

陽儀(⚊)가 일양일음一陽一陰을 생생生生하여 태양太陽(⚌)과 소음少陰(⚏)을 이루고, 음의陰儀(⚋)가 일음일양一陰一陽을 생생生生하여 태음太陰(⚏)과 소양少陽(⚎)을 이루니 곧 사상四象이며, 사상四象이 각각各各 일음일양一陰一陽을 생생生生하여 팔괘八卦를 이루는 것이다. 이상以上은 선천先天의 역생지서逆生之序이며, 후천后天의 도성지서倒成之序 역시亦是 선천先天과 같으나 다만 다른 것은 一에서 역생逆生하는 것이 아니라 十에서 도생倒生하므로 그 서차序次가 다를 뿐이다. 또한 선천先天은 일태극一太極이 양의兩儀를 역생逆生(일생이一生二)하나 후천后天에서는 십무극十无極이 양의兩儀에 해당該當하는 기사궁己巳宮과 무술궁戊戌宮(황극궁皇極宮)을 도생倒生하는 점點이 또한 다르다.

---

천 구 경 금　 생 지 육 계 수
一四〇. 天九庚金은 生地六癸水하고

---

• 천九경금은 지六계수를 낳고,

粗解 여율呂律의 수지형상手指形象으로서 지육계수地六癸水는 소지小指 오五자리를 굴屈한다.

句解 여율呂律은 무정을계신戊丁乙癸辛의 수지형상手指形象으로서 지육계수地六癸水는 무명지無名指 사四자리를 굴屈함.

• 지六계수는 천三갑목을 낳고,

粗解 여율呂律의 수지형상手指形象으로서 천삼갑목天三甲木은 무명지無名指 칠七자리를 신伸한다.

句解 정령政令은 기경임갑병己庚壬甲丙의 수지형상手指形象으로서 천삼갑목天三甲木은 소지小指 육六자리를 신伸함.

• 천三갑목은 지二병화를 낳고,

粗解 여율呂律의 수지형상手指形象으로서 지이병화地二丙火는 식지食指 九자리를 신伸한다.

句解 정령政令은 갑병무경임甲丙戊庚壬의 수지형상手指形象으로서 지이병화地二丙火는 중지中指 八자리를 신伸함.

補解 선천先天의 생성수生成數는 천칠병화天七丙火이나 후천后天의 도생

지서倒生之序는 천삼갑목天三甲木이 도생倒生하므로 지이병화地二丙火가 된다. 이는 천간天干의 병화丙火가 지지地支의 사궁巳宮에서 체상體象을 이루는 이치理致와 같다.

---

지 이 병 화     생 천 오 무 토
一四三. 地二丙火는 生天五戊土니라.

---

• 지二병화는 천五무토를 낳느니라.

이 상      삼 지 양 천
[演解] 以上은 三地兩天이라.[146]

[粗解] 여율呂律의 수지형상手指形象으로서 천오무토天五戊土는 무지십拇指十자리를 신伸한다.

[句解] 여율呂律은 무정을계신戊丁乙癸辛의 수지형상手指形象으로서 천오무토天五戊土는 무지拇指 십十자리를 신伸함.

[補解] 이상以上 기사궁己巳宮 지십기토地十己土에서 도생倒生한 구경금九庚金 육계수六癸水 삼갑목三甲木 이병화二丙火는 삼지양천三地兩天이니, 곧 후천后天의 도생소양倒生少陽이다. 지이병화地二丙火로써 상象이 완성完成되면 다시 천오무토天五戊土를 생생生生하여 무술궁戊戌宮으로 전환轉換하는바, 이는 한번 음陰하고 한번 양陽하는 천지순환지도天地循環之道이니,

---

146 [原註]: 陰陽電力抱括宇宙應時大用十數成運이라.

『주역周易』계사전繫辭傳에 「일음일양지위도一陰一陽之謂道」 라 함이 바로
이를 말한 것이다.

---

一四四. 天<sup>천</sup>五<sup>오</sup>戊<sup>무</sup>土<sup>토</sup>는 生<sup>생</sup>地<sup>지</sup>四<sup>사</sup>辛<sup>신</sup>金<sup>금</sup>하고

• 천五무토는 지四신금을 낳고,

粗解 정령기경임갑병政令己庚壬甲丙의 수지형상手指形象으로서 지사신
금地四辛金은 식지이食指二자리를 굴屈한다.

句解 여율呂律은 무정을계신戊丁乙癸辛의 수지형상手指形象으로서 지사
신금地四辛金은 중지中指 삼三자리를 굴屈함.

補解 상문上文 무술궁戊戌宮의 천오무토天五戊土는 지사경금地四庚金을
도생倒生하였으나 차문此文의 천오무토天五戊土는 지사신금地四辛金을
도생倒生하니, 이는 이미 전문前文에서 補解한바와 같이 일음일양一陰一
陽을 생생生生하는 음양생성지리陰陽生成之理이다. 이하以下 수목화水木火도
동일同一하다.

## 一四五. 地四辛金은 生天一壬水하고
지 사 신 금 　 생 천 일 임 수

• 지四신금은 천一임수를 낳고,

粗解 정령政令 기경임갑병己庚壬甲丙 수지형상手指形象으로서 천일임수天一壬水는 무명지사無名指四자리를 굴屈한다.

句解 정령政令은 기경임갑병己庚壬甲丙의 수지형상手指形象으로서 천일임수天一壬水는 무명지無名指 사四자리를 굴屈함.

## 一四六. 天一壬水는 生地八乙木하고
천 일 임 수 　 생 지 팔 을 목

• 천一임수는 지八을목을 낳고,

粗解 정령政令의 수지형상手指形象으로서 지팔을목地八乙木은 소지小指 六자리를 신伸한다.

句解 여율呂律은 무정을계신戊丁乙癸辛의 수지형상手指形象으로서 지팔을목地八乙木은 무명지無名指 칠七자리를 신伸함.

一四七.
<ruby>地<rt>지</rt></ruby><ruby>八<rt>팔</rt></ruby><ruby>乙<rt>을</rt></ruby><ruby>木<rt>목</rt></ruby>은 <ruby>生<rt>생</rt></ruby><ruby>天<rt>천</rt></ruby><ruby>七<rt>칠</rt></ruby><ruby>丁<rt>정</rt></ruby><ruby>火<rt>화</rt></ruby>하고

• 지八을목은 천七정화를 낳고,

粗解 정령政令의 수지형상手指形象으로서 천칠정화天七丁火는 중지中指 八자리를 신伸한다.

句解 여율呂律은 무정을계신戊丁乙癸辛의 수지형상手指形象으로서 천칠 정화天七丁火는 식지食指 九자리를 신伸함.

補解 이상以上 황극궁皇極宮 천오무토天五戊土가 사신금四辛金 일임수一 壬水 팔을목八乙木 칠정화七丁火를 도생倒生하여 금수목화金水木火의 상象 을 이루니, 곧 후천后天의 도생소음倒生少陰이다.

一四八.
<ruby>天<rt>천</rt></ruby><ruby>七<rt>칠</rt></ruby><ruby>丁<rt>정</rt></ruby><ruby>火<rt>화</rt></ruby>는 <ruby>生<rt>생</rt></ruby><ruby>地<rt>지</rt></ruby><ruby>十<rt>십</rt></ruby><ruby>己<rt>기</rt></ruby><ruby>土<rt>토</rt></ruby>니라.

• 천七정화는 지十기토를 낳느니라.

註義 此는 神化之漸이 閃閃忽忽하여 無端無始하고 不測其所以變
이라 一水五土와 十土六水는 凝重不變하나 金木火는 互相變體하

도융교통　　이실정기지미묘
여 淘瀜交通하니 以實精氣之微妙라.

이상　삼천양지　기지음오　여무지양오　상교　무
演解 以上은 三天兩地라. 己之陰五는 與戊之陽五로 相交하며 戊

지양오　여기지양오　상교　행춘하지정　사만물　순생
之陽五는 與己之陽五로 相交하야 行春夏之政하되 使萬物로 順生

이치양고　역사운곤야자　지야　만물　개치양언
而致養故로 易辭云坤也者는 地也니 萬物이 皆致養焉이라 하심이

차야　차　음양개교이순강토화상생지리야　양양음수지권
此也라. 此는 陰陽開交而順强吐化相生之理也니 陽養陰收之權은

재어곤궁언　일세　언즉춘하절　대기　언즉기정운야
在於坤宮焉이라 一歲로 言則春夏節이며 大紀로 言則己丁運也라.

粗解 정령政令의 수지형상手指形象으로서 지십기토地十己土는 무지拇指 일一자리를 굴屈한다.

句解 정령政令은 기경임갑병己庚壬甲丙의 수지형상手指形象으로서 지십기토地十己土는 무지拇指 일一자리를 굴屈함.

補解 이상以上 기사궁己巳宮의 지십기토地十己土가 태음太陰과 소양少陽을 생生하고, 황극궁皇極宮의 천오무토天五戊土는 태양太陽 소음少陰을 생生하여 후천后天의 도생사상倒生四象이 이루어지는 것이다. 지십기토地十己土와 천오무토天五戊土가 모두 금수목화金水木火를 차례로 도생倒生하였는바, 이는 선천先天에서 역생逆生한 생명지기生命之氣(목화木火)를 숙살肅殺하는 뜻이 있으므로 이로써 보면 후천后天에서는 선천先天에서 생생한 만물萬物(목화금수木火金水)을 숙살肅殺하고 새로운 생명生命을 도생倒生하는 뜻이 함축含蓄되어 있다. 사상四象의 바탕이 되는 토土는 선후천

先后天先后天에서 모두 만물萬物이 의존依存하는 근본모체根本母體로서의 위상位相은 변화變化가 없으나 다만 그 작용作用에 있어서 선천先天에서는 만물萬物의 생장生長을 주관主管하였으나 후천后天에서는 생장生長을 억제抑制하고 결실結實을 수장收藏하는 역할役割로 바뀌게 되므로 만물萬物을 수렴收斂하고 축장蓄藏하기 위爲해서는 생장生長이 극極에 도달到達한 만물萬物을 숙살肅殺하지 않을 수 없는 것이다.

후천사상后天四象은 토土를 바탕으로 한 금수목화金水木火로서 곧 오행五行이며, 만물萬物은 오행五行의 상호작용相互作用에 의依하여 생성변화生成變化를 반복反復하는 것이다. 선천오행先天五行이나 후천오행后天五行은 동일同一한 오행五行이나 다만 그 작용作用은 다른 것이니, 선천先天은 목木(갑甲)을 시두始頭로 하여 역생逆生하는 상생작용相生作用으로서 그 순서順序가 목화금수木火金水이며, 후천后天은 금金(경庚)을 시두始頭로 하여 도생倒生하는 상극작용相剋作用으로서 그 순서順序가 금수목화金水木火이다. 후천后天의 무기토戊己土가 금수목화金水木火(사상四象)를 도생倒生하는 것은 그 목적目的이 선천先天에서 생장生長한 만물萬物을 말살抹殺하는 작용作用이 아니라 생장生長이 극極에 이른 만물萬物을 수렴收斂하여 다음의 선천先天으로 계승繼承시키는 순환작용循環作用에 있으므로 무기토戊己土는 순환체循環體의 중심핵中心核을 이루는 중앙토中央土이니, 고故로 하도河圖와 낙서洛書의 중궁中宮에 모두 토土가 정위定位하는 것이다. 이러한 선후천先后天의 반복反復과 생명生命의 순환循環은 천지변화지도天地變化之道에 따라 이루어지는 것이며, 사람의 의지意志대로 되는 것이 아니므로 일부一夫께서는 「화옹化翁은 무위无位시고 원천화原天火시니 생지십기토生地十己土니라」 라고 말씀한 것이다.[147]

---

147 [補註]: 以上 地十己土에서 倒生을 始하여 后天四象을 모두 이루고 다시 地十己土를 生하는 것으로 倒生을 마쳤는바, 이는 原始反終하는 循環原理로서 出發點으로 還元하는

• 지十기토는 천一임수를 이루고,

粗解 지십기토地十己土자리에서 다시 무지拇指 일一자리를 굴屈하면 천일임수天一壬水를 성成하니 십변시태극일十便是太極一의 형상形象이다.

句解 지십기토地十己土자리에서 천일임수天一壬水를 성成하니 정령政令 기경임갑병己庚壬甲丙 형상形象을 이룬다.

補解 전문前文의 도생倒生은 십토十土는 구금九金을 생생生生하였으나, 차문此文은 십토十土가 일수一水를 역성逆成하니, 이것이 이른바 '도생역성倒生逆成'이라는 것이다. 十에서 一은 도생지극倒生之極이므로 극즉반極則反이라 고故로 역성逆成하게 되는 것이니, 이것이 십일귀체十一歸體의 원리原理로서 곧 무극이태극无極而太極이다. 천일임수天一壬水는 만물萬物의 시초始初를 뜻하므로 곧 생명生命을 뜻하며, 하늘과 땅 사이의 만물萬物은 생명生命이 있음으로써 천지天地와 나란히 설 수 있는 것이다. 식물植物을 예例로 하면 초목草木은 생장生長을 다한 연후然後에는 결국結局 열매로 수축收縮되고 그 열매(種子)에는 생명체生命體의 모든 요소要素가 응축凝縮되어 있으므로 다음 선천先天에서 다시 역생逆生할 수 있는 것

理致를 나타낸 것이다. 然이나 萬物은 象만으로 完成되는 것이 아니라 形을 이룸으로써 完成되는 것이므로 下文은 그 成形하는 理致를 밝힌 것이다. 『周易』 繫辭傳(上一章)에 「在天成象하고 在地成形하니 變化見矣라…乾道成男하고 坤道成女하니 乾知大始오 坤作成物이라」고 하였는바, 이것이 바로 成象 成形의 原理를 밝힌 것이다.

이다. 그러므로 후천后天의 하도용사河圖用事는 그 목적目的이 만물萬物을 수렴收斂하고 생명지기生命之氣를 부여賦與하는데 있으므로 생명生命의 보존保存을 위爲하여 수화금목水火金木을 차례로 이루는 것이다.

---

천 일 임 수   성 지 이 정 화
一五〇. 天一壬水는 成地二丁火하고

---

• 천一임수는 지二정화를 이루고,

粗解 천일임수天一壬水자리에서 다시 식지食指 이二자리를 굴굴하면 지이정화地二丁火를 성成하니 태극이생양의太極而生兩儀의 형상形象이다.

句解 천일임수天一壬水자리에서 지이정화地二丁火를 성成하니 여율呂律의 무정을계신戊丁乙癸辛의 상象이오.

補解 천일임수天一壬水 다음으로 이루는 지이정화地二丁火는 곧 생명生命을 자각自覺할 수 있는 마음(심心)이다. 일수一水가 이화二火를 이루는 것은 하도河圖의 원리原理로서 一은 태극太極이고 二는 음양陰陽이니, 태극생양의지상太極生兩儀之象이다. 주자朱子는 성리설性理說에서 「심지리시태극心之理是太極 심지동정시음양心之動靜是陰陽」이라 하였는바, 이는 곧 심心은 태극太極을 체體로 하는 음양陰陽이므로 동정動靜이 있고 따라서 선악善惡이 있음을 말한 것이다. 만물萬物이 자존自存하는 법칙法則은 더불어 베풀면서 자신自身을 지키는 선악善惡이 필요必要한지라 고故로 일

수一水가 이화二火를 이루는 것이니, 이것이 곧 천지지심天地之心이며 화옹지심化翁之心이다.

• 지二정화는 천九신금을 이루고,

粗解 지이정화地二丁火자리에서 다시 무명지無名指 사四자리를 굴굴屈하면 천구신금天九辛金을 성成하니 양의생사상兩儀生四象의 형상形象이다.

句解 지이정화地二丁火자리에서 천구신금天九辛金을 성成하니 여율呂律의 무정을계신戊丁乙癸辛의 상상象이오.

補解 지이정화地二丁火가 이룬 천구신금天九辛金은 일수一水(명혼命魂) 이화二火(심心)가 기숙寄宿할 수 있는 체백體魄을 이룸이니, 상문上文에 '일수지혼一水之魂 사금지백四金之魄'이라 함이 곧 혼魂과 백魄은 분리分離하여 존재存在할 수 없음을 말한 것이다. 구금九金은 사금四金이 오토五土와 합덕合德하여 이룬 형질形質의 금금金으로서 그 수數가 극극極에 도달到達하였으므로 형질形質로서는 가장 견고堅固한 금금金이다. 무릇 결실結實의 외피外皮가 견고堅固하게 형성形成되는 것은 구금九金의 질질質이며, 내실內實이 유연柔軟한 것은 사금四金의 질질質이다. 구수九數는 수數의 극극極으로서 구궁九宮의 수數이며, 낙서구궁洛書九宮은 방체方體이므로 구금九金

은 곧 유한有限한 방체方體를 뜻하며, 방方은 전후좌우前後左右 동서남북東西南北의 경계境界가 있으므로 유한有限한 것이다. 그러므로 생명生命의 순환循環은 무궁無窮하나 만물萬物(생명체生命體)은 유한有限한 존재存在이니, 고故로 시성詩聖 이백李白은 「천지자만물지역려天地者萬物之逆旅 광음자백대지과객光陰者百代之過客」이라고 하였다.

천 구 신 금　　성 지 팔 을 목
一五二. 天九辛金은 成地八乙木하고

• 천九신금은 지八을목을 이루고,

[粗解] 천구신금天九辛金자리에서 다시 중지팔中指八자리를 신伸하면 지팔을목地八乙木을 성성成成하니 사상생팔괘四象生八卦의 형상形象이다.

[句解] 천구신금天九辛金자리에서 지팔을목地八乙木을 성성成成하니 여율呂律의 무정을계신戊丁乙癸辛의 상象이오.

[補解] 구금九金이 이루는 지팔을목地八乙木은 생장지기生長之氣이니, 만물萬物이 심명心命과 체백體魄이 형성形成되어도 생장生長할 수 있는 기운氣運이 없다면 이는 사물死物이나 다를 바 없다. 고故로 팔목八木을 이루어 하나의 생명체生命體를 형성形成하는 것이다. 팔목八木은 팔괘八卦의 상象으로서 을목생장지기乙木生長之氣는 팔방八方을 주유周流하며 순환循環하는 것이니, 혈맥血脈이 전신全身을 주유周流하는 이치理致와 같다.

구금九金이 팔목八木을 형성形成함은 사상四象이 팔괘八卦를 이루는 원리原理로서 팔괘八卦는 개체個體의 완성完成을 뜻한다. 그러므로 개개箇箇의 생명체生命體에는 팔괘八卦의 괘기卦氣와 체상體象이 모두 함축含蓄되어 있는 것이다.

---

一五三. 地<sup>지</sup>八<sup>팔</sup>乙<sup>을</sup>木<sup>목</sup>은 成<sup>성</sup>天<sup>천</sup>五<sup>오</sup>戊<sup>무</sup>土<sup>토</sup>니라.

---

• 지八을목은 천五무토를 이루니라.

演解 以<sup>이</sup>上<sup>상</sup> 三<sup>삼</sup>地<sup>지</sup>兩<sup>양</sup>天<sup>천</sup>이라.

粗解 지팔을목地八乙木자리에서 다시 소지小指 오五자리를 굴굴屈하면 천오무토天五戊土를 성성成하니 이천二天자리인 천심天心에 당當한다.

句解 지팔을목地八乙木자리에서 천오무토天五戊土를 성성成하니 여율呂律의 무정을계신戊丁乙癸辛의 상象이다.

補解 지십기토地十己土가 일임수一壬水 이정화二丁火 구신금九辛金 팔을목八乙木을 이루니, 토수화금목土水火金木으로 삼지양천三地兩天이다. 이는 후천后天의 심명지체心命之體를 먼저 형성形成한 것이니, 만물萬物은 심명心命이 있은 연후然後에 체體가 이루어지는 이치理致를 나타낸 것이다. 그러나 만물萬物은 기氣와 질質이 갖추어짐으로써 완성完成되는 것이

니, 이상以上의 십토十土 일수一水 이화二火 구금九金 팔목八木은 하도십수河圖十數의 반수半數로서 지십기토地十己土는 전체全體의 반半을 이룬 것이므로 지팔을목地八乙木은 천오무토天五戊土를 이루어 무토戊土로 하여금 체상體相을 완성完成하게 하는 것이다. 고故로 하도河圖의 중궁中宮에 십토十土와 오토五土가 함께 위위位하는 것이며, 기토己土가 기氣를 이루면 무토戊土는 질질質을 이루고 기토己土가 질질質을 이루면 무토戊土는 기氣를 이루어 상호보완相互補完함으로써 목적目的을 이루는 것이다.

---

## 一五四. 天五戊土<sub>천오무토</sub>는 成地六癸水<sub>성지육계수</sub>하고

• 천五무토는 지六계수를 이루고,

**粗解** 천오무토天五戊土자리에서 소지육小指六자리를 신伸하면 지육계수地六癸水를 성성成하니 용육用六자리인 태양성도신해궁太陽成道辛亥宮에 당當한다.

**句解** 천오무토天五戊土자리에서 지육계수地六癸水를 성성成하니 여율呂律의 무정을계신戊丁乙癸辛의 상상象이오

**補解** 지십기토地十己土가 생명지기生命之氣인 천일임수天一壬水를 이루고, 천오무토天五戊土는 지육계수地六癸水를 이루어 생명生命의 기氣와 질질質을 완성完成한다.

• 지六계수는 천七병화를 이루고,

粗解 지육계수地六癸水자리에서 무명지칠無名指七자리를 신伸하면 천칠병화天七丙火를 성成하니 태양지정太陽之政 一七四에 당當한다.

句解 지육계수地六癸水자리에서 천칠병화天七丙火를 성成하니 정령政令의 기경임갑병己庚壬甲丙의 상象이오

補解 천일임수天一壬水는 지이정화地二丁火를 이루고, 지육계수地六癸水는 천칠병화天七丙火를 이루어 심명心命을 밝히고 발현發顯하는 기氣와 질질質質을 형성形成한다.

• 천七병화는 지四경금을 이루고,

粗解 천칠병화天七丙火자리에서 다시 식지구食指九자리를 신伸하면 지사경금地四庚金을 성成하니 용구用九자리인 금화문金火門에 당한다.

句解 천칠병화天七丙火자리에서 지사경금地四庚金을 성성하니 정령政令의 기경임갑병己庚壬甲丙의 상상象이오.

補解 지이정화地二丁火는 천구신금天九辛金을 이루고 천칠병화天七丙火는 지사경금地四庚金을 이루어 체백體魄의 기기氣와 질질質을 완성完成한다.

---

**지 사 경 금   성 천 삼 갑 목**
**一五七. 地四庚金은 成天三甲木하고**

---

• 지四경금은 천三갑목을 이루고,

粗解 지사경금地四庚金자리에서 다시 중지삼中指三자리를 굴굴屈하면 천삼갑목天三甲木을 성성하니 십오건곤十五乾坤자리에 당당當한다.

句解 지사경금地四庚金자리에서 천삼갑목天三甲木을 성성하니 정령政令의 기경임갑병己庚壬甲丙의 상상象이오.

補解 천구신금天九辛金은 지팔을목地八乙木을 이루고, 지사경금地四庚金은 천삼갑목天三甲木을 이루어 생명체生命體의 생장지기生長之氣와 질질質을 완성完成하고 활력活力을 진작振作한다.

一五八. 天<sup>천</sup>三<sup>삼</sup>甲<sup>갑</sup>木<sup>목</sup>은 成<sup>성</sup>地<sup>지</sup>十<sup>십</sup>己<sup>기</sup>土<sup>토</sup>니라.

• 천三갑목은 지十기토를 이루니라.


註義 此<sup>차</sup>는 精<sup>정</sup>氣<sup>기</sup>神<sup>신</sup>之<sup>지</sup>三<sup>삼</sup>元<sup>원</sup>이 渾<sup>혼</sup>淪<sup>륜</sup>合<sup>합</sup>體<sup>체</sup>하여 玄<sup>현</sup>妙<sup>묘</sup>互<sup>호</sup>用<sup>용</sup>하고 有<sup>유</sup>无<sup>무</sup>相<sup>상</sup>資<sup>자</sup>

하여 首<sup>수</sup>尾<sup>미</sup>相<sup>상</sup>因<sup>인</sup>으로 生<sup>생</sup>極<sup>극</sup>則<sup>즉</sup>變<sup>변</sup>하고 變<sup>변</sup>極<sup>극</sup>則<sup>즉</sup>反<sup>반</sup>하여 以<sup>이</sup>成<sup>성</sup>虛<sup>허</sup>靈<sup>령</sup>一<sup>일</sup>顆<sup>과</sup>子<sup>자</sup>하

니 此<sup>차</sup>所<sup>소</sup>謂<sup>위</sup>心<sup>심</sup>體<sup>체</sup>也<sup>야</sup>라. 愚<sup>우</sup>가按<sup>안</sup>自<sup>자</sup>古<sup>고</sup>論<sup>론</sup>心<sup>심</sup>者<sup>자</sup>이어늘 徒<sup>도</sup>言<sup>언</sup>其<sup>기</sup>理<sup>리</sup>而<sup>이</sup>已<sup>이</sup>요 不<sup>불</sup>

及<sup>급</sup>成<sup>성</sup>之<sup>지</sup>之<sup>지</sup>由<sup>유</sup>者<sup>자</sup>하니 性<sup>성</sup>命<sup>명</sup>之<sup>지</sup>大<sup>대</sup>本<sup>본</sup>이 不<sup>불</sup>成<sup>성</sup>故<sup>고</sup>也<sup>야</sup>라 是<sup>시</sup>以<sup>이</sup>로 理<sup>리</sup>氣<sup>기</sup>之<sup>지</sup>說<sup>설</sup>이

都<sup>도</sup>无<sup>무</sup>歸<sup>귀</sup>宿<sup>숙</sup>處<sup>처</sup>라 論<sup>론</sup>之<sup>지</sup>者<sup>자</sup>는 飜<sup>번</sup>成<sup>성</sup>是<sup>시</sup>非<sup>비</sup>而<sup>이</sup>不<sup>불</sup>能<sup>능</sup>辨<sup>변</sup>白<sup>백</sup>하고 或<sup>혹</sup>知<sup>지</sup>之<sup>지</sup>深<sup>심</sup>者<sup>자</sup>는

不<sup>불</sup>言<sup>언</sup>其<sup>기</sup>至<sup>지</sup>變<sup>변</sup>而<sup>이</sup>語<sup>어</sup>其<sup>기</sup>常<sup>상</sup>이니 先<sup>선</sup>聖<sup>성</sup>之<sup>지</sup>不<sup>불</sup>露<sup>로</sup>天<sup>천</sup>機<sup>기</sup>가 是<sup>시</sup>也<sup>야</sup>라 然<sup>연</sup>則<sup>즉</sup>先<sup>선</sup>天<sup>천</sup>之<sup>지</sup>

學<sup>학</sup>이 不<sup>부</sup>知<sup>지</sup>是<sup>시</sup>心<sup>심</sup>之<sup>지</sup>中<sup>중</sup>的<sup>적</sup>하여 欲<sup>욕</sup>射<sup>사</sup>其<sup>기</sup>中<sup>중</sup>而<sup>이</sup>何<sup>하</sup>可<sup>가</sup>得<sup>득</sup>乎<sup>호</sup>리요 聖<sup>성</sup>門<sup>문</sup>所<sup>소</sup>以<sup>이</sup>不<sup>부</sup>

得<sup>득</sup>中<sup>중</sup>行<sup>행</sup>之<sup>지</sup>士<sup>사</sup>而<sup>이</sup>發<sup>발</sup>嘆<sup>탄</sup>也<sup>야</sup>라 孔<sup>공</sup>夫<sup>부</sup>子<sup>자</sup>曰<sup>왈</sup>寂<sup>적</sup>然<sup>연</sup>不<sup>부</sup>動<sup>동</sup>感<sup>감</sup>而<sup>이</sup>遂<sup>수</sup>通<sup>통</sup>天<sup>천</sup>下<sup>하</sup>之<sup>지</sup>故<sup>고</sup>라

하시고 朱<sup>주</sup>夫<sup>부</sup>子<sup>자</sup>曰<sup>왈</sup>具<sup>구</sup>衆<sup>중</sup>理<sup>리</sup>而<sup>이</sup>應<sup>응</sup>萬<sup>만</sup>事<sup>사</sup>하며 又<sup>우</sup>曰<sup>왈</sup>萬<sup>만</sup>化<sup>화</sup>之<sup>지</sup>原<sup>원</sup>이요 萬<sup>만</sup>事<sup>사</sup>之<sup>지</sup>

幹<sup>간</sup>이라 하니라 蓋<sup>개</sup>心<sup>심</sup>之<sup>지</sup>爲<sup>위</sup>物<sup>물</sup>이 化<sup>화</sup>翁<sup>옹</sup>造<sup>조</sup>始<sup>시</sup>이어늘 以<sup>이</sup>无<sup>무</sup>形<sup>형</sup>之<sup>지</sup>土<sup>토</sup>로 包<sup>포</sup>精<sup>정</sup>氣<sup>기</sup>

神<sup>신</sup>三<sup>삼</sup>美<sup>미</sup>而<sup>이</sup>无<sup>무</sup>去<sup>거</sup>无<sup>무</sup>來<sup>래</sup>亦<sup>역</sup>无<sup>무</sup>住<sup>주</sup>하고 至<sup>지</sup>虛<sup>허</sup>至<sup>지</sup>靈<sup>령</sup>之<sup>지</sup>根<sup>근</sup>底<sup>저</sup>로 不<sup>불</sup>偏<sup>편</sup>不<sup>불</sup>倚<sup>의</sup>惟<sup>유</sup>執<sup>집</sup>

厥<sup>궐</sup>中<sup>중</sup>하며[148] 克<sup>극</sup>敬<sup>경</sup>克<sup>극</sup>誠<sup>성</sup>之<sup>지</sup>工<sup>공</sup>程<sup>정</sup>으로 安<sup>안</sup>於<sup>어</sup>理<sup>리</sup>則<sup>즉</sup>明<sup>명</sup>하고 化<sup>화</sup>於<sup>어</sup>物<sup>물</sup>則<sup>즉</sup>暗<sup>암</sup>하니

---

148 편집자주 : 『정역주의(하상역본)』에서는 '惟執中'으로 되어있는데 '惟執厥中'이라 표현한 『정역대경(모필본)』이 옳은 것으로 보인다.

라 心字之解는 讀曰磨暗心이니 必使人心으로 欲磨暗而向明也라

誘於欲而役其心하면 煩惱之主가 使我入漆室이요 理於義而約其

情하면 靜虛之靈이 護我趨福地라 欲得嘉禾者는 必從其根而培之

灌之하고 欲復眞性者는 直收其心而磨之治之하니 根株枝幹과 萌

葉花實은 物理之盡性也요 格致誠正과 修齊治平은 人道之盡性也

라 精會神聚하면 寂然之體가 自立하고 心安理熟하면 粹然之德이

自明이라 敬畏於不覩不聞之地하고 洞燭於无聲无臭之中에 舍之

則藏於內하여 无一物之累하고 用之則行於外하여 无一事之欠하고

誠立乎萬物之表하여 敬行乎萬物之內하니 頃刻不忘者는 思无邪

一言이요 終身利行者는 毋不敬三字라 道不遠은 在心이요 心不遠

은 在我니 能知能行者는 存乎其人이라 或曰先儒云心者는 太極也

라 太極之中에 有何一物而此以五行變化로 論之하고 且以精氣神

으로 分言하여 无乃舛錯之過也라 하니 言之詳而惑之甚矣라 曰不

然이라 心何嘗有物乎리요 然此乃天干造化而天干者는 謂天之幹

이니 比如物之有幹이라 凡物之種子時에 何嘗有干乎리요 然結一

種子에는 必具是氣故로 種之하면 必生其幹이라 蓋心雖无形之物

이나 不異於物之種子也니 奚不以有形之物로 反覺无形之物耶리

요 心<sup>심</sup>之<sup>지</sup>爲<sup>위</sup>物<sup>물</sup>은 猶<sup>유</sup>有<sup>유</sup>造<sup>조</sup>化<sup>화</sup>之<sup>지</sup>跡<sup>적</sup>이니 況<sup>황</sup>性<sup>성</sup>命<sup>명</sup>之<sup>지</sup>蘊<sup>온</sup>於<sup>어</sup>其<sup>기</sup>中<sup>중</sup>而<sup>이</sup>无<sup>무</sup>跡<sup>적</sup>者<sup>자</sup>乎<sup>호</sup>

잇가 故<sup>고</sup>聖<sup>성</sup>人<sup>인</sup>之<sup>지</sup>於<sup>어</sup>理<sup>리</sup>氣<sup>기</sup>는 怳<sup>황</sup>惚<sup>홀</sup>難<sup>난</sup>狀<sup>상</sup>일새 立<sup>입</sup>象<sup>상</sup>以<sup>이</sup>盡<sup>진</sup>意<sup>의</sup>云<sup>운</sup>然<sup>연</sup>이니 象<sup>상</sup>數<sup>수</sup>

는 亦<sup>역</sup>何<sup>하</sup>嘗<sup>상</sup>盡<sup>진</sup>其<sup>기</sup>妙<sup>묘</sup>也<sup>야</sup>리요[149] 但<sup>단</sup>學<sup>학</sup>道<sup>도</sup>者<sup>자</sup>는 因<sup>인</sup>其<sup>기</sup>象<sup>상</sup>數<sup>수</sup>로 求<sup>구</sup>其<sup>기</sup>本<sup>본</sup>然<sup>연</sup>而<sup>이</sup>必<sup>필</sup>

超<sup>초</sup>乎<sup>호</sup>象<sup>상</sup>數<sup>수</sup>之<sup>지</sup>外<sup>외</sup>然<sup>연</sup>後<sup>후</sup>에 至<sup>지</sup>矣<sup>의</sup>리라.

演解 以<sup>이</sup>上<sup>상</sup>은 三<sup>삼</sup>天<sup>천</sup>兩<sup>양</sup>地<sup>지</sup>라. 己<sup>기</sup>之<sup>지</sup>陰<sup>음</sup>五<sup>오</sup>는 與<sup>여</sup>戊<sup>무</sup>之<sup>지</sup>陽<sup>양</sup>五<sup>오</sup>로 閉<sup>폐</sup>交<sup>교</sup>하며 戊<sup>무</sup>

之<sup>지</sup>陽<sup>양</sup>五<sup>오</sup>는 與<sup>여</sup>己<sup>기</sup>之<sup>지</sup>陰<sup>음</sup>五<sup>오</sup>로 閉<sup>폐</sup>交<sup>교</sup>하야 行<sup>행</sup>秋<sup>추</sup>冬<sup>동</sup>之<sup>지</sup>政<sup>정</sup>하되 使<sup>사</sup>萬<sup>만</sup>物<sup>물</sup>로 逆<sup>역</sup>成<sup>성</sup>

而<sup>이</sup>制<sup>제</sup>定<sup>정</sup>故<sup>고</sup>로 易<sup>역</sup>辭<sup>사</sup>云<sup>운</sup>萬<sup>만</sup>物<sup>물</sup>之<sup>지</sup>所<sup>소</sup>成<sup>성</sup>終<sup>종</sup>而<sup>이</sup>所<sup>소</sup>成<sup>성</sup>始<sup>시</sup>也<sup>야</sup>故<sup>고</sup>로 成<sup>성</sup>言<sup>언</sup>乎<sup>호</sup>艮<sup>간</sup>이라

하심이 此<sup>차</sup>也<sup>야</sup>라. 此<sup>차</sup>는 陰<sup>음</sup>陽<sup>양</sup>否<sup>부</sup>交<sup>교</sup>而<sup>이</sup>順<sup>순</sup>强<sup>강</sup>歸<sup>귀</sup>本<sup>본</sup>互<sup>호</sup>成<sup>성</sup>之<sup>지</sup>理<sup>리</sup>也<sup>야</sup>니 陰<sup>음</sup>革<sup>혁</sup>陽<sup>양</sup>布<sup>포</sup>

之<sup>지</sup>權<sup>권</sup>이 在<sup>재</sup>於<sup>어</sup>艮<sup>간</sup>宮<sup>궁</sup>焉<sup>언</sup>이라 一<sup>일</sup>歲<sup>세</sup>로 言<sup>언</sup>則<sup>즉</sup>秋<sup>추</sup>冬<sup>동</sup>節<sup>절</sup>이며 大<sup>대</sup>紀<sup>기</sup>로 言<sup>언</sup>則<sup>즉</sup>戊<sup>무</sup>庚<sup>경</sup>

運<sup>운</sup>也<sup>야</sup>라. 戊<sup>무</sup>己<sup>기</sup>가 以<sup>이</sup>干<sup>간</sup>序<sup>서</sup>五<sup>오</sup>六<sup>육</sup>數<sup>수</sup>로 居<sup>거</sup>坤<sup>곤</sup>則<sup>즉</sup>甲<sup>갑</sup>先<sup>선</sup>起<sup>기</sup>符<sup>부</sup>頭<sup>두</sup>于<sup>우</sup>艮<sup>간</sup>하니 甲<sup>갑</sup>己<sup>기</sup>

合<sup>합</sup>이요 又<sup>우</sup>戊<sup>무</sup>己<sup>기</sup>가 干<sup>간</sup>序<sup>서</sup>十<sup>십</sup>一<sup>일</sup>數<sup>수</sup>로 居<sup>거</sup>艮<sup>간</sup>則<sup>즉</sup>己<sup>기</sup>先<sup>선</sup>起<sup>기</sup>符<sup>부</sup>頭<sup>두</sup>于<sup>우</sup>坤<sup>곤</sup>하니 己<sup>기</sup>甲<sup>갑</sup>

合<sup>합</sup>이라. 且<sup>차</sup>水<sup>수</sup>土<sup>토</sup>는 爲<sup>위</sup>天<sup>천</sup>地<sup>지</sup>之<sup>지</sup>基<sup>기</sup>源<sup>원</sup>故<sup>고</sup>로 不<sup>불</sup>變<sup>변</sup>其<sup>기</sup>數<sup>수</sup>位<sup>위</sup>어니와 至<sup>지</sup>於<sup>어</sup>金<sup>금</sup>木<sup>목</sup>

火<sup>화</sup>는 爲<sup>위</sup>天<sup>천</sup>地<sup>지</sup>之<sup>지</sup>妙<sup>묘</sup>用<sup>용</sup>故<sup>고</sup>로 變<sup>변</sup>其<sup>기</sup>數<sup>수</sup>位<sup>위</sup>無<sup>무</sup>常<sup>상</sup>하니 卽<sup>즉</sup>甲<sup>갑</sup>三<sup>삼</sup>之<sup>지</sup>爲<sup>위</sup>八<sup>팔</sup>과 乙<sup>을</sup>八<sup>팔</sup>

之<sup>지</sup>爲<sup>위</sup>三<sup>삼</sup>, 庚<sup>경</sup>九<sup>구</sup>之<sup>지</sup>爲<sup>위</sup>四<sup>사</sup>와 辛<sup>신</sup>四<sup>사</sup>之<sup>지</sup>爲<sup>위</sup>九<sup>구</sup>, 丙<sup>병</sup>七<sup>칠</sup>之<sup>지</sup>爲<sup>위</sup>二<sup>이</sup>와 丁<sup>정</sup>二<sup>이</sup>之<sup>지</sup>爲<sup>위</sup>七<sup>칠</sup>이

是<sup>시</sup>也<sup>야</sup>라. 八<sup>팔</sup>卦<sup>괘</sup>는 天<sup>천</sup>地<sup>지</sup>八<sup>팔</sup>門<sup>문</sup>也<sup>야</sup>라 八<sup>팔</sup>門<sup>문</sup>이 設<sup>설</sup>位<sup>위</sup>에 十<sup>십</sup>干<sup>간</sup>이 依<sup>의</sup>行<sup>행</sup>하야 甲<sup>갑</sup>

---

149 편집자주 : 『정역대경(모필본)』에서는 다할 진盡 앞에 일찌기 '상嘗'字가 있는데, 『정역주의(하상역본)』에서는 빠져 있다.

지선후　　경지선후삼　　성사시지운야　　　　역사운　숭　　효천
之先後와 庚之先後三이 成四時之運也라.[150] 易辭云 崇은 效天하

　비　법지　　　　기운지지중　　이효천법지지묘　무기선후천
고 卑는 法地라 하니 其運指之中에 以效天法地之妙로 戊己先后天

기우생성　　승이관즉삼천양지　　삼지양천지상　가득이역완의
奇偶生成을 乘而觀則三天兩地와 三地兩天之象을 可得而易玩矣

　　역사우운　천수오지수오　범천지지수오십오　차소이성변화이
라 易辭又云 天數五地數五 凡天地之數五十五 此所以成變化而

행귀신야　　　　　시지위야　　천수지오　일삼오칠구　　낙이주
行鬼神也라 하시니 是之謂也라. 天數之五(一三五七九)는 洛以主

지　　　지수지오　이사육팔십　　하이주지　　차양수　겸하낙
之하고 地數之五(二四六八十)는 河以主之하니 此兩數는 兼河洛

이언야　　　운지지법　일삼오수　효천즉칠구　법지　　삼
而言也시니라. 運指之法은 一三五數가 效天則 七九는 法地하니 三

천양지야　선천육팔십수　법지즉 이사　효천　　삼지양천
天兩地也오, 先天六八十數가 法地則 二四는 效天하니 三地兩天

야　무기　천지야　이순강팔간지화권　　행정　팔간생양
也라. 戊己는 天地也니 以順强八干之化權으로 行政에 八干生養

극제지변화리수막측　어차가견의
克制之變化理數莫測을 於此可見矣라.[151]


粗解 천삼갑목天三甲木자리에서 다시 무지십拇指十자리를 신伸하면 지십

기토地十己土를 성성成成하니 칠지七地인 중곤지重坤地자리에 당당當當한다.


句解 천삼갑목天三甲木자리에서 지십기토地十己土를 성성成成하니 정령政令

의 기경임갑병己庚壬甲丙의 상상象이다.

---

150 原註: 陽潛于辛而生於甲旺於丁은 是甲之先後三也오, 陰伏于丁而生於庚旺於癸는
是庚之先後三也라

151 原註: 陰極於丑而陽始於寅하니 十之生一은 艮宮이 司之하고 陽極於未而陰始於申하
니 五之過六은 坤宮이 司之함에 兩儀循環之道와 十干生成之數가 不外於此矣라. 先天之
頭는 自艮始生하여 至辰則終하고 尾則自巽始生하여 至未則終하며, 后天之頭는 自坤始生
하여 至戌則終하고 尾則自乾始生하여 至丑則終하나니 四始四終이 付刻不可失而雖元會
之無窮年數라도 以此推看焉하라.

補解 성상成象의 초初는 천구신금天九辛金으로 시작始作하고 성형成形의 끝은 천삼갑목天三甲木으로 종료終了하니, 이는 후천后天의 용사用事는 금金이 주관主管하고 선천先天의 용사用事는 목木이 주관主管하는 이치理致를 밝힌 것이다. 고故로 선천지초先天之初는 수목水木이 상제相濟하여 목기木氣가 당권當權하고 선천지종先天之終은 금기金氣가 득세得勢하여 목기木氣는 퇴장退藏하며, 후천지초后天之初는 금화교역金火交易으로 금기金氣가 당권當權하고 후천지종后天之終은 목화木火가 득세得勢하여 금기金氣가 퇴장退藏하니, 선후천先后天의 만물순환萬物循環은 곧 금목金木의 호역진퇴互易進退이다. 이상以上 도생역성倒生逆成하는 성상성형成象成形의 과정過程을 추구推究하면 선후천순환지리先后天循環之理와 종즉유시終則有始하는 천지운행지도天地運行之道를 이해理解할 수 있을 것이다. 또한 도생역성倒生逆成하는 오행변화五行變化를 살펴보면 성상成象은 토금수목화土金水木火로 상생相生하여 시종始終 주류무체周流無滯하고, 성형成形은 토수화금목土水火金木으로 상극相剋하고 있는바, 이는 상생相生으로 상象을 이루어 주류무체周流無滯함은 생명生命의 순환循環이 무한無限함을 뜻하는 것이고, 상극相剋으로 형形을 이루는 것은 성형成形이 된 개개箇箇의 생명체生命體는 유한有限함을 뜻하는 것이다. 성상성형成象成形은 천삼갑목天三甲木을 이룸으로써 종료終了하나 갑목甲木은 다시 지십기토地十己土를 이루어 천지만물天地萬物의 순환循環은 끝이 없음을 나타내고 있으며, 또한 토土는 만물萬物의 근본根本임을 깨우쳐 밝히고 있다.[152]

---

152 補註: 以上 成象成形의 原理는 先聖께서 말씀한바 없는 后天의 倒生逆成之理로서 象과 形을 生成한 地十己土와 天五戊土는 五行中의 하나인 土가 아니라 萬物의 바탕이 되는 根本母體로서의 土를 말함이니, 곧 后天을 主宰하는 十无極 五皇極인 것이다.

• 병과 갑과 경의 三궁은 선천의 하늘과 땅이니라.

註義 此는 去戊壬而只擧丙甲庚者라 重在變易故로 擧此三宮而
차　　거무임이지거병갑경자　중재변역고　거차삼궁이

不及水土라 蓋水土는 體之不變而火木金은 皆其用也일새라.
불급수토　개수토　체지불변이화목금　개기용야

演解 此三宮은 陽順之干이니 不易之先天也니라.
차삼궁　양순지간　불역지선천야

粗解 병갑경삼궁丙甲庚三宮은 낙서선천洛書先天의 삼천양지三天兩地이며
천지비운天地否運이다.

句解 병갑경丙甲庚 삼궁三宮은 낙서선천洛書先天의 삼천양지三天兩地이니
천지비운天地否運이라 함.

補解 선천先天은 생장生長을 주主하는 역생지서逆生之序이므로 선천지체
先天之體인 하도십수중河圖十數中 일삼오칠구一三五七九의 양수陽數를 용
用하는 바, 하도河圖의 양수陽數는 남방천위南方天位에 칠병화七丙火가
위위位하고 동서東西로 삼갑三甲 구경九庚이 대대待對하여 용사用事하므로
병갑경삼궁丙甲庚三宮이 선천先天의 천지天地라고 한 것이다. 선천先天의
용수用數 일삼오칠구중一三五七九中에서 일수一水 오토五土는 곧 일태극

一太極 오황극五皇極에 해당該當하는 본체本體로서 전체全體를 포괄包括하므로 용사用事에서 제외除外되는 것이다.

---

　　　　정 을 신 삼 궁　　후 천 지 지 천
一六○. 丁乙辛三宮은 后天之地天이니라.

---

• 정과 을과 신의 三궁은 후천의 땅과 하늘이니라.

**註義** 此는 兩節이 因上文變化而言이라 丙甲庚爲先天之天地則
丁乙辛은 自爲后天之地天이라.

**演解** 此三宮은 陰强之干이니 不易之后天也니라.

**粗解** 정을신삼궁丁乙辛三宮은 하도후천河圖后天의 삼지양천三地兩天이며 지천태운地天泰運이다.

**句解** 정을신丁乙辛 삼궁三宮은 하도후천河圖后天의 삼지양천三地兩天이니 지천태운地天泰運이라 함.

**補解** 선천先天은 양수陽數 일삼오칠구一三五七九를 용용用用하므로 양수지극陽數之極은 九이니 곧 구궁낙서九宮洛書이며, 후천后天은 음수이사육팔십陰數二四六八十을 용용用用하므로 음수지극陰數之極은 十이니 곧 십수하도十

數河圖이다. 선천先天은 용양用陽하므로 병갑경丙甲庚이 선천先天의 천지天地이나 후천后天은 용음用陰하므로 체용體用이 전도顚倒되어 정을신丁乙辛이 후천后天의 지천地天이 됨은 자연지리自然之理이다. 고故로 복희선천괘도伏羲先天卦圖는 건남곤북乾南坤北으로서 천도위주天道爲主이므로 선천지천지先天之天地이나, 후천정역괘도后天正易卦圖는 곤남건북坤南乾北으로서 천지天地가 전도顚倒되어 지도위주地道爲主로 바뀌므로 후천지지천后天之地天이라 한 것이다.

---

선 천　　삼 천 양 지
一六. 先天은 三天兩地니라.

● 선천은 三天과 양지兩地이니라.

삼 천 양 지　　위 천 수 삼　　　지 수 이　　개 지 갑 병 무 경 임 오 궁
**註義** 三天兩地는 謂天數三이요 地數二라 蓋指甲丙戊庚壬五宮이라.

**粗解** 一·三·五는 삼천三天이니 수지굴手指屈이요 七·九는 양지兩地이니 수지手指로는 신伸한 형상形象이다.

**句解** 一 三 五는 삼천三天이니 수지굴手指屈함이요 七 九는 양지兩地이니 수지手指로 신伸한 형상形象이라 함.

**補解** 선천先天의 삼천양지三天兩地는 생수生數를 말함이니, 一三五는 삼천三天이고 二四는 양지兩地이다. 삼천三天(一三五)의 합수合數는 九이므

로 양陽은 용구用九하며, 양지兩地(二四)의 합수合數는 六이므로 음陰은 용육用六하는 것이니, 『주역周易』설괘전說卦傳에 「삼천양지이의수參天兩地而倚數」라 함이 바로 음양용수陰陽用數인 용구용육用九用六을 말한 것이다. 위 ‘粗解’에서 七·九를 양지兩地라고 하였음은 수지형상手指形象으로 말한 것이니, 일一·삼三·오지五指는 굴屈하나 이二·사지四指는 신伸하므로 七·九의 형상形象이라는 것이다.

---

　　　　　후　천　　　삼　지　양　천
一六二. 后天은 三地兩天이니라.

---

• 후천은 三地와 양천兩天이니라.

　　　　　　삼　지　양　천　　　위　지　수　삼　　　　천　수　이　　　역　지　을　정　기　신　계　오　궁
註義 三地兩天은 謂地數三이요 天數二라 亦指乙丁己辛癸五宮이

　　차　양　절　　　역　인　상　문　이　오　궁　지　변　역　　　　실　무　정　체　즉　삼　천　양　지　삼
라 此兩節은 亦因上文而五宮之變易이요 實无定體則三天兩地三

지　양　천　　　호　상　체　용　　　불　필　착　간
地兩天이 互相體用이니 不必着看이라.

粗解 六·八·十은 삼지三地이니 수지신手指伸이요 二·四는 양천兩天이니 수지手指로는 굴屈한 형상形象이다. (후천后天은 성수成數로서 양천兩天은 七·九이나 수지手指로는 신伸하지 않고 굴屈하므로 二·四의 형상形象이라는 것이다)

句解 六 八 十은 삼지三地로서 수지신手指伸함이요 二 四는 양천兩天이

니 수지手指로 굴굴屈한 형상形象이라 함.

후천后天은 삼지양천三地兩天이라 함은 성수육칠팔구십成數
六七八九十을 말함이니, 육팔십六八十은 성수지음수成數之陰數이므로 삼
지三地이고 칠구七九는 성수지양수成數之陽數이므로 양천兩天이다. 주역
周易은 선천지역先天之易이므로 삼천양지三天兩地는 말하였으나 삼지양
천三地兩天은 말하지 않았다. 일부一夫께서는 삼지양천三地兩天에 의수倚
數하여 후천지리后天之理를 밝히시고 선성先聖께서 말씀한 바 없는 십수
정역괘도十數正易卦圖를 획화劃畵하신 것이다.

---

> 자 인 오 신　선 천 지 선 후 천
> 一六三. 子寅午申은 先天之先后天이니라.

---

● 자와 인과 오와 신은 선천의 선후천이니라.

　　　　선 천 지 정　　자 인 오 신　　　분 선 후 천 위 용　　　진 술　　즉 기 체
**註義** 先天之政은 子寅午申으로 分先后天爲用이요 辰戌은 卽其體
야
也라.

　　　　자 인　　재 동 북 지 양　　　　선 천 지 선 천 야　　오 신　　　재 서 남 지
**演解** 子寅은 在東北之陽하니 先天之先天也오 午申은 在西南之
음　　　선 천 지 후 천 야
陰하니 先天之后天也라.

粗解 수지手指로는 一三五七九의 굴신형상屈伸形象으로서 선천자운先天子運은 무지拇指에서 자子로 기용起用하니 자인자인子寅은 일지삼지굴一指三指屈이요 오신午申은 칠지구지신七指九指伸이니 자인子寅은 선천先天에서는 용用이 되고 후천后天에서는 체體가 되며, 오신午申은 선천先天에서는 체體가 되고 후천后天에서는 용用이 됨으로 곧 선천지선후천先天之先后天이다.

句解 수지手指로는 一三五七九의 굴신형상屈伸形象으로서 선천자운先天子運은 무지拇指 일一자리에서 자子로 기용起用하니 자인子寅은 일지삼지굴一指三指屈이요 오신午申은 칠지구지신七指九指伸이니 자오子午는 선천先天의 용用이 되고 후천后天은 체體가되며, 인갑寅甲은 선천先天의 체體가 되고 후천后天은 용用이 되니 선천先天의 선후천先后天이라 함.

補解 선천先天의 용양지리用陽之理로서 선천지선후천先天之先后天은 양중지양陽中之陽 양중지음陽中之陰을 말한 것이다. 자인자인子寅은 동북양방東北陽方의 수목水木으로서 선천先天이 열리는 초初이므로 선천先天의 선천先天이며, 오신午申은 서남음방西南陰方의 화금火金으로서 화금火金이 역위易位하면 금화金火가 교역交易하여 후천后天이 열리므로 선천先天의 후천後天이라 한 것이다.

一六四. 丑卯未酉는 后天之先后天이니라.

• 축과 묘와 미와 유는 후천의 선후천이니라.

註義 后天之政은 丑卯未酉로 分先后天하니 不言巳亥는 體也일새
라 此兩節은 始擧地支之分梗槪이니 上承天干而起下十二支之用

이라.

演解 丑卯는 在東北之陽하니 后天之先天也오 未酉는 在西南之
陰하니 后天之后天也라.

粗解 수지手指 一三五七九의 삼천양지三天兩地 굴신형상屈伸形象으로서
후천축운后天丑運은 무지拇指에서 해亥를 기용起用하니 삼지오지굴三指
五指屈은 축묘丑卯요 구지신九指伸은 미유未酉이므로 하도후천河圖后天의
선후천先后天이다.

句解 一三五七九의 삼천양지三天兩地인 굴신형상屈伸形象으로서 후천축
운后天丑運은 무지拇指 일一자리에서 해亥를 기용起用하니 축묘丑卯는 삼
지오지굴三指五指屈이요 미유未酉는 구지九指를 신伸함이니 하도후천河圖
后天의 선후천先后天이라 함.

후천지리后天之理를 밝힌 것이니, 축묘丑卯는 동북양방東北陽方의 토목土木이므로 후천后天의 선천先天이며, 미유未酉는 서남음방西南陰方의 토금土金이므로 후천后天의 후천后天이다. 선천先天은 수화水火를 용用하였으나 후천后天에서는 십수기위十數己位가 친정親政하므로 수화水火를 용用하지 아니하고 축토丑土와 미토未土를 용用하여 도생역성倒生逆成하는 것이다.

---

상 원 축 회 간 지 도
一六五. 上元丑會干支圖라.[153]

---

• 상원上元 축회丑會의 간지도라.

上은 首也요 元은 始也니 上元은 謂首始也라 丑은 地也요 會는 合也니 丑會者는 盖謂地闢之會也라 干은 幹也요 支는 枝也라 天之干은 如木之幹이요 地之支는 如木之枝而謂千幹萬枝가 由是而達也라 十又天之性故로 干字는 一十也라 支字는 十又也라 先聖造字之義에 取其本然之理를 可見矣라.

地道逆數로 計則丑爲上元耳.

---

153 편집자주 : 『정역대경(모필본)』과 『정역주의(하상역본)』는 「上元丑會干支圖」부터 각각 『正易大經 下』, 『正易註義 下』로 시작을 하고 있고, 『정역(돈암서원본)』은 '十五一言'에 배치되어 있다.

상고上古의 원천즉하도후천原天則河圖后天이오 지정축회운地政丑會

運의 천간지지도수天干地支度數를 뜻한다. 선천先天은 상원자회上元子會

요 후천后天은 상원축회上元丑會이다.

句解 상고上古의 원천原天은 하도후천河圖后天이니 지정축회운地政丑會

運의 간지도수干支度數라 함이요 선천先天은 상원上元인 자회운子會運이

요 후천后天은 상원上元의 축회운丑會運이라 함.

---

　　　　　기 축 궁　　　경 인　신 묘　임 진　계 사　갑 오
一六六. 己丑宮은 庚寅 辛卯 壬辰 癸巳 甲午

　　　을 미 병 신 정 유 무 술
　　　乙未 丙申 丁酉 戊戌이니라.

---

• 제일지기축第一指己丑으로부터 십지무술十指戊戌에서 終한다.

句解 제일지第一指로부터 십지十指까지. 무술戊戌에 종終함.

---

　　　　　기 해 궁　　　경 자　신 축　임 인　계 묘　갑 진
一六七. 己亥宮은 庚子 辛丑 壬寅 癸卯 甲辰

　　　을 사 병 오 정 미 무 신
　　　乙巳 丙午 丁未 戊申이니라.

---

• 제일지기해第一指己亥로부터 십지무신十指戊申에서 종終한다.

一六八. 己酉宮은 <sub>기 유 궁</sub> 庚戌 辛亥 壬子 癸丑 甲寅 <sub>경 술 신 해 임 자 계 축 갑 인</sub>
乙卯 丙辰 丁巳 戊午니라. <sub>을 묘 병 진 정 사 무 오</sub>

己酉宮은 庚戌 辛亥 壬子 癸丑 甲寅
乙卯 丙辰 丁巳 戊午니라.

• 제일지기유第一指己酉로부터 십지무오十指戊午에서 종終한다.

句解 제일지第一指로부터 십지十指까지. 무오戊午에 종終함.

一六九. 己未宮은 庚申 辛酉 壬戌 癸亥 甲子
乙丑 丙寅 丁卯 戊辰이니라.

己未宮은 庚申 辛酉 壬戌 癸亥 甲子
乙丑 丙寅 丁卯 戊辰이니라.

• 제일지기미第一指己未로부터 십지무진十指戊辰에서 종終한다.

句解 제일지第一指로부터 십지十指까지. 무진戊辰에 종終함.

一七〇. 己巳宮은 庚午 辛未 壬申 癸酉 甲戌
　　　　기 사 궁　　경 오 신 미 임 신 계 유 갑 술
　　　乙亥 丙子 丁丑 戊寅이니라.
　　　을 해 병 자 정 축 무 인

• 제일지第一指기사己巳로부터 십지무인十指戊寅에서 종終한다.

句解 제일지第一指로부터 십지十指까지. 무인戊寅에 종終함.

一七一. 己卯宮은 庚辰 辛巳 壬午 癸未 甲申
　　　　기 묘 궁　　경 진 신 사 임 오 계 미 갑 신
　　　乙酉 丙戌 丁亥 戊子이니라.
　　　을 유 병 술 정 해 무 자

• 제일지기묘第一指己卯로부터 십지무자十指戊子에서 종終한다.

註義 后天은 實乙丑會而以己丑起頭者는 己十丑十으로 以十成
　　　후 천　　실 을 축 회 이 이 기 축 기 두 자　　기 십 축 십　　이 십 성
性故也라 在先天則實壬子會而以甲子起頭相似也라 盖壬一子一
성 고 야　　재 선 천 즉 실 임 자 회 이 이 갑 자 기 두 상 사 야　　개 임 일 자 일
은 爲太極數而先天用九之道이니 不用太極數故로[154] 以甲子起元
위 태 극 수 이 선 천 용 구 지 도　　불 용 태 극 수 고　　이 갑 자 기 원
이라.

---

154 편집자주 : 『정역대경(모필본)』은 '不用太極數', 『정역주의(하상역본)』는 '不用太極'으
로 기록되어 있다.

演解 <sup>이상</sup>以上은 <sup>현당무기진운</sup>現當戊己眞運에 <sup>기위친정</sup>己位親政하며 <sup>축궁득왕고</sup>丑宮得旺故로 <sup>기축</sup>己丑이

<sup>선기육기부두이우선행야</sup>先起六己符頭而右旋行也니 <sup>혁지초구운</sup>革之初九云 <sup>공용황우지혁</sup>鞏用黃牛之革이 <sup>정위</sup>正謂

<sup>차야</sup>此也라.


句解 제일지第一指로부터 십지十指까지. 무자戊子에 종終함.


補解 선천先天은 일수一數에서 역생逆生하므로 갑자甲子를 기두起頭로

하여 육십도六十度로 성도成道하나, 후천后天은 지십기토地十己土(기위己

位)가 친정親政하므로 기위육궁중己位六宮中에서 기축궁己丑宮을 기두起

頭로 하여 행도行度하는 이치理致를 밝힌 것이다.


一七二. <sup>이 십 팔 수 운 기 도</sup>二十八宿運氣圖라.[155]

• 二十八수의 운기도라.


註義 <sup>천</sup>天은 <sup>무형체</sup>無形體이나 <sup>이이십팔수</sup>以二十八宿로 <sup>위형체야</sup>爲形體也라 <sup>재선천</sup>在先天은 <sup>기어각</sup>起於角

<sup>항</sup>亢하여 <sup>역천이운행</sup>逆天而運行하고 <sup>후천즉기어진익</sup>后天則起於軫翼하여 <sup>순천이운행야</sup>順天而運行也하니라.


---

155 편집자주:『정역대경(모필본)』과『정역주의(하상역본)』는「二十八宿運氣圖」가 하편의 두
번째에 배치 되어 있고,『정역(돈암서원본)』은 '十五一言'에 배치되어 배열 순서가 다르다.

演解 
계미　미분지초일도　임자　계분지초일도
癸未는 未分之初一度. 壬子는 癸分之初一度.

계축　간분지초일도　임오　오분지초일도
癸丑은 艮分之初一度. 壬午는 午分之初一度.

하문　계미　선삭　계축　후삭　소주참조
(下文 癸未는 先朔. 癸丑은 后朔. 小註參照)


粗解 선후천운기先后天運氣를 정정定하는 것이니 선천先天은 무진무술戊辰戊戌을 중궁지중위中宮之中位로 하여 선천先天의 초初하루를 무진무술戊辰戊戌로 정정定하고, 후천后天은 계미계축癸未癸丑을 중궁지중위中宮之中位로 하여 계미계축癸未癸丑을 후천后天의 초初하루로 한 것이니, 선천先天에서는 각항角亢으로 시작始作한 것을 후천后天에서는 진익軫翼으로 시작始作하여 항각亢角에 이르러 종終하는 운기運氣의 변역變易으로서 이는 후천운기도后天運氣圖이다.


句解 선천先天과 후천后天의 운기도運氣圖를 정정定하는 것으로 운기도運氣圖은 무진戊辰 무술戊戌을 중궁지중위中宮之中位라 하야 선천先天 초初하루를 무진戊辰 무술戊戌로 정정定하고, 후천后天은 계미癸未 계축癸丑을 중궁지중위中宮之中位라 하야 계미癸未 계축癸丑을 후천后天 초初하루로 정정定하였으니, 선천先天에서 각항角亢으로 시작始作한 것을 후천后天에는 진익軫翼으로 시작始作하야 항각亢角으로 종終하는 후천운기도后天運氣圖라 함.

一七三. 癸未 – 軫 – 癸丑　후천월정 초일일
　　　계 미　　진　　계 축　后天月政 初一日

一七四. 甲申 – 翼 – 甲寅
　　　갑 신　　익　　갑 인

一七五. 乙酉 – 張 – 乙卯　초삼일 생명 월생우신분
　　　을 유　　장　　을 묘　初三日 生明 月生于申分

一七六. 丙戌 – 星 – 丙辰
　　　병 술　　성　　병 진

一七七. 丁亥 – 柳 – 丁巳
　　　정 해　　류　　정 사

一七八. 戊子 – 鬼 – 戊午
　　　무 자　　귀　　무 오

一七九. 己丑 – 井 – 己未
　　　기 축　　정　　기 미

• 진軫·익翼·장張·성星·류柳·귀鬼·정井 남방주작칠수南方朱雀七宿

一八〇. 庚寅 – 參 – 庚申  초팔일<br>경 인　삼　경 신  初八日

一八一. 辛卯 – 觜 – 辛酉<br>신 묘　자　신 유

一八二. 壬辰 – 畢 – 壬戌<br>임 진　필　임 술

一八三. 癸巳 – 昴 – 癸亥<br>계 사　묘　계 해

一八四. 甲午 – 胃 – 甲子<br>갑 오　위　갑 자

一八五. 乙未 – 婁 – 乙丑<br>을 미　루　을 축

一八六. 丙申 – 奎 – 丙寅<br>병 신　규　병 인

● 삼參·자觜·필畢·묘昴·위胃·루婁·규奎 서방백호칠수西方白虎七宿

一八七. 丁酉 – 壁 – 丁卯
　　　 정유　　벽　　정묘

一八八. 戊戌 – 室 – 戊辰　십육일 후천지초일 월분우술생백
　　　 무술　　실　　무진　十六日 后天之初日 月分于戌生魄

一八九. 己亥 – 危 – 己巳
　　　 기해　　위　　기사

一九〇. 庚子 – 虛 – 庚午
　　　 경자　　허　　경오

一九一. 辛丑 – 女 – 辛未
　　　 신축　　녀　　신미

一九二. 壬寅 – 牛 – 壬申
　　　 임인　　우　　임신

一九三. 癸卯 – 斗 – 癸酉
　　　 계묘　　두　　계유

● 벽壁 · 실室 · 위危 · 허虛 · 녀女 · 우牛 · 두斗 북방현무칠수北方玄武七宿

一九四. <ruby>甲<rt>갑</rt></ruby><ruby>辰<rt>진</rt></ruby> – <ruby>箕<rt>기</rt></ruby> – <ruby>甲<rt>갑</rt></ruby><ruby>戌<rt>술</rt></ruby>

一九五. <ruby>乙<rt>을</rt></ruby><ruby>巳<rt>사</rt></ruby> – <ruby>尾<rt>미</rt></ruby> – <ruby>乙<rt>을</rt></ruby><ruby>亥<rt>해</rt></ruby>　이십삼일 월현하사 월현상해 二十三日 月弦下巳 月弦上亥

一九六. <ruby>丙<rt>병</rt></ruby><ruby>午<rt>오</rt></ruby> – <ruby>心<rt>심</rt></ruby> – <ruby>丙<rt>병</rt></ruby><ruby>子<rt>자</rt></ruby>

一九七. <ruby>丁<rt>정</rt></ruby><ruby>未<rt>미</rt></ruby> – <ruby>房<rt>방</rt></ruby> – <ruby>丁<rt>정</rt></ruby><ruby>丑<rt>축</rt></ruby>

一九八. <ruby>戊<rt>무</rt></ruby><ruby>申<rt>신</rt></ruby> – <ruby>氐<rt>저</rt></ruby> – <ruby>戊<rt>무</rt></ruby><ruby>寅<rt>인</rt></ruby>

一九九. <ruby>己<rt>기</rt></ruby><ruby>酉<rt>유</rt></ruby> – ○ – <ruby>己<rt>기</rt></ruby><ruby>卯<rt>묘</rt></ruby>　항공 (亢空)

二〇〇. <ruby>庚<rt>경</rt></ruby><ruby>戌<rt>술</rt></ruby> – ○ – <ruby>庚<rt>경</rt></ruby><ruby>辰<rt>진</rt></ruby>　각공 이십팔일 월굴우진분 (角空) 二十八日 月窟于辰分

二〇一. <ruby>辛<rt>신</rt></ruby><ruby>亥<rt>해</rt></ruby> – <ruby>亢<rt>항</rt></ruby> – <ruby>辛<rt>신</rt></ruby><ruby>巳<rt>사</rt></ruby>

二〇二. <ruby>壬<rt>임</rt></ruby><ruby>子<rt>자</rt></ruby> – <ruby>角<rt>각</rt></ruby> – <ruby>壬<rt>임</rt></ruby><ruby>午<rt>오</rt></ruby>　삼십일 월복우자회 월혼성오망 三十日 月復于子晦 月魄成午望

• 기箕·미尾·심心·방房·저氐·항亢·각角 동방창룡칠수東方蒼龍七宿

陽度는 終于辛未分하고 陰度는 始于癸未分하니 此는 乾退十

而節遇丑之運也라. 此后天元閏曆은 十數正法이니 下文云 原易

何常用閏易之句가 即指此也라. 先天曆則角亢起于甲子朔而次屬

亢星于乙丑分하여 左旋하니 是는 陽道之順運也오 后天曆則軫先

起于癸未朔而次屬翼星于甲申分하야 右旋하니 是는 陰道之逆運

也라 下文云 既順既逆이 即陰陽兩運之順逆也라. 現當地政關丑

에 十數原易이 露現하니 人未意及處에는 天必命教之시니라.先未

后午하며 先丑后子하니 陰陽之躔이 換變에 大界風潮가 頓革이로

다 陰雖卑也나 極則必有上行之理矣니라. 盖天開甲子太初之時에

以曆籌法으로 計則 角星을 起自初朔日함에 翼軫二宿躔次가 在于

二十七八日兩間矣러니 后天星次則軫翼이 移在于初一二日之中

하니 前二十七八日星次過空함은 理之自然也라. 天道는 始于子而

終於午하고 地道始于未而終於丑한즉 丑收天地之大而傳生于寅

은 理之自然也라. 翼軫星次遇空吟: 日之廿七八 莫謂星躔空 昔

時翼軫座 今移朔上紅.

補解 이십팔수二十八宿의 역순逆循은 음양陰陽의 원리原理이다. 선천先天

은 체양용음體陽用陰하고 후천后天은 체음용양體陰用陽하므로 양순음역

陽順陰逆의 원리原理에 따라 후천后天에서는 이십팔수二十八宿의 역순逆循이 원리原理에 부합符合하는 것이다. 역易은 천지자연天地自然의 법칙法則을 그대로 글로 옮긴 것이니, 선천先天의 생장生長(팽창膨脹)하는 작용作用이 멈추고 후천后天의 수렴收斂하는 작용作用이 시작始作되면 당연當然히 모든 자연법칙自然法則은 반대反對로 작용作用할 것이므로 일부一夫께서는 이를 밝힌 것이다.

二〇三. 亢角二宿尊空詩라.[156]

● 항각亢角 二수를 존공尊空하는 시라.

**註義** 尊空은 謂尊其位而空也라 己酉庚戌은 土旺十八數也요 己卯庚辰은 天地二終數也일새 特尊其數而空其位也라.

**演解** 亢角이 居于月末而退位故로 云尊空耳라.

**粗解** 후천后天에서는 이십팔수운기二十八宿運氣가 진익軫翼에서 시작始作하니 선천先天의 각항角亢으로 시작始作하던 이수二宿(각항角亢)은 존공尊空이 되는바, 저수氐宿의 다음 항각亢角이 당當하는 이십칠二十七 이십

---

156 편집자주 : 『정역대경(모필본)』과 『정역주의(하상역본)』는 「亢角二宿尊空詩」가 하편의 세번째에 배치 되어 있고, 『정역(돈암서원본)』은 '十五一言'에 배치되어 배열 순서가 다르다.

팔일二十八日은 신명神明의 자리가 되는 고故로 존공尊空하고 항각이수
亢角二宿는 이십구二十九 삼십일三十日에 당當하니 이 이치理致를 시詩로써
밝힌 것이다.


　　　　　하 물　　능 청 각
二○四. (1) 何物이 能聽角고

　　　　　　　　　각
• 무슨 물건이 능히 뿔(角)로 소리를 듣는고,


[註義] 　용　　양물야　　양지덕　　칭용언　　　양지실　　재항이각우
龍은 陽物也니 陽之德은 稱龍焉이라 陽之失은 在亢而角又

용지위병고　　촉처　　무암석지강　　　재선천　　기어각항즉개양
龍之威柄故로 觸處는 无巖石之剛이라 在先天은 起於角亢則盖陽

항지상　　　이선천기질지성　　다항　　시야　　　저　　즉저야　　용
亢之象이니 而先天氣質之性의 多亢이 是也니라 氐는 即底也라 龍

지신명　　재각고　　능청기각이저어무신무인　　　공어기유경술
之神明이 在角故로 能聽其角而氐於戊申戊寅일새 空於己酉庚戌

　　기묘경진　　　차궁지공　　비특수존야　　　역위일월출입문고
과 己卯庚辰이니 此宮之空은 非特數尊也요 亦爲日月出入門故로

존 기 위 야
尊其位也라.


[演解] 　차항각이수　　즉물지교용 이용이각청성고　　운여시이
此亢角二宿는 即物之蛟龍 而龍以角聽聲故로 云如是耳라.


[粗解] 용龍은 뿔로 소리를 듣는다하니 각수角宿는 동방창룡칠수중東方

蒼龍七宿中에 바로 뿔에 해당該當하고 진방辰方에 위치位置하였으니 각角

은 곧 용각龍角이며, 각성角聲은 오성중五聲中에 동방東方의 목성木聲이다.

句解 용龍은 뿔로 소리를 듣는다 하니 각수角宿는 동방창룡칠수중東方蒼龍七宿中 바로 뿔에 해당該當하고 진방辰方에 위치位置하였으니 각角은 용각龍角이라 하고 각성角聲은 오성중五聲中에 동방東方의 목성木聲이라 함.

補解 항각亢角은 진궁辰宮(곡우청명穀雨淸明)지수之宿이므로 용각龍角이라 한 것이며, 선천先天의 건궁육룡乾宮六龍은 자위子位에서 시始하여 진궁辰宮에 이르면 제오위第五位이니 비룡재천지상飛龍在天之象이다. 그러므로 선천先天에서 역생逆生하는 만물萬物은 진위辰位에 이르러 용龍을 만나야 생화지공生化之功을 이룰 수 있는 것이니, 이를 '봉룡이화逢龍而化'라 한다. 그러나 후천后天에서는 건궁乾宮이 퇴위退位하고 곤궁坤宮이 정위正位하므로 진궁지룡辰宮之龍은 용사用事가 없는지라 고故로 항각亢角이수亢角二宿는 존공尊空이 되는 것이다. 설문說文에 「용린충지장龍鱗蟲之長 춘분이등천春分而登天 추분이입천秋分而入川 순야順也」 라고 하였는바, 춘분春分(선천先天)에는 등천登天하여 용사用事하고 추분秋分(후천后天)에는 용사用事가 끝났으므로 퇴위退位(입천入川)함을 말한 것이다.

---

신 명 저 불 항
二○四. (2) 神明氐不亢을

---

• 신명의 자리라 저氐에서 항亢으로 나가지 못함을,

**註義** 且角藏於月終이니 是爲無角之象故로 曰神明氏不亢也라 蓋

건 지 용 구　　 견 군 룡　　 무 수　　 길　　 과 연 의
乾之用九는 見群龍하되 无首하면 吉이 果然矣로다.[157]


개 신 명 지 리　　 극 즉 필 유 반 고　　 저 순 이 무 항 극　　 무 항 용 유
**演解** 蓋神明之理는 極則必有反故로 氏順而無亢極하야 無亢龍有

회 지 단 야　　 건 지 상 구 운　 견 군 용 무 수 길　 차 야　 무 수　 즉 장 구
悔之端也라 乾之上九云 見羣龍无首吉이 此也라 无首는 卽藏九

양 우 십 토 중 야
養于十土中也라.


**粗解** 신명정사神明政事는 저氏에서 항亢을 아니한다 함은 항각이수亢角

二宿를 존공尊空한다는 뜻이다.


**補解** 각항角亢은 신명神明한 황룡黃龍(무진戊辰)지위之位이므로 저수氏宿

는 항수亢宿로 진도進度하지 못하고 존공尊空하는 이치理致를 밝힌 것

이다.


실 장 삼 십 육　　 막 막 막 무 량
二○四. (3) 室張三十六은 莫莫莫无量을


• 실室에서 장張까지 삼십육三十六도는 아득하고 아득하여 그지없음을,

---

157 편집자주 : 『정역대경(모필본)』에는 '蓋乾之用九見群龍无首吉果然矣', 『정역주의(하상
역본)』에는 '蓋乾之用九, 見群龍无首, 吉, 果然矣,'로 방점이 찍혀있다.

**[粗解]** 무술戊戌(실室)에서 임자壬子(각角)까지 십오十五, 무진戊辰(실室)에서

임오壬午(각角)까지 십오十五, 계미癸未(진軫)에서 을유乙酉(장張)까지 三, 계

축癸丑(진軫)에서 을묘乙卯(장張)까지 三, 합삼십육合三十六은 실수室宿에

서 장수張宿까지의 삼십육도수三十六度數이니, 이는 선천先天에서 후천后

天으로 넘어가는 수數로서 더 없고 더 없는 한량限量없는 무량수無量數

가 됨을 밝힌 것이다.

158 편집자주 : 『정역대경(모필본)』에는 '盖龍之德, 正中自卑而謙退,', 『정역주의(하상역
본)』에는 '盖龍之德, 正中, 自卑而謙退,'로 방점이 찍혀있다.

十五一言 ┃ ┊

439

<br>

무공  평위산      문덕   양심탕
二〇五. 武功은 平胃散이오 文德은 養心湯을
정명금화리      율려조음양
正明金火理하니 律呂調陰陽을.

---

● 무공은 위장胃臟을 편안하게 하는 약이오 문덕은 심장(마음)을 기르는

약임을, 금화金火가 바뀌는 이치를 바로 밝히니 율여律呂가 음양을 고르

게 함을.

---

**註義** 위자 곡부야 천여인 무이리야 위자지의 전여월
胃者는 穀腑也라 天與人이 無二理也니 胃字之義는 田與月

합체야        전자 토야 월자 진야 이류상합자야
로合體也라[159] 田者는 土也요 月者는 辰也니 以類相合者也라

개 위 지 수 곡 양 정  여 토 지 수 물 성 형 야  무 공  위 위 평 야  위 허
蓋胃之受穀養精은 如土之受物成形也라 武功은 謂胃平也라 胃虛

즉 기 흠      위 실 즉 기 양    위 지 성  필 수 곡 충 실 연 후  전 체
則氣欠하고[160] 胃實則氣養하니 胃之性은 必受穀充實然後에 全體

지 기 가 보 야  개 갑 자    목 지 기  오 자  화 지 신 야  자 자
之氣를可保也라 蓋甲者는[161] 木之氣요 午者는 火之神也요 子者는

수 지 정 야  범 목 지 실  통 위 지 곡 야  위 수 갑 목 지 정 연 후  능 양
水之精也니 凡木之實은 統謂之穀也라 胃受甲木之精然後에 能養

자 오 지 정 신 고  위 성  정 당 어 갑 오 갑 자 즉 진 가 위 평 위 이 신 무 지
子午之精神故로 胃星은 正當於甲午甲子則眞可謂平胃而神武之

공  성 의    즉 맹 자 소 위 천 지 고 야  성 신 지 원 야  구 구 기 고
功이 成矣라[162] 卽孟子所謂天之高也와 星辰之遠也이나 苟求其故

---

159 편집자주 : 『정역대경(모필본)』은 '田與月合體也,'로, 『정역주의(하상역본)』는 '田與月,
合體也,'로 방점을 찍고 있다.

160 편집자주 : 『정역대경(모필본)』은 '虛胃'라고 기록되어 있으나, '胃虛'로 고치는 교정표
시가 있다.

161 편집자주 : 『정역대경(모필본)』에는 '蓋'字가 없이 '甲者'로 기록되어 있다.

162 편집자주 : 『정역대경(모필본)』에는 '謂胃平'으로 기록되어 있다.

皆坐而可推也니라 亦猶謂善言天者는 以人驗者也라 心者는 形

之主요 神之君이며 火之臟也니 天與人이 則一理也라 蓋心之爲字

는 全體圓環而象天하고 四劃은 方正而象地하며 其中은 至虛而有

具衆理之象焉이라 文德은 謂理得於心也라 心虛則神明하고[163] 心

蔽則精暗하니 心之理는 消蔽虛中然後에 專一之性을 可復也라 蓋

丙者는 陽火也요 午者는 剛火也라 太陽은 得丙而午胞焉하니라 子

午는 元不相離之物也니 藏丙火之氣然後能交子午復姤故로[164]

心星은 正當於丙午丙子則是乃復初之道也라 特假以用藥方文讚

頌者는 心胃俱屬臟腑故也라 於五行으로 胃又屬金하고 心則屬火

하니 正明此金火之理요 陰陽得律呂之調而平胃養心也라[165] 此

所以詠歎武功文德之兼備也니라.


演解 此는 使心神으로 安乎黃中之土而養之하야 硏明金火成運之

理하며 且以無弦之律呂聲으로 通和血氣하야 調協天地之陰陽함

이 爲修道之本也라. 通血和心은 莫如歌詠이오 入性得眞은 莫如淸

---

163 편집자주：『정역대경(모필본)』은 '心則虛'로 되어 있는데 '心虛則'으로 고치는 교정표시가 있다.

164 편집자주：『정역대경(모필본)』은 '心臟丙火之氣然後, 能交子午復姤故'로 띄어쓰기를 했는데,『정역주의(하상역본)』는 마음 '心'字를 누락한 것으로 보인다.

165 편집자주：『정역대경(모필본)』에는 '陰陽, 得律呂'로 방점이 찍혀 있다.

정      차 내 외 동 정 쌍 수 지 요 법 야      신 중 지 기 청 즉 신 광 자 현  천
靜이니 此內外動靜雙修之要法也라. 身中之氣淸則神光自現 天
중 지 운 공 즉 일 광 자 명
中之雲空則日光自明.

粗解 무공평위산武功平胃散이오 문덕양심탕文德養心湯이라 함은 금화金
火가 바뀌는 이치理致를 밝힌 것이니 뱃속(곤위복坤爲腹)이 불화不和한데
는 평위산平胃散이라야 하고 머리속(건위두乾爲頭)이 불안不安한데는 양심
탕養心湯이라야 한다는 것인바, 위정사胃政事는 무공武功으로 평정平定하
고 심정사心政事는 문덕文德으로 이루어지는 것을 뜻한다. 금화金火가 교
역交易하는 이치理致를 밝히고 율려律呂로 음양陰陽을 고르게 하니 위장
胃臟은 평위산平胃散(무공武功)으로 다스리고 심장心臟은 양심탕養心湯(문
덕文德)으로 편안하게 하는 후천정사后天政事의 이치理致를 밝힌 것이며,
이는 문덕文德이 장차 크게 이루어질 것을 뜻한다.

句解 무공武功은 평위산平胃散이라야 하고 문덕文德은 양심탕養心湯이
라 함은 금화金火가 바뀌는 이치理致를 밝혔으니 뱃속(곤위복坤爲腹)이 불
화不和한 데는 평위산平胃散이라야 하고 머릿속(건위두乾爲頭)이 불안不安
한 데는 양심탕養心湯이라야 한다는 것이니 위정사胃政事는 무공武功으
로 평정平定하고 심정사心政事는 문덕文德으로 이루어지는 것을 뜻함이
라 함. 금화교역金火交易하는 이치理致를 밝혔던 음이요 율려律呂로는 음
양陰陽을 고르게 하였으니 위장胃臟을 고르게 하는 데는 평위산平胃散이
라 한 즉 무공武功이요 심장心臟을 평안平安하게 하는 데는 양심탕養心湯
이라 하니 이는 문덕文德이 가장 크게 이루어짐을 뜻함.

## 二〇六. 九九吟(구구음)이라.[166]

• 九九도수度數를 읊음이라.

**粗解** 구구법九九法의 도수度數를 칠운시七韻詩로써 찬미讚美하여 읊은 것이다.

**句解** 일종一種의 칠언시七言詩로 구구법九九法에 대한 도수度數를 찬미讚美하야 읊은 것이라 함.

**補解** 선先·후천后天의 대순환大循環에서 소순환小循環에 이르기까지 모든 성도도수成道度數가 구구법九九法안에 들어있음을 밝힌 것이다. 순환도수循環度數의 기본基本이 되는 기삼백육십수朞三百六十數도 하도십수河圖十數(기본수基本數)중中에서 불용지수不用之數인 중궁십오수中宮十五數를 존공尊空하고 용수用數인 팔수八數(一二三四·六七八九)를 각각各各 九로 승乘하여 산출算出한 것이니, 조화지리수造化之理數가 모두 구구법중九九法中에 있으므로 이를 시송詩頌한 것이다.

---

166 편집자주 : 『정역대경(모필본)』과 『정역주의(하상역본)』는 「九九吟」, 「十五歌」의 순으로 상편이 마무리 되고 있어 『정역(돈암서원본)』과는 배열 순서가 다르다.

二〇七. (1) 凡百<sup>범 백</sup>滔滔<sup>도 도</sup>儒雅士<sup>유 아 사</sup>아 聽我<sup>청 아</sup>一曲<sup>일 곡</sup>放浪<sup>방 랑</sup>
吟<sup>음</sup>하라

• 무릇 많은 도도한 선비들아 나의 방랑음 한 곡조를 들어 보라.

【註義】凡百<sup>범 백</sup>은 衆多貌<sup>중 다 모</sup>이요 滔滔<sup>도 도</sup>는 流而忘反<sup>유 이 망 반</sup>이며 放浪<sup>방 랑</sup>은 謂浩蕩<sup>위 호 탕</sup>이라
盖歎多士流於欲而不反故<sup>개 탄 다 사 유 어 욕 이 불 반 고</sup>로 爲之浩然而吟<sup>위 지 호 연 이 음</sup>이라.

【粗解】무릇 많은 도도滔滔한 선비들아 도道를 찾아 방랑放浪하며 읊은
나의 한 곡조曲調를 들어보라는 것이니 바로 구구음九九吟을 말함이다.

【句解】범백凡百의 도도滔滔하게 온갖으로 흘러가는 선비들아 나의 한 곡
조曲調 방랑放浪하게 읊은 노래를 들어보라는 말씀이시니 구구음九九吟
을 뜻함이라 함.

【補解】무릇 많은 선비들이 천지인天地人의 대도大道를 추구推究하는 성
학聖學은 외면外面하고 내실內實이 없는 문사지학文辭之學과 음풍농월吟
風弄月만을 숭상崇尙하면서 유사연儒士然하는 작태作態를 개탄慨歎하신
것이다. 이와 같은 한심寒心한 선비들이 오히려 일부선생一夫先生을 방랑
放浪하는 선비라고 조소嘲笑하고 있으니, 이 방랑인放浪人의 방랑음放浪
吟 한 곡조曲調를 들어보라는 것이다. 이는 알지도 못하면서 조소嘲笑와
비판批判만을 일삼는 사이비유사似而非儒士들에게 일침一針을 가加하여

각성覺醒을 촉구促求한 것이며, 또한 후학後學들에게도 격려激勵하는 뜻이 함축含蓄되어 있다.

독 서 학 역 선 천 사　궁 리 수 신 후 인 수

二〇七. (2) 讀書學易先天事라 窮理脩身后人誰오

• 경서經書를 읽고 역易을 배우는 것은 선천의 일이라, 이치를 궁구하고 몸을 닦는 것은 후천인의 그 누구인고,

**註義**　범백　중다모　　도도　유이망반　　방랑　위호탕
凡百은 衆多貌이요 滔滔는 流而忘反이며 放浪은 謂浩蕩이라

개탄다사유어욕이불반고　　위지호연이음　　독서　위도능독
蓋歎多士流於欲而不反故로 爲之浩然而吟이라 讀書는 謂徒能讀

기서이며[167]　학역　위취기말이학습　　우탄선천이왕지사야
其書이며[167] 學易은 謂取其末而學習이니 尤歎先天已往之事也라

심탄후인　유수능호학이소기본호
深嘆後人이 有誰能好學而溯其本乎리요.

**粗解** 경서經書를 읽고 학역學易하는 것은 선천先天에서 할 일이요 궁리진성窮理盡性하며, 몸을 닦는 것은 후천인后天人이 할 일이라는 말씀이다.

**句解** 서전書傳을 읽고 학역學易을 하는 것은 선천사先天事요 궁리진성窮理盡性하는 것은 후천后天 사람의 할 일이라 함.

---

167 편집자주: 『정역대경(모필본)』에는 '謂'字가 없다.

補解 사람의 일생一生을 선先·후천后天으로 나누어 비유比喩하면 전반前半은 선천생장기先天生長期이므로 새로운 지식知識을 받아들이는 독서학역讀書學易이 필요必要한 것이며, 후반後半은 후천수렴기后天收斂期이므로 선천先天에서 쌓은 지식知識을 바탕으로 궁리窮理하여 격물치지格物致知하고 일에 따라 그 마땅한 바를 찾아 실행實行하는 수신修身을 함으로써 독서학역讀書學易의 결실結實을 거두어야 하는 것이다. 마찬가지로 대순환大循環의 전반前半인 선천先天에서는 광범廣範한 지식知識의 보급普及과 아울러 모든 분야分野에서 무분별無分別한 원리탐구原理探究가 이루어져 인지人智는 발전發展하였으나 반면反面에 이기적利己的인 지식탐구知識探究로 인인因하여 인륜人倫과 자연환경自然環境이 파괴破壞되는 폐해弊害를 초래招來하고 있는 바, 이와 같은 선천말기先天末期의 혼란混亂과 무질서無秩序를 후천后天에서 누가 감히敢히 이를 수렴收斂하여 인륜대도人倫大道를 확립確立하고 인류사회人類社會에 밝은 미래未來를 제시提示할 것인가. 이를 극복克服할 수 있는 길은 오직 궁리수신窮理修身으로 후천지리后天之理를 깨닫고 인륜지도人倫之道를 확립確立하는데 있음을 말씀한 것이니, 이는 선생先生께서 천하래세天下來世를 우려憂慮하시는 뜻이 함축含蓄되어 있다. 『주역周易』 설괘전說卦傳에 「화순어도덕이리어의和順於道德而理於義하며 궁리진성窮理盡性하야 이지어명以至於命하니라」 라고 하였는바, 바로 선생先生께서 말씀한 궁리수신窮理修身의 뜻을 밝힌 것이다.

삼절위편오부자　　불언무극유의
二〇七. (3) 三絶韋編吾夫子는 不言无極有意

존
存을

● 책을 엮은 가죽끈이 세 번 끊어지도록 역易을 탐독하신 우리 공부자
孔夫子께서는 무극은 말씀하지 않으시고 뜻만을 두셨던 것을,

개 삼 절 위 편 오 부 자　　수 불 언 무 극　　　유 의 어 차 이 존　　　성
**註義** 蓋三絶韋編吾夫子는 雖不言无極이나 有意於此而存을 誠
가 견 의
可見矣라.

**粗解** 역서易書를 엮은 가죽끈이 세 번이나 끊어지도록 주역周易을 탐독
耽讀하신 우리 공부자孔夫子께서는 태극太極만 말씀하시고 무극无極은
말씀하지 않으셨으나 무극无極자리를 뜻에만 두셨다는 말씀이다.

**句解** 다룬 가죽 끈으로 엮은 책册이 세 번 끊어지도록 《주역周易》을 읽
으신 우리 공부자孔夫子께서는 말씀 않으신 무극无極 자리를 뜻에만 두
셨다는 말씀이라 함.

**補解** 책册을 엮은 가죽끈이 삼절三絶하도록 주역周易을 탐독耽讀하신
공부자孔夫子께서는 십이익지十而翼之하시어 역리易理를 밝히셨으나 태
극지리太極之理만 말씀하시고 무극지리无極之理는 말씀하지 않으셨으니,
여기에는 깊은 뜻이 있는 것이다. 공자孔子는 『주역周易』 계사전繫辭傳에
서 「역유태극易有太極하니 시생양의是生兩儀하고 양의생사상兩儀生四象하

고 사상四象이 생팔괘生八卦하니 팔괘정길흉八卦定吉凶하고 길흉吉凶이 생대업生大業하나니라」라고 하였는바, 공자孔子께서 태극太極은 말씀하시고 태극지전太極之前(무극无極)은 말씀하시지 않았으나 성인聖人의 뜻은 태극지리太極之理를 통달通達하게 되면 무극지리无極之理는 저절로 알게될 것이므로 태극지리太極之理를 먼저 알아야 함을 깨우친 것이다. '역유태극易有太極'에는 역유무극易有无極의 뜻이 함축含蓄되어 있는 것이니, 일부一夫께서는 이와 같은 성인聖人의 깊은 뜻을 헤아리시고 '유의존有意存'이라 말씀한 것이다. 이는 공자孔子께서 사死에 대對하여 말씀하지 않으신 뜻과 일맥상통一脈相通하는 것이니, 『논어論語』 선진편先進篇에 「계로문사귀신季路問事鬼神 자왈미능사인언능사귀子曰未能事人焉能事鬼 감문사敢問死 왈 미지생언지사曰未知生焉知死」라고 답答하시고 사死의 리理는 말씀하지 않으셨다. 정자程子는 이를 주해註解하기를 「주야자사생지도야晝夜者死生之道也 지생지도즉지사지도知生之道則知死之道」라고 하였는바, 이는 一을 알면 二는 저절로 알게된다는 뜻이다.

---

二〇七. (4) 　　　육 십 평 생 광 일 부　　자 소 인 소 항 다
　　　　　六十平生狂一夫는 自笑人笑恒多
　　소
　　笑라

---

• 六十평생 미친 사람처럼 산 일부一夫는 스스로 웃고 사람들이 웃으니 항상 웃음이 많았노라.

　　　　　고 육 십 노 부　　불 승 희 광　　발 차 십 소 가　　차　　발 용 구 지
**註義** 故六十老夫가 不勝喜狂하여 發此十笑歌하니 此는 發用九之

리 영 탄 조 화 지 실　　기 하 무 위 지 추 용
## 理咏嘆造化之實하여 起下无位之推用이라.

[粗解] 육십평생六十平生이라 함은 을유년乙酉年(1885)에 정역正易을 완성完
成하였음을 말씀한 것이며, 광일부狂一夫라 함은 수무족도手舞足蹈로 영
가무도詠歌舞蹈하시기를 불철주야不撤晝夜하시니, 당시當時 세인世人들은
미쳤다고 하였으므로 선생先生께서는 이에 광일부狂一夫라고 자칭自稱하
였다고 전전傳하는바, 광일부狂一夫는 이를 말씀한 것이다. 선생先生은 정
역正易을 완성完成한 기쁨을 이기지 못하여 영가무도詠歌舞蹈하시며 웃
는 것을 세인世人들은 이를 알지 못하고 미쳤다하여 웃으니 이래서 항상
恒常 웃음이 많았다고 한 것이다.

[句解] 육십평생六十平生이면 을유년乙酉年(1885)에 《정역正易》을 끝마치시
고, 광일부狂一夫라 한 것은 영가무도詠歌舞蹈에 수무족도手舞足蹈하시
게 되니 당시當時 사람들이 미쳤다고 하야 당신當身도 광일부狂一夫라 자
칭自稱하시고, 스스로 웃고 항상 웃음이 많다는 것은 자연自然 기쁜 일
이 있어서 웃는 것을 사람들은 미쳤다 하야 웃으니 이래서 항상 웃음이
많다 하였음이라 함.

[補解] 선생先生은 육십세六十歲(을유년乙酉年)에 정역正易을 완성完成하였
으므로 육십평생六十平生이라 한 것이며, 세인世人의 조소嘲笑를 무릅쓰
고 오직 후천지리后天之理를 탐구探究하는 외길을 걸었으므로 사학斯學
에 미치지 않고서는 할 수 없는 일인지라 고故로 광일부狂一夫라고 자칭
自稱한 것이다. 이러한 역경逆境에서 정역正易을 완성完成하시고 희불자
승喜不自勝하여 스스로 웃으신 것을 세인世人들은 그 뜻을 알지 못하고

광인狂人이라 조소嘲笑하니, 이런 까닭으로 항상恒常 웃음이 많았음을 말씀한 것이다.

<br>

二〇七. (5) <ruby>笑<rt>소</rt></ruby><ruby>中<rt>중</rt></ruby><ruby>有<rt>유</rt></ruby><ruby>笑<rt>소</rt></ruby><ruby>笑<rt>소</rt></ruby><ruby>何<rt>하</rt></ruby><ruby>笑<rt>소</rt></ruby>오 <ruby>能<rt>능</rt></ruby><ruby>笑<rt>소</rt></ruby><ruby>其<rt>기</rt></ruby><ruby>笑<rt>소</rt></ruby><ruby>笑<rt>소</rt></ruby><ruby>而<rt>이</rt></ruby><ruby>歌<rt>가</rt></ruby>를.

• 웃음가운데 웃음이 있으니 그 웃음이 무슨 웃음인고, 능히 그 웃음을 웃고 웃으며 노래하는 것을.

[演解] <ruby>方<rt>방</rt></ruby><ruby>此<rt>차</rt></ruby><ruby>大<rt>대</rt></ruby><ruby>成<rt>성</rt></ruby><ruby>革<rt>혁</rt></ruby><ruby>運<rt>운</rt></ruby>에 <ruby>人<rt>인</rt></ruby><ruby>之<rt>지</rt></ruby><ruby>所<rt>소</rt></ruby><ruby>學<rt>학</rt></ruby>도 <ruby>亦<rt>역</rt></ruby><ruby>當<rt>당</rt></ruby><ruby>應<rt>응</rt></ruby><ruby>時<rt>시</rt></ruby><ruby>變<rt>변</rt></ruby><ruby>而<rt>이</rt></ruby><ruby>行<rt>행</rt></ruby><ruby>之<rt>지</rt></ruby>오 <ruby>不<rt>불</rt></ruby><ruby>可<rt>가</rt></ruby><ruby>泥<rt>니</rt></ruby><ruby>古<rt>고</rt></ruby><ruby>而<rt>이</rt></ruby><ruby>昧<rt>매</rt></ruby><ruby>新<rt>신</rt></ruby><ruby>也<rt>야</rt></ruby>라. <ruby>此<rt>차</rt></ruby><ruby>大<rt>대</rt></ruby><ruby>人<rt>인</rt></ruby><ruby>笑<rt>소</rt></ruby><ruby>意<rt>의</rt></ruby>를 <ruby>凡<rt>범</rt></ruby><ruby>俗<rt>속</rt></ruby><ruby>安<rt>안</rt></ruby><ruby>知<rt>지</rt></ruby><ruby>哉<rt>재</rt></ruby>.

[粗解] 웃음가운데 웃음이 있으며 그 웃음이 무슨 웃음인고 하야 능能히 또 웃고 그 웃음으로 노래하시니 그 노래는 다름 아닌 영가咏歌(음아어 이우暗哦唹吁呀)로서 오행가五行歌이니 아악중雅樂中의 본아악本雅樂이다. 이 시詩에 웃음소笑자가 열 자이고 실제로 웃는 웃음은 다섯 자이니 또한 십오十五를 뜻한다.

[句解] 웃는 중中에 웃음이 있으며 웃음이 무슨 웃음일고 하야 능히 또 웃고 그 웃음으로 노래하시니 그 노래는 다름 아닌 영가詠歌인 오행가五行歌이므로 아악중雅樂中 기본아악基本雅樂이며 웃음 소笑자가 열 자이

고 실지實地로 웃는 웃음은 다섯 자이니 또한 십오十五를 뜻함이라 함.

補解 구구음九九吟의 결구結句는 소자笑字로서 묘묘妙妙하게 마무리하였다.
세상世上에 웃음이 많으나 십소가十笑歌의 웃음은 여운餘韻이 있는 의미
심장意味深長한 웃음이다. 구구음九九吟의 십구十句는 구구법九九法의 이
치리致를 읊은 것이 이니라 선생先生께서 구구법九九法을 통通하여 천지
이수天地理數를 헤아리시고 공부자孔夫子도 말씀한바 없는 후천무극지
리后天无極之理를 통관洞觀하시어 후천역后天易인 정역正易을 완성完成하
였음을 세상世上에 밝힌 것이니, 당시當時 말기적시류末期的時流를 타고
도도滔滔하게 유사연儒士然하는 사림士林의 작태作態를 개탄慨歎하시고
십소가十笑歌로써 경종警鐘을 울린 것이다.

---

삼 백 육 십 당 기 일
二〇八. (1) 三百六十當朞日을

---

• 삼백육십三百六十이 기일朞日에 당함을,

당 기      일 세 지 성 도 야
註義 當朞는 一歲之成度也요.

粗解 일년一年은 삼백육십일三百六十日이 기朞에 당當하니 서서書에 이르기
를 '세유십이월歲有十二月하고 월유삼십일月有三十日하니 삼백육십자三百
六十者는 일세지상수야一歲之常數也라' 하였다.

句解 일년一年은 삼백육십일三百六十日이 기朞가 되니 세유십이월歲有 十二月하고 월유삼십일月有三十日하니 삼백육십자三百六十者는 일세지상 수야一歲之常數也라 하였음.

補解 십소가十笑歌에 이어서 구구법九九法의 원리原理를 밝히신 것이다. 우주宇宙의 대순환大循環을 비롯하여 천지만물天地萬物의 순환도수循環 度數를 측도測度함에 있어서 기삼백육십도朞三百六十度를 기본척도基本 尺度로 하는 원리原理는 이미 논論한바 있으므로 전문前文을 참조參照하 시기 바란다. 우주만유宇宙萬有를 측도測度하는 기본척도基本尺度인 삼 백육십三百六十의 일기도수一朞度數는 그 산출공식算出公式이 구구법九九 法에 있으므로 구구법九九法의 진리眞理를 탐구探究하지 않고서는 천지 리수天地理數와 만물萬物의 변화變化를 헤아릴 수 없는 것이다. 일부선생 一夫先生은 우주척도宇宙尺度인 기수朞數의 성립원리成立原理가 구구법 九九法안에 있으므로 먼저 '삼백육십당기일三百六十當朞日'을 말씀한 것이 다.[168]

---

168 補註 : 朞三百六十은 度數이나 一夫께서는 朞日에 當한다고 하였는바, 이는 朞三百六 十이 모든 循環體의 循環度數임을 밝힌 것이다. 現在 우리가 使用하고 있는 時間單位는 地 球의 自轉時間十二時(現行24時)를 一日로 하여 '日'을 時間計測의 基本尺度로 하고 있으 며, 特히 宇宙空間에서는 空間의 距離計測에도 時間單位를 活用하고 있다. 一日의 時間尺 度는 十二時 九十六刻 一千四百四十分이나, 地球의 自轉度數는 三百六十度이므로 地球는 一時間에 三十度를 自轉하며, 또 地球의 周天(公轉)度數도 亦是 三百六十度이나 時間尺度 인 一日之朞三百六十度(一日 十二時)로 計測하면 365.2422日이다. 大宇宙를 비롯한 天地日 月의 循環度數는 모두 三百六十度이나 時間尺度와 모두 一致하는 것이 아니므로 複雜한 計算이 必要한 것이다. 그리고 邵子가 九九法으로 算出한 大循環週期 十二萬九千六百年도 其實은 朞三百六十度를 自乘하여 算出한 것이다. (360×360 = 129,600) 이처럼 天地日月과 萬物의 運度를 헤아리는 것이 複雜하고도 玄妙하므로 一夫께서는 六十平生을 狂一夫라 고 自稱힐 程度로 一念하시어 眞理를 洞觀하신 것이다.

• 큰 일원一元 三百수는 九九법 가운데 배열하고,

[註義] 大一元은 謂大成數也요 九九中排列은 謂九十八十七十六
十을 合數하면 三百也라.

[演解] 此는 先起九十而次自八十 七十 六十 則合三百大一元數也
오 又餘六十數가 自在于運指中하야 單五를 歸空하면 餘五十五點
이 自在하고 又十五를 歸空하면 四十五가 餘存耳라.

[粗解] 큰 근본수根本數인 삼백三百(십개월삼백일十個月三百日)은 구구도수법
九九度數法에 있음을 말함이니, 일년一年 삼백육십수三百六十數에서 무색
정사無色政事 육십수六十數를 제거하면 대일원삼백수大一元三百數이다.

[句解] 크게 하나로 되는 삼백수三百數(십개월삼백일十個月三百日)는 구구도
수법九九度數法에 있음을 말하고 일년一年 삼백육십수三百六十數에서 무
색정사無色政事 육십수六十數를 공제空除하면 대일원삼백수大一元三百數
라 함.

[補解] 당기當朞는 순환체循環體의 성도수成度數를 말함이고, 대일원수大

一元數는 당기當朞에는 이르지 못하였으나 십이분十二分의 十을 이루는 대성수大成數이므로 이를 대일원大一元이라 한 것이다. 이 대일원수大一元數가 구구법九九法안에 배열排列되어 있다함은 곧 구구법九九法으로 산출算出한 수數임을 뜻하는 것이다. 일부선생一夫先生은 전문前文에서 「일부지기一夫之朞는 삼백칠십오도三百七十五度니 십오十五를 존공尊空하면 정오부자지기正吾夫子之朞 당기삼백육십일當朞三百六十日이니라」 라고 하였는바, 이는 일부지기一夫之朞는 공자지기孔子之朞와 같으나 그 산출근거算出根據는 다르다는 뜻이다. 당기도수當朞度數는 모두 구구법九九法에서 산출算出하였으나, 공자지기孔子之朞는 선천지기先天之朞이므로 선천先天을 용사用事하는 낙서구궁洛書九宮에서 불용수不用數(체수體數)인 중궁수오中宮數五를 존공尊空하고 용수用數인 一二三四六七八九의 합수사십合數四十을 구궁수九宮數로 승乘하여 산출算出한 것이고.(40×9=360) 일부지기一夫之朞는 후천지기后天之朞이므로 후천后天을 용사用事하는 하도십수河圖十數에서 역시亦是 불용수不用數(체수體數)인 중궁수십오中宮數十五를 존공尊空하고 산출算出한 것이니, 당기도수當朞度數는 공자지기孔子之朞와 같으나 그 산출근거算出根據는 다른 것이다.

차문此文의 '대일원삼백수大一元三百數'는 후천后天의 용수用數인 하도십수河圖十數를 용용用用하여 대일원삼백수大一元三百數를 산출算出하였음을 밝힌 것이다. 선천先天은 낙서구궁洛書九宮을 용용用用하는 역생지서逆生之序이므로 극수極數인 九를 구구법九九法의 기본基本(모수母數)으로 하여 산출算出하였으나, 후천后天은 하도십수河圖十數를 용용用用하는 도생지서倒生之序이므로 극수極數인 十을 기본基本으로 하여 산출算出함이 원리原理에 합당合當한 것이다. 그러므로 후천后天의 용수用數인 九八七六(九金八木七火六水)을 모수십母數十으로 각승各乘하여 대일원삼백수大一元三百數를 산출算出한 것이니, (9+8+7+6=30×10=300) 이는 실實로 후천后天

을 용사用事하는 하도河圖의 원리原理에 부합符合하는 것이다.[169]

二O八. ⑶ <ruby>无<rt>무</rt></ruby><ruby>无<rt>무</rt></ruby><ruby>位<rt>위</rt></ruby><ruby>六<rt>육</rt></ruby><ruby>十<rt>십</rt></ruby><ruby>數<rt>수</rt></ruby>는 <ruby>一<rt>일</rt></ruby><ruby>六<rt>육</rt></ruby><ruby>宮<rt>궁</rt></ruby>에 <ruby>分<rt>분</rt></ruby><ruby>張<rt>장</rt></ruby>하야

• 없고 없는 자리 六十수는 一六궁에 나뉘어 베풀어져 있으니,

[註義] <ruby>无<rt>무</rt></ruby><ruby>无<rt>무</rt></ruby><ruby>位<rt>위</rt></ruby>는 <ruby>謂<rt>위</rt></ruby><ruby>本<rt>본</rt></ruby><ruby>无<rt>무</rt></ruby><ruby>之<rt>지</rt></ruby><ruby>无<rt>무</rt></ruby><ruby>位<rt>위</rt></ruby>이니 <ruby>以<rt>이</rt></ruby><ruby>單<rt>단</rt></ruby><ruby>六<rt>육</rt></ruby>으로 <ruby>乘<rt>승</rt></ruby><ruby>十<rt>십</rt></ruby>하면 <ruby>而<rt>이</rt></ruby><ruby>成<rt>성</rt></ruby><ruby>六<rt>육</rt></ruby><ruby>十<rt>십</rt></ruby>야
也라.

[粗解] 이개월二個月 무색정사無色政事하는 육십수六十數는 일육궁一六宮에 나뉘어 베풀어 놓았으니, 일육궁一六宮자리는 포오함육包五含六의 자리로서 수지手指로는 도생倒生하는 五와 역생逆生하는 六이 합습치는 자리이다. 무무위육십无无位六十(이개월二個月)이 곧 무색정사육십수無色政事六十數이다.

[句解] 무색정사無色政事하는 육십수六十數는 일육궁一六宮에 나뉘어 베풀어 놓은 것이요.

---

169 [補註]: 當朞三百六十은 河圖十數에서 不用數(體數)十五를 尊空하고 餘八數(九八七六四三二一)를 后天體數인 九를 母數로 하여 各乘하여도 三百六十이 算出되나, 一夫께서는 后天之朞의 算出은 后天의 用數인 十을 母數로 하여 算出하는 것이 后天之理에 符合하므로 十數를 用하여 大一元三百數를 算出하고 餘六十數는 无无位一六數에서 算出한 것이니, 九九法의 妙理는 無窮하다고 하겠다.

補解 후천后天의 용수用數인 九八七六에서 대일원삼백수大一元三百數를 산출算出하고 나머지 수數 중中에서 무무위无无位는 선천先天에서 용사用事하고 퇴위退位한 일태극一太極과 낙서중궁洛書中宮의 오황극五皇極이 곧 무무위지수无无位之數인 바, 一과 五의 합수육합수六을 후천后天의 모수십모수十으로 승승乘하니 육십수六十數(6×10＝60)를 이루어 당기삼백육십當朞三百六十이 성도成度되는 것이다. 이 무무위육십수无无位六十數는 위位가 없으므로 하도북방일육궁河圖北方一六宮에 기위寄位한다는 것이니, 일육궁一六宮의 육수六數는 천일임수天一壬水가 중궁오토中宮五土와 합합合하여 이룬 수數이므로 一(태극太極)과 五(황극皇極)의 무위수无位數가 기위寄位하게 되는 것이다. 일부一夫께서는 구구법九九法으로 당기삼백육십當朞三百六十을 산출算出함에 있어서 선천先天과 후천后天의 기수朞數는 같으나 모수母數의 근거根據가 다름을 밝힌 것이다.

---

二〇八. (4) 單 $\underset{오}{五}$ 를 歸 $\underset{공}{空}$ 하면 五十五 $\underset{점}{點}$ 이 昭昭 $\underset{소}{}$ 하고

---

• 단 五를 귀공歸空하면 五十五점이 분명하고,

註義 其於六十에 單五를 尊空하면 河圖數가 在玆요.

粗解 태양太陽은 술방戌方을 비추지 못하므로 일일一日 일시간一時間이 공공空空이라 육십일간六十日間 육십시간六十時間이 공공空空이 되니 이를 일일一日 십이시十二時로 나누면 오일五日이 되므로 단오單五를 귀공歸空하니 하

도오십오점河圖五十五點을 소소昭昭하게 밝혔다는 것이다.

句解 태양太陽은 술방戌方을 못비추어 일일一日 일시간一時間 공空이므로 육십일간六十日間 육십시간六十時間이 공空이니 십이시十二時로 나누면 오일분五日分이 되므로 단오單五를 귀공歸空하면 오십오점五十五點(하도河圖)이 소소昭昭함이라 함.

補解 무무위육십수无无位六十數에서 낙서중궁수洛書中宮數 단오單五를 귀공歸空하면 오십오수五十五數가 되는 바, 이 오십오수五十五數는 하도십수河圖十數의 합수合數로서 후천용사지수后天用事之數이다.

---

二〇八. (5) 十五를 歸空하면 四十五點斑斑하다.
　　　　　십 오　　귀 공　　　　사 십 오 점 반 반

---

• 십오十五를 귀공하니 사십오四十五점이 분명하다.

　　　十五를 尊空하면 洛書數가 在玆矣라.
註義　십 오　　존 공　　　낙 서 수　　재 자 의

粗解 태음太陰은 술해자戌亥子 삼방위三方位를 비추지 못하므로 일일一日 삼시간三時間이 공空이라 육십일간六十日間에 백팔십시간百八十時間이 공空이니 이를 십이시十二時(일일一日)로 나누면 십오일十五日이 되므로 십오十五를 귀공歸空하니 낙서사십오점洛書四十五點이 되는 것이다.

句解 태음太陰은 술해자戌亥子 삼방위三方位를 못비추어 일일一日 삼시간

三時間이 공空이므로 육십일간六十日間에 백팔십시간百八十時間이 공空하

니 십이시十二時로 나누면 십오일十五日이 되므로 십오十五를 귀공歸空하

면 사십오점四十五點(낙서사십오점洛書四十五點)이 반반斑斑이라 함.

補解 무무위육십수无无位六十數에서 하도중궁수河圖中宮數 십오十五를

귀공歸空하면 사십오수四十五數가 되는 바, 이 사십오수四十五數는 낙서

구궁洛書九宮의 합수合數로서 선천용사지수先天用事之數이다.

---

二〇八. (6) 我摩道正理玄玄眞經이 只在此宮

中하니

아 마 도 정 리 현 현 진 경　　지 재 차 궁

중

---

• 아마도 바른 원리의 현묘하고 현묘한 진경眞經이 다만 이 궁宮안에 있

는 것이니,

註義 我摩道는 卽歌曲之始條理也요 摩는 謂漸摩也라 道必在我

니 漸摩而進이요 不能一蹴可到也라 玄玄은 謂深遠也요 眞經은 謂

眞箇天之經也며 宮中은 謂一六宮也라 盖一六之乘十而无无位六

十數를 分張於此하여 十五歸空하면 圖書之數가 亦昭昭斑斑矣라

然則天理之深遠眞經이 不外乎此宮而極讚美之也라.

演解 五十五點과 四十五點은 卽河洛兩數也라 玄玄眞經之正理가 不外乎此兩數中하니 當誠意硏透哉.

粗解 내가 도道를 어루만져 현묘玄妙하고 진정眞正한 경서經書(正易)를 이룩하였으니 모든 진리眞理가 이 가운데 있다는 말씀이다.

句解 내가 도道를 어루만지매 현묘玄妙하고 진실眞實한 경서經書(正易)가 이 책冊 가운데에 있다는 말씀이라 함.

補解 아마도 아마도我摩道는 일부一夫께서 육십평생六十平生 연마硏摩한 도道를 말함이니, 곧 오도吾道의 뜻이다. '정리현현진경正理玄玄眞經'은 천지정리天地正理의 현묘玄妙하고 심원深遠한 진리眞理를 밝힌 경서經書라는 뜻이니, 이는 곧 육십년솔성지공六十年率性之工으로 이룩한 정역正易을 말함이다. '지재차중궁只在此宮中'의 궁宮은 무무위육십수无无位六十數가 기위寄位한 일육궁一六宮을 지칭指稱한 것이니, 정리현현진경正理玄玄眞經인 정역正易의 진리眞理가 모두 일육궁一六宮안에 있다는 말씀이다. 일육궁一六宮에 분장分張한 무무위육십수无无位六十數는 일태극一太極 오황극五皇極의 일수一數와 오수五數를 무극수无極數인 십수十數로 승승乘하여 이룬 수數이므로 육십수六十數안에는 삼극지리三極之理가 내포內包되어 있으며, 또한 육십수六十數에서 단오單五를 귀공歸空하면 오십오점五十五點 하도수河圖數가 되고 십오十五를 귀공歸空하면 사십오점四十五點 낙서수洛書數가 되는 것이니, 일육궁一六宮에는 삼극지리三極之理와 하도낙서河圖洛書의 진리眞理가 함축含蓄되어 있으므로 정역正易은 이러한 원리原理를 모두 밝힌 후천역后天易으로서 곧 정리현현진경正理玄玄眞經이라는 것

459

이다. 이상以上과 같은 진리眞理의 성립이수成立理數는 모두 구구법九九法으로써 산출算出하고 확인確認할 수 있으므로 구구법九九法의 원리原理는 현묘玄妙한 것이다. 그러므로 구구음九九吟의 첫머리에서 궁리수신窮理修身은 하지 않으면서 유사연儒士然하는 선비들에게 「범백도도유아사凡百滔滔儒雅士아 청아일곡방랑음聽我一曲放浪吟하라」고 일갈一喝하신 것이다.

---

성 의 정 심     종 시 무 태
二○八. (7) 誠意正心하야 終始无怠하면

---

• 정성스러운 뜻으로 마음을 바르게 하고 마침(終)과 시작(始)에 태만함이 없이 정진精進하면,

무 태 위 무 식 야
**註義** 无怠謂无息也요.

**粗解** 의지意志를 성실誠實히 하고 마음가짐을 바르게 하여 종終과 시始를 태만怠慢함이 없이 노력努力하라는 말씀이다. (종시終始는 선천지종先天之終 후천지시后天之始를 뜻함)

**句解** 의지意志를 성실誠實히 하고 마음을 바르게 가져서 종終과 시始(시종여일始終如一)를 게으름 없이 독실篤實하게 근면勤勉하라 함.

**補解** 정리현현진경正理玄玄眞經인 정역正易의 탐구探究는 마음을 바르게

하고 성의誠意를 다하여 종시終始 태만怠慢함이 없이 정진精進하라는 것
이다. 종시終始는 종즉유시終則有始의 뜻이니, 끊임없이 노력努力하라는
말씀이다. 성인聖人이신 공자孔子도 「조문도석사가의朝聞道夕死可矣」라 하
였고 일부선생一夫先生도 육십년솔성지공六十年率性之工을 하셨으니, 사
학斯學은 일조일석지사一朝一夕之事가 아니므로 종시무태終始无怠 정진精
進하는 길뿐임을 교시教示한 것이다.

---

정 녕 아 화 화 옹　　필 친 시 교
二〇八. (8) 丁寧我化化翁이 必親施教하시리니

---

• 정녕코 우리 화옹化翁께서 반드시 친히 가르침을 베푸실 것이니,

　　　　화 옹　　불 시 범 위 야　　즉 재 아 지 화 신　　　화 화 자　　접 소 불
**註義** 化翁은 不是泛謂也니 即在我之化神이요 化化者는 接續不

이 야　　정 녕　　위 결 연 지 사　　　필 친 시 교　　위 자 도 자 성　　　　역 자
已也라 丁寧은 謂決然之辭이요 必親施教는 謂自道自成이며 亦自

천 우 지 지 의
天佑之之意라.

**粗解** 성의정심誠意正心으로 노력努力하면 정녕丁寧코 화化를 주관主管하
시는 화옹化翁께서 반드시 친親히 가르침을 베풀어주신다는 것이다.

**句解** 정녕丁寧코 우리 화化하신 화옹化翁님께서 친親히 가르침을 베풀
어주신다는 말씀이라 함.

補解 성심성의誠心誠意를 다하여 종시무태終始无怠 일념정진一念精進하면 정녕丁寧코 화옹化翁께서 친親히 가르침을 베풀어주신다는 것이다. 화옹친교化翁親敎는 일부一夫께서 정역괘도正易卦圖를 획획劃畫하실 때 괘도상卦圖象이 허공중虛空中에 보였다고 전전傳하는바, 이와 같은 계시啓示나 또는 영가무도詠歌舞蹈를 통通한 감응感應 등等 선생先生께서 경험經驗한 바를 말씀하신 듯 하다.

---

> 시 비 시 호 오 호
> 二〇八. (9) 是非是好吾好아.

---

● 이것이 바로 내가 좋아하는 것을 좋아하는 까닭이 아닌가.

註義 시비시호오호 역가곡종조리지사 시비시 위시기비
是非是好吾好는 亦歌曲終條理之辭니 是非是는 謂是豈非

시리야 호오호 위호오지호이인막지찰야 개인능격치차리
是理也라 好吾好는 謂好吾之好而人莫之察也라 蓋人能格致此理

이성기의정기심 건건불식 결연아화이우화지신옹 필
而誠其意正其心하여 乾乾不息하면 決然我化而又化之神翁이 必

약친시교화 무소용력이자도자성의 시기비시리이역
若親施敎化하시리니 无所用力而自道自成矣라 是豈非是理而亦

비오지호막호야 우 안역계왈언부진의 입상이진의
非吾之好莫好也리요 愚가 按易繫曰言不盡意니 立象以盡意이어늘

주부자석지왈언지소전자 천 이상지소시자 심 성현
朱夫子釋之曰言之所傳者는 淺이나 而象之所示者는 深이라 聖賢

이 기기재 개상지본막여도서 간지여괘위 개기용야 도
이 豈欺哉리요 蓋象之本莫如圖書니 干支與卦位는 皆其用也라 圖

서지본 막여십오 성명지원 재차이구팔칠육일이삼사
書之本은 莫如十五이니 性命之原이 在此而九八七六一二三四는

---

개기용야   선후천지리   역유차의   연상천지재   무성무취연
皆其用也라 先后天之理가 亦由此矣라 然上天之載는 无聲无臭然

후   지의   필욕궁기원   추이진수지시   지어무상수지
後에 至矣리니 必欲窮其原하고 推而盡數之始하여 至於无象數之

가명연후   내각도지무형이지묘처야   고어차   지기상수용
可名然後에야 乃覺道之无形而至妙處也라 故於此에 指其象數用

구용육지조화이음영지간   특찬무무위지실리무궁야
九用六之造化而吟詠之間에 特讚无无位之實理无窮也라.


粗解 진실眞實로 내가 좋아하는 것을 좋아한다는 뜻이니 이는 소남少男
(간산艮山) 소녀少女(태택兌澤)의 호의好意를 뜻한다.


句解 진실眞實로 내가 좋아하는 것을 좋아한다는 것이며 여기에는 특特
히 소남소녀少男少女의 호의好意를 뜻함이라 함.


補解 선생先生의 후천지학后天之學은 진실眞實로 좋아하시는 바를 좋아
한 것이므로 성의정심誠意正心으로 종시무태終始无怠하시고 일념一念으
로 솔성지공率性之工을 다하실 수 있었던 것이다. '시호오호是好吾好'라고
하신 뜻은 공자孔子께서 '종오소호從吾所好'라고 하신 뜻과 맥맥脈을 같이
하는 것이니, 성인聖人께서 좋아하시는 바는 곧 도道이다.

• 십오일十五一언의 진리를 노래함이라.

기 십 무 오　　일 월 지 부 모　　　성 명 지 근 체
[演解] 己十戊五는 日月之父母이며 性命之根蔕니라.


[粗解] 십오일언十五一言의 진리眞理를 노래한 것이니 십오十五는 十一의 체體가 되고 十一은 십오十五의 용用이 된다.


[句解] 십오일언十五一言을 노래한 것이니 십오十五는 十一에 대한 체體가 되고 十一은 십오十五에 대한 용用이라 함.


[補解] 십오十五는 십무극十无極 오황극五皇極으로서 곧 정역팔괘도正易八卦圖의 십건천十乾天 오곤지五坤地를 말함이니, 후천后天의 교역지리交易之理를 가송歌頌한 것이다.

---

170 편집자주 : 『정역대경(모필본)』과 『정역주의(하상역본)』는 「十五歌」를 끝으로 상편이 마무리 되고 있어 『정역(돈암서원본)』과는 차이가 있다.

二一○. 水火旣濟㤼여 火水未濟로다.

• 수화가 기제旣濟함이여 화수는 미제未濟로다.

粗解 선천先天의 역생도성逆生倒成하는 것이 수화기제水火旣濟이며, 후천后天의 도생역성倒生逆成하는 것이 화수미제火水未濟임을 밝힌 것이다.

句解 선천先天은 역생도성逆生倒成하는 수화기제水火旣濟이며, 후천后天은 도생역성倒生逆成하는 화수미제火水未濟라 함.

補解 만물萬物은 수화水火의 승강운동昇降運動에 의依하여 춘생春生 하장夏長 추수秋收 동장冬藏의 변화變化를 반복反復하며 순환循環하고 있다. 수水의 본성本性은 하위下位에서 윤하潤下하는 것이나 그 쓰임은 상승上昇하는데 있고, 화火의 본성本性은 상위上位에서 염상炎上하는 것이나 그 쓰임은 하강下降하는데 있는 것이니, 선천先天의 역생지서逆生之序는 수기상승水氣上昇과 화기하강火氣下降의 승강작용昇降作用으로 만물萬物은 활발活潑하게 생장生長하여 극極에 이르게 되는바, 이와 같은 수화작용水火作用을 수화기제水火旣濟라 한다. 그러나 천지순환지리天地循環之理는 극즉반極則反하는 것이니, 목적目的을 이룬 수화水火는 승강작용昇降作用을 멈추고 서서徐徐히 제자리로 환원還元하게 되므로 만물萬物은 생장生長을 멈추고 수축收縮하여 결실結實을 이루게 되는바, 이것이 후천后天의 도생지서倒生之序로서 수화水火가 제자리로 환원還元하는 것이므로 화수미제火水未濟라 한다. 수화기제水火旣濟와 화수미제火水未濟

는 선후천先后天의 수화용사水火用事를 말함이니. 선천先天의 역생도성逆生倒成은 낙서구궁지리洛書九宮之理이고 후천后天의 도생역성倒生逆成은 십수하도지리十數河圖之理이다. 십오가十五歌의 첫머리에 수화水火의 순환循環을 가송歌頌한 것은 수화기제水火既濟와 화수미제火水未濟의 반복反復이 곧 선후천先后天의 순환원리循環原理임을 밝힌 것이다. 선천先天(기제既濟)지종之終이 곧 후천后天(미제未濟)지초之初이며, 후천지종后天之終이 곧 선천지초先天之初이니, 산풍고괘山風蠱卦 단전象傳에「종즉유시終則有始 천행야天行也」라고 함이 바로 선후천先后天의 순환지리循環之理를 말한 것이다.

---

기 제 미 제 혜      천 지 삼 원
二一. 既濟未濟兮여 天地三元이로다.

---

• 기제가 미제로 됨이여, 천지는 삼원三元이로다.

<br>

차 무 위 행 정 지 도 이 자 자      좌 선 이 인 위 세 수       천 지 삼 원 야
演解 此戊位行政之度而自子로 左旋以寅爲歲首하니 天地三元也

천 지      주 기 수 이 삼 천 양 지 야      차      언 기 십 기 제 지 운      퇴 즉
오 天地는 主奇數而三天兩地也라 此는 言己十既濟之運이 退則

무 오 미 제 지 운      진 야
戊五未濟之運이 進也니라.

<br>

粗解 선천先天의 역생逆生은 수화기제水火既濟이고 후천后天의 도생倒生은 화수미제火水未濟이며, 천지삼원天地三元은 천지비운天地否運의 삼오착종수三五錯綜數이다.

466

선천先天의 역생逆生은 수화기제水火既濟요 후천后天의 도생倒生은 화수미제火水未濟이다.


기제이미제既濟而未濟는 선천先天의 역생도성逆生倒成을 말하는 것이며, 천지天地는 건남곤북乾南坤北의 천지정위天地正位를 이름이니, 곧 복희선천괘도伏羲先天卦圖의 천지설위天地設位를 말함이다. 천지삼원天地三元이라 함은 천지인天地人의 대삼원大三元을 말함이니, 곧 천개어자天開於子 지벽어축地闢於丑 인생어인人生於寅의 삼원三元을 말하는 것이다. 그러므로 선천先天은 자회子會에서 하늘이 열리고 축회丑會에서 땅이 열리며 인회寅會에서 사람(萬物)이 생생하여 역생도성逆生倒成하는 선천용사先天用事가 시작始作되는 것이니, 원元은 곧 시원始元을 뜻한다.


---

**二一二.** 未濟既濟여 地天五元이로다.

（미제기제혜 지천오원）

---

● 미제가 기제로 됨이여, 지천地天은 오원五元이로다.

此己位行政之度而自亥로 右旋以卯爲歲首하니 地天五元也

（차기위행정지도이자해 우선이묘위세수 지천오원야）

라 地天은 主偶數而三地兩天也라 此는 言戊五未濟之運이 退則

（오 지천 주우수이삼지양천야 차 언무오미제지운 퇴즉）

己十既濟之運이 進也니라. 萬劫世變이 總由於戊己進退幻局故로

（기십기제지운 진야 만겁세변 총유어무기진퇴환국고）

如是歌以十五耳라.

（여시가이십오이）

粗解 후천后天의 화수미제火水未濟가 선천先天의 수화기제水火既濟로 되는 것이니, 지천오원地天五元은 지천태운地天泰運의 오원수五元數이니 구이착종도수九二錯綜度數이다.

句解 후천后天의 화수미제火水未濟며 선천先天의 수화기제水火既濟요 지천오원地天五元은 지천태운地天泰運의 오원수五元數이니 구이착종도수九二錯綜度數라 함.

補解 미제이기제未濟而既濟는 후천后天의 도생역성倒生逆成을 말하는 것이며, 후천后天의 지천地天은 곤남건북坤南乾北의 지천정위地天定位를 이름이니, 곧 정역팔괘도正易八卦圖의 지천설위地天設位를 말함이다. 지천오원地天五元이라 함은 오원두五元頭를 말함이니, 선천先天은 개태開泰하는 과정過程이므로 삼원두三元頭로 대시大始하나, 후천后天은 선천先天에서 역생逆生한 만물萬物을 숙살肅殺하고 결실結實로 수축收縮하여 축장蓄藏하는 과정過程이므로 그 단계段階가 많은 것이다. 그러므로 후천后天은 경자궁庚子宮의 전위前位인 해궁亥宮을 시두始頭로 하여 제오위第五位에 이르러 묘궁卯宮을 세수歲首로 하니, 곧 후천后天의 지천오원地天五元인 것이다.

---

천 지 지 천 혜    삼 원 오 원
二一三. 天地地天兮여 三元五元이로다.

---

• 천지가 지천地天으로 됨이여, 三원은 五원으로 되는 도다.

천지비운天地否運이 지천태운地天泰運으로 바뀌는 것이니 선천先天의 삼원두三元頭는 후천后天에서는 오원두五元頭로 되는 것이다.

천지비운天地否運이 지천태운地天泰運이며 선천先天 삼원두三元頭는 후천后天 오원두五元頭라 함.

천지지천天地地天은 선천역생지서先天逆生之序에서 후천도생지서后天倒生之序로 체용體用이 호역互易함을 말함이니, 선천낙서지운先天洛書之運에서 후천하도지운后天河圖之運으로 바뀜을 뜻한다. 선천先天은 양陽을 용用하므로 일수一數에서 역생逆生하는 것이니, 일진이삼一進而三이라 고故로 삼원두三元頭이며, 후천后天은 음陰을 용用하므로 십수十數에서 도생倒生하는 것이니, 음용기반陰用其半하므로 십퇴이오十退而五라 고故로 오원두五元頭가 되는 것이다. 삼원三元 오원五元은 그 수數는 다르나 그 순환도수循環度數는 동일同一하다.

---

삼　원　오　원　혜　　상　원　원　원
二一四. 三元五元兮여 上元元元이로다.

---

• 선천의 삼원三元과 후천의 오원五元이여, 상원上元의 원원元元이 되는 도다.

선천삼원先天三元이 후천后天의 오원五元이 되는 것이니, 상고上古의 자회운子會運이 축회운丑會運으로 되는 것이다.

선천삼원先天三元이 후천오원后天五元이니, 상고上古의 자회운子會運이 축회운丑會運이 되는 것이라 함.

補解 상원원원上元元元은 원초原初의 시원始元을 말함이니, 곧 상원上元의 원원元元이라는 뜻이다. 선천삼원先天三元은 일태극一太極의 역생지시원逆生之始元이며, 후천오원后天五元은 십무극十无極과 오황극五皇極의 도생지시원倒生之始元을 말함이니, 십무극十无極 오황극五皇極 일태극一太極은 후천后天과 선천先天의 대시원大始元이므로 이를 상원上元의 원원元元이라 한 것이다.

상 원 원 원 혜   십 오 일 언
二-五. 上元元元兮여 十五一言이로다.

• 상원의 원이 원원으로 됨이여, 십오일언十五一言이 되는 도다.

粗解 상원上元의 원원元元이 십오일언十五一言이 되고 십오건곤十五乾坤의 말씀이 된다.

句解 상원上元의 원원元元(축회운丑會運)이 십오일언十五一言이 되고 십오일언十五一言은 십오건곤十五乾坤의 말씀이라 함.

補解 상원원원上元元元의 시원始元은 십무극十无極 오황극五皇極 일태극一太極이 선천先天과 후천后天의 시원始元이 됨을 뜻함이니, 이 삼극지리

三極之理를 밝힌 것이 곧 십오일언十五一言이다. 이는 십무극十无極 오황극五皇極 일태극一太極이 비록 시원始元은 달리하나 기실其實은 일체一體의 양면兩面으로서 삼이일三而一이요 일이삼一而三이니, 그 근본根本은 하나인 것이다. 공자孔子는 십이익지十而翼之하시어 역리易理를 밝히셨으나 태극太極만 말씀하시고 무극지리无極之理는 말씀하시지 않았는 바, 태극지리太極之理에는 무극지리无極之理가 내포內包되어 있으므로 일부선생一夫先生은 이를 '불언무극유의존不言无極有意存'이라 하시고, 십오일언十五一言을 쓰시어 삼극지리三極之理를 밝힌 것이다.

---

십 오 일 언 혜　금 화 이 역<br>
二一六. 十五一言兮여 金火而易이로다.

• 십오일十五一언이 됨이여, 금과 화가 바뀌는 도다.

**粗解** 십오건곤천지十五乾坤天地의 한 말씀이 금화金火가 호역互易하는 이치理致를 밝혔다는 말씀이다.

**句解** 십오건곤十五乾坤 천지天地의 말씀이 금화金火가 호역互易된다는 말씀이라 함.

**補解** 십무극十无極 오황극五皇極 일태극一太極의 원리原理를 밝힌 십오일언十五一言은 곧 금화金火가 호역互易하는 후천지리后天之理를 밝힌 것이니, 이는 일부一夫께서 육십년솔성지공六十年率性之工으로 통관洞觀하신

후천역后天易이다.

> 금화이역혜　만력이도
> 二一七. 金火而易兮여 萬曆而圖로다.

• 금과 화가 바뀜이여, 만세력서萬世曆書의 그림이 되는 도다.

[演解] 금화이역　즉오송　운금화호역　불역정역지의　동
金火而易은 即五頌에 云金火互易은 不易正易之意로 同이니
차만고일정　불역지우수합처　유하기차이용윤역호　칭이만
此萬古一定한 不易之偶數合處에 有何奇差而用閏易乎아 稱以萬
력이도　정역십수용시　금화성공　천이재여인고　만리
曆而圖니라. 正易十數用時에 金火成功인즉 天以才與人故로 萬里
소식　일조상문　만리원정　편시즉도　천이재여인　인존
消息을 一朝相聞하며 萬里遠程을 片時卽到라 天以才與人은 人尊
시대야　기무신도설교지기기호
時代也니 豈無神道設敎之奇機乎.

[粗解] 금화호역金火互易이 되니 금화정역도金火正易圖가 만세萬世의 력원
曆元이 되는 것이다.

[句解] 금화호역金火互易이 되니 금화정역도金火正易圖가 만세萬世의 력원
曆元이 된다 함.

[補解] 선생先生께서 후천后天의 금화호역지리金火互易之理를 밝히시고 십
수十數 정역팔괘도正易八卦圖와 금화정역도金火正易圖를 성도成圖하시니,

팔괘도八卦圖로서 후천后天의 설위設位와 용사用事를 밝히시고 금화정역도金火正易圖로서 후천后天의 순환지도循環之度와 그 원리原理를 밝히셨다. 이 양도兩圖는 금화호역지리金火互易之理와 선후천순환지리先后天循環之理를 밝혔으므로 만세萬世의 력원曆元이 되는 것이다. 대역서大易序에 「역자력야易者曆也」라고 하였으니, 만세지력萬世之曆은 곧 만세지역萬世之易을 뜻한다.

---

만 력 이 도 혜     함 혜 항 혜
二一八. 萬曆而圖兮여 咸兮恒兮로다.

• 만세력서의 그림이 됨이여 택산함(咸)과 뇌풍항(恒)이로다.

粗解 만세萬世의 력曆이 금화정역도金火正易圖이며, 택산함澤山咸이 뇌풍항雷風恒으로 용사用事하니 간태합덕艮兌合德으로 십일용정十一用政하는 뇌풍정역雷風正易이다.

句解 만세萬世의 력曆이 금화정역도金火正易圖라 하며 택산함澤山咸과 뇌풍항雷風恒이 되니 간태합덕艮兌合德의 십일용정十一用政과 뇌풍정역雷風正易이라 함.

補解 주역하경周易下經의 수괘首卦인 택산함괘澤山咸卦와 함괘咸卦가 도전倒顚한 뇌풍항괘雷風恒卦는 후천后天을 뜻하는 괘卦로서 함괘咸卦는 부부夫婦를 상징象徵하는 괘卦이고 항괘恒卦는 부부夫婦사이에서 태어

난 장남장녀長男長女를 상징象徵하는 괘卦이니, 괘상卦象을 보면 소녀少女
(☱)와 소남少男(☶)이 결합結合하여 가정家庭을 이루고 장남長男(☳)과
장녀長女(☴)가 가문家門을 이어가는 뜻이 함축含蓄되어 있다. 『주역周
易』 서괘전序卦傳에 「유천지연후有天地然後에 유만물有萬物하고 유만물연
후有萬物然後에 유남녀有男女하고 유남녀연후有男女然後에 유부부有夫婦하
고 유부부연후有夫婦然後에 유부자有父子」 라고 하였고 또 「부부지도夫婦
之道는 불가이불구不可以不久也라 고故로 수지이항受之以恒」 이라 하였는
바, 이는 선천先天에서 창조創造한 만물萬物이 영원永遠히 존속存續하기
위爲해서는 남녀男女(음양陰陽)의 결합結合으로 이루어지는 부부지도夫婦
之道(함咸)와 장남장녀長男長女(항恒)의 승계承繼가 있음으로써 항구恒久할
수 있음을 밝힌 것이다. 그러므로 선천先天은 창조創造된 만물萬物(생명生
命)이 생장生長하도록 용사用事하는 것이며, 후천后天은 생장生長한 만물
萬物을 수렴收斂하여 새 생명生命을 창조創造함으로써 항구적恒久的으로
존속存續하도록 용사用事하는 것이니, 계사전繫辭傳에 「생생지위역生生之
謂易」 이라 함이 바로 만물萬物이 생생生生함으로써 생명生命이 항구적恒
久的으로 순환循環하는 이치理致를 말한 것이다. 선후천先后天의 순환지
리循環之理가 이와 같으므로 일부一夫께서는 후천금화지리后天金火之理
를 밝혀 괘도卦圖를 성도成圖하시고 만세萬世의 력曆이 되는 괘도卦圖의
원리原理가 곧 산택통기山澤通氣(택산함澤山咸)와 뇌풍용정雷風用政(뇌풍항
雷風恒)에 있음을 밝힌 것이다.

● 택산함이 뇌풍항으로 됨이여 十이요 五로다.

　　　　　　수 화 교 역 위 기 제　　　천 지 교 이 위 태　　묘 궁　　용 사 이 위 오
[註義] 水火交易爲旣濟이요 天地交而爲泰니 卯宮이 用事而爲五

원　　　십 오 일　　화 이 성 상 원 원 원　　　금 화 역 위 이 성 만 세 지 력
元이라 十五一이 化而成上元元元이며 金火易位而成萬歲之曆이

　　　택 산　　감 이 사 해 통　　뇌 풍　　순 이 만 물　　수　　　천 지 정 위
라 澤山이 感而四海通하고 雷風이 順而萬物이 遂하고 天地正位하

　　인 물 성 성　　　수 개 만 세 태 평　　　십 혜 오 혜 지 공 용　　저 의
고 人物成性하여 遂開萬歲太平하니 十兮五兮之功用이 著矣니라

　우　　안 십 오 자　　개 권 제 일 의 야　　고 종 지 이 십 오 가　　기 가 야
愚가 按十五者는 開卷第一義也니 故終之以十五歌라 其歌也에

　포 함 도 체 무 궁 지 의　　차 승 지 이 구 구 음 자　　구 즉 낙 서　　십 즉 하
包含道體無窮之意와 且承之而九九吟者인데 九則洛書요 十則河

도　　구 여 십　　호 위 체 용　　　성 선 후 천　　오 자　　거 도 서 지 중 앙
圖라 九與十은 互爲體用하여 成先后天이라 五者는 居圖書之中央

　　　불 역 기 소 이 지 지 덕　　곤 지 성　　실 위 만 물 지 모 언　　혹 의 지
하여 不易其所而地之德과 坤之性이 實爲萬物之母焉이라 或疑之

왈 역 경　　단 언 괘 지 용 구 용 육 이 불 언 간 지 지 용　　　차 경 지 선 언 간
曰易經에 但言卦之用九用六而不言干支之用인데 此經之先言干

지 이 차 급 괘 설　　　하 야　　왈 간 지 여 괘 위 개 본 도 서 이 간 지 자　　음
支而次及卦說하니 何也오 曰干支與卦位皆本圖書而干支者는 陰

양 지 본　　　팔 괘 자　　강 유 지 본　　　개 역 경　　이 강 유 입 본 이 구 육
陽之本이요 八卦者는 剛柔之本이라 盖易經은 以剛柔立本而九六

지 용　　　질 위 소 장　　교 인 관 상 취 용 언　　금 지 역　　이 음 양 위
之用으로 迭爲消長하니 敎人觀象取用焉이요 今之易은 以陰陽爲

원 이 십 일　　성 성 명　　오 육　　성 운 기　　이 시 성 명 기 수 지 성
原而十一로 成性命하고 五六으로 成運氣하여 以示性命氣數之成

도　　　실 천 명 지 역　　　비 일 부 부 자 지 사 지 야
度하나니 實天命之易이요 非一夫夫子之私智也니라.


粗解 택산함괘澤山咸卦와 뇌풍항괘雷風恒卦를 말함이니 十은 기축궁己丑
宮이고 五는 무술궁戊戌宮이며 십오뇌풍정사十五雷風政事이다.


句解 택산함澤山咸과 뇌풍항雷風恒이요 十은 기축궁己丑宮이고 五는 무
술궁戊戌宮이니 십오뇌풍정사十五雷風政事라 함.


補解 주역周易은 육십사괘六十四卦를 상하편上下篇으로 나누어 서괘序卦
하였는바, 건곤乾坤을 수괘首卦로 한 상경삼십괘上經三十卦는 선천先天의
리理를 밝힌 것이고, 함항咸恒을 수괘首卦로 한 하경삼십사괘下經三十四卦
는 후천后天의 리理를 밝혀 서괘序卦한 것이다. 전문前文에서 '만력이도혜
萬曆而圖兮 함혜항혜咸兮恒兮'라 하심은 금화지리金火之理를 밝힌 정역괘
도正易卦圖는 함항咸恒이 용사用事하는 후천后天의 원리原理임을 밝힌 것
이고, 차문此文에서 '함혜항혜혜咸兮恒兮 십혜오혜十兮五兮'라 함은 산
택山澤이 통기通氣하고 뇌풍雷風이 용정用政하는 함항지리咸恒之理는 곧
정역괘도지리正易卦圖之理로서 십무극十无極 오황극五皇極의 원리原理임
을 밝힌 것이다.[171]


171 補註: 一太極은 先天逆生之理이고 十无極은 后天倒生之理이다. 先天易인 周易에서
는 五皇極을 論及함이 없으나 后天易인 正易에서는 十无極과 함께 五皇極을 論하고 있다.
그러나 五皇極은 后天에만 存在하는 것이 아니라 先天에서도 存在하며, 다만 先天의 五皇
極은 그 쓰임이 드러나지 않았을 뿐이다. 洛書에는 十无極은 없으나 五皇極이 中宮에 定
位하고 先天逆生을 居中調節하는 것이며, 河圖에는 五皇極이 十无極과 함께 中宮에 位하
여 后天倒生을 亦是 居中調節하는바, 五皇極은 圖書의 中宮之中位에 位하여 先天에서는
一太極과 合德하여 逆生을 調節하고 后天에서는 十无極과 合德하여 倒生을 調節하는 것
이다. 然이나 先天逆生은 水火用事로서 木을 用하여 水火가 旣濟하므로 中宮五土(皇極)는
萬物의 바탕이 되어 逆生을 調節하나 그 쓰임이 드러나지 않으며, 后天倒生은 金水用事로
서 先天에서 旣濟한 火를 中宮의 五皇極이 收斂引化하여 居中遁生(火生土 · 土生金)함으

476

二二〇. 先后天正閏度數라.[172]

• 선천과 후천의 정윤正閏도수라.

$\boxed{演解}$ 總目에 九峯蔡氏云 河圖體圓而用方하며 洛書體方而用圓이

라 하니라.

$\boxed{粗解}$ 선천先天은 기삼백朞三百인 윤도수閏度數를 말함이고 후천后天은

삼백육십일三百六十日 당기일當朞日인 정도수正度數를 말함이다.

$\boxed{句解}$ 선천先天은 기삼백朞三百인 윤력도수閏曆度數요 후천后天은 삼백육

십일三百六十日 당기일當朞日인 후천정역도수后天正易度數라 함.

$\boxed{補解}$ 일부선생一夫先生은 상문上文에서 「일부지기一夫之朞는 삼백칠십오

도三百七十五度니 십오十五를 존공尊空하면 정오부자지기正吾夫子之朞 당

기삼백육십일當朞三百六十日이니라」 라고 하였는바, 공자지기孔子之朞는

선천지기先天之朞이고 일부지기一夫之朞는 후천지기后天之朞이니, 비록 당

---

로써 金水를 倒生할 수 있는 것이니, 后天倒生之序에 있어서 五皇極의 居中調節은 絶對 不
可缺한 要諦이다. 十无極과 一太極의 循環(无極而太極)은 萬物(生命)의 循環을 뜻하며, 五
皇極은 萬物이 寄生하는 五坤地(大地−地球)이니, 萬物은 先后天의 變化가 있으나 中宮之
中位에 位하는 五皇極은 變함이 없다. 原理가 이와 같으므로 后天之理를 밝힌 正易卦圖에
五皇極이 南方正位의 五坤宮에 位하는 것이다.

172 편집자주 : 『정역대경(모필본)』과 『정역주의(하상역본)』는 「先后天正閏度數」를 하편
에 배치 하고 있고, 『정역(돈암서원본)』은 '十五一言'에 배치되어 배열 순서가 다르다. 『정역
대경(모필본)』에는 「先后天正閏度數」의 제목이 누락되어 있다.

기삼백육십일當朞三百六十日은 같으나 선후천先后天이 다르므로 선천先天
에서는 윤도수閏度數를 용용用하나 후천后天에서는 정도수正度數를 용용用한
다는 것이다. 선천先天은 역생지서逆生之序이고 후천后天은 도생지서倒生
之序이니, 기삼백육십도朞三百六十度의 운용運用에 있어서도 동일同一할
수 없는 것이므로 하문下文은 이를 밝힌 것이다.

---

선 천　체 방 용 원　　이 십 칠 삭 이 윤
二二一. 先天은 體方用圓하니 二十七朔而閏이니라.

• 선천은 방方을 체體로 하고 원圓을 용用으로 하니 이십칠二十七삭에 윤
달이 되는 것이니라.

　　　　　우 수 위 체　기 수 위 용　　위 지 체 방 용 원　　기 행 무 정 고
**註義** 耦數爲體요 奇數爲用이니 謂之體方用圓이라 奇行无定故로
삼 세 이 치 윤
三歲而置閏이라.

　　　　　양 지 기 수　운 이 선 천　　　력 지 윤 법　유 어 차　　양 지 원 상
**演解** 陽之奇數를 云以先天이니 曆之閏法이 由於此라. 陽之圓象을
경 일 위 삼 지 법　　　승 즉 삼 구　이 십 칠　　이 삭 수　계 즉 이 십 칠
徑一圍三之法으로 乘則 三九－二十七이니 以朔數로 計則二十七
삭 야　기 수 상 착 고　　운 이 윤
朔也라 其數相錯故로 云以閏이라.

**粗解** 선천先天은 음수陰數 二四六八十으로 체體하고 양수陽數 一三五七九
로 용用하니 이십칠삭二十七朔이 되는 윤력閏曆이다.

句解 선천先天은 음수陰數 二四六八十으로 체體하고 一三五七九 양수陽數로 용用하니 이십칠삭二十七朔이 되는 윤력閏曆이라 함. 간지干支로는 선천先天에는 인갑사해寅甲巳亥로 체體하고 자오묘유子午卯酉로 용用하니 천지비운天地否運이라 함.

補解 방원方圓은 천원지방天圓地方을 이름이니, 음양陰陽을 뜻한다. 선천先天은 음수陰數(二四六八十)를 체體로 하고 양수陽數(一三五七九)를 용用하여 역생逆生하므로 이를 체방용원體方用圓이라 한다. '이십칠삭이윤二十七朔而閏'이라 함은 역법曆法의 치윤지삭置閏之朔을 말함이 아니라 선천先天에서 윤법閏法을 쓰는 원리原理를 말한 것이니, 선천先天은 낙서구수洛書九數를 용用하므로 십수十數에 일수一數가 부족不及한지라 부족분不足分을 윤법閏法으로써 보충補充하는 이치理致를 밝힌 것이다. 선천先天은 원圓을 용用하니 원주圓周는 경일위삼徑一圍三이라 고故로 낙서구수洛書九數를 三으로 승乘하여 이십칠삭二十七朔을 산출算出한 것이므로 역법曆法의 치윤도수置閏度數를 말함이 아니다.[173]

---

173 補註 : 現行曆法의 置閏은 十九年七閏을 一章으로 하여 反復하는바, 이는 十九年에 七朔이 不足한 것이므로 閏法으로써 朞數와 一致시키는 것이니, 三歲一閏五歲再閏之法으로 十九年一章을 計算하면 다음과 같다.

十九年 二百二十八月(19×12 = 228)에 七閏을 置閏하므로 二百三十五月이 되는 바, 三歲一閏 五歲再閏하는 閏法으로 算하면 平均 三十二朔十五日에 閏月을 두게 된다.(228÷7 = 32,5) 그러므로 本文의 '二十七朔而閏'은 曆法의 置閏之朔을 말한것이 아니라 置閏하는 原理를 밝힌 것임을 알 수 있다. 그리고 周易下經 十九位에 澤火革卦를 序卦하였는바, 이는 十九年을 一章으로 하여 治歷明時하라는 뜻이 含蓄되어 있는 것이다. 또한 十九之數는 河圖十數와 洛書九數의 合數이니, 十九를 自乘하면 三百六十(19×19 = 361) 當朞度數가 되므로 十九年七閏之理는 곧 十九年을 一章으로 하여 當朞度數와 一致시키는 治曆의 法則이다.

• 후천은 원圓을 체로 하고 방方을 용用하니 삼백육십일三百六十日이 돌이 되느니라.

註義 奇數는 爲體요 耦數爲用이니 謂之體圓用方이라 耦行必立故로 一朞而得正이라.

기수 위체 우수위용 위지체원용방 우행필립고 일기이득정

演解 陰之偶數로 云以后天이니 曆之正法이 由於此라. 陰之方形을 徑一圍四之法으로 乘則 四九一三十六이니 以日數로 計則 三百六旬也라 其數相合故로 云以正이라.

음지우수 운이후천 력지정법 유어차 음지방형 경일위사지법 승즉 사구 삼십육 이일수 계즉 삼백육 순야 기수상합고 운이정

粗解 후천后天은 양수陽數인 一三五七九로 체體하고 음수陰數인 二四六八十으로 용用하니 삼백육순三百六旬의 태양력太陽曆이다.

句解 후천后天은 一三五七九 양수陽數로 체體하고 二四六八十 음수陰數로 용用하니 삼백육순三百六旬이 태양력太陽曆이라 함. 간지干支로는 후천后天은 자오묘유子午卯酉로 체體하고 인갑사해寅甲巳亥로 용用하니 지천태운地天泰運이라 함.

補解 후천后天은 하도십수河圖十數를 용用하므로 체원용방體圓用方이라

한 것이니, 즉即 양수陽數(구九–낙서洛書)를 체體로 하고 음수陰數(십十–하도河圖)를 용用함을 말함이다. 방方은 경일위사徑一圍四이므로 사수四數를 체수구體數九로 승乘하면 삼십육三十六(4×9=36)을 얻게 되는바, 이를 다시 용수십用數十으로 승乘하여 삼백육십三百六十(36×10=360) 당기도수當朞度數를 얻게 되므로 '삼백육순이정三百六旬而正'이라 한 것이니, 정正은 기차奇差가 없는 정수正數를 말함이다.[174]

---

**174** [補註] : 或者는 本文의 '三百六旬而正'에 對하여 后天에서는 三百六十正度數를 쓰게 되므로 地球의 公轉週期가 當朞度數와 一致하게 되는 것으로 解釋하고 있으며, 甚至於는 后天正易時代가 열리면 地球의 地軸이 바로스고 公轉週期가 當朞三百六十度로 成道하여 黃道 赤道가 一致하고 冬至夏至가 없어져 極寒極暑가 없으며, 氣候는 '三十六宮都是春'으로 和暢한 四時長春의 琉璃世界가 된다는 等等의 宗敎의 豫言과 恰似한 解釋을 하고 있는바, 이는 當朞三百六十의 成度原理를 理解하지 못한 所致라고 생각한다. 天地萬物을 비롯한 宇宙萬有는 모두 一定한 軌道를 循環하는 運動을 反復하고 있으며, 暫時라도 停止하거나 軌道를 離脫함이 없다. 이와 같은 循環運動은 嚴正한 宇宙秩序(自然法則)에 따라 秋毫의 誤差도 없이 循環하고 있는바, 이 宇宙法則이 곧 陰陽五行의 原理이며, 그 循環度數는 大小를 不問하고 모두 三百六十度를 回轉하고 있으니, 이 循環度數가 곧 當朞三百六十度이다. 例를 들면 地球의 自轉度數도 亦是 三百六十度로서 一時間(舊時)에 三十度를 進度하여 十二時間에 三百六十度를 一循環하는 것이니, 時間單位는 朞三百六十度를 十二等分한 것으로서 有史以來 이 一日의 朞(十二時)를 宇宙萬有의 循環을 測度하는 基本尺度로 하여 오늘에 이르고 있다. 그러므로 이 尺度(一日十二時)는 地球의 時間單位이므로 다른 循環體의 循環週期와 一致할 수 없는 것이며, 循環體의 大小에 따라 그 週期가 各異하므로 다만 그 週期를 測度할 수 있을 뿐이다. 特히 先后天의 循環週期도 亦是 同一한 原理로 測度하나 이는 無形의 度數인지라 故로 一夫께서 '道通天地無形外'라 하시고 '洞觀天地無形之景은 一夫能之'라고 말씀한 것이다. 一夫之朞는 孔子之朞와 같다고 밝히셨으니, 이를 根據로 推理하여 보면 后天時代에도 孔子之朞를 쓰고있는 先天과 크게 달라지는 變動은 없을 듯하다. 그 理由는 一年을 先后天으로 나누면 上半期는 先天으로서 逆生(生長)하는 秩序이니 陽長而陰消하며, 後半期는 后天으로서 倒生(收縮)하는 秩序이니, 陰長而陽消하는 變化는 豫想할 수 있는 것이나 當朞度數(360度)와 地球의 公轉週期가 같아지거나 또는 黃道와 赤道가 一致하여 冬至夏至가 없어지는 循環軌道의 變動은 없을 것이 分明하다. 그러므로 本文의 '三百六旬而正'이라고 한 대목을 去頭截尾하고 擴大解釋하여 陰陽五行의 正理에 不合하는 主張을 펴는 것은 一夫先生께서 밝히신 原義와는 맞지 않는 듯 하다. 筆者의 管見으로는 一夫之朞가 孔子之朞와 같다고 한 말씀에 留意한다면 위와 같은 不合理한 主張은 없어질 것이다.

• 원천原天은 한량이 없으시니라.

조 화　　위 지 원 천　　　화 신　　위 지 무 량
[註義] 造化를 謂之原天이요 化神을 謂之无量이라.

원 천　　호 호 망 망　　　난 이 도 수 짐 정 고　　운 이 무 량
[演解] 原天은 浩浩茫茫하야 難以度數斟定故로 云以无量이라.

[粗解] 상원원천上元原天은 헤아릴 수 없이 한계限界가 없다는 것이다.

[句解] 상원上元의 원원元元은 헤아릴 수 없이 한계限界가 없음이라 함.

[補解] 상문上文에 「화옹化翁은 무위无位시고 원천화原天火시니 생지십기生地十己
토生地十己土니라」 라고 하였는바, 만물萬物을 생생불이生生不已하는 원
천原天의 조화造化는 무궁无窮하여 끝이 없으므로 이를 무량无量이라 한
것이다. 그러므로 선후천先后天의 순환循環 역시亦是 종즉유시終則有始라
그 순환循環이 무궁无窮한 것이니, 그 한계限界는 헤아릴 수 없는 것이다.
고故로 일부一夫께서 '원천原天은 한량限量이 없다' 고 말씀한 것이다.

二二四. 先后天周回度數라.[175]

• 선천과 후천의 주회周回도수라.

**粗解** 선천先天과 후천后天의 주회도수周回度數는 지구地球가 태양주위太陽周圍를 공전公轉하는 도수度數이니, 지구地球가 일일공전一日公轉하는 이정里程은 약육백만리約六百萬里라고 한다.

**句解** 선후천주회도수先后天周回度數는 지구地球가 태양주회太陽周回를 공전公轉하는 도수度數라 하고 지구地球가 일일공전一日公轉하는 이정里程은 약육백만리約六百萬里라 함.

**補解** 주회도수周回度數는 지구地球가 공전公轉하여 일순환一循環하는 도수度數를 말함이다. 모든 천체天體의 일주도수一周度數는 삼백육십도三百六十度이나 그 일주거리一周距離는 궤도軌度의 대소大小에 따라 각이各異하며, 일주시간一周時間 역시亦是 각이各異한 것이다. 일부一夫께서는 '선후천주회도수先后天周回度數'라 하시고 도수度數가 아닌 이수里數를 밝히셨는바, 이는 주회거리周回距離를 밝힘으로써 그 주회시간周回時間과 속도速度를 추정推定하라는 교시敎示인 듯 하다. 관견管見으로는 주회도수周回度數는 모든 순환체循環體가 공통적共通的으로 삼백육십도三百六十度이므로 도수度數는 불언不言하시고 주회거리周回距離만을 밝히시어

---

175 편집자주 : 『정역대경(모필본)』과 『정역주의(하상역본)』는 「先后天周回度數」를 하편에 배치되어 있으며, 『정역(돈암서원본)』은 '十五一言'에 배치되어 배열 순서가 다르다.

선후천변화先后天變化의 근본원리根本原理가 주회거리周回距離의 변동變動에 있음을 밝히려는 데에 그 진의眞意가 있는 듯 하다.

> 선 천     이 백 일 십 육 만 리
> 二二五. 先天은 二百一十六萬里니라.

• 선천은 이백십육二百十六만리가 되느니라.

演解  차 선 천     양 도 지 명 계     언 야     력 지 용 윤 처     차 건
此先天은 陽度之明界로 言也니 曆之用閏處니라. 此는 乾
지 책 이 백 일 십 유 육     이 만 승 지 즉 이 백 일 십 육 만 리 야     양 지 책
之策二百一十有六을 以萬乘之則二百一十六萬里也라. 陽之策
삼 십 육     이 육 승 즉 이 백 일 십 육 야
三十六을 以六乘則二百一十六也라.

粗解  태음太陰의 용육用六하는 리수里數이니, 산출공식算出公式은 36×6×100=216萬里이다.

句解  태음太陰의 용육用六하는 리수里數는 36×6×100=216萬里라 함.

補解  주회周回는 천도天道의 운행運行이므로 양지책陽之策 삼십육三十六을 기본基本으로 하여 산출算出한 이수里數이다. 산출공식算出公式은 양지책수陽之策數 삼십육三十六을 음수육陰數六으로 승乘하여 얻은 이백일십육二百一十六(건지책수乾之策數)을 만萬으로 승乘하여 산출算出한 이수里數이다.(36×6×10,000=2,160,000) 이 이수里數는 음양원리陰陽原理를 기

본基本으로 하여 산출算出한 수치數値이므로 관측觀測에 의依한 실측치實測値와는 차이差異가 많으나 일부一夫께서 주회리수周回里數를 산출算出하여 밝히신 뜻은 선후천先后天의 주회리수周回里數가 이대삼二對三의 비율比率로 차이差異가 있음을 밝혀 후천后天의 천도변화天道變化를 이해理解할 수 있도록 하는데 그 뜻이 있는 듯 하다.

<br>

후천 삼백이십사만리

二二六. 后天은 三百二十四萬里니라.

<br>

• 후천은 三百二十四만리가 되느니라.

**演解** 차후천 음도지유계 언야 력지용정처 차 건지책
此后天은 陰度之幽界로 言也니 曆之用正處니라. 此는 乾之策

삼백이십사 이만승지즉삼백이십사만리야 양지책삼십육 이
三百二十四를 以萬乘之則三百二十四萬里也라. 陽之策三十六을 以

구승지즉삼백이십사야
九乘之則三百二十四也라.

**粗解** 태양太陽의 용구用九하는 이수里數이니, 산출공식算出公式은 $36 \times 9 \times 100 = 324$萬里이다.

**句解** 태양太陽의 용구用九하는 이수里數는 $36 \times 9 \times 100 = 324$萬里라 함.

**補解** 산출공식算出公式은 선천先天과 같으나 다만 양지책수陽之策數 삼십육三十六을 양수구陽數九로 승승乘하여 만승萬乘한다.($36 \times 9 \times 10,000 = 3,240,000$)

## 二二七. 先后天合計數는 五百四十萬里니라.

선 후 천 합 계 수　　오 백 사 십 만 리

• 선후천의 합계수는 五百四十만리니라.

**[註義]** 天有出地三十六度하니 度를 以六乘之하면 爲二百一十六萬
　　　천 유 출 지 삼 십 육 도　　　도　　이 육 승 지　　　위 이 백 일 십 육 만

里이요 天有入地三十六度하니 度를 以九乘之하면 爲三百二十四
리　　　천 유 입 지 삼 십 육 도　　　도　　이 구 승 지　　　위 삼 백 이 십 사

萬里라 盖水土旣平하면 六合得成度故로 先后天合計數는 爲六
만 리　　개 수 토 기 평　　　육 합 득 성 도 고　　선 후 천 합 계 수　　위 육

九五十四라.
구 오 십 사

**[演解]** 此廣大한 天之幅圓이 露現也라.
　　　차 광 대　　천 지 폭 원　　로 현 야

**[粗解]** 선천후천先天后天의 합계수合計數이니, 선천이백십육만리先天
二百十六萬里에 후천삼백이십사만리后天三百二十四萬里를 합합하면 오백사
십만리五百四十萬里이다.

**[句解]** 216만리萬里+324만리萬里=합합이 540만리萬里이라 함.

**[補解]** 선후천先后天의 이수里數를 합합한 수數이다. 선천先天은 음수육陰
數六으로 승승乘乘하고 후천后天은 양수구陽數九로 승승乘乘함은 음변양화지리
陰變陽化之理이니, 선천先天은 음陰이 양陽으로 변變하는 과정過程이므로
음수陰數로 승승乘乘하고 후천后天은 양陽이 음陰으로 화化하는 과정過程이

486

므로 양수陽數로 승乘하는 것이다. 음양陰陽의 묘리妙理는 실實로 무궁無窮한 것이다.

---

二二八. 盤古五化元年壬寅으로 至大淸光緒
　　반 고 오 화 원 년 임 인　　　지 대 청 광 서
十年甲申이[176] 十一萬八千六百四十三
　십 년 갑 신　　　십 일 만 팔 천 육 백 사 십 삼
年이니라.
년

---

● 반고五化원년 임인壬寅으로부터 청나라 광서光緖十년 갑신甲申(1884)까지 118,643년이니라.

**註義** 盤古는 謂戊戌宮이요 五化는 謂五度而化化者로 指形化也라
　　　반 고　　위 무 술 궁　　　오 화　　위 오 도 이 화 화 자　　지 형 화 야
壬은 王也요 寅은 人也니 寅得壬而旺하니 人由寅而生焉이라 盖戊
임　　왕 야　　인　　인 야　　인 득 임 이 왕　　　인 유 인 이 생 언　　　개 무
戌은 形化之主而五度而至壬寅하면 氣旺而化人故로 以壬寅으로
술　　형 화 지 주 이 오 도 이 지 임 인　　　기 왕 이 화 인 고　　　이 임 인
立紀元也라 是其年條所以然이건만 恨未聞於師說而无理可據故
입 기 원 야　　시 기 년 조 소 이 연　　　　한 미 문 어 사 설 이 무 리 가 거 고
로 姑闕之하니 以俟後知라 愚가 按干支爲書契之祖요 天下는 无理
　　고 궐 지　　　이 사 후 지　　우　　안 간 지 위 서 글 지 조　　천 하　　무 리
外之物이니 因其書而推其理則干之丙字는 人居內하고 支之寅字
외 지 물　　　인 기 서 이 추 기 리 즉 간 지 병 자　　　인 거 내　　　지 지 인 자
는 人由下하니 盖太陽之化於丙寅하여 生於壬寅하니 是皆自然之
　　인 유 하　　　개 태 양 지 화 어 병 인　　　생 어 임 인　　　시 개 자 연 지

---

176 편집자주 : 『정역대경(모필본)』에는 '至淸', 『정역주의(하상역본)』에는 '至大淸'으로 기록되어 있다.

487

리야　　차천자지리　　천일지일　　이획　　합위인이성자　　천필
理也라 且天字之理는 天一地一의 二劃과 合爲人而成字이니 天必

불이어인야　　유형화하양계즉강충지인야　　사형신귀음계즉본
不二於人也라 由形化下陽界則降衷之人也며 捨形身歸陰界則本

연지천야　　인역불이어천야　　인지차리즉기가자사이이어천호
然之天也니 人亦不二於天也라 人知此理則豈可自私而二於天乎

　　　　기혹순인욕이불복어천자　　불가위지인의　　애재
리요 其或循人欲而不復於天者는 不可謂之人矣리니 哀哉라.

　　　　우이태을산법　　　계즉 천갑 육만년　구백갑 오만사천년
演解 右以太乙籌法으로 計則 千甲 六萬年, 九百甲 五萬四千年,

칠십갑사천이백년　육갑 삼백육십년　자임인　지갑신 사십삼
七十甲四千二百年, 六甲 三百六十年, 自壬寅－至甲申 四十三

년 우도합십일만팔천육백영삼년야　　차외사십가입　　의시연
年, 右都合十一萬八千六百零三年也라. 此外四十加入을 疑是衍

산이　　오화　　일도　　절어술위이생우인궁즉 자술지인　합오
籌耳라. 五化는 日度가 絶於戌位而生于寅宮則 自戌至寅이 合五

도　　즉오화야　　일체　　시득인위지제삼도임인궁이출　　운
度이니 卽五化也라 日體가 始得寅位之第三度壬寅宮而出하야 運

우기성지전두고　　이임인위시　　차야　　차년도　　천지소시
于箕星之躔頭故로 以壬寅爲始함이 此也라. 此年度는 天之所示오

인지난췌처언　　　특거임인년수　　이십진일생지리　　은포삼양
人之難揣處焉이나 特擧壬寅年數는 以十盡一生之理로 隱包三陽

인호장지지위야
寅會將至之謂也라.


粗解 반고화盤古化는 기축己丑에서 무술戊戌까지 十을 형상形象하고 반

고오화盤古五化는 기축己丑에서 무술戊戌까지 十과 무술戊戌에서 임인壬

寅까지 五가 되니, 이를 오화五化라 함이요 오화임인五化壬寅을 태초太初

의 원년元年으로 정정한 것은 천개어자天開於子하고 지벽어축地闢於丑하

며 인생어인人生於寅이라는 뜻이 있고 다시 임인壬寅에서 임술壬戌까지

의 도수度數 이십일도二十一度를 가산加算하여 십일만팔천육백사십삼년十一萬八千六百四十三年을 산출算出한 것이다.

句解 반고화盤古化는 기축己丑에서 무술戊戌까지 十을 형상形象하고 반고오화盤古五化는 기축己丑에서 무술戊戌까지 十과 무술戊戌에서 임인壬寅까지 五가 되니, 이를 오화五化라 함이요 오화五化인 임인壬寅을 태초太初의 원년元年으로 삼은 것은 천개어자天開於子하고 지벽어축地闢於丑이며 인생어인人生於寅이라는 뜻이 있고 다시 임인壬寅에서 임술壬戌까지 생생生하는 도수度數 이십일도二十一度를 가산加算하야 십일만팔천육백사십삼년十一萬八千六百四十三年에 당當한다 함.

補解 소강절선생邵康節先生은 선천지학先天之學을 바탕으로 대순환주기大循環週期 십이만구천육백년十二萬九千六百年(360×360=129,600)을 산출算出하였으며, 일부선생一夫先生은 후천지학后天之學을 바탕으로 반고오화원년임인盤古五化元年壬寅으로부터 대청광서십년大淸光緒十年(1884) 갑신甲申까지 십일만팔천육백사십삼년十一萬八千六百四十三年의 년수年數를 산출算出하여 밝히셨다, 이는 소자邵子가 산출算出한 주기週期보다 일만구백오십칠년一萬九百五十七年이 불급不及한 년수年數이다. 그러나 소자邵子는 선천지학先天之學에 근거根據하여 산출算出하였으므로 선천先天을 시두始頭로 한 것이고, 일부一夫께서는 후천지학后天之學을 근거根據로 산출算出하였으므로 후천后天을 시두始頭로 하였을 것이니, 이로써 볼 때 지금至今의 시점時點이 선천지말先天之末에 거이 근접近接하였음을 미루어 알 수 있다·혹자或者는 「복지리리일칠사復之之理一七四」 라고 한 태양회복지리太陽回復之理를 근거根據로 하여 태양太陽은 술궁戌宮(황극궁皇極宮)에서 절절絶하므로 귀공歸空하고 칠사七四(합십일合十一)지위之位 해궁

亥宮에서 회복回復하는 것이니, 십이회중十二會中에서 일회一會(일만팔백년一萬八百年)를 귀공歸空하고 산정算定하는 것이 이치理致에 합당合當하다고 주장主張하나 일부一夫께서 산출算出하신 근거根據를 정확正確하게 알지 못하면서 소자지설邵子之說에 의거依據하여 왈가왈부曰可曰否함은 무의미無意味한 일이므로 더 깊은 연구研究를 요要하는 과제課題라고 하겠다. 대청광서십년갑신大淸光緖十年甲申은 일부一夫께서 정역상편正易上篇 십오일언十五一言을 완성完成하신 해이다.

---

二二九. (1) 余年三十六에 始從蓮潭李先生하니
여 년 삼 십 육    시 종 연 담 이 선 생

(貫 全州 諱 雲圭) 先生이 賜號二字曰觀碧이라
관 전주 휘 운규    선 생    사 호 이 자 왈 관 벽

하시고 賜詩一絶曰
사 시 일 절 왈

---

• 내 나이 삼십육三十六에 비로소 연담 이선생을 쫓아 수업하니, 선생께서 관벽觀碧이라는 호號 두 자를 내리시고 아울러 시詩 한 수를 내려 주셨으니, 시에 이르시기를,

**粗解** 선생先生의 나이 삼십육세三十六歲 신유년辛酉年(1861)에 비로소 연담蓮潭 이선생李先生을 쫓아 수업修業하시니 연담선생蓮潭先生이 도호道號를 관벽觀碧으로 하사下賜하시고 아울러 시일수詩一首를 하사下賜하셨으니 다음과 같다.

여년余年 삼십육세三十六歲(1861年)신유년辛酉年에 비로소 연담蓮潭
이선생李先生을 좇으시니 연담蓮潭 선생先生께서 도호道號 두 자를 주시
고 관벽觀碧이라 절구시絶句詩를 주시었다 함.

補解 연담蓮潭 이선생李先生은 본관本貫은 전주全州요 휘諱는 운규雲圭
이시니 담양군潭陽君(세종대왕世宗大王의 제십팔왕자第十八王子)의 후손後孫
이며, 일찍이 출사出仕하여 벼슬이 참판參判에 이르렀으나 뜻한 바 있어
벼슬을 사직辭職하고 낙향落鄕하여 연산連山에 은거隱居하였는바, 이때
일부一夫께서 문하門下에 종유從遊하셨다. 연담선생蓮潭先生은 일부선생
一夫先生에게 관벽觀碧이라 사호賜號하시고 오언시일수五言詩一首를 지어
주시며 「영동천심월影動天心月」을 찾아보라고 권勸하였다. 하문下文은 연
담선생蓮潭先生의 사시賜詩이다.

---

> 　　　관 담　　막 여 수　　호 덕　　의 행 인
> 二二九. (2) 觀淡은 莫如水요 好德은 宜行仁을
> 　　　영 동 천 심 월　　권 군 심 차 진
> 影動天心月하니 勸君尋此眞하소.

---

• 맑음을 보는 것은 물과 같음이 없고 덕德을 좋아함에는 인仁을 행함
이 마땅함을, 천심월天心月의 영상이 동하고 있으니 그대에게 권하건대
이 진리를 찾아보소.

　　　　담　　위 결 정 야　　　천 하 지 물　　막 비 도 지 저 이 수 위 지 정
註義 淡은 謂潔精也라[177] 天下之物은 莫非道之著而水爲之精이니

---

177 편집자주 : 『정역대경(모필본)』에서는 '謂精潔'로 되어 있는데, '謂潔精'으로 수정하는

비수지정　　　물무소시고　　역계왈정기위물　　　개수지원　　정
非水之精이면 物無所始故로 易繫曰精氣爲物이라 蓋水之源은 靜

심무궁　　즉도지체야　　접소불이　　즉도지용야　주류무체
深无窮하니 卽道之體也요 接續不已는 卽道之用也요 周流无滯는

즉지지사야　고맹자왈관란　필유술　덕자　도지득어심야
卽知之事也니 故孟子曰觀瀾은 必有術이라 德者는 道之得於心也

　　개도본고유이득어심즉지도응언　　부득어심즉도비재아지
라 蓋道本固有而得於心則至道凝焉하고 不得於心則道非在我之

물고　부자왈지덕자　선의　인자　천지생물지심　복재만
物故로 夫子曰知德者는 鮮矣라 仁者는 天地生物之心이니 覆載萬

물이혼연무해자야　언인능체천생물지심이위심즉위지호덕행
物而渾然无害者也라 言人能體天生物之心而爲心則謂之好德行

인야　불능체천생의이류어인욕즉반해어물이덕비기유야　　고
仁也요 不能體天生意而流於人欲則反害於物而德非其有也라[178] 故

　　맹자왈군자지이어인자　이기존심야　이인존심즉애　이
로 孟子曰君子之異於人者는 以其存心也라 以仁存心則愛이요 以

예존심즉경　　존심자　위호덕야　애경자　위행인야　영동
禮存心則敬이니 存心者를 謂好德也요 愛敬者를 謂行仁也라 影動은

위현기지동야　천심월　즉성지복야　천이자위심고　복지상
謂玄機之動也요 天心月은 卽誠之復也라 天以子爲心故로 復之象

왈복　기견천지지심인저라 하니라　개월복우자　당천지심고
曰復에 其見天地之心인저라 하니라[179] 蓋月復于子하여 當天之心故

　위천심월야　개이선생　분명견차현기지동　불감선시이
로 謂天心月也라 蓋李先生이 分明見此玄機之動이나 不敢先時而

개　　　단락기장연지사　은근권계문제자　　　사지심차
開하니라 但樂其將然之事하고 慇懃勸戒門弟子하여[180] 使之尋此

천심월지진리야　일부부자지연원　개유전수지본여
天心月之眞理也라 一夫夫子之淵源이 盖有傳授之本歟인저.

---

교정 표시가 있다.

178편집자주 : 『정역대경(모필본)』에서는 '德非其也有'로 되어있는데, '有也'로 수정하는
교정표시가 있다.

179 편집자주 : 『정역대경(모필본)』은 '復之象, 曰復, 其見天地之心'으로 기록되어 있다.

180 편집자주 : 『정역대경(모필본)』에는 '慇懃戒門弟子'로 '勸'字가 빠져 있다.

演解 天心천심은 天之中천지중이니 月到天中월도천중한즉 即天心月야즉천심월야也라 其炯然影彩기형연영채

가 閃閃動輝섬섬동휘에 圓照無礙원조무애하야 盈于八宇영우팔우에 通乎萬界통호만계하니 此非本然차비본연

虛靈之眞性耶허령지진성야 人莫不稟此虛靈眞性인막불품차허령진성이언마는 尋而存養者鮮矣故심이존양자선의고

로 先生선생께서 以勸君尋此眞之句이권군심차진지구로 賜詩사시하시니라. 水不波則自淨 心수불파즉자정 심

不念則自明불념즉자명.


粗解 관담觀淡에는 물 같음이 없다고 함은 기갑야반己甲夜半에 생계해生癸亥를 뜻함이요 호덕好德은 인仁을 행行함이 마땅하다 함은 무극이태극无極而太極하는 십일十一자리 즉용구卽用九에서 계해癸亥 갑자甲子 을축궁乙丑宮자리를 인仁이라 하고 천심월天心月이 영동影動한다 함은 복상復上에서 일으킨 갑을병정무甲乙丙丁戊하는 무진戊辰달이 황중皇中으로 이동移動함을 말하는바, 수지手指로 기토己土를 무지일拇指一자리에서 쓰니 무오토戊五土는 황심월皇心月로 이동移動한다. 연담선생蓮潭先生은 이 진리眞理를 찾아보라고 권勸한 것이다.


句解 담박한 것을 관찰觀察함에는 물 같음이 없다 하는 것은 기갑야반己甲夜半에 생계해生癸亥 하는 계해수癸亥水를 뜻함이요, 덕德을 좋아함에는 인仁을 행行함이 마땅하다는 것은 무극태극无極太極하는 십퇴일진十退一進자리로서 천지설위天地設位인 용구用九자리에서 계해癸亥 갑자甲子 을축乙丑하면 무지拇指 일一자리에 을축궁乙丑宮이 당當함을 인仁이라 하고, 영影이 천심월天心月에 동動한다 함은 복상復上에서 일으킨 갑을병정무甲乙丙丁戊하는 무진戊辰달이 황중皇中으로 이동移動함을 말함이니, 기

토르土를 무지拇指 일一자리에서 쓰니 무오토戊五土는 황심월皇心月로 이동移動한다 함.

[補解] 일부一夫께서는 연담선생蓮潭先生의 권권勸하심을 받들어 '영동천심월影動天心月'의 진리眞理를 찾아 육십년솔성지공六十年率性之工으로 후천금화지묘리后天金火之妙理를 통관洞觀하시고 천심월天心月이 영동影動하는 진리眞理를 밝히셨다. 상문上文 화무상제언化无上帝言에서 「복상기월당천심復上起月當天心 황중기월당황심皇中起月當皇心 감장다사고인월敢將多辭古人月 기도부상당천심幾度復上當天心. 월기복상천심월月起復上天心月 월기황중황심월月起皇中皇心月 보화일천화옹심普化一天化翁心 정령분부황심월丁寧分付皇中月」 이라 하심이 바로 천심월天心月이 영동影動하는 원리原理를 밝힌 것이다. 연담선생蓮潭先生의 사시賜詩는 소강절선생邵康節先生의 청야음清夜吟 「월도천심처月到天心處 풍래수면시風來水面時 일반청의미一般清意味 요득소인지料得少人知」 와 뜻이 상통相通하고 있는 바, 수면水面에 비친 천심월天心月이 풍래수면風來水面하여 영동影動한다는 소자邵子의 시의詩意가 영동천심월影動天心月의 뜻과 맥맥脈을 같이한다고 하겠다. 후인後人들은 소자邵子의 시詩를 평평評하여 「언도지전체言道之全體 중화지묘용中和之妙用 자득지락自得之樂 소유인지차미야少有人知此味也」 라고 하였으니, 야반夜半의 월경月景을 읊은 것이 아님을 알 수 있다.

• 도를 세운 시라.

演解 대도 무위이자화 대덕 부지이광피
大道는 無爲而自化하고 大德은 不知而廣被라.

粗解 입도立道라 함은 선생先生이 오십사세五十四歲되는 해 기묘년己卯
年(1879)에 도道를 통관通觀하시고 시詩를 쓰셨음을 말함이다. 구전口傳에
의依하면 이때 후천后天 정역팔괘도正易八卦圖가 안전眼前에 나타나 보였
다고 한다.

句解 도道를 성립成立한 시詩라 함은 서기西紀 1879년年 기묘己卯에 선생
先生께서 오십사세五十四歲 되시든 해 도道를 통관通觀하시니 후천后天 정
역팔괘도正易八卦圖가 안전眼前에 나타나 보였다고 전傳함이라 함.

補解 입도立道라 함은 도학탐구道學探究의 뜻을 세우셨음을 말함이다.
『주역周易』 계사전繫辭傳에 「일음일양지위도一陰一陽之謂道」라고 하였는
바, 주자朱子는 주해註解하기를 「일음일양지위도一陰一陽之謂道 즉음양시
기불시도則陰陽是氣不是道 소이위음양자내도야所以爲陰陽者乃道也 금왈일
음일양즉소이순환자내도야今日一陰一陽則是所以循環者乃道也 일합일벽위
지변역연一闔一闢謂之變亦然」이라 하였다. 이는 음양陰陽은 기氣이므로 도

十五一言 ┃

495

道가 아니나 음양陰陽이 변화變化하며 순환循環하도록 하는 원리原理가 곧 도道라는 것이다. 그러므로 일부一夫께서 세우신 도道는 곧 천지변화지도天地變化之道이며, 연담이선생蓮潭李先生의 사시사詩에서 권권勸한 '영동천심월影動天心月'의 진리眞理(선후천순환지리先后天循環之理)를 탐구探究하시어 천지무형지경天地無形之景을 통관洞觀하시고 일부지도一夫之道를 세우셨음을 말함이다.

---

二三一.
정 관 만 변 일 창 공
靜觀萬變一蒼空하니
육 구 지 년 시 견 공
六九之年始見工을
묘 묘 현 현 현 묘 리
妙妙玄玄玄妙理는
무 무 유 유 유 무 중
无无有有有无中을.

---

• 고요히 만 갈래로 변화하는 푸른 하늘을 관찰하니 六九(五十四歲)의 해에 비로소 천공天工을 보게 되었으니, 현묘하고 또 현묘한 이치는 없고 없고 있고 있는 유무有无의 가운데 있음을.

**註義** 天은 一道氣之積而玄遠虛空故로 謂之蒼空이라 玄遠者는 悠久无强之實이요 虛空者는 高明光大之本으로 具是實德故로 大道立하고 道旣立故로 萬變이 生焉하니라 六九見工은 謂夫子年五十四而見豁然處也요 妙妙는 謂悅惚으로 顏子所謂瞻之在前이나 忽然在後요 玄玄은 謂窈窱니 子思所謂視之不見하고 聽之不聞이라 言道體之微는 至神之妙하고 悅惚難狀하여 窈窱不測也라 无

무       위무사무위      유유      위유물유칙        언적연부동지체      입
無는 謂無思無爲요 有有는 謂有物有則이라[182] 言寂然不動之體로 立

어지무지중이급기감야        수통천하지유지고야      우      위차 시
於至無之中而及其感也에[183] 遂通天下至有之故也라 愚는 謂此詩

  부자지덕      합호창공이만변      출언        성립호무물지중이
에 夫子之德이 合乎蒼空而萬變이 出焉하고[184] 誠立乎无物之中而

도 행호유물지칙      성인지능사  필의
道行乎有物之則하여 聖人之能事를 畢矣라.


      개천지물사지만변      총유어피창공묵묵지중 이 현현묘묘
演解 蓋天地物事之萬變이 總由於彼蒼空黙黙之中 而玄玄妙妙는

도지본체      무이생유      유이반무      이달도지대관즉천지만
道之本體니 无而生有하며 有而反无하니 以達道之大觀則天地萬

물무비유어유무지무상계중이      현      정지근      묘      신지기
物無非遊於有无之無常界中耳라 玄은 精之根이며 妙는 神之機이

  현중      생묘      묘중      함현
니 玄中에 生妙하며 妙中에 含玄이니라.


粗解 만변萬變하는 창공蒼空을 정관靜觀하시고 六九-오십사세五十四歲

에 비로소 천공天工의 조화섭리造化攝理를 보셨으니, 그 섭리攝理는 묘妙

한 중中에 더욱 신묘神妙하고 현현중玄玄中에 더욱 현묘玄妙한 이치理致

로서 무무유유无无有有의 가운데에 있다는 것이다. 무무无无는 무색정

사无色政事요 유유有有는 유색정사有色政事를 뜻하기도 한다.


句解 한 창공蒼空을 관찰觀察하심은 六九 오십사세五十四歲때 비로소 천

공天工의 조화섭리造化攝理를 보셨다 함. 묘妙한 중中에 더욱 신묘神妙하

---

182 편집자주:『정역대경(모필본)』은 '无无, 謂无思无爲, 有有, 謂有物有則'으로 표현하고 있다.

183 편집자주:『정역대경(모필본)』은 '言寂然不動之體, 立於至无之中而及其感也'로 표현
하고 있다.

184 편집자주:『정역대경(모필본)』은 '合乎蒼空, 萬變出焉,'으로 표현하고 있다.

고 현현중玄玄中에 더욱 현오玄奧한 이치理致는 없는 것 같고 있는 것 같으며 없는 가운데 있다 함. 무무无无는 무색정사无色政事를 의미意味함이요 유유有有는 유색정사有色政事라 하기도 함.

補解 '정관만변일창공靜觀萬變一蒼空'은 정자程子의 시詩「만물정관개자득萬物靜觀皆自得 사시가흥여인동四時佳興與人同 도통천지무형외道通天地無形外 사입풍운변태중思入風雲變態中」의 시의詩意와 일맥상통一脈相通하는 듯 하며, '육구지년시견공六九之年始見工'은 오십사세시五十四歲時(기묘년己卯年)에 현묘지리玄妙之理를 통관洞觀하셨음을 말함이니, 곧 '묘묘현현현현묘리妙妙玄玄玄玄妙理'이다. 결구結句의 '무무유유유무중无无有有有无中'은 무형무상無形無象 유형유상有形有象의 유무중有无中을 말함이니, 선생先生께서 통관洞觀하신 현묘지리玄妙之理는 천지만물지중天地萬物之中에 무소부재無所不在함을 표현表現한 것이다. 『주역周易』 계사상전繫辭上傳(第四章)에 「범위천지지화이불과範圍天地之化而不過하며 곡성만물이불유曲成萬物而不遺하며 통호주야지도이지通乎晝夜之道而知라 고故로 신무방이역무체神无方而易无體하니라」 라고 하였는바, 이는 곧 입도시立道詩의 시의詩意와 상통相通하는 것이다.

---

二三二. 无位詩라.[185]

무 위 시

---

● 무위无位의 시라.

---

185 편집자주 : 『정역대경(모필본)』과 『정역주의(하상역본)』는 「无位詩」를 하편에 배치되어 있으며, 『정역(돈암서원본)』은 '十五一言'에 배치되어 배열 순서가 다르다.

演解 道生一하니 太極也오 一生二하니 兩儀也오 二生三하니 三才也오 三才는 三極也라.

（도생일　태극야　일생이　양의야　이생삼　삼재야　삼재　삼극야）

粗解 인간人間의 무위无位와 유불선儒佛仙의 무위无位를 뜻한다.

句解 인간人間의 무위无位와 유불선儒佛仙의 무위无位를 뜻함이라 함.

補解 상문上文에 「화옹무위化翁无位시고 원천화原天火시니 생지십기토生地十己土니라」 라고 하였는바, 만물萬物은 화옹化翁에 의依하여 화생化生되었으므로 화옹化翁의 뜻을 따르는 것이 순리順理이다. 입도立道하여 화옹化翁의 도道와 합일合一되었을 때 무위无位의 경지境地에 이르게 될 것인 바, 일부一夫께서 도달到達하신 무위无位의 경지境地는 대역서大易序에서 「통관천지무형지경洞觀天地無形之景은 일주능지一夫能之」 라 하였으니, 바로 무위지경无位之景을 말씀한 것이다

二三. 道乃分三理自然이니 斯儒斯佛又斯仙을 誰識一夫眞蹈此오 无人則守有人傳을.

（도 내 분 삼 리 자 연　사 유 사 불 우 사 선　수 식 일 부 진 도 차　무 인 즉 수 유 인 전）

• 도가 셋으로 나뉘어짐은 자연의 이치이니, 유도儒道도 되고 불도佛道도 되고 또 선도仙道도 되는 것을, 일부一夫가 진실로 이 셋 을 다 밟을 줄을 누가 알았으리요. 진실한 사람이 없으면 지키고 그 사람이 있으면

전할 지어다.[186]

**註義** 道도雖수一일本본이나 其기跡적은 或혹異이요 學학欲욕皆개善선이나 其기門문은 各각殊수라

蓋개道도本본無무位위故고로 隨수其기人인之지托탁跡적而이有유異이하고 因인其기人인之지所소見견而이或혹殊수

하니 曰왈儒유曰왈佛불曰왈仙선이라 儒유者자는 需수人인也야요 謂위道도는 由유於어人인而이行행仁인也야

라 佛불者자는 弗불人인也야요 謂위道도는 不불在재人인而이在재空공也야라 仙선者자는 山산人인也야요 謂위

道도는 遯돈於어人인而이遊유無무也야라 儒유는 主주精정而이貫관通통이요 佛불은 主주神신而이頓돈悟오이

요 仙선은 主주氣기而이修수練련이니 此차精정氣기神신三삼者자가 皆개根근於어心심性성故고로 儒유曰왈存존

心심養양性성이요 釋석曰왈明명心심見견性성이요 仙선曰왈修수心심鍊련性성이니 比비如여共공入입一일室실

而이或혹戶호或혹牖유者자也야라 然연或혹有유托탁名명於어儒유而이不불見견儒유之지眞진하고 欲욕悟오佛불性성

而이未미聞문佛불之지眞진하며 將장化화神신仙선而이未미得득仙선之지眞진하니 所소謂위道도者자를 分분三삼

而이不불見견其기一일也야니라[187] 古고者자에儒유之지學학은 精정義의立입神신하여 利이用용安안身신故고

로 惟유精정惟유一일하여 允윤執집厥궐中중이니 此차則즉需수人인之지眞진而이所소謂위需수者자는 如여雲운

之지需수雨우而이普보施시니 欲욕使사天천下하로 莫막不불蒙몽其기澤택而이滋자長장也야니라 佛불之지學학

은 至지神신하여 无무神신故고로 寂적而이滅멸이요 至지明명하여 無무色색故고로 收수斂렴聽청視시하

---

186 編註: 佛字는 原文에는 인(亻)변에 하늘천(天)한 字(亻+天)로 되어 있는바, 이 字는 字典에 없는 글자이므로 斯學大家들이 註解한 正易正音懸吐를 살펴보니 '불'로 音記되어 있으므로 不得已 '佛'字로 바꾸어 表記하였다. 字典에 없는 字를 造字하는 것도 不可하고 또한 初學者들도 判讀할 수 있도록 하기 爲함이다.

편집자 주: 『정역(돈암서원본)』은 '佛'字를 '仸'자로 표현하였다.

187 편집자주: 『정역대경(모필본)』은 '所謂道者分三, 不見其一也.'로 표현하였다.

여 寧勞形身하고 必化法身이나 反化法身하여 遊於虛空으로 還虛

合眞하며 舍利交光하여 光流億千하니 物无逃命이라 此則弗人之

眞而所謂弗者는 弗貳門弗動場으로 通億萬古今普照弗己之弗이

니 切爲衆生慈悲하여 就彼淨土眞境而願共樂也라 仙之學은 眞氣

가 不滅故로 命欲常固하고 至命은 无息故로 抱神黙坐하여 氣不放

於身而反住於神하면 神必潛於心而還倚於性하니 性久鍊而還虛

하여 虛至無而合道하면 命基永固하니라 此則山人之眞而所謂山

者는 天山의 有嘉遯이니 不必隨形而死하고 山高於地하니 不欲下

地而遊라 導引蒼生과 躋之壽域으로 登彼三淸別界而共遊也니

라 昔에 尹眞人曰禪宗之敎는 幻性命以超大覺하여 其義高하며 仙

家之敎는 逆性命以還造化하니[188] 其旨切하며 儒家之敎는 順性命

以參造化하니[189] 其道公이라 其論三敎之說이善矣라 釋曰空中歸

一이요 仙曰守中抱一이요 儒曰執中一貫이라 盖中者는 一之藏也

요 一者는 中之用也일새 此所謂无極而太極也요 實爲性命之互體

也라 道无二致而時則各異故로 分而爲三者는 先天之時也라 盖異

生於同也나 合而爲一者는 后天之時也니 盖殊歸於一也라 然則佛

---

188 편집자주 : 『정역대경(모필본)』에는 '逆性命, 以還造化,'로 표현하고 있다.

189 편집자주 : 『정역대경(모필본)』에는 '順性命, 以參造化,'로 표현하고 있다.

非弗人也요 卽高明之人也며 仙非山人也요 則高尙之人也라 高明

은 隨時而不亢이요 高尙은 因時而降志이니 同歸於道而需人之眞

이 是乃合萬化合萬明合萬心之人天世界也라 然則舍利非別光也

요[190] 卽吾之性靈也며 淨土三淸은 非別世界也요 卽今之世界也라

易繫曰天下之動은[191] 貞夫一也라 眞蹈此는 謂眞實躬行이니 言能

眞知實踐於斯文而有誰知之乎리요 若无人知則獨善固守하고 有

人能之則傳知而兼善天下也라 或曰儒佛仙이 各立門戶數千載하

여 迭爲消長之道而若能合之則善莫善矣리니 驅仙佛而化儒乎잇

가 援儒入於仙佛耶잇가[192] 曰道는 一眞而已라 分之者는 一時之自

然也니 合之者는天時之自然也라 誰能以力으로 驅之援之乎리요

[193] 禮運에 曰大道之運行也에 不獨老吾老而以及人之老하며 不

獨幼吾幼而以及人之幼하여 講信修睦하고[194] 外戶不閉라 하니 夫

天下如是則道之一致耶잇가 未耶잇가 於此於彼에 不必徒學自恃

而已라 學而至於眞則共入一室而會同一座하여 初無彼此之別而

---

190 편집자주 : 『정역대경(모필본)』은 '非別光'인데, 『정역주의(하상역본)』는 '非別光也'로
수정하였다.

191 편집자주 : 『정역대경(모필본)』은 '易繫, 曰天下之動.'으로 기록되어 있다.

192 편집자주 : 『정역대경(모필본)』은 '援儒入仙佛耶'로 기록되어 있다.

193 편집자주 : 『정역주의(하상역본)』는 방점이 있는데, 『정역대경(모필본)』에는 방점이 없다.

194 편집자주 : 『정역대경(모필본)』은 '脩', 『정역주의(하상역본)』는 '修'로 기록되어 있다.

진시무극지락지지야　시운낙토낙토　원득기소
眞是无極至樂之地也니 詩云樂土樂土여爰得其所라 하니라.

　　　도본무위　　삼극존언　　만화출언　　해운무야　도지묘
演解 道本无位나 三極存焉하며 萬化出焉하니 奚云无耶아 道之妙

기　재피무중　　시지부도　　청지불문　　사비무성무취지
機가 在彼无中하야 視之不睹하고 聽之不聞하니 斯非无聲无臭之

역 여　유불선삼도　　응삼극이소이분야　　연리즉일야　법천
域歟아 儒佛仙三道가 應三極而所以分也나 然理則一也라. 法天

입륜　유지소주　　섭신대각　　불지소주　　연기장존　선지소
立倫은 儒之所主며 攝神大覺은 佛之所主며 鍊己長存은 仙之所

주　　법천지정리 입인지윤강 삼호삼재　유지본지
主니라. 法天之正理 立人之倫綱 叅乎三才는 儒之本旨니라.

粗解 도道가 이에 셋으로 나뉘어진 것은 천지자연天地自然의 이치理致이며 도道는 하나인데 유도儒道 불도佛道 선도仙道의 셋으로 나뉘어진 원리原理는 무극无極 태극太極 오황극五皇極의 삼원三元의 뜻이 내포內包되어 있다. 일부선생一夫先生께서 진정眞正한 이 진리眞理를 깨달을 줄을 그 누가 알았으랴 하시며, 이 학문學問을 계승繼承할 진실眞實한 사람이 없으면 지킬 것이고 진실眞實한 사람이 있으면 전전할 것임을 밝히신 것이다.

句解 도道가 이에 셋으로 나뉘어진 것은 천지자연天地自然한 이치理致이며 유도儒道 불도佛道 선도仙道의 원리原理는 하나인데 셋으로 나뉘어진 것은 무극无極 태극太極 오황극五皇極인 삼원三元의 뜻이라 함. 누가 일부一夫께서 진실眞實한 이 자리를 밟을 것을 알았을고 하며 진실眞實한 사람이 없으면 지키다가 진실眞實한 사람이 있으면 정당正當한 학문學問을 전전할것이라 함.

補解 노자老子의 도덕경道德經에 「도생일道生— 일생이—生二 이생삼二生三 삼생만물三生萬物」 이라 하였는 바, 도道는 본래무위本來无位이나 一(太極)을 생생生生하는 근본根本으로서 무극이태극无極而太極이라 함이 이를 말한 것이다. 그러나 무위无位의 도道는 여러 갈래로 나누어지는 것이 자연自然의 이치理致이니, 곧 삼생만물三生萬物의 원리原理이다. 고故로 도道는 크게 셋으로 나누어졌으니, 곧 유불선儒佛仙 삼도三道이다. 일부一夫께서는 이 무위지도无位之道와 합일合—하는 무형지리無形之理를 통관洞觀하시고 스스로 그 심경心境을 '수식일부진도차誰識—夫眞蹈此' 라고 자송自頌한 것이다. 결구結句의 '무인즉수유인전无人則守有人傳'의 뜻은 일부一夫께서 필생畢生의 공력工力으로 통관洞觀하신 진리眞理(正易)는 전傳할만 한 사람이 없으면 지키고 계승繼承할 사람이 있으면 전傳하라는 것이니, 소자邵子의 시詩 「역중비밀궁천지易中秘密窮天地 조화천기설미연造化天機泄未然 중유신명사화복中有神明司禍福 종래절막교경전從來切莫教輕傳」 의 뜻, 또 「일물종래유일신—物從來有—身 일신환유일건곤—身還有—乾坤 능지만물비어아能知萬物備於我 긍파삼재별입근肯把三才別立根 천향일중분조화天向—中分造化 인어심상기경륜人於心上起經綸 선인역유양반화仙人亦有兩般話 도불허전지재인道不虛傳只在人」 의 시의詩意와 일맥상통—脈相通하며, '비기인불전非其人不傳'의 뜻이 함축含蓄되어 있다. 일부선생—夫先生은 후인後人들의 자의적恣意的인 해석解釋으로 악용惡用하는 일이 생기지 않을까 염려念慮하시어 그 사람이 아니면 전傳하지 말라고 당부當付한 것이다.

<br>

### 二三四. 歲甲申月丙子日戊辰二十八에 書正하노라.<sup>195</sup>

세갑신월병자일무진이십팔 서정

<br>

• 갑신년 병자월(十一월) 二十八일 무진에 쓰고 바로 잡았노라.

<br>

粗解 갑신년甲申年(1884) 원건병자십일월月建丙子十一月 이십팔일무진
二十八日戊辰에 친親히 쓰시고 바로잡았음을 밝히신 것이다. 서정書正의
뜻은 서書는 정역전편종正易前篇終을 뜻하고 정正은 후편後篇 십일일언
十一一言을 뜻한다.

<br>

句解 서기西紀 1884年 월건月建 병자丙子 십일월十一月 무진戊辰. 서정書正
의 서書는 전편종前篇終을 뜻하고 정正은 후편後篇 십일일언十一一言을 뜻
함이라 함.

<br>

### 二三五. 正易詩라.<sup>196</sup>

정역시

<br>

• 정역을 읊은 시라.

---

195 편집자주 : '歲甲申月丙子日戊辰二十八 書正'의 배치에 차이가 있다. 현재 이 배치는
『정역(돈암서원본)』(1923)의 배치를 따른 것이다.『정역대경(모필본)』(1909)과『정역주의
(하상역본)』(1912)는「正易詩」,「布圖詩」,「金火正易圖」까지 '歲甲申月丙子日戊辰二十八 書
正'의 앞쪽에 배치되어 있다.

196 편집자주 :『정역대경(모필본)』과『정역주의(하상역본)』는「正易詩」를 하편에 배치되
어 있으며,『정역(돈암서원본)』은 '十五一言'에 배치되어 배열 순서가 다르다.

易은 <sub>역</sub>日月<sub>일월</sub>이니 計明日月度數<sub>계일월도수</sub>함이 易也<sub>역야</sub>라 日月曆數<sub>일월력수</sub>가 奇差故<sub>기차고</sub>로
云日月不正耳<sub>운일월부정이</sub>라.


粗解 역易은 력曆을 말함이니 삼백육십일정사三百六十日政事하는 정력正
曆의 시詩이다.


句解 역易은 력曆을 말한 것이니 삼백육십일정사三百六十日政事하는 정
력正曆의 시詩라 함.


<blockquote>
二三六. 天地之數數日月<sub>천지지수수일월</sub>이니 日月不正易匪易<sub>일월부정역비역</sub>
이라. 易爲正易易爲易<sub>역위정역역위역</sub>이니 原易何常用閏<sub>원역하상용윤</sub>
易<sub>역</sub>가.[197]
</blockquote>


• 하늘과 땅의 수數는 해와 달을 헤아리는 것이니 해와 달을 바르게 헤
아리지 않으면 역易이 진정한 역이 아니며, 역이 바른 역이 되어야 참된
역이 될 것이니 원역原易이 어찌 항상 윤역閏易만을 쓸 것인가.


註義 天地之初<sub>천지지초</sub>에 何嘗有數<sub>하상유수</sub>리요 以日月<sub>이일월</sub>로 始起<sub>시기</sub>하니 其體則易<sub>기체즉역</sub>이요

---

197 편집자주 : 『정역대경(모필본)』과 『정역주의(하상역본)』는 '天地之數, 數日月, 日月, 不
正, 易匪易, 易爲正易, 易爲易, 原易, 何常用閏易.'으로 기록하고 있다.

기용즉음양　　음양　내일월지본야　수이일월　지어천지지
其用則陰陽이요 陰陽은 乃日月之本也라 數以日月을 至於天地之

시즉위지정역　　당천심당황심　시야　　수지일월　교계일
始則謂之正易이니 當天心當皇心이 是也니라 數之日月은 較計日

월지정즉위지윤역　　음력지삭허　양력지기영　시야　　연
月之政則謂之閏易이라 陰曆之朔虛와 陽曆之氣盈이 是也니라 然

즉일월정명지원역　기용윤역재
則日月貞明之原易이 豈用閏易哉리요.


　　　　정역　원역십수우합지처　무기대성　용중치력　　하
演解 正易은 原易十數偶合之處니 戊己大成에 用中治曆이어늘 何

유기차지가수이용윤호　일월부정　지윤역야　윤역지역
有奇差之加數而用閏乎아. 日月不正은 指閏易也니 閏易之易은

비원역　정역지역　　시원역
非原易이오 正易之易이라야 是原易이니라.


粗解 천지天地의 도수度數는 일월日月을 수數하는 것이므로 일월日月을
바르게 수數하지 않으면 역易이 바른 역易이 아니며, 이는 일월日月의 변
동變動에 따라 후천무윤력后天無閏曆을 쓰게 될 것임을 말씀하신 것이
다. 역易이 삼백육십일三百六十日로 되는 력曆이라야 역易이 력曆이 될 것
이니, 원천原天의 력曆이 어찌 항상恒常 윤역閏易만을 쓰리요 장차將次 삼
백육십일三百六十日의 정역正易을 쓰게될 것임을 밝히신 것이다.


句解 천지天地의 도수度數는 일월日月을 수數하는 것이니 일월日月이 바
르지 않으면 역易이 아니라 함은 일월日月의 변동變動의 따라 후천무윤력
后天無閏曆을 쓰게 됨이라 함. 역易이 삼백육십일三百六十日이 되는 력曆이
라야 역易이 력曆이 될것이니, 원천原天의 력曆이 어찌 항상恒常 윤역閏易
만을 쓰리요 장차將次 삼백육십일三百六十日 되는 정역正易을 쓸 것이라

함.

補解 천지天地의 도수度數는 일월日月의 운행지도運行之度를 수數함으로써 성립成立하는 것이니, 일월日月의 운행運行이 바르지 않으면 그 역易은 바른 역易이라 할 수 없다. 상고上古로부터 금일今日에 이르기까지 일월운행日月運行을 헤아리는 척도尺度는 지구地球의 자전시간自轉時間(십이시일일十二時一日)을 기본척도基本尺度로 하고 있으나, 문제問題는 일월日月의 운행도수運行度數와 이를 헤아리는 척도尺度가 일치一致하지 않으므로 이 불일치不一致를 해결解決하기 위爲하여 운행주기運行週期를 관측觀測하고 계산計算하여 윤력閏曆으로써 일치一致시키고 있다. 지구地球와 달은 순환체循環體로서 순환도수循環度數는 삼백육십도三百六十度이나 그 공전주기公轉週期는 지구地球의 자전시간自轉時間(십이시十二時 : 일일一日)을 척도尺度로 하여 계측計測하므로 공전일수公轉日數와 순환도수循環度數는 일치一致할 수가 없는 것이다. 그러므로 자연변이自然變異 즉即 지구地球의 공전속도公轉速度가 달라지거나 아니면 척도尺度로 용用하는 지구地球의 자전시간自轉時間이 달라지지 않는 한限 자연적自然的으로 일치一致하게 될 수는 없다. 만약萬若 자연질서自然秩序의 변동變動으로 순환도수循環度數와 공전주기公轉週期가 일치一致하게 된다면 굳이 일월日月의 운행運行을 헤아릴 필요必要가 없게 될 것이다. 관견管見으로는 일부一夫께서 천지지수天地之數는 곧 일월日月의 운행運行을 헤아리는데 있다고 하셨으니, 이는 후천后天의 천지도수天地度數를 바르게 헤아려 치력명시治曆明時하라는 뜻으로 해석解釋함이 옳을 듯 하다. 그리고 결구結句의 '원역하상용윤역原易何常用閏易'에 대對하여 후천后天에서는 삼백육십일정력三百六十日正曆을 쓰게 될 것이라고 해석解釋함은 무리無理가 있는 듯 하다. 관견管見으로는 윤력閏曆은 음력陰曆을 말하는 것이니, '어찌 늘 윤

역閏易만을 쓸 것인가'라고 말씀한 뜻은 후천시대后天時代에는 태양력太陽曆과 육갑도수六甲度數를 전용專用하게 될 것임을 함축적含蓄的으로 밝히신 듯 하다.

---

二三七. 布圖詩<sup>포 도 시</sup>라.[198]

---

• 금화정역도를 펴서 밝히는 시라.

**粗解** 후천금화정역도后天金火正易圖의 뜻을 밝히고 반포頒布하는 시詩이다.

**句解** 후천금화정역도后天金火正易圖를 공포公布하는 시詩라 함.

---

198 편집자주 : 『정역대경(모필본)』과 『정역주의(하상역본)』는 「布圖詩」를 하편에 배치되어 있으며, 『정역(돈암서원본)』은 '十五一言'에 배치되어 배열 순서가 다르다.

二三八. 萬<sup>만</sup>古<sup>고</sup>文<sup>문</sup>章<sup>장</sup>日<sup>일</sup>月<sup>월</sup>明<sup>명</sup>하니 一<sup>일</sup>張<sup>장</sup>圖<sup>도</sup>畵<sup>화</sup>雷<sup>뇌</sup>風<sup>풍</sup>生<sup>생</sup>이라 靜<sup>정</sup>觀<sup>관</sup>宇<sup>우</sup>宙<sup>주</sup>无<sup>무</sup>中<sup>중</sup>碧<sup>벽</sup>하니 誰<sup>수</sup>識<sup>식</sup>天<sup>천</sup>工<sup>공</sup>待<sup>대</sup>人<sup>인</sup>成<sup>성</sup>가.[199]

● 만고의 문장은 해와 달과 같이 밝으니 한 장의 그림이 우레와 바람을 낳는 것을, 고요히 우주의 무중벽无中碧을 바라보니 천공天工이 사람을 기다려 이루어질 줄을 그 누가 알았겠는가.

**註義** 天<sup>천</sup>地<sup>지</sup>는 以<sup>이</sup>日<sup>일</sup>月<sup>월</sup>로 成<sup>성</sup>文<sup>문</sup>章<sup>장</sup>하고 以<sup>이</sup>雷<sup>뇌</sup>風<sup>풍</sup>으로 行<sup>행</sup>政<sup>정</sup>令<sup>령</sup>也<sup>야</sup>라 天<sup>천</sup>无<sup>무</sup>體<sup>체</sup>故<sup>고</sup>로 謂<sup>위</sup>之<sup>지</sup>无<sup>무</sup>中<sup>중</sup>碧<sup>벽</sup>也<sup>야</sup>라 此<sup>차</sup>言<sup>언</sup>天<sup>천</sup>工<sup>공</sup>을 人<sup>인</sup>其<sup>기</sup>代<sup>대</sup>之<sup>지</sup>하여 能<sup>능</sup>成<sup>성</sup>一<sup>일</sup>張<sup>장</sup>圖<sup>도</sup>畵<sup>화</sup>而<sup>이</sup>洞<sup>통</sup>觀<sup>관</sup>宇<sup>우</sup>宙<sup>주</sup>无<sup>무</sup>窮<sup>궁</sup>之<sup>지</sup>化<sup>화</sup>와 日<sup>일</sup>月<sup>월</sup>恒<sup>항</sup>久<sup>구</sup>之<sup>지</sup>道<sup>도</sup>와 雷<sup>뇌</sup>風<sup>풍</sup>不<sup>불</sup>悖<sup>패</sup>之<sup>지</sup>義<sup>의</sup>也<sup>야</sup>니라.

**演解** 此<sup>차</sup>詩<sup>시</sup>는 贊<sup>찬</sup>金<sup>금</sup>火<sup>화</sup>正<sup>정</sup>易<sup>역</sup>圖<sup>도</sup>而<sup>이</sup>吟<sup>음</sup>也<sup>야</sup>라. 金<sup>금</sup>火<sup>화</sup>成<sup>성</sup>運<sup>운</sup>을 天<sup>천</sup>雖<sup>수</sup>明<sup>명</sup>命<sup>명</sup>하시나 非<sup>비</sup>至<sup>지</sup>人<sup>인</sup>이면 無<sup>무</sup>以<sup>이</sup>發<sup>발</sup>明<sup>명</sup>於<sup>어</sup>世<sup>세</sup>故<sup>고</sup>로 須<sup>수</sup>待<sup>대</sup>至<sup>지</sup>人<sup>인</sup>而<sup>이</sup>成<sup>성</sup>天<sup>천</sup>工<sup>공</sup>也<sup>야</sup>라. 上<sup>상</sup>文<sup>문</sup>云<sup>운</sup>日<sup>일</sup>月<sup>월</sup>匪<sup>비</sup>至<sup>지</sup>人<sup>인</sup>이면 虛<sup>허</sup>影<sup>영</sup>이라 함이 正<sup>정</sup>喻<sup>유</sup>此<sup>차</sup>也<sup>야</sup>라 金<sup>금</sup>火<sup>화</sup>成<sup>성</sup>功<sup>공</sup>함이 在<sup>재</sup>於<sup>어</sup>正<sup>정</sup>易<sup>역</sup>

---

199 편집자주 : 『정역』 원문의 '待'字는 『정역(돈암서원본)』에 기록된 것이다. 『정역대경(모필본)』과 『정역주의(하상역본)』는 '誰識天工代人成', 『정역(돈암서원본)』은 '誰識天工待人成'으로 기록하고 있다. 김주성 선생은 '포도시'의 이 부분에 대해서 "일부선생 자신이 정역 상하편을 완성하고 그 소회를 밝힌 것이다. 待人成은 '一夫선생이 태어나기를 기다려 一夫에 의하여 正易卦圖가 이루어졌으니, 이를 누가 알았겠는가'는 뜻이다. 그러기에 여기서는 대신할 代가 아니라 기다릴 待가 문맥에 맞는것이다."라고 밝히고 있다.

**十數用時故로 稱名以金火正易圖焉이라.**

[粗解] 일월日月과 같이 밝은 만고문장萬古文章이 한 폭의 그림을 그려 펼치니 뇌풍雷風이 생생生生하였다 함은 금화일송金火一頌에서 화공각필뇌풍생畵工却筆雷風生이라 한 뜻과 동일同一한 것이다. 우주무중벽宇宙无中碧을 정관靜觀한다는 것은 만변萬變하는 우주창공宇宙蒼空의 신비神秘한 조화섭리造化攝理를 관찰觀察하는 것이요 천공天工도 진인眞人이 나기를 기다려 이루어질 것을 누가 알리오 한 것은 선생先生이 금화정역도金火正易圖를 그렸음을 말함이다.

[句解] 한 폭의 그림을 그려 펼치지 뇌풍雷風이 생생生生하였다는 것은 금화일송장金火一頌章에서 화공각필뇌풍생畵工却筆雷風生과 동일同一한 뜻이라 함. 고요히 우주무중벽宇宙无中碧을 정관靜觀한다는 것은 만변萬變하는 우주창공宇宙蒼空의 신비神秘한 조화섭리造化攝理를 관찰觀察하는 것이요 천공天工도 진인眞人한 사람을 기다려 이루는 줄을 알리오 한 것은 금화정역도金火正易圖를 말함이라 함.

[補解] 선생先生께서 금화정역도金火正易圖를 성도成圖하시고 자찬自贊한 시詩로서 정역팔괘도正易八卦圖의 후천지리后天之理를 부연敷衍하여 밝힌 것이다. 시의詩義로 보아 금화정역도金火正易圖는 금화송金火頌을 마치고 성도成圖하신 듯 하다. 만고문장萬古文章이라 함은 선생자신先生自身이 만고萬古의 문장가文章家라는 뜻이 아니라 만고萬古를 통通하여 새로운 진리眞理를 밝힌 글(文章)이라는 뜻이니 곧 십오일언十五一言을 말하며, 일월명日月明이라 함은 문장文章을 완성完成하시니, 일월日月이 천지天

地를 밝히듯이 후천금화지리后天金火之理가 밝혀졌다는 뜻이다. 그리고 금화정역도金火正易圖를 성도成圖하시고 펼치니, 뇌풍雷風이 용정用政하는 후천지풍后天之風이 일어난다는 것이다. 이와 같은 진리眞理를 밝히게 된 것은 실체實體가 없는 우주창공宇宙蒼空(무중벽无中碧)을 정관靜觀하시어 무형지경無形之景을 통관洞觀함으로써 성취成就된 것임을 밝힌 것이다. 결구結句에 여사如斯한 천공天工이 사람이 나오기를 기다려 일부一夫에 의依하여 완성完成될 줄을 그 누가 알았겠는가 라고 감탄感歎하신 것은 모두가 화무상제化无上帝의 뜻임을 밝히시고 그 공덕功德을 찬미讚美하는 뜻이 함축含蓄되어 있다.

---

#### 금 화 정 역 도
二三九. 金火正易圖라.[200]

---

• 금화정역도를 말함이라.

**註義** 기천무지 감일리월 임계병정 교중성질 위성십이 흑백분
己天戊地, 坎日离月, 壬癸丙丁, 交中成質, 位成十二, 黑白分

열 건북곤남 태서간동 기해인신 정위이응 내방외원 삼십육궁
列, 乾北坤南, 兌西艮東, 巳亥寅申, 正位以應, 內方外圓, 三十六宮.

**演解** 원도상천 방도상지
圓圖象天하고 方圖象地라.

---

200 편집자주 :『정역대경(모필본)』과『정역주의(하상역본)』는 하편에「十干十二支圖」와「金火正易圖」가 연이어 배치되어 있으며,『정역(돈암서원본)』에는「金火正易圖」를 마지막으로 "十五一言"이 끝나고 이어서 "十一一言"이 시작된다. 그리고「十干十二支圖」는 "十一一言"의 말미에 배치되어 있다.

건북곤남　　천지교태야　　감인리신　　수화기제야　　원도
乾北坤南하니 天地交泰也오. 坎寅離申하니 水火旣濟也라. (圓圖)

간동태서　　산택호응야　　진해손사　　뇌풍상호야　　원도
艮東兌西하니 山澤互應也오. 震亥巽巳하니 雷風相呼也라. (圓圖)

정입서이경이남　　화금수성지권　　곤이사언　　방도　원도
丁入西而庚移南하니 火金收成之權은 坤以司焉하고, (方圖－圓圖)

계입동이갑이북　　수목발생지권　　간이사언　　방도　원도
癸入東而甲移北하니 水木發生之權은 艮以司焉이라. (方圖－圓圖)

을거갑위　　신거경위　　사일월출입지문　　갑경력변위을신력
乙居甲位하고 辛居庚位하야 司日月出入之門하고, (甲庚曆 變爲乙辛曆)

병거우오　　임거우자　　사천지운화지정　　을신원도병임방도
丙居于午하고 壬居于子하야 司天地運化之政이라. (乙辛圓圖丙壬方圖)

무포어사이왕어해　　속진　　응음화　　방도　무응서방정화
戊胞於巳而旺於亥하고 屬震하니 應陰火하며, (方圖 － 戊應西方丁火)

기포어해이왕어사　　속손　　응양화　　방도　기응남방병화
己胞於亥而旺於巳하고 屬巽하니 應陽火니라. (方圖 － 己應南方丙火)

선후천간지이십사위제차대조
先后天干支二十四位第次對照

선천방위　건해 임자 계축 간인 갑묘 을진 손사 병오 정미 곤신
先天方位: 乾亥 壬子 癸丑 艮寅 甲卯 乙辰 巽巳 丙午 丁未 坤申

　　　　경유 신술　차　사포거수　　양분음이유상지명
　　　　庚酉 辛戌 此는 四胞居首하니 陽分陰而有象之明

　　　　계야
　　　　界也.

후천방위　진술 갑건 해자 감축 을간 인묘 손진 경곤 사오 리미
后天方位: 震戌 甲乾 亥子 坎丑 乙艮 寅卯 巽辰 庚坤 巳午 離未

　　　　신태 신유　차　사장거수　　음함양이무극지유
　　　　辛兌 辛酉 此는 四藏居首하니 陰合陽而无極之幽

　　　　계야
　　　　界也.

역사운통유명지고차야
○ 易辭云通幽明之故此也

○ 四胞<sup>사포</sup>는 居四强之位<sup>거사강지위</sup>하고 四藏<sup>사장</sup>은 居四胞之位<sup>거사포지위</sup>하고 四正<sup>사정</sup>은 居四藏<sup>거사장</sup>之位<sup>지위</sup>하니 貴賤換位<sup>귀천환위</sup>가 無常<sup>무상</sup>이로다.

○ 自亥至卯九<sup>자해지묘구</sup> 自寅至午九<sup>자인지오구</sup> 自巳至酉九<sup>자사지유구</sup> 自申至子九<sup>자신지자구</sup>: 先天方位<sup>선천방위</sup> 洛之奇數也<sup>낙지기수야</sup>.

○ 自戌至寅十<sup>자술지인십</sup> 自丑至巳十<sup>자축지사십</sup> 自辰至申十<sup>자진지신십</sup> 自未至亥十<sup>자미지해십</sup>: 后天方位<sup>후천방위</sup> 河之偶數也<sup>하지우수야</sup>.

[粗解] 금화교역金火交易에서 금화변역金火變易으로 금화호역金火互易된 무윤역無閏易이니 건북곤남乾北坤南에 간동태서艮東兌西요 진손감리震巽坎離로서 무기일월성도장戊己日月成道易이다. 수지手指로는 건해자乾亥子는 식지무지신食指拇指伸, 감축을坎丑乙은 무지식지중지굴拇指食指中指屈, 간인묘艮寅卯는 무명지소지굴無名指小指屈, 손진경巽辰庚은 소지신小指伸, 곤사오坤巳午는 무명지중지신無名指中指伸, 리미신離未辛은 식지신食指伸, 태신유兌申酉는 무지식지신拇指食指伸, 진술갑震戌甲은 무지신拇指伸으로 종終한다.

[句解] 금화교역金火交易에서 금화변역金火變易으로 금화호역金火互易한 무윤역無閏易이니 건북곤남乾北坤南에 간동태서艮東兌西요 진손감리震巽坎離로서 무기일월성도장戊己日月成道易임.

①先天之易<sup>선천지역</sup>은 交易之易<sup>교역지역</sup>  甲庚曆<sup>갑경력</sup>  三百六十五度四分度之一閏曆<sup>삼백육십오도사분지일윤력</sup>
②后天之易<sup>후천지역</sup>은 變易之易<sup>변역지역</sup>  乙辛曆<sup>을신력</sup>  三百六十日無閏曆<sup>삼백육십일무윤력</sup>

금화정역 무윤역
③金火正易(無閏易)

무기일월뇌풍정위십오건곤중위정역
戊己日月雷風正位十五乾坤中位正易

補解 금화정역도金火正易圖는 정역팔괘도正易八卦圖의 지천설위地天設位
와 괘도지리卦圖之理를 세분細分하여 밝힌 것이니, 외측원도外側圓圖는
하늘을 상징象徵하고 내측방도內側方圖는 땅을 상징象徵한다. 원도圓圖는
정역팔괘도正易八卦圖의 사정괘四正卦(건곤간태乾坤艮兌)에 갑경을신甲庚乙
辛을 배배配配하고 사우괘四隅卦(감리손진坎離巽震)에 자오묘유子午卯酉를 배배配配
하였고 인신사해寅申巳亥와 진술축미辰戌丑未는 사정사우四正四隅의 간
위間位에 배배配配하여 이십사방위二十四方位로써 천도순환지리天道循環之理
를 밝혔으며, 방도方圖는 곤남건북간동태서坤南乾北艮東兌西로 사정四正
의 방위方位를 밝히고 사우위四隅位(감리진손坎離震巽)에는 무기일월戊己日
月을 배배配配하여 황극이무극皇極而无極과 태양태음太陽太陰의 성도지리成
道之理를 밝히셨다. 여타餘他는 위 '演解'에서 소상昭詳하게 설명說明하
였으므로 참조參照하시기 바란다.[201]

---

201 편집자주 : 「금화정역도金火正易圖」
김정현의 『정역대경(모필본)』(1909), 『정역주의(하상역본)』(1912), 이상룡의 『정역원의』
(1913), 『정역(돈암서원본)』(1923)에 있는 4종류의 금화정역도 도상을 수록하였다. 지금까
지 알려진 바로는 금화정역도에 대한 이견이 없었다. 『정역주의(하상역본)』에만 금화정역
도에 설명이 같이 있고 『정역원의』, 『정역(돈암서원본)』에는 설명 없이 그림만 기록되어 있
다. 그런데 『정역대경(모필본)』에는 나머지 3개와는 다른 차이가 있다. 『정역대경(모필본)』
에는 '戊己日月'의 글자 방향이 정역괘도에 나오는 글자의 방향과 같이 바깥에서 안쪽으로
기록되어 있다. 『정역주의(하상역본)』, 『정역원의』, 『정역(돈암서원본)』에는 모든 글자가
정역괘도와 같은 방향을 하고 있으나, '戊己日月'의 글자는 안에서 바깥방향으로 기록되어
있다. 바깥에서 안쪽으로 향하는 정역괘도의 대원칙에서 볼 때 '戊己日月'의 글자 방향이
『정역대경(모필본)』의 기록이 정확한 것으로 여겨진다.
또한 『정역대경(모필본)』, 『정역주의(하상역본)』의 설명문에는 '己天戊地'로, '己'를 '天'으
로 '戊'를 '地'로 새롭게 규정하고 있다. 이는 정역원문 二八五 "地十爲天天五地"라 한 것에
서 근거를 찾을 수 있다. 여기에 대하여 김정현은 『정역대경(모필본)』과 『정역주의(하상역
본)』에서 '盖十爲天五爲地者天地之變化也'로 풀이를 하였다.

# 金火正易圖

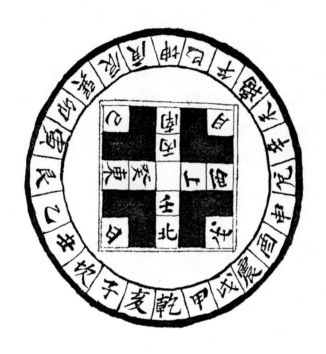

己天心地地坤
日窮月壬癸
丙丁交中成
賾伍成十二
黑白分列乾
北中南兌丙
艮東巳亥寅
中正伍以應
內方外圓三
廿六宮、

「金火正易圖」, 『正易大經』(1909)

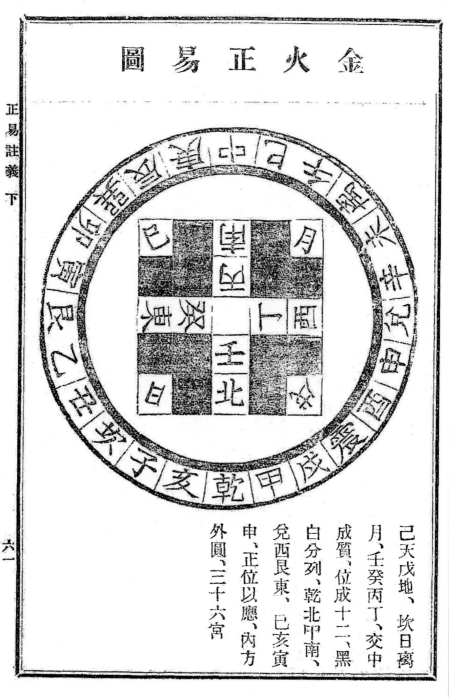

外圓、三十六宮
申、正位以應、內方
兌西艮東、巳亥寅
白分列、乾北甲南、
成質、位成十二、黑
月、壬癸丙丁、交中
己天戊地、坎日离

「金火正易圖」、『正易註義』(1912)

「金火正易圖」,『正易原義』(1913)

「金火正易圖」,『正易(돈암서원본)』(1923)

十一言

二四〇. 十<sup></sup>一<sup></sup>一<sup></sup>言<sub>이라.</sub>

（십 일 일 언）

● 十과 一이 하나로 合하는 말씀이라.

[註義] 此<sub>차</sub>는 指性命<sub>지성명</sub>에 合其數而言也<sub>합기수이언야</sub>라 命无體故<sub>명무체고</sub>로 强名曰十<sub>강명왈십</sub>이요 性<sub>성</sub>

无位故<sub>무위고</sub>로 强言曰一<sub>강언왈일</sub>이라 蓋十一合體<sub>개십일합체</sub>하면 卽居中之土而元不可分<sub>즉거중지토이원불가분</sub>

이니 命所以立也<sub>명소이립야</sub>라 十一分體<sub>십일분체</sub>하면 其始也<sub>기시야</sub>는 一点水<sub>일점수</sub>요 其終也<sub>기종야</sub>는 一<sub>일</sub>

丸土<sub>환토</sub>라 卽流行之命而無不各正焉<sub>즉유행지명이무불각정언</sub>이니 性所以成也<sub>성소이성야</sub>라 一言<sub>일언</sub>은 亦謙<sub>역겸</sub>

辭也<sub>사야</sub>라.

[演解] 天地大紀之運<sub>천지대기지운</sub>이 到于戊己十一數故<sub>도우무기십일수고</sub>로 云以十一一言<sub>운이십일일언</sub>이라.

[粗解] 정역正易의 하편下篇이며, 십일귀체十一歸體의 생성生成과 뇌풍용정雷風用政의 생성生成 그리고 하도낙서河圖洛書의 생성도수이치生成度數理致와 최종最終의 십간원도수十干原度數이니 십이월十二月 이십사절후도수二十四節侯度數로 마감磨勘한다.

[句解]《정역正易》의 하편下篇이니 십일귀체十一歸體의 생성生成과 뇌풍용정雷風用政의 생성生成과 하도낙서河圖洛書의 생성도수生成度數 이치理致와 최종最終의 십간원도수十干原度數이며 십이월十二月 이십사절후도수

二十四節候度數로 마감磨勘이라 함.

補解 십일일언十一一言은 정역正易의 하편下篇이다. 십일일언十一一言의 뜻을 개략적概略的으로 정의定義하면 십무극十无極과 일태극一太極이 하나의 원리原理임을 밝힌 말씀으로서 즉卽 십일귀체十一歸體를 뜻하며, 무극이태극无極而太極으로 순환循環하는 원리原理를 밝힌 것이다. 주역周易은 선천역先天易으로서 양陽(건천乾天)을 위주爲主(억음존양抑陰尊陽)로 한 역생도성지리逆生倒成之理이며, 정역正易은 후천역后天易으로서 음陰(곤지坤地)을 위주爲主(조양율음調陽律陰)로 한 도생역성지리倒生逆成之理이다. 그러나 역易의 원리原理는 양중陽中에도 음陰이 있고 음중陰中에도 양陽이 있는 것이니, 이것이 곧 사상四象의 원리原理로서 선천先天과 후천后天의 순환循環도 역시亦是 사상지리四象之理에서 벗어날 수는 없는 것이다. 그러므로 주역周易의 상경上經은 선천지선천先天之先天으로서 역생지원리逆生之原理이고 하경下經은 선천지후천先天之后天으로서 도성지원리倒成之原理이며, 정역正易의 상편上篇(십오일언十五一言)은 후천지후천后天之后天으로서 도생지원리倒生之原理이고 하편下篇(십일일언十一一言)은 후천지선천后天之先天으로서 역성지원리逆成之原理라고 할 수 있다. 천지만물天地萬物(천지인天地人)의 삼자三者(삼재三才)중中에서 변역變易하는 것은 만물萬物이고 변역變易하도록 조절調節하는 것은 천지天地이니, 천天은 만물萬物의 역생逆生을 주재主宰하고 地는 만물萬物의 도생倒生을 주재主宰한다. 『주역周易』 서序에 「이형이현자已形已見者는 가이언지可以言知어니와 미형미현자未形未見者는 불가이명구不可以名求니 즉소위역자則所謂易者 과하여재果何如哉아 차학자소당지야此學者所當知也라」 라고 하였는바, 일부一夫께서 평생솔성지공平生率性之工으로 완성完成하신 정역正易은 후천역后天易으로서 미형미현지리未形未見之理이므로 무엇이라 이름할 수도

없고 (금화일송운金火一頌云 화공각필뇌풍생畵工却筆雷風生 덕부천황불능명德符

天皇不能名) 또한 알기도 어려운 현묘玄妙한 진리眞理이므로 이를 탐구探

究하는 길은 오직 역리易理를 바탕으로 궁리진성窮理盡性하는 길뿐이다.

---

십 토 육 수　　불 역 지 지
二四一. 十土六水는 不易之地니라.

---

• 十土와 六水는 바뀌지 않는 땅이니라.

註義　차　지 기 수 상 변 이 언　천 행 유 오 이 불 역 자 유 이　왈 수
此는 指氣數常變而言이라 天行有五而不易者有二니 曰水

토　변 역 자 유 삼　왈 금 목 화　재 수　중 재 불 역 지 상 고　특
土요 變易者有三이니 曰金木火라 在數에[202] 重在不易之常故로 特

거 이 이 불 언 삼　연 변 역　재 기 중 의
擧二而不言三이나 然變易은 在其中矣라.

粗解 십토十土와 육수六水는 변역變易할 수 없는 지수地數이다.

句解 십수十數와 육수六數는 변역變易할 수 없는 지수地數라 함.

補解 십토十土는 원천화原天火이신 무위화옹无位化翁이 생생生生한 지십기토

地十己土를 말함이고 육수六水는 천오무토天五戊土가 성성成成한 지육계수地

六癸水를 말함이다. 지십기토地十己土는 만물萬物의 뿌리가 되는 바탕이

---

202 편집자주 : 『정역대경(모필본)』에서는 '在氣數'로 '氣'字가 있다. 이것은 다음 페이지
에 있는 "一水五土"의 주석을 '在氣數'로 표현하고 있는 까닭에 『정역주의(하상역본)』에서
는 누락된 것으로 보여진다.

며, 지육계수地六癸水는 만물萬物을 기르는 양명지원養命之源이니, 고故로 불역지지不易之地라고 한 것이다. 복희선천괘도伏羲先天卦圖의 북방하위北方下位에 곤지坤地(☷)가 위위하였으나 문왕괘도文王卦圖에는 감수坎水(☵)를 배위配位하였는바, 이는 곧 십토육수十土六水가 만물萬物의 생성지원生成之源임을 괘도卦圖로써 밝힌 것이다. 십일일언十一一言의 첫머리에 하늘(天)보다 땅(地)를 먼저 말씀한 것은 후천后天에서는 곤지위주坤地爲主로 만물萬物을 수렴收斂하여 도생倒生하기 때문이다. 후천后天은 하도십수河圖十數를 용用하므로 十(토土)에서 오위五位를 도생倒生하면 역생육逆生六(계癸)의 자리에 이르게 되는바, 이는 곧 포오함육包五舍六으로서 십일귀체十一歸體가 되는 것이므로 십토육수十土六水를 첫머리에 놓아 말씀한 所以이다.[203]

---

二四二. 一水五土는 不易之天이니라.
　　　일 수 오 토　　불 역 지 천

---

• 一수와 五토는 바뀌지 않는 하늘이니라.

　　　　　　재 성 명 즉 불 구 어 수 고　　십 위 천 야　　수 개 기 유 이 불 능 위
**註義** 在性命則不拘於數故로 十爲天也라 數皆其有而不能違하

　　재 기 수 즉 유 불 역 지 상 고　　우 개 위 지　　기 개 위 천　　상 고 어 상
고 在氣數則有不易之常故로 偶皆爲地요 奇皆爲天이니 詳考於上

---

203 [補註]: 河圖十數의 第六數는 癸水이고 中宮五土를 包圍하고 있는 第十數는 己土이며, 天干의 配列之序는 第六位가 己土이고 第十位(終位)가 癸水이니, 數는 先癸後己요 象은 己先癸後라 后天成數의 始終之位를 互換하고 있는 것이다. 先天의 現象界는 하늘은 높고 땅은 낮으며(天尊地卑) 后天은 그 位가 顚倒하므로 成數의 終始를 互換하는 十土六水는 不易之地가 되는 것이다.

하 편 즉 가 지 야　안 상 편　상 명 음 양 조 화 고　천 간 위 주　하 편
下篇則可知也라 按上篇은 詳明陰陽造化故로 天干爲主요 下篇은

상 언 강 유 성 도 고　지 지 위 주 야
詳言剛柔成度故로 地支爲主也라.


演解　一水五土는 子運用時에 以生數로 言也오 十土六水는 丑運
　　　일 수 오 토　　자 운 용 시　　이 생 수　　언 야　　십 토 육 수　　축 운

용 시　　이 성 수　　언 야　　차 임 무 기 계 사 운 순 환　　불 역 지 리
用時에 以成數로 言也니 此壬戊己癸四運循環은 不易之理니라.


粗解 일수一水와 오토五土는 변역變易할 수 없는 천도天度이다.


句解 일수一水와 오토五土는 변역變易할 수 없는 천도天度라 함.


補解 일수一水는 하도河圖의 천일임수天一壬水를 말함이고 오토五土는
하도河圖와 낙서洛書의 중궁中宮에 위위하는 천오무토天五戊土를 말함이
다. 일수一水는 생명生命(만물萬物)지시之始를 뜻하고 오토五土는 생명生命
의 순환循環을 주재主宰하는 중심지축中心之軸이니, 이는 천도天道라 고
故로 불역지천不易之天이라 한 것이다. 이를 괘도卦圖로 살펴보면 복희선
천괘도伏羲先天卦圖의 일건천一乾天(☰)의 위위에 정역괘도正易卦圖는 오
곤지五坤地(☷)를 배위配位하여 역시亦是 불역지천不易之天을 상징象徵하
고 있다. 천간지서天干之序는 제구위第九位가 임수壬水이고 제일위第一位
는 갑목甲木이니, 천일임수天一壬水가 갑목甲木을 역생逆生하여 九에 이르
는 생명生命의 순환循環을 뜻하고 있으며, 제오위무토第五位戊土는 그 수
數와 상象이 불변不變하므로 생명生命의 순환循環을 조절調節하는 불역
지천不易之天으로서 하도河圖와 낙서洛書의 중궁中宮에 위위하여 선후천
先后天을 모두 통섭統攝하는 것이다.

천　정　　개　자　　지　정　　벽　축
二四三. 天政은 開子하고 地政은 闢丑이니라.

• 하늘의 정사政事는 자에서 열리고 땅의 정사政事는 축에서 열리느니라.

차　　지강유이언　　자위일수이천정시개　　갑자기두
**註義** 此는 指剛柔而言이라 子爲一水而天政始開하니 甲子起頭가
시야　축위십토이지정　대벽　　기축기두　시야
是也요 丑爲十土而地政이 大闢하니 己丑起頭가 是也니라.

천정　시어간이종우미　　지정　시어곤이종우축　　축
**演解** 天政은 始於艮而終于未하고 地政은 始於坤而終于丑하니 丑
용십수역운야
用十數逆運也라.

**粗解** 선천先天의 정사政事는 자子에서부터 열리니 이를 천개어자天開於
子라 하고 후천后天의 정사政事는 축丑에서부터 열리니 지벽어축地闢於丑
이라 한다.

**句解** 선천先天의 정사政事는 자子에서부터 열렸으니 천개어자天開於子
라 하고 후천后天의 정사政事는 축丑에서부터 열렸으니 지벽어축地闢於丑
이라 하였다 함.

천개어자
**補解** 하늘은 자子에서 열리고(天開於子) 땅은 축丑에서 열리니(地闢於　지벽어
축
丑) 이는 천지天地의 순리順理이나 하늘은 땅이 있음으로써 열리고 땅은
만물萬物이 있음으로써 열리는 것이다. 천지지간天地之間에 만물萬物이

正易集註補解 ┊┊

528

없다면 천개지벽天開地闢은 아무런 의미意味가 없는 것이니, 상문上文에 「천지비일월天地匪日月이면 공각空殼이요 일월비지인日月匪至人이면 허영虛 影이니라」라고 하심이 바로 이를 말씀한 것이다. 천정어자天政開子는 천 일생임수天一生壬水를 뜻하며, 지정벽축地政闢丑은 원천화原天火가 생지 십기토生地十己土함을 뜻하는 것이니, 이는 불역지지천不易之地天으로 후 천설위后天設位를 밝히고 이어서 천지天地의 정사政事를 밝힌 것이다.

---

二四四. 丑運은 五六이요 子運은 一八이니라.

축운 오육 자운 일팔

• 축의 운도수는 오육五六이요 자의 운도수는 一八이니라.

**註義** 天地之政은 以一月로 定盈虛消息而丑運은 五六而成三十
천지지정 이일월 정영허소식이축운 오육이성삼십
이요 子運一八而成十五也라.
자운일팔이성십오야

**演解** 丑運은 始于坤上戊五己六數이며, 子運은 始于艮上壬一甲
축운 시우곤상무오기육수 자운 시우간상임일갑
八數니라. 天政開子之運은 始于壬甲初運하고 地政闢丑之運은 成
팔수 천정개자지운 시우임갑초운 지정벽축지운 성
於戊庚末運하니 其年紀之相距가 已經四統之遠矣로다. 丑運之
어무경말운 기년기지상거 이경사통지원의 축운지
五六은 干序法의 戊五己六이나 原數則戊五己十合十五니 卽皇中
오육 간서법 무오기육 원수즉무오기십합십오 즉황중
月體成數며 子運之一八은 壬一甲八이니 一八之數는 卽初八日月
월체성수 자운지일팔 임일갑팔 일팔지수 즉초팔일월

영 생 수   개 분 선 후 천 월 도 지 용 운 이 언 야
影生數니 蓋分先后天月度之用運而言也니라.


【粗解】 축운오육丑運五六은 황중월체성수皇中月體成數로서 태양일칠사太
陽一七四의 상상象이요 자운일팔子運一八은 복상월영생수復上月影生數로서
태음일팔칠太陰一八七의 상상象이니 축운丑運은 포오함육包五含六자리이며
자운子運은 五九이니 태음지정太陰之政이다.


【句解】 오육五六은 황중월체성수皇中月體成數로서 태양일칠사太陽一七四의
상상象이요 자운子運은 一八이니 복상월영생수復上月影生數로서 태음太陰
의 一八七의 상상象이며 축운丑運은 포오함육包五含六자리이고 자운子運은
五九니 태음지정太陰之政이라 함.


【補解】 축운오육丑運五六은 후천월정后天月政을 말함이고, 자운일팔子運
一八은 선천월정先天月政을 말함이다. 오육五六은 포오함육包五含六으로
서 삼십三十을 성成하므로(5×6=30) 곧 십육일十六日(기망旣望)을 초일도
初一度로 하는 황중월체성수皇中月體成數이니, 상문上文에 「월기황중황심
월月起皇中皇心月」 이라 함이 후천后天의 체성월體成月(황심월皇心月)을 말한
것이며, 一八은 십오지중수十五之中數인 八(상현上弦)을 말함이니, 초일일
初一日을 삭朔으로 하는 복復(자子)상월영생수上月影生數로서 상문上文에
「월기복상천심월月起復上天心月」 이라 함이 곧 선천先天의 영생월影生月(천
심월天心月)을 말한 것이다.

二四五. 一八은 <ruby>復<rt>복</rt></ruby><ruby>上<rt>상</rt></ruby><ruby>月<rt>월</rt></ruby><ruby>影<rt>영</rt></ruby><ruby>生<rt>생</rt></ruby><ruby>數<rt>수</rt></ruby>요 五六은 <ruby>皇<rt>황</rt></ruby><ruby>中<rt>중</rt></ruby><ruby>月<rt>월</rt></ruby><ruby>體<rt>체</rt></ruby><ruby>成<rt>성</rt></ruby><ruby>數<rt>수</rt></ruby>니라.

● 一八은 복상월의 빛이 생하는 수요 오육五六은 황중월의 체를 이루는 수이니라.

**註義** 一者는 日也니 一爲影數故로 不用也요 八者는 十五之中이니 卽復之上而弦之中也라 月滿則反虧故로 特言一八之政이 當於天心也라 五者는 皇也니 五爲本體之數而不動也요 六者는 十一之中이니 卽皇之中而體之成也라 月生則歸體故로 詳言五六之政이 當於皇心也라 蓋復上月은 陰畜陽也니 主盈虛之氣하여 行有色之政이요 八爲復之中而八得七則復之成也라 有旣成則必損故로 小畜之上六에 曰月旣望이니 君子征凶이라 皇中月은 陽畜陰也니 主消長之理하여 行无色之政이요 五爲皇之體而五乘六則皇之成也라 无旣極則必復故로 大畜之上九에 曰何天之衢라 蓋晦字之義는 爲每日에 可見矣라.

**演解** 復上月은 子位坎月也오 皇中月은 寅位坎月也라.

**粗解** 一八은 갑을병정무甲乙丙丁戊에서 시작始作하는 복상復上의 천심월天心月자리를 말하는 영생수影生數이며, 오육五六은 기경신임계己庚辛壬癸에서 시작始作하는 황중월皇中月자리를 말하는 체성수體成數이다.

**句解** 一八은 갑을병정무甲乙丙丁戊에서 시작始作하는 복상復上의 천심월天心月자리를 말하는 영생수影生數요, 오육五六은 기경신임계己庚辛壬癸에서 시작始作하는 황중월皇中月 자리를 말하는 체성수體成數라 함.

**補解** 一은 일시一始의 뜻으로 초일일初一日을 삭朔으로 하는 선천월先天月의 시始를 뜻하고 八은 십오지중수十五之中數로서 상현월上弦月을 뜻하므로 복상復上에서 기월起月하는 천심월天心月의 영생수影生數이다. 오육五六의 五는 본체本體의 중수中數로서 삼십일월정지중三十日月政之中이니 곧 황중皇中을 뜻하며, 六은 천간기토지수天干己土之數로서 오무육기五戊六己가 용사用事하는 후천월정后天月政을 뜻하므로 황중皇中(십육일十六日)에서 기월起月하여 삼십일三十日에 이르는 황심월皇心月의 체성수體成數이다.

---

　　　　구 칠 오 삼 일　　　기
二四六. 九七五三一은 奇니라.

- 九七五三一은 기수니라.

**註義** 奇者는 陽之圓也요 其數有五라 太陽之數曰九는 其字義가

수합구　　소양지수왈칠　　기자의　　일배칠　　입천지수왈오
數合九라 少陽之數曰七은 其字義가 一倍七이라 立天之數曰五는

기자의　　다사오　　소양지위왈삼　　목지성왈곡직고　　기자의
其字義가 多四五라 少陽之位曰三은 木之性曰曲直故로 其字義가

직삼　　태양지위왈일　　기자의　　단일야　　수필도치자　　이견
直三이라 太陽之位曰一은 其字義가 單一也라 數必倒置者는 以見

운행순역지의야
運行順逆之意也라.

[粗解] 양수陽數이니 생수生數이다.

[句解] 양수陽數니 생수生數요. 수지手指로는 九七은 신伸이요 五三一은
굴屈이라 함.

[補解] 기奇는 양수陽數이나 一三五는 생수生數이고 七九는 성수成數이다.
선천先天은 양수陽數를 용用하므로 一에서 역생逆生하여 九에 이르러 극
極하는바, 역易의 원리原理는 극즉반極則反이라 고故로 후천后天에서는
九七五三一로 도행倒行하는 것이다.

이 사 육 팔 십　　우
二四七. 二四六八十은 偶니라.

• 二四六八十은 짝 수이니라.

우자　　음지방야　　기수　　역유오　　소음지위왈이　　기자
[註義] 偶者는 陰之方也요 其數는 亦有五라 少陰之位曰二는 其字

의　　우이　　태음지위왈사　　금지성왈종혁고　　기자의　　혁사
義가 偶二라 太陰之位曰四니 金之性曰從革故로 其字義가 革四라

태음지수왈육　　기자의　　여사육　　소음지수왈팔　　기자의여
太陰之數曰六은 其字義가 餘四六이라 少陰之數曰八은 其字義餘

우팔　　　입지지수왈십　　기자의　　연수십　　차기우　　유체
偶八이라[204] 立地之數曰十은 其字義가 衍數十이라 此奇偶는 由體

용이분위수야　　해자지의　　상문어이사문십청이기리심명고
用而分位數也라 解字之義는 嘗聞於李斯文十淸而其理甚明故로

취이기지
取而記之니라.


粗解 음수陰數이니 성수成數이다.


句解 음수陰數니 성수成數라 함. 수지手指로는 二四는 굴屈이요 六八十
은 신伸함이라 함.


補解 우偶는 음수陰數이나 二四는 생수生數이고 六八十은 성수成數이니
삼지양천參地兩天이다. 후천后天은 음수陰數를 용用하므로 음수지극陰數
之極인 十에서 도생倒生하는 것이나 음양용사지리陰陽用事之理는 선후천
先后天에서 체용體用을 호역互易하므로 선천先天에서는 역생도성逆生倒成
하고 후천后天에서는 반대反對로 도생역성倒生逆成하는 것이다. 이는 천
지순환지리天地循環之理로서 복희괘도伏羲卦圖를 보면 양방陽方은 사진四
震 삼리三離 이태二兌 일건一乾으로 순행順行하나 음방陰方은 오손五巽 육
감六坎 칠간七艮 팔곤八坤으로 역행逆行하며, 문왕괘도文王卦圖를 보면 복
희괘도伏羲卦圖와는 반대反對로 일감수一坎水에서 구리화九離火까지 양
방陽方은 역행逆行하고 구리화九離火에서 일감수一坎水까지 음방陰方은

---

204 편집자주:『정역대경(모필본)』은 '少陰之數'에서 '之'字가 빠져 있다.

순행順行하는바, 음양陰陽의 순역지리順逆之理는 체용體用이 호역互易하면 그 주체主體가 달라지므로 따라서 순역順逆도 달라지는 것이다.

二四八. 奇偶之數는 二五니 先五는 天道요 后五는 地德이니라.

• 홀수와 짝수는 두 五이니 먼저 五는 천도天道요 뒤의 五는 지덕地德이니라.

註義 奇偶之數는 相間而成焉이라 一二三四五는 卽先五而天道也요 六七八九十은 卽后五而地德也라 此는 奇偶合體用而運用也라.

演解 此奇偶二五之精이 合而化生萬物耳라.

粗解 기우奇偶의 수數는 각각各各 오수五數이니 선오수先五數는 양수陽數로서 천도天道이며 후오수后五數는 음수陰數로서 지덕地德이다.

句解 기우奇偶의 수數는 각기各其 오수五數이니 선오先五는 양수陽數로서 천도天道요 후오后五는 음수陰數로서 지덕地德이라 함.

補解 기우奇偶의 수數 二五는 기수오奇數五, 우수오偶數五를 말함이니, 기수오奇數五는 양수陽數이므로 천도天道이며, 우수오偶數五는 음수陰數이므로 지덕地德이다. 선천先天은 생장生長을 주主함으로 천도天道가 용사用事하고 후천后天은 수장收藏을 주主하므로 지덕地德이 용사用事한다. 그러나 생장生長과 수장收藏은 二五가 합덕合德함으로써 이루어지는 것이니, 즉卽 천도天道가 용사用事할 때는 지덕地德이 체體가 되고 지덕地德이 용사用事할 때는 천도天道가 체體가 되는 것이다.『주역周易』계사상전繫辭上傳(第九章)에「천수오天數五, 지수오地數五니 오위상득五位相得하며 이각유합而各有合하니 천수이십유오天數二十有五요 지수삼십地數三十이라 범천지지수凡天地之數 오십유오五十有五니 차소이성변화此所以成變化하며 이행귀신야而行鬼神也라」라고 하였는바, 이것이 바로 二五가 합덕合德함으로써 만물萬物이 생성변화生成變化하는 수리數理를 밝힌 것이다. 기우지수奇偶之數 二五는 곧 음양오행陰陽五行으로서 양陽이 용사用事하면 음陰이 따르고 음陰이 용사用事하면 양陽이 응應하여 상득상합相得相合하는 것이니, 주자周子의『태극도설太極圖說』에「오행일음일양야五行一陰陽也 음양일태극야陰陽一太極也 태극본무극야太極本无極也 오행지생야五行之生也 각일기성各一其性 무극지진无極之眞 이오지정二五之精 묘합이응妙合而凝 건도성남乾道成男 곤도성녀坤道成女 이기교감화생만물二氣交感化生萬物 만물생생이변화무궁언萬物生生而變化無窮焉」이라 함이 바로 二五(음양오행陰陽五行)의 합덕合德으로 화생만물化生萬物하는 이치理致를 밝힌 것이다.

'註義'에서는 생수生數인 一二三四五의 오수五數가 곧 선오천도先五天道이고, 성수成數인 六七八九十의 오수五數가 곧 후오지덕后五地德이라고 하였는바, 이는 하문下文의 '일삼오차도천一三五次度天'과 연관聯關하여 해석解釋한 것이다. 그러나 본문本文의 서두書頭에 '기우지수이오奇偶之

數二五'라고 전제前提한 것으로 보아 생수生數와 성수成數를 말씀한 것은 아닌 듯하다.

二四九. <sup>일 삼 오 차</sup> 一三五次는 <sup>도 천</sup> 度天이오 <sup>제 칠 구 차</sup> 第七九次는 <sup>수 지</sup> 數地니
<sup>삼 천 양 지</sup> 三天兩地니라.

• 一三五의 차례는 하늘의 법도요 七九의 차례는 땅의 수이니 세 하늘
(三天)과 두 땅(兩地)이니라.
<sup>삼천</sup> <sup>양지</sup>

註義 <sup>오 기 수</sup> 五奇數를 <sup>분 언 즉 일 삼 오</sup> 分言則一三五는 <sup>재 천 지 도</sup> 在天之度요 <sup>칠 구</sup> 七九는 <sup>재 지 지 수</sup> 在地之數이니
<sup>즉 삼 천 양 지 야</sup> 即三天兩地也라 <sup>강 유 지 도</sup> 剛柔之道는 <sup>기 수 위 주 고</sup> 奇數爲主故로 <sup>특 언 용 기 이 우 수 지 삼</sup> 特言用奇而偶數之三
<sup>지 양 천</sup> 地兩天이 <sup>역 재 기 중 의</sup> 亦在其中矣라.

粗解 수지手指로는 일삼오차一三五次는 무지拇指 중지中指 소지小指 굴屈이요 제칠구차第七九次는 무명지無名指 식지食指를 신伸하면 삼천양지三天兩地이니 낙서생수洛書生數이다.

句解 수지手指로는 일삼오차一三五次는 무지拇指 중지中指 소지小指 굴屈이요 제칠구차第七九次는 무명지無名指 식지食指를 신伸하면 삼천양지三天兩地니 낙서생수洛書生數라 함.

補解 一三五七九의 기수오奇數五는 모두 양수陽數이나, 一三五는 생수중生數中의 양수陽數로서 만물萬物을 생생生生하는 수數이므로 도천度天이라 한 것이며, 七九는 성수중成數中의 양수陽數로서 만물萬物을 형성形成하는 수數이므로 수지數地라 한 것이니, 一三五는 곧 삼천三天이요 七九는 곧 양지兩地이다. 선천先天의 천지지도天地之道는 천도위주天道爲主이므로 『주역周易』설괘전說卦傳에 「삼천양지이의수參天兩地而倚數」라 하여 삼천양지三天兩地만을 말하고 삼지양천三地兩天은 말하지 않았다. 그러나 음양기우지수陰陽奇偶之數는 상득상합相得相合함으로써 순역順逆을 반복反復하는 것이니, 기수奇數에는 우수偶數가 합合하고 우수偶數에는 기수奇數가 응應하여 그 합덕合德이 혼연일체渾然一體를 이루는 것이므로 기우지수奇偶之數가 단독單獨으로 존재存在하거나 단독單獨으로 용사用事할 수는 없는 것이며, 다만 선후천先后天에서 주용사자主用事者가 바뀔 뿐이다. 그러므로 삼천양지三天兩地에는 삼지양천三地兩天이 그 안에 있는 것이다.[205]

천 지 지 천　　후 천 선 천
二五〇. 天地地天하니 后天先天이니라.

• 천지가 지천이 되니 후천과 선천이니라.

---

205 補註: 原來 數로서 三天兩地를 論할 때 生數 五數中 一三五는 三天이요 二四는 兩地이다. 그러나 一夫께서는 '一三五次度天 第七九次數地'라고 하였는바, 이는 手指度數로 三天兩地를 말씀한 것이다. 卽 一指(拇指) 三指(中指) 五指(小指)를 屈하여 三天을 形象하고 第二指(食指) 四指(無名指)를 伸하여 兩地를 形象하는바, 手指度數로는 第四指伸은 七이요 第二指伸은 九이므로 手指形象대로 '第七九次數地'라고 말씀한 것이다.

**註義** <sup>기불교즉천지</sup> <sup>기상교즉지천</sup> <sup>용어후즉후천</sup> <sup>용어</sup>
氣不交則天地요 氣相交則地天이니 用於后則后天이요 用於

<sup>선즉선천</sup> <sup>연천지지천</sup> <sup>후천선천</sup> <sup>호위체용야</sup>
先則先天이라 然天地地天과 后天先天이 互爲體用也라.

**演解** <sup>천지</sup> <sup>지복희괘건남곤북이언야</sup> <sup>지천</sup> <sup>지정역괘건북</sup>
天地는 指伏羲卦乾南坤北而言也오 地天은 指正易卦乾北

<sup>곤남이언야</sup> <sup>후천</sup> <sup>지문왕괘용무지태음운야</sup> <sup>선천</sup> <sup>지정역</sup>
坤南而言也며 后天은 指文王卦用戊之太陰運也오 先天은 指正易

<sup>괘용기지태양운야</sup> <sup>천도지운환</sup> <sup>불외호차사자지대범위중의</sup>
卦用己之太陽運也니 天道之運環이 不外乎此四者之大範圍中矣

라.

**粗解** 천지天地는 태음낙서太陰洛書인 선천先天이니 천지비운天地否運이

요 지천地天은 태양하도太陽河圖인 후천后天이니 지천태운地天泰運이다.

**句解** 천지天地는 태음낙서太陰洛書인 선천先天이니 천지비운天地否運이

요 지천地天은 태양하도太陽河圖인 후천后天이니 지천태운地天泰運이

라 함.

**補解** 천지天地는 복희선천괘도伏羲先天卦圖에 건남곤북乾南坤北으로 천

지설위天地設位가 되었음을 말하며, 지천地天은 정역괘도正易卦圖에 곤남

건북坤南乾北으로 설위設位하여 천지지위天地之位가 전도顚倒되었음을

말한다. 우주宇宙에 존재存在하는 만유萬有는 모두 상대운동相對運動을

하며 순환循環하고 있으므로 천지天地도 그 순환循環에 따라 위位를 호

역互易하는 것이니, 예例를 들면 태양太陽(일日)이 낮에는 남천南天(오午)에

위位하나 밤에는 북천北天(자子)에 위位하는 이치理致와 같은 것이다. 고故로 천지天地가 지천地天으로 역위易位하는 것은 천지순환지리天地循環 之理로서 이와 같은 이치理致를 후천后天 선천先天이라 한 것이다. 그러나 후천后天을 먼저 말하고 선천先天을 뒤에 말한 것은 천지天地가 역위易位 하면 따라서 체용體用도 바뀌게 되므로 그 용用을 말한 것이니, 즉即 천 天(건乾)이 체體가 되면 지地(곤坤)는 용用이 되고 반대反對로 지地를 체體 로 하면 천天은 용用이 되는 것이다, 그러므로 선천先天은 태양하도太陽 河圖 체體로 하고 태음낙서太陰洛書를 용用하며, 후천后天은 체용體用을 호역互易하므로 낙서洛書를 체體로 하고 선천지체先天之體인 하도河圖를 용用하는 것이니, 고故로 후천后天 선천先天이라 한 것이다. 주자朱子는 『어류語類』에서「재음양언즉용재양이체재음在陰陽言則用在陽而體在陰 연 동정무단음양무시불가분선후然動靜無端陰陽無始不可分先後 금지취기처 언지今只就起處言之 필경동전우시정畢竟動前又是靜 용전우시체用前又是體 양전우시음陽前又是陰 정전우시동靜前又是動 장하자위선후將何者爲先後 불가지도금일동변위시不可只道今日動便爲始 이작일정갱불설야而昨日靜更 不說也 여비식如鼻息 언호흡즉사순言呼吸則辭順 불가도호흡不可道吸呼 필 경호전우시흡畢竟呼前又是吸 흡전우시호吸前又是呼」라고 하였는바, 이는 음양변화陰陽變化에 있어서 체용體用이 호역互易하는 원리原理를 밝힌 것 이다. 체용體用의 호역互易은 곧 종즉유시終則有始하는 순환원리循環原理 를 말하는 것이니, 고故로 선천지전先天之前은 후천后天이며, 또한 후천지 전后天之前은 선천先天이므로 반드시 선천先天이 먼저이고 후천后天은 다 음이라고 선후先後를 정定할 수는 없는 것이나 요要는 선천지리先天之理 를 모르면 후천지리后天之理도 이해理解할 수 없는 것이므로 일부一夫께 서 선천역先天易과 후천역后天易을 모두 말씀한 것이다.

二五一. 先天之易은 交易之易이니라.

• 선천의 역은 교역의 역이니라.

註義 음양상교　위지교역지역
　　陰陽相交를 謂之交易之易이라.

演解 복희선천팔괘지수　변위구궁즉 시　하추환절　금화교
　　伏羲先天八卦之數가 變爲九宮則 是는 夏秋換節에 金火交
역지소혁운고　운교역 이
易之小革運故로 云交易耳라.

粗解 선천지역先天之易은 화입금향금입화火入金鄕金入火하는 교역지역交
易之易으로 천사지육天四地六이다.

句解 선천지역先天之易은 화입금향금입화火入金鄕金入火하는 교역交易으
로 천사지육天四地六이라 함.

補解 선천지역先天之易은 음양陰陽이 상교相交하여 만물萬物을 역생逆生
하는 생장지역生長之易이므로 이를 교역지역交易之易이라 한 것이다. 음
양상교陰陽相交는 천지상교天地相交를 말함이니, 주역설괘전周易說卦傳에
「건乾은 천야天也라 고故로 칭호부稱乎父요 곤坤은 지야地也라 고故로 칭
호모稱乎母요 진震은 일색이득남一索而得男이라 고故로 위지장남謂之長男
이오 손巽은 일색이득녀一索而得女라 고故로 위지장녀謂之長女오 감坎은

재색이득남再索而得男이라 고故로 위지중남謂之中男이오 리離는 재색이
득녀再索而得女라 고故로 위지중녀謂之中女오 간艮은 삼색이득남三索而得
男이라 고故로 위지소남謂之少男이오 태兌는 삼색이득녀三索而得女라 고
故로 위지소녀謂之少女라」라고 하였는바, 이는 천지天地를 상징象徵하는
순양건괘純陽乾卦와 순음곤괘純陰坤卦가 상교相交하여 삼남삼녀三男三女
를 생생生生함으로써 역易의 기본基本인 팔괘八卦(소성괘小成卦)가 이루어졌음
을 밝힌 것이다. 이와 같이 음양상교陰陽相交로 이룬 팔괘八卦가 또 상교
相交하여 육십사괘六十四卦(대성괘大成卦)를 이루는 것이니, 일부一夫께서
는 음양상교陰陽相交로 만물萬物을 생생生生하는 선천지역先天之易을 교
역지역交易之易이라 한 것이다.

---

후 천 지 역　변 역 지 역
二五二. 后天之易은 變易之易이니라.

---

• 후천의 역은 변하고 바뀌는 역이니라.

　　　　　음 변 이 위 양　양 화 이 위 음　위 지 변 역 지 역
**註義** 陰變而爲陽과 陽化而爲陰을 謂之變易之易이라.

　　　　　문 왕 후 천 구 궁 지 수　변 위 십 수 즉　시　동 춘 환 세　금 화 정
**演解** 文王后天九宮之數가 變爲十數則 是는 冬春換歲에 金火正
역 지 대 혁 운 고　운 변 역 이　건 곤 환 위　감 리 역 궁　자 퇴 축
易之大革運故로 云變易耳라. 乾坤換位하며 坎離易宮하고 子退丑
진　진 선 각 후　기 불 운 변 역 호　무 토 용 운　변 위 용 기 즉 후
進하며 軫先角後하니 豈不云變易乎아. 戊土用運이 變爲用己則后

천대혁지시고　　혁괘　기일내　지구어　즉성인　예은지차용
天大革之時故로 革卦에 己日乃孚之句語가 即聖人이 豫隱指此用

기지운야　　　성인지언　수백세　　불특　차야
己之運也시니라 聖人之言은 雖百世라도 不忒이 此也라.


粗解 후천지역后天之易은 금입화향화입금金入火鄕火入金하는 역변지역變易之易으로 천육지사天六地四이다.


句解 후천지역后天之易은 금입화향화입금金入火鄕火入金하는 역변지역變易之易으로 천육지사天六地四라 함.


補解 선천先天은 일건천위주一乾天爲主로 음양陰陽이 상교相交하는 교역지역交易之易이나 후천后天은 오곤지위주五坤地爲主로 음양陰陽이 전도顚倒되는 역변지역變易之易이다. 선천지역先天之易은 만물萬物을 생생生生하는 생장역生長易이므로 음양교역陰陽交易이 필요必要하나 후천지역后天之易은 생장生長이 극極에 도달到達한 만물萬物을 수렴收斂하여 본체本體로 환원還元시키는 수성역收成易이므로 변역變易을 위주爲主로 한다. 역易의 원리原理는 극즉반極則反하여 원시처原始處로 환원還元하는 것이니, 이것이 곧 선후천先后天의 순환원리循環原理이다. 음양陰陽의 소장消長과 기氣의 진퇴進退는 모두 순환循環에 의依하여 필연적必然的으로 반복反復하는 현상現象이니, 후천용사后天用事는 선천용사先天用事(생장生長)와는 반대反對로 수렴변혁收斂變革을 주主하는지라 고故로 역변지역變易之易이라 한 것이다.

二五三.

역역구궁 역역팔괘
易易九宮하고 易易八卦니라.

● 역이 구궁으로 바뀌고 역이 팔괘로 바뀌느니라.

**註義** 易易九宮은 謂文王之易이니 易主九宮也요 易易八卦는 謂
一夫之易이니 易主河圖而成八卦也라.[206]

**演解** 易은 以九宮으로 易하며 且以八卦로 易하며 且以十數로 易하
니라. 伏羲先天卦의 離乾三一數가 在於文王卦則 一坎三震也며
又坎坤六八數가 分在于西北及東北이며 又兌艮二七數가 分在于
正西及西南이고 在於金火正易圖則戊五는 屬震하며 己土는 屬巽
하고 又庚九在南하며 辛四在西고로 云南西交位며 震巽은 五行之
宗六子之長이니라.

**粗解** 역역구궁易九宮은 선천낙서구궁생성수先天洛書九宮生成數로 교역
交易하는 역易이요 역역팔괘易八卦는 후천하도팔괘생성수后天河圖八卦
生成數로 변역變易하는 역易이다.

---

206 편집자주 : 『정역대경(모필본)』에서 '圖成而'로 표현했는데, '圖而成'으로 바꾸는 교정
표시가 있다.

句解 역역구궁易易九宮은 선천낙서구궁생성수先天洛書九宮生成數로 교역지역交易之易이요 역역팔괘易易八卦는 후천하도팔괘생성수后天河圖八卦生成數로 역변지역變易之易이라 함.

補解 역역구궁易易九宮은 복희선천지역伏羲先天之易이 낙서구궁洛書九宮을 바탕으로 한 문왕역文王易으로 교역交易하여 입용入用되었음을 말하며, 역역팔괘易易八卦는 낙서구수洛書九數의 문왕팔괘文王八卦가 하도십수정역팔괘河圖十數正易八卦로 변역變易하여 후천后天에 입용入用함을 말하는 것이다. 전문前文에 이어서 선천교역先天交易 후천변역后天變易의 괘수역위卦數易位를 말씀한 것이다.

---

**二五四.** 卦之離乾은 數之三一이니 東北正位니라.
（괘 지 리 건　수 지 삼 일　동 북 정 위）

---

• 복희팔괘의 리離와 건乾은 수로는 三과 一이니 동과 북에 정위正位하니라.

粗解 복희팔괘伏羲八卦의 일건천一乾天 삼리화三離火는 동東과 북北에 정위正位하니 이는 낙서洛書의 방위方位를 말함이다.

句解 복희팔괘伏羲八卦로 일건천一乾天 삼리화三離火로서 동북정위東北正位요 위치位置는 낙서방위洛書方位 함.

補解 복희선천팔괘도伏羲先天八卦圖의 일건천一乾天과 삼리화三離火는 남방南方과 동방東方에 정위定位하였으나 구궁문왕괘도九宮文王卦圖에는 일건一乾이 일감一坎으로 바뀌어 북방北方으로 역위易位하고 삼리三離는 삼진三震으로 바뀌어 동방東方에 정위正位하였으니, 이것이 곧 역역구궁易易九宮으로서 복희팔괘伏羲八卦가 낙서구궁수洛書九宮數에 따라 교역交易하는 이치理致를 밝힌 것이다.

---

二五五. 卦之坎坤은 數之六八이니 北東維位니라.
（괘 지 감 곤　수 지 육 팔　　북 동 유 위）

• 복희팔괘의 감坎과 곤坤은 수로는 六과 八이니 서북과 동북에 위치하느니라.

粗解 복희팔괘伏羲八卦의 육감수六坎水 팔곤지八坤地는 북동北東에 유위維位하니 이는 낙서방위洛書方位를 말함이다.

句解 복희팔괘伏羲八卦의 육감수六坎水 팔곤지八坤地로서 북동유위北東維位로 위치位置는 낙서방위洛書方位라 함.

補解 복희선천괘도伏羲先天卦圖의 육감수六坎水와 팔곤지八坤地는 서방西方과 북방北方에 정위定位하였으나 구궁문왕괘도九宮文王卦圖에는 육건천六乾天 팔간산八艮山으로 괘변卦變하여 서북유위西北維位와 동북유위東北維位로 역위易位하였음을 말한 것이다.

괘 지 태 간　　수 지 이 칠　　　서 남 호 위
二五六. 卦之兌艮은 數之二七이니 西南互位니라.

• 복희팔괘의 태兌와 간艮은 수로는 二와 七이니 남에서 서西로 바꾸어 자리하느니라.

粗解 복희팔괘伏羲八卦의 이태택二兌澤 칠간산七艮山이 서남호위西南互位한 위치位置는 낙서방위洛書方位를 말함이다.

句解 복희팔괘伏羲八卦의 이태택二兌澤 칠간산七艮山으로서 서남호위西南互位한 위치位置는 낙서방위洛書方位라 함.

補解 복희괘도伏羲卦圖의 이태택二兌澤과 칠간산七艮山은 동남東南과 서북西北의 유위維位에 정위定位하였으나 구궁문왕괘도九宮文王卦圖에는 이곤지二坤地 칠태택七兌澤으로 괘변卦變하여 서남유위西南維位와 서방西方으로 역위易位하였음을 말한 것이다.

괘 지 진 손　　수 지 십 오　　　오 행 지 종
二五七. 卦之震巽은 數之十五니 五行之宗이오
육 종 지 장　　중 위 정 역
六宗之長이니 中位正易이니라.

• 정역팔괘의 진震과 손巽은 수로는 十과 五니 오행의 근본이오 육종六

宗의 어른이니 중위의 정역이니라.

演解 中位戊己가 即正易本體而無變無易이며 無生無滅이니 即性源處也라 彼卦之氣數는 雖變而無常이나 此處之正易은 有常而無變이니 是不偏不倚之中庸也니라.

粗解 복희팔괘伏羲八卦의 사진뢰四震雷 오손풍五巽風은 복희괘伏羲卦에는 九와 十이 없으므로 십진十震대신에 사진四震으로 되어 오손五巽과 상대相對하고 있으나 정역괘正易卦에서는 십수十數가 열렸으므로 십진오손十震五巽으로 되어 있는바 십오十五는 오행지종五行之宗이 되고 육종지장六宗之長은 진손震巽으로서 십오十五는 중앙中央의 위치位置하나 진손震巽은 십오건곤十五乾坤의 대행代行이니 이것이 곧 중위정역中位正易이다. 육종六宗은 진손震巽(장남장녀長男長女) 감리坎離(중남중녀中男中女) 간태艮兌(소남소녀少男少女)이니 장남장녀長男長女인 진손震巽이 육종六宗의 장長이 된다.

句解 복희팔괘伏羲八卦의 사진뢰四震雷 오손풍五巽風으로서 복희괘伏羲卦에서는 九와 十이 없음으로 십진十震대신 사진四震에서 오손五巽과 상대相對하여 있음이요 정역괘正易卦에 와서는 십수十數가 열렸으므로 십진오손十震五巽으로 되어 있음을 말함. 십오十五는 오행지종五行之宗이 되고 육종지장六宗之長은 진손震巽이므로 십오十五는 중앙中央의 위치位置이며 진손震巽은 십오건곤부모十五乾坤父母의 대행代行이니 중위정역中位正易이라 하고, 육종六宗은 진손간태감리震巽艮兌坎離가 삼남삼녀三男三

女임.

補解 복희선천팔괘伏羲先天八卦의 사진뢰四震雷와 오손풍五巽風은 동북東北과 서남西南의 유위維位에 정위定位하여 대궁對宮을 이루었으나 십수정역팔괘十數正易八卦에서는 일손一巽 육진六震으로 바뀌어 동남東南과 서북西北의 유위維位로 역위易位하고 괘도지주卦圖之主인 오곤지五坤地 십건천十乾天을 보좌輔佐하여 대리용정代理用政을 하게되니, 이른바 뇌풍용정雷風用政으로서 오곤五坤 십건十乾을 대행代行하는지라 고故로 수지십오數之十五라 한 것이다. 십오十五는 하도중궁河圖中宮에 위위하는 수數로서 곧 오무토五戊土와 십기토十己土를 말함이니, 토土는 금목수화金木水火의 뿌리가 되는 바탕이므로 오행지종五行之宗이라 한 것이며, 진뢰震雷(☳)와 손풍巽風(☴)은 부모父母인 오곤지五坤地 십건천十乾天의 장남장녀長男長女로서 부모父母를 대리代理하여 용정用政하므로 건곤乾坤의 삼남삼녀三男三女(육종六宗)중中 으뜸인지라 고故로 육종지장六宗之長이 되는 것이다. 십수정역十數正易은 오곤지五坤地 십건천十乾天이 주괘主卦(체體)로서 남북南北에 정위正位하고 용괘用卦인 팔간산八艮山 삼태택三兌澤은 동서東西에 대위對位하여 용사用事하는바, 오곤지五坤地 십건천十乾天의 괘수십오卦數十五는 하도중궁河圖中宮에 위위하는 중궁지수中宮之數로서 곧 오무五戊(황극皇極) 십기十己(무극无極)의 중앙토中央土이니, 고故로 십수정역十數正易을 중위정역中位正易이라 일컫는 것이다. 수지십오數之十五는 정역괘도正易卦圖로 보면 당연當然히 건곤乾坤의 괘수卦數이나 진震은 장남長男으로서 건위乾位를 계승繼承할 주기자主器者이고 손巽은 장녀長女로서 신명행사자申命行事者이니, 부모父母를 대리代理하여 용정用政하는지라 고故로 '괘지진손卦之震巽은 수지십오數之十五'라 한 것이다.

간 지 경 신　수 지 구 사　서 남 교 위

<br>

• 천간의 경신庚辛은 수로는 九와 四이니 남南과 서西로 자리를 바꾸느니라.

<br>

**註義** 此는 卦氣之不逃數意也라 河圖爲數之全故로 通先后卦皆
차　괘기지부도수의야　하도위수지전고　통선후괘개

本於此라 蓋三一은 東北正位之數而离乾이 得之요 六八은 北東維
본어차　개삼일　동북정위지수이리건　득지　육팔　북동유

位之數而坎坤이 得之요 二七은 西南互位之數而兌艮得之요 十五
위지수이감곤　득지　이칠　서남호위지수이태간득지　십오

는 中位正易之數而震巽이 得之故로 十五爲五行之宗이요 震巽은
중위정역지수이진손　득지고　십오위오행지종　진손

爲六宗之長이니 居卦方圓之中而起天地之意也라 然不曰十震而
위육종지장　거괘방원지중이기천지지의야　연부왈십진이

謂之四震者는 在先天에 十未成性故로 震退四位而其實은 十震也
위지사진자　재선천　십미성성고　진퇴사위이기실　십진야

라 四九는 西南交位之數而干之庚辛用之者는 卦位不過一八故로
사구　서남교위지수이간지경신용지자　괘위불과일팔고

空數하여 歸於天干이니 蓋卦氣與干支之德을 互相配合故也라.
공수　귀어천간　개괘기여간지지덕　호상배합고야

<br>

**粗解** 간지干支의 경신庚辛은 수數로는 사구금四九金으로 방위方位는 서방西方이나 금화교역金火交易으로 인因하여 낙서洛書에서는 남방화南方火와 호역互易하여 남방南方에 위치位置한다.

<br>

**句解** 간지도干支度의 경신庚辛은 사구금四九金으로 하도河圖의 서방위치

西方位置에서 금화교역金火交易으로 인因하야 낙서洛書에서는 남방南方에 위치位置라 함.

補解 경신庚辛의 수사구數四九는 하도河圖의 생성수生成數로서 천간天干의 서방금西方金이다. 하도십수중河圖十數中 사구四九만을 괘위卦位가 아닌 천간지위天干之位로 논론論論한 것은 복희선천괘伏羲先天卦에 九와 十은 귀공歸空하여 구수괘九數卦가 없으므로 괘卦로 논론論論하지 않고 천간天干으로 논론論論한 것이다. 그러나 낙서洛書에는 서방구금西方九金이 남방화위南方火位로 역위易位하여 당권當權하게 되므로 이를 남서교위南西交位라고 한 것이다. 이는 후천금화지리后天金火之理로서 금화金火가 호역기위互易其位하여 금기金氣가 남방정위南方正位에 당권當權함으로써 후천后天이 열리는 이치理致를 밝힌 것이다.

<br>

> 낙 서 구 궁 생 성 수
> 二五九. 洛書九宮生成數라.

<br>

• 낙서구궁의 생성수라.

<br>

註義 의역 성양 의 지 괘 주 역 성 사 상 지 괘 배 어 구 수 고
義易은 成兩儀之卦이나 周易은 成四象之卦하여 配於九數故
칭 이 구 궁
로 稱以九宮이라.

<br>

演解 남 헌 장 씨 왈 생 어 천 자 성 어 지 생 어 지 자 성 어 천 차 낙
南軒張氏曰生於天者成於地하며 生於地者成於天이라. 此洛

서지기수양간　호류상생　　지지양지　역호류이조성　　천지
書之奇數陽干이 呼類相生에 地之陽支도 亦呼類而助成하며, 天之

운　시우자좌선　　지신즉양구도이성국　　지술즉우공이
運이 始于子左旋하야 至申則陽九度而成局하며 至戌則遇空耳라.


[粗解] 선천先天은 낙서구궁수洛書九宮數로 생성生成하니 一에서 九까지
의 수수數로 되어 있으므로 구궁九宮이라 한다. 구궁九宮의 용수用數는
一三五七九이니 천일생임수天一生壬水하면 지일성자수地一成子水 등等으
로 생성生成함을 뜻한다.


[句解] 선천낙서구궁도수先天洛書九宮度數로 생성生成하니 一에서 九
까지 이루어진 수수數라서 구궁九宮이라 하니 구궁九宮의 용수用數는
一三五七九인데 천일생임수天一生壬水하면 지일성자수地一成子水 등等의
생성生成을 뜻함이라 함.


[補解] 하도십수河圖十數는 십천간十天干을 생생生生하고 낙서구궁洛書九宮은
십이지지十二地支를 성성成成하므로 이는 천생지성天生地成하는 천지합덕天
地合德을 뜻함이니, 십천간十天干과 십이지지十二地支에는 천지만물天地
萬物의 상수이기象數理氣를 모두 함축含蓄하고 있는 것이다. 낙서구궁생
성수洛書九宮生成數라 함은 낙서洛書의 선천용수先天用數인 一三五七九의
양수陽數로서 양간陽干과 양지陽支를 생성生成하는 천지지수天地之數를
말함이니, 곧 선천先天의 천생지성天生地成하는 원리原理를 말하는 것이
다.[207]

---

207 [補註]: 十天干과 十二地支를 차례로 配合하여 이룬 六十甲子는 곧 陰陽과 五行이 갖
추어진 循環單位로서 時空之理와 理氣象數를 모두 內包하고 있으므로 이를 基本尺度로
하여 天地循環을 測度함은 勿論 萬有事物의 生成과 變化를 헤아릴 수 있는 것이다. 十天
干과 十二地支를 이루는 河圖洛書의 數는 곧 天地之數로서 周易繫辭傳에「凡天地之數

• 하늘의 一은 임수壬水를 생하고, 땅의 一은 자수子水를 이루느니라.

粗解 천天의 일수一數는 임수壬水를 생생生生하고 地의 일수一數는 자수子水를 성성成成한다.

句解 천일天一은 임수壬水를 생생生生하고 지일地一은 자수子水를 성성成成이라 함.

補解 천일생임수天一生壬水는 하도河圖의 북방일점수北方一點水로서 만물萬物의 시생始生을 뜻하며, 지일성자수地一成子水는 낙서洛書의 북방일수北方一水로서 하도河圖의 일점임수지기一點壬水之氣를 계승繼承하여 자수子水를 이루는 것이다. 『주역周易』 계사상전繫辭上傳(第一章)에 「재천성상在天成象코 재지성형在地成形하니 변화현의變化見矣라」 함이 바로 천생지성天生地成의 원리原理를 밝힌 것이다. 또 주자朱子는 『역학계몽易學啓蒙』 하도낙서주河圖洛書註에서 「천이일생수이지이육성지天以一生水而地以六成之 지이이생화이천이칠성지地以二生火而天以七成之 천이삼생목이지이팔성지天以三生木而地以八成之 지이사생금이천이구성지地以四生金而天以九成之 천이오생토이지이십성지天以五生土而地以十成之 차우소위각유합언자야此又所謂各有合焉者也 적오기이위이십오積五奇而爲二十五 적오우이위

五十有五니 此所以成變化하며 而行鬼神也라」 라고 함이 바로 干支配合으로 이루어진 六十甲子의 原理를 밝힌 것이다.

삼십적五偶而爲三十 합시이자이위오십유오合是二者而爲五十有五 차하도지전수此河圖之全數 개부자지의皆夫子之意 이제유지설야而諸儒之說也」라고 하였는바, 이는 하도河圖의 천생지성天生地成 지생천성地生天成의 원리原理를 밝힌 것이다. 연연이나 일부一夫께서는 천일생임수天一生壬水를 이지육성지以地六成之하는 것이 아니라 지일성자수地一成子水라고 하였는바, 이는 천일생임수天一生壬水는 생수生數의 첫 번째이고 지일성자수地一成子水는 성수成數의 첫 번째임을 말한 것이므로 지육성지地六成之와 지일성자수地一成子水는 같은 뜻이다.

---

천 삼 생 갑 목　　지 삼 성 인 목

二六一. 天三生甲木하고 地三成寅木이니라.

- 하늘의 三은 갑목甲木을 생하고, 땅의 三은 인목寅木을 이루느니라.

[粗解] 천天의 삼수三數는 삼목甲木을 생생生生하고 지地의 삼수三數는 인목寅木을 성성成한다.

[句解] 천삼天三은 갑목甲木을 생생生生하고 지삼地三은 인목寅木을 성성成이라 함.

[補解] 천삼생갑목天三生甲木은 하도河圖의 원리原理이며, 지삼성인목地三成寅木은 낙서洛書의 원리原理이니, 하늘이 생생生한 것을 땅이 이루는 것은 만물萬物의 생성원리生成原理이다.

천 칠 생 병 화　　지 칠 성 오 화
二六二. 天七生丙火하고 地七成午火니라.

• 하늘의 七은 병화丙火를 생하고, 땅의 七은 오화午火를 이루느니라.

粗解 천天의 칠수七數는 병화丙火를 생생生生하고 지地의 칠수七數는 오화午火를 성성成한다.

句解 천칠天七은 병화丙火를 생생生生하고 지칠地七은 오화午火를 성성成이라 함.

補解 천칠생병화天七生丙火는 하도河圖의 생성수生成數인 병정이칠화丙丁二七火의 원리原理이며, 지칠성오화地七成午火는 지일자수地一子水에서 제칠위第七位가 오화午火이므로 천칠병화天七丙火의 기기氣를 받아 오화午火를 이루는 것이다.

천 오 생 무 토　　지 오 성 진 토　　술 오
二六三. 天五生戊土하고 地五成辰土하니 戊五
는 공空이니라.

• 하늘의 五는 무토戊土를 생하고 땅의 五는 진토辰土를 이루며 술오戊五는 공이니라.

**粗解** 천天의 오수五數는 무토戊土를 생생生生하고 地의 오수五數는 진토辰土를 성성成하며 술오戊五는 존공尊空이 된다.

**句解** 천오天五는 무토戊土를 생생生生하고 지오地五는 진토辰土를 성성成하니 술오戊五는 존공尊空이라 함.

**補解** 선천先天은 양수陽數를 용용用하므로 지일자수地一子水에서 시시始하여 제오위第五位가 진토辰土이므로 지오진토地五辰土를 용용用하는 것이니, 고故로 천오무토天五戊土의 기기氣를 받아 지오진토地五辰土를 이루는 것이다. 술오무오戊五戊土는 제십일위第十一位로서 십일귀체十一歸體之位이며, 오午에서 시시始하는 후천后天의 오토五土로서 선천先天에서는 불용不用하므로 존공尊空한다. 이를 십이소식괘十二消息卦로 살펴보면 선천지시先天之始인 자위子位는 지뢰복괘地雷復卦이고 제오위진第五位辰은 택천쾌괘澤天夬卦이며, 후천지시后天之始인 오위午位는 천풍구괘天風姤卦이고 제오위술第五位戌은 산지박괘山地剝卦이니, 술오토戊五土는 양陽을 박삭剝削하는 토土이므로 양陽을 용용用하는 선천先天에서는 용용用할 수 없는 것이다.

---

二六四. <ruby>天九生庚金<rt>천구생경금</rt></ruby>하고 <ruby>地九成申金<rt>지구성신금</rt></ruby>이니라.

• 하늘의 九는 경금庚金을 생하고 땅의 九는 신금申金을 이루느니라.

註義 此<sup></sup>는 指天地合德하여 剛柔得奇數而成度也라 壬子成而爲

註義 此는 指天地合德하여 剛柔得奇數而成度也라 壬子成而爲
五子之元이요 甲寅成而爲五寅之元이요 丙午成而爲五午之元이
요 戊辰成而爲五辰之元이요 庚申成而爲五申之元이나 惟戌宮은
爲陽之母故로 尊以空之於本數之外하여 諸陽受畜焉이니 盖書之
主九가 良以此也요 奇之三天兩地가 因以定也요 卦之乾生三男이
所由起也라.

粗解 천天의 구수九數는 경금庚金을 생생生生하고 지地의 구수九數는 신금申
金을 성성成成한다.

句解 천구天九는 경금庚金을 생생生生하고 지구地九는 신금申金을 성성成成한다
함.

補解 낙서구궁수洛書九宮數에서 一三五七九의 양수생성陽數生成만을 논
論하고 二四六八의 음수생성陰數生成은 논論하지 않았는바, 이는 낙서구
궁洛書九宮의 선천용사先天用事는 양수일陽數一에서 시始하여 양수구陽
數九에 이르는 역생용사逆生用事로서 양수陽數가 주主가 되고 음수陰數
는 종종從이 되는 것이므로 주사자위주主事者爲主로 논論한 것이니, 이것이
이른바 '양진이음퇴陽進而陰退 음퇴이양진陰退而陽進'하는 음양변화지리
陰陽變化之理이다. 선천先天은 천도위주天道爲主이므로 복희선천괘도伏羲
先天卦圖에 건남곤북乾南坤北으로 건천乾天이 남방주궁南方主宮에 정위定
位한 것이며, 후천后天은 지도위주地道爲主이므로 정역팔괘도正易八卦圖

에 곤남건북坤南乾北으로 곤지坤地가 남방주궁南方主宮에 위位하는 것이다. 그러므로 선천先天은 천일생임수天一生壬水를 시두始頭로 역생逆生(양진陽進)하여 천구생경금天九生庚金에서 극極에 이르며, 후천后天은 원천화생지십기토原天火生地十己土를 시두始頭로 하여 도생倒生(음퇴陰退)하는 것이니, 선후천先后天의 순환循環은 곧 음변위양陰變爲陽(진進)하고 양화위음陽化爲陰(퇴退)하는 음양변화陰陽變化의 반복反復인 것이다. (음수생성지리陰數生成之理는 하문下文 하도팔괘생성수河圖八卦生成數 참조參照)

---

삼 오 착 종 오 원 수
**二六五. 三五錯綜三元數라.**

---

• 삼오착종의 삼원수라.

**[註義]** 三五以變하여 錯綜其數하니 以生年月日時之頭而甲與己가
　　　삼오이변　　　착종기수　　　이생년월일시지두이갑여기

合爲五元이요 子丑寅은 爲三元이라 然其實은 三八이 爲三五요 其
합위오원　　자축인　위삼원　　연기실　삼팔　위삼오　기

次의 一六도 爲三五요 又其次의 九四爲三五요 又其次의 七二도
차　일육　위삼오　우기차　구사위삼오　우기차　칠이

爲三五요 其終의 十五도 爲三五而五與十을 尊而空之니 其用逆
위삼오　기종　십오　위삼오이오여십　존이공지　기용역

而主八七者는 太陰之用也라.
이주팔칠자　태음지용야

**[演解]** 一五九 二五八 三五七 四五六(洛書九宮數) 此以甲戊三五
　　　일오구 이오팔 삼오칠 사오육 낙서구궁수　차이갑무삼오

로 推布八位則互相錯綜 而各成十五也라. 甲合己는 陽五合也니
　추포팔위즉호상착종 이각성십오야　갑합기　양오합야

귀재자　　차　　무궁지소포양원　　전우간이행일수지정　　　자
貴在子라. 此는 戊宮之所胞陽源을 傳于艮而行一水之政이라. 自
자일지신구　　양수지진발야　　양오합지운　　시우간
子一至申九는 陽數之進發也라. 陽五合之運은 始于艮이라.


粗解 건곤교乾坤橋의 지변간지도支變干支圖인 선갑삼일先甲三日 후갑삼

일後甲三日로서 갑진甲辰에서 무진戊辰으로 변變하는 도수度數를 뜻함이

니 삼오수三五數는 갑삼甲三이 무오戊五로 변變하는 것이 선천先天의 삼

원三元이다. 주역周易에서는 삼오이변三五以變이라 하였다.


句解 산풍고山風蠱의 선갑삼일先甲三日 후갑삼일後甲三日로서 신유辛酉에

서 임술壬戌 계해癸亥 갑자甲子 을축병인乙丑丙寅 정묘丁卯로 변變하는 도

수度數를 뜻함이니《주역周易》에서는 삼오이변三五以變이라 함.


補解 삼오착종參伍錯綜이라 함은『주역周易』계사전繫辭傳(上十章)의 「삼

오이변參伍以變하며 착종기수錯綜其數하야 통기변通其變하야 수성천지지

문遂成天地之文하며 극기수極其數하야 수정천하지상遂定天下之象하니 비

천하지지변非天下之至變이면 기숙능여어차其孰能與於此리오」에서 유래由

來한 것인바, 선유先儒들은 대개설시입괘大槪揲蓍立卦하는 과정過程의 책

수착종策數錯綜의 뜻으로 해석解釋하고 있다.[208]


208 補註: 揲蓍求卦의 過程인 參伍錯綜을 살펴보면 '參'은 三變而成一爻하는 三變을 말
하며, '伍'는 揲蓍過程으로서 ㊀天策(左手) ㊁地策(右手) ㊂人策(掛一策) ㊃天策揲 ㊄地
策揲을 反復하는 것으로 곧 策數의 錯綜을 뜻하는 것이니, 錯綜其數라고 한 '其數'는 곧
揲蓍三五之變으로 얻은 老陽策數三十六(九) 少陰策數三十二(八) 少陽策數二十八(七) 老陰
策數二十四(六)를 指稱하는 것이다. 以上과 같은 策數錯綜을 反復하여 十八變而成卦하는
것이니, 이렇게 하여 얻은 卦를 바탕으로 現在와 未來의 變化를 헤아려 利害得失을 判斷
하는 것이다.

연연然이나 정역正易의 삼오착종三五錯綜은 설시수괘揲蓍求卦를 위위爲한 책수착종策數錯綜이 아니라 전문前文의 낙서구궁생성수洛書九宮生成數에 이은 낙서용양지리洛書用陽之理를 밝힌 것이니, 낙서洛書는 양수陽數인 一三五七九를 용용用하나 그 핵심核心은 중궁수오中宮數五에 있는바, 사방四方의 삼수三數(동방팔삼사東方八三四 남방사구이南方四九二 서방이칠육西方二七六 북방육일팔北方六一八)가 중궁수오中宮數五와 상하上下 좌우左右 양간방兩間方으로 그 수數를 착종錯綜하여 一五九(남북합십오南北合十五) 三五七(동서합십오東西合十五) 四五六(동남東南-서북합십오西北合十五) 二五八(서남西南-동북합십오東北合十五)을 이루어 육갑도수육십六甲度數六十(15×4＝60)을 이루는 것이니, 이와 같이 사방四方의 삼수三數가 중궁오中宮五와 착종錯綜하여 육갑도수六甲度數를 이루는 과정過程이 곧 낙서구궁수洛書九宮數의 삼오착종三五錯綜이다.[209]

정역正易의 삼오착종三五錯綜은 곧 낙서구궁수洛書九宮數의 착종원리錯綜原理를 말하는 것이니, 이는 천지만물天地萬物의 생성生成과 순환循環의 지변원리至變原理로서 설시입괘지리揲蓍立卦之理 역시亦是 동일同一한 원리原理이며, 설시지수揲蓍之數인 대연지수오십大衍之數五十도 낙서중궁洛書中宮의 오五(황극皇極)수數를 대연大衍(5×10＝50)한 수數이므로 이것 역시亦是 낙서洛書의 변화원리變化原理인 것이다. 낙서구궁洛書九宮의 삼오착종三五錯綜을 간지도수干支度數로 논론論하면 즉즉卽 갑삼甲三 무오戊五의 착종錯綜으로서 선천先天의 갑을병정무甲乙丙丁戊(합수이십오合數

209 補註: 洛書九宮 四方의 三數가 中宮五와 錯綜하여 六甲度數를 이루는 것인바, 六十甲子는 十天干과 十二地支의 配合으로 成立하는 循環單位로서 十天干은 河圖의 眞理이고 十二地支는 洛書의 眞理이니, 河洛의 眞理를 바탕으로 하여 成立한 六十甲子에는 天地陰陽의 理氣象數를 모두 內包하고 있다. 故로 六十甲子를 基本尺度로 하여 天地日月을 비롯한 萬物의 循環을 測度할 수 있고 또한 그 變化를 헤아릴 수 있는 것이다.

二十五)와 후천后天의 기경신임계己庚辛壬癸(합수삼십合數三十)가 선천지서先天之序에 따라 갑기甲己 을경乙庚 병신丙辛 정임丁壬 무계戊癸로 음양간陰陽干이 상합相合하고 갑자甲子 병자丙子 무자戊子 경자庚子 임자壬子를 차례로 생생生하여 육십갑자六十甲子를 이루는 것이다. 그러면 '삼원수三元數'라 함은 무엇인가. 삼원三元은 천원天元 지원地元 인원人元을 말함이니, 곧 천개어자天開於子하고 지벽어축地闢於丑하며 인생어인人生於寅하여 천지인天地人이 자축인子丑寅을 시원始元으로 하여 선천先天을 개태開泰하는 삼원三元을 말하는 것이다. 이미 논급論及한바와 같이 하도십수河圖十數와 낙서구궁수洛書九宮數에 의依하여 천간天干과 지지地支가 생성生成되고 간지배합干支配合으로 육십갑자六十甲子가 이루어지며, 삼오착종三五錯綜은 선천先天에서 용사用事하는 낙서洛書의 원리原理로서 갑삼무오甲三戊五가 주主가 되어 갑기甲己 을경乙庚 병신丙辛 정임丁壬 무계戊癸가 차례로 상합相合하고 그 야반夜半에 각각各各 갑자甲子 병자丙子 무자戊子 경자庚子 임자壬子를 생생生하여 오일五日에 육십갑자六十甲子가 일순환一循環하는 것이니, 이를 시건법時建法이라 한다. 그러나 기삼백육십朞三百六十은 육십갑자六十甲子가 육순환六循環하는 일세주천도수一歲周天度數로서 그 시원始元(세수歲首)을 정정定하지 않는다면 기朞는 성립成立할 수 없는 것이니, 고故로 천원天元(자子) 지원地元(축丑) 인원人元(인寅)의 삼원수三元數로서 세수歲首를 정정定하여 일기一朞의 시원始元으로 한 것이다. 일부一夫께서는 이를 삼오착종삼원수三五錯綜三元數라 한 것이니, 즉卽 선천先天은 자축子丑에서 천지天地가 열리고 인寅에서 만물萬物이 개태開泰하므로 자子에서 삼도三度를 진진進하여 병인丙寅 무인戊寅 경인庚寅 임인壬寅 갑인甲寅을 세수월건歲首月建으로 하는 이치理致를 밝혀 이를 삼원수三元數라 한 것이다. 상문上文 십오일언十五一言에 「천지지리天地之理는 삼원三元이니라. 원강성인元降聖人하시고 시지신물示之神物하시니

내도내서乃圖乃書니라」라고 하였는바, 이는 원원元이 바뀔 때마다 성인聖人이 나시고 하늘이 계시啓示한 하도河圖와 낙서洛書로서 천지삼원지리天地三元之理를 밝혔다는 뜻이다. 이하以下는 삼오착종삼원수三五錯綜三元數에 의依한 시두時頭와 세수월건歲首月建을 밝힌 것이다.

---

<br>

　　　갑 기 야 반　　생 갑 자 병 인 두
二六六. 甲己夜半에 生甲子丙寅頭니라.

---

● 갑기일甲己日의 야반에 갑자甲子가 생하니, 병인으로 세수歲首 하느니라.

[粗解] 선천태세수先天太歲數로 갑인지년甲己之年에는 병인丙寅으로 세수歲首한다.

[句解] 선천태세수先天太歲數로서는 갑인지년甲己之年에 병인丙寅으로 세수歲首라 함.

[補解] 갑기일甲己日의 야반夜半에 갑자甲子를 생生하므로 갑자甲子를 시두時頭로 하며, 갑기지년甲己之年은 갑자甲子에서 삼도三度를 진進하여 병인월丙寅月을 세수월건歲首月建으로 한다는 뜻이다. 이하以下 을경乙庚 병신丙辛 정임丁壬 무계戊癸도 역시亦是 동일同一하다.

> 을 경 야 반　　생 병 자 무 인 두
> 二六七. 乙庚夜半에 生丙子戊寅頭니라.

• 을경일乙庚日의 야반에 병자丙子가 생하니, 무인으로 세수歲首 하느니라.

粗解 선천태세수先天太歲數로 을경지년乙庚之年에는 무인戊寅으로 세수
歲首한다.

句解 선천태세수先天太歲數로서는 을경지년乙庚之年에 무인戊寅으로 세
수歲首라 함.

> 병 신 야 반　　생 무 자 경 인 두
> 二六八. 丙辛夜半에 生戊子庚寅頭니라.

• 병신일丙申日의 야반에 무자戊子가 생하니, 경인으로 세수歲首 하느니라.

粗解 선천태세수先天太歲數로 병신지년丙辛之年에는 경인庚寅으로 세수
歲首한다.

句解 선천태세수先天太歲數로서는 병신지년丙辛之年에 경인庚寅으로 세
수歲首라 함.

> 정 임 야 반　생 경 자 임 인 두
> 二六九. 丁壬夜半에 生庚子壬寅頭니라.

• 정임일丁壬日의 야반에 경자庚子가 생하니, 임인으로 세수歲首 하느니라.

[粗解] 선천태세수先天太歲數로 정임지년丁壬之年에는 임인壬寅으로 세수歲首한다.

[句解] 선천태세수先天太歲數로서는 정임지년丁壬之年에 임인壬寅으로 세수歲首라 함.


> 무 계 야 반　생 임 자 갑 인 두
> 二七○. 戊癸夜半에 生壬子甲寅頭니라.

• 무계일戊癸日의 야반에 임자壬子가 생하니, 갑인으로 세수歲首 하느니라.

[粗解] 선천태세수先天太歲數로 무계지년戊癸之年에는 갑인甲寅으로 세수歲首한다.

[句解] 선천태세수先天太歲數로서는 무계지년戊癸之年에 갑인甲寅으로 세수歲首라 함.

[補解] 이상以上으로 낙서구궁생성수洛書九宮生成數와 삼오착종삼원수

三五錯綜三元數의 생성지리生成之理와 육십간지六十干支의 순환지리循環之理를 모두 밝혀 선천역생지서先天逆生之序를 분명分明하게 하였다. 일부一夫께서 후천지리后天之理를 연역演繹하시면서 선천지리先天之理와 선천도수先天度數를 먼저 말씀하신 뜻은 선천先天을 알지 못하면 따라서 후천지리后天之理도 이해理解할 수 없음을 은연중隱然中 교시敎示하신 것이니, 선후천先后天의 원리原理는 수장手掌의 표리表裏와 같은 것이다. 그러므로 음양陰陽은 반드시 대대적待對的으로 존재存在하는 것이며, 음陰이나 양陽이 단독單獨으로 존재存在할 수는 없는 것이다. 고故로 양陽의 원리原理를 이해理解하면 상대적相對的으로 성립成立하는 이치理致를 추구推究하여 음陰의 원리原理를 알 수 있는 것이며, 반대反對로 음陰의 원리原理를 알면 역시亦是 양陽을 헤아릴 수 있는 것이다.

<br>

하 도 팔 괘 생 성 수
二七一. 河圖八卦生成數라.

• 하도팔괘의 생성수라.

註義 八卦者는 八數而其本出於河圖之十數하니 卦氣必合於此然
팔 괘 자　　팔 수 이 기 본 출 어 하 도 지 십 수　　　괘 기 필 합 어 차 연
後에 成度故로 於此稱八卦니라.
후　　성 도 고　　어 차 칭 팔 괘

演解 伏羲則河圖而劃八卦故로 稱以河圖八卦니라. 此河圖之偶
복 희 즉 하 도 이 획 팔 괘 고　　칭 이 하 도 팔 괘　　　차 하 도 지 우
數陰干이 呼類相生에 天之陰支도 亦呼類而助成함이라.
수 음 간　　호 류 상 생　　천 지 음 지　　역 호 류 이 조 성

**粗解** 후천하도수后天河圖數 이사육팔십二四六八十 도수度數의 지천태운地天泰運이다.

**句解** 후천하도수后天河圖數 이사육팔십도수二四六八十度數의 지천태운地天泰運이라 함.

**補解** 하도팔괘河圖八卦라 함은 복희씨伏羲氏가 하도십수河圖十數를 바탕으로 선천팔괘도先天八卦圖를 획괘畵卦하였으므로 하도팔괘河圖八卦라고 한 것이다. 낙서洛書의 구수九數는 양수지극陽數之極(一三五七九)으로서 양수陽數를 용용用하므로 천생이지성天生而地成하나, 하도河圖의 십수十數는 음수지극陰數之極(二四六八十)으로서 음수陰數를 용용用하므로 지생이천성地生而天成하는 것이니, 이는 선후천先后天의 순환循環에 있어서 음양陰陽이 체용體用을 호역互易하는 음양변화陰陽變化의 원리原理이다. 선천先天의 양陽은 생장生長을 주主하는 진퇴지기進退之氣이므로 천생지성天生地成하며, 후천后天의 음陰은 수성收成을 주主하는 소장지리消長之理이므로 지생천성地生天成하는 것이니, 음양陰陽은 체용體用을 호역互易하면서 생성生成을 반복反復하는 것이다. 선천낙서先天洛書는 천일생임수天一生壬水에서 역생逆生하여 양수지극陽數之極인 구수九數에 이르러 지구성신금地九成申金으로 마치고, 후천하도后天河圖는 지십생기토地十生己土에서 도생倒生하여 음수지초陰數之初인 이수二數에 이르러 천이성사화天二成巳火로 마치니, 이것이 곧 양진음퇴陽進陰退하는 변화지도變化之道이다. 낙서洛書의 선천역생지서先天逆生之序는 수금화토금水木火土金으로서 종국終局은 지구신금地九申金(음陰)을 성성成하는 것으로 마치며, 하도河圖의 후천도생지서后天倒生之序는 토금수목화土金水木火로서 종국終局은 천이사화天二巳火(양陽)을 성성成하는 것으로 마치니, 이는 음양陰陽이 질용迭

用하며 순환循環하는 원리原理이다.

　낙서구궁생성수洛書九宮生成數는 선천용양지수先天用陽之數이므로 一三五七九의 양수陽數를 용용하여 양간양지陽干陽支를 생성生成하였으나, 하도팔괘생성수河圖八卦生成數는 후천용음지수后天用陰之數이므로 二四六八十의 음수陰數를 용용하여 음간음지陰干陰支를 생성生成하는 것이다. 일부一夫께서는 선천지용先天之用인 낙서洛書와 후천지용后天之用인 하도河圖의 원리原理를 바탕으로 획괘畫卦한 복희씨伏羲氏의 선천괘도先天卦圖와 문왕文王의 입용괘도入用卦圖에 이어서 후천后天 정역팔괘도正易八卦圖를 획획畫畫하여 괘도卦圖로써 선후천先后天의 순환원리循環原理를 밝히시고 또한 낙서洛書와 하도河圖의 수리數理로써 선후천先后天의 생성원리生成原理를 천간天干과 지지地支의 도수度數로 밝힌 것이니, 이는 선후천先后天 팔괘도八卦圖의 성도원리成圖原理와 십천간十天干 십이지지十二地支의 생성원리生成原理가 동일同一한 원리原理임을 밝힌 것이다.

---

　　　　　지 십 생 기 토　　　천 십 성 축 토
二七二. 地十生己土하고 天十成丑土니라.

---

• 땅의 十수는 기토己土를 생하고 하늘의 十수는 축토丑土를 이루느니라.

粗解 지地의 십수十數는 기토己土를 생생生生하고 천天의 십수十數는 축토丑土를 성성成成한다.

句解 지십地十은 기토己土를 생생生生하고 천십天十은 축토丑土를 성성成成한

다 함.

십수十數는 하도지수河圖之數로서 음수陰數의 극수極數이며, 후천后天의 용수用數이다. 선천先天은 양수陽數를 용用하는 역생지서逆生之序이므로 천일생임수天一生壬水로 시始하여 지구성신금地九成申金으로 종終하나, 후천后天은 극수極數에서 퇴행退行하는 도생지서倒生之序이므로 지십생기토地十生己土에서 시始하여 천이성사화天二成巳火로 종終하는 것이니, 이는 양진음퇴陽進陰退하는 음양지리陰陽之理로서 일수一數는 양수陽數의 시수始數이므로 역생지시逆生之始이며, 이수二數는 음수陰數의 시수始數이나 음수陰數는 극수십極數十에서 도생倒生하므로 이수二數는 시수始數이면서 도생지종수倒生之終數가 되는 것이다. 고故로 하도십수河圖十數의 생성生成은 지십생기토地十生己土하고 천십성축토天十成丑土하는 것이니, 천일임수天一壬水를 지일자수地一子水가 이루는 것은 천개어자天開於子의 원리原理이며, 지십기토地十己土를 천십축토天十丑土가 이루는 것은 지벽어축地闢於丑의 원리原理이다. 이하以下 음수생성陰數生成은 모두 같은 원리原理이다.

---

正易集註補解

지 사 생 신 금　　천 사 성 유 금
二七三. 地四生辛金하고 天四成酉金이니라.

• 땅의 四수는 신금辛金을 생하고 하늘의 四수는 유금酉金을 이루느니라.

粗解 지地의 사수四數는 신금辛金을 생生하고 천天의 사수四數는 유금酉

568

金을 성成한다.

지사地四는 신금辛金을 생생生生하고 천사天四는 유금酉金을 성成한다 함.

---

**二七四.** 地六生癸水하고 天六成亥水니라.
　　　　　지 육 생 계 수　　　천 육 성 해 수

• 땅의 六수는 계수癸水를 생生하고 하늘의 六수는 해수亥水를 이루느니라.

지地의 육수六數는 계수癸水를 생생生生하고 천天의 육수六數는 해수亥水를 성成한다.

지육地六은 계수癸水를 생생生生하고 천육天六은 해수亥水를 성成한다 함.

---

**二七五.** 地八生乙木하고 天八成未木하니 卯八은
　　　　　지 팔 생 을 목　　　천 팔 성 미 목　　　묘 팔
　　　　空이니라.
　　　　공

• 땅의 八수는 을목乙木을 생生하고 하늘의 八수는 미목未木을 이루며 묘

569

팔묘八은 공이 되느니라.

演解 地十之運이 終于丑右旋하야 至巳則陰九度而成局하며 至則
遇空耳라.


粗解 地의 팔수八數는 을목乙木을 생생生生하고 천天의 팔수八數는 미목未
木을 성성成成하며 묘팔卯八은 존공尊空이 된다.


句解 지팔地八은 을목乙木을 생생生生하고 천팔天八은 미목未木을 성성成成하니
묘팔卯八은 존공尊空이 되는 것이라 함.


補解 선천先天은 역생이진逆生而進하므로 지일성자수地一成子水에서 제
구도第九度를 진진進하여 지구성신금地九成申金으로 종국終局하고 제십일
위第十一位 술오토戌五土는 존공尊空하며, 후천后天은 도생이퇴倒生而退하
므로 천십성축토天十成丑土에서 제구도第九度를 퇴퇴退하여 천이성사화天
二成巳火로 종국終局하므로 제십일위第十一位 묘팔목卯八木은 존공尊空하
는 것이니, 묘팔목卯八木은 선천先天의 역생지왕목逆生之旺木으로서 괘상
卦象으로는 뇌천대장괘雷天大壯卦에 해당該當하는바, 후천后天의 도생수
렴지시倒生收斂之時에는 대장왕목大壯旺木은 무용無用하므로 존공尊空하
는 것이다. 그러나 천지지도天地之道는 종즉유시終則有始라 고故로 후천
后天은 묘월卯月을 세수歲首로 하는 것이니, 하문下文의 구이착종오원수
九二錯綜五元數가 그것이다.

지 이 생 정 화    천 이 성 사 화
二七六. 地二生丁火하고 天二成巳火니라.

• 땅의 二는 정화丁火를 생하고 하늘의 二는 사화巳火를 이루느니라.

**註義** 此는 指地天合道하여 柔剛得偶數而成體也라 己丑이 成而爲

五니 丑之元이요 辛酉成而爲五酉之元이요 癸亥成而爲五亥之元

이요 乙未成而爲五未之元이요 丁巳成而爲五巳之元이나 惟卯宮

爲陰之父故로 尊而空之於本數之外하여 諸陰受制焉이라 盖圖之

主十은 形著於此而偶之三地兩天을 以是而成하니 卦之坤孕三女

가 由玆而生也라 愚가 按天地之數는 在於人之十指이니 六氣之運

과 十二宮與九宮이 皆在手掌之間이라 推之하면 可見天地无窮之

變化하니 孔夫子指其掌이 果然矣라.

**粗解** 지地의 이수二數는 정화丁火를 생생生生하고 천天의 이수二數는 사화巳

火를 성성成成한다.

**句解** 지이地二는 정화丁火를 생생生生하고 천이天二는 사화巳火를 성성成成한

다 함.

낙서구궁洛書九宮은 양수陽數를 용用하므로 양간陽干과 양지陽支를 생성生成하였으며, 하도십수河圖十數는 음수陰數를 용用하므로 음간陰干과 음지陰支를 생성生成하여 십천간十天干과 십이지지十二地支를 완성完成하였다. 하도낙서河圖洛書의 수리數理로 이루어진 천간天干과 지지地支의 이십이자二十二字에는 천지만물天地萬物의 상수象數와 이기理氣를 모두 함축含蓄하고 있으며, 또한 천간天干과 지지地支의 배합配合으로 이루어진 육십갑자六十甲子는 천지만물天地萬物의 생성변화生成變化와 운행도수運行度數를 헤아릴 수 있는 진리척도眞理尺度로서 천시天時 지리地理 인사人事의 백반百般에 활용活用되고 있는 것이다. 고故로 일부一夫께서는 선천先天과 후천后天의 대순환원리大循環原理를 간지干支의 생성수生成數로서 밝힌 것이다.

---

구 이 착 종 오 원 수
二七. 九二錯綜五元數라.

---

• 九二착종의 五원수라.

註義 九二錯綜은 合三五之變이니 己甲易位하여 以生五元之起頭
구 이 착 종　　합 삼 오 지 변　　기 갑 역 위　　이 생 오 원 지 기 두

이 기 수　　기 어 구　　착 종 즉 구 생 일 삼 오　　십 생 이 사　　서 지
而其數는 起於九하여 錯綜則九生一三五하고 十生二四하여 書之

체 립 도 지 수 시　　삼 천 양 지 지 소 유 생 야　　기 어 육　　착 종 즉 육 생
體立圖之數始가 三天兩地之所由生也라 起於六하여 錯綜則六生

팔 십　　오 생 칠 구　　서 지 수 성 이 도 지 체　　종　　삼 지 양 천
八十하고 五生七九하여 書之數成而圖之體가 終하니 三地兩天이

소 유 정 야　　어 시　　십 오 정 위　　구 육　　용 사　　건 곤 감 리 지 덕
所由定也라 於是에 十五定位하고 九六이用事하니 乾坤坎离之德

과 天地日月之道가 九消而六長하고 六消而九長하여 互用十五하

니 變化不窮矣니라.

演解 十一 九二 七四 五六 三八 此以庚丁九二로 推布十干則互

相錯綜而各成十一也라. 己合甲은 陰五合也니 貴在未라. 此는 己

宮之所胞陰源을 傳于坤而行十土之政이라. 自丑十至巳二는 陰數

之退收也라. 陰五合之運은 始于坤이라.


粗解 후천后天 기경신임계갑己庚辛壬癸甲으로 행행하여 기갑己甲으로 지

변至變하는 오원수五元數를 쓰고 九二는 건곤교乾坤橋의 지변간지도수至

變干支度數인 선경삼일先庚三日 후경삼일后庚三日로서 태음신유궁太陰辛酉

宮에서 태양하도궁太陽河圖宮인 정유丁酉로 변변變하는 과정過程을 구이착

종九二錯綜이라 하며 간지도수干支度數로는 신辛은 九요 정丁은 二로서

용구用九하니 건교乾橋에서 곤교坤橋로 넘어가는 것이다.


句解 후천后天의 기경신임계己庚辛壬癸 갑을병정무甲乙丙丁戊로 쳐서 기

갑己甲으로 하야 지변至變하는 오원수五元數를 쓰고 九二는 중풍손重風

巽 오효五爻의 선경삼일先庚三日 후경삼일後庚三日로서 태양하도궁太陽河

圖宮인 정유丁酉로 변변變하는 과정過程을 구이착종九二錯綜이라 하고 간지

도수干支度數로는 신辛은 九요 정丁은 二로서 용구用九하니 신유辛酉에

서 정유丁酉로 넘어가는 것이라 함.

補解 구이착종九二錯綜은 주역周易에서는 논론論한바 없는 독특獨特한 용어用語이다. 후천后天은 사구금四九金과 이칠화二七火가 교역交易함으로써 금화문金火門이 열리므로 구이착종九二錯綜은 천구경금天九庚金과 지이정화地二丁火의 착종錯綜을 뜻하는 것이다. 상문上文의 금화사송金火四頌에 「사구이칠금화문四九二七金火門 고인의사부도처古人意思不到處」라고 하였으니, 구이착종九二錯綜은 고인古人들이 말씀한바 없는 후천금화지정리后天金火之正理이다. 선천先天은 삼수갑三數甲이 주主가 되어 삼오착종삼원수參伍錯綜三元數를 이루었으나 후천后天은 구수경九數庚이 주主가 되어 구이착종오원수九二錯綜五元數를 이루는 것이니,『주역周易』손괘오효사巽卦五爻辭에 「선경삼일先庚三日 후경삼일後庚三日」이라 함이 바로 후천后天의 구금九金(경庚)용사用事를 말하는 것이다. 선천先天은 갑기甲己를 시두始頭로 갑자甲子 병자丙子 무자戊子 경자庚子 임자壬子를 생생生生하고 三度를 진진進하여 인월寅月을 세수歲首로 하는 삼원수三元數를 용용用하였으나, 후천后天은 기갑己甲으로 전도顚倒되어 계해癸亥 을해乙亥 정해丁亥 기해己亥 신해辛亥를 생생生生하고 오도五度를 진진進하여 묘월卯月을 세수歲首로 하는 오원수五元數를 용용用하는 것이니, 이는 갑기甲己가 기갑己甲으로 전환轉換함에 따라 선천先天의 화금火金이 후천后天의 금화金火로 바뀌는 금화교역金火交易으로 인인因하여 구이착종九二錯綜은 저절로 이루어지는 것이며, 이것이 곧 십일귀체十一歸體(9+2=11)로서 선후천先后天이 순환循環하는 원리原理인 것이다. (하문下文 십일귀체시十一歸體詩 참조參照) 하도河圖의 오행생성五行生成을 보면 선천先天은 수목화水木火로 직상直上하나 후천后天은 남방화南方火가 중궁中宮의 오토五土를 거처야 금수金水를 도생倒生하여 귀체歸體할 수 있으므로 정역팔괘도正易八卦圖에 오곤지五坤地가 남방주궁南方主宮에 위위位하는 것이니, 선천삼원先天三元이 후천오원后天五元으로 전환轉換하는 소이所以이다. 또한 선천先天은 양수지

시陽數之始인 일수一數에서 역생逆生하므로 일진위삼一進爲三이라 고故로 삼원수三元數를 용用하는 것이며, 후천后天은 음수지극陰數之極인 십수十數에서 도생倒生하므로 음퇴위오陰退爲五(음용기반陰用其半)라 고故로 오원수五元數를 용用하는 것이다.

기 갑 야 반　생 계 해 정 묘 두
二七八. 己甲夜半에 生癸亥丁卯頭니라.

• 기갑일己甲日의 야반에 계해癸亥가 생하니 정묘丁卯로 머리를 하느니라.

粗解 후천도수태세后天度數太歲로서 기갑지년己甲之年에는 정묘丁卯로 세수歲首한다.

句解 후천도수태세后天度數太歲로는 기갑지년己甲之年에 정묘丁卯로 세수歲首한다 함.

補解 선천先天은 용양역생지서用陽逆生之序이므로 갑기야반甲己夜半에 육갑지시六甲之始인 갑자甲子를 생생生生하였으나, 후천后天은 용음도생지서用陰倒生之序이므로 갑기甲己가 기갑己甲으로 전도顚倒되어 기갑야반己甲夜半에 육갑지종六甲之終인 계해癸亥를 생생生生하는 것이며, 따라서 기갑지년己甲之年에는 계해癸亥에서 오도五度를 진진進하여 정묘월丁卯月을 세수歲首로 하는 것이다. 이것이 곧 구이착종오원수九二錯綜五元數이니, 이하以下 경을庚乙 신병辛丙 임정壬丁 계무癸戊도 역시亦是 같은 원리原理이다.

二七九. 庚乙夜半에 生乙亥己卯頭니라.

• 경을일庚乙日의 야반에 을해乙亥가 생하니 기묘己卯로 머리를 하느니라.

粗解 후천도수태세后天度數太歲로서 경을지년庚乙之年에는 기묘己卯로
세수歲首한다.

句解 후천도수태세后天度數太歲로는 경을지년庚乙之年에 기묘己卯로 세
수歲首한다 함.

二八〇. 辛丙夜半에 生丁亥辛卯頭니라.

• 신병일辛丙日의 야반에 정해丁亥가 생하니 신묘辛卯로 머리를 하느니라.

粗解 후천도수태세后天度數太歲로서 신병지년辛丙之年에는 신묘辛卯로
세수歲首한다.

句解 후천도수태세后天度數太歲로는 신병지년辛丙之年에 신묘辛卯로 세
수歲首한다 함.

임 정 야 반　생 기 해 계 묘 두
## 二八一. 壬丁夜半에 生己亥癸卯頭니라.

• 임정일壬丁日의 야반에 기해己亥가 생하니 계묘癸卯로 머리를 하느니라.

粗解 후천도수태세后天度數太歲로서 임정지년壬丁之年에는 계묘癸卯로
세수歲首한다.

句解 후천도수태세后天度數太歲로는 임정지년壬丁之年에 계묘癸卯로 세
수歲首한다 함.

계 무 야 반　생 신 해 을 묘 두
## 二八二. 癸戊夜半에 生辛亥乙卯頭니라.

• 계무일癸戊日의 야반에 신해辛亥가 생하니 을묘乙卯로 머리를 하느니라.

粗解 후천도수태세后天度數太歲로서 계무지년癸戊之年에는 을묘乙卯로
세수歲首한다.

句解 후천도수태세后天度數太歲로는 계무지년癸戊之年에 을묘乙卯로 세
수歲首한다 함.

● 十一귀체의 시라.

粗解 十이 一로 귀체歸體하는 십일十一에 공덕功德이 무량无量한바 십일
종류十一種類의 체용體用이 있으니, ①삼팔동궁三八同宮 ②오운육기五運
六氣 ③포오함육包五含六 ④십퇴일진十退一進 ⑤구이착종九二錯綜 ⑥一이
무십无十하면 무체无體 ⑦중십십일일지공中十十一一之空 ⑧십무극일태극
十无極一太極 ⑨십일지덕이천도十一地德而天道 ⑩십일음十一吟 ⑪십일일언
十一一言 등等 이상以上과 같다.

句解 십일十一이 체體로 돌아가는 십일十一에 공덕무량功德无量한 바로
십일종류十一種類의 체용體用이 있느니라.

補解 십일귀체十一歸體는 하도십수河圖十數의 도생역성倒生逆成하는 순
환원리循環原理를 말함이니, 하도河圖는 십수十數에서 도생倒生하여 북방
일수北方一水에 이르러 귀체歸體하고 일수一水를 용用하여 역성逆成함으
로써 본체本體로 환원還元하는 순환循環의 반복反復이 곧 십일귀체十一
歸體의 원리原理이다. 하도십수河圖十數가 일一(태극太極)에 이르는 것을 귀
체歸體라고 함은 하도河圖는 후천지용后天之用이요 선천지체先天之體로
서 일태극一太極이 용사用事하는 선천先天에 이르면 체용體用이 바뀌어
체體가 되므로 이를 귀체歸體라고 한 것이니, 곧 무극이태극无極而太極을
말함이다. 하도십수河圖十數에는 양수陽數인 九七五三一과 음수陰數인

二四六八十의 음양오위수陰陽五位數를 내포內包하고 있으며, 이 음양지수陰陽之數가 착종錯綜하여 ①구이착종九二錯綜 ②삼팔동궁三八同宮 ③칠사태양지정七四太陽之政 ④포오함육包五舍六 ⑤십퇴일진十退一進 등等으로 음양오위陰陽五位가 모두 십일귀체十一歸體를 이루는바, 일부一夫께서는 이 원리原理를 시송詩頌으로 밝힌 것이다. 하도십수河圖十數의 원리原理에 대對하여 『주역周易』 계사상전繫辭上傳(第九章)에 「천수오天數五요 지수오地數五니 오위상득五位相得하며 이각유합而各有合하니 천수이십유오天數二十有五요 지수삼십地數三十이라 범천지지수오십유오凡天地之數五十有五니 차소이성변화此所以成變化하며 이행귀신야而行鬼神也라」라고 하였는 바, 이는 하도십수河圖十數의 합수合數인 오십오五十五가 곧 범천지지수凡天地之數로서 변화變化를 이루고 귀신鬼神(굴신屈伸: 십일귀체十一歸體)을 행行한다는 것이다. 그러므로 하도십수河圖十數의 음양수착종陰陽數錯綜으로 이루는 십일귀체十一歸體는 곧 천지만물天地萬物의 십일귀체十一歸體를 뜻하는 것이다.

---

二八四.
화 입 금 향 금 입 화　　금 입 화 향 화 입 금
火入金鄉金入火요 金入火鄉火入金을
화 금 금 화 원 천 도　　수 견 용 화 세 월 금
火金金火原天道라 誰遣龍華歲月今고.

---

• 화가 금의 고을로 드니 금이 화에게로 들어가고 금이 화의 고을로 드니 화가 금에게로 들어감을, 화금火金이 금화로 되는 것은 원래 하늘의 도道라, 누가 용화의 진리를 밝힐 사람을 이제야 보냈는고.

**註義** 十一九二<sup>십일구이</sup>는 互爲變化而九二錯綜之數<sup>호위변화이구이착종지수</sup>는 七變爲九<sup>칠변위구</sup>하고 九<sup>구</sup>

化爲七則是<sup>화위칠즉시</sup>가 火入金金入火也<sup>화입금금입화야</sup>라 十一歸軆之數<sup>십일귀체지수</sup>는 己庚<sup>기경</sup>이 居二<sup>거이</sup>하

고 戊丁<sup>무정</sup>은 居九則是<sup>거구즉시</sup>가 金入火火入金也<sup>금입화화입금야</sup>라 其他辛丁丁癸<sup>기타신정정계</sup>와 庚丁<sup>경정</sup>

丁戊<sup>정무</sup>는 其變<sup>기변</sup>이 不一而皆金火之變化也<sup>불일이개금화지변화야</sup>라 盖原天化翁<sup>개원천화옹</sup>이 火神金性<sup>화신금성</sup>

故<sup>고</sup>로 其道流行<sup>기도유행</sup>하고 其用无量也<sup>기용무량야</sup>라 誰<sup>수</sup>는 設問之辭<sup>설문지사</sup>라 龍<sup>용</sup>은 陽物也<sup>양물야</sup>요

華<sup>화</sup>는 光華也<sup>광화야</sup>니 謂龍華者<sup>위용화자</sup>는 陽德<sup>양덕</sup>이 積中<sup>적중</sup>하여 光華發外也<sup>광화발외야</sup>라 盖言伊<sup>개언이</sup>

誰之功<sup>수지공</sup>이 降此至陽光華之神聖<sup>강차지양광화지신성</sup>이니 如今歲月<sup>여금세월</sup>이 反其否而回其泰<sup>반기비이회기태</sup>

耶<sup>야</sup>인저[210] 聖人之憂患斯世<sup>성인지우환사세</sup>가 其至矣<sup>기지의</sup>로다.


**演解** 此<sup>차</sup>는 戊己之十一<sup>무기지십일</sup>이 回運<sup>회운</sup>함에 庚丁之九二<sup>경정지구이</sup>가 交位<sup>교위</sup>한즉 頑陰<sup>완음</sup>이

盡而泰陽<sup>진이태양</sup>이 至<sup>지</sup>하리니 龍華樂世<sup>용화락세</sup>를 將爲得睹矣<sup>장위득도의</sup>리라 陰火陽金<sup>음화양금</sup>이 相<sup>상</sup>

配而成功故<sup>배이성공고</sup>로 金火之奇術<sup>금화지기술</sup>이 大發于現世<sup>대발우현세</sup>니라. 戊己<sup>무기</sup>는 金火之父母<sup>금화지부모</sup>

니 其父母成道<sup>기부모성도</sup>에 其子亦隨成功<sup>기자역수성공</sup>은 理之自然也<sup>리지자연야</sup>라.


**粗解** 남방화南方火가 서방금향西方金鄕으로 들어가니 금金이 화火에게

들어감은 선천교역지역先天交易之易이요 서방금西方金이 남방화향南方火

鄕에 들어가니 화火가 금金자리로 회복回復하는 것은 금화정역지역金火

正易之易이니, 선천화금先天火金이 후천금화后天金火로 변變하는 것이 원

---

210 편집자주: 『정역대경(모필본)』은 '回泰其'라고 기록했으나, '回其泰'로 수정한 교정표
시가 있다.

천지도原天之道라 누가 용화세월龍華歲月을 지금에야 보냈는가 라고 함은 화火와 금金이 일단一但 낙서洛書의 방위方位로 갔다가 다시 하도河圖의 질서秩序인 금金과 화火로 복귀復歸하는 것이 원천原天의 도道이며, 장차將次 용화미륵龍華彌勒이 출세出世하여 교화敎化하는 세상世上이 될 것임을 말한 것이다.

句解 남방화南方火가 서방西方으로 들어가고 금金이 화火에 들어가는 것은 선천교역지역先天交易之易이요 서방금西方金이 남방화향南方火鄕에 들어가 화火가 금金자리로 회복回復하는 것은 금화정역지역야金火正易之易也라 함. 선천화금先天火金이 후천금화后天金火로 변變하는 것이 원천原天의 道요 누가 용화세월龍華歲月을 지금에 쫓아 보냈는가 라고 하였음이요 화火와 금金이 一단 낙서洛書의 방위方位로 갔다가 하도河圖의 질서秩序인 금金과 화火로 복귀復歸하는 것이 원천原天의 도道라 함. 장차將次 용화미륵龍華彌勒이 출세出世하야 교화중생敎化衆生하는 세상世上을 말함이라 함.

補解 전반前半의 구절句節은 후천后天의 금화교역지리金火交易之理를 밝힌 것이니, '화입금향火入金鄕'이라 함은 선천先天에서 역상逆上하여 극極에 도달到達한 남방南方의 서열지화기暑烈之火氣가 서방금향西方金鄕으로 퇴위退位하는 것을 말함이고 '금입화향金入火鄕'이라 함은 서방西方의 한랭지금기寒冷之金氣가 남방정위南方正位로 당권當權하여 용사用事하는 이치理致를 말한 것이다. 『주역周易』 계사하전繫辭下傳(第五章)에 「한왕즉서래寒往則暑來하고 서왕즉한래暑往則寒來하야 한서상추이세성언寒暑相推而歲成焉」 이라 함이 바로 금화교역지리金火交易之理로서 선후천先后天의 순환지리循環之理를 말한 것이다. 그러므로 선천先天의 화금火金이 금

화金火로 교역交易함으로써 후천后天이 열리고, 후천后天의 금화金火가 다시 화금火金으로 바뀌면 또 새로운 선천先天을 맞게되는 것이니, 이와 같이 화금火金과 금화金火가 교역交易을 반복反復하는 원리原理는 곧 원천原天의 도道로서 불역지정리不易之正理임을 밝히신 것이다. 결구結句의 '수견용화세월금誰遣龍華歲月今'은 후천역后天易인 정역正易을 펴내어 미래未來를 밝히는 사람을 누가 지금至今 보냈는가 라고 감탄感歎한 것이니, 일부一夫께서 정역正易을 연역演繹하시어 후천금화지리后天金火之理를 밝히게 된 것은 선생先生의 능력能力이 아니라 하늘의 뜻에 따라 행행行한 것임을 말씀한 것이다. 상문上文 십오일언十五一言에 「오호嗚呼라 천지무언天地无言이시면 일부하언一夫何言이리오 천지유언天地有言하시니 일부감언一夫敢言하노라 천지언일부언天地言一夫言하고 일부언천지언一夫言天地言하노라」 라고 하심이 바로 하늘의 뜻에 따라 '천지언일부언天地言一夫言' 한 것임을 밝힌 것이다.[211]

---

211 補註: 龍華라 함은 后天時代에 龍華彌勒이 降臨한다는 뜻이 아니라 未來佛인 龍華彌勒을 人世에 보내는 것처럼 하늘이 一夫先生을 보내시어 未來易인 正易을 演繹하여 后天之理를 밝히도록 하였음을 隱喩的으로 말씀하신 듯 하다. 위 粗解에 "將次 龍華彌勒이 出世하여 敎化하는 世上이 된다"는 解釋은 一夫께서 말씀한 原義와는 맞지 않는 듯하며, 위 註義에 "龍陽物也 華光華也 謂龍華者 陽德積中 光華發外也"라는 解釋이 原義에 近接한 듯하다.

佛家의 龍華는 佛法에 龍華彌勒이 龍華樹밑에서 衆生을 세 번 만나서 說法濟度한다는 佛家의 敎理이니, 『祖庭事苑』에 "龍華樹也 其樹有華 華形如龍 故名龍華 彌勒下世經曰 當來彌勒於此樹下 說法度人 而有三會 初會先度釋迦所未度者 次度其餘 凡六十八億人 第二會六十六億人 第三會六十四億人 故曰龍華三會" 라고 하였다. 이는 彌勒佛이 現世가 아닌 來世에 降臨하여 衆生을 說法濟度한다는 佛家의 來世觀이며, 正易의 后天觀은 아니다. 一夫께서 天命을 받아 后天金火之理를 밝히시고 后天聖人을 龍華彌勒에 比喩하여 말씀한 것이니, 將次 后天이 열리면 一夫正易을 繼承할 后天聖人이 나올 것임을 豫見하시고 后天聖人의 來臨을 龍華三會에 比喩한 것이다. 先后天의 循環原理와 佛家의 輪廻說은 그 淵源이 根本的으로 다른 것이므로 一夫께서 龍華彌勒의 來世를 말씀한 것이 아님은 分明하다.

二八五. 政令己庚壬甲丙이오 呂律戊丁乙癸辛을
　　　 <sup>정령기경임갑병</sup>　　　<sup>여율무정을계신</sup>

地十爲天天五地요<sup>212</sup> 卯兮歸丑戌依申을
<sup>지십위천천오지</sup>　　　　<sup>묘혜귀축술의신</sup>

• 하늘의 정령은 기己에서 경임갑병庚壬甲丙이요 땅의 여율은 무戊에서 정을계신丁乙癸辛임을, 땅의 十이 하늘이 되고 하늘의 五가 땅이 되니 묘卯는 축丑에 돌아가고 술戌은 신申이 의지함을.

註義 己戊者는 天地之主宰而己爲庚壬甲丙之父로 居陽位而行
　　　<sup>기무자</sup>　<sup>천지지주재이기위경임갑병지부</sup>　<sup>거양위이행</sup>

政焉이요 戊爲乙丁癸辛之母로 襲陰位而調呂律焉이라 己本地數
<sup>정언</sup>　　<sup>무위을정계신지모</sup>　<sup>습음위이조여율언</sup>　<sup>기본지수</sup>

而居天位하여 統御先后天하고 戊實天數而居地位하여 能行養成
<sup>이거천위</sup>　<sup>통어선후천</sup>　<sup>무실천수이거지위</sup>　<sup>능행양성</sup>

之道하니 蓋十爲天五爲地者는 天地之變化也요 呂爲陽律爲陰者
<sup>지도</sup>　<sup>개십위천오위지자</sup>　<sup>천지지변화야</sup>　<sup>여위양율위음자</sup>

는 陰陽之變化也요 卯歸丑戌依申者는 尊而不亢也라 丑亥酉未巳
<sup>음양지변화야</sup>　<sup>묘귀축술의신자</sup>　<sup>존이불항야</sup>　<sup>축해유미사</sup>

卯는 后天之六氣而已亥爲二五之中故로<sup>213</sup> 道必貴中而用巳亥라
<sup>묘</sup>　<sup>후천지육기이사해위이오지중고</sup>　<sup>도필귀중이용사해</sup>

卯反歸丑은 此終始相資之道也니라 子寅辰午申戌은 先天之六氣
<sup>묘반귀축</sup>　<sup>차종시상자지도야</sup>　<sup>자인진오신술</sup>　<sup>선천지육기</sup>

而寅申이 亦爲二五之中故로 亦貴用中而戌反依申이라 此는 子母
<sup>이인신</sup>　<sup>역위이오지중고</sup>　<sup>역귀용중이술반의신</sup>　<sup>차</sup>　<sup>자모</sup>

相依之理也니 六氣配五運而无過差는 天地合卦德而用中正이니
<sup>상의지리야</sup>　<sup>육기배오운이무과차</sup>　<sup>천지합괘덕이용중정</sup>

---

212 편집자주 : 『정역대경(모필본)』에는 '地十爲天五地'로 '天'字가 빠져 있다.

213 편집자주 : 『정역대경(모필본)』에는 '后天之六氣' 다음에 '而已亥'가 없다.

상망세이하어천　　　하득의이존장상　　　대재　후천지시
上忘勢而下於賤하고<sup>214</sup> 下得義而尊長上하니라 大哉라 后天之時

야　인당지기의이행기도야
也여 人當知其義而行其道也니라.


　정령　　이경임갑병사순　　분거남북　　포천지운화
政令은 以庚壬甲丙四順으로 分居南北하야 布天地運化하고

려율　이정을계신사강　　분거동서　　사일월지도수　　　려
呂律은 以丁乙癸辛四强으로 分居東西하야 司日月之度數니라 呂

율　법호일월도수이생야　현우상문이　지십위천천오지
律은 法乎日月度數而生也니 現于上文耳라. 地十爲天天五地는

곤　음야　이거오지오위　　오　군위야　응우곤지육오황
坤은 陰也나 而居午之五位하니 五는 君位也라 應于坤之六五黃裳

원길　　건거십위　　지십　위천야　곤거오위　　천오
元吉이로다. 乾居十位하니 地十이 爲天也오 坤居五位하니 天五가

위지야　차무기친정　무윤력　자로현야　건강우명처　　곤
爲地也라 此戊己親政에 無閏曆이 自露現也니 乾降于命處하고 坤

승우성계　차성명합덕지운야　묘　귀축술의신　지도우선
升于性界하니 此性命合德之運也. 卯兮歸丑戌依申은 地道右旋

이극우묘즉복반귀어축　　천도좌선이극우술즉선쇠의어신고
而極于卯則復反歸於丑하며 天道左旋而極于戌則先衰依於申故

　여시운이　음귀축이득왕　양의신이점퇴　차은함구퇴
로 如是云耳라. 陰歸丑而得旺하고 陽依申而漸退로다 此隱含九退

십진지리야
十進之理也니라.


해와 달의 표면表面의 작용作用이 만물萬物에 미치는 영향影響은

정령政令이고 해와 달의 이면작용裏面作用이 미치는 율동律動은 여율呂律

이다. 정령政令은 천정天政으로서 태음태양太陰太陽의 혼백魂魄과 기체氣

體를 뜻함이니 경임庚壬은 일수지혼一水之魂과 사금지백四金之魄이고 갑

---

214 편집자주 : 『정역대경(모필본)』은 '賤於'라고 기록했으나, '於賤'으로 수정하는 교정표
시가 있다.

병갑병丙甲丙은 칠화지기七火之氣로 팔목지체八木之體가 되며 천유일월天有日月 운행사시運行四時를 뜻함이다. 수지手指로는 기경임己庚壬은 일一·이二· 사지四指 굴屈이요 갑병甲丙은 육六·팔지八指를 신伸한다. 여율呂律은 지정 地政으로서 정이丁二와 을삼乙三은 음려陰呂가 되고 계육癸六과 신구辛九 는 양율陽律이 되니 이화삼목二火三木은 분이영이려分而影而呂이며 육수 구금六水九金은 회이윤이율會而潤而律이니 지유율려이조음양地有律呂而 調陰陽이 된다. 수지手指로는 무정을戊丁乙은 십十·구九·칠지신七指伸이 요 계신癸辛은 오五·삼지三指를 굴屈한다. 지십기토地十己土가 무지일拇 指一자리로 올라와서 천天이 되고 무오토戊五土가 땅의 十자리로 내려가 서 지십위천천오지地十爲天天五地가 되는 것이며, 천지설위天地設位의 해 亥를 용구用九자리에서 쓰면 묘卯가 중지中指인 三자리에 당當하고 용구 用九자리에서 유술해자축酉戌亥子丑하면 축丑이 중지삼中指三자리에 당 當하니 묘혜귀축卯兮歸丑이 되는 것이고, 기축己丑을 무지일拇指一자리에 서 쓰면 술戌이 무지십拇指十자리에 당當하고 해亥를 무지일拇指一에서 쓰 면 십지十指자리에 신申이 당當하므로 술의신戌依申이라 한 것이다.


句解 해와 달의 표면表面의 작용作用이 만물萬物에 미치는 영향影響은 정령政令이요 해와 달의 이면裏面의 작용作用이 미치는 율동律動의 여율 呂律이니, 정령政令은 천정天政으로 태음태양太陰太陽의 혼백魂魄과 기체 氣體를 뜻함이니 월月의 경임庚壬은 일수지혼一水之魂과 사금지백四金之魄 이요 일日의 갑병甲丙은 칠화지기七火之氣요 팔목지체八木之體라 함. 지십 기토地十己土가 무지拇指 일一자리로 올라와 천天이 되고 무오토戊五土가 땅의 十자리에 내려가서 지십위천천오지地十爲天天五地가 됨이요.


補解 전문前文에 이어서 금화교역金火交易으로 후천后天이 열린 이후以後

의 천지정사天地政事를 논論한 것이다. 정령政令 기경임갑병己庚壬甲丙은 기위己位(무극无極)의 천정天政을 뜻하고, 여율呂律 무정을계신戊丁乙癸辛은 무위戊位(황극皇極)의 지정地政을 뜻한다. 상문上文 십오일언十五一言에 "무위戊位는 후천수금태음지모后天水金太陰之母"라 하고 "기위己位는 선천화목태양지부先天火木太陽之父"라 하였으며, 또 "태음太陰은 일수지혼 一水之魂 사금지백四金之魄"이라 하였고 "태양太陽은 칠화지기七火之氣 팔목지체八木之體"라고 하였으니, 정령기경임갑병政令己庚壬甲丙과 여율무정을계신呂律戊丁乙癸辛은 이를 말함이다. 천정天政은 기위己位가 금수목화金水木火(천사상天四象)를 순생順生하고 여율呂律은 무위戊位가 금수목화金水木火(지사상地四象)를 아래에서 역생逆生하는바, 이는 천도天道는 좌선左旋하고 지도地道는 우선右旋하기 때문이다. 또한 천정天政은 용양用陽하므로 양간陽干을 도생倒生하고 지정地政은 용음用陰하므로 음간陰干을 역성逆成하는 것이 곧 만물萬物을 도생역성倒生逆成하는 후천정사后天政事이다.[215]

'지십위천천오지地十爲天天五地'라 함은 후천后天의 천지설위天地設位를 말함이니, 정역팔괘도正易八卦圖에 십건천十乾天이 북방지위北方地位에 위位하므로 지십위천地十爲天이며, 오곤지五坤地가 남방천위南方天位에 위位하므로 천오지天五地라 한 것이다. 이는 선후천先后天의 전도顚倒를 뜻하는 것이니, 주야지도晝夜之道를 예例로 하여 살펴보면 선천先天에 해당該當하는 낮에는 건천乾天(일日)이 남방南方에 위位하여 용사用事하고 곤지坤地(월月)는 북방北方에서 휴수休囚하나 후천后天에 해당該當하는 밤

---

215 [補註]: 戊位太陰은 三十度로 成道하고 己位太陽은 三十六度로 成道하므로 戊己之政은 곧 日月之政을 뜻하며, 日月이 四時를 運行함으로써 盈虛消長과 屈伸進退를 反復하게 되는 것이니, 이것이 先后天의 循環과 陰陽變化를 主宰하는 天地之道이다.

이 되면 그 위位가 전도顚倒하여 곤지坤地가 남방南方으로 부상浮上하고 건천乾天은 북방北方으로 퇴휴退休하는 것이니, 선천先天의 복희괘도伏羲卦圖는 건남곤북乾南坤北으로 정위定位하고 후천后天의 정역괘도正易卦圖는 곤남건북坤南乾北으로 정위定位하였음은 선후천先后天의 천지설위天地設位가 전도顚倒하는 원리原理를 밝힌 것이다.

'묘혜귀축술의신卯兮歸丑戌依申'이라 함은 선후천先后天의 순환지도循環之道를 말함이니, 이는 천도天道는 좌선左旋하고 지도地道는 우선右旋하는 천지순환지리天地循環之理를 밝힌 것이다. 지도地道는 십토축궁十土丑宮에서 우선이퇴右旋而退하면 묘궁卯宮에 이르러 십일귀체十一歸體가 되므로 묘목卯木은 귀공歸空하여 후천后天의 본체本體인 지십축토地十丑土로 돌아가며, 천도天道는 일수자궁一水子宮에서 좌선이진左旋而進하면 술궁戌宮에 이르러 십일귀체十一歸體가 되므로 술토戌土는 귀공歸空하여 선천先天의 본체수本體數인 구수신궁九數申宮으로 귀의歸依하는 이치理致를 밝힌 것이다. 상문上文 하락생성수河洛生成數에서 '지오성진토술오공地五成辰土戌五空 천팔성미목묘팔공天八成未木卯八空'이라 함이 이를 말한 것이다.

---

二八六. 十은 十九之中이니라.

---

• 十은 十九의 중中이니라.

粗解 수지手指로 十하고 무지일拇指一자리를 굴屈하면 상대방相對方(이

삼사오지二三四五指)은 구수九數를 형상形象하니 합合하면 十九가 되므로 十九의 중수中數라고 한다.

句解 十 하고 무지拇指 일一자리를 굴屈하면 상대방相對方은 九를 형상形象하니 합合하면 十九가 되니 십구지중十九之中이라 함.

補解 하도십수河圖十數와 낙서구수洛書九數의 합수십구合數十九는 천지만물天地萬物의 총수總數이다. 그러나 낙서구수洛書九數는 하도河圖와 무관無關한 별개別個의 수數가 아니라 하도십수河圖十數에 포함包含되어 있는 수數로서 하도河圖의 용수用數에 불과不過하므로 천지만물天地萬物의 원수原數는 곧 십수十數이니, 주역계사전周易繫辭傳에 천일天一에서 지십地十까지의 합수合數 오십유오五十有五가 곧 천지지수天地之數라고 함이 이를 말한 것이다. 본문本文에 '십十은 십구지중十九之中'이라 함은 선천용수구先天用數九와 후천용수십后天用數十의 합수合數인 십구十九의 중수中數라는 뜻이니, 이는 만물萬物이 존재存在하고 있는 천지天地는 곧 우주宇宙의 중심체위中心體位에 있음을 말하는 것이다. 하문下文에 九에서 一까지의 수數가 모두 중中을 얻고 있는바, 이는 천지지간天地之間의 만물萬物은 사람을 비롯하여 미물微物에 이르기까지 각기各其 독립獨立된 중심체위中心體位를 얻고 있는 존재存在임을 밝힌 것이다. 주자朱子의 『성리어류性理語類』에 「태극지시천지만물지리太極只是天地萬物之理 재천지언즉천지중유태극在天地言則天地中有太極 재만물언즉만물각유태극在萬物言則萬物各有太極」이라 하였는바, 이것이 바로 천지만물天地萬物이 모두 중위中位를 얻어 존재存在하는 원리原理를 말한 것이다.

二八七. 九는 十七之中이니라.

• 九는 十七의 중이니라.

粗解 수지手指로 九하고 식지이食指二자리를 굴굴屈하면 상대방相對方은 팔수八數를 형상形象하니 합습하면 十七이 되므로 십칠지중十七之中이라 한다.

句解 九 하고 식지食指 이二자리를 굴굴屈하면 상대방相對方은 八을 형상形象하니 합습하면 十七이 되니 십칠지중十七之中이라 함.

二八八. 八은 十五之中이니라.

• 八은 십오十五의 중이니라.

粗解 수지手指로 八하고 중지삼中指三자리를 굴굴屈하면 상대방相對方은 칠수七數를 형상形象하니 합습하면 십오十五가 되므로 십오지중十五之中이라 한다.

句解 八 하고 중지中指 삼三자리를 굴굴屈하면 상대방相對方은 七을 형상形象하니 합습하면 십오十五가 되니 십오지중十五之中이라 함.

二八九. 七은 十三之中이니라.

• 七은 十三의 중이니라.

粗解 수지手指로 七하고 무명지사無名指四자리를 굴굴屈하면 상대방相對方
은 육수六數를 형상形象하니 합습하면 十三이 되므로 십삼지중十三之中이
라 한다.

句解 七 하고 무명지無名指 사四자리를 굴굴屈하면 상대방相對方은 六을
형상形象하니 합습하면 十三이 되니 十三의 중中이라 함.

二九〇. 六은 十一之中이니라.

• 六은 十一의 중이니라.

粗解 수지手指로 六하고 소지오小指五자리를 굴굴屈하면 상대방相對方은
오수五數를 형상形象하니 합습하면 十一이 되므로 십일지중十一之中이라
한다.

句解 六 하고 소지小指 오五자리를 굴굴屈하면 상대방相對方은 五를 형상
形象하니 합습하면 十一이 되니 십일지중十一之中이라 함.

二九一. 五는 <sup>오</sup> 一九之中<sup>일 구 지 중</sup>이니라.

---

• 五는 단 九의 중이니라.

粗解 수지手指로 五하고 소지육小指六자리를 신伸하면 상대방相對方은 사수四數를 형상形象하니 합合하면 九가 되므로 일구지중一九之中이라 한다.

句解 五 하고 소지小指 육六자리를 신伸하면 상대방相對方은 四를 형상形象하니 합合하면 九가 되니 일구지중一九之中이라 함.

---

二九二. 四는 <sup>사</sup> 一七之中<sup>일 구 지 중</sup>이니라.

---

• 四는 단 七의 중이니라.

粗解 수지手指로 四하고 무명지칠無名指七자리를 신伸하면 상대방相對方은 삼수三數를 형상形象하니 합合하면 七이 되므로 일칠지중一七之中이라 한다.

句解 四 하고 무명지無名指 사四자리를 신伸하면 상대방相對方은 三을 형상形象하니 합合하면 七이 되니 일칠지중一七之中이라 함.

十一一言

삼　　일오지중
二九三. 三은 一五之中이니라.

• 三은 단 五의 중이니라.

粗解 수지手指로 三하고 중지팔中指八자리를 신伸하면 상대방相對方은
이수二數를 형상形象하니 합슴하면 五가 되므로 일오지중一五之中이라
한다.

句解 三 하고 중지中指 八자리를 신伸하면 상대방相對方은 二를 형상形
象하니 합슴하면 五가 되니 일오지중一五之中이라 함.

이　　일삼지중
二九四. 二는 一三之中이니라.

• 二는 단 三의 중이니라.

粗解 수지手指로 二하고 식지구食指九자리를 신伸하면 상대방相對方은
일수一數를 형상形象하니 합슴하면 三이 되므로 일삼지중一三之中이라
한다.

句解 二 하고 식지食指 九자리를 신伸하면 상대방相對方은 一을 형상形
象하니 합슴하면 三이 되니 일삼지중一三之中이라 함.

## 二九五. 一은 <ruby>一<rt>일</rt></ruby><ruby>一<rt>일</rt></ruby><ruby>之<rt>일</rt></ruby><ruby>中<rt>지중</rt></ruby>이니라.

● 一은 단 一의 중이니라.

**粗解** 수지手指로 一하고 무지십拇指十자리를 신伸하면 수지手指를 다 펼친 형상形象이라 공空이 되므로 일일지중一一之中이라 한다.

**句解** 一 하고 무지拇指 십十자리를 신伸하면 손을 다 펼친 형상形象으로서 공空이 되므로 일일지중一一之中이라 함.

**補解** 一은 원시지수原始之數로서 십일귀체十一歸體하는 본체수本體數이니, 곧 태극지수太極之數이다. 일태극一太極은 전체全體를 뜻하는 一로서 태극일수太極一數에는 음양陰陽과 오행지수五行之數(양수오陽數五·음수오陰數五)를 내포內包하고 있으므로 본문本文에 '일一은 일一의 중中'이라고 한 것이니, 일지중一之中은 곧 음양오행지중陰陽五行之中을 뜻하는 것이다. 일一은 중中을 이루어 줄 상대수相對數가 없으므로 一이 내포內包하고있는 이오지수二五之數의 체體가 되는 것이니, 중中은 곧 중심中心의 체위體位를 뜻하는 것이다. 연然이나 십일귀체十一歸體하는 원형순환체圓形循環體로서 본다면 一은 十과 二의 중中이 되며, 따라서 十은 십구지중十九之中이 아니라 九와 一의 중中이 되는 것이다. 一은 시始를 뜻하는 태극수太極數이고 十은 종終을 뜻하는 무극수无極數이나 일태극一太極에는 십수十數(二五)가 내포內包되어 있고 십무극十无極에는 일수一數가 내포內包되어 있으므로 무극无極과 태극太極은 별개別個의 체體가 아니라 분리分

離할 수 없는 일체一體로서 무극이태극无極而太極으로 순환循環하는 일

체一體의 양면兩面인 것이니, 이러한 순환원리循環原理를 일부一夫께서는

십일귀체十一歸體라 하였으며, 주역周易에서는 "종즉유시천행야終則有始

天行也"라고 하였다.

---

二九六. 中은 $\overset{\text{십}}{十}\overset{\text{십}}{十}\overset{\text{일}}{一}\overset{\text{일}}{一}\overset{\text{지}}{之}\overset{\text{공}}{空}$이니라.

---

• 중中은 十과 十; 一과 一 의 공空이니라.

演解 洛書之數九와 河圖之數十을 合則 十九之一章數也니 天地

之數가 不外乎九與十故로 此先擧十九而次次至于一一하야 極言

精微之本中空處也라 此中空之眞處는 先聖之厥中與時中之中이

며 且先師所謂包五含六 十退一進之位니라.

粗解 중자中字의 횡상하일일橫上下一一은 十十이 되고 종일일縱一一이 되

므로 십십일일十十一一의 중中이며 공空이 되는 것이다. 十一의 중복重複

이니 요순지궐중堯舜之厥中과 공자지시중孔子之時中之中의 뜻이 내포內包

되어 있다.

句解 중中은 십십일일十十一一의 공空이 되는 것이며 十一의 중복重複이

니 요순지궐중지중堯舜之厥中之中과 공자지시중孔子之時中之中의 뜻이라 함.

補解 이상以上 十에서 一까지의 중中을 밝히고, 차문此文은 중中의 뜻을 밝힌 것이다. 중中은 하도河圖와 낙서洛書의 중궁中宮과 같이 진중眞中의 위위位位를 말함이니, 중위中位는 용수用數의 변화變化(순역順逆)를 주재主宰하는 지존至尊의 위위位이므로 용수用數에서 제외除外하여 존공尊空하는 것이다. 예例를 들면 복희선천팔괘도伏羲先天八卦圖는 하도십수河圖十數를 바탕으로 설위設位되었으나 그 괘수卦數를 보면 일건천一乾天 이태택二兌澤 삼리화三離火 사진뢰四震雷 오손풍五巽風 육감수六坎水 칠간산七艮山 팔곤지八坤地의 팔괘八卦로서 九와 十은 존공尊空되어 괘괘가 없으며, 문왕팔괘도文王八卦圖는 일감一坎 이곤二坤 삼진三震 사손四巽 육건六乾 칠태七兌 팔간八艮 구리九離의 팔괘八卦로서 五와 十은 역시亦是 존공尊空되어 괘괘가 없다. 존공지수尊空之數는 괘위卦位는 공空이나 그 위상位相은 중궁지중위中宮之中位로서 전체全體(팔괘八卦)를 주재主宰하는 지존至尊이니, 천하天下를 다스리는 제왕지위帝王之位와 같은 것이다. 그러므로 중中은 십십일일지공十十一一之空이라 한 것이니, 十은 수지전數之全으로 무극지수无極之數이므로 만물萬物의 수렴收斂을 주재主宰하는 무형지중無形之中이며, 一은 수지시數之始로서 태극지수太極之數이므로 만물萬物의 생장生長을 주재主宰하는 유형지중有形之中을 뜻한다. 고故로 십십일일十十一一은 십퇴일진十退一進을 반복反復하는 순환체循環體의 중中으로서 十은 전체全體(十)의 중中이므로 공간지중空間之中을 뜻하며, 一은 일시一始의 중中이므로 시간지중時間之中을 뜻하는 것이다. 중수中數는 곧 체수體數로서 용수用數에서 제외除外되므로 '중中은 십십일일지공十十一一之空'이라 한 것이며, 십십일일十十一一은 곧 무극无極과 태극太極의 체위體位이다.

• 요堯임금과 순舜임금의 궐중厥中의 중이니라.

**粗解** 요堯임금은 제요도당씨帝堯陶唐氏이고 순舜임금은 제순유우씨帝舜有虞氏이다. 요堯임금의 도통심법道統心法은 윤집궐중允執厥中이라 하시니 홍범황극론洪範皇極論에 무편무당無偏無黨하며 무반무측無反無側이라 하였다.

**句解** 요堯임금과 순舜임금의 도통심법道統心法은 윤집궐중允執厥中이라 하시다.

**補解** 제요帝堯와 제순帝舜은 천도天道에 따라 인도人道를 세우시고 만민萬民의 중심中心에 서서 만민萬民을 위爲한 정치政治를 실행實行하신 성인聖人이시다. 『서경書經』 대우모편大禹謨篇에 「인심유위人心惟危하고 도심유미道心惟微하니 유정유일惟精惟一하여 윤집궐중允執厥中하라」 라고 하였는바, 이는 사람의 마음은 이기적利己的이어서 도道를 지키려 하여도 자칫하면 도道에 어긋나게 되므로 위태危殆하게 되며, 따라서 도심道心도 쇠미衰微하게 되므로 오직 정신精神을 모으고 통일統一하여 진실眞實로 중정中正을 지키라는 뜻이니, 곧 요순堯舜의 상전심법相傳心法을 말한 것이다. 그러므로 요순堯舜의 궐중지중厥中之中은 천하지중위天下之中位에서 만민萬民의 중심中心에 위位하나 그 위상位相은 유이약무有而若無라 오직 천하만민天下萬民을 위爲하여 존재存在할뿐이니, 『십팔사략十八

史略』제요장帝堯章에 「치천하오십년治天下五十年에 부지천하치여不知天下治歟아 부치여不治歟아 억조원대기여億兆願戴己歟아 불원대기여不願戴己歟아 문좌우間左右호대 부지不知하고 문외조間外朝호대 부지不知하고 문재야間在野호대 부지不知라 내미복乃微服으로 유어강구游於康衢하야 문동요聞童謠하니 왈입아증민曰立我烝民이 막비이극莫非爾極이라 불식부지不識不知하고 순제지측順帝之則이라 하며, 유노인有老人이 함포고복含哺鼓腹하고 격양이가왈일출이작擊壤而歌曰日出而作하고 일입이식日入而息이로다 착정이음鑿井而飲하고 경전이식耕田而食하니 제력帝力이 하유어아재何有於我哉오」라고 하였는바, 바로 요순堯舜의 궐중지중厥中之中을 말한 것이다. 요순지중堯舜之中은 천하만민天下萬民의 중위中位에 처處하여 유이약무有而若無하니, 곧 십지중十之中이요 십십지공十十之空에 해당該當하는 궐중지중厥中之中인 것이다.

---

### 二九八. 孔子之時中之中이니라.
공 자 지 시 중 지 중

● 공자의 시중時中의 중이니라.

粗解 공자지시중孔子之時中之中은 가이속즉속可以速則速하며 가이구즉구可以久則久하며 가이구즉지可以久則止하며 가이구즉사可以久則仕라 하시고 성지시자야聖之時者也라 하였다.

句解 공자지시중孔子之時中之中은 가이속즉속可以速則速하며 가이구즉

구가이구즉구可以久則久하며 가이구즉지可以止則止하며 가이구즉사可以仕則仕라 하시고 성지시자야聖之時者也라 함.

補解 자사子思는 『중용中庸』을 지어서 공자孔子의 뜻이 '군자이시중君子而時中'에 있음을 밝혔고, 맹자孟子는 공자孔子를 '성지시자聖之時者'라고 하였다. 무릇 집중執中의 교훈敎訓은 요순堯舜의 상전심법相傳心法에서 비롯되었고, 시중지의時中之義는 공자孔子에 의依하여 밝혀졌다. 역도易道는 참으로 심오深奧하나 많은 학자學者들이 역학易學의 본령本領은 시중時中에 있다고 하였다. 공자孔子는 십익十翼의 단전彖傳과 상전象傳에서 시時에 대對하여 말한 곳이 단전彖傳에 이십사괘二十四卦 상전象傳에 육괘六卦, 중中에 대對하여 말한 곳이 단전彖傳에 삼십오괘三十五卦 상전象傳에 삼십육괘三十六卦이니, 시時는 시행時行 대시待時 시변時變 시용時用 시의時義 시발時發 시사時舍 시극時極이라 하였고, 중中은 중정中正 정중正中 대중大中 중도中道 중행中行 행중行中 강중剛中 유중柔中이라 하였으며, 몽괘蒙卦에서는 시중時中이라 하였다. 만물萬物과 만사萬事에는 모두 때가 있고 이 때를 맞추는 것이 곧 시중時中이니, 『주역周易』의 도처에서 시중時中의 중요성重要性을 강조强調하였는바, 간괘艮卦 단사彖辭에 「간지야艮止也 시지즉지時止則止 시행즉행時行則行 동정불실기시動靜不失其時 기도광명其道光明」이라 하였고, 계사하전繫辭下傳(第五章)에는 「군자장기어신君子藏器於身 이대시이동而待時而動 하불리지유何不利之有」라 하였으며, 건괘문언乾卦文言에는 「군자진덕수업君子進德修業 욕급시야欲及時也」라고 하였다. 이는 모두 시중時中을 강조强調한 대목으로서 요要는 때를 맞춤에 있어서 과불급過不及이 없이 적시適時에 적중適中하는 것이 곧 시중時中이며, 공자孔子는 천시天時를 알고 그 때를 맞추려 하면 군자君子는 진덕수업進德修業하는 길뿐임을 강조强調한 것이다. 공자孔子의 시

중지중時中之中은 먼저 천도天道와 천시天時를 알고 연후然後에 여시해행與時偕行(시지즉지時止則止 시행즉행時行則行)하여 그 중中을 얻는데 있으므로 군자君子는 종일건건終日乾乾하여 진덕수업進德修業하고 여시행지與時行之하라는 것이니, 고故로 자사子思는 '군자이시중君子而時中'이라 하였고 맹자孟子는 '성지시자聖之時者'라고 칭송稱頌한 것이다. 공자孔子의 시중時中은 곧 일지중一之中으로서 일일지공一一之空에 해당該當하며, 논어論語에 「오도일이관지吾道一以貫之」라 함이 바로 일지중위一之中位에 있음을 말한 것이다.

---

일 부 소 위 포 오 함 육 십 퇴 일 진 지 위
二九九.(1) 一夫所謂包五含六十退一進之位니라.

---

• 일부一夫의 이른바 五를 싸고 六을 머금으며, 十이 물러가서 一로 나아가는 자리이니라.

演解 포 오 함 육 곤 상 지 무 기 십 퇴 일 진 간 상 지 무 기
包五含六은 坤上之戊己며 十退一進은 艮上之戊己라.

粗解 일부一夫께서는 소위所謂 五를 싸고 六을 머금은 것은 일육궁一六宮자리이고 十은 물러가고 一이 나가는 것은 십토오토十土五土의 자리에 위치位置한 것이다. 수지手指로 오육五六은 소지小指자리이고 십일十一은 무지拇指자리이다.

句解 일부一夫께서는 소위所謂 五를 싸고 六을 품은 것은 일육궁一六宮

자리가 되고 십퇴일진十退一進 자리라 함.

補解 일부一夫께서 말씀한 포오함육包五含六과 십퇴일진十退一進의 위位가 곧 일부지중위一夫之中位임을 밝힌 것이다. 포오함육包五含六은 무위戊位(황극皇極)와 기위己位(무극无極)로서 황극이무극皇極而无極을 뜻하며, 십퇴일진十退一進은 십무극十无極과 일태극一太極의 순환循環(십일귀체十一歸體)으로서 무극이태극无極而太極을 뜻한다. 그러므로 일부지위一夫之位는 황극이무극皇極而无極(후천后天)과 무극이태극无極而太極(선천先天)의 중위中位에 있음을 밝힌 것이니, 이는 일부선생一夫先生이 선천先天에서 탄생誕生하여 요순堯舜의 도통심법道統心法인 궐중지중厥中之中과 공부자孔夫子의 시중지중時中之中을 계승繼承하여 이를 바탕으로 후천지리后天之理를 밝혔으므로 일부지위一夫之位는 선천先天과 후천后天의 중위中位에 있음을 밝힌 것이다. 고故로 선생先生은 선성先聖께서 말씀한바 없는 포오함육包五含六과 십퇴일진十退一進으로써 그 위位를 밝히셨으니, 곧 십일지중十一之中으로서 십십일일지공十十一一之空에 해당該當한다. 하문下文은 후학後學들의 각성覺醒을 촉구促求한 것이다.

二九九. (2) 小子아 明聽吾一言하라 小子아.
（소자　명청오일언　소자）

• 소자小子들아 나의 한마디 말을 밝히 들어라 소자들아.

註義 道者는 中而已라 超然空中에 無所依着於物者는 道之體也요
（도자　중이이　초연공중　무소의착어물자　도지체야）

무시불연　　무물불유　　수시이합의　　　인물이득당자　도
無時不然하여 無物不有하고 隨時而合義하여 因物而得當者는 道

지용야　　고　중무정체　　궁천지긍고금　　무불가위지시
之用也니 故로中無定體이나 窮天地亘古今하니 無不可爲之時요

무불가용지물　　소위중자　과하여재　개수자　기지분한이
無不可用之物이니 所謂中者는 果何如哉아 蓋數者는 氣之分限而

자차지피　각유자연지중　조물지종시　　막도호수리이무소
自此至彼로 各有自然之中에 造物之終始이니 莫逃乎數理而無所

왕이부중야　지약대중　　하의어수호　　수불가이지명고
往而不中也라 至若大中이면 何依於數乎리요 數不可以指名故로

소위십십지공　일일지중　진개시중　　비위공공무용지물야
所謂十十之空과 一一之中이 眞箇是中이니 非謂空空無用之物也

실지허지령지중적　즉건지상원야　인지성명야　구어심이
라 實至虛至靈之中的은 卽乾之上元也요 人之性命也나 具於心而

혼연재중　위일신지주　통만사지강　　불가호말만선족언
渾然在中에 爲一身之主며 統萬事之綱하여 不加毫末萬善足焉이

천이시강충　　요순이시전수　　위도통지원　　이계상주
라 天以是降衷하니 堯舜以是傳授하여 爲道統之原하여 以啓商周

지성덕　천이시행언　　공자역이시중언　　발명중용지덕
之盛德이라 天以時行焉하니 孔子亦以時中焉하여 發明中庸之德

천이수시지　　일부역이수교지　　십퇴자　중지장야
하고 天以數示之하니 一夫亦以數敎之하니라 十退者는 中之藏也요

일진자　중지행야　시소위용행사장야　포오자　오거오기지
一進者는 中之行也니 是所謂用行舍藏也라 包五者는 五居五奇之

중　포기상하야　함육자　육거오우지중　함기종시야
中하여 包其上下也요 舍六者는 六居五偶之中하여 含其終始也니

인수관리지교　무이가의　개선천지학　기수미성고　전지심
因數觀理之敎에 無以加矣라 蓋先天之學은 氣數未成故로 傳之心

법　약언상수　후천지학　기수성이시어인고　상명기수
法하여 略言象數하며 后天之學은 氣數成而示於人故로 詳明氣數

지분한절도　이견성명지체용본말　어시　천지지화　저
之分限節度하여 以見性命之體用本末하니 於是에 天地之化가 著

현이무여온　성인지교　간이이무여사야　장말　우계지왈
顯而無餘蘊하고 聖人之敎는 簡易而無餘事也라 章末에 又戒之曰

소자　　명청오일언　　　　차　　성인지우근천하　　심위제경야
小子아 明聽吾一言하라 하니 此는 聖人之憂勤天下를 深爲提警也

안상편　　직거성명지원　　이립조화지대체이상언천여인
라 按上篇은 直擧性命之原하여 以立造化之大體而詳言天與人이

품수삼원삼극지도　　하편　　즉인조화지성공　　체찰성명지
稟受三元三極之道니라 下篇은 卽因造化之成功으로 體察性命之

유이이시인여천　　호용대중지정지덕　　정자소위천미시불
由而以示人與天이[216] 互用大中至正之德하니 程子所謂天未始不

위인　　인미시불위천　시야
爲人이요 人未始不爲天이 是也니라.


상문본중처　　천이경고여시
演解 上文本中處를 天以警告如是하시니라.


粗解 논어論語에 공자孔子께서 「오당지소자吾黨之小子」라 하셨으니 제자
弟子를 뜻함이다. 소자小子아 나의 말하는 것을 밝게 들어보라고 중복重
複하심은 신중愼重하라는 교훈敎訓이시다. 소자小子아를 거듭하심은 소
남소녀少男少女 즉卽 팔간산八艮山 삼태택三兌澤의 깊은 뜻도 함축含蓄되
어 있다.


句解 《논어論語》에 공부자孔夫子께서 "오당지소자吾黨之小子"라 하였듯
이 제자弟子를 뜻함이요, 소자小子아 나의 말하는 것을 밝게 들어보라고
함.


補解 공자孔子는 제자弟子를 가리켜 '오당소자吾黨小子'라고 하였는바,
일부一夫께서 말씀한 소자小子 역시亦是 제자弟子를 말함이다. 이는 『논

---

216 편집자주 : 『정역대경(모필본)』은 '命性'으로 기록되어 있는데, 『정역주의(하상역본)』
에서는 '性命'으로 바뀌었다.

어論語』 공야장편公冶長篇의 「자재진子在陳하사 왈曰 귀여歸與인저 귀여歸
與인저 오당지소자광간吾黨小子狂簡하여 비연성장斐然成章이오 불지소이
재지不知所以裁之로다」에서 유래由來한 것이니, 공자孔子가 제자弟子들의
광간狂簡을 염려念慮한 것처럼 일부一夫께서도 역시亦是 제자弟子들이 정
역正易을 바르게 이해理解하지 못함으로 인因하여 오도誤導되는 폐단弊
端을 염려念慮하시는 뜻이 함축含蓄되어 있다고 하겠다. 그러므로 마음
을 밝게 하고 나의 일언一言을 경청傾聽하라고 강조强調한 것이니, 일언一
言은 정역상하편正易上下篇의 일언一言 즉卽 십오일언十五一言과 십일일언
十一一言을 말함이다. 서두書頭에 '소자小子아'라고 한 것은 강조强調하는
뜻이며, 결구結句에 재차再次 '소자小子아'라고 한 것은 간곡懇曲한 당부
當付의 뜻이 함축含蓄되어 있다. 이처럼 제자弟子들에게 강조强調하시고
또 당부當付하신 것은 선생先生께서 평생솔성지공平生率性之工으로 완성
完成하신 정역正易 상하편上下篇이 바르게 후세後世에 전전傳하여지기를 염
원念願하는 뜻이 담겨져 있다고 하겠다.

---

뇌 풍 정 위 용 정 수
三〇〇. 雷風正位用政數라.

---

• 뇌풍이 정위하는 용정수라.

뇌 풍 자　　천 지 지 종 시　　시 어 율 려　　중 어 음 양　　종 어
註義 雷風者는 天地之終始이니 始於律呂하고 中於陰陽하고 終於
강 유　　　　뇌 풍 정 위 자　　즉 강 유 정 위 야　　분 이 언 지 즉 간 위 음 양
剛柔하니라 雷風正位者는 卽剛柔正位也라 分而言之則干爲陰陽

이요 支爲剛柔이며 合而言之則干爲氣요 支爲質이라 質不變而氣

能變故로 於此에 擧干之變化而總結之라 按干支圖하면 可見矣라.

演解 此與上文戊己十干生數로 意同耳.

粗解 뇌풍雷風은 진괘震卦와 손괘巽卦를 말하는 것이며, 기위십己位十과 무위오수戊位五數로서 건곤십오乾坤十五를 대행代行하는 정위용정수正位用政數이다.

句解 뇌풍雷風은 진손괘震巽卦이니 기위십己位十과 무위오수戊位五數로서 건곤십오乾坤十五를 대행代行하는 정위용정수正位用政數라 함.

補解 정역팔괘도正易八卦圖의 일손풍一巽風과 육진뢰六震雷가 남북정위南北正位의 오곤지五坤地와 십건천十乾天을 대리代理하여 정위正位에서 용정用政하는 원리原理를 수數로써 밝힌 것이다. 五와 十은 중궁지중수中宮之中數로서 존공尊空되므로 오곤지五坤地와 십건천十乾天이 친정親政할 수 없는지라 고故로 건곤乾坤의 장남장녀長男長女인 육진뢰六震雷와 일손풍一巽風이 부모父母를 대리代理하여 정위正位에서 용정用政하는 것이다. 이는 정역팔괘도正易八卦圖의 후천지리后天之理로서 '금화일송金火一頌'에 「화공각필畵工却筆하니 뇌풍생雷風生이로다」 또 '포도시布圖詩'에 「만고문장일월명萬古文章日月明하니 일장도화뇌풍생一張圖畵雷風生」이라 함이 모두 괘도卦圖의 뇌풍용정지리雷風用政之理를 밝힌 것이며, 또 십일일언十一一言에서는 「괘지진손卦之震巽은 수지십오數之十五니 오행지종五行之

宗이오 육종지장六宗之長이니 중위정역中位正易이니라」라고 하여 뇌풍雷風이 십건천十乾天과 오곤지五坤地의 정위正位에서 부모父母(건곤乾坤)를 대리代理하여 용정用政하는 원리原理를 밝혀 육진뢰六震雷 일손풍一巽風을 '수지십오數之十五'라고 한 것이다. 또한 복희선천괘도伏羲先天卦圖의 사진뢰四震雷와 오손풍五巽風이 정역괘도正易卦圖에서는 육진뢰六震雷로 진進하여 십건천十乾天을 대리代理하고 오손풍五巽風은 일손풍一巽風으로 퇴退하여 오곤지五坤地를 대리代理하고 있으니, 이는 일부一夫께서 선천괘도지리先天卦圖之理를 그대로 이어서 정역괘도正易卦圖를 설위設位하였음을 밝힌 것이다.

---

기　위　　　사　금　일　수　팔　목　칠　화　지　중
三〇一. 己位는 四金一水八木七火之中이니
무　극
无極이니라.

---

• 기己의 자리는 四금 一수와 八목 七화의 중中에 있으니 무극이니라.

粗解 일수지혼一水之魂과 사금지백四金之魄은 태음지정太陰之政이고 팔목칠화지중八木七火之中은 태양지정太陽之政이며, 무극无極은 천정天政이니 천유일월이운행사시天有日月而運行四時하는 것이다.

句解 일수지혼一水之魂이요 四金之魄은 태음지정太陰之政이요 팔목칠화지중八木七火之中은 태양지정太陽之政임.

기위己位는 후천后天을 주재主宰하는 중위中位로서 사금지백四金之魄 일수지혼一水之魂과 팔목지체八木之體 칠화지기七火之氣의 중위中位이니, 곧 무극체위无極體位이다. 사금일수四金一水는 태음지정太陰之政이고 팔목칠화八木七火는 태양지정太陽之政이며, 또한 사금일수四金一水는 서북西北(추동秋冬)의 수렴지기收斂之氣이고 팔목칠화八木七火는 동남東南(춘하春夏)의 생장지기生長之氣이니, 기위己位는 곧 태음태양太陰太陽(월일月日)의 중위中位에서 도생역성倒生逆成을 주재主宰하는 무극체위无極體位임을 수數와 상상象으로써 밝힌 것이다.

---

三〇二. <ruby>无極而太極<rt>무 극 이 태 극</rt></ruby>이니 <ruby>十一<rt>십 일</rt></ruby>이니라.

---

• 무극이면서 태극이니 十이며 一이니라.

<ruby>演解<rt></rt></ruby> <ruby>己本十<rt>기 본 십</rt></ruby> <ruby>而進于一<rt>이 진 우 일</rt></ruby>하니 <ruby>无極而太極也<rt>무 극 이 태 극 야</rt></ruby>오 <ruby>十一<rt>십 일</rt></ruby>은 <ruby>性命本體數<rt>성 명 본 체 수</rt></ruby>야也라.

<ruby>粗解<rt></rt></ruby> 무극无極이면서 태극太極이라 함은 십무극十无極과 일태극一太極을 말한다.

<ruby>句解<rt></rt></ruby> 무극無極이로되 태극太極이라면 십무극十无極과 일태극一太極이라 함.

기위己位는 하도중궁河圖中宮의 십수十數로서 무극지수无極之數이
며, 일수一數는 낙서용양洛書用陽의 시생수始生數로서 태극지수太極之數
이다. 十은 만수滿數로서 진지극수進之極數이므로 극즉반極則反이라 고
故로 도생倒生하여 一에 이르며, 一은 시생지수始生之數로서 역상逆上하
여 다시 十에 이르는 것이니, 이는 천지순환지리天地循環之理로서 무극이
태극无極而太極이며, 십일귀체十一歸體하는 선후천先后天의 순환원리循環
原理이다. 일부一夫께서는 기위己位의 용수用數(사금일수팔목칠화四金一水八
木七火)를 먼저 밝히시고 이어서 본체수本體數인 十과 一의 순환원리循環
原理를 밝힌 것이다.

---

三〇三. 十一은 地德而天道니라.
　　　　십 일　　지 덕 이 천 도

- 十이며 一은 지덕이면서 천도니라.

演解 十은 地德이요 一은 天道也라.
　　　 십　　지 덕　　　일　　천 도 야

粗解 지덕地德은 생육生育하는 수數이며, 천도天道는 육갑간지도수六甲
干支度數이다.

句解 지덕地德은 생육生育하는 수자數字요, 천도天道는 육갑간지도수六
甲干支度數라 함.

---

천　도　　　원　　　경 임 갑 병
**三〇四. 天道라 圓하니 庚壬甲丙이니라.**

---

• 천도는 원圓하니 간지干支로는 경임갑병이니라.

사 순 본 간 서 수　　　일 삼 칠 구
演解 四順本干序數는 一三七九니라.

---

粗解 경임庚壬은 사금일수四金一水이니 수지手指로 이지사지二指四指 굴屈이며, 갑병甲丙은 칠화팔목七火八木으로 육지팔지六指八指 신伸이다.

---

句解 경임庚壬은 사금일수四金一水이니 이지사지二指四指 굴屈이요 갑병甲丙은 칠화팔목七火八木으로 육지팔지六指八指를 신伸하니 수數는 二四六八로서 하도수河圖數라 함.

---

補解 뇌풍雷風이 대리용정代理用政하는 천도天道의 정령政令을 밝힌 것

이다. 천도天道가 원圓하다 함은 천도운행天道運行이 무시무종無始無終하고 순환불식循環不息함을 뜻하며, 경임갑병庚壬甲丙은 천정天政으로서 곧 사금四金 일수一水 팔목八木 칠화七火를 말함이니, 이는 천사상天四象으로서 도생역성倒生逆成(십일귀체十一歸體)을 주재主宰하는 정령政令이다. 그러나 하도河圖의 천간도수天干度數로는 一(임수壬水) 三(갑목甲木) 七(병화丙火) 九(경금庚金)이니, 이는 선천先天의 용양도수用陽度數이다. 이 一三七九(임갑병경壬甲丙庚)와 경임갑병庚壬甲丙(四一八七)의 천간수위天干數位를 살펴보면 선천先天의 화금火金이 후천后天의 금화金火로 교역交易하는 원리原理를 천간수위天干數位로서 밝히고 있는바, 십일귀체시十一歸體詩에 「화금금화火金金火는 원천도原天道」 라 함이 바로 이 원리原理를 밝힌 것이다. 그러므로 경임갑병庚壬甲丙의 천도정령天道政令은 곧 금화교역金火交易을 주재主宰하는 용정用政을 뜻하는 것이다.

---

三〇五. 地德은 方하니 二四六八이니라.

---

• 지덕은 방方하니 二四六八이니라.

**註義** 以其體而言則己爲无極而以其位而言則己居太極이니 是爲 數之十一也라 十者는 地德也요 一者는 天道也니 以其法度而言則 庚壬甲丙은爲天四象이나 而其道는 圓이요 以其位置而言하면 則 二四六八은 爲地四數이나 而其德은 方하니 盖謂己位居中而庚壬

갑 병　　용 정 야
甲丙이 用政也라.


演解 사 순　본 이 천 도 원　　용 지 덕 지 방　　차　　체 원 용 방 야
四順이 本以天道圓으로 用地德之方하니 此는 體圓用方也니라.


粗解 간지干支로는 경임갑병庚壬甲丙이니 사금일수팔목칠화四金一水八木
七火로서 태음태양太陰太陽의 정사政事를 말함이다.


句解 간지干支로는 경임갑병庚壬甲丙이니 사금일수팔목칠화四金一水八木
七火로서 태음태양정사太陰太陽政事라함.


補解 전문前文 천도天道에 이어서 지덕地德을 밝힌 것이다. 천도天道
는 천간도수天干度數(경임갑병庚壬甲丙)로 밝히고 지덕地德은 수위數位
(二四六八)로 밝혔는 바, 이는 천도天道가 체體로서 지덕地德을 용用하므
로 지덕地德은 천도天道를 받아들이는 수위數位로 말한 것이다. 천도天
道가 원圓함은 그 순환循環이 무한無限함을 뜻하고, 지덕地德이 방方함은
한계限界가 있음을 뜻함이니, 천天은 능동적能動的이나 지地는 수동적受
動的이기 때문이다. 지덕地德 二四六八은 천도天道 경임갑병庚壬甲丙(금수
목화金水木火)을 받아들이는 수위數位로서 곧 이화二火(정丁) 사금四金(신
辛) 육수六水(계癸) 팔목八木(을乙)이며, 천도天道를 받아 성형成形하므로 덕
德이라 한 것이다. 정역괘도正易卦圖에 오곤지五坤地(무戊)와 십건천十乾天
(기己)은 중위中位에 존공尊空하고 육진뢰六震雷와 일손풍一巽風이 대리용
정代理用政하여 천도天道(경임갑병庚壬甲丙)와 지덕地德(정신계을丁辛癸乙)의
정령政令을 행행行하는 것이니, 고故로 뇌풍정위용정수雷風正位用政數라고
한 것이다.

• 무위戊位는 二화와 三목 六수 九금의 중中에 있으니 황극皇極이니라.

粗解 무위戊位는 지정地政이니 이화삼목二火三木은 음려陰呂의 도수度數
이며, 육수구금六水九金은 양율陽律의 도수度數로서 지유조음양地有調陰
陽하는 이치理致이다. 간지干支로는 정을계신丁乙癸辛이니 정이을삼丁二乙
三은 구지九指칠지신七指伸이요 계육신구癸六辛九는 오지삼지굴五指三指屈
이다.

句解 무위戊位는 지정地政으로서 이화삼목二火三木은 음려陰呂의 도수度
數요, 육수구금六水九金은 양율陽律의 도수度數이니라 함.

補解 무위戊位는 정역괘도正易卦圖의 오곤지五坤地로서 이화삼목二火三
木과 육수구금六水九金의 중위中位에 있으니 곧 오황극五皇極이다. 五는
一(태극太極)과 十(무극无極)의 중위中位에서 생수生數(一二三四)와 성수成數
(六七八九)를 거중조절居中調節하는 중위지극수中位之極數이므로 황극皇
極이라 한 것이다. 그러나 오황극五皇極은 중궁지중위中宮之中位로서 존
공尊空되므로 뇌풍雷風이 대리代理하여 금수金水(九六) 목화木火(三二)의
용정用政을 행行하는 것이다.

• 황극이면서 무극이니 五이며 十이니라.

[演解] 戊<sub>무</sub>本<sub>본</sub>五<sub>오</sub>而<sub>이</sub>進<sub>진</sub>于<sub>우</sub>十<sub>십</sub>하니 皇<sub>황</sub>極<sub>극</sub>而<sub>이</sub>无<sub>무</sub>極<sub>극</sub>也<sub>야</sub>니라.

[粗解] 황극皇極이면서 무극无極이라 함은 오황극五皇極과 십무극十无極을 말함이다.

[句解] 황극皇極이로되 무극无極이라면 오황극五皇極과 십무극十无極을 말함이라 함.

[補解] 정역괘도正易卦圖에 오곤지五坤地(황극皇極)와 십건천十乾天(무극无極)이 남북南北에 정위正位하여 팔괘八卦의 중中을 이루니 곧 황극이무극皇極而无極이며, 그 수數는 五와 十이다. 五가 진진進하여 十에 이르면 황극이무극皇極而无極이며, 十이 퇴退하여 五에 이르면 무극이황극无極而皇極이 되는 것이니, 일태극一太極 오황극五皇極 십무극十无極은 나누어 논론論하면 三이나 그 체體는 나눌 수 없는 일체一體로서 다만 체용體用만을 호역互易할 따름이다.

三〇八. 五十은 天度而地數니라.

• 五와 十은 하늘의 도수이면서 지수니라.

　　　　오　천 도　십　　지 수 야
演解 五는 天度요 十은 地數也라.


粗解 천도天度는 수數를 말하고 지수地數는 육갑간지도수六甲干支度數
를 말함이다.


句解 천도天度는 수數를 말하고 지수地數는 육갑간지도수六甲干支度數
를 말함이라 함.


補解 오五는 오황극五皇極으로서 양수陽數이므로 천도天度이며, 十은
십무극十无極으로서 음수陰數이므로 지수地數이다. 천지天地는 음양陰陽
의 체體이며, 음양陰陽은 천지天地의 용用이다. 그러나 체용體用에 있어서
는 천天은 양체陽體이나 용음用陰하고, 지地는 음체陰體이나 용양用陽하
는 것이니, 고故로 오五는 천수天數이나 용음用陰하고, 十은 지수地數이
나 용양用陽하는 것이다.

지 수     방       정 을 계 신
地數는 方하니 丁乙癸辛이니라.

• 지수는 방方하니 정을계신이니라.

粗解 수지手指로 정이을삼丁二乙三은 구지九指칠지신七指伸이요 계육신
구癸六辛九는 오지삼지五指三指 굴屈이니 수數로는 九七五三이 된다.

句解 수지手指로 정이을삼丁二乙三은 구지九指칠지七指 신伸함이요 계육
신구癸六辛九는 오지삼지五指三指 굴屈한 상象이니 수數로는 九七五三이
라 함.

補解 전문前文에는 '지덕地德은 방方하니 二四六八'이라 하고, 차문此文
에는 '지수地數는 방方하니 정을계신丁乙癸辛'이라고 하였는바, 이는 전
문前文은 천도위주天道爲主라 고故로 지덕地德은 수위數位로 말한 것이고
차문此文은 지수위주地數爲主이므로 천간도수天干度數로 말한 것이다. 그
러나 지덕地德 二四六八은 천사상天四象(경임갑병庚壬甲丙)과 배합配合하
는 수위數位이고, 지수地數 정을계신丁乙癸辛은 천사상天四象과 배합配合
하여 성형成形한 지사상地四象이니, 즉卽 뇌풍정위雷風正位의 용정用政이
다. 전문前文의 천도天道와 지덕地德, 하문下文의 천도天度를 참간參看하시
기 바란다.

天度<sub>는</sub> 圓<sub>하니</sub> 九七五三<sub>이니라.</sub>

천 도   원   구 칠 오 삼

• 천도는 둥근 것이니 九七五三이니라.

　　　무 본 황 극 지 위 이 습 무 극 지 위 고　　왈 황 극 이 무 극　　기 수
[註義] 戊本皇極之位而襲无極之位故로 曰皇極而无極이요 其數

즉 오 십 야　오 자　천 도 야　십 자　지 수 야　기 법 도 즉 정 을 계
則五十이라 五者는 天度也요 十者는 地數也니 其法度則丁乙癸

신　위 지 사 상　이 기 덕　방　기 위 치 즉 구 칠 오 삼　위 천 사
辛은 爲地四象이나 而其德은 方이요 其位置則九七五三은 爲天四

수 이 기 도 원　개 언 무 위 거 중 이 정 을 계 신　용 정 야
數而其度圓하니 盖言戊位居中而丁乙癸辛이 用政也라.


　　　사 강　정 을 계 신　본 이 지 수 지 방　용 천 도 지 원　차
[演解] 四强(丁乙癸辛)이 本以地數之方으로 用天度之圓하니 此는

체 방 용 원 야
體方用圓也니라.


[粗解] 하늘의 법도法度는 무한无限하므로 원圓하니 간지干支로 정이을

삼丁二乙三 화목火木은 음려陰呂요 계육신구癸六辛九 수금水金은 양율陽

律이다.


[句解] 하늘의 법도法度는 원圓하니 九七五三이라 함.


[補解] 천도天度 九七五三은 지사상地四象과 배합配合하는 수위數位이니,

이는 지수방체地數方體가 천도지원天度之圓을 용用하는 체음용양體陰用

陽의 정령政令이다. 천도天度 九七五三은 양수오위陽數五位에서 一(태극太極)을 존공尊空한 수數이고, 지덕地德 二四六八은 음수오위陰數五位에서 十(무극无極)을 존공尊空한 수數이다. 이 양수兩數를 배합配合하면 九二七四 五六 三八의 십일귀체수十一歸體數가 성립成立하는바, 이는 무위황극戊位皇極이 일태극一太極과 십무극十无極의 중위中位에서 십일귀체十一歸體를 조절調節하는 이치理致를 수數로써 밝힌 것이다.

사 정 칠 수 용 중 수
三一. 四正七宿用中數라.

• 四정 七수의 용중수라.

註義 四正은 謂天之四方이라 東方蒼龍七宿와 南方朱雀七宿와
　　　사 정　　 위 천 지 사 방　　　동 방 창 룡 칠 수　　 남 방 주 작 칠 수
西方白虎七宿와 北方玄武七宿가 環列四方行政하니 用中之道는
서 방 백 호 칠 수　 북 방 현 무 칠 수　 환 열 사 방 행 정　　 용 중 지 도
有二端也라.
유 이 단 야

演解 虛張之星次는 在於南北七宿之中하고 四正之支躔은 在於
　　　허 장 지 성 차　　 재 어 남 북 칠 수 지 중　　　사 정 지 지 전　　 재 어
十二方位之中하니 以此兩中之星與支로 排付于二十四節한즉 豈
십 이 방 위 지 중　　 이 차 양 중 지 성 여 지　　 배 부 우 이 십 사 절　　 기
不云以用中乎아 此先引下文而解.[217]
불 운 이 용 중 호　 차 선 인 하 문 이 해

---

217 原註 : 用中은 用其四正之中度也니 中度는 三百六十數니라.

이십팔수二十八宿가 동서남북東西南北으로 칠수식七宿式 배열配列된 것을 자오묘유월子午卯酉月에 춘분春分 추분秋分 동지冬至 하지夏至로 중성中星에 맞추어 쓰는 도수度數를 말하는 것이다.

이십팔수二十八宿가 동서남북東西南北으로 칠수식七宿式 배열配列된 것을 중中으로 씀을 말함.

이십팔수二十八宿의 순환지도循環之度와 사방四方(동서남북東西南北)의 중성수위中星數位를 논론論論한 것이다. 이십팔수二十八宿의 순환循環은 선천先天은 천도天道를 따라 순행順行하고, 후천后天은 지도地道를 따라 역행逆行하는바, 이는 양순음역陽順陰逆의 원리原理이다.

三一二. 先天은 五九니 逆而用八하니 錯이라 閏中이니라.
（선천 오구 역이용팔 착 윤중）

• 선천은 五에서 九이니 거슬러 八을 쓰므로 착錯이라 윤력으로 중수에 맞추었느니라.

先天은 謂太陰之政이니 五九는 謂洛書也요 逆而用八은 謂（선천 위태음지정 오구 위낙서야 역이용팔 위）二十八也라 蓋太陰之政은 五九爲本故로 一九爲始하여 十九爲中（이십팔야 개태음지정 오구위본고 일구위시 십구위중）하고 二十九로 爲終而其用을 逆八者는 合二十八宿也라 其數常錯（이십구 위종이기용 역팔자 합이십팔수야 기수상착）而置閏然後에 得中也니라.（이치윤연후 득중야）

오구　　낙지기수고　　운선천야　　월도유어차　　자무오지
演解 五九는 洛之奇數故로 云先天也니 月度由於此라 自戊五至

임구　시오구　수지역야　용팔　용갑팔부두좌선행　　언야
壬九가 是五九니 數之逆也오 用八은 用甲八符頭左旋行으로 言也

기수　상착이생윤고　치윤법이득절기지중
오 奇數는 相錯而生閏故로 置閏法而得節氣之中하니라.


粗解 선천先天은 낙서오수洛書五數에서 九로 역생도성逆生倒成하는 것은
자운일팔子運一八로서 착팔도수錯八度數를 쓰는 것이니 선천윤역先天閏
易을 맞추었음을 말한다.


句解 선천先天은 낙서수洛書數 五에서 九로 가서 八을 쓰니 어기쩌서 윤
중閏中함을 말함.


補解 선천先天은 낙서구궁洛書九宮을 용用하므로 역생도성逆生倒成이라
중궁오황극中宮五皇極이 조절調節하여 극수極數인 九에 이르는 용정用政
이나 이십팔수二十八宿는 극수구極數九에 불급不及하는 八을 용用하므로
그 수數가 구궁수九宮數와 상착相錯하는바, 고故로 치윤置閏하여 중수
中數에 맞추는 것이다. 이는 선천先天의 윤역지리閏易之理로서 이십팔수
二十八宿의 순환循環도 일구지중수一九之中數인 오황극수五皇極數에 맞추
어야 하므로 치윤이득중置閏而得中하는 것이니, 고故로 선천오구先天五九
를 먼저 말씀한 것이다.

• 후천은 十에서 五이니 순하게 내려와 六을 씀으로 합당한지라 정역으로 중이 되느니라.

後천 위태양지정 십오 위하도야 순이용육 위일
**註義** 后天은 謂太陽之政이니 十五는謂河圖也요 順而用六은 謂一

육 십육 이십육 개일월지정 삼십위정이선천위십오
六과 十六과 二十六이라 盖一月之政은 三十爲正而先天爲十五요

후천역십오야 무술무진정위어십육 음덕지순야 차저성
后天亦十五也라 戊戌戊辰正位於十六은 陰德之順也라 且氐星이

위당어이십육 정지불항이각성 여자오 합어삼십수
位當於二十六하여 政之不亢而角星이 與子午로 合於三十數하며

불로규각 기도상합 득정이무과불급 안이십팔수도
不露圭角하니 其度相合하고 得正而無過不及이라 按二十八宿圖

가견의
하면 可見矣리라.

십오 하도지우수고 운후천야 월도유어차 자기십
**演解** 十五는 河圖之偶數故로 云后天也니 月度由於此라 自己十

지무오 시십오 수지순야 용육 용기육부두우선행 언
至戊五가 是十五니 數之順也오 用六은 用己六符頭右旋行으로 言

야 우수 상합이귀정고 치정법이득절기지중 정법
也오 偶數는 相合而歸正故로 置正法而得節氣之中하니라 正法은

적어사중지방 윤법 적어사유지방
適於四中之方이며 閏法은 適於四維之方이니라.

**粗解** 하도수河圖數는 도생역성倒生逆成하니 十에서 五로 순순하게 내

려와 쓰게됨은 五와 六이 합습하는 자리라 정역正易으로 중中이 되는
것이다.

하도수河圖數는 도생역성倒生逆成하니 十에서 五로 순순하게 내려
와서 쓰게 됨은 五와 六이 합습한 자리라 정역正易으로 중中이 되는 것이
다.

후천后天은 하도십수河圖十數를 용용用用하는 태양지정太陽之政이니, 십
오十五는 하도중궁지수河圖中宮之數이다. 후천后天은 하도십수河圖十數에
서 도생역성倒生逆成하는 용정用政이므로 十에서 오위五位를 도행倒行하
면 선천역생육기지위先天逆生六己之位에 이르게 되는바, 곧 포오함육包五
含六하는 십일지중위十一之中位라 고故로 순이용육順而用六하며, 육합오
六合五하면 과불급過不及이 없는 삼십三十(6×5=30)이 되므로 정중正中이
되는 것이다. 그러므로 후천后天의 이십팔수순환二十八宿循環은 지도地道
를 따라 역행逆行하며, 항각이수지위亢角二宿之位를 존공尊空하고 건너뛰
어 삼십일월정三十日月政과 부합符合하게 되는 것이다. (상문上文 항각이수존
공시亢角二宿尊空詩 참조參照)

　　　　오 구　　태 음 지 정　　　일 팔 칠
三一四. 五九는 太陰之政이니 一八七이니라.

• 五에서 九는 태음의 정사政事이니 一八七이니라.

演解 一八七은 卽月政之行三五度數也故로 云太陰之政이라.
（일팔칠 즉월정지행삼오도수야고 운태음지정）

粗解 五에서 九까지 逆逆으로 가는 것이니 先天의 태음정사太陰政事
인 절후도수節候度數로 一八七이 되는 것이다.

句解 五에서 九까지 逆逆으로 가는 것이니 一八七이 되는 것이라 함.

補解 낙서구궁洛書九宮의 오구용사五九用事는 先天의 태음지정太陰
之政이니, 초일일初一日을 삭朔으로하는 八(상현上弦) 七(망望) 선천월정先
天月政이다.

---

三一五. **십 오 태 양 지 정 일 칠 사**
三一五. **十五는 太陽之政이니 一七四니라.**

---

• 十에서 오五는 태양의 정사이니 一七四이니라.

註義 此는 復擧太陰太陽之政하여 總結上下經文之義하니 詳見上
（차 복거태음태양지정 총결상하경문지의 상견상）
篇矣라.
（편 의）

演解 一七四는 卽日政之行十一度數也故로 云太陽之政이라.
（일칠사 즉일정지행십일도수야고 운태양지정）

**粗解** 十에서 五로 순순하게 가는 것은 후천태양后天太陽의 정사政事인 십일시간十一時間의 용정도수用政度數로 一七四가 되는 것이다.

**句解** 十에서 五로 순순하게 가는 것은 용정도수用政度數의 一七四라 함.

**補解** 하도십수河圖十數의 십오용사十五用事는 후천后天의 태양지정太陽之政이니, 일일一日 십일시간十一時間(7+4=11)의 용정도수用政度數이다.

(상문上文 십오일언十五一言 복지지리일칠사復之之理一七四 참조參照)

---

三一六. 易은 三이니 乾坤이오 卦는 八이니
否泰損益咸恒旣濟未濟니라.

• 역易은 三이니 건곤이요 괘는 八이니 비괘 태괘 손괘 익괘 함괘 항괘 기제괘 미제괘이니라.

**註義** 易三은 謂易成於三變이요 爻本三劃故也라 卦八者는 謂六十四卦之中에 所重者가 有八也라 蓋義易은 始變也요 周易은 再變也요 正易은 三變也일새니 此는 三易之成也라 卦位極於八八而實天地水火山澤之反易而成故로 特此反類之卦八而爲重卦之大體也니라.

演解 此八卦原義는 現于大易吟耳.
   차 팔 괘 원 의   현 우 대 역 음 이

粗解 역易은 삼변三變하는 이치理致가 있고 괘卦는 八이니 천지비괘天地否卦와 지천태괘地天泰卦, 산택손괘山澤損卦와 풍뢰익괘風雷益卦, 택산함괘澤山咸卦와 뇌풍항괘雷風恒卦, 수화기제괘水火旣濟卦와 화수미제괘火水未濟卦로 배열配列되어 있고 역易의 삼변三變은 생장성生長成인 복희팔괘伏羲八卦 문왕팔괘文王八卦 정역팔괘正易八卦이다.

句解 역易은 삼변三變하는 이치理致가 있고 괘卦는 八이니 천지비天地否와 지천태地天泰와 산택손山澤損과 풍뢰익風雷益과 택산함澤山咸과 뇌풍항雷風恒과 수화기제水火旣濟와 화수미제火水未濟로 됨이라.

補解 역易은 삼변성효三變而成爻하고 삼효三爻로서 성괘成卦하는바, 그 기본괘基本卦는 건괘乾卦 (☰)와 곤괘坤卦(☷)이니, 이를 '역삼易三 건곤乾坤'이라 한 것이다. 순양순음괘純陽純陰卦인 건곤乾坤이 상교相交하여 삼남삼녀三男三女를 생생生生하니 소성팔괘小成八卦가 이루어지며, 다시 소성팔괘小成八卦가 상승相乘하여 육십사괘六十四卦를 대성大成하는 것이다. 『주역周易』 계사상전繫辭上傳(第九章)에 「십유팔변이성괘十有八變而成卦하니 팔괘이소성八卦而小成하야 인이신지引而伸之하며 촉유이장지觸類而長之하면 천하지능사필의天下之能事畢矣」라 함이 바로 삼변성효三變而成爻하여 소성팔괘小成八卦와 대성육십사괘大成六十四卦의 성괘과정成卦過程을 밝힌 것이다. 대성大成 육십사괘중六十四卦中 괘팔卦八은 선후천순환지리先后天循環之理를 밝힌 괘卦로서 즉卽 천지비괘天地否卦(12)(☷) 지천태괘地天泰卦(11)(☷) 산택손괘山澤損卦(41)(☶) 풍뢰익괘風雷益卦(42)(☴) 택

623

산함괘澤山咸卦(31)(䷞) 뇌풍항괘雷風恒卦(32)(䷟) 수화기제괘水火旣濟卦(63)
(䷾) 화수미제괘火水未濟卦(64)(䷿) 를 말함이니, 이를 차례로 살펴보면
비괘否卦와 태괘泰卦는 선후천先后天의 운도運途를 밝힌 괘卦이고, 손괘
損卦와 익괘益卦는 선후천先后天의 손익원리損益原理를 밝힌 괘卦이며, 함
괘咸卦와 항괘恒卦는 산택山澤이 통기通氣하고 뇌풍雷風이 용정用政하는
후천용사后天用事를 밝힌 괘卦이고, 기제괘旣濟卦와 미제괘未濟卦는 선
후천先后天의 수화용사水火用事를 밝힌 괘卦이다. 일부一夫께서 대성팔괘
大成八卦를 말씀하신 소이所以는 후천정역后天正易이 선천지리先天之理를
바탕으로 하여 성립成立되었음을 밝히려는데 있는 것이다.[218]

---

三一七. <sup>오 호</sup>嗚呼라 <sup>기 순 기 역</sup>旣順旣逆하여 <sup>극 종 극 시</sup>克終克始하니
<sup>십 역 만 력</sup>十易萬曆이로다.[219]

---

• 아 – 이미 순하고 이미 거슬러서 능히 마치고 능히 비롯하니, 十수의
역이 만세의 력曆이로다.

**註義** <sup>기</sup>旣는 <sup>성야</sup>成也요 <sup>기 순 기 역</sup>旣順旣逆은 <sup>위 피 행</sup>謂彼行이 <sup>순 수 즉 차 행</sup>順數則此行은 <sup>역 수 이 성</sup>逆數而成

---

218 補註: '易三 乾坤'에 對하여 '易三'은 易의 三變 卽 伏羲易(第一變) 文王易(第二變) 正
易(第三變) 의 三變으로 解釋하는 學者가 있으나, 管見으로는 이렇게 解釋할 境遇 '易三'의
뜻은 通하나 그 下文 '乾坤'과는 文意가 이어지지 않으므로 筆者는 三變成爻하여 易의 基
本卦인 小成乾坤卦를 成卦하는 過程으로 解釋하였는바, 이는 小成乾坤卦를 基本으로 하
여 八卦와 六十四卦가 成卦되었기 때문이다. 如何間 硏究를 要하는 대목이다.

219 편집자주 : 『정역대경(모필본)』에는 '十曆萬曆'으로 기록되어 있다.

하고 右行이 逆數則左行은 順數而成하니 一順一逆이 互爲運用하

여 交通无碍也라 克은 能也라 克終克始는 謂原始要終이요 終而不

見其歸始而不見其端하니 大矣哉라 十之成曆이 爲萬萬歲无量曆

也라.[220]


演解 天地之道는 三易而成故로 易三이요 陰陽之氣는 交感而互

易하야 成此八卦之象하며, 且旣順旣逆하고 克終克始하야 以用十

易(十數正易)萬曆本體之度數矣라. 順逆은 陰陽之順逆이며 終始

는 天地之終始也오 十易은 十數用行之易이며 萬曆은 萬年無變之

曆也오 易三은 未成小成大成之三變也니 伏羲卦는 未成이며 文王

卦는 小成이며 正易卦는 大成也라. 盖天地肇判以後로 萬劫屢變에

一否損而一泰益하며 一未濟而一旣濟하야 無常換革之中에 陰陽

交感而恒生萬物은 理數之自然故로 事之吉凶과 世之治亂이 皆由

乎此八卦也라 旣順克始는 天政開子運이며 旣逆克終은 地政闢丑

運也라.


粗解 順逆순역하는 이치理致와 終始종시하는 이기理氣가 體用체용을 이

---

220 편집자주 : 『정역대경(모필본)』에는 '无量曆也', 『정역주의(하상역본)』에는 '无量也'로 기록되어 있다.

루니 기순旣順은 하도河圖의 도생역성倒生逆成이요 기역旣逆은 낙서洛書의 역생도성逆生倒成이니 태음태양太陰太陽의 성도成道를 뜻함이다. 극종克終은 선천先天이니 갑기야반甲己夜半에 생갑자生甲子에서 계해癸亥로 종終하고 극시克始는 후천后天이니 기갑야반己甲夜半에 생계해生癸亥로 시始하게 되므로 극종克終도 계해癸亥요 극시克始도 계해癸亥이며, 십역十易은 십무극역十无極易이니 십수역十數易이요 만력萬曆은 만세萬世까지 내려가면서 쓸 삼백육십일三百六十日 무윤역無閏易인 것이다.

句解 순역順逆하는 이치理致와 종시終始하는 리기理氣가 체용體用을 이루니 기순旣順은 하도河圖의 도생역성倒生逆成이요 기역旣逆은 낙서洛書의 역생도성逆生倒成하는 태음태양太陰太陽의 성도成道를 뜻함이라 함. 십역十易은 십무극역十无極易이니 십수역十數易이요 만력萬曆은 만세萬世까지 쓰는 책력册曆으로 삼백육십일三百六十日 정도수正度數인 무윤역無閏易이라 함.

補解 '오호嗚呼'라 함은 선후천先后天의 순환지도循環之道를 밝힌 역원리易原理의 현묘玄妙함을 감탄感歎하신 것이다. '기순기역旣順旣逆'은 양순음역陽順陰逆하는 원리原理대로 후천后天은 순행順行(도생倒生)하고 선천先天은 역생逆生하는 선후천순환지리先后天循環之理가 밝혀졌음을 말하며, '극종극시克終克始'는 천지지도天地之道의 종즉유시終則有始를 뜻함이니, 즉即 선천지종先天之終이 곧 후천지시后天之始가 되고 또한 후천지종后天之終이 곧 선천지시先天之始가 되는 선후천先后天의 순환원리循環原理를 말하는 것이다. '십역만력十易萬曆'이라 함은 하도십수河圖十數를 용用하는 십수十數 정역팔괘도正易八卦圖를 성도成圖하시고 정역상하편正易上下篇을 연역演繹하시어 현묘玄妙한 금화지리金火之理와 선후천순환지도

先后天循環之道를 밝혔으니, 이는 만세萬世의 력원曆元이 되는 십역十易임을 밝힌 것이다.

---

십 일 음
三一八. 十一吟이라.

---

• 十과 一을 읊음이라.

演解 此十節吟은 承上文十一歸體 而歌贊來世之樂運耳.
차 십 절 음   승 상 문 십 일 귀 체  이 가 찬 내 세 지 낙 운 이

粗解 십일일언十一一言에 대對한 공덕功德을 찬미讚美하여 읊으신 것이다.

句解 십일일언十一一言에 대한 공덕功德을 찬미화음讚美化吟이라 함.

補解 십일일언十一一言의 원리原理를 요약要約하여 음송吟頌한 것이니, 곧 십일귀체十一歸體로 순환循環하는 무극이태극지리无極而太極之理를 말함이다. 이는 선후천先后天의 순환원리循環原理로서 '기순기역既順既逆 극종극시克終克始'의 원리原理이니, 상편上篇 십오일언十五一言의 십오가十五歌와 맥맥을 같이한다.

• 十과 一이 한 몸이 됨이여 五와 八이 존공이 되는 도다.

[粗解] 十과 一이 체體로 돌아가니 술오戌五와 묘팔卯八이 존공尊空됨을 말함이다.

[句解] 十과 一이 체體로 돌아가니 술오戌五와 묘팔卯八이 존공尊空이 라 함.

[補解] 천지지도天地之道는 십일귀체十一歸體의 원리原理로 순환循環하고 있는 바, 곧 무극이태극无極而太極을 말함이다. 낙서구궁洛書九宮의 선천 용사先天用事는 역생도성逆生倒成이라 고故로 자위子位에서 역생逆生하 여 술궁戌宮에 이르면 제십일위第十一位 귀체지수歸體之數에 당當하므로 술오토戌五土를 존공尊空하며, 하도십수河圖十數의 후천용사后天用事는 도생역성倒生逆成이라 고故로 축위丑位에서 도생倒生하여 묘궁卯宮에 이 르면 역시亦是 제십일위第十一位 귀체지수歸體之數에 당當하므로 묘팔목 卯八木은 존공尊空하는 것이니, '오팔존공五八尊空'이라 함은 이를 말함이 다. 십일지위十一之位는 체위體位로서 용수지위用數之位가 아니므로 존공 尊空하는 것이다.

三二〇. 五八尊空兮여 九二錯綜이로다.

• 五와 八이 존공尊空 됨이여 九와 二가 착종이 되는 도다.

粗解 술오戌五와 묘팔卯八이 존공이 되니 九와 二가 착종錯綜됨을 말함이다.

句解 술오戌五와 묘팔卯八이 존공尊空됨이요 九와 二가 착종錯綜이라 함.(금화호택金火互宅자리에서 간지干支로 신유辛酉에서 정유丁酉로 착종함)

補解 하도河圖와 낙서洛書의 원리原理대로 술오토戌五土와 묘팔목卯八木이 존공尊空되니, 구금九金과 이화二火가 착종錯綜하여 선천화금先天火金이 후천금화后天金火로 교역交易하는 금화호역金火互易이 이루어지므로 후천后天이 열리는 것이다. (상문上文 구이착종오원수九二錯綜五元數 참조參照)

三二一. 九二錯綜兮여 火明金淸이로다.

• 九와 二가 착종함이여 화는 밝고 금은 맑도다.

粗解 九와 二가 착종錯綜되니 금金과 화火가 청명淸明하게 되었음을 말함이다.

九와 二가 착종錯綜되니 금金과 화火가 청명淸明이라 함.

補解 구이착종九二錯綜으로 금화金火가 교역交易하니, 화火는 밝게 빛나고 금金은 맑아졌음을 뜻한다. 이는 정역팔괘도正易八卦圖에 구리화九離火가 문왕팔괘文王八卦의 이곤지二坤地자리(서남우위西南隅位)로 역위易位하여 九二가 착종錯綜하였음을 말하며, 구이착종九二錯綜으로 금화문金火門이 열리니, 화명금청火明金淸하여 후천后天의 천지天地가 찬란燦爛하게 빛난다. 금화사송金火四頌에서 '고금천지일대장관古今天地一大壯觀이오 금고일월제일기관今古日月第一奇觀이라' 함이 바로 금화교역金火交易으로 후천일월后天日月이 빛나는 장관壯觀을 시송詩頌한 것이다.

---

화 명 금 청 혜　천 지 청 명
三二二. 火明金淸兮여 天地淸明이로다.

---

• 화가 밝고 금이 맑음이여 하늘과 땅이 맑고 밝아졌도다.

粗解 화火와 금金이 청명淸明하게 되니 천지天地가 청명淸明하여졌음을 말함이다.

句解 화火와 금金이 청명淸明하게 되니 천지天地가 청명淸明이라 함.

補解 금화교역金火交易으로 화명금청火明金淸하니, 천지天地도 청명淸明하여 졌음을 말함이다.

• 하늘과 땅이 맑고 밝음이여 해와 달이 밝게 빛나도다.

粗解 천지天地가 청명淸明하게 되니 일월日月이 광화光華하게 되었음을 말함이다.

句解 천지天地가 청명淸明하게 되니 일월日月이 광화光華라 함.

補解 해와 달이 화려華麗하게 빛난다 함은 정역팔괘도正易八卦圖에 오곤지五坤地의 측위側位에는 구리화九離火(일日)가 정위定位하고 십건천十乾天의 측위側位에는 사감수四坎水(월月)가 정위定位하여 화려華麗하게 빛나므로 천지天地가 더욱 청명淸明하게 되었음을 말한 것이다.

• 해와 달이 밝게 빛남이여 유리와 같은 세계가 되는 도다.

粗解 일월日月이 광화光華하게 되니 유리琉璃와 같이 맑고 밝은 세계世界가 됨을 말함이다.

일월日月이 광화光華하게 되니 유리琉璃같은 세계世界라 함.

補解 해와 달이 화려華麗하게 빛나니 천지天地는 유리琉璃와 같이 맑고 밝은 세계世界가 되었음을 뜻한다. 유리세계琉璃世界는 투명透明한 세계世界이므로 후천세계后天世界는 그늘진 곳이 없고 음흉陰凶함이 없는 인간세계人間世界가 될 것임을 밝힌 것이다.

---

유리세계혜　　상제조림
三二五. 世界世界兮여 上帝照臨이로다.

---

• 유리와 같이 밝고 빛나는 세계여 상제上帝께서 조림照臨하시리로다.

粗解 유리琉璃같은 세계世界가 되니 상제上帝께서 조림照臨하시게 됨을 말함이다.

句解 유리琉璃같은 세계世界가 되니 상제上帝께서 조림照臨하심이라 함.

補解 금화교역金火交易으로 유리琉璃와 같이 맑고 투명透明한 세계世界가 이루어지니, 상제上帝의 덕화德化가 조림照臨하게 될 것임을 밝힌 것이다. 상제上帝는 곧 지십기토地十己土를 생생生生하는 원천화原天火이신 무위화옹無位化翁을 말함이다.

상 제 조 림 혜　우 우 이 이
三二六. 上帝照臨兮여 于于而而로다.

• 상제께서 조림하심이여 기쁘고 또한 즐겁도다.

우 우 이 이　　극 오 탄 미 지 사
演解 于于而而는 極娛歎美之辭라.

粗解 상제上帝께서 조림照臨하시니 기쁘고 즐거움을 표현表現한 것이다.

句解 상제上帝께서 조림照臨하시니 기쁘고 또 즐거움이라 함.

補解 상제上帝의 덕화德化가 서서徐徐히 조림照臨하시니, 그 기쁨이 한량限量없음을 표현表現한 것이다. 한유韓愈의 상재상서上宰相書에 「필차양양언동기심必且洋洋焉動其心 아아언영기관峨峨焉纓其冠 우우언이래의于于焉而來矣」라 하였으며, 또 『장자莊子』 응제왕편應帝王篇에 「기와서서其臥徐徐 기각우우其覺于于」라 하였다. 고故로 우우于于는 서서래임徐徐來臨을 뜻하며, 이이而而는 상제덕화上帝德化의 조림照臨을 찬미讚美하고 희열喜悅하는 모습을 표현表現한 것이다.

于于而而兮<sub>우 우 이 이 혜</sub>여 正正方方<sub>정 정 방 방</sub>이로다.

• 기쁘고 즐거움이여 바른 것은 바르고 방方한 것은 방하도다.

[演解] 正正方方<sub>정 정 방 방</sub>은 均化無偏之意<sub>균 화 무 편 지 의</sub>라.

[粗解] 기쁘고 즐거우니 정대正大하고 방정方大함을 말씀하신 것이다.

[句解] 기쁘고 즐거우니 정대正大하고 방정方大하다 함.

[補解] 상제上帝의 덕화德化가 조림照臨하여 그 기쁨이 한량限量없으니, 바른 도리道理는 정대正大하게 고취鼓吹하고, 편방偏方한 것은 상규相規하여 덕화德化가 고루 미치게 한다.

三二八. 正正方方兮<sub>정 정 방 방 혜</sub>여 好好无量<sub>호 호 무 량</sub>이로다.

• 정정하고 방방함이여 좋고 좋음이 한량없도다.

[註義] 十一歸軆而成性命<sub>십 일 귀 체 이 성 성 명</sub>하고 五八尊空而養日時<sub>오 팔 존 공 이 양 일 시</sub>하며 金火易位而<sub>금 화 역 위 이</sub>

익청명　　　천지유시청명이생인물　　　　일월역이광화이조세
益清明하니 天地由是清明而生人物이라[221] 日月亦以光華以照世

계　　　과호태양세계이내시정명야　　　역여유리세계이무불보
界하니 果乎太陽世界而乃是貞明也요[222] 亦如琉璃世界而無不普

조의　　유아화무상제　　조림하계　　　각정성명　　　내수생성
照矣라 惟我化无上帝가 照臨下界하사 各正性命하시니 乃遂生成

　　　　보천지하호선지인　　자명사상　　　자신지각　　　고무진
이로다 普天之下好善之人은 自明思想하여 自新知覺하고 鼓舞振

기　　　우우이가　　이이이영　　　정정이상권　　　방방이상규
起하여 于于而歌를 而而而咏하고 正正而相勸하여 方方而相規하니

호호무량아상제지도덕여　　　안상편　　거십오일언　　　계지이
好好无量我上帝之道德歟인저 按上篇은 擧十五一言하여 繼之以

오송자　　선립도지대체　　　후찬도지대용야　　하편　　흥지이삼
五頌者는 先立道之大體하고 後讚道之大用也요 下篇은 興之以三

시　　　계거십일일언자　　선기감발지심이후실성정지용야　　　상
詩하여 繼擧十一一言者로 先起感發之心而後實性情之用也라 上

편　　언음양지공　　구어간지지위이불외호도서지본야　　　하편
篇은 言陰陽之功이 具於干支之位而不外乎圖書之本也요 下篇은

언강유지체　　입어괘위이불리어간지지수야　　　상편　　결지이조
言剛柔之體가 立於卦位而不離於干支之數也라 上篇은 結之以造

화　　　성일심성지체　　하편　　결지이성정　　　무왕부중지리
化하여 成一心性之體하고 下篇은 結之以性情하여 無往不中之理

　　　상편　　종지이십오가　　　영탄대도원원지조시　　　하편　　종
라 上篇은 終之以十五歌하여 咏歎大道元元之造始하고 下篇은 終

지이십일음　　찬미상제소소호조림　　기여도수지절문　　위
之以十一吟하여 讚美上帝昭昭乎照臨이라 其餘度數之節文과 位

치지등급　　수기본체지대소　　각유자연지차서이상하상인
置之等級이 隨其本體之大小로 各有自然之次序而上下相因하여

고응조철　　체용　　도구　　문리접속　　학자　　묵식이체찰
顧應照徹하고 體用을 都具하여 文理接續하니 學者가 黙識而體察

즉자당득지　　　거이조저천하　　무난의
則自當得之하리니 擧而措諸天下에 無難矣리라.

---

221 편집자주:『정역대경(모필본)』은 '天由地'로 기록되어 있는데 '天地由'로 교정하라는
표시가 있다.

222 편집자주:『정역대경(모필본)』은 '光乎太陽世界'로 기록되어 있다.

정대正大하고 방대方大하니 좋고 좋음이 한량限量없음을 말함이다.

정대正大하고 방대方大하니 좋고 좋음이 한량限量없다 함.

상제上帝의 덕화德化가 정정방방正正方方하게 조림照臨하는 후천유리세계后天琉璃世界가 도래到來하니, 호생지덕好生之德이 충만充滿하여 그 좋음이 한량限量없을 것임을 밝히시고, 정역正易을 마무리 하셨다. 이 위대偉大한 도道를 세계만방世界萬邦에 포도布道하고 실행實行하는 것은 후학後學들의 몫이라 하겠다.

三二九. 乙酉歲 癸未月 乙未日 二十八에 不肯子

金恒은 謹奉書하노라.

• 을유년 계미월 이십팔二十八일 을미에 불초자 김항은 삼가 받들어 쓰노라.

或曰此經精神之的으로 果安在乎아 曰十之一字而已니 五

與一은 次之라 然則其要義를 可得聞歟잇가 曰十字를 以象言之則

하면 數之具는 四方中央에 備矣라 以理言之則數之空이나 一合九

而成位故로 十居无位而獨尊无對이니라 蓋洛書之虛其數는 示是

리지지무야　　하도지실기수　　저시상지대비야　　고오거서중이
理之至无也요 河圖之實其數는 著是象之大備也니 故五居書中而

대호무상지체　　십거도중이포호유상지위　　시이극기리즉
對乎无象之體하고 十居圖中而包乎有象之位하니 是以極其理則

위무극지대도이무소불통　　극기수즉위대연지조종이무소불
爲无極之大道而無所不統이요 極其數則爲大衍之祖宗而無所不

포　　　경소위거변무극　　시야　　왈연즉사도야　　기소이위
包일새니 經所謂擧便无極이 是也니라 曰然則斯道也에 其所以爲

성명　　하야　　왈이명성대대이언즉무극이황극야　　고십오　위
性命은 何也요 曰以命性對待而言則无極而皇極也니 故十五는 爲

천지지성명이거도지중　　즉적연부동지체야　　이명성유행이언
天地之性命而居圖之中은 卽寂然不動之體也요 以命性流行而言

즉무극이태극야　　고십일합천지지명성이거서지원시　즉감이
則无極而太極也니 故十一合天地之命性而居書之原始는 卽感而

수통지묘야　　차개재물정신지적야　　정위명장이주정　　신위
遂通之妙也라 此盖在物精神之的也라 精爲命藏而主靜하고 神爲

성근이주동　　정신묘합　　위지심　　심지본연　　위지성명고
性根而主動하니 精神妙合을 謂之心이요 心之本然을 謂之性命故

　통지재심　　주재일신　　급기감동야　　즉신지신이응사중
로 統之在心하고 主宰一身이라 及其感動也에 卽神之伸而應事中

절자　　성지진야　　지기안정야　　즉신지굴이교정잠장자　명지
節者는 性之盡也요 至其安靜也에 卽神之屈而交精潛藏者는 命之

반야　　고심지리　　위지성명　　심지기　　위지정신　　　합
反也라 故心之理를 謂之性命이요 心之氣를 謂之精神이라 하니 合

시리기　　지허지령　　위지심　　시이　　천하지심　　개동이호
是理氣하여 至虛至靈을 謂之心이니 是以로 天下之心은 皆同而好

선지정　　일야　　왈연즉선성성선지설　　과연이학지도　　당내
善之情이 一也니라 曰然則先聖性善之說은 果然而學之道로 當柰

하　　왈성명　　즉상제지임아야　　역기정신즉심로이원기도
何요 曰性命은 卽上帝之臨我也라 役其精神則心勞而遠其道하고

회기정신　　즉심정이합기덕　　　개성훈지수방심　　무이심
會其精神하면 則心靜而合其德하니라 盖聖訓之收放心과 無貳心

과　지기지　　안여지지류　　막비권권어후학이군경지진적　개본
과 知其止와 安汝止之類는 莫非眷眷於後學而群經之眞的이 皆本

어차　　단학자　　범홀　　　부지찰이불능입야　　왈연즉학하이능
於此라 但學者가 泛忽하여 不知察而不能入也라 曰然則學何以能

변화기질　　　이득차서공효야　　　왈인지형모　　이유정분고
變化氣質하여 而得次序功效耶잇가 曰人之形貌는 已有定分故로

불능변추위미　　　역단위장　　　연심지허령　　원무구애고
不能變醜爲美이나 易短爲長이니 然心之虛靈은 元無拘碍故로[223]

가이변우위지　　　변불초위현　　소고지학　　부도박섭기송약
可以變愚爲智하고 變不肖爲賢이라 溯古之學은 不徒博涉記誦略

취성인성법　　　　반지어신　　존지어심　　극기기질지성
取聖人成法이니[224] 反之於身하여 存之於心하고 克其氣質之性하

　　복어본연지성　　수기형체지명　　안어분정지명　　　안분
여 復於本然之性이라 修其形體之命하여 安於分定之命하고 安分

즉신무분망지욕　　지본즉심무계련지물　　　근이이목비구지
則身無奔忙之辱하며 知本則心無係戀之物이니 近而耳目鼻口之

기욕　　사지백체지태만　　불능탈대체이동정운위　　개유순정
嗜欲과 四肢百體之怠慢이 不能奪大體而動靜云爲가 皆由順正하

　　시　도심　위주　인심　청명야　　외이전곡갑병지리　작록
니라 是는道心이爲主요人心은聽命也라 外而錢穀甲兵之利와 爵祿

후왕지욕　　상후어재내지오성　　　인지어부자　　의지어군신
侯王之欲을 常後於在內之五性일새 仁之於父子와 義之於君臣과

예지어빈주　　지지어부부　　　성인지어천도　　각기성분지소
禮之於賓主와 知之於夫婦이니라 聖人之於天道에 覺其性分之所

고유　　　일신기덕　　지기직분지소당위　　　이진기력　　차
固有하여 日新其德하고 知其職分之所當爲하여 以盡其力하니 此

치기치인지차제　　성기성물지공효　　이시조지　　필득기의언
治己治人之次第요 成己成物之功效라 以時措之하면 必得其宜焉

　　고　왈시경지적　　재어십자　　소위십자　즉중자지의야
이니 故로 曰是經之的은 在於十字이니 所謂十字는 卽中字之義也

　　시이상편　　거지이체십지도　　하편결지이용중지리야
라 是以上篇은 擧之以體十之道요 下篇結之以用中之理也라.[225]

---

223 편집자주 : 『정역대경(모필본)』에는 '不能變醜爲美, 易短爲長, 然心之虛靈, 元無拘碍
故'의 내용이 없다.

224 편집자주 : 『정역대경(모필본)』에는 '不徒博涉誦略'으로 '記'字가 누락되어 있다.

225 편집자주 : 『정역대경(모필본)』과 『정역주의(하상역본)』에는 이 다음에 「十二月二十四
節氣候度數」가 배치되어 있다.

粗解 을유년乙酉年(1885) 유월六月 이십팔일二十八日 을미乙未에 불초자不肖子 김모金某는 경건敬虔하게 봉서奉書하였음을 기록記錄하신 것이다.

句解 을유년乙酉年(西紀1885年) 유월六月 이십팔일二十八日 을미乙未에 불초자不肖子 김항金恒은 경건敬虔히 봉서奉書라 함.

補解 선생先生은 갑신년甲申年(1884) 십일월十一月 이십팔일二十八日에 정역상편正易上篇 십오일언十五一言을 완성完成하시고, 칠개월후七個月後인 을유년乙酉年(1885) 유월六月 이십팔일二十八日에 하편下篇 십일일언十一一言을 완성完成하셨다. 선생先生께서는 육구지년六九之年(54歲–1879)에 시견공始見工하신 이후以後 만육년간滿六年間에 정역팔괘도正易八卦圖와 정역상하편正易上下篇을 완성完成하시고 각편말各篇末에 일자日字를 기록記錄하셨다. 선생先生께서 '불초자不肖子'라 칭稱하심은 공부자孔夫子께서 하늘을 어버이 섬기듯 하신 것처럼 화무상제化无上帝를 어버이처럼 섬기셨으므로 불초자不肖子라 한 것이며, '근봉서謹奉書'라 하심은 상제上帝의 뜻을 받들어 쓰셨다는 뜻이다. 이하以下 하도河圖 낙서洛書와 괘도卦圖 그리고 절후도수節候度數 등等은 부록附錄이다.

演解 河圖는 地天交泰에 陽換陰 陰換陽而居하니 卽陰陽相濟而

하도 지천교태 양환음 음환양이거 즉음양상제이

寰宇風氣가 通開之時也며 乾坤六子之卦 陰陽夫婦가 各得其配

환자풍기 통개지시야 건곤육자지괘 음양부부 각득기배

而男女之道가 應時而成於十數正處故로 正易之名이 蓋由此出也

이남녀지도 응시이성어십수정처고 정역지명 개유차출야

라

粗解 남방이칠화南方二七火 북방일육수北方一六水 동방삼팔목東方三八
木 서방사구금西方四九金 중앙오십토中央五十土 도생역성倒生逆成 ('十'
九八七六五四三二'一') 태종태시太終太始 무극체위도수无極體位度數.

補解 상고시대上古時代에 천하天下를 다스린 태호복희씨太昊伏羲氏가 하
수河水에서 용마龍馬가 지고 나온 도상圖象(하도河圖)을 얻어 이를 바탕으
로 선천팔괘도先天八卦圖를 획화劃畫하여 원역原易의 시초始初가 되었다고 전
傳하는바,『주역周易』계사상전繫辭上傳(第十一章)에「하출도河出圖 낙출서
洛出書 성인칙지聖人則之」라 함이 이를 말한 것이다. 주자朱子의『역학계
몽易學啓蒙』에「공안국운孔安國云 하도자河圖者 복희씨왕천하伏羲氏王天
下 용마출하龍馬出河 수칙기문遂則其文 이획팔괘以畫八卦」주자주왈朱子
註曰「대전성인제작소유초비일단大抵聖人制作所由初非一端 연기법상지규

---

모연기법상지규모模然其法象之規模 필유최친절처必有最親切處 여홍황지세如洪荒之世 천지지
간음양지기天地之間陰陽之氣 수각유상雖各有象 연초미상유수야然初未嘗有
數也 지어하도지출至於河圖之出 연후오십유오지수然後五十有五之數 기우생
성찬연가견奇偶生成粲然可見 차기소이심발성인지독지此其所以深發聖人之
獨智 우비범연기상지소가득이의야又非泛然氣象之所可得而擬也 시이앙관부
찰원구근취是以仰觀俯察遠求近取 지차이후至此以後 양의사상팔괘지음양
기우가득이언兩儀四象八卦之陰陽奇偶可得而言 수계사소론성인작역지유자
비일雖繫辭所論聖人作易之由者非一 이불해기득차이후결지야而不害其得此以
後決之也」 라고 하였다. 이상以上의 소론所論으로 보면 복희씨伏羲氏가 하
도河圖를 얻은 이후以後 이를 바탕으로 팔괘도八卦圖를 획畫함으로써 최
초最初로 원역原易(괘도역괘圖易)이 이루어졌음은 의심疑心할 여지餘地가
없는 듯하다. 복희씨伏羲氏는 하도河圖의 원리原理를 바탕으로 선천원역
先天原易을 완성完成하였으며, 일부선생一夫先生은 주역周易을 바탕으로
하여 하도河圖의 무극지리无極之理를 통관洞觀하시고 후천금화지리后天
金火之理를 밝혀 정역상하편正易上下篇을 완성完成하였으니, 참으로 위대
偉大하다고 아니할 수 없다. 이는 성인聖人께서 천하래세天下來世를 우려
憂慮하심이 지극至極한 것이니, 『역서易序』에 「선천하이개기물先天下而開
其物하며 후천하이성기무後天下而成其務라」 함이 바로 성인聖人의 업적業
績을 말한 것이다.[227]

---

227 편집자주 : 「하도河圖」
이상룡의 『정역원의』(1913)에는 하도의 도상圖象에 수數에 대한 설명이 곁들여 있다.

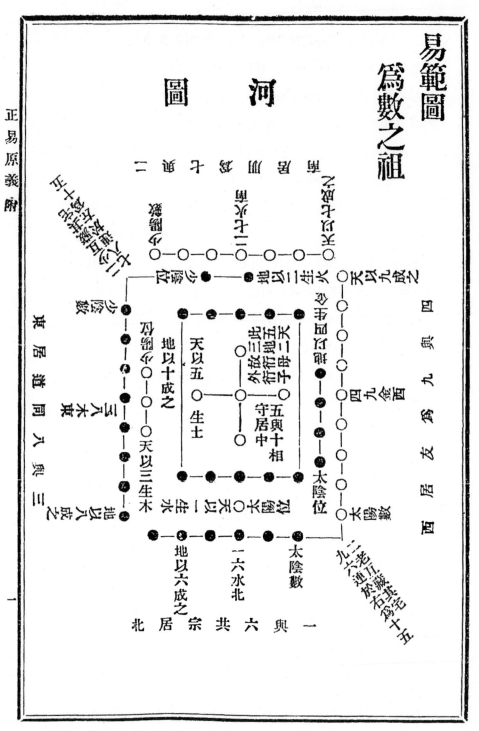

이상룡, 「河圖」, 『正易原義』(1913)

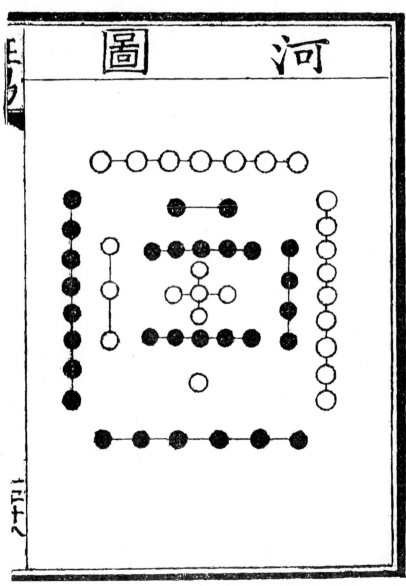

「河圖」, 『正易(돈암서원본)』(1923)

**演解** 洛書는 水火執政에 陽自陽 陰自陰而居하니 卽陰陽相否而
(낙 서    수화집정    양자양 음자음이거      즉음양상비이)
寰宇風氣가 鎖閉之時也며 且父與長女相遇하며 長男與少女相遇
(환자풍기    쇄폐지시야야    차부여장녀상우      장남여소녀상우)
하니 男女之道不得其正也라.
(남 녀 지 도 부 득 기 정 야)

**粗解** 동남사구금東南四九金 서남이칠화西南二七火 동북삼팔목東北三八
木 서북일육수西北一六水 오십입중궁五十入中宮 역생도성逆生倒成 ('一'
二三四五六七八九'十') 월극月極 일극日極 태극체위도수太極體位度數.

**補解** 낙서洛書는 요순지치堯舜之治를 계승繼承하여 천하天下를 다스린
우왕禹王이 구년九年동안 치수治水할 때 낙수洛水에서 신귀神龜가 등에
지고 나온 상수象數를 얻었는바, 이 상수象數가 곧 낙서洛書이다. 우왕禹
王은 낙서洛書를 바탕으로 치세지도治世之道인 홍범구주洪範九疇를 지어
천하天下를 다스렸으며, 후대後代에 내려와 주문왕周文王은 낙서지리洛
書之理를 바탕으로 문왕팔괘도文王八卦圖를 획획劃畫하고 주역周易을 연역演
繹하였다고 전전傳한다. 주자朱子의『역학계몽易學啓蒙』에「공안국운孔安國
云 낙서자洛書者 우치수시禹治水時 신귀부문이열어배神龜負文而列於背 유
수지구有數至九 우수인이제지이성구류禹遂因而第之以成九類. 유흠운劉歆
云 우치홍수禹治洪水 사낙서賜洛書 법이진지구주시야法而陳之九疇是也 하

---

228 편집자주:『정역대경(모필본)』과『정역주의(하상역본)』에는「洛書」가 상편의「十五一
言」의 앞부분에 배치되어 있다.

도낙서상위경위河圖洛書相爲經緯 팔괘구장상위표리八卦九章相爲表裏. 잠실진씨왈潛室陳氏曰 개하도부단가이획괘盖河圖不但可以畫卦 역가이명주亦可以明疇 낙서불특가이명주洛書不特可以明疇 역가이획괘亦可以畫卦 단당시성인각인일사이수법후세但當時聖人各因一事以垂法後世」라고 하였다. 역易의 근본根本바탕이 되는 도圖와 서書가 모두 물에서 출현出現한 것은 수水가 만물생성萬物生成의 시원始原이 되는 이치理致와 상통相通한다. 또한 하도河圖를 용마龍馬가 지고 나왔음은 실재實在하지 않는 용마龍馬로써 선천先天의 형이상적形而上的인 도道를 나타낸 것이고, 낙서洛書가 신귀神龜의 등에 나타난 것은 실존實存하는 거북으로써 후천后天의 형이하적形而下的인 법法을 보인 것이라고 할 수 있다. 그러므로 서로 경위經緯가 되고 표리表裏가 된다고 한 것이다. 낙서사십오수洛書四十五數의 점상點象을 그 위치位置로 살펴보면 상하좌우上下左右(동서남북東西南北)에는 기수奇數인 一九三七이 정위正位하여 있고, 그 양측우위兩側隅位(동북東北·동남東南·서남西南·서북西北)에는 二八四六이 대위對位하고 있으며, 五가 중앙中央에서 팔방八方을 거느리고 있으니, 곧 오황극五皇極이다.[229]

---

229 편집자주 : 「낙서洛書」
이상룡의 『정역원의』(1913)에는 낙서의 도상圖象에 수數에 대한 설명이 곁들여 있다.

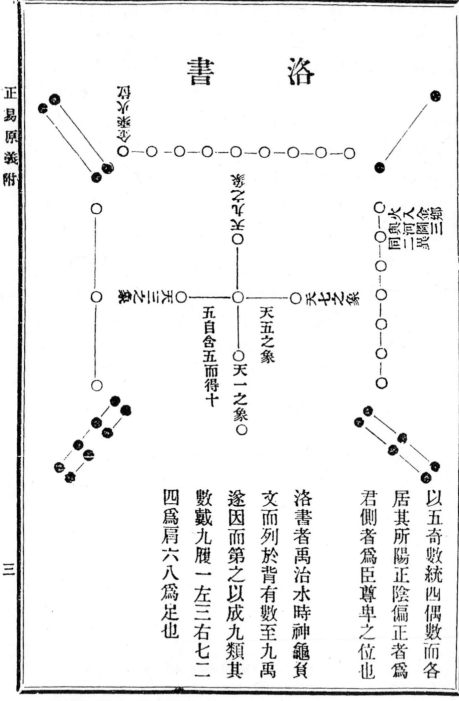

洛書

天五之象
天一之象
天三之象
五自含五而得十

以五奇數統四偶數而各
居其所陽正陰偏正者為
君側者為臣尊卑之位也

洛書者禹治水時神龜負
文而列於背有數至九禹
遂因而第之以成九類其
數戴九履一左三右七二
四為肩六八為足也

이상룡, 「洛書」, 『正易原義』(1913)

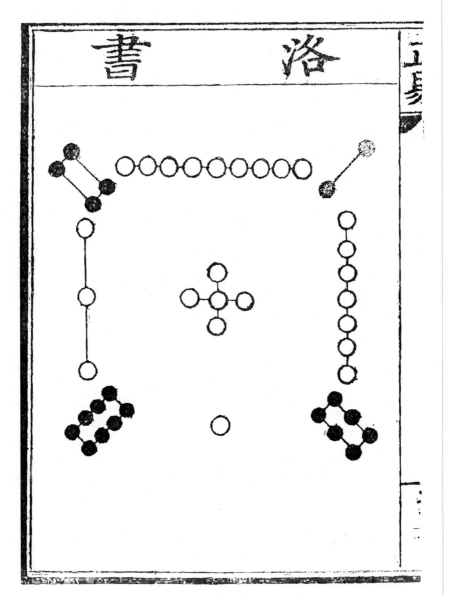

「洛書」, 『正易(돈암서원본)』(1923)

演解 복희괘팔괘지상 시우양이성어팔 이응지지팔문이주
伏羲卦八卦之象은 始于兩而成於八하야 以應地之八門而主

형화야 천지일월사양지괘 거우사정지위 뇌풍산택사음
形化也라. 天地日月四陽之卦가 居于四正之位하며 雷風山澤四陰

지괘 거우사유지위 부모남녀지괘 수득기배 연 수
之卦는 居于四維之位하니 父母男女之卦가 雖得其配나 然이나 數

미상합 천지초매이시개지시재 음양지수근구고 운미성
未相合하니 天地草昧而始開之時哉라. 陰陽之數僅具故로 云未成

이 미성 음양지수 시위팔괘설위이영용구 기함신금래
耳라. 未成은 陰陽之數가 始爲八卦設位而影用九하니 己含申金來

정지의야 팔괘 즉천지팔문야 팔문미성지전 홍몽미
政之意也로다 八卦는 卽天地八門也니 八門未成之前에는 鴻濛未

벽지세 하이언획팔괘호 이괘운 언즉천지정위 상하유
闢之世라 何以言劃八卦乎아. 以卦運으로 言則天地定位에 上下有

분 군존민비지의 생이민중공수군제 음양 상배고
分하니 君尊民卑之義가 生而民衆共受君制하나 陰陽이 相配故로

군시민 여적자 반위민지좌우이인치지시야
君視民을 如赤子하야 反爲民之左右而仁治之時也라.[231]


粗解 일건천一乾天 이태택二兌澤 삼리화三離火 사진뢰四震雷 오손풍五巽

風 육감수六坎水 칠간산七艮山 팔곤지八坤地 구십입중궁九十入中宮. ('十'

一二三四五六七八'九') 천지설위양생수天地設位養生數 십이방위설위十二方

位設位 천사지육황극수天四地六皇極數.

230 편집자주 : 『정역대경(모필본)』과 『정역주의(하상역본)』에는 「伏羲八卦圖」가 상편의
「十五一言」의 앞부분에 배치되어 있다.

231 原註 : 君道明於上故人文이 自上而達下하며 君尊民卑는 以位次로 言也라.

補解 복희씨伏羲氏가 하도河圖의 원리原理를 바탕으로 삼재지도三才之道로써 시획팔괘始畫八卦하였는바, 자연自然의 운행원리運行原理에 그대로 부합符合하여 일치一致하므로 이를 '복희선천팔괘도伏羲先天八卦圖'라 한다. 주자朱子는 『역학계몽易學啓蒙』에서 「거소씨설선천자據邵氏說先天者 복희소획지역야伏羲所畫之易也 복희지역초무문자伏羲之易初無文字 지유일원이우기상수只有一圓以寓其象數 이천지만물지리而天地萬物之理 음양시종지변구언陰陽始終之變具焉」이라 함이 이를 말한 것이다. 복희팔괘伏羲八卦의 배열配列을 살펴보면 사정방四正方(남북동서南北東西)에 천지일월天地日月을 상징象徵하는 건곤감리乾坤坎離를 정위正位하고, 사유방四維方(간방間方)에 종시終始와 만물萬物을 상징象徵하는 진손간태震巽艮兌를 대위對位하였는바, 대위對位하고 있는 괘수卦數를 합合하면 모두 九를 이루고 있으니, (예例: 일건一乾+팔곤八坤=九) 이는 하도河圖가 낙서구수洛書九數를 용用하는 원리原理를 나타낸 것이다. 공자孔子는 『주역周易』계사전繫辭傳의 첫머리에서 「천존지비天尊地卑하니 건곤정의乾坤定矣」라 하여 존비사상尊卑思想이 선천괘도先天卦圖의 원리原理임을 밝혔다.[232]

---

232 편집자주 : 「복희팔괘도伏羲八卦圖」
『정역주의(하상역본)』(1912), 『정역원의』(1913), 『정역(돈암서원본)』(1923)에 나오는 복희팔괘도의 도상을 비교해서 볼 수 있도록 수록하였다. 일반적으로 알려진 복희팔괘도의 도상은 송대 유학자들에 의해 정립된 괘도의 바깥에 괘명을 기입하는 방식이다. 복희팔괘도와 문왕팔괘도는 안에서 바깥으로 향하는 도상이나, 일부 선생에 의해 새롭게 정립된 정역팔괘도는 바깥에서 안으로 향하는 도상이다. 일부 선생의 초기 제자들이 그린 도상을 보면 이런 혼란을 방지하려고 노력한 모습을 엿 볼 수 있다.
복희팔괘도는 안에서 바깥으로 향하는 도상이다. 일부 선생의 초기 제자들은 복희팔괘도의 안쪽에 괘명을 기입하고 괘명의 방향을 바깥으로 향하게 하여 혼란을 방지하였음을 알 수 있다. 광산김씨 문중에서 주도하여 간행한 『정역(돈암서원본)』의 도상에서는 전통적인 유학자들의 방식인 괘도의 바깥에 괘명을 기입하는 방식으로 되어 있다.

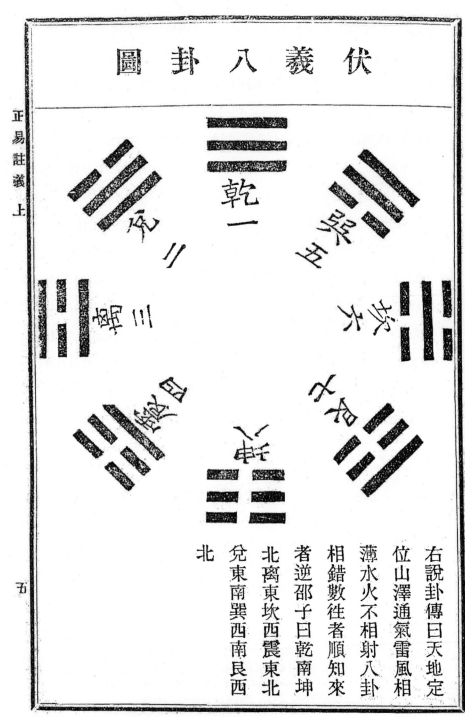

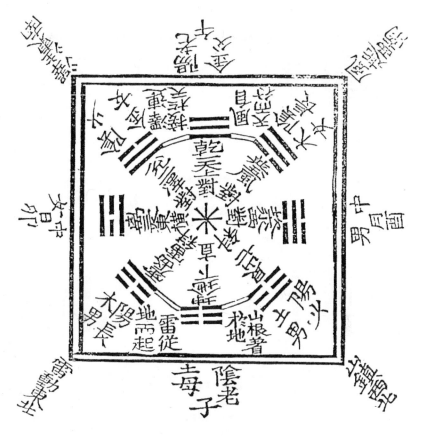

右說卦傳曰天地定
位山澤通氣雷風相
薄水火不相射八卦
相錯數往者順知來
者逆邵子曰乾南坤
北離東坎西震東北
兌東南巽西南艮西
北自震至乾爲順自
巽至坤爲逆後六十
四卦方位效此

이상룡, 「伏羲八卦圖」, 『正易原義』(1913)

「伏羲八卦圖」, 『正易(돈암서원본)』(1923)

## 三三三. 文王八卦圖 (九宮八卦)<sup>233</sup>
문왕팔괘도 구궁팔괘

演解 문왕괘구궁지수 시우일이종어구 이응천지구성이주
文王卦九宮之數는 始于一而終於九하야 以應天之九星而主

기화야 일삼칠구 사양지수 거우사정지위 이사육팔 사
氣化也라. 一三七九 四陽之數가 居于四正之位하고 二四六八 四

음지수 거우사유지위 기류음양지배이차실기우지합
陰之數는 居于四維之位하야 旣謬陰陽之配而且失奇偶之合하니

천지편거이미득정정지시재 양수성이음수미성고운소성이
天地偏居而未得正定之時哉라. 陽數成而陰數未成故云小成耳라

소성 음양지수 분위구궁설위이영용십 기함축토래정지
小成은 陰陽之數가 分爲九宮設位而影用十하니 己含丑土來政之

의야
意也로다.<sup>234</sup>


粗解 일감수一坎水 이곤지二坤地 삼진뢰三震雷 사손풍四巽風 오중五中 육

건천六乾天 칠태택七兌澤 팔간산八艮山 구리화九離火 오십입중궁五十入中

궁.(九十一二三四五六七八) 낙서구궁생성수洛書九宮生成數 교역지역交易

之易 천오지오삼오착종삼원수天五地五三五錯綜三元數.


補解 복희씨伏羲氏가 시획始畫한 선천괘先天卦를 체體로 하고 낙서洛書

의 원리原理를 바탕으로 하여 획괘畫卦한 것이 문왕팔괘도文王八卦圖이

니, 선천先天의 입용지괘入用之卦로서 두 팔괘八卦가 모두 천리天理에 합합

---

233 편집자주 : 『정역대경(모필본)』과 『정역주의(하상역본)』에는 「文王八卦圖」가 상편의
「十五一言」의 앞부분에 배치되어 있다.

234 原註 : 以卦運으로 言則火水未濟에 陰陽不調하야 濫用君權而獨裁民衆之時也라 抑
陰尊陽으로 以尊君抑臣民하니 是陰陽不得均調也라.

하고 상호相互 체용體用의 조화調和를 이룬다. 선천팔괘先天八卦는 음양陰陽이 소장변화消長變化하는 천도운행天道運行의 기본원리基本原理이며, 문왕팔괘文王八卦는 음양陰陽의 생극조화生克調和를 이루어 만물萬物을 생화生化하는 원리原理라고 할 수 있다. 주자朱子의 『역학계몽易學啓蒙』에 「주자왈문왕지역朱子曰文王之易 즉금지주역即今之周易 이공자소위작전자시야而孔子所爲作傳者是也. 소자왈지재문왕지작역야邵子曰至哉文王之作易也 기득천지지용호其得天地之用乎 고건곤교이위태故乾坤交而爲泰 감리교이위기제야坎離交而爲旣濟也 건생어자乾生於子 곤생어오坤生於午 감종어인坎終於寅 리종어신離終於申 이응천지시야以應天之時也 치건어서북置乾於西北 퇴곤어서남退坤於西南 장자용사이장녀대모長子用事而長女代母 감리득위이태간위우坎離得位而兌艮爲耦 이응지지방야以應地之方也」라고 하였다. 하도하도河圖와 낙서洛書의 원리原理는 상생相生하는 가운데 상극相克이 있고 상극相克하는 가운데 상생相生하는 이치理致가 있으니, 문왕팔괘文王八卦는 오행五行이 상극相克하는 괘위卦位로 설위設位되어 있으나 좌선左旋하는 괘卦의 운행運行은 오행五行이 상생相生하는 순서順序로 돌아가므로 生克의 조화調和를 이루고 있다.[235]

---

## 文王八卦圖

右說卦傳曰帝出乎
震齊乎巽相見乎離
致役乎坤說言乎兌
戰乎乾勞乎坎成言
乎艮

離南坎北震東兌西
巽東南艮東北坤西
南乾西北

김정현, 「文王八卦圖」, 『正易註義』(1912)

## 文王八卦位次圖

右見說卦傳

邵子曰此文王八卦乃
入用之位後天之學也
乾坤交而為泰坎離交
而為既濟乾生於子坤
生於午坎終於寅離終
於申以應天之時也置
乾於西北退坤於西南
長子用事而長女代母
坎離得位而兌艮為偶
以應地之方也王者之
法其盡於是也

五

이상룡, 「文王八卦圖」, 『正易原義』(1913)

「文王八卦圖」, 『正易(돈암서원본)』(1923)

[演解] 正易卦 十方之位는 爲八卦九宮之化出原所而無象無數하야

主神化也라. 乾之三男陽卦가 用四六八十之陰數하고 坤之三女陰

卦는 用一三五九之陽數하야 父母男女之卦가 旣得其配而數亦相

合하니 天地大成而歸正之時哉라. 陰陽之數俱成故로 云大成耳라

大成은 陰陽之數가 進爲十數設位而影用十一하니 己含寅木來政

之意也로다. 以卦運으로 言則地天交泰에 調陰律陽而上下相濟하

니 君輕民重之義가 生而君與民協政之時也라.[237]


[粗解] 팔간산八艮山 구리화九離火 십건천十乾天 일손풍一巽風 이천二天 삼

태택三兌澤 사감수四坎水 오곤지五坤地 육진뢰六震雷 칠지七地 중건천重乾

天 중곤지重坤地. ('八'九十一二三四五六'七') 종시終始 하도팔괘생성수河

圖八卦生成數 태종太終 역변지역變易之易 천육지사구이착종오원수天六地

四九二錯綜五元數.


---

236 편집자주 : 『정역대경(모필본)』과 『정역주의(하상역본)』에는 「正易八卦圖」가 상편의
「十五一言」의 앞부분에 배치되어 있다.

237 原註 : 民道明於下故로 人文이 自下達上하며 君輕民重은 以源理로 言也니라 盖以原
理로 言則民不爲君生이요 卽自公理而生하며 君是爲民立이오 非私一己而立이라. 民自公理
而生故로 書云罔非天胤이라하니 天胤은 卽天之所生胤也라. 爲君者廣 愛均收함이 是順
天也라.

[補解] 정역팔괘도正易八卦圖는 일부선생一夫先生께서 육구지년六九之年 (五十四歲–1879)에 시견공始見工하시어 현묘지리玄妙之理를 통通하시고 신사년辛巳年(1881)에 하늘의 뜻에 따라 획괘畫卦하신 팔괘도八卦圖이다. 선생先生의 팔괘도八卦圖는 후천지리后天之理를 밝힌 괘도卦圖로서 선천先天의 천지天地(건곤乾坤)가 지천地天(곤건坤乾)으로 전도顚倒되는 원리原理를 나타내고 있다. 천지만물天地萬物은 모두 전도지리顚倒之理가 있으니, 예例를 들면 태양太陽(일日)의 순환循環은 주야晝夜의 명암明暗이 전도顚倒되는 이치理致가 있고, 달(월月)은 영허소장盈虛消長으로 체영體影이 전도顚倒되며, 계절季節은 하동夏冬으로 한서寒暑가 전도顚倒되고, 만물萬物은 생장기生長期에서 노화기老化期로 전도顚倒되는바, 이를 역학易學에서는 선천先天과 후천后天의 순환循環이라 한다. 그러므로 괘도卦圖도 복희역伏羲易은 창시원역創始原易이며, 문왕역文王易은 생장역生長易이고 정역正易은 수성역收成易이라고 이름할 수 있다.[238]

238 편집자주 : 「정역팔괘도正易八卦圖」
『정역대경(모필본)』(1909), 『정역주의(하상역본)』(1912), 『정역원의』(1913)는 바깥에서 안으로 향하는 괘의 성질에 따라 정역팔괘도의 바깥에 괘명을 기입하여 바깥으로 향하게 도상을 표현하였다. 『정역(돈암서원본)』(1923)에는 전통적인 유학자들의 방식으로 괘도의 바깥에 괘명을 기입하는 방식으로 되어 있지만, 괘명의 방향을 안쪽으로 표현하였다. 정역팔괘도의 도상으로만 보면 초기 제자들과 돈암서원의 유학자들의 표현방식은 같지만, 복희·문왕·정역팔괘도를 함께 비교해서 보면 그 차이를 알 수 있다. 여기서 중요한 것은 『정역대경(모필본)』과 『정역주의(하상역본)』, 『정역원의』, 『정역(돈암서원본)』의 도상에서 '二天七地'의 자리가 다르다는 것이다. '二天七地'의 자리에 대하여 문제를 제기한 사람은 삼정 권영원 선생이었다. 권영원 선생은 알려진 정역팔괘도의 '건괘'에 '二天', '곤괘'에 '七地'가 배치되어 있는 것을 '건괘'에 '七地', '곤괘'에 '二天'을 배치시켜, 상생출판에서 출간된 『정역구해』(2011)에서 처음으로 밝혔다. 권영원 선생은 서지학적으로 가장 빠른 『정역대경(모필본)』(1909)을 근거로 제시했다. 정역원문 八一을 보면 "一夫能言兮 水潮南天 水汐北地"라고 말하고 있다. 정역팔괘도에서 북쪽은 '乾', 남쪽은 '坤'이다. 정역원문에서 말하는 '南天'과 '北地'의 구조는 정역팔도상에서 남쪽에는 '坤'과 '二天', 북쪽에는 '乾'과 '七地'로 『정역대경(모필본)』의 '二天七地' 배치와 같은 구조이다. 또한 「금화정역도」를 보면 '日'은 '坎'과 짝을 이루고, '月'은 '離'와 짝을 이뤄 음양의 짝으로 배치되어 있다. 『정역대경(모필본)』, 『정역주의(하상역본)』의 「금화정역도」 설명문은 '己天戊地'로 기록하고 있다. 즉 '己'를 '天'으로 '戊'를 '地'로 본다. 정역원문 二八五을 보면 "地十爲天天五地"라 하고 '盖十爲天五爲地者天地之變化也'로 주석을 하였다. 이런 것으로 보면 『정역대경(모필본)』에서 보여주는 남쪽의 '坤'에 '二天', 북쪽의 '乾'에 '七地'를 배치한 도상이 올바른 것으로 여겨진다.

김정현, 「正易八卦圖」, 『正易大經』(1909)

# 正易八卦圖

右說卦傳曰水火相
逮雷風不相悖山澤
通氣然後能變化旣
成萬物也
乾北坤南艮東兌西
坎東北巽東南离西
南震西北

七

김정현, 「正易八卦圖」, 『正易註義』(1912)

## 正易八卦方位圖

母
五 七

乾
北
十二

卦小註
伏羲卦詳見總目文王
風山澤之相偶則又用
也朱子曰至其水火雷
而正位陰陽調而始分
政三男三女各得其偶
萬物也父母之位而親
通氣然後能變化既成
相逮雷風不相悖山澤
交泰而天地定位水火
右見繋辭説卦傳

이상룡, 「正易八卦圖」, 『正易原義』(1913)

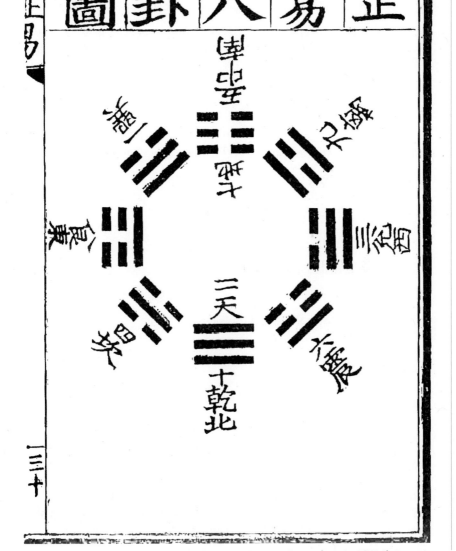

「正易八卦圖」, 『正易(돈암서원본)』(1923)

[演解] 己甲一六合 庚乙二七合 辛丙三八合 壬丁四九合 癸戊

기 갑 일 육 합 　경 을 이 칠 합 　신 병 삼 팔 합 　임 정 사 구 합 　계 무

五十合. 己一戊十 庚二丁九 辛三丙八 壬四乙七 癸五甲六 此

오 십 합 　기 일 무 십 　경 이 정 구 　신 삼 병 팔 　임 사 을 칠 　계 오 갑 육 　차

十退一進而冬盡春回之理也라 又各成十一而歸于性命本體數也

십 퇴 일 진 이 동 진 춘 회 지 리 야 　우 각 성 십 일 이 귀 우 성 명 본 체 수 야

라.[240]

[粗解] 기토己十 경사庚四 신구辛九 임일壬一 계육癸六 갑팔甲八 을삼乙三 병

칠丙七 정이丁二 무오戊五.

정령政令 기토己十(천天) 경사임일庚四壬一(태음太陰)

갑팔병칠甲八丙七(태양太陽)

천유일월이운행사시天有日月而運行四時.

여율呂律 무오戊五(지地) 정이을삼丁二乙三 (여呂)　계육신구癸六辛九 (율律)

지유율려이조음양地有律呂而調陰陽.

---

239 편집자주 : 『정역대경(모필본)』과 『정역주의(하상역본)』에는 「十干原度數」가 하편의
「金火正易圖」 앞부분에 배치되어 있다.
240 편집자주 : 「십간원도수十干原度數」
『정역주의(하상역본)』(1912)에는 '十干十二支圖', 『정역원의』(1913)에는 '十干原度數'와
'十二支數', 『정역(돈암서원본)』(1923)에는 '十干原度數'로 제목과 도상의 변화가 있다.

# 十干十二支圖

己十　庚四　辛九　壬一　癸六　甲八

乙三　丙七　丁二　戊五

丑十　寅三　卯八　辰五　巳二　午七

未八　申九　酉四　戌五　亥六　子一

김정현, 「十干十二支圖」, 『正易註義』(1912)

665

## 十干原度數

起頭 己丑年〔十〕 庚〔四〕 辛〔九〕 壬〔一〕 癸〔六〕 甲〔八〕 乙〔三〕 丙〔七〕 丁〔二〕 戊〔五〕

○生癸亥時 ○甲 乙 丙 丁 戊 巳 庚 辛 壬

## 十二支數

丑〔十〕 寅〔三〕 ○卯〔八〕 辰〔五〕 巳〔二〕 午〔七〕 未〔八〕 申〔九〕 酉〔四〕 戌〔五〕 亥〔六〕 子〔一〕

干數五十五
支數六十八
五十五癸甲空
六十八卯戌空

이상룡, 「十干原度數」「十二支數」, 『正易原義』(1913)

# 數度原干十

「十干原度數」, 『正易(돈암서원본)』(1923)

## 三三六. 十二月二十四節氣候度數
십 이 월 이 십 사 절 기 후 도 수

演解 月起丁卯 日起癸未 時起癸亥.
월 기 정 묘  일 기 계 미  시 기 계 해

粗解 일년一年 삼백육십일三百六十日을 정사政事하는 태양력절후도수太

陽曆節候度數이다.

三三七. 卯月癸未朔 初三日乙酉酉正一刻
묘 월 계 미 삭  초 삼 일 을 유 유 정 일 각

十一分 元和
십 일 분  원 화

三三八.　十八日庚子子正一刻十一分 中化
십 팔 일 경 자 자 정 일 각 십 일 분  중 화

三三九. 辰月癸丑朔 初三日乙卯卯正一刻
진 월 계 축 삭  초 삼 일 을 묘 묘 정 일 각

十一分 大和
십 일 분  대 화

三四〇.　十八日庚午午正一刻十一分 布化
십 팔 일 경 오 오 정 일 각 십 일 분  포 화

三四一. 巳月癸未朔 初三日乙酉酉正一刻

사 월 계 미 삭　초 삼 일 을 유 유 정 일 각

十一分雷和

십 일 분 뇌 화

三四二. 十八日庚子子正一刻十一分風化

십 팔 일 경 자 자 정 일 각 십 일 분 풍 화

三四三. 午月癸丑朔 初三日乙卯卯正一刻

오 월 계 축 삭　초 삼 일 을 묘 묘 정 일 각

十一分立和

십 일 분 입 화

三四四. 十八日庚午午正一刻十一分行化

십 팔 일 경 오 오 정 일 각 십 일 분 행 화

三四五. 未月癸未朔 初三日乙酉酉正一刻

미 월 계 미 삭　초 삼 일 을 유 유 정 일 각

十一分建和

십 일 분 건 화

三四六. 十八日庚子子正一刻十一分普化

십 팔 일 경 자 자 정 일 각 십 일 분 보 화

三四七. 　신월계축삭 초삼일을묘묘정일각
　　　　申月癸丑朔 初三日乙卯卯正一刻
　　　십일분 청화
　　　十一分 清和

三四八. 　십팔일경오오정일각십일분평화
　　　　十八日庚午午正一刻十一分平化

三四九. 　유월계미삭 초삼일을유유정일각
　　　　酉月癸未朔 初三日乙酉酉正一刻
　　　십일분 성화
　　　十一分 成和

三五〇. 　십팔일경자자정일각십일분입화
　　　　十八日庚子子正一刻十一分入化

三五一. 　술월계축삭 초삼일을묘묘정일각
　　　　戌月癸丑朔 初三日乙卯卯正一刻
　　　십일분 함화
　　　十一分 咸和

三五二. 　십팔일경오오정일각십일분형화
　　　　十八日庚午午正一刻十一分亨化

三五三. 亥月癸未朔初三日乙酉酉正一刻
十一分正和

三五四. 十八日庚子子正一刻十一分明化

三五五. 子月癸丑朔初三日乙卯卯正一刻
十一分至和

三五六. 十八日庚午午正一刻十一分貞化

三五七. 丑月癸未朔初三日乙酉酉正一刻
十一分太和

三五八. 十八日庚子子正一刻十一分體化

三五九. <ruby>寅<rt>인</rt></ruby><ruby>月<rt>월</rt></ruby><ruby>癸<rt>계</rt></ruby><ruby>丑<rt>축</rt></ruby><ruby>朔<rt>삭</rt></ruby> <ruby>初<rt>초</rt></ruby><ruby>三<rt>삼</rt></ruby><ruby>日<rt>일</rt></ruby><ruby>乙<rt>을</rt></ruby><ruby>卯<rt>묘</rt></ruby><ruby>卯<rt>묘</rt></ruby><ruby>正<rt>정</rt></ruby><ruby>一<rt>일</rt></ruby><ruby>刻<rt>각</rt></ruby>

<ruby>十<rt>십</rt></ruby><ruby>一<rt>일</rt></ruby><ruby>分<rt>분</rt></ruby><ruby>仁<rt>인</rt></ruby><ruby>和<rt>화</rt></ruby>

三六○. <ruby>十<rt>십</rt></ruby><ruby>八<rt>팔</rt></ruby><ruby>日<rt>일</rt></ruby><ruby>庚<rt>경</rt></ruby><ruby>午<rt>오</rt></ruby><ruby>午<rt>오</rt></ruby><ruby>正<rt>정</rt></ruby><ruby>一<rt>일</rt></ruby><ruby>刻<rt>각</rt></ruby><ruby>十<rt>십</rt></ruby><ruby>一<rt>일</rt></ruby><ruby>分<rt>분</rt></ruby><ruby>性<rt>성</rt></ruby><ruby>化<rt>화</rt></ruby>

**註義** <ruby>化<rt>화</rt></ruby><ruby>者<rt>자</rt></ruby><ruby>命<rt>명</rt></ruby><ruby>之<rt>지</rt></ruby><ruby>流<rt>유</rt></ruby><ruby>行<rt>행</rt></ruby>이요 <ruby>和<rt>화</rt></ruby><ruby>者<rt>자</rt></ruby><ruby>性<rt>성</rt></ruby><ruby>之<rt>지</rt></ruby><ruby>致<rt>치</rt></ruby><ruby>和<rt>화</rt></ruby>라 <ruby>盖<rt>개</rt></ruby><ruby>性<rt>성</rt></ruby><ruby>之<rt>지</rt></ruby><ruby>德<rt>덕</rt></ruby>이 <ruby>具<rt>구</rt></ruby><ruby>於<rt>어</rt></ruby><ruby>心<rt>심</rt></ruby><ruby>而<rt>이</rt></ruby>

<ruby>炳<rt>병</rt></ruby><ruby>明<rt>명</rt></ruby>하여 <ruby>如<rt>여</rt></ruby><ruby>日<rt>일</rt></ruby><ruby>月<rt>월</rt></ruby>을 <ruby>謂<rt>위</rt></ruby><ruby>之<rt>지</rt></ruby><ruby>致<rt>치</rt></ruby><ruby>和<rt>화</rt></ruby>요 <ruby>命<rt>명</rt></ruby><ruby>之<rt>지</rt></ruby><ruby>道<rt>도</rt></ruby><ruby>偏<rt>편</rt></ruby><ruby>於<rt>어</rt></ruby><ruby>身<rt>신</rt></ruby><ruby>而<rt>이</rt></ruby><ruby>充<rt>충</rt></ruby><ruby>塞<rt>색</rt></ruby><ruby>乎<rt>호</rt></ruby><ruby>天<rt>천</rt></ruby><ruby>地<rt>지</rt></ruby>를 <ruby>謂<rt>위</rt></ruby>

<ruby>之<rt>지</rt></ruby><ruby>流<rt>유</rt></ruby><ruby>行<rt>행</rt></ruby>이라 <ruby>仰<rt>앙</rt></ruby><ruby>觀<rt>관</rt></ruby><ruby>天<rt>천</rt></ruby><ruby>道<rt>도</rt></ruby>하며 <ruby>俯<rt>부</rt></ruby><ruby>察<rt>찰</rt></ruby><ruby>地<rt>지</rt></ruby><ruby>理<rt>리</rt></ruby>하고 <ruby>近<rt>근</rt></ruby><ruby>取<rt>취</rt></ruby><ruby>諸<rt>저</rt></ruby><ruby>身<rt>신</rt></ruby>과 <ruby>遠<rt>원</rt></ruby><ruby>取<rt>취</rt></ruby><ruby>諸<rt>저</rt></ruby><ruby>物<rt>물</rt></ruby>이

<ruby>莫<rt>막</rt></ruby><ruby>非<rt>비</rt></ruby><ruby>是<rt>시</rt></ruby><ruby>命<rt>명</rt></ruby><ruby>之<rt>지</rt></ruby><ruby>大<rt>대</rt></ruby><ruby>化<rt>화</rt></ruby>요 <ruby>無<rt>무</rt></ruby><ruby>不<rt>불</rt></ruby><ruby>是<rt>시</rt></ruby><ruby>性<rt>성</rt></ruby><ruby>之<rt>지</rt></ruby><ruby>至<rt>지</rt></ruby><ruby>和<rt>화</rt></ruby>일새니 <ruby>正<rt>정</rt></ruby><ruby>曆<rt>력</rt></ruby><ruby>所<rt>소</rt></ruby><ruby>以<rt>이</rt></ruby><ruby>明<rt>명</rt></ruby><ruby>時<rt>시</rt></ruby><ruby>而<rt>이</rt></ruby><ruby>教<rt>교</rt></ruby><ruby>人<rt>인</rt></ruby>

<ruby>也<rt>야</rt></ruby>라 <ruby>盖<rt>개</rt></ruby><ruby>天<rt>천</rt></ruby><ruby>地<rt>지</rt></ruby><ruby>之<rt>지</rt></ruby><ruby>間<rt>간</rt></ruby>에 <ruby>一<rt>일</rt></ruby><ruby>氣<rt>기</rt></ruby><ruby>流<rt>유</rt></ruby><ruby>行<rt>행</rt></ruby><ruby>而<rt>이</rt></ruby><ruby>其<rt>기</rt></ruby><ruby>用<rt>용</rt></ruby>이 <ruby>有<rt>유</rt></ruby><ruby>二<rt>이</rt></ruby><ruby>者<rt>자</rt></ruby>이어늘 <ruby>陽<rt>양</rt></ruby><ruby>奇<rt>기</rt></ruby><ruby>而<rt>이</rt></ruby><ruby>圓<rt>원</rt></ruby>으

로 <ruby>不<rt>불</rt></ruby><ruby>能<rt>능</rt></ruby><ruby>獨<rt>독</rt></ruby><ruby>立<rt>립</rt></ruby><ruby>故<rt>고</rt></ruby>로 <ruby>必<rt>필</rt></ruby><ruby>遇<rt>우</rt></ruby><ruby>陰<rt>음</rt></ruby><ruby>而<rt>이</rt></ruby><ruby>安<rt>안</rt></ruby>하고 <ruby>陰<rt>음</rt></ruby><ruby>偶<rt>우</rt></ruby><ruby>而<rt>이</rt></ruby><ruby>方<rt>방</rt></ruby>으로 <ruby>不<rt>불</rt></ruby><ruby>能<rt>능</rt></ruby><ruby>獨<rt>독</rt></ruby><ruby>行<rt>행</rt></ruby><ruby>故<rt>고</rt></ruby>로 <ruby>必<rt>필</rt></ruby>

<ruby>待<rt>대</rt></ruby><ruby>陽<rt>양</rt></ruby><ruby>而<rt>이</rt></ruby><ruby>隨<rt>수</rt></ruby>하니라 <ruby>一<rt>일</rt></ruby><ruby>命<rt>명</rt></ruby><ruby>之<rt>지</rt></ruby><ruby>化<rt>화</rt></ruby>는 <ruby>有<rt>유</rt></ruby><ruby>律<rt>율</rt></ruby><ruby>而<rt>이</rt></ruby><ruby>必<rt>필</rt></ruby><ruby>有<rt>유</rt></ruby><ruby>呂<rt>려</rt></ruby>하고 <ruby>有<rt>유</rt></ruby><ruby>陽<rt>양</rt></ruby><ruby>而<rt>이</rt></ruby><ruby>必<rt>필</rt></ruby><ruby>有<rt>유</rt></ruby><ruby>陰<rt>음</rt></ruby>하고

<ruby>有<rt>유</rt></ruby><ruby>剛<rt>강</rt></ruby><ruby>而<rt>이</rt></ruby><ruby>必<rt>필</rt></ruby><ruby>有<rt>유</rt></ruby><ruby>柔<rt>유</rt></ruby>가 <ruby>是<rt>시</rt></ruby><ruby>也<rt>야</rt></ruby>라 <ruby>然<rt>연</rt></ruby><ruby>律<rt>율</rt></ruby><ruby>呂<rt>려</rt></ruby>는 <ruby>至<rt>지</rt></ruby><ruby>虛<rt>허</rt></ruby><ruby>而<rt>이</rt></ruby><ruby>不<rt>불</rt></ruby><ruby>得<rt>득</rt></ruby><ruby>成<rt>성</rt></ruby><ruby>氣<rt>기</rt></ruby><ruby>故<rt>고</rt></ruby>로 <ruby>必<rt>필</rt></ruby><ruby>待<rt>대</rt></ruby><ruby>其<rt>기</rt></ruby><ruby>和<rt>화</rt></ruby>

<ruby>而<rt>이</rt></ruby><ruby>化<rt>화</rt></ruby><ruby>陰<rt>음</rt></ruby><ruby>陽<rt>양</rt></ruby>하고 <ruby>陰<rt>음</rt></ruby><ruby>陽<rt>양</rt></ruby>은 <ruby>至<rt>지</rt></ruby><ruby>精<rt>정</rt></ruby><ruby>而<rt>이</rt></ruby><ruby>不<rt>불</rt></ruby><ruby>能<rt>능</rt></ruby><ruby>成<rt>성</rt></ruby><ruby>質<rt>질</rt></ruby><ruby>故<rt>고</rt></ruby>로 <ruby>必<rt>필</rt></ruby><ruby>待<rt>대</rt></ruby><ruby>其<rt>기</rt></ruby><ruby>化<rt>화</rt></ruby><ruby>而<rt>이</rt></ruby><ruby>變<rt>변</rt></ruby><ruby>剛<rt>강</rt></ruby><ruby>柔<rt>유</rt></ruby>하

니 <ruby>此<rt>차</rt></ruby><ruby>所<rt>소</rt></ruby><ruby>以<rt>이</rt></ruby><ruby>三<rt>삼</rt></ruby><ruby>變<rt>변</rt></ruby><ruby>成<rt>성</rt></ruby><ruby>易<rt>역</rt></ruby><ruby>而<rt>이</rt></ruby><ruby>性<rt>성</rt></ruby><ruby>化<rt>화</rt></ruby><ruby>氣<rt>기</rt></ruby><ruby>化<rt>화</rt></ruby><ruby>形<rt>형</rt></ruby><ruby>化<rt>화</rt></ruby><ruby>之<rt>지</rt></ruby><ruby>道<rt>도</rt></ruby><ruby>也<rt>야</rt></ruby>라 <ruby>所<rt>소</rt></ruby><ruby>謂<rt>위</rt></ruby><ruby>正<rt>정</rt></ruby><ruby>曆<rt>력</rt></ruby><ruby>者<rt>자</rt></ruby>는 <ruby>非<rt>비</rt></ruby><ruby>閏<rt>윤</rt></ruby>

<ruby>曆<rt>력</rt></ruby><ruby>之<rt>지</rt></ruby><ruby>紀<rt>기</rt></ruby><ruby>日<rt>일</rt></ruby><ruby>月<rt>월</rt></ruby><ruby>也<rt>야</rt></ruby>요 <ruby>律<rt>율</rt></ruby><ruby>呂<rt>려</rt></ruby><ruby>陰<rt>음</rt></ruby><ruby>陽<rt>양</rt></ruby><ruby>剛<rt>강</rt></ruby><ruby>柔<rt>유</rt></ruby><ruby>之<rt>지</rt></ruby><ruby>立<rt>입</rt></ruby><ruby>本<rt>본</rt></ruby><ruby>也<rt>야</rt></ruby>라 <ruby>曰<rt>왈</rt></ruby><ruby>陽<rt>양</rt></ruby><ruby>曆<rt>력</rt></ruby><ruby>曰<rt>왈</rt></ruby><ruby>陰<rt>음</rt></ruby><ruby>曆<rt>력</rt></ruby><ruby>云<rt>운</rt></ruby><ruby>者<rt>자</rt></ruby>는

시정기체이용각불문야 급부예악명물도수 개불외호차이질
始正其體而用各不紊也라 及夫禮樂名物度數가 皆不外乎此而秩

서유상의 시이 우세지인 소당선무이기절후지명 화화
序有常矣니 是以로 憂世之仁이 所當先務而其節侯之名하니 化和

운자 억역시리여 이일기언지 월유십이자 육률육려
云者가 抑亦是理歟인저 以一朞言之하면 月有十二者는 六律六呂

지성도야 일유삼백육십자 육육궁지성도야 절후이십사자
之成度也요 日有三百六十者는 六六宮之成度也요 節侯二十四者

삼팔정지성도야 이일월언지 일지삼십자 오육지성도
는 三八政之成度也라 以一月言之하면 日之三十者는 五六之成度

야 절지십오자 삼오지성도야 회삭현망자 영허소식지품
也요 節之十五者는 三五之成度也요 晦朔弦望者는 盈虛消息之品

절야 개월지삼십자 황중지체성월야 축미진술 주원시이
節也니 蓋月之三十者는 皇中之體成月也라 丑未辰戌은 主原始而

행정 자오묘유거요종이성적이십일위체 오육위용이무
行政하고 子午卯酉居要終而成績以十一爲體하고 五六爲用而無

과차의 절기지십오자 천심지기영월야 월혼 생어초삼일
過差矣라 節氣之十五者는 天心之氣影月也라 月魂이 生於初三日

고 과일오이초팔일 위일후 우과오이십삼일 위기 우
故로 過一五而初八日이 爲一侯요 又過五而十三日이 爲氣요 又

과오이십팔일 위일절 묘유자오주정이인신사해위종
過五而十八日이 爲一節이라 卯酉子午主政而寅申巳亥爲終이니

이이삼위체 칠팔위용이상종시야 기소이연자 천이육십일
以二三爲體요 七八爲用而相終始也라 其所以然者는 天以六十一

도 위체이일위천고 존기일이육십 위용 지이삼십이도
度로 爲體而一爲天故로 尊其一而六十이 爲用이요 地以三十二度

로 위체이이위지고 존기이이삼십 위용 일이삼십육도
로 爲體而二爲地故로 尊其二而三十이 爲用이라 日以三十六度가

위체이칠위일복고 존기칠이이십구 위용 월위삼십도
爲體而七爲日復故로 尊其七而二十九로 爲用이요 月爲三十度로

위체이오위월본고 존기오이이십오위용 연즉육십삼십자
爲體而五爲月本故로 尊其五而二十五爲用이라 然則六十三十者

천지지정력야 이십구이십오자 일월지정력야 삼구치
는 天地之正曆也요 二十九二十五者는 日月之正曆也며 三九置

⊙ 十一一言

윤자　　칠팔지정　　　소유정야　　차이시후운행　　　언지즉해월
閏者는 七八之政으로 所由定也라 且以時侯運行으로 言之則亥月

십팔일자정일각십일분　　　양복고　　위지명화　　자해지묘용오원
十八日子正一刻十一分에 陽復故로 謂之明化라 自亥至卯用五元

고　　묘위세수이초삼일유정일각십일분　　위원화　　추류이진기
故로 卯爲歲首而初三日酉正一刻十一分은 爲元和라 推類以盡其

여즉개가통의　　　세지학도자　　수왈종신업업　　　불명호차
餘則皆可通矣리라 世之學道者가 雖曰終身業業하여도 不明乎此

즉부지성명지소유생　　이차불각성명지소이성　　　차즉오부자
則不知性命之所有生 而且不覺性命之所以成이라 此則吾夫子께

　소이정기력서이불녕　　　소이상설이명지야　　당지이지지
서 所以正其曆書而不佞으로 所以詳說而明之也라 當知而知之하

　당명이명지자　　기유봉천시지군자여
고 當明而明之者는 其惟奉天時之君子歟인저.[241]


　　　일지초삼급십팔　여성지양전　지지사정　　용이중수　　무
演解 日之初三及十八 與星之兩躔 支之四正이 用以中數하야 無

일호과불급지차　　가위십역만력　　　천지기도　　치중득합
一毫過不及之差하니 可謂十易萬曆이로다 天地氣度가 致中得合

　일정무변즉무가무감　　　기유윤영지상착호　　차력지절명
하야 一定無變則無加無減하니 豈有閏零之相錯乎아 此曆之節名

무한서상설　　　칭이화화이자　이사시장춘지기후　　차비체
은 無寒暑霜雪이라 但稱以和化二字 而四時長春之氣候니 此非體

원용방지십계용력여　　상문운삼백육순이정　　시야　　지도역
圓用方之十界用曆歟아. 上文云三百六旬而正이 是也니 地道逆

수　추간
數로 推看함.


　　　　십방용정음
　　　　十方用正吟

심심비비십방력　천의전개비로지　차운약행인계상　태화선절영
深深秘秘十方曆 天意轉開俾露知 此運若行人界上 太和仙節永

241 편집자주 : 『정역대경(모필본)』과 『정역주의(하상역본)』에는 이 다음에 「金一夫先生行
狀」이 배치되어 있다.

무이
無移

### 正易推衍吟
정 역 추 연 음

이진유피요명처 난이언문파오미 지취정중탐은적 미능향외설
理眞由彼窈冥處 難以言文破奧微 只就靜中探隱跡 未能向外說

잠 기
潛機

### 地動右旋吟
지 동 우 선 음

수식음양쌍전력 능령대괴운창공 곤지체동언우역 후학미연유
誰識陰陽雙電力 能令大塊運蒼空 坤之體動言于易 後學未硏遊

몽 중
夢中

### 補 義
보 의

총목부록운 건생어자 곤생어오 감종어인 리종어신 이응천
○ 總目附錄云 乾生於子 坤生於午 坎終於寅 離終於申 以應天

지시야 　　　　즉소자역도후천진리이예고지언야
之時也라하니 卽邵子逆睹后天眞理而豫告之言也시니라.

건지양 　시우자이반종우자 　　곤지음 　시어오이반종우
○ 乾之陽은 始于子而反終于子하며. 坤之陰은 始於午而反終于

오 　　차비원시처 　반종지도여
午하니 此非原始處에 反終之道歟아.

무기 　음양지원 　만화지조 　이기기상언즉팔괘야 　이
○ 戊己는 陰陽之源이며 萬化之祖니 以其氣象言則八卦也오 以

기리수언즉구궁야 　팔괘구궁 　즉하낙이성변화행귀신
其理數言則九宮也라. 八卦九宮은 卽河洛而成變化行鬼神하니

시지총명왈역
是之總名曰易이라.

○ 氣象은 以其形態로 言也오 理數는 以其運限으로 言也니 盖

凡物之有形則必有其運이며 有運則必有其形이니 惟知易者는

達運態之變而從道之正也라.

○ 八卦는 主形態故로 屬地八門而應行하고 九宮은 主運限故로

屬天九 星而應行焉이라.

○ 八卦는 爻動而變象하고 九宮은 數動而變局하야 六十四象과

七十二局이 從於此也니라 卦之象은 成物之形殼하고 宮之數는

定物之運節이니라.

○ 八卦之定數는 用於伏羲氏하고 九宮之變數는 用於文王時하

고 戊己眞運之十數는 露用於現時함이 理之自然也라.

○ 盖易之爲名을 隨時異稱하니 夏之連山과 殷之歸藏과 周之周

易과 今之正易이 是也라 名雖異稱이나 道何變乎아.

○ 邵子曰 至大之謂皇 至中之謂極 至正之謂經 至變之謂世 (皇

極經世四字之名義)

○ 逸菴包君曰 陽火寄於艮土之中 陰水寄於坤土之內. 又曰 木金

土俱載質而行

수화유형무질
水火有形無質.

　황관은사왈　태극동이생양즉감괘천일생수　　양수야　　동극
○ 黃冠隱士曰 太極動而生陽卽坎卦天一生水니 陽水也오 動極

이정정이생음즉리괘지이생화　　음화야
而靜靜而生陰卽離卦地二生火니 陰火也라.

정역연해　후서
# 正易演解 後叙

개정역　　응기후천금화성도시운이천사지서야　비지인　　무
蓋正易은 應其后天金火成道時運而天賜之書也라 非至人이면 無

이발명기의　　비후학　　무이봉행기도　선사　　수심통기의
以發明其意며 非後學이면 無以奉行其道니 先師께서 雖深通其意

이발명지　　후학　약불추연이계전지즉역지성도기무침회지
而發明之시나 後學이 若不推衍而繼展之則易之聖道豈無浸晦之

단호　우이저포지자　불췌규관지협　　해편중　사기문구역
端乎아 愚以樗蒲之姿로 不揣窾管之狹하고 該篇中에 捨其文句易

해지절　거기리의난효지처　　파기온오이연해지자　공혹
解之節하고 擧其理意難曉之處하야 破其蘊奧而演解之者는 恐或

유보어위학지남지만일　　　행수세지동학첨언　　서기참
有補於爲學指南之萬一일까 하오니 幸須世之同學僉彥께서 恕其僭

유　　　비오불체　　천만언
踰하시고 俾悟不逮하심 千萬焉.

正易研究의 基礎

"孔子의 聖統을 繼承한
金一夫선생의 韓國易學原理手指
象數를 中心으로~"

# ○ 정역연구正易研究의 기초基礎

관수觀樹 백문섭선생白紋燮先生 저著

【편자부기編者附記】

저자著者 관수觀樹 백문섭선생白紋燮先生(1918~1995)은 정역회正易會 수석상임고문首席常任顧問으로 서세逝世하실 때까지 재임在任하신 사학계斯學界의 원로학자元老學者이시다. 선생先生은 일찍이 정역계正易界에 입문入門하시어 덕당德堂 김홍현선생金洪鉉先生(일부선생문인一夫先生門人)과 의산義山 김경운선생金慶雲先生으로부터 수지상수원론手指象數理論을 전수傳授 받으시고 이를 더욱 발전적發展的으로 연구研究하시면서 평생平生을 정역연구正易研究에 전념專念하시는 한편 제자弟子들에게 수지상수手指象數의 기초이론基礎理論을 강론講論하셨다. 선생先生이 저술著述한 '정역연구正易研究의 기초基礎'는 일부선생一夫先生께서 구전심수口傳心授하신 수지상수手指象數를 전문傳聞하시고 이를 이론적理論的으로 체계화體系化한 역저力著로서 정역연구正易研究에 필수적必須的인 기초지식基礎知識이다. 선생先生께서 사학斯學에 기여寄與하신 공노功勞는 지대至大하다고 평評하여도 결決코 과언過言이 아니며, 후대後代 정역인正易人들의 귀감龜鑑이 될 것이다.

# 目 次

正易集註補解
:::

# 정역연구正易研究의 기초基礎

## 서론緒論

  역易은 천지조판天地肇判에 있어서 음양오행陰陽五行의 조직組織(체體)원리原理와 그의 순환반복循環反復하는 운행運行(용用)법칙法則으로서 단계적段階的인 변화變化에 따라 천시天時 지리地理 인사人事가 모두 변혁變革하는 것이 일일一日에 오전午前 오후午後(주야晝夜)의 바뀜과 일년一年에 춘하추동春夏秋冬의 교대交代와 같이 그에 따른 모든 형태形態와 진전進展이 달라지는 것이 곧 만물萬物의 생장성生長成의 표현表現과 같은 것이다. 봄에 나고 여름에 크고 가을에 결실結實(춘생春生 하장夏長 추성秋成)하는 것을 삼단계三段階로 그의 소차원小次元을 달리하는 것이 순환법칙循環法則을 일기一期로 겨울에는 쉬는 것(동장冬藏) 그 쉬는 동안에 다음 차원次元의 생장성生長成할 기운을 기르는(축적蓄積) 기간期間이니 곧 하루 동안 밤에 잠자는 사이에 기운을 축적蓄積하였다가 그 다음날 활동活動할 준비準備를 하는 것과 같다. 역易은 이간易簡(쉽고 간단한 것)의 도道이므로 가까운데서 시작始作하여 먼데까지(자근이원自近而遠) 아래로부터 위에까지(하학이상달下學而上達) 추리推理하여 나가는 것이 곧 인간人間의 일용사물당행지로日用事物當行之路인 그 길이 바로 역易의 도道이다. 그리하여 형이하形而下의 물질적物質的인 것, 쉽게 보고 판별判別할 수 있는 것으로부터 형이상形而上의 상징적象徵的인 것, 이기해명理氣解明하기 어려운 경지境地를 바라보며 무형지경無形之景인 우주宇宙밖 외기권外氣圈까지 더듬는 것이 고금역학자古今易學者의 심경心鏡일 것이다. 필자筆者는 원래原來 천학박식淺學薄識한 까닭에 쉬운 것만으로 선배제위先輩諸位께서는 모두 알고있는 사실事實을 반복反復하는 것이나 초학자初學者에게는 약간若干의 도움이 될까하는 마음 간절懇切할뿐이다. 이에 금화교역金火交易이 정역正易으로 되는 김일부선생金一夫先生의 구전심수口傳心授하신 수지상수手指象數를 전문傳聞한대로 기록記錄하였으나 수수授受하는 중간中間에 착오錯誤있을까 황공惶恐할 따름이며, 상세해석詳細解釋한다는 것이 도리어 졸속拙俗해진 것을 자괴自愧하는 바이다.

## 一. 수數의 기원起源과 음양陰陽

기본점일基本點一(태극太極) + 이二(양의兩儀) = 삼三이 되는 것이다. 일一은 양陽(기수奇數) 二는 음陰(우수偶數) 三은 양陽 四는 음陰의 순서順序로 전자前者는 양陽(기奇) 후자後者는 음陰(우偶)이니 양陽다음에 음陰, 음陰다음에 양陽으로 연속연결체連續聯結體로서 一에서 十까지 한 뭉치의 경성체結成體이다. 一(○→ )이 二(: ⇒▅▅ 곧 양兩쪽의 빈칸)가 없으면 자체自體가 성립成立될 수 없으니, ▅▅ 二인 음陰이 一인 양陽을 싸고있어 一이 성립成立하여 존재存在할 수 있는 것으로 一 + 二인 三은 음양합陰陽合이요 ▅▅ 二인 음陰을 三인 양陽이 싸고 있어 부음이포양負陰而抱陽으로 음陰은 양陽을, 양陽은 음陰을 서로 떨어질 수도 갈라질 수도 없고 서로 없어서는 안 될 한 개個의 결합체結合體인 양편兩便은 상대적원리相對的原理로서 관점觀點을 달리하여 운행변화運行變化하면서 순서順序로는

一옆에는 천연적天然的으로 二가 붙어있으니 二가 다음으로 생기고, 二 옆에는 三이 붙어 있으니 三이 생기고, 三옆에는 四가 붙어 있으니 四가 생기어 十까지 가게 되는데, 九옆에는 十이 붙어 있어 낙서구궁洛書九宮 에 하도십수河圖十數가 자연형성自然形成되어 있고, 十에는 十一이 붙어 있으니 십일귀체十一歸體가 되고, 五(운運)六(기氣)합合이 十一인데 十一옆 에는 十二가 붙어 있어 십이지지十二地支가 형성形成되는 것이다.

그러므로 一은 한 개個의 작은 출발점出發點이오 十은 한 개個의 큰 결 성체結成體인 종합綜合 총합總合인 것이니, 一은 생生하는 기점起點으로 곧 초목草木이나 곡류穀類의 싹(아芽)이 처음 트는 것, 사람은 어머니 배 밖에 어린 아기가 처음 출산出産하는 것, 지구地球는 수평선水平線위로 솟아 올라오는 것을 의미意味하는 것이니, 二三四五六七八九는 모두 커 가는(장長) 과정過程이오 十은 결실結實(성成)한 것이므로 초목草木 및 곡 류穀類는 그간에 자라서 열매를 맺고, 아기는 커서 어른(성인成人)이 되 고, 지구地球는 대소군도大小群島로 솟아난 것이 대륙大陸을 이루어 현재 現在 동서반구東西半球를 분포分布하고 있는 것이니, 생장生長하는 선후先 後의 차등差等은 있었으나 오늘날의 오대양五大洋 육대주六大洲의 배열排 列인 것이다.

양陽은 一이오 음陰은 二이니, 천일지이天一地二오 기일우이奇一偶二오 효爻는 양陽━ 음陰━━ 이므로 하늘은 하나이되 땅은 동서양반구東西兩 半球가 있고 남녀생식기男女生殖器도 양陽은 한줄기요 음陰은 두 쪽이며, 인사人事의 예禮에도 남재배男再拜에 녀女는 배수倍數로 사배四拜이고, 시 간時間도 양방陽方에는 십이시十二時인데 음방陰方에는 배수倍數인 이십 사시二十四時이며, 양동음정陽動陰靜이오 양선음후陽先陰後이므로 음방 陰方(서방西方)에서 시계時計를 제작製作할 때에 이십사개방二十四個方으로 서의 이십사시간二十四時間으로 아니하고 십이방위十二方位에 십이시十二

時의 배수倍數인 이십사시간二十四時間을 용용用用하니, 이는 양방체陽方體의 표준標準으로 정정定定하는 원칙原則인 것인 바, 양방陽方(동반구東半球)체體는 음력陰曆을 용용用用하고 음방陰方(서반구西半球)체體는 양력陽曆을 용용用用하는 것이다.


## 二. 수數의 조직組織과 운행運行


十(결실結實한 열매·종자種子)이 一(발아發芽한 싹)을 낳아서 성장成長하면 十이 되는 것이니, 곧 땅속에 파묻은 종자種子가 싹을 지면地面에 나타내서 줄기(간幹) 가지(지枝) 잎(엽葉)으로 커서 결국結局 十인 열매(실實)를 이루며, 그 열매(十)가 도리어 종자種子가 되므로 십일귀체十一歸體인 것이다. 十은 五(오행五行—토금수목화土金水木火)의 배수倍數로서 생오행生五行 성오행成五行을 이루어 하도河圖가 구성構成되었으니 천수상天垂象으로 하출도河出圖인 것이다.

동반구東半球는 양방陽方, 서반구西半球는 음방陰方이므로 상반相反되는 것으로서 제일第一먼저 방위方位의 방향方向부터 설명說明하도록 한다. 동반구학설東半球學說의 방위方位는 전남후북前南後北 좌동우서左東右西 즉即 지면紙面을 향향向하여 상남하북上南下北 좌동우서左東右西인데 서반구학설西半球學說의 방위方位는 정반대正反對로 우리의 상대편相對便에 앉아보면 이상以上의 방위方位 그대로이기 때문에 밤과 낮이 반대反對며 수자數字를 세는 것도 시작始作으로 하나하는 자리(동반구인東半球人은 제일지第一指에서 일시一始·서반구인西半球人은 제육지第六指에서 일시一始)도 반대反對요 이수호인以手呼人도 양방陽方은 수배부手背俯요 음방陰方은 수당앙手掌仰이며, 문자서도文字書道도 양방陽方은 종서자우시縱書自右始요 음

방음方은 횡서자좌시橫書自左始하는 것이오 양방陽方의 동東은 음방陰方
의 서西요 음방陰方의 동東은 양방陽方의 서西로 모든 것이 반대反對이다.

그러므로 양방陽方에서 상고上古 복희씨伏羲氏가 발명發明한 하도河圖
의 방위方位에는 북北에 일육一六(수水)·남南에 이칠二七(화火)·동東에 삼팔
三八(목木)·서西에 사구四九(금金)·중앙中央에 오십五十(토土)으로 된 것으로
서 사방四方은 사시四時에 상응相應하여 동東에 춘春·남南에 하夏·서西에
추秋·북北에 동冬으로 춘생春生 하장夏長 추수秋收(성成) 동장冬藏으로 삼
현일장三顯一藏을 이루는 것이다. 사방四方에 중앙中央을 합슴쳐 오방五方
(오행五行)이 되는 것으로 사시四時에도 오계절五季節이 되니 춘春(목왕木
旺) 하夏(화왕火旺) 추秋(금왕金旺) 동冬(수왕水旺)에 四季(토왕土旺)를 합슴치
니 토왕土旺은 매개월每季月 십팔일식十八日式(동계冬季에는 입춘전십팔일立春
前十八日·입춘春季에는 입하전십팔일立夏前十八日·입하夏季에는 입추전십팔일立秋前
十八日·입추秋季에는 입동전십팔일立冬前十八日) 계칠십이일計七十二日이므로 동
삼개월구십일冬三個月九十日에서 토왕일수십팔일土旺日數十八日을 공제控除
하면 수왕지절水旺之節도 칠십이일七十二日이니 춘하추春夏秋도 목왕칠십
이일木旺七十二日 화왕칠십이일火旺七十二日 금왕칠십이일金旺七十二日 오
계절계삼백육십일五季節計三百六十日(72×5＝360)이다.


三. 수數의 발전형태發展形態


一에서 九까지는 수數요 十은 수數가 아닌 상象이므로 십자十字의 모양
모양貌樣이 동서남북종횡선東西南北縱橫線과 중앙中央의 교차점交叉點은 사
방四方을 합슴한 중심점위치中心點位置가 태극太極이니, 사방四方을 상징
象徵하는 것으로 태극太極의 원圓(테두리)전체全體는 근본무극根本无極이

오 양분兩分의 음양陰陽은 양의兩儀이며 사분四分하면 사상四象으로서 십자十字의 형성形成이다. 그러므로 一(태극太極)이 무십无十이면 무체无體요 十(무극无極)이 무일无一이면 무용无用이니 합습하면 토土라 거중居中이 五니 황극皇極이라는 것이 전체全體의 시종始終을 합습한 것으로서 十은 일자一字 두개를 종횡縱橫으로 교합交合한 것이니, (동양東洋의 횡획橫劃인 일자一字 '체종용횡體縱用橫', 서양西洋의 종획縱劃인 1字 '체횡용종體橫用縱') 선천先天의 일시一始로 一二三四五六七八九⊕ + 후천后天의 십시十始로 十九八七六五四三二一을 합습한 것으로 십일귀체十一歸體인 생성生成의 전체全體를 포함包含한 것이다.

천지지수天地之數가 수지호십數止乎十이니, 十이 정수正數라면 팔괘八卦인 八은 十에 불급不及된 수수數로서 성장成長하여 十에 미쳐야하고 십이지十二支인 十二는 十에 과過한 수수數로서 귀공歸空하여 十에 인하引下시켜야 한다.

十은 五의 배수倍數요 十二는 六의 배수倍數니 五와 六은 一에서 十, 十에서 一의 정중正中에 있어 양오陽五는 양방생수陽方生數의 종終하는 자리요 음육陰六은 음방성수陰方成數의 시始,또는 음방도생陰方倒生하는 순順으로는 성수成數의 종終인 음양陰陽이 합습하는 자리로서 음육陰六의 자리는 양오陽五가 처음 한발걸음을 내디디는 곳에 음육陰六이 배열排列되어 기다리고 있다가 양오陽五를 받아들이는 것이니, 五인 양陽이 六자리가 아니면 동동動할 수 없고 변변變할 이치理致도 없으며 운행運行할 수도 없을 것이다. 오육五六은 한데에 뭉쳐있는 것으로 떨어질 수 없는 음양합陰陽合이라 오운육기五運六氣 오장육부五臟六腑로 공통共通된 것이니, 十·八·十二를 비례比例한다면 기옥家屋 한 칸을 구조構造하는 것에 대비對比하여 사개四個의 기둥(주柱)을 사상四象으로 위의 사방四方(네모난 칸)이 건사상건四象의 양방陽方인 동반구東半球의 동서남북東西南北이고 또는 건진감간乾震坎艮의 영사괘陽四卦이며, 아래의 네모가 곤사상坤四象으로서 음방陰方인 서반구西半球의 동서남북東西南北이고 또는 곤손리태坤巽離兌의 음사괘陰四卦이니, 상하上下의 네모가 합습하여 八이란 수數가 성립成立되고 네 기둥이 형성존재形成存在하려면 위에 도리 목木이 네 개가 있고 아래로 중방中枋 네 개가 있어야만 구성체構成體가 결합結合되므로 기둥 넷까지 합십이습十二란 수數가 성립成立되어 원체原體만은 구비具備되었다. 상하上下의 네모습 八의 그 위에 천정天井을 덮으니 위 하나를 더하여 구수九數까지는 되었으나 선천생장순서先天生長順序로 아직 미완성未完成의 건물建物로서 풍우風雨는 피避할 정도程度이나 편안便安하게 거처居處할 수 는 없으며, 아래로 온돌溫突인 구들 고래를 놓으니 아래 하나를 더 보태어 십수十數가 완성完成되므로 이에 후천성後天成의 결실結實로 안락安樂한 생활生活을 할 수 있는바, 八과 十二와 十이 모두 한 구성체構成體가 되므로 팔괘八卦와 십이지지十二地支와 구궁십수九宮十數가 모두 한 덩어리이다.

사상四象으로서 사시四時에는 토왕土旺(천天), 사방四方에는 중앙中央(지地), 사덕四德에는 신신(인人)으로 오행五行이 성립成立하는 것이다.

그리고 一·二가 음양陰陽짝이니 一(태극太極) 다음에 二(양의兩儀)가 있고, 三·四가 음양陰陽짝이니 三(삼재三才) 다음에 四(사상四象)가 있고, 五·六이 음양陰陽짝이니 五(오행五行 오황극五皇極 오운五運—천天 오장五臟—인人 오대양五大洋—지地) 다음에 六(용육用六 육효六爻 육기六氣—천天 육부六腑—인人 육대주六大洲—지地)이 있고, 七·八이 음양陰陽짝이니 七(칠정七政 칠수七宿 칠요七曜) 다음에 八(팔괘八卦 팔방八方 팔풍八風)이 있고, 九·十이 음양陰陽짝이니 九(용구用九 구궁낙서九宮洛書 구용九容 구사九思) 다음에 十(십수하도十數河圖 십무극十无極)이 있고, 十다음에 십일귀체十一歸體로 되돌아가는 것으로서 환원순환還元循環을 부단不斷하는 것이다.

書　　洛

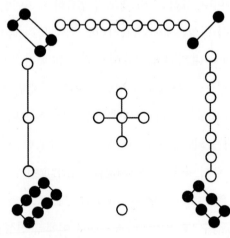

圖　　河

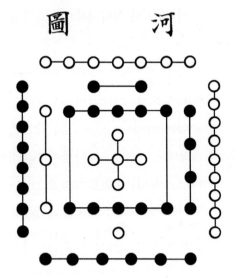

正易集註補解——

# 四. 하락河洛의 선후천先后天

一에서 九까지는 낙서洛書의 생장生長하는 차서次序이니, 一(북北) 상대相對 九(남南)가 합슴이 十이오, 三(동東) 상대相對 七(서西)이 역시亦是 十이오, 二(서남西南) 상대相對 八(동북東北)이 十이오, 四(동남東南) 상대相對 六(서북西北)이 十이니, 중앙오中央五를 합슴하면 종횡縱橫(사정방四正方)삼위수三位數가 십오十五씩이고(1+5+9=15·3+5+7=15) 대각사선對角斜線(사유위四維位)삼위수三位數도 모두 십오十五씩이니(2+5+8=15·4+5+6=15) 計六十이오, 사방四方(자체외방自體外方)의 삼위수三位數가 역각십오亦各十五씩(6+1+8=15·8+3+4=15·4+9+2=15·2+7+6=15) 계육십계六十이므로 합계백이십合計百二十(십이十二의 십배十倍)이니, 이는 천연적天然的으로 배열排列된 수數요 비인력소치非人力所致의 수數이다.

이와 부합符合되는 것으로 수지굴신도수추연手指屈伸度數推衍에도 무지굴일拇指窟一 + 상대식지신구相對食指伸九가 합십合十이오, 식지굴이食指屈二 + 중지신팔中指伸八이 十이오, 중지굴삼中指屈三 + 무명지신칠無名指伸七이 十이오, 무명지굴사無名指屈四 + 소지신육小指伸六이 十으로 계사십計四十인데 소지굴오小指屈五는 상대相對가 없는 외짝이 낙서洛書의 중앙오中央五가 상대相對없는 것과 동일同一하니, 통산사십오수通算四十五數가 즉即 낙서지수洛書之數(1+2+3+4+5+6+7+8+9=45)이다. 낙서洛書는 생장生長의 과정過程으로서 一부터 九까지 뿐 十이 없다가 성수십成數十을 극極하면 하도河圖의 수數 오십오五十五(낙서洛書의 수사십數四十五에 十을 더한 것)이니, 낙서洛書는 선천생장先天生長의 수數요 하도河圖는 후천后天 성성成成의 상象으로 모두 음양오행陰陽五行의 체용體用이다.

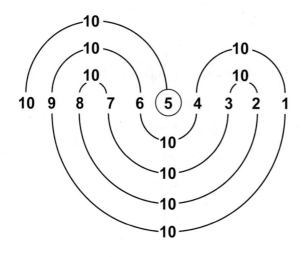

十九八七六五四三二一

十一二三四五六七八九（十）

一二三四五六七八九

$$10 + 5 = 15 \qquad 9 + 1 = 10$$
$$9 + 6 = 15 \qquad 8 + 2 = 10$$
$$8 + 7 = 15 \qquad 7 + 3 = 10$$
$$\phantom{8 + 7 = 15} \qquad 6 + 3 = 10$$

$$4 + 1 = 5 \qquad\quad ⑤ \quad \underline{\phantom{45}5}$$
$$3 + 2 = \underline{\phantom{55}5} \qquad\qquad\quad 45$$
$$\phantom{3 + 2 = 5}55$$

하도河圖의 일육수一六水(해자축亥子丑–북방北方) 삼팔목三八木(인묘진寅卯
辰–동방東方)은 동북양방東北陽方이고, 이칠화二七火(사오미巳午未–남방南方)
사구금四九金(신유술申酉戌–서방西方)은 서남음방西南陰方으로 천지설위天
地設位(천양天陽 지음地陰 양계십이방위兩方計十二方位)가 되었다.

선천先天에는 하도河圖가 체體가 되고 낙서洛書가 용用이 되며, 후천后天

에는 낙서洛書가 체體가 되고 하도河圖가 용用이 되니, 하도河圖보다 뒤에 나온 낙서洛書는 선천先天에 먼저 쓰이고, 먼저 나온 하도河圖는 후천后天에서 쓰이게 되는 바, 체體는 묻혀있는 근본根本인 것이오 용用은 나타나서 그 시대時代에 쓰이는 것으로 선천先天에는 음陰(묻혀있는 뿌리-음방陰方)체양용體陽用이오 후천后天에는 양陽(지엽枝葉으로 크던 것이 주간主幹이 된것)체음용體陰用인 것이니, 하도河圖속에 낙서洛書가 포함包含되어 있으므로 낙서洛書가 자라면 도로 하도河圖가 되는 것으로 갈라서 보면 둘이로되 합습하면 하나로서 자궁퇴위子宮退位 인궁사위寅宮謝位와 같이 물러앉는 것이고 없어지는 것은 아니다.

상기上記한 낙서용洛書用일 때에 수지굴신수手指屈伸數의 합계사십오合計四十五는 수지오개手指五個가 진굴盡屈한 상상象으로 중건천重乾天(육효괘六爻卦)이 형성形成되면서 원환圓環의 천天을 상징象徵하는 공각空殼의 암담暗淡한 모양模樣이던 것이 후천하도용后天河圖用일 시時에는 수지굴신手指屈伸의 순서순환원리順序循環原理로서 굴즉신屈則伸 신즉굴伸則屈하는 것이니, 낙서선천洛書先天에서 굴극즉종신屈極則終伸하므로 제일차지第一次指를 신伸하니 제육지第六指자리로서 하도河圖의 일육一六이 한 위치位置(북北)에 있고, 제이차지第二次指를 신伸하니 제칠지第七指자리로서 이칠二七이 한 위치位置(남南)에 있고, 제삼차지第三次指를 신伸하니 제팔지第八指자리로서 삼팔三八이 한 위치位置(동東)에 있고, 제사차지第四次指를 신伸하니 제구지第九指자리로서 사구四九가 한 위치位置(서西)에 있고, 제오차지第五次指를 신伸하니 제십지第十指자리로서 오십五十이 한 위치位置(중앙中央)에 있는바, 후천하도용后天河圖用을 수지手指로서 모두 펼치니 오개수지五個手指가 진신盡伸한 상상象으로 중곤지重坤地가 형성形成되면서 방정方正(평방平方)의 지地를 상징象徵하는 개활開闊의 광명光明한 현상現象을 드러내었다.

선천先天에는 하도河圖인 체體가 은복隱伏되고 단낙서선천但洛書先天인 용用뿐이었으나 후천后天에는 하도후천河圖后天인 용用이 드러나면서도 낙서선천洛書先天이 체體로서 물러나 있다. 그러므로 선천先天에는 생수生數인 一二三四五만 있고 六七八九十의 성수成數는 나타나지 않으나 후천后天의 성수成數가 드러난 후後에는 생수生數도 함께 남아있는 것이다.

동반구東半球에서 제일지第一指로 시일始一〜五·六〜十; 서반구西半球에서는 제육지第六指로 시일始一〜五·六〜十하면 양방수지일이삼사오陽方手指一二三四五에는 음방수육칠팔구십陰方數六七八九十이 합合쳐서 일육一六·이칠二七·삼팔三八·사구四九·오십五十이 되고, 음방수지일이삼사오陰方手指一二三四五에는 양방수육칠팔구십陽方數六七八九十이 합合쳐서 역시亦是 일육一六·이칠二七·삼팔三八·사구四九·오십五十이 되는 것이다.


## 五. 괘효卦爻와 간지干支


중건천重乾天 중곤지重坤地에 있어서 단건단곤單乾單坤(소성괘小成卦)도 건괘乾卦 곤괘坤卦로되 중괘重卦로서 육효六爻라야 비로소 완성괘完成卦가 되는데 에는 하괘下卦(내괘內卦) 상괘上卦(외괘外卦)로서 초효初爻가 최하위最下位에서 제삼효第三爻까지 내괘삼효內卦三爻가 정정定해지고 제사효第四爻가 다시 시작始作되어 상효上爻까지 외괘삼효外卦三爻가 정정定해지니, 역易에 이르기를「겸삼재이양지兼三才而兩之 고육위이성장故六位而成章」이라고 하였다. 쉽게 말하자면 동반구東半球에서 보는 하늘은 반半쪽 하늘이니 서반구西半球에서 보는 반半쪽 하늘을 합合쳐야 둥근 전체全體의 하늘이 되는 것으로 건괘乾卦도 둘이 합合친 중건重乾이라야 되며, 땅도 동서반구東西半球를 합合쳐야 원형圓形의 전체지구全體地球가 되는 것

으로 곤괘坤卦도 중곤지重坤地가 되어야 완전完全한 것이다. 그리고 육효
중六爻中에 양효陽爻 음효陰爻가 있는바, 양효陽爻(▬)는 九이니 이어진
것으로 맨 아래의 처음자리가 초효初爻로서 初九, 위로 올라가는 순서
順序로 제이효第二爻가 구이九二, 구삼九三까지가 하괘下卦(내괘內卦)이며,
구사九四 구오九五 상구上九 맨 위의 효爻까지가 상괘上卦(외괘外卦)이다.
음효陰爻(▬▬)는 六이니 끊어진 것으로 초효初爻가 초육初六, 제이효第二
爻자리가 육이六二, 육삼六三까지가 역시亦是 하괘下卦(내괘內卦)이고 육사
六四 육오六五 상육上六까지가 상괘上卦(외괘外卦)이다. 효爻의 호칭呼稱도
제이第二 제삼第三 제사第四 제오효第五爻는 이삼사오효二三四五爻라고 칭
稱하나 제일위효第一位爻는 초효初爻이므로 일효一爻라 하지 않고 초구初
九 초육初六이라 하며, 제육위효第六位爻는 상효上爻이므로 육효六爻라 하
지 않고 상구上九 상육上六이라 칭稱하는바, 초효初爻 상효上爻는 특特히
별도취급別途取扱한 것으로서 초효初爻는 시작始作이오 상효上爻는 종말
終末이니, 육개효六個爻를 육십갑자六十甲子의 환갑년도還甲年度에 비유比
喩하여 한 효爻에 십년식十年式 배정配定하여 보면 초효初爻인 십세이전十
歲以前은 아직 어린아이로 쓰지 못하는 잠룡물용격潛龍勿用格이오 상효
上爻인 육십대六十代에는 노쇠老衰하여 정년퇴임停年退任하는 항룡유회
격亢龍有悔格으로 물러앉는 터이고, 중사개효中四個爻(이삼사오효二三四五
爻) 사십년四十年동안은 청장년기青壯年期로서 왕성旺盛함이 드러나 사
용使用되는 것과 같다.

또는 건괘육효乾卦六爻는 동북양방東北陽方의 육방위六方位(해자축북방
亥子丑北方 인묘진동방寅卯辰東方)에 해당該當되며, 곤괘육효坤卦六爻는 서남
음방西南陰方의 육방위六方位(사오미남방巳午未南方 신유술서방申酉戌西方)에
해당該當된다. 그리고 공간空間과 시간時間이 여합부절如合符節로 합치合
致되는 것은 해자축亥子丑(북北)삼방三方에 매방삼십도每方三十度로 계구

십도計九十度요 인묘진寅卯辰(동동東東)삼방三方에 역시亦是 매방삼십도식每方三十度式 계구십도計九十度로서 합계백팔십도合計百八十度이며, 서남음방西南陰方의 육방六方(사오미남방巳午未南方 신유술서방申酉戌西方)도 백팔십도百八十度이니, 사방四方에 각구십도식各九十度式 합삼백육십도合三百六十度(4×90＝360)이다. 또 십이방十二方(양방육위陽方六位 음방육위陰方六位)이 십이개월十二個月에 해당該當되니, 북북北北으로 해시월亥十月 자십일월子十一月 축십이월丑十二月은 동삼월冬三月로서 매월삼십일每月三十日이면 계구십일計九十日이오 동동東東으로 인정월寅正月 묘이월卯二月 진삼월辰三月은 춘삼월春三月로서 역시亦是 구십일九十日이니 동북양방東北陽方은 동춘양절冬春兩節에 백팔십일百八十日이 되고, 서남음방西南陰方 역시亦是 하추양절夏秋兩節에 백팔십일百八十日이 되니 합계삼백육십일合計三百六十日이다.

하도河圖의 방위方位로서 북북北北(수水) 동동東東(목木) 남남南南(화火) 서서西西(금金) 중앙中央(토土)은 오행五行의 방위方位이며, 낙서洛書의 방위方位는 북북北北(수水) 동동東東(목木)은 하도河圖와 같으나 남남南南(금金) 서서西西(화火)가 자리를 바꾸어 정위定位한 까닭에 금화교역金火交易이 되는 것이니, 즉即 하도河圖의 금금金金자리에 화火가 위위位位하고 화火의 자리에 금금金金이 위위位位하는 것이 하도河圖와 다른 점點인데 낙서洛書의 현위치現位置 금금金金자리에 화火가 가고 화火자리에 금금金金이 가면 도로 하도河圖의 원위치原位置로 환원還元하게 되므로 금화金火가 정역正易한 하도河圖가 되는 것이다.

하도낙서河圖洛書를 기본基本으로 육갑六甲(육십갑자六十甲子) 즉即 천간天干은 갑을삼팔목甲乙三八木(동동東東) 병정이칠화丙丁二七火(남남南南) 무기오십토戊己五十土(중중中中) 경신사구금庚辛四九金(서서西西) 임계일육수壬癸一六水(북북北北)이고, 지지地支는 해자일육수亥子一六水(북북北北) 인묘삼팔목寅卯三八木(동동東東) 사오이칠화巳午二七火(남남南南) 신유사구금申酉四九金(서서西西) 진술축미오십토辰戌丑未五十土(중앙中央)이다.

복희팔괘차서伏羲八卦次序는 건일乾一(남南) 태이兌二(동남東南) 리삼離三 (동東) 진사震四(동북東北) 손오巽五(서남西南) 감육坎六(서서) 간칠艮七(서북西北) 곤팔坤八(북北)로서 그 위차位次가 음양방순역陰陽方順逆으로 태극太極의 상상이다.

문왕팔괘차서文王八卦次序는 감일坎一(북北) 곤이坤二(서남西南) 진삼震三(동東) 손사巽四(동남東南) 공오空五(중앙中央) 건육乾六(서북西北) 태칠兌七(서西) 간팔艮八(동북東北) 리구離九(남南)로서 낙서구궁洛書九宮의 순서順序이다.

복희괘도伏羲卦圖의 상대相對(대궁對宮)괘수卦數는 합合이 구수九數이니 하도河圖(생生)팔괘八卦에서 낙서洛書(장長)구궁九宮으로 향向하는 뜻이 있고, 문왕괘도文王卦圖의 상대相對(대궁對宮)괘수卦數는 합合이 십수十數이니 정역正易(성成)십수괘十數卦로 향向하는 뜻이 함축含蓄되어 있다. 그리고 하도河圖의 오행五行으로 보아도 중앙토中央土에서 서금西金을 향向하여 토생금土生金, 양순북수陽順北水로 금생수金生水, 동목東木으로 수생목水生木, 남화南火로 목생화木生火, 다시 중토中土로 화생토火生土하니, 주위순환周圍循環으로는 상생相生이나 상대방相對方(대궁對宮)으로는 상극相克이니 낙서洛書의 상극相克으로 향向하는 뜻이 있고, 낙서洛書의 오행五行도 중토中土가 북수北水로 토극수土克水, 서화西火로 수극화水克火, 남금南金으로 화극금火克金, 동목東木으로 금극수金克木, 다시 중토中土로 목극토木克土하니, 주위음역순환周圍陰逆循環으로는 상극相克이나 상대방相對方(대궁對宮)으로는 상생相生이니, 하도河圖의 상생相生으로 향向하는 뜻이 있다.

낙서洛書는 一에서 九까지 생장生長(커가는)순서順序로서 十(결실結實)이 없어서 미완성未完成으로 성도成道가 못된 것이니, 九에 이른 양陽은 열매의 크기까지는 다 컸으나 성숙成熟이 되지 않아 먹을 수도 종자種子구

실도 못하는 것이다. 十은 완숙完熟된 열매인 것으로 비유比喻하자면 구노총각九老總角(남男·양陽‥一三五七九의 기수奇數 양陽의 종착점終着點)이 성인成人의 자격資格은 구비具備되었으나 독양불성獨陽不成으로 十인 처녀處女(여女·음陰‥二四六八十의 우수偶數 음陰의 종착점終着點)가 성장과만成長瓜滿이 못되어 남여결혼男女結婚을 못하므로 낙서구수洛書九數는 선천先天에서 성인成人이 되지 못하고 있다가 십수처녀十數處女(하도河圖)를 만나 음양합궁후陰陽合宮後에야 남녀男女가 동시同時에 어른인 성인成人이 되는 것이다. 그러므로 선천先天에는 십이방위중十二方位中에서 술해戌亥가 막혀 열리지 못하였으니, 동북양방東北陽方인 해자축亥子丑(북北) 인묘진寅卯辰(동東)의 첫머리인 해亥와 서남음방西南陰方인 사오미巳午未(남南) 신유술申酉戌(서西)의 마지막 끝인 술戌, 이 이위二位 술해戌亥가 공空이 되는 것이다. 후천后天에서는 천간天干 갑병무경임甲丙戊庚壬 오양간五陽干의 첫머리인 갑甲과 을정기신계乙丁己辛癸 오음간五陰干의 끝자리인 계癸, 이 이위二位 계갑癸甲이 공空이 되며, 지지地支는 해자축亥子丑 인묘진寅卯辰의 양방陽方 끝의 진辰이 동북상붕東北喪朋으로 음방陰方에 내려가니 묘卯가 양방陽方의 끝자리가 되고 사오미巳午未 신유술申酉戌의 음방陰方 끝의 술戌, 이 묘술卯戌 두 자리가 공空이 되는 것이다.

수자數字로 一二三四五는 양방생수陽方生數로서 선천先天이오 六七八九十은 음방성수陰方成數로서 후천后天이니, 양陽인 천天에서 생生하는 기운을 내려주면 만물萬物은 음陰인 지地에서 생장生長 결실結實의 완성完成을 이루는 것인바, 예例를 들면 양陽인 남자男子가 생기生氣(정자精子)를 내려주면 음陰인 여체女體에서 이를 받아 포태양생胞胎養生으로 양육養育하니, 양생음성陽生陰成의 수數가 결정決定되는 것이다.

생生하여 자라는 것(생장生長)을 선천先天이라 하고, 결실結實(성成)을 후천后天이라 하는바, 작년昨年(후천后天)에 결실結實한 종자種子(체體)를 금년今年(선천先天)에 생장生長시킬 발아發芽(용用)로 나타나고 이 싹이 지엽枝葉으로 장長하여 열매가 맺히니, 결실結實한 열매가 후천后天의 용用으로 드러나게 되면 생장生長하던 지엽枝葉의 원목原木은 체體가 되므로 선후체용先后體用이 상하上下로 바뀌는 것이다. 이를 다시 세분細分한다면 종자種子는 선천지선천先天之先天이오 싹은 선천지후천先天之后天이며, 지엽발육枝葉發育은 다시 후천지선천后天之先天이오 결실結實한 열매는 후천지후천后天之后天이니, 즉卽 일년중一年中에 춘하春夏는 선천先天이오 추동秋冬은 후천后天이며, 일일一日에는 오전午前은 선천先天이오 오후午後는 후천后天이다. 이를 다시 세분細分하면 일년一年에서 춘春은 선천지선천先天之先天이요 하夏는 선천지후천先天之后天이며, 추秋는 후천지선천后天之先天이요 동冬은 후천지후천后天之后天이며, 일일一日에서 자축인시子丑寅時는 선천지선천先天之先天이요 묘진사시卯辰巳時는 선천지후천先天之后天이며, 오미신시午未申時는 후천지선천后天之先天이요 유술해시酉戌亥時는 후천지후천后天之后天이다. 그러므로 선후천先后天에서 체용體用이 바뀌게 되니 삼현일장三顯一藏으로 춘생하장추성春生夏長秋成은 드러나고 동장冬藏은 은폐隱閉되므로 생성生成이 호위체용互爲體用한다. 고故로 선천先天은 하도河圖가 체體로서 낙서洛書가 용用이 되고, 후천后天은 체용體用이 호역互易하여 낙서洛書가 체體로서 하도河圖가 용用이 된다. 그러면 십수성도十數成道한 하도河圖(종자種子)를 땅속에 체體로 묻으면 낙서洛書로 싹이 나서 지엽枝葉으로 장長하며, 그 장長함이 극極에 이르면 체體로 바뀌고 결실結實한 하도河圖가 다시 용用이 되는 까닭에 하도河圖와 낙서洛書는 둘뿐이나 괘卦는 생장성生長成으로 복희伏羲 문왕文王 정역正易의 삼괘三卦가 나온 것이다.

수지도수手指度數로는 수지삼개手指三個(제일第一 제이第二 제삼第三)를 굴이직립屈而直立하면 단괘單卦로 건삼련乾三連자리가 정역팔괘正易八卦의 십건천十乾天이오 제삼第三 제사第四 제오지第五指를 우굴이직립又屈而直立하면 중괘重卦로 중건천重乾天자리가 곧 이천二天이며, 제육第六 제칠第七 제팔지第八指를 펴면 단괘單卦로 곤삼절坤三絶자리가 오곤지五坤地요 제팔第八 제구第九 제십지第十指를 계속繼續 모두 펴면 중괘重卦로 중지곤重地坤자리가 칠지七地가 되는데 제삼지第三指는 중간中間에 있어서 상우획上右畫으로서 내괘상內卦上, 하좌획下左畫으로서 외괘하外卦下가 되어 건삼련乾三連 두개(중괘重卦)가 이루어지며, 제팔지第八指도 위와 같이 곤삼절坤三絶 두개(중괘重卦)가 이루어지니 제삼第三 제팔지第八指는 중간中間에서 좌우左右(상하上下)괘卦가 별개別個로 떨어지지 않고 연결連結되는 의미意味이며, 오개지五個指가 육개지행로六個指行勢를 하니 오운육기五運六氣인 오육五六이 한 개로 뭉쳐 있으면서 두 개로 쓰이는 뜻이다.

그리고 제일지第一指를 굴이직립屈而直立하면 팔간산八艮山자리(제일지第一指만 직립直立이 양효陽爻−오개지두굴립합五個指頭屈立合, 제이지第二指 제삼지평신第三指平伸이 음효陰爻−오개지평신五指平伸)로서 간상련艮上連(☶)이오 다음(제이지第二指를 굴굴屈屈하면 구리화九離火인데 리중허離中虛(☲)는 수지手指로 괘성상卦成象이 아니됨) 제삼지第三指를 계속 굴립屈立하면 건삼련乾三連(☰)이오 제사지第四指를 굴굴屈屈하면 일손풍一巽風으로 손하절巽下絶(☴)이오 제오지第五指를 굴굴屈屈하면 이천二天으로 중건괘重乾卦이며, 제육지第六指를 신신伸伸하면 삼태택三兌澤으로 태상절兌上絶(☱)이오 (제칠지第七指를 신신伸伸하면 사감수四坎水인데 감중련坎中連(☵)은 수지手指로 괘성상卦成象이 아니됨) 제팔지第八指를 신신伸伸하면 오곤지五坤地로 곤삼절坤三絶(☷)이오 제구지第九指를 신신伸伸하면 육진뢰六震雷로 진하련震下連(☳)이오 제십지第十指까지 진신盡伸하면 칠지七地자리로서 중곤괘重坤卦이다. 괘卦는 지구地球의 생장성生長成을 상징象徵하는 부호符號이므로 지구地球에 속속屬한 달(월月−태음太陰)의 영허盈虛도 팔괘八卦의 효상형태爻象形態대로 되는 것이니 초삼일初三日의 초생初生달은 진하련震下連(달의 전체全體를 삼단계三段階 삼효三爻인 상중하上中下로 구분區分하여 하단부분下段部分만이 연련하였음)이 오 초팔일상현初八日上弦의 달은 하단下段 중단中段이 영盈으로서 연련하였고 상단부분上段部分만 허虛로서 절絶하였으니 태상절兌上絶이오 십오일망十五日望에는 상단부분上段部分까지 연련하여졌으니 건삼련乾三連이며, 십팔일十八日에 하단부분下段部分이 허虛하기 시작始作하니 손하절巽下絶의 달이 되고 이십삼일二十三日 하현下弦에는 중단부분中段部分까지 허虛하여지니 간상련艮上連이오 삼십일三十日 그믐에는 상단부분上段部分까지 절絶이 되니 곤삼절坤三絶이다. 팔괘중八卦中 감중만坎中滿은 수지순서굴신상手指順序屈伸上으로 중단中段만 연련하여질 수 없으나 삼십일十三日날 달의 중심中心이 실實하므로(감중만坎中滿) 십오일만월十五日滿月의 전체全體가 모두 원만圓滿하여지고, 리중허離中虛는 중단中段만 허虛해질 수 없으나 이십팔일二十八日날 달의 중심中心이 허虛하므로(리중허離中虛) 삼십일三十日 달전체全體가 절무絶無하여지니 수지괘상중手指卦象中 감리坎離가 성상成象되지 않는 것과 공통共通되는 점點이다. 양陽은 동動하고 음陰은 정정靜하므로 음자체陰自體는 자력自力으로 동動하는 이치理致도 없으며 동動할 수도 없다. 순음純陰은 겨울에 얼어붙은 얼음 속이거나 캄캄한 밤중인 것이니, 따뜻한 불볕이거나 태양太陽이 들어오지 않는한限 해결解決되지 못하므로 음방陰方인 서반구대륙西半球大陸을 발견발전發見發展한 것도 양방陽方인 동반구東半球끝에 있는 나라의 사람들이었고 예절禮節에도 양陽(남男)인 신랑新郎이 음陰(여女)인 신부新婦집에 가서 초례醮禮를 지내고 인도引導하여 따라오게 되어있다.

## 伏羲八卦次序

복희팔괘차서

| 일건천 | 이태택 | 삼리화 | 사진뢰 | | |
|---|---|---|---|---|---|
| 一乾天 | 二兌澤 | 三離火 | 四震雷 | | |
| 오손풍 | 육감수 | 칠간산 | 팔곤지 | 구 | 십공 |
| 五巽風 | 六坎水 | 七艮山 | 八坤地 | 九· | 十空 |


## 文王八卦次序

문왕팔괘차서

| 일감수 | 이곤지 | 삼진뢰 | 사손풍 | 오공 |
|---|---|---|---|---|
| 一坎水 | 二坤地 | 三震雷 | 四巽風 | 五空 |
| 육건천 | 칠태택 | 팔간산 | 구리화 | |
| 六乾天 | 七兌澤 | 八艮山 | 九離火 | |


## 正易八卦次序

정역팔괘차서

| 팔간산 | 구리화 | 십건천 | 일손풍 | 이천 |
|---|---|---|---|---|
| 八艮山 | 九離火 | 十乾天 | 一巽風 | 二天 |
| 삼태택 | 사감수 | 오곤지 | 육진뢰 | 칠지 |
| 三兌澤 | 四坎水 | 五坤地 | 六震雷 | 七地 |

천간
天干 ：甲乙丙丁戊己庚辛壬癸

선천수
先天數：三八七二五十九四一六

후천수
后天數：⑧③七二五十④⑨一⑥

지지
地支 ：子丑寅卯辰巳午未申酉戌亥

선천수
先天數：一十三八五二七十九四五六

후천수
后天數：一十三○五二七八九四○六

## 六. 정역괘正易卦의 상대방相對方 직선연결直線連結

　정역괘正易卦의 수자數字로 배열排列된 구성체構成體는 위로 네 방위方位 (사괘四卦)와 아래로 네 방위方位(사괘四卦)를 합合쳐서 팔방八方이 팔괘八卦 인데 팔방八方은 사방四方의 상하上下를 합合친 것으로 일육一六 이칠二七 삼팔三八 사구四九 오십五十은 각기各其 수화목금토水火木金土의 음양생 성陰陽生成인 한줄기이니 첫째는 십건천十乾天이 북北쪽 위로 오곤지五坤 地가 남南쪽 아래로 직선直線 한줄기(오십토五十土)로 연결連結된 한개個 의 양兩쪽 끝인 위가 십건천十乾天 아래가 오곤지五坤地로서 북상건北上 乾 남하곤南下坤이오, 둘째로는 북北쪽 아래가 육진뢰六震雷, 남南쪽 위가

일손풍一巽風으로 역시亦是 斜線인 한줄기(일육수一六水)로 연결連結된 한
개個의 양兩쪽 끝인 아래가 육진뢰六震雷 위가 일손풍一巽風으로서 북하
진北下震 남상손南上巽이니 건곤乾坤과 진손震巽이 남북상하교차南北上下
交叉로 ×자형字型을 이루며, 세 번째로 동東쪽 아래가 사감수四坎水, 서
西쪽 위가 구리화九離火로 역시亦是 사선斜線인 한줄기(사구금四九金)의 동
하감東下坎 서상리西上離요, 네 번째로 동東쪽 위가 팔간산八艮山 서西쪽
아래가 삼태택三兌澤으로 역시亦是 사선斜線인 한줄기(삼팔목三八木)의 동
상간東上艮 서하태西下兌로서 감리坎離와 간태艮兌가 동서상하교차東西上
下交叉로 역시亦是 ×자형字型을 이루게 되며, 위 양방陽方의 사괘중四卦中
중앙中央의 위로 이천二天이 있어 오행五行으로 양방괘수지陽方卦手指에
팔간산八艮山 구리화九離火 십건천十乾天 일손풍一巽風 이천二天이 모두
위에 있는 괘卦요, 아래 음방陰方의 사괘중四卦中 중앙中央의 아래로 칠지
七地가 있어 역시亦是 오행五行으로 음방괘수지陰方卦手指에 삼태택三兌澤
사감수四坎水 오곤지五坤地 육진뢰六震雷 칠지七地가 모두 아래에 있으니,
양방사괘陽方四卦 음방사괘陰方四卦에다 이천二天을 위로 칠지七地를 아
래로 입방체立方體가 되는 동시同時에 십수성도十數成道가 완성完成되는
것으로 위의 십수十數 팔괘八卦 십이지지十二地支의 건물구성체建物構成
體와 공통共通되는 바이다.


## 七. 하락河洛의 과부족수過不足數와 건곤책乾坤策의 차差


하도오십오점河圖五十五點과 낙서사십오점洛書四十五點을 합합하면 백점
百點이니, 천간수天干數 열에서 기독백己獨百이란 것도 기토己十이 십간전
체十干全體를 통솔統率하는 뜻일 것이다. 역경계사易經繫辭에 대연지수오

십大衍之數五十이란 것은 이 백수百數를 평분平分한 절반折半이니, 낙서사십오점洛書四十五點은 오십五十보다 오五가 부족不足이오 하도오십오점河圖五十五點은 오십五十보다 오五가 남으며, 일년십이월一年十二月에 매월삼십일每月三十日이면 삼백육십일三百六十日이 정확正確한데 양력陽曆은 삼백육십오일사분일지일三百六十五日四分日之一로서 삼백육십일三百六十日보다 오일삼시간五日三時間이 많고, 음력陰曆은 소월小月이 있어 삼백육십일三百六十日보다 약오일가량約五日假量이 부족不足하니 양력陽曆은 하도河圖의 오수五數남는 것과 같고 음력陰曆은 낙서洛書의 오수부족五數不足과 같다. 천수이십오수天數二十五數를 배倍하면 대연지수오십大衍之數五十이 되고 지수삼십地數三十을 배倍하면 육십갑자六十甲子가 된다. 오五를 십十으로 대연大衍하면 오십五十이요 육六을 십十으로 대연大衍하면 육십六十이니 즉卽 一이 커서 十이 되는 이론理論이다.

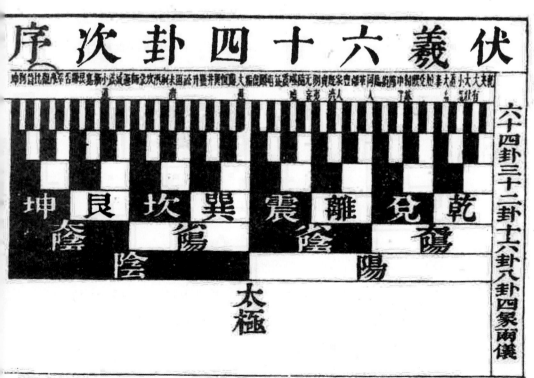

705

일개월一個月이 삼십일三十日이니 육십갑자六十甲子는 삼십갑자三十甲子의 배倍한 것으로 육십갑자六十甲子를 절반折半하여 상하上下의 음양陰陽짝을 이룬 것은 동반구東半球에서 햇볕을 한달 삼십번三十番 비치면 서반구西半球에도 삼십번三十番 비치니 삼십일三十日 육십번六十番이 음양방삼십갑자陰陽方三十甲子를 합合한 육십갑자六十甲子인 것이다.

건곤책이일육乾之策二一六과 곤지책일사사坤之策一四四의 차差에 대對하여 이책二策을 합合한 삼백육십도三百六十度를 춘분추분春分秋分 주야평균시晝夜平均時에 양분兩分하면 백팔십도百八十度이니 일일一日에 일출입시日出入時로 계산計算함으로써 주야晝夜의 구분區分이 밝은 것은 낮이오 어두운 것은 밤이니, 삼백육십도三百六十度의 십분十分의 一인 삼십육도三十六度는 곧 삼십육궁三十六宮이다. 낮의 밝은 것으로 일출직전日出直前 궐명厥明의 빛 십팔도十八度(36도度의 반半)와 일입직후日入直後의 황혼黃昏의 빛 십팔도十八度(36의 반半) 합合이 삼십육도三十六度(18×2=36)이므로 백팔십도百八十度의 낮 도수度數에 궐명厥明과 황혼黃昏의 도수度數 삼십육三十六을 가산加算하면 건책乾策(양陽-명주明晝)이백일십육二百一十六이 되고, 백팔십도百八十度에서 삼십육도三十六度를 빼면 곤책坤策(음陰-암야暗夜)백사십사百四十四가 되는가 한다.

## 八. 괘위순서卦位順序는 천연적天然的이다.

태극太極이 생양의生兩儀하고 양의兩儀가 생사상生四象하고 사상四象이 생팔괘生八卦하니 일생이一生二 이생사二生四 사생팔四生八로 배수倍數를 다시 삼중三重하여 八八＝육십사괘六十四卦가 출현出現되었다. 하나를 둘로 가르되 우양좌음右陽左陰하고 우양右陽을 또 갈라 우양좌음右陽左陰

으로, 좌음左陰을 역시亦是 우양좌음右陽左陰으로 삼층三層에 매간每間 음양陰陽에 따라 천연적天然的으로 우측右側 첫칸부터 일건천一乾天 둘째칸은 이태택二兌澤 셋째칸은 삼리화三離火 사진뢰四震雷 오손풍五巽風 육감수六坎水 칠간산七艮山 팔곤지八坤地가 여덟칸으로 정定해지며, 그 식式으로 다시 삼층三層을 매每칸 우양좌음右陽左陰으로 육십사六十四칸이 갈라지니 육십사괘六十四卦가 천연적天然的으로 형성形成된다. 여기에 육십사괘六十四卦를 육십갑자六十甲子로 배열排列한다면 사괘四卦가 초과超過되어 존공귀공尊空歸空하여야 하는데 주역상경周易上經 첫머리의 건곤乾坤(천지天地)과 끝의 감리坎離(일월日月)를, 혹或은 건곤乾坤과 하경下經 첫머리의 함항咸恒(부부夫婦)를, 또는 상경上經은 생괘生卦로서 전부全部 상소하대上小下大(예例 : 수뢰둔괘水雷屯卦—중남中男·장남長男)이고 하경下經은 성괘成卦로서 전부全部 상대하소上大下小(예例 : 화산려괘火山旅卦—중녀中女·소남少男)로 되어 있는데 하경下經의 인정혁정困井革鼎 사괘四卦만은 성괘중成卦中의 생괘生卦이므로(소위所謂 포태괘胞胎卦) 차사괘此四卦를 귀공歸空해야 된다고 하나 여하간如何間 사괘四卦를 존공尊空한다고 하면 천지괘天地卦일 것이고 귀공歸空한다고 하면 인사人事(부부夫婦)괘卦일 것이 분명分明하다.

복희괘伏羲卦는 양의음양양측兩儀陰陽兩側을 태극형太極型으로 갈라놓았으니 진손震巽인 장남장녀長男長女가 건곤부모乾坤父母의 대리정사代理政事를 하는데 양陽에서 음陰으로 변천變遷하는 중간계제中間階梯에 있고, 문왕괘文王卦는 중남중녀中男中女인 감리坎離가 대리행사代理行事하므로 유독唯獨 감리坎離만이 제짝을 갖추었고, 정역괘正易卦는 소남소녀少男少女인 간태艮兌가 대리행사代理行事를 하므로 간태합덕艮兌合德이 최종最終으로 동서東西에서 이루어지니 대개大槪 선천先天에는 선천인사先天人事가 미완성未完成이므로 복희괘伏羲卦에서는 건곤乾坤이 남북南北

에 있어 천지정사天地政事를 주도主導하였고 문왕괘文王卦에는 소녀少女인 태兌를 키우기 위爲하여 건곤乾坤이 서남서북西南西北에서 소녀少女를 옹호擁護하고 있으며 후천后天에서는 소남소녀少男少女를 동서東西에 정위定位시키고 최종最終으로 필혼畢婚시키는 것이다. 그리고 정역팔괘正易八卦에서는 팔간산八艮山 구리화九離火를 일지一指에서 기원起源하니 그 원인原因은 문왕괘文王卦의 끝이 팔간산八艮山 구리화九離火로 마친 것을 그냥 정역괘正易卦에서 팔간산八艮山 구리화九離火로 시작始作하니, 종終하는데서 시始하는 이유理由도 있겠으나 一二三四五는 생수生數로서 양방陽方에 있고 六七八九十은 성수成數로서 음방陰方에 있으므로 원래原來 양陽에서 생生하고 음陰에서 성成하는 것이나 양방생수陽方生數는 근어음방根於陰方하여 양방陽方에 나타나게 되니 구九·십지十指에서 기갑야반생계해己甲夜半生癸亥로 시작始作하여 양음방陽陰方으로 천지설위天地設位의 체體가 섰고 용구用九가 구지九指에서 시발始發하여 용구용육用九用六의 일월행사주야日月行事晝夜가 갈라지는데 성수육成數六을 구지九指에서 시작始作하여 육진뢰六震雷, 십지十指에 칠지七地, 다시 일지一指에 팔간산八艮山 구리화九離火 십건천十乾天이 중지中指에 당當하고 사지四指에서 일손풍一巽風, 오지五指에 이천二天, 다시 육지六指에 삼태택三兌澤, 칠지七指에 사감수四坎水, 八指에 오곤지五坤地가 당當하니, 십건천十乾天은 양방陽方의 중위中位, 오곤지五坤地는 음방陰方의 중위中位에 건곤정위乾坤定位하고 팔간산八艮山은 양방陽方인 동반구제일위東半球第一位(일지一指)에 당當하고 삼태택三兌澤은 음방陰方인 서반구제일위西半球第一位(육지六指)에 당當하여 간태합덕艮兌合德으로 산택통기山澤通氣가 되는데 구지九指 육진뢰六震雷로 시始하여 칠지七地 팔간산八艮山 구리화九離火 십건천十乾天이 뇌천대장雷天大壯(괘卦)이오 사지四指 일손풍一巽風에 시始하여 이천二天 삼태택三兌澤 사감수四坎水 오곤지五坤地가 풍지관風

地觀(괘卦)으로 이것이 장관壯觀이니, (생시生始하는 이월二月–대장괘大壯卦와 성종成終하는 팔월八月–관괘觀卦에 해당該當함) 이것을 소강절선생邵康節先生의 시중詩中에는 「건우손시간월굴乾遇巽時看月窟이오 지봉뇌처地逢雷處에 견천근見天根이라 천근월굴天根月窟이 한래왕閒來往하니 삼십육궁도시춘三十六宮都是春이라」 하였으니, 이는 뇌천대장雷天大壯 즉卽 십건천十乾天끝에 일손풍一巽風이 연속連續되니 건우손시간월굴乾遇巽時看月窟이란 월굴月窟은 용육用六자리 음혈陰穴을 말함이오, 풍지관風地觀 즉卽 오곤지五坤地끝에 육진뢰六震雷가 연속連續되니 지봉뇌처견천근地逢雷處見天根이란 천근天根은 용구用九자리 계유癸酉가 천근궁天根宮임을 말함이다. 천근天根(양陽) 월굴月窟(음陰)이 왕래往來하는 중中에 삼십육궁三十六宮(지구地球)전체全體가 춘절기후春節氣候로 한대열대寒帶熱帶가 물러가고 세계온대世界溫帶가 된다는 강절선생康節先生의 예견豫見이다.


## 九. 인신人身은 소천지小天地


사람은 천지인삼재天地人三才의 하나로서 소천지小天地라 하겠으니, 두 원두圓頭은 대천戴天이오 족방足方은 답지踏地하고 사지四肢는 상사방象四方이오 합두合頭에 위오행爲五行이며, 사지각양절四肢各兩節은 계팔괘計八卦요 사지각삼절四肢各三節은 십이방위十二方位이며, 우유구규又有九竅하니 상삼부위上三部位(양이兩耳·양목兩目·양비공兩鼻孔)은 곤삼절坤三絶(☷)이오 하삼부위下三部位(구口·전음前陰·후음後陰)은 단일혈單一穴이므로 건삼련乾三連(☰)이니, 이는 지천태괘地天泰卦로서 상하부위경계上下部位境界인 비구중간鼻口中間이 인중혈人中穴인 것이다. 우세분又細分하면 수족지手足指가 십이十二에 합사지위이십사방合四肢爲二十四方은 공간空間(체體)

이요 절후節候는 시간時間(용용用用)이며, 수지중手指中 무지拇指는 이절二節이니 음양陰陽인 양의兩儀요 기여其餘 사개지四個指는 삼절三節이니 춘하추동사시春夏秋冬四時 각계절各季節이 삼개월三個月씩 십이개월十二個月(4×3=12) 일년一年과 같고 춘분추분春分秋分에는 주야晝夜가 평균平均하므로 제이지第二指(춘春)와 제사지第四指(추秋)는 장단長短이 균등均等이오 중지中指는 하절夏節인데 하지夏至에 일최장고日最長故로 지최장指最長이오 소지小指는 동절冬節인데 동지冬至에 일최단고日最短故로 지최단指最短이며, 오지五指는 오행五行으로서 무지拇指는 중앙토中央土(사계토왕四季土旺)에 속屬하므로 무지拇指는 사계절지四季節指에 임의접촉任意接觸하나 기여사지其餘四指는 자불상접自不相接이다. 우又 수족지이십手足指二十과 사지四肢 합이십사合二十四에 가두일위이십오加頭一爲二十五이니 천수天數(一三五七九)지합之合 이십오二十五이다. 그리고 수지手指 좌오우오左五右五를 합합하면 十이 되니 좌양우음左陽右陰이며, 족지역좌우합足指亦左右合하면 十이 되니 선천역수先天逆數 一~十과 후천순수后天順數 十~一로서 합이십合二十인 것이다. 수지십이절手指十二節에 중간부위中間部位가 역십이위亦十二位이므로 합이십사合二十四에 가무지이절이중간加拇指二節二中間하면 계이십팔수計二十八宿니 일개월一個月이 삼십일三十日인데 이십팔수二十八宿는 삼십수三十數에 부족不足이오 무술궁삼십이도戊戌宮三十二度는 삼십三十에서 과수過數이며, 음소월이십구일陰小月二十九日은 역시亦是 삼십일三十日에서 부족不足이오 양대월삼십일일陽大月三十一日은 역시亦是 과過한 것이다.

괘효卦爻로서 획畫이 양陽은 一(━)이고 음은 二(▬▬)이니, 복희괘伏羲卦의 건괘乾卦━는 三이요 곤괘坤卦▬▬는 六이므로 합구획合九畫(건곤합구획乾坤合九畫은 용구用九 곤괘육획坤卦六畫은 용육用六에 해당該當함)

이요 진괘震卦☳ 손괘巽卦☴도 양삼陽三 음육陰六 계구획計九畫이요 감괘坎卦☵ 리괘離卦☲도 양삼陽三 음육陰六 계구획計九畫이요 간괘艮卦☶ 태괘兌卦☱ 역시亦是 구획九畫이니, 노양老陽(건부乾父) 노음老陰(곤모坤母)합合 장남장녀합長男長女合 중남중녀합中男中女合 소남소녀합少男少女合 계삼십육計三十六(4×9=36)이며, 문왕괘文王卦도 괘효획卦爻畫이 역시亦是 삼십육획三十六畫으로서 양팔괘계칠십이획兩八卦計七十二畫(36×2=72)이니 배倍하면 곤지책坤之策(72×2=144)이오 정역괘正易卦가 나왔으므로 정역괘획삼십육正易卦畫三十六을 추가追加하면 일백팔一百八(36×3=108)이 되니 배倍하면 건지책乾之策(108×2=216)이 되는바, 건지책이백십육乾之策二百十六(36×2=72×2=144)과 곤지책백사십사坤之策百四十四(36×3=108×2=216)를 합合하면 삼백육십당기지일三百六十當朞之日이 된다.

이상을 종합綜合하면 기본수십基本數十 천간십天干十 지지십이地支十二 팔괘수팔八卦數八 오행수오五行數五를 합合하면 계사십오計四十五(10+10+12+8+5=45)이니 즉卽 낙서사십오점洛書四十五點을 뜻하는 것이요 수지굴신십수手指屈伸十數를 추가追加하면 하도오십오점河圖五十五點이 되는 것이다.


## 十. 천지설위天地設位

선천先天의 갑기야반생갑자甲己夜半生甲子가 후천后天에 기갑야반생계해己甲夜半生癸亥로 변變한다. 갑을병정무甲乙丙丁戊는 선천先天으로서 양방陽方(동북東北)의 생천간生天干이오 기경신임계己庚辛壬癸는 후천后天으로서 음방陰方(서남西南)의 성천간成天干이다. 제일지第一指에서 제오지第五指까지 一·二·三·四·오지五指가 직립直立(굴굴)하면 양방陽方으로서 양陽·천天·중건괘重乾卦·선천先天·동반구東半球·생장生長(아芽·지엽枝葉·신생아新生兒·미생년未成年)등等으로 원환圓環의 천상天象을 형성形成하면서 암흑미개暗黑未開를 상징象徵하며, 제육지第六指에서 제십지第十指까지 六·七·八·九·十이 평전平展(신伸)하면 음방陰方으로서 음陰·지地·중곤괘 重坤卦·후천后天·서반구西半球·성숙成熟(결실結實·성인成人)등等으로 방정 方正의 지형地形을 전개展開하면서 광명발달光明發達을 상징象徵한다. 갑 을병정무甲乙丙丁戊의 先五日과 기경신임계己庚辛壬癸의 후오일後五日을 일이삼사오단계一二三四五階段으로 상합相合하면 갑기甲己 을경乙庚 병신 丙辛 정임丁壬 무계戊癸의 합合合이 되고 이 오합五合이 곧 오일일후五日一候 (오일五日이면 일일一日 12時×5日=60時로서 육십갑자六十甲子가 일순환一循環하므 로 일후一候가 성도成道한다)이니, 갑을병정무오일甲乙丙丁戊五日이 지나가면 기경신임계오일己庚辛壬癸五日이 교대交代하므로 계속적繼續的으로 육십 시간六十時間(육십갑자六十甲子)이 순환循環하는 것이니, 생천간生天干이 지

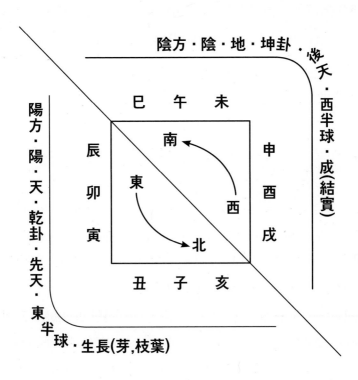

나면 성천간成天干으로 이어가는 것이다.

동반구인東半球人은 양방陽方이므로 수제일지手第一指(자기自己앞쪽–무지拇指)에서 시시始하여 一二三四五(선천양先天陽) 제육지第六指에서 六七八九十(후천음后天陰)으로 셈하는데, 서반구인西半球人은 음방陰方이므로 제육지第六指(자기自己앞쪽)에서 시일이삼사오始一二三四五 제일지第一指에서 六七八九十하게 되니, 제육지第六指에서 시일始一한다면 역시亦是 육지六指에서 시갑을병정무始甲乙丙丁戊 제일지第一指에서 기경신임계己庚辛壬癸하게 되므로 동서호간東西互看하면 갑기甲己 기갑己甲이 되는 것인바, 선천先天에는 성천간成天干인 기경신임계己庚辛壬癸가 종자種子로서 땅속에 묻히고 생천간生天干인 갑을병정무甲乙丙丁戊가 싹으로 생장生長하니 위에서부터 갑기甲己요 후천后天에는 기경신임계己庚辛壬癸가 위에서 결실結實하고 갑을병정무甲乙丙丁戊의 생장生長하던 것이 아래로 깔려 있으니 위로부터 기갑己甲인 것이다.

해자축인묘진亥子丑寅卯辰은 선천양先天陽으로 동북양방東北陽方이오 사오미신유술巳午未申酉戌은 후천음后天陰으로 서남음방西南陰方이다. 천지설위天地設位에서 계해癸亥를 제구지第九指에서 시작始作하는 것은 처음 생기는 자리(공간空間‥십이방위十二方位)가 체體로서 묻혀있던 것을 육효발휘六爻發揮에서는 쓰임으로 하는 용용자리(시간時間‥십이시간十二時間)로서 제일지第一指에서 시작始作하여 나타나게 되는 것인바, 제구지第九指(신신伸)에서 始癸亥, 제십지第十指(신신伸) 갑자甲子, 제일지第一指(굴屈) 을축乙丑, 제이지第二指(굴屈) 병인丙寅, 제삼지第三指(굴屈) 정묘丁卯, 제사지第四指(굴屈)에 무진戊辰이 당당當하니, 계사지計四指(굴립屈立)합슴은 원형이정元亨利貞(중건괘사重乾卦辭)이다. 이것이 사상四象(천天에는 시간時間으로 춘하추동사시春夏秋冬四時, 지地에는 공간空間으로 동서남북사방東西南北四方, 인人에는 성정性情으로 인의예지사덕仁義禮智四德)으로서 양사괘陽四卦(건진감간乾震坎

艮)와 건괘육효중乾卦六爻中 제사효第四爻에 해당該當되며, 양방陽方(동반구東半球)의 동서남북사방東西南北四方에 해당該當되니, 건육획乾六畫이 육효六爻인데 괘사卦辭에 사상四象만 나타나는 것은 수지手指로 해자축인묘진亥子丑寅卯辰 육방위六方位를 세웠으나 수지手指에 드러난 것은 축인묘진丑寅卯辰 사지四指뿐인 것과 상응相應된다. 그런데 제구지第九指에서 시始한 것은 선천先天에서는 갑기야반생갑자甲己夜半生甲子(시생자始生子는 종자탈갑발아種子脫甲發芽)로 시생始生하는 뜻이니, 갑자제일일甲子第一日 첫시간갑자時干甲子를 제일지第一指에서 시始하여 순서順序대로 을축乙丑병인丙寅 정묘丁卯~갑술甲戌 을해乙亥로 십이시종十二時終하면 제일第一제이지第二指에 돌아와서 다시 굴屈하니 십이방중十二方中에서 술해이방戌亥二方이 폐새미방閉塞未開로서 제이일을경第二日乙庚의 병술정해丙戌丁亥, 제삼일병신第三日丙辛의 무술기해戊戌己亥, 제사일정임第四日丁壬의 경술신해庚戌辛亥, 제오일第五日의 첫시간時干인 무계야반생임자戊癸夜半生壬子로 임자계축壬子癸丑~임술계해壬戌癸亥가 역시亦是 제일第一제이지第二指에서 술해戌亥가 오일간五日間 모두 폐새閉塞하였으므로 선천先天의 막혔던 것을 열어놓고 선천先天의 계해癸亥 마친 자리에서 시작始作하는 뜻으로 계해갑자癸亥甲子는 음방陰方에서 수지手指를 펴면서 시始하고 을축병인정묘무진乙丑丙寅丁卯戊辰이 양방陽方으로 올라와 굴립屈立하면서 사상四象으로 드러내고 다음 기사己巳는 음방陰方의 첫머리 간지干支로 양방陽方끝에서 중건천重乾天으로 수상手象을 이루면서 정역괘正易卦 이천二天자리에 하늘로(위로) 놓아두고 다음 경오신미임신계유갑술庚午辛未壬申癸酉甲戌로 끝나니 갑술甲戌은 땅으로(아래로) 놓아두어 중곤지重坤地로 수상手象을 이루면서 칠지七地자리에 당當한다. 그리하여 곤괘坤卦는 계유임신신미경오癸酉壬申辛未庚午(역逆)로 배열排列하고 있다가 양방陽方에서 내려온 무진戊辰(육효발휘六爻發揮로 계해癸亥를 제일지第一指로 시始한 순서順序가 제육지第六指에 당당當함)을 경오庚午가 만나게 되는 것으로 원元코 형享코 이利코 빈마牝馬(오午)지정之貞이니, 진辰(양陽)이 가므로 군자君子(양陽)유유왕有攸往이며 선先하면 미迷는 수지手指로 세어 가는 순서順序대로 오미신유午未申酉가 아니오 유신미오酉申未午(역逆)로 유酉자리에서 원元코 형享코 이利코의 시작始作하는 자리를 먼저 하면 아득(미迷)하고 오午자리에 후後하면 진辰을 득得하는 것이오 서남득붕西南得朋은 서남음방西南陰方에서는 양방陽方의 진辰이 내려오는 것을 얻었고 동북상붕東北喪朋은 동북양방東北陽方에서 진辰을 음방陰方에로 보내서 잃었다가(상喪) 내종유경乃終有慶은 진양辰陽이 음방陰方에 내려가 음陰을 데리고 다시 양방陽方으로 돌아오는 경사慶事(성혼成婚 생남생여生男生女)인 것이다.

## 十一. 육효발휘六爻發揮

제일지第一指에 제일일第一日 기갑야반생계해己甲夜半生癸亥로 첫 시간時間인 계해癸亥를 시작始作하여 제이지第二指에 순차順次로 갑자을축병인정묘무진甲子乙丑丙寅丁卯戊辰이 제육지第六指에 당當하니 동북양방東北陽方끝자리(해자축인묘진亥子丑寅卯辰 : 모든 양陽이 뭉쳐있음)인 진辰이 음방陰方첫자리(유신미오酉申未午 : 음陰이 뭉쳐있음)인 제육지第六指의 오午를 만나는 것인데 이 자리 무진戊辰이 건괘초효乾卦初爻로서(초구初九는 잠룡潛龍이니 물용勿用이니라) 잠룡潛龍(무진戊辰−용龍)의 때는 태아재모복중胎兒在母腹中·종자발아미출지상種子發芽未出地上·지구혼돈미판이전地球混沌未判以前을 뜻하므로 물용勿用이라고 한 것이다. 그러면 하루 십이시간十二時間(한방위方位 해방亥方에 해가 비치면 한시간時間 해시亥時가 되는데 양방육

위陽方六位-육시간六時間 음방육위陰方六位-육시간六時間)중中 양방육위
陽方六位 육시간六時間을 첫번째 돌아서 양방陽方의 끝이 무진戊辰이므로
초효初爻가 되는 것이니 음방陰方에서 만나기는 하였으나 아직 한 번도
돌아본 일이 없으므로 물용勿用이라 한 것이고 다음에 계속繼續 기사경
오신미임신계유갑술己巳庚午辛未壬申癸酉甲戌 음방육위陰方六位를 모두 첫
번 다 돌았으며, 제이일第二日 경을야반생을해庚乙夜半生乙亥로 제십삼차
지第十三次指에서 을해병자정축무인기묘경진乙亥丙子丁丑戊寅己卯庚辰이
두 번째로 양방陽方끝 경진庚辰에 이르니 이효二爻가 되므로 (구이九二는
현룡재전見龍在田이니 이견대인利見大人이니라) 현룡경진見龍庚辰(용龍)은 나타
난 것으로 신생아분만新生兒分娩·신아출지상新芽出地上·지구출현수면상
地球出現水面上에 드러나는 것이니 수지신手指伸한 것으로 무진초효戊辰
初爻에서는 일개지一個指만 신伸하여 효중일획爻中一畫만 시작始作되므로
수지굴립手指屈立은 원천圓天이고 신평伸平은 방지方地라면 곤괘일효일획
坤卦一爻一畫만 열었던 것이 경진庚辰, 이효二爻에서는 삼개지三個指가 신
伸하여 단괘單卦인 곤삼절坤三絶을 이루어 지구地球가 중곤지전체重坤地
全體의 반半이 열렸고, 정역팔괘正易八卦 오곤지위五坤地位에 당當하니 곧
현룡재전見龍在田(전田은 인문발전人文發展한 지地)이다. 다음으로 음방육위
陰方六位인 신사임오계미갑신을유병술辛巳壬午癸未甲申乙酉丙戌을 두 번
째로 다 돌았고, 세 번째 신병야반생정해辛丙夜半生丁亥로 정해무자기축
경인신묘임진丁亥戊子己丑庚寅辛卯壬辰이 제삼십차지第三十次指에 당當하
니 삼효三爻로서 (구삼九三은 군자종일건건君子終日乾乾하야 석척약夕惕若하면
려厲하나 무구无咎리라) 초효初爻는 천天에 해당該當하고 이효二爻는 지地에
해당該當하니 삼효三爻는 사람에 해당該當하므로 임진룡壬辰龍이로되 용
龍이라 하지 않고 군자君子라 하였으며 부지런히 주야晝夜로 노력努力을
하여 내괘삼효內卦三爻는 선천先天(양방용陽方用)으로 제삼효第三爻가 끝나

고, 외괘삼효外卦三爻의 시작始作인 제사효第四爻의 후천后天(음방용陰方用)을 영접迎接할 준비準備를 하는 것이다. 효爻로서 수지手指가 모두 신전伸展하니 중곤지重坤地의 상상象으로 지구전체地球全體가 드러난 것이니 지地는 음陰으로서 즉卽 음陰인 여자女子(처녀處女)가 성장과만成長瓜滿이 되어 출가出嫁할 신부新婦의 시기時期이므로 양陽인 남자男子(총각總角)가 성취成娶할 신랑新郎으로서 친영親迎할 준비準備를 하는 때이다. 다음 음방육위陰方六位인 계신갑오을미병신정유무술癸巳甲午乙未丙申丁酉戊戌을 세 번째로 다 돌았고, 네 번째 임정야반생기해壬丁夜半生己亥로 기해경자신축임인계묘갑진己亥庚子辛丑壬寅癸卯甲辰이 제사십이차第四十二次指에 당當하니 제사효第四爻로서 (구사九四는 혹약재연或躍在淵하면 무구无咎리라) 외괘外卦인 후천后天을 맞이하는 중간계제中間階梯로서 어려운 일이 많으니 용龍으로서 혹或 뛰면서 단련鍛鍊하여 잠잠하게 있으면(재연在淵) 허물이 없다는 것이다. 다음 음방육위陰方六位인 을사병오정미무신기유경술乙巳丙午丁未戊申己酉庚戌을 네 번째로 다 돌았고 다섯 번째 계무야반생신해癸戊夜半生辛亥로 신해임자계축갑인을묘병진辛亥壬子癸丑甲寅乙卯丙辰이 제오십사차지第五十四次指에 당當하니 오효五爻로서 (구오九五는 비룡재천飛龍在天이니 이견대인利見大人이니라) 병진丙辰은 용龍으로서 초효初爻에 잠겨(잠룡潛龍)있었고 이효二爻에 나타나(현룡見龍)있었고 사효四爻에 뛰어(약룡躍龍) 있다가 오효五爻에서는 날아서 하늘에 오르니 풍운조화風雲造化를 사용使用할 수 있게 된 것이오 병진丙辰이 십건천위十乾天位 다음에 당當하니 비룡재천飛龍在天이 되는 것이다. 초효初爻때 초생아初生兒는 성장成長하여 성인成人이 되어 남녀결혼男女結婚을 하게 되고 신생발아新生發芽한 새싹은 지엽枝葉으로 번성번성繁盛 결실結實하여 완숙完熟한 것으로 식용食用도 될 수 있고 종자種子도 할 수 있는 열매인 것이오 지구地球는 다 열려서 동서반구東西半球가 간태합덕艮兌合德으로서 세계일가世界一

家로 대동화합大同和合하도록 모든 것이 천시天時 地理 인사人事와 함께 완성完成되어 천지무궁天地無窮 영원永遠하게 나아갈 것이다. 다음 음방육위陰方六位인 정사무오기미경신신유임술丁巳戊午己未庚申辛酉壬戌을 다섯 번째로 다 돌아서 오일간五日間 육십갑자시간六十甲子時干이 모두 일주一周로 끝나게 되니 오일일후五日一候로 다음 차원次元이 계속진행繼續進行되는 것이다. 괘전체육효卦全體六爻에서 오효五爻로서 육십갑자시간六十甲子時干이 다 끝났으나 제육효第六爻인 상효上爻가 있어서 순환부단循環不斷하는 운수運數를 연접連接하는 의의意義와 오운육기五運六氣라는 오五와 육수六數의 관련關聯으로서 다시 여섯 번째 제이회第二回 반복反復되는 기갑야반생계해己甲夜半生癸亥로 계해갑자을축병인정묘무진계해갑자을축병인정묘무진癸亥甲子乙丑丙寅丁卯戊辰이 육십육차지六十六次指에 당당當하니 상구효上九爻로(상구上九는 항룡亢龍이니 유회有悔리라) 초효무진初爻戊辰 제자리로 환원還元하여 종終한 자리에서 다시 시작始作하는 이치理致로서 유회有悔는 회개悔改하여 본성本性자리로 돌아가는 뜻이며, 항亢이란 것은 항극亢極한 것이니 건괘문언乾卦文言의 말씀과 같이 「귀이무위貴而无位하며 고이무민高而无民」한 태상황太上皇(임금의 부친격父親格)자리인데 다시 음방육위陰方六位인 기사경오신미임신계유갑술己巳庚午辛未壬申癸酉甲戌을 여섯 번째로 돌아서 끝나니 육십갑자六十甲子에다가 십이방위十二方位 시간時干을 다시 합合함으로서 칠십이수七十二數(토왕칠십이일土旺七十二日)가 되어 삼십육궁三十六宮 도수度數의 배수倍數가 되는 것이다.


**十二. 용구用九 용육用六 (건곤교乾坤橋의 대략大略)**


괘효卦爻의 양효陽爻 곧 양획陽畫━은 九로 하고 음효陰爻 곧 음획陰畫▬▬

━━은 六으로 하니, 예例를 들면 화수미제괘火水未濟卦의 초효初爻는 음陰━━이니 초육初六이오, 이효二爻는 양陽━이니 구이九二요, 삼효三爻는 陰━━이니 육삼六三이오, 사효四爻는 양陽━이니 구사九四요, 오효五爻는 음陰━━이니 육오六五요, 상효上爻는 양陽━이니 상구上九라고 한다. 양陽을 구九라고 하는 것은 천수天數 一三五七九의 끝자리인 구九를 쓰는 것이니 양陽은 한 줄거리인 끝을 중시重視하고, 음陰을 육六이라 하는 것은 지수地數 二四六八十의 가운데인 중수육中數六을 쓰는 것이니 음陰은 가운데가 끊어진 함陷한 것을 중시重視하는 것 같다. 용구용육用九用六은 음양용사陰陽用事이니 천지天地가 음양陰陽으로 용用하는 것으로서 동서東西로 일日(양陽) 월月(음陰)을 왕래往來시켜서 동서반구東西半球의 인사人事를 활용活用케 하는 것이니, 수지手指의 육갑六甲으로서 제구지第九指에서 유酉를 시작始作하는 것이 용구用九요 제육지第六指에는 진辰이 당當하니 용육用六이다. 제구지第九指에서 유酉를 시작始作하는 이유理由는 역시亦是 천수종어구天數終於九와 지수종어십地數終於十인 九·十자리에서 시작始作하는 것으로 양방陽方은 음陰에 근본根本한 까닭이오 양방陽方의 진辰이 제육지第六指에 진주進住하니 음陰은 진辰에서 시始하는 것이다. 방위方位는 해자축인묘진亥子丑寅卯辰이 양방陽方인데 시간時間은 음陰인 밤이오 사오미신유술巳午未申酉戌은 음방陰方인데 시간時間은 양陽인 낮이니, 밤이 되는 것은 용구用九로서 일입유日入酉에서 시始하여 유술해자축인묘酉戌亥子丑寅卯로 일출묘日出卯까지 밤인데 수오개지手五個指가 진굴盡屈하니 수당내手掌內가 암흑暗黑하고, 용육用六으로서 진사오미신辰巳午未申으로 오개지五個指가 진신盡伸하니 광명光明하다.

◎ 용구용육用九用六을 오궁五宮으로 분류分類하였다.

先天數 선천수　3 8 7 2 5 10 9 4 1 6　　　先天數 선천수　1 10 3 8 5 2 7 10 9 4 5 6

天干 천간　甲乙丙丁戊己庚辛壬癸　　　地支 지지　子丑寅卯辰巳午未申酉戌亥

后天數 후천수　⑧ 3 7 2 5 10 4 9 1 ⑥　　后天數 후천수　1 10 3 ⑧ 5 2 7 8 9 4 ⑤ 6

## 終始宮 종시궁

| | ⊙ | | | | | | | 小計 |
|---|---|---|---|---|---|---|---|---|
| | 9 4 | 1 0 | 0 6 | 0 1 | 3 10 | 7 3 | 2 0 | 46 |
| | 辛酉 | 壬戌 | 癸亥 | 甲子 | 乙丑 | 丙寅 | 丁卯 | |
| ⊙ | 5 5 | 10 2 | 4 7 | 8 | 9 | | 小計 50 | 合計 96 |
| | 戊辰 | 己巳 | 庚午 | (辛)未 | (壬)申 | | | |

## 天根宮 천근궁

| | ⊙ | | | | | | | 小計 |
|---|---|---|---|---|---|---|---|---|
| | 0 4 | 0 0 | 3 6 | 7 1 | 2 10 | 5 3 | 10 0 | 51 |
| | 癸酉 | 甲戌 | 乙亥 | 丙子 | 丁丑 | 戊寅 | 己卯 | |
| | 4 5 | 9 2 | 1 7 | 8 | 9 | | 小計 45 | 合計 96 |
| | 庚辰 | 辛巳 | 壬午 | (癸)未 | (甲)申 | | | |

## 六四卦宮 육십사괘궁

| | ⊙ | | | | | | | 小計 |
|---|---|---|---|---|---|---|---|---|
| | 3 4 | 7 0 | 2 6 | 5 1 | 10 10 | 4 3 | 9 0 | 64 |
| | 乙酉 | 丙戌 | 丁亥 | 戊子 | 己丑 | 庚寅 | 辛卯 | |
| | 1 5 | 0 2 | 0 7 | 8 | 9 | | 小計 32 | 合計 96 |
| | 壬辰 | 癸巳 | 甲午 | (乙)未 | (丙)申 | | | |

## 河圖宮 하도궁

| | ⊙ | | | | | | | 小計 |
|---|---|---|---|---|---|---|---|---|
| | 2 4 | 5 0 | 10 6 | 4 1 | 9 10 | 1 3 | 0 0 | 55 |
| | 丁酉 | 戊戌 | 己亥 | 庚子 | 辛丑 | 壬寅 | 癸卯 | |
| | 0 5 | 3 2 | 7 7 | 8 | 9 | | 小計 41 | 合計 96 |
| | 甲辰 | 乙巳 | 丙午 | (丁)未 | (戊)申 | | | |

## 乾坤宮 건곤궁 (二十八宿) 이십팔수

| | ⊙ | | | | | | | 小計 |
|---|---|---|---|---|---|---|---|---|
| | 10 4 | 4 0 | 9 6 | 1 1 | 0 10 | 0 3 | 3 0 | 51 |
| | 己酉 | 庚戌 | 辛亥 | 壬子 | 癸丑 | 甲寅 | 乙卯 | |
| | 7 5 | 2 2 | 5 7 | 8 | 9 | | 小計 45 | 合計 96 |
| | 丙辰 | 丁巳 | 戊午 | (己)未 | (庚)申 | | | |

이상以上 각궁各宮마다 천간지지수중天干地支數字中에서 공空이 된 계갑묘술癸甲卯戌과 중복重複된 천간天干(이자二字)수數를 공제控除하면 모두 구십육각九十六刻(일일각수一日刻數)이 된다. 그리고 용구用九인 양방陽方에서는 음방陰方인 유술이위酉戌二位에 근본根本하고 용육用六인 음방陰方에서는 양방陽方인 진일위辰一位에 근본根本하니, 음陰은 우수偶數이므로 이위二位, 양陽은 기수奇數이므로 일위一位인 듯하다.

주역周易 택화혁괘澤火革卦 괘사卦辭 「기일내부己日乃孚」는 기갑야반생계해己甲夜半生癸亥인 기기를 쓰는 날이라야 믿게 된다는 뜻이라고 하셨으니, 단전彖傳에는 「기일내부己日乃孚는 혁이신지革而信之라 천지혁이사시성天地革而四時成」이라 하고 상전象傳에는 「치력명시治歷明時」라고 하였다.

산풍고괘山風蠱卦 단전彖傳에 「선갑삼일先甲三日 후갑삼일後甲三日은 종즉유시천행야終則有始天行也라」라고 함은 종시궁終始宮에 신유辛酉(선先1) 임술壬戌(2) 계해癸亥(3) **갑자**甲子 을축乙丑(후後1) 병인丙寅(2) 정묘丁卯(3)가 **갑**자일전甲子日前에 신유임술계해辛酉壬戌癸亥의 선갑삼일先甲三日이 있고 갑자일후甲子日後에 을축병인정묘乙丑丙寅丁卯의 후갑삼일後甲三日이 있으며, 종즉유시천행終則有始天行은 종시궁終始宮(낙서洛書) 처음 一(수水)에서 생生하여 차차로 커서 결실結實인 하도십河圖十에 마치는 것이다.

중풍손괘重風巽卦 오효사五爻辭에 「선경삼일先庚三日하며 후경삼일後庚三日이면 길吉하리라」라고 함은 하도궁河圖宮에 정유丁酉(선先1) 무술戊戌(2) 기해己亥(3) **경자**庚子 신축辛丑(후後1) 임인壬寅(2) 계묘癸卯(3)가 **경**자일전庚子日前에 정유무술기해丁酉戊戌己亥의 선경삼일先庚三日이 있고 신축임인계묘辛丑壬寅癸卯의 후경삼일後庚三日이 있어 후천后天의 용용用用으로 길吉하다는 것이다.

이상以上 선갑후갑先甲後甲 선경후경先庚後庚은 낙서선천洛書先天에서 하도후천河圖后天으로 변變하는 것으로서 태양太陽의 포태양생중胞胎養生中 생어이십칠도生於二十七度에 병인丙寅이 임인壬寅으로 삼십육도三十六度를 뛰어넘는 것이 여기에 연유緣由된 것이고, 또 '건곤乾坤다리'라는 것이 있으니 천지도수天地度數도 돌고 도는 중도道中에 비인(공空) 곳이 있으면 통과通過할 수 없으므로 다리(교橋 혹或은 각股)를 놓은 후後에야 건너게 되는 것으로(천간天干은 계갑癸甲, 지지地支는 묘술卯戌이 공空이니, 계묘癸卯와 갑술甲戌은 천간지지天干地支가 모두 공空인 까닭에 그 자리를 다리놓아주는 것임) 팔간산八艮山 구리화九離火 십건천十乾天 일손풍一巽風 이천二天의 괘수합卦數合이 삼십三十인데 하도궁河圖宮의 정유무술기해경자신축임인丁酉戊己庚子辛丑壬寅의 천간수합天干數合이 삼십일三十一($\overset{2}{丁}+\overset{5}{戊}+\underset{10}{己}+\underset{4}{庚}+\underset{9}{辛}+\underset{1}{壬}$ =31)로서 계묘공癸卯空자리를 임일壬一의 여일수餘一數가 다리를 놓음으로서 계묘癸卯다음의 갑진甲辰자리로 넘어갈 수 있으니 이것이 건乾다리이며, 곤坤다리는 일손풍一巽風 이천二天 삼태택三兌澤 사감수四坎水 오곤지五坤地 육진뢰六震雷 칠지七地의 괘수합卦數合이 이십팔二十八인데 종시궁終始宮의 무진기사경오신미임신戊辰己巳庚午辛未壬申의 천간수합天干數合이 이십구二十九($\overset{5}{戊}+\overset{10}{己}+\underset{4}{庚}+\underset{9}{辛}+\underset{1}{壬}$ =29)로서 계유갑술癸酉甲戌에 갑술공甲戌空자리를 임일壬一의 여일수餘一數가 다리 놓음으로서 갑술甲戌다음인 을해乙亥자리로 넘어갈 수 있으니 곧 곤坤다리이다. 건곤乾坤다리 중中에서 일손풍一巽風 이천二天은 양兩쪽다리에 중복重複이 되는데 그것은 건乾다리의 정유무술丁酉戊戌의 육갑六甲은 음방陰方에 기원起源하였고 곤坤다리의 일손풍一巽風 이천二天의 괘卦는 양방陽方에서 기원起源하는 것에 연유緣由한 듯하다.

그리고 육진뢰六震雷 칠지七地자리인 곤음방坤陰方에서 기원起源한 것이 건乾다리요 일손풍一巽風 이천二天자리인 건양방乾陽方에서 기원起源

한 것이 곤坤다리이다.

## 六十甲子

| 甲子 | 乙丑 | 丙寅 | 丁卯 | 戊辰 | 己巳 | 庚午 | 辛未 | 壬申 | 癸酉 |
|---|---|---|---|---|---|---|---|---|---|
| 甲戌 | 乙亥 | 丙子 | 丁丑 | 戊寅 | 己卯 | 庚辰 | 辛巳 | 壬午 | 癸未 |
| 甲申 | 乙酉 | 丙戌 | 丁亥 | 戊子 | 己丑 | 庚寅 | 辛卯 | 壬辰 | 癸巳 |
| 甲午 | 乙未 | 丙申 | 丁酉 | 戊戌 | 己亥 | 庚子 | 辛丑 | 壬寅 | 癸卯 |
| 甲辰 | 乙巳 | 丙午 | 丁未 | 戊申 | 己酉 | 庚戌 | 辛亥 | 壬子 | 癸丑 |
| 甲寅 | 乙卯 | 丙辰 | 丁巳 | 戊午 | 己未 | 庚申 | 辛酉 | 壬戌 | 癸亥 |

○ **오행배속**五行配屬

| 오행五行 | 水<br>수 | 火<br>화 | 木<br>목 | 金<br>금 | 土<br>토 | |
|---|---|---|---|---|---|---|
| 오방五方 | 北<br>북 | 南<br>남 | 東<br>동 | 西<br>서 | 中央<br>중앙 | |
| 오계五季 | 冬<br>동 | 夏<br>하 | 春<br>춘 | 秋<br>추 | 土旺<br>토왕 | |
| 오상五常 | 智<br>지 | 禮<br>예 | 仁<br>인 | 義<br>의 | 信<br>신 | |
| 오색五色 | 黑<br>흑 | 赤<br>적 | 靑<br>청 | 白<br>백 | 黃<br>황 | |
| 오미五味 | 鹹<br>함 | 苦<br>고 | 酸<br>산 | 辛<br>신 | 甘<br>감 | |
| 오음五音 | 羽<br>우 | 徵<br>치 | 角<br>각 | 商<br>상 | 宮<br>궁 | |
| | 우吘 | 이呬 | 어噷 | 아哦 | 음唅 | |
| 오장五臟 | 腎<br>신 | 心<br>심 | 肝<br>간 | 肺<br>폐 | 脾<br>비 | |
| 육부六腑 | 膀胱<br>방광 | 小腸<br>소장 | 膽<br>담 | 大腸<br>대장 | 胃<br>위 | 三焦<br>삼초 |
| 생수生數 | 一<br>일 | 二<br>이 | 三<br>삼 | 四<br>사 | 五<br>오 | |
| 성수成數 | 六<br>육 | 七<br>칠 | 八<br>팔 | 九<br>구 | 十<br>십 | |
| 양간陽干 | 壬<br>임 | 丙<br>병 | 甲<br>갑 | 庚<br>경 | 戊<br>무 | |
| 음간陰干 | 癸<br>계 | 丁<br>정 | 乙<br>을 | 辛<br>신 | 己<br>기 | |
| 양지陽支 | 子<br>자 | 午<br>오 | 寅<br>인 | 申<br>신 | 辰戌<br>진술 | |
| 음지陰支 | 亥<br>해 | 巳<br>사 | 卯<br>묘 | 酉<br>유 | 丑未<br>축미 | |

## ○ 기타其他

　지도地道는 동북東北이 양방陽方이오 서남西南이 음방陰方이나 천도天道는 동남東南이 양방陽方(춘하지기春夏之氣로 만물萬物이 생장生長)이오 서북西北이 음방陰方(추동지기秋冬之氣로 성실수장成實收藏)인 것이다.

　양陽은 유여有餘하고 음陰은 부족不足하니 삼대이三對二의 비율比例로서 용구用九인 양陽과 용육用六인 음陰의 구대육九對六도 모두 삼대이三對二에서 시작始作하여 삼십육대이십사三十六對二十四와 백팔대칠십이百八對七十二와 건지책이백십육대乾之策二百十六對 곤지책백사십사坤之策百四十四도 삼대이三對二인 것이다.

　주역계사장전周易繫辭上傳(第九章)에 「이편지책二篇之策이 만유일천오백이십萬有一千五百二十이니 당만물지수야當萬物之數也」라고 하였는바, 이를 계산計算하면 384효爻×30＝11,520·384효爻÷2＝192효爻 양효陽爻 192×36 ＝6912＋음효陰爻 192×24＝4608 ＝ 합계合計 11,520 이다. 삼십육三十六은 십이지지十二地支의 삼배三倍요 이십사二十四는 십이지지十二地支의 이배二倍이니, 삼대이三對二의 비율比例(9 : 6) 4×9＝36, 4×6＝24 인 것이다. 또 계사전繫辭傳(上九章)에 「사영이성역四營而成易하고 십유팔변이성괘十有八變而成卦하니 팔괘이소성八卦而小成하야 인이신지引而伸之하며 촉류이장지觸類而長之하면 천하지능사필의天下之能事畢矣리니 현도顯道하고 신덕행神德行이라 시고是故로 가여수작可與酬酢이며 가여우신의可與祐神矣니 자왈지변화지도자子曰知變化之道者 기지신지소위호其知神之所爲乎인저」라고 하였는바, 제일지第一指에서 十을 굴屈한 후後 제이지第二指에서 시일이삼사始一二三四하여 지제오지굴至第五指屈이 상사영上四營이오 제육지

第六指에서 시오육칠팔始五六七八하여 지제구지신至第九指伸이 하사영下
四營으로서 굴屈하던 것을 신伸하니 '성역成易'이오 상하사영上下四營이
팔괘八卦인데 九와 十이 일어나지 못하였으므로 '소성小成'이며, 八다음
순서順序로서 구양九陽이 十자리인 제십지第十指를 九하면서 인이신지引
而伸之하여 성구궁팔괘成九宮八卦한 後(비수즉비手則 인이신지引而伸之가 글
이나 말로서는 되지않음) 역시亦是 순서順序대로 다시 제일지第一指로 돌아오
면서 十하니 제일지第一指를 최초最初 굴屈하면서 十하던 자리에 그대로
다시 十이 되니 촉류觸類이며, 장지長之는 十까지 다 자란 것으로 후천십
수팔괘성도后天十數八卦成道하니 천하지능사필의天下之能事畢矣라 현도
顯道는 십수十數의 도道가 드러남이고 하도河圖는 신神이오 낙서洛書는
귀鬼이니 하도십수河圖十數의 신덕神德이 행행行하게 되는 것이다.

인간人間으로서 가可히 신神과 더불어 수작酬酢할 수 있으며 가可히 신
명계神明界에서 할 일을 도울 수 있으니(우신祐神) 변화變化의 도道를 아
는 자者는 그 신神의 조화造化인 것을 알 것이다.


사영이성역四營而成易(상하지사영上下指四營) 요순공자일부지기堯舜孔子一
夫之朞 십유팔변이성괘十有八變而成卦 팔괘이소성八卦而小成(복희팔괘伏羲八
卦) 인이신引而伸(九)지지之(문왕팔괘文王八卦) 촉류觸類(十)이장而長(十)지지之(정
역팔괘正易八卦)

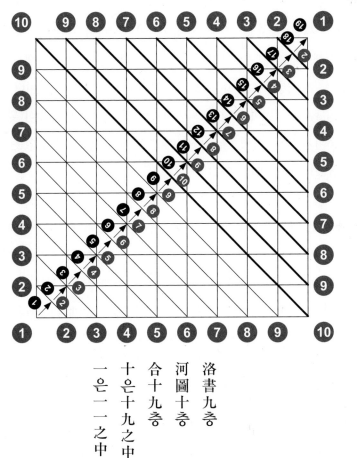

太線인 河圖 十～一(五十五点) 倒降(後天) 成數

洛書九층
河圖十층
合十九층
十은 十九之中
一은 一一之中

| | | | | | | |
|---|---|---|---|---|---|---|
| 10 × 10 | = | 100 | — （ | 4方外周数 | 4 × 9 = 36 ＋内数 | 64） |
| 9 × 9 | = | 81 | — （ | 〃 | 4 × 8 = 32 ＋ 〃 | 49） |
| 8 × 8 | = | 64 | — （ | 〃 | 4 × 7 = 28 ＋ 〃 | 36） |
| 7 × 7 | = | 49 | — （ | 〃 | 4 × 6 = 24 ＋ 〃 | 25） |
| 6 × 6 | = | 36 | — （ | 〃 | 4 × 5 = 20 ＋ 〃 | 16） |
| 5 × 5 | = | 25 | — （ | 〃 | 4 × 4 = 16 ＋ 〃 | 9） |
| 4 × 4 | = | 16 | — （ | 〃 | 4 × 3 = 12 ＋ 〃 | 4） |
| 3 × 3 | = | 9 | — （ | 〃 | 4 × 2 = 8 ＋ 〃 | 1） |
| 2 × 2 | = | 4 | — （ | 〃 | 4 × 1 = 4 ＋ 〃 | 0） |

○ **십구지중**十九之中 **일일지중**一一之中

　상도上圖는 세선細線으로 일一부터 구九까지 구층九層을 표시表示하니 선천先天의 생수生數인 一二三四五六七八九로 역이승逆而升하는데 일층一層은 일수一數 이층二層은 이수二數로 구층九層은 구수九數까지이니, 낙서사십오점洛書四十五点이 형성形成되면서 전체백全體百에서 반半이 못되는(4×9=36이 못됨) 삼각형三角形인 3×9=27 로서 한 방위方位가 없는 이십칠삭이윤二十七朔而閏인 격格이다.

　태선太線으로 십十부터 일一까지 십층十層을 표시表示하니 후천后天의 성수成數인 十九八七六五四三二一로 도생강倒而降하는데 십층十層은 십수十數 구층九層은 구수九數로 일층一層은 일수一數까지이니, 하도오십오점河圖五十五点이 형성形成되면서 선천낙서사십오점先天洛書四十五点을 합合처 전체백수全體百數가 되므로 기독백己獨百이라는 기기가 기위己位로서 우주전체宇宙全體(하락합河洛合)인 것이다.

　일一에서 구九까지와 십十에서 일一까지 합십구층合十九層이니 십十은 십구지중十九之中, 구九는 십칠지중十七之中～일一은 일일지중一一之中까지 위차位次가 설정設定되었으며, 선천先天에는 양방陽方의 왼쪽 수數뿐이었는데 후천십수后天十數가 성도成道함으로써 성수십成數十과 생수生數一이 십일귀체十一歸體가 되는 동시同時에 九와 二, 八과 三, 七과 四, 六과 五, 그리고 五와 六, 四와 七, 三과 八, 二와 九, 一과 十이 같은 十一이 되는 것이다.

　十이 자승自乘(10×10)하면 백百인데 외주外周의 수數는 四×九=三十六이며 내수內數는 六十四이니 전체백全體百(64+36)으로 조직組織되어 있다. 기여其餘 九×九 八×八은 도표圖表를 참고參考하시기 바란다.

이 백도표百圖表가 十×十인데 층계層階가 십구十九이므로 대각선對角
線 19×19 는 계計 361수數이니 중심일점中心一點은 근본점根本點이오 삼
백육십일三百六十日(일년一年)이 되는 것이다. 그러므로 오락기구娛樂器具
인 기판棋版이 19×19 선線이오 장기판將棋版도 역시亦是 10×9 선線이니
모든 사물事物이 천지간도수天地間度數를 표현表現한 것으로 사료思料
된다.

삼백육십일三百六十日에서 대일원삼백수大一元三百數는 십개월삼백일十
個月三百日이오 이개월육십수二個月六十數에서 단오單五를 귀공歸空하면
오십오점五十五点이 되고, (태양太陽은 술방일방위戌方一方位를 비추지 못하므로
일일一日에 일시간一時間이 공空이라 육십일간六十日間 육십시간六十時間이 공空이
니 육십시간六十時間을 십이시일일十二時一日로 나누면 오일五日이 되므로 단오單五
를 귀공歸空하는 것임) 육십수六十數에서 십오十五를 귀공歸空하면 사십오
점四十五点이 된다. (태음太陰은 술해자삼방戌亥子三方을 비추지 못하므로 일일一
日에 삼시간三時間이 공空이라 육십일간六十日間 일백팔십시간一百八十時間이 공空
이니 이를 십이시일일十二時一日로 나누면 십오일十五日이 되므로 십오十五를 귀공歸
空하는 것임)

제일지第一指(굴屈)에 一×九＝九면 상대相對인 제구지第九指(신伸)에는 九
×九＝八十一이니 양편합兩便合이 九十이오, 제이지第二指(굴屈)에 二×九
＝十八이면 상대相對인 제팔지第八指(신伸)에는 八×九＝七十二이니 양편
합兩便合이 九十이오, 제삼지第三指(굴屈)에 三×九＝二十七이면 제칠지第
七指(신伸)에는 七×九＝六十三이니 양편합兩便合이 九十이오, 제사지第四
指(굴屈)에 四×九＝三十六이면 제육지第六指(신伸)에는 六×九＝五十四이니
양편합兩便合이 九十으로서, 九十이 四이니 삼백육십三百六十(90×4＝360)
이 되고 중오中五는 五×九＝四十五(선천낙서수先天洛書數) 뿐으로 상대相對
가 없다. (하도下圖 참조參照)

$$(9 \times 9 = 81) + (1 \times 9 = 9) = 90$$

$$(8 \times 9 = 72) + (2 \times 9 = 18) = 90$$

$$(7 \times 9 = 63) + (3 \times 9 = 27) = 90$$

$$(6 \times 9 = 54) + (4 \times 9 = 36) = 90$$

합계合計 360

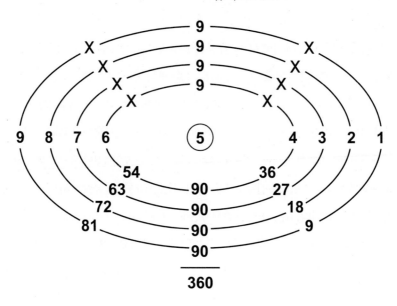

○ **결론**結論

  주역周易과 정역正易은 음양陰陽, 체용體用, 표리表裏로서 일이이一而二
요 이이일二而一이니, 나누면 둘이나 합하면 하나인 것이다. 주역周易에
서 벌써 정역正易이 나타나 있었으나 알아낸 사람 누가 있었던가. 정역正
易에 묻혀있는 주역周易은 더욱이 누가 짐작하였던가. 만고대성萬古大聖
이신 공부자孔夫子께서 주역周易안에 정역正易을 드러내셨고 정역正易은
한국韓國에서 중국열성中國列聖의 연원정통淵源正統을 계승繼承한 성종

成終의 성인聖人이신 일부선생一夫先生께서 정역正易속에 주역周易을 체體로 밑받침하였으니, 과거過去의 주역周易은 각종술수各種術數에 무한無限히 사용使用하였던 것은 선천낙서先天洛書(구궁九宮)시대時代 난음난양亂陰亂陽의 유치미성년자未成年者로서 철이 들지 않은 작난作亂에 불과不過하였었다.

정역正易은 바를 정(正)자字의 정역正易이니 낙서洛書의 금화교역金火交易으로부터 하도河圖의 금화정역金火正易으로 완성결실完成結實에 도달到達하여 본원本原의 근본根本자리가 드러났으니 천지정대지정天地正大之情을 가견의可見矣요 원천원력原天原曆이 선천음양先天陰陽의 양윤력兩閏曆을 거쳐 후천后天의 무윤력无閏曆(일년삼백육십일一年三百六十日 12月×30日)으로 사시정이四時正而 정역正易(정력正曆)이 완성完成되는 것이니, 정역正易을 연구研究하여 알려고 원願하는 사람은 신지계지愼之戒之하여야 할 것이다. 정역正易은 우주본체宇宙本體의 자연원리自然原理요 천지대도天地大道의 혼연법칙渾然法則이므로 바른 마음(심心) 바른 자세姿勢 바른 말(정언正言) 바른 행동行動(정행正行)으로 성실정직誠實正直하고 근검인서勤儉忍恕하여 온양공양溫良恭讓에 이르기까지 선성先聖의 인의정신仁愛精神으로 사해창생四海蒼生을 빈부귀천貧富貴賤 불구不拘하고 모두 포용包容할 수 있는 아량雅量을 노력함양努力涵養하여야 정역인正易人이 될 것이오 만약萬若 사사부정私邪不正의 심법心法으로 잡기술수雜技術數나 유사종교類似宗教에 악용惡用하는 것은 일부선생一夫先生님의 본의本意와는 어긋나는 것이다. 다시 말해서 천지간天地間에 다시없는 정도正道를 배우려는 사람으로서야 남의 곤궁困窮한 것, 부족不足한 것을 보더라도 불쌍하고 가엽다는 생각은 조금도 아니하고 자기自己만이 잘난 척 잘 아는 척하면서 용서容恕와 인내忍耐할 줄 모르는 사람은 자포자기自暴自棄하게 될 것이다.

논어論語에 공자孔子님 말씀에 식무구포食無求飽하며 거무구안居無求安이라 하셨으니, 자기일신自己一身의 향락享樂만을 취取할 사람은 제외除外될 것이다. 남을 먼저 사랑하려고 애를 쓴다해도 자기사욕自己私慾에 가리어져 내편을 먼저 사랑하게 되는데 황차況且 내 몸 내 집만을 염염불망念念不忘하는 사람은 말할 여지가 없다. 그러하니 우선 심법心法부터 중정中正을 잡은 다음에 마음이 맑아지고 정신精神이 쇄락洒落하여 사욕私慾을 쉴새없이 물리치고 공정公正한 마음으로 나의 뱃속을 텅 비우고 신성神聖한 원도原道의 정대正大한 학설學說을 받아들이면 잘 이해理解가 될 것이다. 석가釋迦의 자비정신慈悲精神과 기독基督의 박애주의博愛主義가 공부자孔夫子의 인애대도仁愛大道와 공통共通되나 그의 교도教徒들 중中에는 대중大衆을 위爲한 공심公心을 가진 사람이 과연果然 몇이나 되겠는가. 더욱이 공맹지학孔孟之學을 배운 사람으로서 삼강오륜행실三綱五倫行實에 지극지성至極至誠으로 타他에 모범模範이 될만한 존재存在가 과연果然 얼마나 되겠는가. 우리는 오직 선성선사先聖先師의 교훈教訓을 잘 받들어 하나하나 실천實踐하는 것이 바른 정역正易을 배우는 최대최선最大最善의 첩경捷徑이라는 것을 우선于先 알려드리는 바이며, 불초不肖도 잘한다는 것은 하나도 없으나 계속繼續 애쓰는 중中이다.

관수재觀樹齋

# 개정증보판 편집후기

1999년에 출간한『정역집주보해』초판본은 한문과 한글을 혼용混用하여 쓴 저서이며, 특히 집주集註는 대부분이 한문으로 되어 있으므로 이를 개정하여 한문을 배우지 않은 세대世代도 읽을 수 있도록 모든 한자漢字에 한글을 병기倂記하고 집주를 추가하는 개정증보판을 출간하기로 저자인 김주성 선생과 합의하였다. 이때 김주성 선생은 개정 증보에 관한 모든 업무를 편집자에게 일임하였으며, 편집이 완료되면 편집후기를 써서 경위를 밝혀달라고 당부하셨다. 이에 편집자는 저자를 대신하여 간략하게 편집후기를 써서 저간의 경위를 밝히는 바이다.

## 김주성 선생과의 만남

김주성 선생과의 첫 인연은 2013년 초, 경기도 구리의 댁으로 전화 통화를 하면서 시작되었다. 당시 삼정 권영원 선생의『정역구해』와『정역과 천문력』을 편집 출간하면서『정역』관련 서적들의 출간을 기획하였는데, 그 일환으로 선생의『정역집주보해』의 출판허락을 받기 위해 김주성 선생께 전화를 드렸던 것이다. 그때 선생은 흔쾌히 출판을 해도 좋다고 허락은 하셨지만, 여러 바쁜 일로 인해 늘 생각만 하고 있었을 뿐, 구리시九里市에 거주하시는 선생을 방문할 기회는 쉽게 찾아오지 않았다. 그러다가 2017년 2 월경 서울로 출장 가는 기회가 있었는데, 내친 김에 선생 댁을 처음 방문을 하여『정역집주보해』에 대한 얽힌 이야기를 직접 들을 수 있었다. 그간 여러 차례 전화 통화를 하면서도 간접적으로 느꼈지만 직접 대화를 나누면서 더욱 더 선생이 참으로 명료한 분이라는 생각이 들었다.『정역』을 연구하지 않았다고 하면서도『정역』의 구절들을 줄줄 외우면서 하나하나 명확하게 설명하는 모습을 보면서 아흔을 훌쩍 넘긴 노옹의 모습은 전혀 찾아 볼 수 없었다.

첫 만남 후 선생은 전화 통화에서 출판할 의사가 있다면 다시 구리로 방문해 달라고 요청하였다. 편집과 관련해서 전해 줄 이야기가 있다는 것이다. 그러나 업무로 인해 쉽게 방문 일정을 정하지 못하다가 2017년 7월 18일에야 재방문을 할 수 있게 되었다. 이 날 선생께서는 1999년 당시에 『정역집주보해』를 출판하게 된 과정을 소상하게 전해주었다. 편집에 대해서도 여러 말씀이 있었으며 아주 좋은 멋진 책으로 만들라고 격려해주었다.

다음날 선생이 메일로 원고 파일을 보내주어 편집을 시작하면서 7개월을 넘는 대장정이 시작되었다. 이 책의 초판본은 국한문 혼용체로 되어 있어 읽혀지기 어려운 책이다. 최소한 독자들이 읽을 수는 있게 한글 병기작업을 진행하였다. 400여쪽에 달하는 방대한 분량에 나오는 각 한자에다 하나하나 한글을 병기하는 작업은 말 그대로 고역이었다. 2018년 1월 중순경 최종 교정본을 들고 선생 댁을 다시 방문했다. 올해 94세의 노옹인 선생은 사모님의 병수발을 하시면서도 한 달여 만에 교정확인 작업을 완료해 주었다.

## 이 책에 대하여

김주성 선생이 이 책을 출간하게 된 이유는 이미 이 책의 서문序文에서 밝힌바와 같이 '신역학회新易學會' 회장인 정동훈 선생의 권유 때문이었다고 한다. 역학易學을 연구하시던 김주성 선생이 종로구 청진동에 있는 '정역회正易會'(회장 정동훈 선생) 사무실을 자주 드나들게 되면서 『정역』을 알게 되었다고 한다. 김주성 선생이 보시기에 『정역』을 토론하는 정역회의 회원들이 『주역』의 원리를 잘 모르는 것 같아서 정역회 사무실에 나오는 여러 동인同人 들과 더불어 새롭게 역학을 공부하자는 취지에서 '신역학회新易學會'를 만들었다고 한다.

정동훈 선생이 이끌고 있던 '정역회'는 국사봉에서 이정호 선생과 공부를 함께 했던 사람들 중 역학자인 김경운 선생, 백문섭 선생, 강병섭 선생 등이 중심이 되어 만든 단체로서 《정역소식》이라는 회지會誌를 발간하기도 하였다. 이후에는 '신역학회'의 이름으로 『금화정역』(1988), 『정역집주보해』(1999)를 출간하기도 하였다.

김주성 선생이 『정역집주보해』를 집필하여 출간한 이후, 정동훈 회장을 통해서 유남상柳南相 교수로부터 점심 식사를 하자는 제의를 받아 정역회 사무실에서 만나 식사 대접을 받았다고 한다. 유남상 교수도 국사봉에서 이정호 선생에게서 '정역'을 배웠으며 충남대를 중심으로 정역연구를 이끈 인물이다. 이때 유남상 교수는 무엇을 근거로 하여 '정역'을 해석하였는가를 질문하므로 김주성 선생은 「대역서」에서 "부자친필오기장夫子親筆吾己藏하니 도통천지무형외道通天地無形外라" 하셨는데, 이는 공부자孔夫子께서 친필로 주역周易의 원리를 밝히신 '십익十翼'의 원리를 체득하시고 이를 바탕으로 후천무극지도后天無極之道를 통관洞觀하셨음을 밝히신 것이므로, '정역'을 해석함에 있어서 '주역'의 원리를 기본으로 하고 역易의 본원本原인 '하도河圖 낙서洛書의 원리'를 바탕으로 하여 해석하였다고 대답하시고, 이어서 여러 시간 동안 '정역'에 대하여 대화하셨다고 한다. 실제로 『정역집주보해』를 읽다 보면 '주역'을 바탕으로 '정역'을 풀이한 것임을 쉽게 알 수 있다.

## 새롭게 추가된 내용에 대해서

이 책을 편집하던 중 강병섭 선생의 『금화정역현토조해』를 읽으면서 국사봉에서 함께 공부했던 삼정 권영원 선생의 수지도수 해석을 집주集註에 추가하여 수록하면 독자들의 이해에 많은 도움이 될 것으로 판단하였다. 그래서 개정판 작업을 하면서 권영원 선생의 허락을 받아 그 내용을 증보판에 함께 수록하게 되었다. 이 책은 김정현 선생, 강병섭 선생, 권영원 선생, 김주성 선생 등이 『정역』을 어떻게 이해했는가를 일목요연하게 파악할 있는 장점이 있다.

지금까지 『정역』에 대한 주석으로는 1912년 하상역河相易의 이름으로 발행한 김정현 선생의 『정역주의』가 가장 오래된 것으로 알려져 있다. 그러나 2011년 삼정 권영원선생의 『정역구해』 출간작업을 할 때, 하상역이 발행한 『정역주의』의 저본이 되는 필사본이 있음을 알게 되었다. 그 후 권영원 선생으로부터 이 저본을 얻게 되어 살펴보니 하상역의 『정역주의』와 차이점이 있음을 발견하였다. 이 모필본毛筆本은 앞표지에는 제목이 없이 시작되고 상편이 끝나면서 본문글씨와 같은 크기로 '正易大經 上 終'이라 표기되어 있고, 이어서 새로운 페이지에 큰 글씨로 '正易大經 下'라고 표기되어 있다. 이것으로 볼 때 이 책의 이름이 『정역대경』임을 알 수 있다.

현재 김일부 선생이 남기신 친필 『정역』 초간본은 존재하지 않는다. 오늘날 알려져 있는 『정역』은 1923년 돈암서원에서 간행된 목판본이다. 권영원 선생에 의하면, 돈암서원에서 광산김씨 김장생, 김집 부자의 문집을 간행한 후 목판이 남게되자 문중에서 일부선생의 제자에게 『정역』을 간행해주겠다고 제의를 해서 만들어진 것이다.

그런데 이보다 앞선 1909년에 일부선생의 제자인 김정현 선생이 『정역주의』를 집필한 사실이 있다. 이 책은 하상역이 1912년에 조선총독부의 허가를 받아 정식 출간하여 오늘날까지 전해지고 있다. 권영원 선생을 통해 알게 된 『정역주의』의 저본인 『정역대경』은 현재 전해진 『정역』 판본으로는 가장 오래된 것이다.

모필본인 『정역대경』은 하상역의 『정역주의』와 차이가 있고, 돈암서원의 『정역』 목판본과도 차이가 있어서 김주성 선생의 『정역집주보해』의 책 성격에 부합되므로 함께 비교하며 볼 수 있도록 각주에 그 차이점을 설명하였다.

또한 일부선생의 초기 제자들이 삼역괘도(복희·문왕·정역팔괘도)와 금화정역도, 십간원도를 어떻게 인식하였는지를 밝히기 위해 기존에 다른 책에 나와 있는 도상圖象을 비교해서 볼 수 있게 모두 함께 수록하였다.

무술년 봄, 편집자 全宰佑

**교정검토중인 저자(좌)와 편집자(우)**